21天突破 2020

财务成本管理

Financial Management and Cost Management

2020年注册会计师全国统一考试应试指导

李彬 编著　BT学院 组编

李彬教你考注会®

CPA

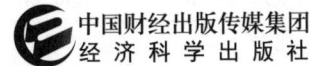

中国财经出版传媒集团
经济科学出版社

图书在版编目（CIP）数据

财务成本管理.2020/李彬编著. —北京：经济科学出版社，
2020.3

（李彬教你考注会）
ISBN 978-7-5218-1413-2

Ⅰ.①财… Ⅱ.①李… Ⅲ.①企业管理-成本管理-
资格考试-自学参考资料 Ⅳ.①F275.3

中国版本图书馆 CIP 数据核字（2020）第 046784 号

责任编辑：孙丽丽 纪小小
责任校对：刘 昕
责任印制：李 鹏

财务成本管理

李 彬 编著 BT 学院 组编

经济科学出版社出版、发行 新华书店经销
社址：北京市海淀区阜成路甲 28 号 邮编：100142
总编部电话：010-88191217 发行部电话：010-88191522
网址：www.esp.com.cn
电子邮件：esp@esp.com.cn
天猫网店：经济科学出版社旗舰店
网址：http：//jjkxcbs.tmall.com
北京时捷印刷有限公司印装
787×1092 16 开 39 印张 960000 字
2020 年 4 月第 1 版 2020 年 4 月第 1 次印刷
ISBN 978-7-5218-1413-2 定价：76.00 元
（图书出现印装问题，本社负责调换。电话：010-88191510）
（版权所有 侵权必究 打击盗版 举报热线：010-88191661
QQ：2242791300 营销中心电话：010-88191537
电子邮箱：dbts@esp.com.cn）

使用说明

满怀欣喜地又在春夏交叠之际与大家见面，2017 年是本套教材的出版元年，幸得各位同学的支持和喜爱，给予了编写组不尽的创意与动力，2020 年的再版相信会带给你们新的惊喜。

一、本书特点说明

初心不忘，我们的目标依旧是做一套真正符合青年学员胃口的注会辅导书，这意味着本套书需要在兼顾科学、全面的基础上，以简洁的语言、活泼的例证让你学通学透，这目标说白了就是一个字——"俗"。如何才能做到"俗"，我们一帮"俗人"做了诸多尝试。

关于章节设置。在章节设置上，我们做了较大的创新，以《会计》为例，我们将全书 28 章重新整合化为总论、资产、负债和所有者权益、收入及财务报告、特殊事项 10 篇，其中资产篇为整本书的重中之重，资产（一）包含了按"初始计量—后续计量—处置"三段式处理方法进行会计处理的存货、固定资产、无形资产、投资性房地产；资产（二）则是讲述关联度极高的长期股权投资和企业合并报表两部分内容。审计、财务管理、税法等科目也重新搭建了全书构架，在每本书的前言皆有详细表述。

关于前言。有心的同学可能发现，我们这套书的"前言"都很长，像《会计》《审计》《财务成本管理》等，甚至从前言就开始讲述知识点。是因为 21 天的时间太紧迫了，要提前加课吗？确实是。**前言就像是一节先修课**。想要在 21 天内入手一门新的学科，其最大的难度在于对该领域建立整体的认知，所以在前言提纲挈领地为大家搭建好"手脚架"是提升大家"搬砖"速度的关键，在各科的前言中，我们将常见的问题拢了拢，一起呈现给你，希望你先大致略读一遍，有个印象，等真正遇到问题时，就能体会其中深意了。

关于双色。本书采用双色印刷，重要的词句均以彩色标识，这大大提升了我们的学习效率，同学们在阅读时也要对彩印部分加以重视。但切不可偷懒！**为避免造成"满篇皆是重点反而无重点的情况"，我们并没有对所有需要注意的语句进行标识**。各位同学在初学时要一视同仁，不可怀着侥幸心理只关注彩色部分，这可能使你错过理解重点难点的关键解释性段落。

关于提示。为了保证内容的严谨性，我们大多采用删减掉不必要语句段落的教材原文作为本书正文，并以【提示】的方式对原文知识点进行注解或重难点提示，对于【提示】的内容，请大家务必默读三遍以上，确保理解。

关于例题。书中所选择的例题覆盖近 5 年真题，同时收录教材和相关准则中的经典例题，紧扣考点，权威性强且含金量高。希望各位在学习、复习过程中通过例题多揣摩知识点的考查方式，将题目做会、做熟。

二、彬哥学习五法

这"五法"也讲究个顺序,首先要有良好而稳定的心态;其次是要按照框架法"从宏观到微观"再"从微观回到宏观"的反复学习;再次是题目至少做"三遍",这里所说的三遍是**每次连续地做三遍**,短时间内高强度地重复可助你深刻体会一道题的精髓;然后就是要建立好改错本,这是整个学习过程中最具个性化也是成效最显著的环节;最后则是要在冲刺阶段善用真题去夯实基础、查缺补漏以及锻炼临场心态。

接下来,我们就详细讲讲这制胜五法。

* 第一法　彬哥心态法 *

心态,我一直认为是考试第一法,也是最重要的方法,我们准备考试时,心要似磐石,定而稳。当你身边出现各种嘈杂声音时,有嗤笑围观的,有摇头反对的,有约饭、约影、约旅游的,此时就别浪费时间感叹天地人狗皆不仁了,既然闲言碎语免不了,不如想想如何面对吧!

(1)**树立必过的信念!** 即使每年报考的人犹如过江之鲫,而实际被端盘上菜的"烤生"只有40%左右,这40%中也会有很大比例的人并未做好充足准备,鳞未去,腹未剖。因此像你这种花数月时间认认真真把自己洗干净准备上"烤场"的人实属罕见,过关率会非常高的。因此,在准备注会的那一刻开始,我们就应该告诉自己,我只要认真复习了,那么过关就是必然的事情!

(2)**学习过程中学会调节自己的心态!** 其实每个人的坚持都是有极限的,每过一段时间都有崩溃的感觉,轻则厌学,重则厌世,好不容易把炸毛的自己安抚好了,过了段日子又炸了。这种"心道好轮回"会反复循环发作,其实解决之法倒也不难,只要明白你不是一个人,这是每个考生都会面临的常态即可,放平心态,炸着炸着也就习惯了。

(3)**学会取舍!** 有舍才有得,我们在学习知识的时候不需要一次性100%学完吃透!有选择性地放弃一点内容,留着第二遍、第三遍慢慢来补足反而更佳。比如,我们在学习第三章的时候,可能遇到了第十三章的概念,你也知道为了这个概念追本溯源先把第十三章看一遍是没必要的,所以此时最有效率的做法是在不影响我们总进度的前提下,把这块内容先放一放,往后继续学习,待后面学到了再回头看或许会有更加饱满的认知。其实大家不必多虑,对于这个问题,我们已经在相应位置为你做好了提示,你只需要把心放在肚子里,安安心心地学下去即可。

(4)**动笔!动笔!动笔!** 好记性不如烂笔头,当你拿起书本的那一刻开始,你就要拿起你手中的笔,不断地在书上或讲义上画画写写,可能很多时候只是无心的一些勾画也能增强你的记忆,所以看书务必拿出笔。

(5)**学而不思则罔,必须要学会深思。** 在手机面前,我们都是它忠实的奴仆,我们习惯性地每隔几分钟就要温柔地对它又抚又摸念念叨叨,导致我们总是在浅层次思考。可是在学习上,要想透彻地想明白一个知识点,对一种类型的题目触类旁通,就必须要形成自己的思维,不让自己沉下去思考怎么可能做到呢?因此,在学习的时候要学会摆脱手机的控制,深思2个小时强于浮躁地学习5个小时。

第二法　彬哥框架法

所谓框架法，就是"从宏观到微观"，然后"从微观回到宏观"。

如果是自学，那么框架法的应用如下：

1. 要读书，先读目录

学习整本书前，先翻一遍本书的大概章节，大致了解一下各章的内容，对本书有一定的初步了解。

学习每章之前，将每节的标题列出来，将每节的次级标题也可以列出来，比如合同法：合同法概述—合同的订立—合同的生效—合同的履行—合同的担保—合同的变更和转让—合同的终止—违约责任。

从标题中我们就可以发现本章的大致思路：合同订立了到底能否生效？生效了怎么履行？履行的过程中可能需要提供担保也可能变更？完成或者不能完成合同要终止，终止了谁有过错谁来承担责任。

纵观章节标题，我们可以对本章有个初步了解，当然在理清章节构架之后，还可以深入到每一节，借助小标题再理清一下每节构架。

2. 心怀框架，进入细节的学习

第三步就是进入到每节的细节学习，在细节的学习过程中可能会有一点点的乱。这时要心怀警惕，一旦有要乱的苗头就赶紧跳出包围圈重新去回顾一下自己列的框架，定位一下目前学到了哪里，理顺之后再继续深入学习。

3. 重新整理框架，再回"高地"

经过前面的学习，我们已经学完了本章，这个时候不要急急忙忙地学习下一章，最好重新拿出框架，做细化完善，这时你的框架就正式形成，再将这个框架熟记于心，你会发现这章知识你已经彻底掌握。

如果跟直播学习，那么框架法的应用如下：

（1）每科的第一课花 1 个小时时间熟悉整本书的内容，对整本书有大致的了解，对每章有大致的了解。

（2）在每章的学习中，花半个小时将本章的内容稍微详细地讲述一遍，对本章要阐述的基本问题做到心中有数，也是为了消除学生心中的紧张情绪和对未知事物的抵触。

（3）进入到每章节的细节学习。每次直播课学习的内容多达几十页，大家可能学到中间又会模糊，不知身在何处，我会带领大家跳出细节回到框架，定位当前的学习进度。当然在跟上节奏的前提下，希望各位自己也要学会这种跳出定位法。

（4）当所有内容学完再重新回到框架时，对框架的理解也会更加深刻。在此基础上，可以对着框架回忆细节，让框架的血肉更加饱满。

（5）下课后，要在适当的时点，多多回忆框架，这样学习、复习都会更加轻松。

第三法　彬哥三遍法

所谓三遍法的思想精髓就是"贪精不贪多"。回忆一下之前我们做题的习惯，很多时候我们做了一大堆的题目，可再做第二遍时又感觉和没做一样。这是因为你对这众多的题目没有消化分解，故而难免积食。我认为做题的目的在于消化吸收，才能做到举一反三，而不仅仅止于完成。

遇见好题目，就像遇见你心爱的恋人一般，看见之后都应该有兴奋的感觉、都应该有喜极而泣的感觉、都应该有爱不释手的感觉、都应该有马上搞懂抄下来的冲动。题目不在多，而在精，课本的例题是最好的练习题，默写几遍都不为过。真题是第二好的题目，也需要多思考几遍才能使其发挥应有的价值。

那么三遍法该如何应用呢？

第一遍，看到好的题目，自己独立做一遍，正确弄懂这道题考点在哪里？妙在哪里？错误了要思考几分钟之后看着答案搞懂，然后问问自己思维误区在哪里？

第二遍，在第一遍的基础上，马上重新做一遍，其实对一道较长的题目，马上做依旧会出错，可借此再次检验自己的思维误区。

第三遍，在第二遍的基础上赶紧再重做一遍，这个时候你会感觉到彻底消化了这道题目，这才是好题的正确打开方式。

经历了上面的三个步骤，你已经初步掌握了好题，但是也要时刻拿出来重温，对于做错的题目和特别好的题目，应该记入你的改错本。

∗ 第四法　彬哥改错本法 ∗

就像你上高中时班主任耳提面命地让你抄错题一样，我也要一次一次地将改错本拎出来告诉你它的妙用。改错本法是经过实际验证卓有成效的方法，因为每个人的思维都是定式的，第一遍出错时，我们以为看了答案就足够了，但要真的从潜意识里纠正误区，需要下狠功夫，死皮赖脸地去磨、去看，直到让错误思维烦不胜烦地自己出走，才算罢休，这就是改错本法。

1. 改错本只是记录错题吗

改错本不只是记录错题，还应该记录经典的题目。

2. 改错本的格式

如果是短题目：第一步，抄写上题目；第二步，写上你的错误方式；第三步，纠正你的错误；第四步，写上总结，总结自己为什么错误了，思路有什么问题，这类题目以后怎么办。

如果是长题目：题目太长的话，则无须抄写，但是要详细写明从这道题中你学到的知识，你的思路出错的地方。

3. 错题本该怎么用

首先，利用业余时间要多翻翻改错本，不断地修正自己的错误和学习经典的题目。

其次，一定要学会"撕掉"改错本，一本改错本看了 10 多遍之后，你会发现很多题目已经烂熟于心了，而且对你意义也不大了，但是有些题目你却特别喜欢，这个时候你就需要将前面经典的部分抄写到新的地方，前面的改错本要学会"撕掉"。

请记住："慢即是快"，不要去节约改错本这点时间，从这里获得的收获远远大于你的付出，这也是将外在的知识内化成自己的知识必经的一步。

∗ 第五法　彬哥真题法 ∗

"书上例题+真题"是学习注会甚至是学习所有考试科目的最好的练习题，试想，这么多年的考试，任何一个考点基本都有所涉及，如果我们能够将真题涉及的每个考点都吃透，那么考试还怕什么呢？

因此，除了书上例题之外，真题就是我们最重要的习题资料，务必"内化"成自己的知识。所谓"内化"就是将真题的考点真正地消化成自己的，那么也需要经历上面说过的几点：

（1）心态上务必重视真题，真题的每一道题目都要重视；

（2）在每章节的经典习题里面，会涉及很多真题，在每章节的习题中要弄明白真题的考点；

（3）学习完之后，将汇总的每年的完整的真题重新做3遍以上，以便弄明白每年的考点都是怎么分布，整套试卷是什么感觉？

（4）将真题的答案在 Word 中完整地动手打出来，感受一下机考的时候打字的感觉。

"彬哥学习五法"是基本方法的总结，也是在大量实践中不断总结改进所得出的，其核心思想就是将知识真正消化，真正消化并不是靠完全的背诵，而是"动笔＋思考"的有机结合。如果只是纯粹的看书、做题、抄错题本，而不动脑筋思考，那最终的分数必然很低，因为根本没有完全消化。如果只是盯着书本，笔都不拿地在脑子里头脑风暴，分数可能也就 60 分左右，稍有不慎就和过关失之交臂了，因为在真正的考试中你就会发现自己的下笔无神，一边写一边战战兢兢，对错就完全听天由命了。

总之，合理运用好上面的五法，多尝试"动笔＋思考"的模式，相信会给同学们的学习多一份助力。

三、21 天计划及使用方法

在讲述 21 天学习计划时，我们首先要强调，**本学习计划可能不适合于所有人**，即使本方法是我们的教研团队将每门课程的章节设置特点、记忆规律与在教学实践中无数学生的经验反馈相结合并经反复推敲设计而成。但我们坚信该计划适用于绝大多数考生朋友，是否每位同学都能将这套计划发挥出其最大的价值，还要因人而异。直白地说，本计划只适合于那些**有决心、有定力、肯吃苦并在这 21 天中每天能够拿出一个专门的时段（4 小时左右）专心攻克一门科目**的同学，对于连专心和投入都做不到的同学，我想，再精巧的计划也无济于事，所以在各位考生朋友开始学习本书之前，先问自己几个问题。

➢ **我已经准备好学习一门新的学科了吗？**

➢ **在这 21 天中，我能够每天至少确保 3 个小时的学习时间吗？**

➢ **在接下来的计划中，我可能面临着极大的理解压力和复习压力，我真的做好准备去攻克，无论遇到什么样的困难都不退缩了吗？**

如果上面三个问题，你的答案都是肯定的，那么就请进入下一环节——请听我给大家解释一下本套丛书 21 天计划的设计理念。

其一，关于 21 天。初学者最初接触到一门新鲜的学科，总会感到无所适从，对未知的恐惧会造成不断的自我怀疑，"我这样做可不可以？""我是不是又走了弯路？""为什么这门课我还是零零散散毫无印象？"这是正常的心理状态，随着认知的不断深入，你对一个新鲜的概念越来越熟悉，对其特性越来越了解，心理就会感到安定。在学习的后期不需要他人替你引导，你也可以根据自己的实际情况制订最适合自己的学习计划。授人以鱼不如授人以渔，这套书要做的就是带你入门。

那么为什么是 21 天呢？美国医学博士麦克斯威尔·马尔茨曾在他的自救书 *Power Self Image Pyschology* 中提到过 21 天习惯养成法，他告诉我们要改变心理意象一般至少需要 21 天。在各科的 21 天学习计划中，我们设计了新学课和 2~3 轮复习以帮助大家建立对该门学科的"心理意象"。在这 21 天的学习中，你将会逐渐构建学科框架，对重点、难点、记忆点、易考点做到心中有数，随着认知的不断加深和知识的不断重复，你还会发现知识点之间的明里暗里的关联，这会使你真正地明白框架结构的原理为何，这时候整个知识体系才牢牢扎根在你心里，任谁也拔不走了。除此之外，发现个性才是对于你而言最宝贵的东西，认真贯彻落实彬哥错题法，你会了解到自己的薄弱点所在，守好自己的命门，焉会有 59 分的道理？

所以，虽说想要顺利通关，21 天可能并不是充分条件，但作为奠基性的 21 天，它却是十分关键的。

其二，关于新学科。我们把每本书根据内容的难易程度划分不同的任务单元，按照往年的教学经验，学员在新接触一门学科的前几天，容易产生因为搞不清楚我是谁、我在哪、我在学什么、我该怎么学而由内心升起一种迷茫情绪，重症者可能演化成抵抗情绪，这会相应地减缓知识的接受程度。考虑到这一点，我们一般不会在前 3 天赶进度，而是希望大家循序渐进地慢慢接受新知识，感悟到新学科的知识结构和学习方法，并在重大章节之后设置复习日，以便让同学们能够在缓冲期将迷失的自己拉回来，整理行程继续上路，希望同学们能够合理利用复习日，把已学的内容夯实，毫无压力地继续下一天的学习。综上，每一天的学习计划都是我们精心为大家设计的，希望大家多体会、多思考。

其三，关于三轮复习。请大家合上眼回想一下，21 天前发生的事你还能记得多少？学习更是这样，理解吃透只是第一步，不断地循环复习才是制胜的法宝。为避免大家陷入"熊瞎子劈棒子"的窘境中，我们特意在 21 天的学习进程中穿插入 2~3 轮复习。

复习计划的设计也付诸了我们诸多心血。我们翻阅了许多记忆规律方面的文献发现，学习者在学习过程中效率低下的原因常常是因为没有在恰好的时间做及时的复习和巩固，使之前所学内容逐步被遗忘，再次拿起书本时又像是新的一样了，这就造成了大量的重复劳动和时间浪费，严重的还会使学习者信心严重受挫，多来上几回，可能连再拿起课本的念头都没有了。所以，我们这套计划，将艾宾浩斯记忆规律与新学课的内容多少和难易程度相结合，为大家在不同时点针对不同的目的设计了两轮复习。一轮复习的时间安排在新学课的次日，一是为了让大家再回顾一遍旧识，二是紧凑的复习计划其实也是一种复习习惯的养成。二轮复习的安排相对松散，复习时点与初学时相隔 3~4 天，这是因为根据艾宾浩斯记忆规律，4 天是一个重要记忆周期。且为了不与新学课和一轮复习冲突，二轮复习任务多安排在复习日，有充足的时间进行复习。二轮计划每次安排的复习章节数都相对于一轮多，也是为了让大家对整本书的知识做一个整合。最后一轮复习则在整个计划的末尾（有时会超出 21 天），为的是让大家最后集中起来对整本书再复习一遍，这一遍的学习压力应该大大减轻，各位所需做的就是查缺补漏了。

子曰："温故而知新"，每用心复习一遍都会对知识有一层新的领悟，所以我们提醒大家重视复习习惯的力量，重视知识重复的力量。

最后预祝同学们顺利通过考试！

目录 Contents

第 1 天

前言 / 3

第一编　财务管理基础

第一章　财务管理基本原理 / 13
　　第一节　企业组织形式和财务管理内容 / 14
　　第二节　财务管理的目标与利益相关者的要求 / 16
　　第三节　财务管理的核心概念和基本理论 / 19
　　第四节　金融工具与金融市场 / 20

第 2 天

第二章　财务报表分析和财务预测 / 28
　　第一节　财务报表分析的目的和方法 / 30
　　第二节　财务比率分析 / 32

第 3 天

　　第三节　财务预测的步骤和方法 / 48
　　第四节　增长率与资本需求的测算 / 50

第 4 天

第三章　价值评估基础 / 59
　　第一节　利率 / 60
　　第二节　货币的时间价值 / 62
　　第三节　风险和报酬 / 68

第 5 天
第 6 天

第二编　长期投资决策

第四章　资本成本 / 87
　　第一节　资本成本的概念和用途 / 88

财务成本管理
Financial Management and Cost Management

第7天

  第二节 债务资本成本的估计／90
  第三节 普通股资本成本的估计／94
  第四节 混合筹资成本的估计／98
  第五节 加权平均资本成本的计算／99

第五章 投资项目资本预算／105
  第一节 投资项目的评价方法／106
  第二节 投资项目现金流量的估计／113
  第三节 投资项目折现率的估计／120
  第四节 投资项目的敏感分析／121

第8天

第六章 债券、股票价值评估／129
  第一节 债券价值评估／130
  第二节 普通股价值评估／135
  第三节 混合筹资工具价值评估／138

第七章 期权价值评估／141
  第一节 期权的概念、类型和投资策略／142
  第二节 金融期权价值评估／150

第9天

第八章 企业价值评估／160
  第一节 企业价值评估的目的和对象／161
  第二节 企业价值评估方法／163

第10天
第11天

第三编 长期筹资决策

第九章 资本结构／181
  第一节 资本结构理论／182
  第二节 资本结构决策分析／186
  第三节 杠杆系数的衡量／190

第 12 天

第十章 长期筹资／196
　　第一节 长期债务筹资／197
　　第二节 普通股筹资／200
　　第三节 混合筹资／205
　　第四节 租赁筹资／210

第十一章 股利分配、股票分割与股票回购／218
　　第一节 股利理论与股利政策／219
　　第二节 股利的种类、支付程序与分配方案／223
　　第三节 股票分割和股票回购／224

第 13 天

第四编　营运资本管理

第十二章 营运资本管理／233
　　第一节 营运资本管理策略／234
　　第二节 现金管理／238
　　第三节 应收款项管理／242
　　第四节 存货管理／245
　　第五节 短期债务管理／251

第 14 天
第 15 天

第五编　成本计算

第十三章 产品成本计算／261
　　第一节 产品成本的归集和分配／262
　　第二节 产品成本计算的基本方法／271

第 16 天

第十四章 标准成本法／289
　　第一节 标准成本及其制定／290
　　第二节 标准成本的差异分析／293

第十五章　作业成本法 / 299
　　第一节　作业成本法的概念与特点 / 300
　　第二节　作业成本的计算 / 301
　　第三节　作业成本管理 / 307

第17天

第六编　管理会计

第十六章　本量利分析 / 313
　　第一节　本量利的一般关系 / 314
　　第二节　保本分析 / 318
　　第三节　保利分析 / 320
　　第四节　利润敏感分析 / 322

第18天

第十七章　短期经营决策 / 328
　　第一节　短期经营决策概述 / 328
　　第二节　生产决策 / 330
　　第三节　定价决策 / 333

第19天

第十八章　全面预算 / 337
　　第一节　全面预算概述 / 337
　　第二节　全面预算的编制方法 / 339
　　第三节　营业预算的编制 / 342
　　第四节　财务预算的编制 / 347

第十九章　责任会计 / 351
　　第一节　企业组织结构与责任中心划分 / 352
　　第二节　成本中心 / 353
　　第三节　利润中心 / 356
　　第四节　投资中心 / 359

第 20 天

第二十章　业绩评价／365
　　　第一节　财务业绩评价与非财务业绩评价／366
　　　第二节　关键绩效指标法（KPI）／366
　　　第三节　经济增加值／367
　　　第四节　平衡计分卡／371

第二十一章　管理会计报告／377
　　　第一节　内部责任中心业绩报告／378
　　　第二节　质量成本报告／379

第 21 天

第1天

● **复习旧内容：**
无

● **学习新内容：**
前言　第一章　财务管理基本原理

● **学习方法：**
既然是第一天，那我们就谈谈财务管理的学习方法。很多人害怕财管，因为觉得财管计算多，可是中国考生不就喜欢计算吗？其实我们优势很大。所谓的计算，首先掌握原理，然后就是计算套路。回忆一下高考数学和大学高数，哪一次的考试不是套路呢？所以各位完全不用紧张，财管考试应该是六门考试中最为稳定和连续的一门，因此抓住真题，多加练习即可。

做题，我们要抱着"空杯"的心态去学习，什么叫空杯心态？那就是不会做才是常态，如果学了一遍就会做题，那还要学习干什么？因此做题的常态是不会，但是从"不会"到"会"这个过程却是一个享受的过程，一个产生化学反应的过程，从解析中搞清楚本题的考点，搞清楚自己的思维缺陷，然后独立做几遍加上改错本进行消化，这道题目就彻底向你臣服，享受这种变化，慢慢你就会发现有了思路。

● **你今天的可能心态：**
初学财务管理，你的心情可能跟其他科目不一样，因为新鲜感已经过去，而且你心中有一座大山把你压着，总觉得财务管理最难。其实你们不知道的事实是，财管的考题一直都很稳定，每年教材都不会发生大的变动，而我们的思维也更容易接受计算，所以，请将心中的大山移除，轻松上阵。

● **简单解释今天学习内容：**
其实今天的内容主要讲述财务管理是什么？财务管理有什么基本原则？正如前言所说，财务管理主要解决两个事情"钱从哪里来"和"钱到哪里去"。财务管理的所有内容都是贯穿这个思路在讲解。

● **可能会遇到的难点：**
今天基本不会遇到难点，规划的内容也不多，那就当做一个小调整，前面其他科目的长期间备战也辛苦了，所以今天就少学一点，慢慢入门，慢慢感悟财务管理。

● **习题注意事项：**
今日的习题无难点

● **建议学习时间：**
2个小时

前　言

不少人对财务成本管理这科考试有畏难情绪，一看到教材中各种符号和公式就心中凌乱了，错误地认为学习财务成本管理需要具备很好的数学基础。其实不然，财务成本管理具有清晰的学科逻辑，具有直观、简洁的基本原理和核心概念，它的各种理论和模型都是根据核心概念延伸展开而来。只要洞悉了这个规律，学习起来就会豁然开朗、得心应手。因此，我们编写了前言内容，向大家简单介绍财务成本管理的基本原理和知识框架，为我们正式学习财务成本管理提前打通"任督二脉"。

一、什么是财务管理

（一）财务管理的基本目的

任何学科都有它存在的目的，这也是一个学科的逻辑起点，抓住这个起点我们就能顺藤摸瓜，学习就会事半功倍。所以，在介绍财务管理之前，首先就得告诉大家财务管理的基本目的。财务管理的基本目的就是增加股东财富。公司目的虽然看起来很多，但其基本目的只有一个，那就是为了盈利，增加股东财富。财务管理这个学科的各种概念、基本理论、方法模型等内容都是围绕增加股东财富这个目的发展而来的。下面，我们就从这个目的出发，一起来认识财务管理的基本内容。

（二）公司是如何创造价值的

既然财务管理的基本目的是增加股东财富或者说是公司价值最大化，那我们有必要先了解公司是如何创造价值的。简单地说，公司是通过筹资、投资、经营这三项基本活动来创造价值。具体而言，一个公司要创造价值，它首先要在资本市场筹集资本，其中股东投资和借款是两个最主要的资本来源，然后把资本投资于生产经营性资产，比如建造厂房、购买机器设备、原材料等，再运用这些资产进行生产、销售等经营活动，从而获取收入。

那么，我们如何衡量公司创造价值的大小呢？最直观的方法就是看它获得了多少现金流入，现金流入越多，意味着它创造的价值越大。当然，这得有个前提，那就是假定获取现金流入的成本是相同的。但实际中，不同的公司，或者同一公司不同项目的成本是不同的,成本和收益是两个基本的考虑因素。因此,我们在衡量一个公司或者一个项目价值的时候,就用现金流入减去现金流出的现金净流量来表示。可以这么理解,现金流入代表收益,现金流出代表成本。

(三)什么是财务管理

通过前面的铺垫,我们下面可以正式了解财务管理了。

1. 财务管理定义

前面说了,公司有筹资、投资和经营活动这三个基本活动。财务管理主要与公司的投资和筹资有关,它对公司投资和筹资活动进行分析和决策,舍弃那些现金净流入为负的项目,选择现金净流入为正的项目,从而不断增加股东财富。从另一个角度来说,财务管理就是公司运营钱的活动,可以分为找钱和用钱两个方面,努力用最少的钱获得尽可能多的钱,从而不断增加股东财富(见图0-1)。

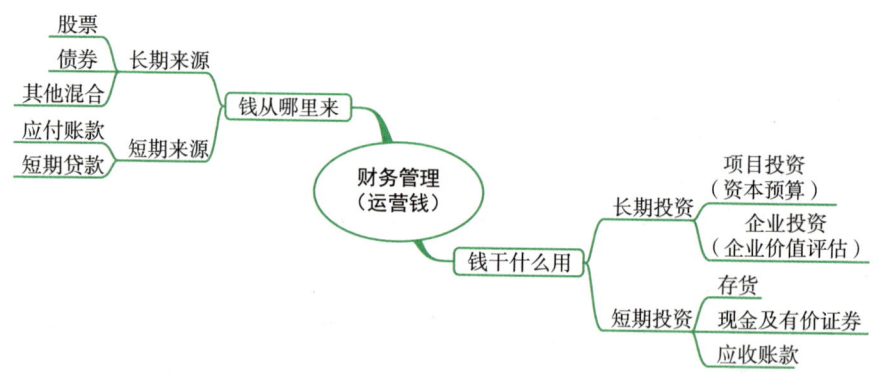

图0-1 什么是财务管理

2. 财务管理基本原理

如果公司一项经营计划预期产生的现金流入超出实施该计划的现金流出,它就会增加股东财富。反之,就会减损股东财富。这就是财务管理的基本原理。大家一定要记住这个基本原理,因为所有财务管理的概念、理论和原则都是对这个基本原理的解释、论证和推理,所有财务管理的模型、程序和工具都是这个基本原理的应用。

3. 财务管理核心概念

财务管理的核心概念是净现值,净现值是指特定项目未来现金净流量现值与原始投资额现值的差额。净现值为正值的项目可以为股东创造价值,净现值为负值的项目会减损股东财富。

$$净现值 = 未来现金净流量现值 - 原始投资额现值$$

现值又是什么玩意?前面在讲财务基本原理时不是说项目现金流入大于现

金流出就会增加股东财富吗,怎么又出来个现值?大家不用着急,听我慢慢道来。

提到现值,就不得不说货币的时间价值。简单地说,就是现在的1元钱的价值不等于未来1元钱的价值,现在1元钱往往比未来1元钱的价值或者效用要大。因为即使不考虑通货膨胀的因素,我们把现在的1元钱存入银行,假设年利率为10%,一年之后我们就可以获得1.1元($1\times(1+10\%)^1=1.1$)。我们开始投入的1元钱叫作本金,增加的0.1元叫作利息,这增加的0.1元也就是货币的时间价值。在实务中,人们习惯用相对数字来表示货币时间价值,即用增加价值占投入货币百分数来表示。例如,前述货币时间价值为10%。

下面我们就正式说说现值这个重要的概念。我们把现在的1元钱在将来某个时间的本金和利息之和叫作终值,通俗地说就是现在1元钱等于未来某个时间的多少钱。现值就是终值的对称概念,是将未来一定金额的钱按照一定比率折算成现在的价值,也就是未来某个时间的特定金额的钱等于现在多少钱。我们把计算未来一定金额钱的现值这一过程就叫作折现。

还是举上面的例子,假设年利率还是10%,我们怎么计算1年后的1.1元等于现在多少钱呢?

假设现值为P,根据终值的计算公式:$1.1=P\times(1+10\%)^1$

变形可求得:$P=\dfrac{1.1}{(1+10\%)^1}=1$(元)

正是因为同样的1元钱在不同时间的经济价值不一样,所以在使用财务管理基本原理的时候,我们不能对不同时间的现金流入和现金流出的金额直接比较大小,而是先将不同时间的现金统一折现到当前时点的金额(也就是现值),再比较其现值的大小。所以,在考虑了货币的时间价值之后,财务管理的基本原理就变成了净现值原理。

净现值是财务管理基本原理模型化的结果,很多人也把财务管理的基本原理叫作净现值原理。净现值内涵非常丰富,大部分财务管理的专业概念都与它有联系。从净现值的公式可以看出,计算净现值,涉及现金和现金流量、现值和折现率、资本成本等概念,这些概念共同构成了财务管理的基本理论体系,财务管理整本书也主要是这些基本理论的拓展和应用。看到这,大家是不是有点小激动,居然在还没开始学习财务管理具体内容之前就已经扣住了它的命门。所以,财务管理以及其他注会考试科目,都是吓人的纸老虎而已。我们必须战略上藐视它们,然后在具体学习时战术上重视它们。下面我们就简单了解这几个重要的概念。

(1)现金、现金流。

现金是股东财富的表现形式之一,它是流动性最好的资产,从本质上说,投资人只对现金流入感兴趣，股东财富的增加或减少必须用现金来计量。

现金流，又称现金流量，是指一定期间的经营活动、投资活动和筹资活动产生的现金流入、现金流出和现金净流量。需要指出的是，财务管理强调现金流量，突出现金净流量，要与净利润区别开来。公司产生的现金净流量和实现的净利润在时间上往往并不一致。

在财务管理中，通常对备选项目投资的现金流入、现金流出和现金净流量进行预先估计，据以测算项目的净现值，做出是否投资该项目的决策。

（2）现值、折现率。

现值，也称折现值或者内在价值，是把未来现金流量折算为基准时点的价值。把未来现金流量折算为现值，需要恰当的折现率。实质上，折现率是投资者要求的必要报酬率或者最低的报酬率。在实务中，经常使用资本成本作为折现率。

（3）资本成本。

资本成本是指公司筹集和使用资本时付出的代价。广义上，公司筹集和使用任何资本，无论长期资本还是短期资本，都要付出代价，比如支付利息或者股利。狭义上，资本成本仅指筹集和使用长期资本的成本。 按照长期资本的种类，相应有股票的资本成本、债券的资本成本和长期借款的资本成本。资本成本的大小主要由什么因素决定呢？资本成本主要跟投资项目的风险有关，风险越大，投资人要求的报酬率必然就高。比如：相比于债权人，股东承担的风险或者不确定性就高多了，所以股权资本成本往往比债务资本成本要高。

（4）风险与报酬。

投资人要求的报酬率就是公司的资本成本。前面也说了，风险和资本成本，也就是风险和投资人要求的报酬之间存在密切的关系，投资人承担的风险越高，要求的报酬率就越高，相应地公司承担的资本成本也越高。风险与报酬之间是否有明确的数量关系呢？资本资产定价模型就解决了这个问题。

（5）价值评估。

价值评估是财务管理核心原理之一，涉及投资项目价值评估、股票和债券价值评估、期权价值评估和公司价值评估。**需要指出的是，财务管理所说的价值不同于公允价值和市场价值，它是根据现金流量折现的净现值，是项目的内在价值或者公平市场价值。** 价值评估其实也是净现值原理的具体运用。比如，在评估债券的价值时，某个债券的价值就是将以后期间预计获得的每期利息和到期时收回的本金的现值。用公式表示就是：

$$PV = \frac{I_1}{(1+i)^1} + \frac{I_2}{(1+i)^2} + \cdots + \frac{I_n}{(1+i)^n} + \frac{M}{(1+i)^n}$$

式中：PV——债券价值；I——每年的利息；M——到期的本金；i——折现率，一般采用当前等风险投资的市场利率；n——债券到期前的年数。

（四）财务管理与会计学、投资学、金融学的区别

为了让大家更准确理解财务管理，有必要讲一讲财务管理学与会计学等相关学科的区别。

1. 财务管理与会计

会计是对公司已经发生的经济活动进行相应地记录并编制财务报表，为我们做决策提供基础信息。而财务管理是对会计信息的分析和利用，它更侧重未来。财务管理通过对公司的筹资、投资活动进行研究分析，据此做出科学的决策，从而实现提高公司价值、增加股东财富的基本目的。两者既有联系，又有区别。

2. 财务管理与投资学、金融学

财务管理学、金融学、投资学是现代财务学的三大分支。这三大分支相互联系，具有相同的理论基础，但侧重领域不同。金融学侧重货币、利率、汇率和金融市场；投资学侧重投资机构的证券评价；财务管理学则侧重经济组织的投资和筹资。

需要指出的是，财务管理学中的投资有别于投资学的投资，投资学中的投资主要是指股票、债券等证券的投资，而财务管理的投资特指公司对经营性资产的直接投资，投资的目的是获取经营活动所需的实物资源，以便运用这些资源获取营业利润，包括对子公司、合营公司的投资也是为了控制其经营，而不是为了再出售收益。有时公司也会购买一些风险较低的证券，作为现金的替代品，目的是在保持流动性的前提下降低闲置现金的机会成本，并非真正意义的证券投资行为。

二、财务管理的基本框架

前面说了，财务管理主要与公司投资和筹资有关。其中，投资可以分为长期投资和短期投资，筹资也可以分为长期筹资、短期筹资，由此财务管理的内容可以分为四个部分：**长期投资、短期投资、长期筹资、短期筹资**。由于短期投资和短期筹资有密切关系，通常合并在一起讨论，称为营运资本管理（或短期财务管理）。除了财务管理的内容，本教材还安排了成本计算和管理会计两大类内容。

因此，我们将财务管理整本书分为六编，第一编是财务管理基础，这是整本书的理论基础，主要包括财务管理基本原理，财务报表分析与财务预测和价值评估基础。可以说，全书内容都是第一编财务管理基础的拓展与应用。希望大家对此高度重视，多看几遍教材，仔细体会财务管理的基本原理，争取为后

面的学习打下好的基础。

第二编、第三编、第四编是财务管理三大内容，分别是**长期投资决策、长期筹资决策、营运资本管理**。

其中，第二编长期投资决策主要包括**资本成本、投资项目资本预算、债券股票价值评估、期权价值评估和企业价值评估**。长期投资决策的基本方法就是净现值原理，如果一项投资的净现值为正，就能增加股东财富。计算净现值除了要预计现金流量外，最重要的就是确定折现率，也就是投资人的必要报酬率，在实务中，资本成本就是折现率的一个选择。在资产价值评估中，净现值原理也是基本的价值评估方法，净现值就是该资产的内在价值。期权价值评估相对比较特殊，因为期权投资的必要报酬率处于不断变动中，难以找到合理的折现率，所以期权价值评估有自己的独特方法。

第三编长期筹资决策，包括**资本结构、长期筹资和股利分配、股票分割与股票回购**。根据净现值原理，要增加股东财富，主要有两个途径，一个是增加现金净流入，另一个就是降低资本成本，也就是降低折现率，从而提高净现值。长期筹资决策的基本问题就是资本结构，即如何搭配组合各种长期资本尽可能地降低公司资本成本，从而增加公司价值。资本成本主要包括长期债务资本成本和权益资本成本，计算成本的方法也是净现值原理，求出使净现值为0的折现率。公司实现的盈利属于股东，盈利可以用来向股东分配股利，也可以留在公司作为股东权益，分配股利问题本质上也是股权筹资决策问题，所以股利分配、股票分割、股票回购也属于长期筹资决策的问题。

第四编营运资本管理，**包括营运资本的投资和筹资管理**。该编基本研究问题也是如何降低各项流动资产的成本，从而增加公司价值和股东财富。决策的基本方法也是比较成本与收益的大小。比如是否需要延长应收账款信用期的问题，我们的分析思路就是比较延长信用期后的收益和增加的成本，如果收益大于成本，那就延长信用期，否则就不延长信用期。

第五编成本计算，包括**产品成本计算、标准成本法和作业成本法**。这编主要介绍几种产品成本计算方法。该编内容考试难度低、分值较多，是给大家送分的相对友好章节。希望大家要抓住机会，认真学习掌握各种成本计算方法和标准成本分析，做到少丢分、不丢分，为通过考试奠定基础。

第六编管理会计，包括**本量利分析、短期经营决策、全面预算、责任会计、业绩评价和管理会计报告**。该编考试分值相对不多，内容也比较简单，大家可以有针对性地抓住重点，结合真题进行学习（见图0-2、图0-3）。

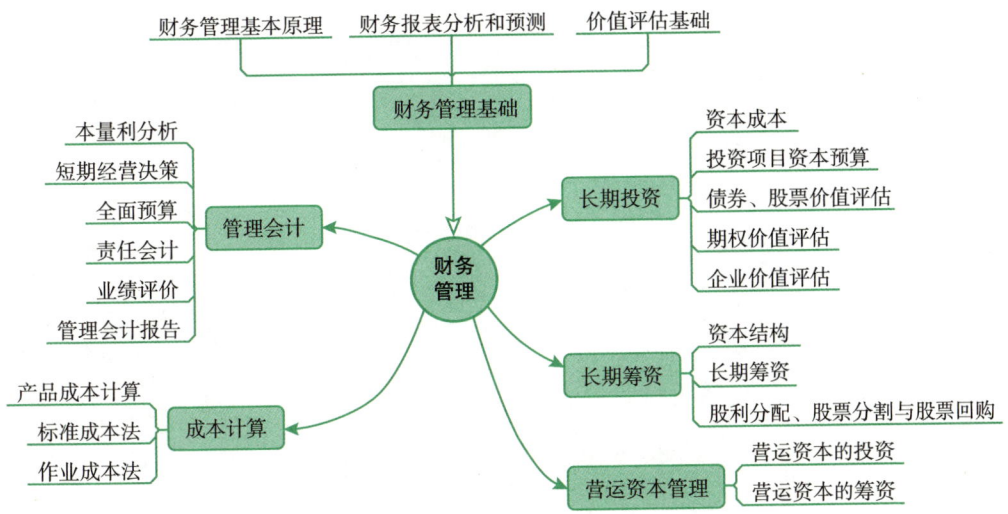

图 0-2 财务管理框架（一）

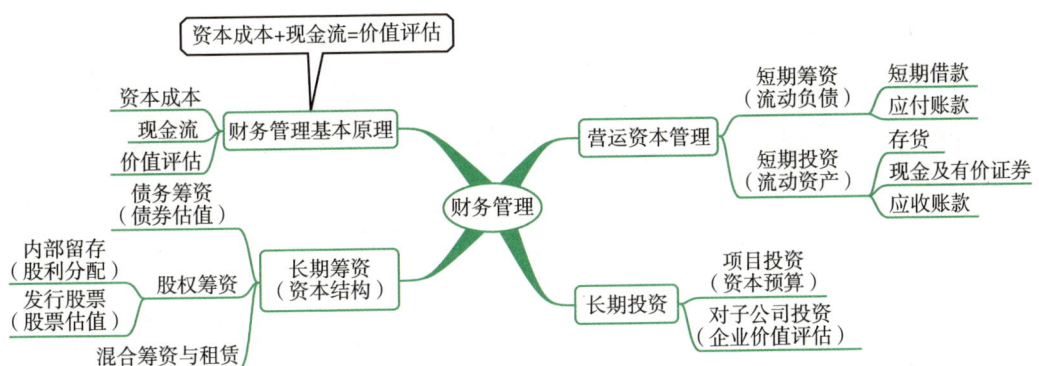

图 0-3 财务管理框架（二）

第一编
财务管理基础

财务管理基础，是整本书的理论基础，主要包括财务管理基本原理、财务报表分析与财务预测和价值评估基础。可以说，全书内容都是财务管理基础的拓展与应用。希望大家对此高度重视，多看几遍教材，仔细体会财务管理的基本原理，争取为后面的学习打下好的基础。

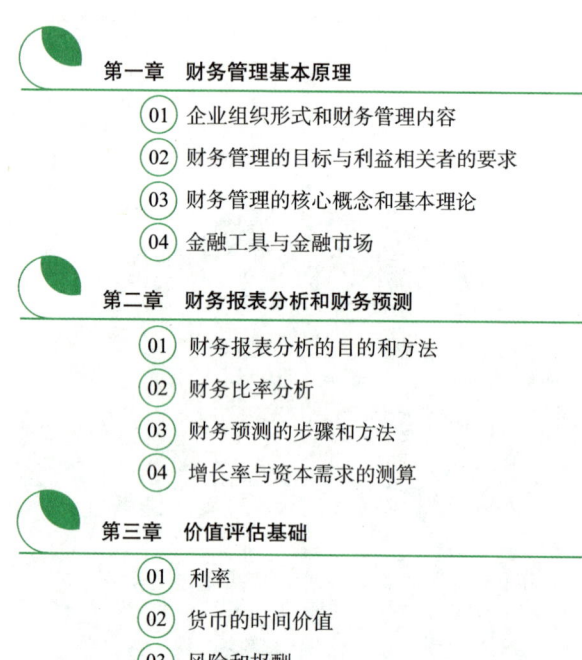

第一章　财务管理基本原理
- 01　企业组织形式和财务管理内容
- 02　财务管理的目标与利益相关者的要求
- 03　财务管理的核心概念和基本理论
- 04　金融工具与金融市场

第二章　财务报表分析和财务预测
- 01　财务报表分析的目的和方法
- 02　财务比率分析
- 03　财务预测的步骤和方法
- 04　增长率与资本需求的测算

第三章　价值评估基础
- 01　利率
- 02　货币的时间价值
- 03　风险和报酬

第一章 财务管理基本原理

【简单解释本章内容】

（1）本章主要讲述了财务管理的内容、目标、核心理念、基本理论和金融市场及金融工具；

（2）本章内容无难点，但是需要仔细看两遍，因为这对后续的财务管理学习意义重大；

（3）本书将"资本市场效率"的内容移到了本章节，常以选择题形式考查，各位要注意。所谓资本市场效率即资本市场能够达到什么样的功能？按照财务管理的基本处理模式，肯定要给定一些条件，主要是"理性的投资人""独立的理性偏差""套利"，只要这三个条件满足一个，资本市场就是有效的；

（4）本章将资本市场有效划分为三个维度：弱式有效、半强式有效、强式有效。

【本章学习方法】

本章没有难点，所以第一遍耐心看完之后无需记忆，然后快速翻两遍，最后看一下框架即可。对财务管理来说，框架尤其重要。

财务管理基本原理的框架如图1-1所示。

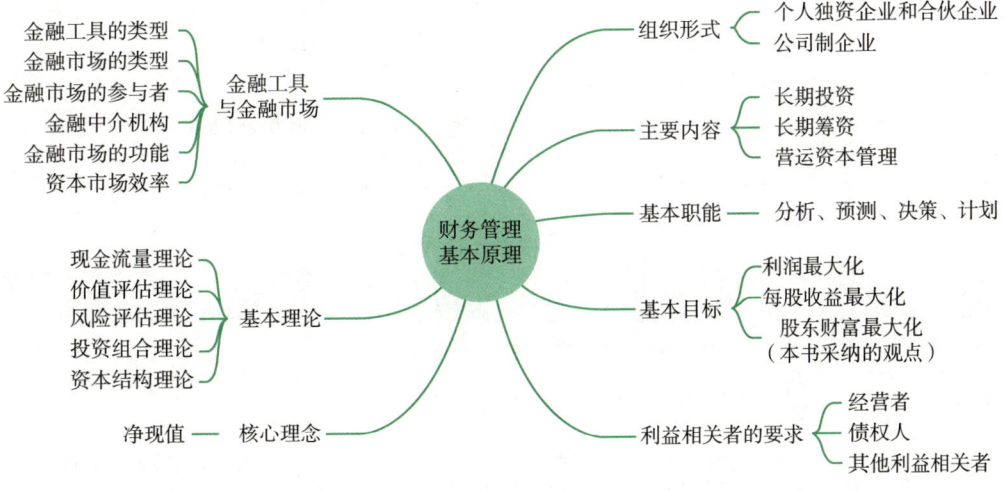

图1-1 本章框架

第一节　企业组织形式和财务管理内容

一、企业的组织形式

典型的企业组织形式有三种：**个人独资企业、合伙企业以及公司制企业。**

个人独资企业由一个自然人投资，财产为投资人个人所有，投资人以其个人财产对企业债务承担无限责任。

合伙企业由合伙人订立合伙协议，共同出资，合伙经营，共享收益，共担风险。合伙企业包括普通合伙企业和有限合伙企业。

普通合伙企业还包括一种特殊类型的合伙企业，即特殊普通合伙企业。特殊普通合伙企业适用于以专业知识和技能为客户提供有偿服务的专业服务机构。譬如，律师事务所、会计师事务所、设计师事务所等。

公司制企业是经政府注册的营利性法人组织，在法律上独立于所有者和经营者（见表1-1、表1-2）。

表1-1　企业组织形式及其特点

组织形式	优点	约束条件
个人独资企业	创立便捷； 维持成本较低； 无须交纳企业所得税（股东交纳个人所得税）	承担无限责任； 存续时间受制于业主的寿命； 难以从外部获得大量资本用于经营
合伙企业具有与个人独资企业类似的特点和约束条件，只是程度不同		
公司制企业	无限存续； 股权可以转让； 有限责任	**双重课税**——交了企业所得税以后给股东发股利，股东还要缴纳个人所得税； **组建公司成本高**——建立的手续和后续受到的监管都比个人独资企业和合伙企业多； **存在代理问题**——因为经营者和所有者不是同一个人，可能存在利益冲突

表1-2　合伙企业责任的承担

种类	责任范围
普通合伙人	普通合伙人对合伙企业债务承担无限连带责任
有限合伙人	有限合伙人以其认缴的出资额为限对合伙企业债务承担责任
特殊普通合伙企业的合伙人	（1）合伙人执业活动中因故意或重大过失造成合伙企业债务的，应当承担无限责任或无限连带责任，其他合伙人以其在合伙企业中的财产份额为限承担责任。 （2）合伙人在执业活动中非因故意或者重大过失造成的合伙企业债务，由全体合伙人承担无限连带责任

【例题1-1·多选题】与个人独资企业和普通合伙企业相比,公司制企业的特点有( )。
A. 以出资额为限,承担有限责任
B. 权益资金的转让比较困难
C. 存在着对公司收益重复纳税的缺点
D. 更容易筹集资金

【答案】ACD

【解析】选项A:个人独资企业和普通合伙企业都需承担无限责任;公司制企业以出资额为限,承担有限责任。选项B:公司制企业权益资金转让比个人独资企业和合伙企业都要简单。选项C:公司制企业投资者缴纳企业所得税后分得的股利还需要缴纳个人所得税;而独资企业和合伙企业仅需缴纳个人所得税。所以说公司制企业具有对公司收益重复纳税的缺点。选项D:公司制企业可以通过上市等手段更易筹集到资金。

二、财务管理的主要内容

财务管理的主要内容如图1-2所示。

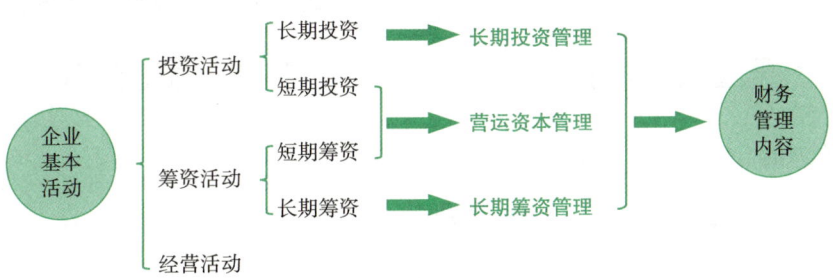

图1-2 企业基本活动与财务管理主要内容

公司的基本活动是从资本市场上筹集资金,投资于生产经营性资产,并运用这些资产进行生产经营活动。因此,公司的基本活动可以分为**投资、筹资和经营活动**三个方面。财务管理是对资金的管理,主要包括投资和筹资两大领域。

从财务管理角度看,投资可以分为长期投资和短期投资,筹资也可以分为长期筹资和短期筹资,这样财务管理的内容可以分为四个部分:长期投资、长期筹资、短期投资、短期筹资。由于短期投资和短期筹资有密切关系,通常合并在一起讨论,称为营运资本管理(或短期财务管理)。这三部分各自的**特点**如表1-3所示:

表1-3 财务管理内容的特点

公司基本活动	特点
长期投资	(1) 投资主体是公司,个人和投资机构不属于此类。 (2) 投资的对象是经营性长期资产(包括对子公司、联营企业的投资也属于经营性资产,为了控制其经营性资产),区别于金融资产。 (3) 投资的直接目的是获取经营活动所需的实物资源,区别于转让资产获取差价和股利

续表

公司基本活动	特点
长期筹资	（1）筹资的主体是公司。 （2）筹资的对象是长期资本，包括权益资本和长期债务资本。长期债务资本包括长期借款和长期债券。 【提示】长期资本的概念在这里要强调一下，因为在后面会经常遇见，长期资本是长期来源的资本，包含了"权益资本＋长期债务资本"。 （3）筹资的目的是满足公司的长期资本需要
营运资本管理	营运资本是指流动资产（短期资产）－流动负债（短期负债）的差额。 营运资本管理分为营运资本投资、营运资本筹资两部分

【例题1-2·多选题】下列活动中，属于公司财务管理中长期投资的有（　　）。
A. 购买衍生金融工具　　　　　　　　B. 购买机器设备
C. 对子公司的股权投资　　　　　　　D. 对联营企业公司进行增资
【答案】BCD
【解析】购买衍生金融工具（如期权）属于短期投资行为。购买机器设备、进行子公司股权投资和联营企业增资，都是为了长期经营进行的投资，属于长期投资。

第二节　财务管理的目标与利益相关者的要求

财务管理的目标及利益相关者的要求如图1-3所示。

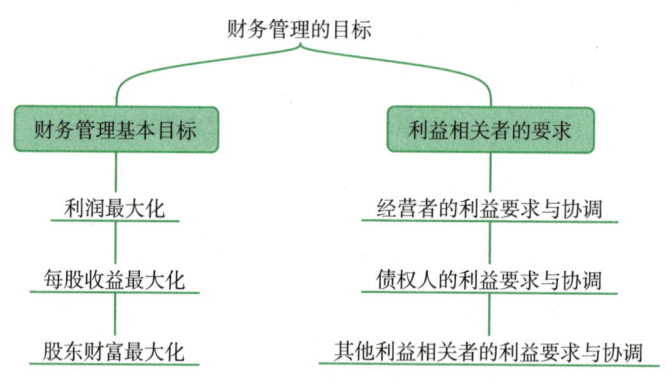

图1-3　本节框架

一、财务管理的目标

关于公司目标的表达，主要有三种观点，如表1-4所示。

表1-4　　　　　　　　　　　　　财务管理的基本目标

观点	理由及解释	存在问题	
利润最大化	利润代表公司新创造的财富，利润越多则说明公司财富增加得越多，越接近公司的目标	(1) 没有考虑利润的取得时间； (2) 没有考虑所获利润与投入资本额的配比关系； (3) 没有考虑获得利润和所承担风险的关系。 【注】如果投入资本相同、利润取得的时间相同、相关的风险也相同，利润最大化是一个可以接受的观念	
每股收益最大化	把公司的利润和股东投入的资本联系起来考察，用每股收益（或权益净利率）来概括公司的财务管理目标。 与利润最大化观点相比较，唯一的进步在于考虑了投入资本与获得利润之间的配比关系	(1) 没有考虑每股收益的取得时间； (2) 没有考虑每股收益的风险。 【注】如果每股收益的时间、风险相同，则每股收益最大化也是一个可以接受的观念	
股东财富最大化（本书观点）	增加股东财富是财务管理的基本目标。 (1) 股东财富可以用股东权益的市场价值来衡量； (2) 股东财富的增加可以用股东权益的市场价值与股东投资资本的差额来衡量（又被称为：股东权益的市场增加值）		
	其他表述形式	股价最大化	在股东投资资本不变的情况下，股价最大化与增加股东财富具有同等意义
		企业价值最大化	(1) 公司价值的增加，是由股东权益价值增加和债务价值增加引起的。 (2) 假设债务价值不变，增加公司价值与增加股东权益价值具有相同意义。 (3) 假设股东投资资本和债务价值不变，公司价值最大化与增加股东财富具有相同意义

【例题1-3·多选题】下列有关公司财务目标的说法中，正确的有（　　）。(2009年)

A. 公司的财务目标是利润最大化

B. 增加借款可以增加债务价值以及公司价值，但不一定增加股东财富，因此公司价值最大化不是财务目标的准确描述

C. 追加投资资本可以增加公司的股东权益价值，但不一定增加股东财富，因此股东权益价值最大化不是财务目标的准确描述

D. 财务目标的实现程度可以用股东权益的市场增加值度量

【答案】BCD

【解析】利润最大化仅仅是公司财务目标的一种，所以，选项A错误；财务目标的准确表述是股东财富最大化，公司价值=权益价值+债务价值，公司价值的增加，是由于权益价值增加和债务价值增加引起的，只有在债务价值不变以及股权投资资本不变的情况下，公司价值最大化才是财务目标的准确描述，所以，选项B正确；股东财富的增加可以用股东权益的市场价值与股东投资资本的差额来衡量，只有在股东投资资本不变的情况下，股价的上升才可以反映股东财富的增加，所以，选项C正确；股东财富的增加被称为"权益的市场增加值"，权益的市场增加值就是公司为股东创造的价值，所以，选项D正确。

二、利益相关者的要求

公司的经营不仅要满足股东的需求,也需要满足其他利益相关者的需求,比如经营者、债权人以及其他利益相关者(见图1-4)。

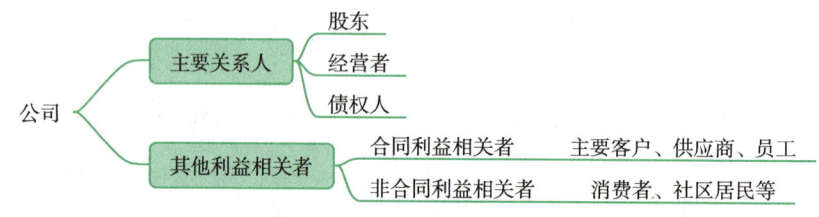

图1-4 公司利益相关者

1. 主要关系人的利益要求与协调

股东的目标是希望自己的财富最大化,要求经营者以最大的努力去完成这个目标。经营者也是利益最大化的追求者,其具体行为目标与股东不尽一致(见表1-5)。

表1-5 主要关系人的利益要求与协调

	经营者	债权人
要求	(1) 增加报酬; (2) 增加闲暇时间; (3) 避免风险	(1) 到期收回本金; (2) 获得约定的利息收入
与股东的冲突	(1) 道德风险:经营者为了自己的目标不去尽最大努力以实现公司的目标。 (2) 逆向选择:经营者为了自己的目标而背离股东的目标	(1) 股东不经债权人同意,投资于比债权人预期风险更高的项目。 (2) 股东为了提高公司利润,不征得债权人同意而发行新债,致使旧债券的价值下降,导致了旧债权人利益受到损失
解决措施	监督、激励。 最佳的办法:监督成本、激励成本与偏离股东目标的损失之和为最小	(1) 在借款合同中加入限制性条款,如限制贷款用途,不允许发行新债或限制新债的规模。 (2) 发现公司有损害债权利益的意图时,拒绝进一步合作,不再提供新的贷款或提前收回贷款

【例题1-4·多选题】为防止经营者背离股东目标,股东可采取的措施有( )。(2015年)

A. 对营业者实行固定年薪制　　B. 给予经营者股票期权奖励
C. 聘请注册会计师审计财务报告　　D. 要求经营者定期披露信息

【答案】BCD

【解析】为防止经营者背离股东目标,股东可采取监督与激励措施。选项B属于激励,选项CD属于监督。

2. 其他利益相关者的利益要求与协调

狭义的利益相关者是指股东、债权人和经营者之外的,对公司现金流量有潜在索偿权的人。

广义的利益相关者包括一切与公司决策有利益关系的人,包括资本市场利益相关者

（股东和债权人）、产品市场利益相关者（主要顾客、供应商、所在社区和工会组织）和公司内部利益相关者（见表1-6）。

表1-6　其他利益相关者的利益要求与协调

种类	内容	解决措施
合同利益相关者	包括主要客户、供应商和员工	公司只要遵守合同就可以基本满足合同利益相关者的要求，在此基础上股东追求自身利益最大化也会有利于合同利益相关者
非合同利益相关者	包括一般消费者、社区居民以及其他与公司有间接利益关系的群体	法律关注较少，享受的法律保护低于合同利益相关者。公司的社会责任政策，对非合同利益相关者影响很大

第三节　财务管理的核心概念和基本理论

一、财务管理的核心概念

（一）货币的时间价值

货币的时间价值是指货币在经过一定时间的投资和再投资后所增加的价值。

货币时间价值的两大应用：

（1）现值概念。现值概念是指把不同时间的货币价值折算到"现在"这个时点或"零"时点，然后对现值进行运算或者比较。因此在财务估算中，广泛使用现值进行价值评估。

（2）"早收晚付"观念。"早收晚付"观念是指不附带利息的货币收支，与其晚收不如早收，与其早付不如晚付。简单地说，就是把货币握在自己手中。

（二）风险与报酬

风险厌恶：人们普遍认为风险是不利的事情。当其他一切条件相同时，人们倾向于高报酬和低风险。但是，现实的市场中只有高风险同时高报酬和低风险同时低报酬，因此产生了风险和报酬之间的权衡。

风险与报酬的权衡关系：高收益的投资机会必然伴随巨大风险，风险小的投资机会必然只有较低的收益。

风险和报酬的关系，是股票、债券、项目及企业等价值评估的关键因素。

二、财务管理的基本理论

1. 现金流量理论

股东财富的一般表现形式是现金。现金是指库存现金。现金流量理论是关于现金、现金流量和自由现金流量的理论，**是财务管理中最为基础的理论**。

现金流量包括现金流入量、现金流出量和现金净流量。依据现金流量，建成现金流量折现模型，取代了过去使用的收益折现模型，用于证券投资、项目投资的价值评估。

2. 价值评估理论

价值评估理论是关于内在价值、净增加值和价值评估模型的理论，是财务管理的一个核心理论。

从财务管理的角度，价值主要是指内在价值、净增加值。譬如，股票的价值实质上是指股票的内在价值即现值，项目的价值实质上是指项目的净增加值即净现值。内在价值、净增加值是以现金流量为基础的折现估计值，而非精确值。

现金流量折现模型和自由现金流量折现模型是对特定证券现值和特定项目净现值的评估模型。从投资决策的角度，证券投资者需要评估特定证券的现值，据以与其市场价格比较，作出相应的决策；项目投资者需要评估特定项目的净现值，据以取得和比较净增加值的多少，作出相应的决策。

3. 风险评估理论

风险导致财务收益的不确定性。

风险与收益成正比，因此，激进的投资者偏向于高风险是为了获得更高的利润，而稳健的投资者则着重于安全性的考虑。

风险无时不在，无处不在。投资、筹资和经营活动都存在风险，需要进行风险评估。

4. 投资组合理论

投资组合是指投资于若干种证券构成组合投资，其收益等于这些证券的加权平均收益，但其风险并不等于这些证券的加权平均风险。投资组合能降低非系统性风险。

风险与报酬存在关系，一是承担风险会得到回报，这种回报称为风险溢价；二是风险越高，风险溢价越大。

5. 资本结构理论

资本结构是指公司各种长期资本的构成及比例关系。公司的长期资本包括永久的权益资本和长期的债务资本，权益资本和长期债务资本组合，形成一定的资本结构。

资本结构理论是关于资本结构与财务风险、资本成本以及公司价值之间关系的理论。

资本结构理论主要有 MM 理论、权衡理论、代理理论和优序融资理论等。

【例题 1-5·单选题】公司的下列财务管理理论中，最基础的理论是（　　）。
A. 现金流量理论　　　　　　　　B. 投资组合理论
C. 资本结构理论　　　　　　　　D. 价值评估理论
【答案】A
【解析】选项 A，现金流量理论是公司财务管理最基础的理论。

第四节　金融工具与金融市场

金融市场和普通商品市场类似，也是一种交易场所。金融市场交易的对象是票据、债券、股票、期货等金融工具。例如，卖方发行债券换取货币，买方用货币换取债券。金融交易大多只是货币资本使用权的转移，而普通商品交易是所有权和使用权的同时转移。

一、金融工具的类型

金融工具是指形成一方的金融资产并形成其他方的金融负债或权益工具的合同。包括股票、债券、外汇、保单等（见图1-5和表1-7）。

图1-5 金融工具基本特征

表1-7 金融工具分类（按收益性分类）

	含义	与发行人的财务状况相关程度
固定收益证券（重要形式）	指能够提供固定或根据固定公式计算出来的现金流的证券。包括固定利率、浮动利率债券，以及优先股	相关程度低；除非发行人破产或违约，证券持有人将按规定数额取得收益
权益证券（最基本形式）	权益证券代表特定公司所有权的份额。发行人事先不对持有者作出支付承诺，收益的多少不确定，风险高于固定收益证券	相关程度高，其持有人非常关心公司的经营状况
衍生证券	种类繁多，包括期权、期货和利率互换合约等。衍生证券是公司进行套期保值或者转移风险的工具	—

二、金融市场

1. 金融市场的种类

按照不同的标准，金融市场有不同的分类（见表1-8）。

表1-8 金融市场的分类

依据	分类	说明		
按交易工具的期限	货币市场	交易的证券期限**不超过一年**。短期利率绝大多数情况下低于长期债务利率	主要功能：保持金融资产流通性	工具：短期国债（英美称为国库券）、大额可转让存单、商业票据、银行承兑汇票
	资本市场	期限在**一年以上**的金融资产交易市场。利率或要求的报酬率较高。它包括：银行中长期存贷市场和有价证券市场	主要功能：长期资本的融通	工具：股票、公司债券、长期政府债券和银行长期贷款
按证券属性划分	债务市场	交易对象是债务凭证：公司债券和抵押票据。按期限可分为短期债务工具、中期债务工具、长期债务工具		
	权益市场	交易对象是股票。股票的持有者拥有持有股票的份额，但没有确定金额。股票持有人可以收取股利，但是只要没有转让股权，就没有到期期限		
按是否初次发行	一级市场	初次发行。新闻报道中所说的IPO（初次发行上市）就是属于一级市场		
	二级市场	已经发行。我们能在A股市场中，每天交易时间内买卖交易到的股票都是在二级市场上交易的		

续表

依据	分类	说明
按交易程序	场内市场	指各种证券交易场所，有固定的交易场所、交易时间和规范的交易规则
	场外市场	没有固定场所，由持有证券的交易商分别进行，又叫柜台交易。场外交易的往往是非上市的证券。交易对象包括了股票、债券、可转让存单、银行承兑汇票等

【例题1-6·多选题】下列金融工具在货币市场中交易的有（　　）。（2013年）
A. 银行承兑汇票　　　　　　　　B. 期限为3个月的政府债券
C. 期限为12个月的可转让定期存单　D. 股票
【答案】ABC
【解析】金融市场可以分为货币市场和资本市场。货币市场是短期金融工具交易的市场，交易的证券期限不超过一年，主要包括国库券、大额可转让存单、商业票据、银行承兑汇票等。资本市场的工具包括股票、公司债券、长期政府债券和银行长期贷款。

2. 金融市场的参与者

金融市场的参与者主要是资金的提供者和需求者以及一些金融中介机构（见图1-6）。

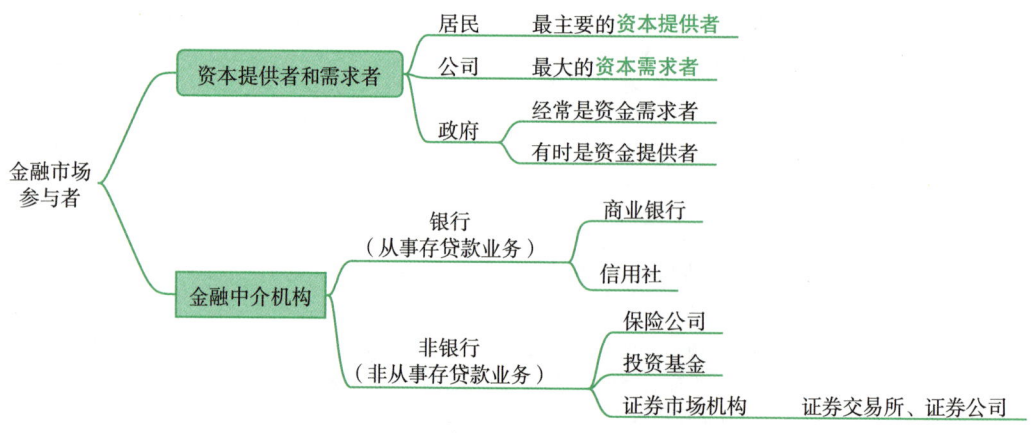

图1-6　金融市场的参与者

【例题1-7·单选题】下列属于金融市场最主要的资金提供者的是（　　）。
A. 居民　　　B. 政府　　　C. 公司　　　D. 银行
【答案】A

【例题1-8·多选题】下列属于非存款性金融机构的是（　　）。
A. 保险公司　　B. 投资基金　　C. 商业银行　　D. 邮政储蓄银行
【答案】AB
【解析】"非存款性金融机构"是指非从事贷款业务的金融机构，包括保险公司、投资基金、证券市场机构等。

3. 金融市场的功能

基本功能：资本融通功能、风险分配功能。

附带功能：价格发现功能、调节经济功能、节约信息成本。

三、资本市场效率

一般而言，资本市场效率是指资本市场实现资本资源优化配置功能的程度。

具体来说，资本市场效率包括两方面：一是资本市场以最低交易成本为资金需求者提供资本资源的能力；二是资本市场的资金需求者使用资本资源为社会提供有效产出的能力。高效率的资本市场，应是将有限的资本资源配置到效益最好的公司及行业，进而创造最大的价值。

（一）资本市场效率的意义

有效资本市场是指市场上的价格能够同步地、完全地反映全部的可用信息。

在有效市场中，价格会对新的信息做出迅速的、充分的反应。有效市场理论认为，价格能够完全反映资产特征，运行良好的市场价格是公平的，投资人无法取得超额利润（见表1–9、表1–10）。

表1–9　　　　　　　　　资本市场有效的外部标志和基础条件

外部标志	等质量信息	证券的有关信息能够充分地披露和均匀地分布，使每个投资者在同一时间内得到等质等量的信息
	价格变动	价格能迅速地根据有关信息变动，而不是没有反应或反应迟钝
基础条件（只要有一个存在即有效）	理性的投资人	假设所有投资人都是理性的，当市场发布新信息时所有投资者都会以理性的方式调整自己对股价的估计
	独立的理性偏差	市场有效性并不要求所有投资者都是理性的，总有一些非理性的人存在。如果假设乐观的投资者和悲观的投资者人数大体相同，他们的非理性行为就可以互相抵消，使得股价变动与理性预期一致，市场仍然是有效的
	套利行为	当非理性的投资人偏差不能相互抵消时，专业投资者会进行套利交易。专业投资者的套利活动，能够控制业余投资者的投机，使市场保持有效

【例题1–9·多选题】根据有效市场假说，下列说法中正确的有（　　）。

A. 只要所有的投资者都是理性的，市场就是有效的

B. 只要投资者的理性偏差具有一致倾向，市场就是有效的

C. 只要投资者的理性偏差可以互相抵销，市场就是有效的

D. 只要有专业投资者进行套利，市场就是有效的

【答案】ACD

【解析】选项A属于理性的投资人的内容；选项C属于独立的理性偏差的内容；选项D属于套利的内容。以上三个条件只要有一个存在，市场就是有效的。

表 1-10　　　　　　　　　　　有效资本市场对财务管理的意义

意义	说明
管理者**不能通过改变会计方法**提升股票价值	如果市场是半强式或强式有效的，即财务报告信息被股价完全吸收，并且财务报告信息是充分、合规的，则投资人可以通过分析测算出不同会计政策选择下的会计利润，管理者也就不能通过改变会计方法提升股票价值
管理者**不能通过金融投机获利**	在资本市场上，许多个人和金融机构从事投机。实业公司管理者的金融知识有限、时间有限，没有从金融投机中赚取超额利润的合理依据。实业公司在资本市场上主要是筹资者，并利用金融市场进行套期保值，锁定其价格，降低金融风险
关注自己公司的**股价**是有益的	在有效资本市场中，资本市场对公司的定价是公司的一面镜子，也是公司行为的校正器，管理层可以从中看出市场对公司行为的评价。因此，管理层必须关注自己公司的股价

（二）资本市场效率的程度

1. 市场信息的分类

（1）历史信息：指证券价格、交易量等与证券交易有关的历史信息。

（2）公开信息：指公司的财务报表、附表、补充信息等公司公布的信息，以及政府和有关机构公布的影响股价的信息。

（3）内部信息：指没有公布的只有内幕者知悉的信息。"内幕者"一般定义为董事会成员、大股东、公司高层经理和有能力接触内部信息的人士。

2. 资本市场有效程度

根据市场信息，把资本市场分为三种有效程度：弱式有效、半强式有效、强式有效。不同有效程度的市场，反映不同的市场信息（见图 1-7、表 1-11）。

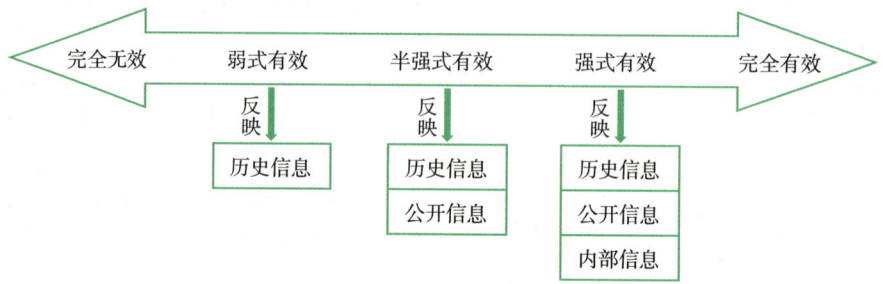

图 1-7　资本市场效率程度

表 1-11　　　　　　　　　　　有效市场对比

	反映信息	判断标志	验证方法	说明
无效市场	—	有关证券的历史资料对证券的价格变动仍有影响	使用过滤原则买卖证券的收益率将超过"简单购买/持有"策略的收益率，赚取超额收益	—
弱式有效市场	历史信息	有关证券的历史资料（如价格、交易量等）对证券的现在和未来价格变动没有任何影响	（1）"**随机游走模型**"。即股价是随机游走的。 （2）"**过滤检验模型**"。任何利用历史信息的投资策略所获取的平均收益，都不会超过"简单的购买/持有"策略所获取的平均收益	**技术分析无用**

续表

	反映信息	判断标志	验证方法	说明
半强式有效市场	历史信息 公开信息	不能通过对公开信息的分析获得超额利润。公开信息已反映于股票价格，所以基本面分析是无用的	(1) 事件研究。超常收益只与当天披露的事件相关。 (2) 投资基金表现研究。各种投资基金不能取得超额收益	技术分析、基本面分析是无用的
强式有效市场	历史信息 公开信息 内部信息	无论可用信息是否公开，价格都可以完全地、同步地反映所有信息	对强式有效资本市场的检验，主要考察"内幕者"参与交易时能否获得超额盈利	技术分析、基本面分析、内幕消息无用

【例题1-10·多选题】下列有关半强式有效资本市场表述正确的有（　　）。
A. 半强式有效市场是指当前的证券价格完全地反映"全部"公开有用的信息的市场
B. 通过对于异常事件与超常收益率数据的统计分析，如果超常收益只与当天披露的事件相关，则市场属于半强式有效
C. 如果市场半强式有效，技术分析、基本面分析和各种估值模型都是无效的，各种投资基金就不能取得超额收益
D. "内幕者"参与交易时不能获得超常盈利，说明市场达到半强式有效
【答案】ABC
【解析】内幕者不能获得超额收益，说明市场是强式有效的，所以选项D不正确。

【例题1-11·多选题】甲投资基金利用市场公开信息进行价值分析和投资。在下列效率不同的资本市场中，该投资基金可获取超额收益的有（　　）。(2017年)
A. 无效市场
B. 弱式有效市场
C. 半强式有效市场
D. 强式有效市场
【答案】AB
【解析】无效市场和弱式有效市场的股价没有反映公开的信息，因此利用公开信息可以获得超额收益。

第一章　财务管理基本原理

彬哥跟你说：

说到财管，很多人真的很怕，总觉得有大量的数字，但是实际上财管并没有那么难，但是为何会给我们这种印象？主要有以下几种原因：

（1）对未知的恐惧。每个人都会对未知恐惧，所有人都说难的时候，那么你的心中会无形树立一座高山，这样无形中加大了学习难度！

（2）财管有大量的"陌生的公式"。财管会让你看到很多陌生的公式，比如"求和公式""α""β""协方差""标准差"，这些都是高中才会学到的知识，所以给很多人很大的压力，但是实际上财管的难度仅限于认识它，不需要去深入了解它，也不需要你去计算它！

（3）财管涉及大量数字，需要刻意练习。比如"资本预算"和"产品成本计算"，这种题目数字都有几十个，虽然都是套路，但是很多人没有去"刻意练习"，导致考试的时候总是崩盘！很多人以为"看懂了答案"就是真懂了，殊不知，看懂了答案跟没懂没什么区别！

今日复习步骤：

第一遍：回忆&重新复习一遍框架（10分钟）

学习要求：自己重新梳理一遍框架，不需要掌握所有细节，但求框架了然于心。

（1）财务管理学些什么——长期投资、长期筹资和营运资本管理？

（2）财务管理的基本目标包括哪些？

（3）利益相关者有哪些内容？

（4）金融工具与金融市场包括哪些内容？

第二遍：对细节进一步掌握（30分钟）

第三遍：重新复习一遍框架（5分钟）

我问你答：

（1）财务管理基本目标的三种观点是什么？各观点的局限性是什么？

（2）利益相关者中主要关系人有哪些要求？采取什么措施协调？

（3）各金融市场类型的区分？

（4）资本市场有效的基础条件有哪些？有效资本市场对财务管理有什么意义？

（5）资本市场效率的程度包括？各效率程度的市场反映了什么信息？对应的哪些分析是无用的？

本章作业：

（1）请把讲义例题做三遍（做错的题目，请分析错误原因并记录到改错本）。

（2）请复习完口述一遍框架，睡前请再回忆一遍框架。

（3）第二天早上，请再回忆一遍框架，对于回忆不起来的内容，请翻书看一遍。

第 2 天

复习旧内容：
　　第一章　财务管理基本原理

学习新内容：
　　第二章　财务报表分析和财务预测第一～第二节

学习方法：
　　(1) 有同学可能没有学习过会计，所以不知道什么是财务报表，建议先搞懂什么是财务报表，以及财务报表的构造，如果学过会计，这就很简单。
　　(2) 财务报表分析这里分为通用财务报表和管理用财务报表，教材对管理用财务报表进行了精简，但是我认为学习管理用财务报表仍需要自己简单画一遍管理用财务报表，才能学得更加牢固。

你今天的可能心态：
　　你可能会因为公式众多而烦躁，但是回忆一下我们小学的时候，我们也会因为"乘法口诀表"而烦躁，感觉太多了记不住，但是当你小学四年级回头看看那时傻傻的自己，这口诀表不就是工具吗，随时都在使用不就熟悉了吗？因此本章的众多公式其实也是相当于"乘法口诀表"，多看几次后面就明白了，无须烦恼。

简单解释今天学习内容：
　　(1) 对于通用的财务报表，从"短期偿债能力""长期偿债能力""营运能力""盈利能力""市价比率"以及"杜邦分析体系"进行分析，其实就是从财务报表寻找到相关的信息。
　　(2) 管理用财务报表是为了企业内部管理的需要，将企业活动分为经营活动和金融活动。

可能会遇到的难点：
　　管理用现金流量表的编制基本原理还是遵循普通现金流量表的编制原则，就是从税后经营净利润往回调整，如折旧和摊销不影响现金流量，那就要加回去。

习题注意事项：
　　本章习题没有难点

建议学习时间：
　　3.5 个小时

第二章　财务报表分析和财务预测

【简单解释本章内容】

（1）本章内容比较多，包含了财务报表分析和财务预测，为后面的学习打下了基础。

（2）所谓的财务报表分析，主要是分析"偿债能力""营运能力"和"盈利能力"等，这里的公式较多，但是无需担心，基本都是几个公式的变形，也不涉及大规模的计算，所以放轻松。

（3）管理用财务报表是很多人比较怕的，教材进行了精简，因此只需要搞懂管理用财务报表的基本模式即可，本书为了各位更加容易理解，专门画出了管理用财务报表，我们认为只有看了实在的管理用财务报表，理解起来才能更加容易。

（4）所谓的财务预测，就是看未来还需要多少钱。作为一个正常的企业，未来需要的钱是为了满足生产运营的。比如要运营就需要购买更多存货、需要更多的流动性资金，也可能会有更多的应收账款导致现金减少，这是"经营性资产"的增加，这是真实的现金需求；同时应付账款等"经营性负债"也可能增加，应付账款增加就是可以暂时少付现金，因此可以减少现金需求。"经营性资产增加－经营性负债增加"不就是运营过程需要的钱吗？

（5）这个钱怎么解决？一是留存收益就是用来解决这个的，二是如果有金融资产也可以卖掉筹资，三是找外部借款，四是寻找投资人来入股。这些都是方法。

（6）那么经营性资产增加或者经营性负债增加真的要一个科目一个科目的计算吗？完全没必要，一般我们使用销售百分比法。比如现在经营性资产是100万元，假设明年销售收入增长10%，那我们假设经营性资产跟销售收入保持不变的关系，那经营性资产也是直接增长10%即可。毕竟预测不可能百分百准确，总会有很多假设。

（7）关于本章的"内含增长率"和"可持续增长率"。前面说了，如果差钱可以内部解决（留存收益和卖掉金融资产），也可以外部解决（借钱和发行股票），内含增长率的意思就是不从外部解决，全部内部解决的增长率。而可持续增长率就跟内含增长率不一样，可持续增长率强调的是可持续，我们生活中不是也强调可持续发展吗？可持续发展就是不搞大破坏，不搞大变动。这里的可持续增长率就是企业的各项政策保持不变能够达到的最大的增长率！

【本章学习方法】

（1）公式要去理解意思，而不是死记硬背。比如短期偿债能力为什么是"流动资产÷流动负债"，为什么是"速动资产÷流动负债"等，因为短期负债只能找短期能够随时变现的资产来偿还啊！长期资产不能随时变现啊！那为什么长期偿债能力是"总负债÷总资产"等公式？因为长期来看，所有的资产都可以用来偿还债务啊！为什么应收账款周转率是"销售收入÷应收账款"，因为今年销售收入总共这么多，而应收账款的平均值一直保持一定的水平，两者相除，不就是可以看出到底应收账款周转了几次才达到这么高的销售收入吗？

（2）管理用财务报表很难吗？忘掉这个印象！最佳学习方法就是动笔画一下管理用财务报表。提起管理用资产负债表，我们要马上脑海里面浮现出一张管理用资产负债表，左边什么项目，怎么布局，右边什么项目，怎么布局！

本章框架如图2-1所示。

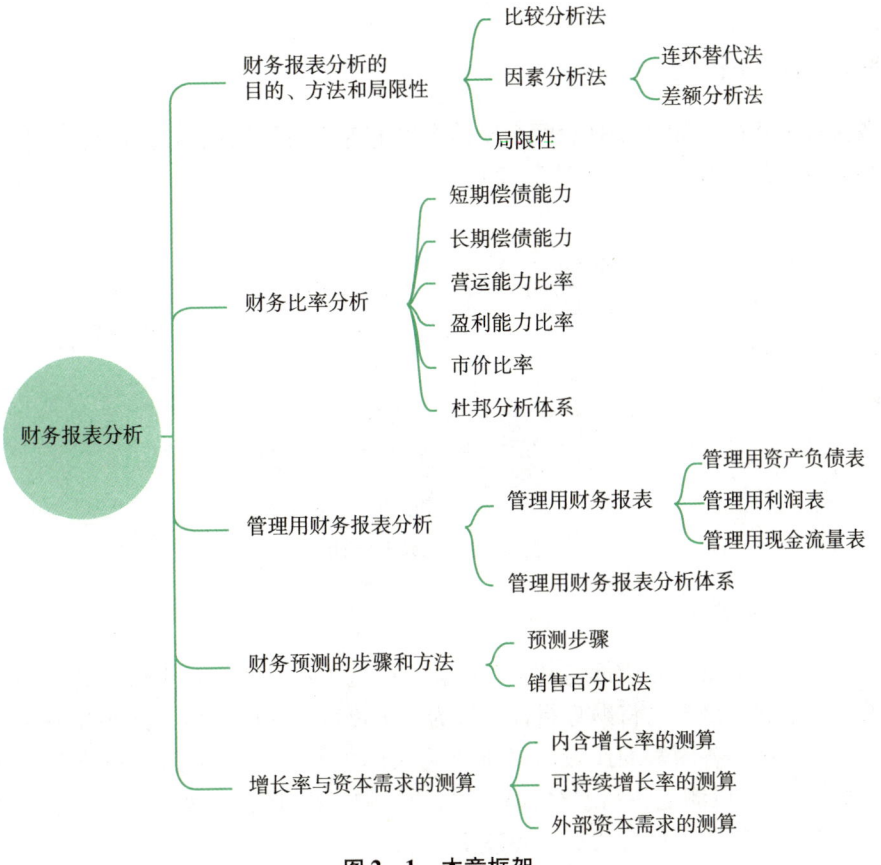

图2-1 本章框架

第一节 财务报表分析的目的和方法

一、财务报表分析的目的及维度

财务报表分析的目的是将财务报表数据转换成有用的信息,以帮助信息使用者改善决策。

基于哈佛分析框架,现代财务报表一般包括战略分析、会计分析、财务分析和前景分析四个维度。

二、财务报表分析的方法

财务报表分析的方法有很多种类,可归为**比较分析法和因素分析法**两类。所谓的比较分析法就是将数据进行各个维度的对比,而因素分析法就是分析各要素对指标的影响程度。

(一)比较分析法

财务报表分析的比较法,是对两个或两个以上有关的可比数据进行对比,从而揭示存在的趋势或差异的一种方法(见图2-2)。

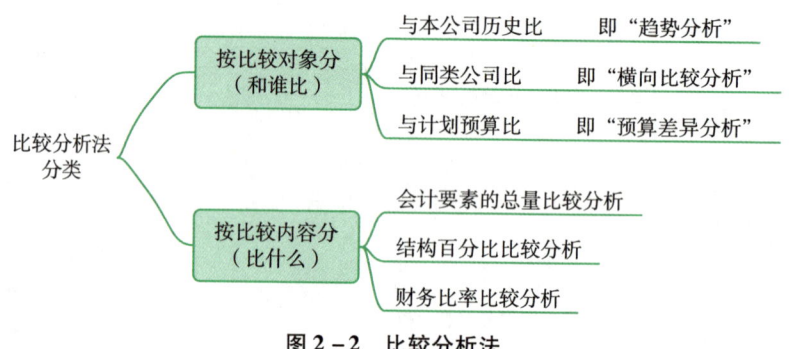

图2-2 比较分析法

(二)因素分析法

因素分析法是依据财务指标与其驱动因素之间的关系,从数量上确定各因素对指标影响程度的一种方法。该方法将财务指标分解为各个可以计量的因素,并根据各个因素之间的依存关系,顺次用各因素的比较值(通常为实际值)替代基准值(通常为历史值、标准值或计划值),据以测定各因素对财务指标的影响。由于分析时,要逐次进行各因素的有序替代,因此又称为连环替代法(见图2-3)。

步骤	说明	公式
01	确定分析对象	$R_{实际} - R_{计划}$
02	确定该财务指标的驱动因素	报告期（实际）指标 $R_1 = A_1 \times B_1 \times C_1$ 基期（计划）指标 $R_0 = A_0 \times B_0 \times C_0$ （1）
03	确定驱动因素的替代顺序（**实际替代计划**）	替代因素A $A_1 \times B_0 \times C_0$ （2） 替代因素B $A_1 \times B_1 \times C_0$ （3） 替代因素C $A_1 \times B_1 \times C_1$ （4）
04	按顺序计算各驱动因素脱离实际标准的差异对财务指标的影响	（2）－（1）→A变动对R的影响 （3）－（2）→B变动对R的影响 （4）－（3）→C变动对R的影响 （4）－（1）→全部因素的影响

图 2–3　因素分析法四步骤

三、财务报表分析的局限性

财务报表分析的局限性如表 2–1 所示。

表 2–1　　　　　　　　　　　财务报表分析的局限性

问题类型	具体阐述	
信息的披露问题	（1）财务报表没有披露公司的全部信息，管理层拥有更多的信息，披露的只是其中一部分； （2）已经披露的财务信息存在会计估计误差，不可能是真实情况的全面准确计量； （3）管理层的各项会计政策选择，有可能导致降低信息可比性	
可靠性问题	只有根据符合规范的、可靠的财务报表，才能得出正确的分析结论。外部分析人员没有办法认定财务报表是否有虚假陈述，但可以发现一些"危险信号"	
	常见危险信号	（1）财务报告失范； （2）数据出现异常； （3）关联方交易异常； （4）资本利得金额大； （5）审计报告异常
比较基础问题	在比较分析时，需要选择比较的参照标准。 （1）横向比较时，需要使用同业标准。 （2）趋势分析应以本企业历史数据作为比较基础。 （3）实际与预算的差异分析应以预算为比较基础	

第二节 财务比率分析

财务比率分析的框架如图 2-4 所示。

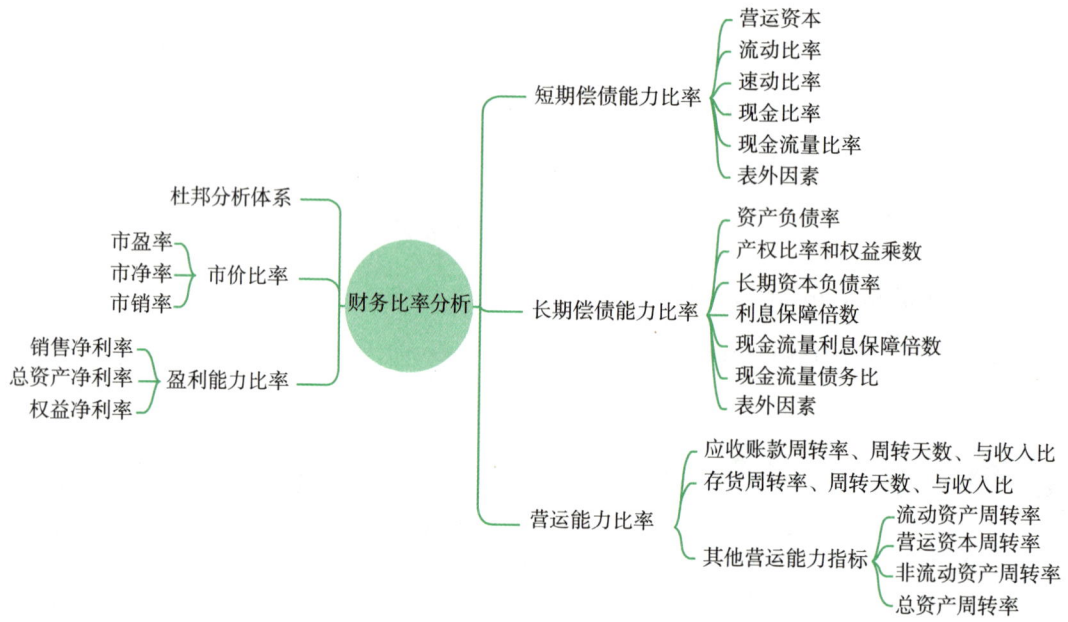

图 2-4 本节框架

一、短期偿债能力比率

偿债能力的衡量方法有两种：一种是比较可供偿债资产与债务的存量，资产存量超过债务存量较多，则认为偿债能力较强；另一种是比较经营活动现金流量和偿债所需现金，如果产生的现金超过需要的现金较多，则认为偿债能力较强。

短期偿债能力中的"债"是指"流动负债"，公司偿还流动负债，一般是使用流动资产来偿还，因此，该类指标通常涉及的是"流动负债"和"流动资产"或者"流动资产的组成项目"。

1. 营运资本

$$营运资本 = 流动资产 - 流动负债$$
$$= (总资产 - 非流动资产) - (总资产 - 股东权益 - 非流动负债)$$
$$= (股东权益 + 非流动负债) - 非流动资产 = 长期资本 - 长期资产$$

长期资本是指长期可以使用的资本，包括股东权益和非流动负债。

（1）实务中一般不用这种方式来评判短期偿债能力。

（2）当流动资产大于流动负债时，营运资本为正数，表明长期资本的数额大于长期资产，超出部分被用于流动资产。营运资本的数额越大，财务状况越稳定。

（3）营运资本是**绝对数**，不便于不同历史时期及不同公司之间比较。

（4）**营运资本配置比率 = 营运资本 ÷ 流动资产**，显然，该比率越高，公司的财务状况越稳定。

2. 流动比率

$$流动比率 = 流动资产 \div 流动负债$$

（1）一般而言，该指标越大，短期偿债能力越强。

（2）流动比率和营运资本配置比率反映的偿债能力相同，它们可以相互换算：

$$流动比率 = 流动资产 \div 流动负债 = 流动资产 \div (流动资产 - 营运资本)$$
$$= 1 \div (1 - 营运资本配置比率)$$

（3）不同行业的流动比率，通常有明显差异，营业周期越短的行业，合理的流动比率越低。

（4）流动比率有其**局限性**，流动比率指标假设全部流动资产都可以变为现金并用于偿债，全部流动负债都需要偿还。该假设存在三个问题：

①有些流动资产的账面金额与变现金额有较大的差异，如产成品等；

②经营性流动资产是公司持续经营所必需的，不能全部用于偿债；

③经营性应付项目可以滚动存续，无需动用现金全部结清。

因此，流动比率是对短期偿债能力的粗略估计。

3. 速动比率

$$速动比率 = 速动资产 \div 流动负债$$

（1）一般情况下，速动比率越高，表明公司短期偿债能力越强。

（2）速动资产和非速动资产的划分。

速动资产指可以在较短时期内变现的资产，包括货币资金、交易性金融资产和应收款项等。

非速动资产包括存货、预付账款、一年内到期的非流动资产和其他流动资产等。

也就是说速动资产有两种计算方法：

①速动资产 = 货币资金 + 交易性金融资产 + 各种应收款项

②速动资产 = 流动资产 - 存货 - 预付账款 - 1年内到期的非流动资产 - 其他流动资产

（3）不同行业的速动比率有很大差别。

（4）影响速动比率可信性的重要因素是应收账款的变现能力。

4. 现金比率

$$现金比率 = 货币资金 \div 流动负债$$

速动资产中，流动性最强，可直接用于偿债的资产是现金。

$$流动比率 > 速动比率 > 现金比率$$

5. 现金流量比率

$$现金流量比率 = 经营活动现金流量净额 \div 流动负债$$

（1）公式中的"经营活动现金流量净额"，通常使用现金流量表中的"经营活动产生的现金流量净额"。

（2）该比率中的流动负债**采用期末数**而非平均数，因为实际需要偿还的是期末金额，而非平均金额。

（3）该指标比用可偿债资产计算的比率更具说服力，因为真正用来偿债的是现金，而不是其他可偿债资产。

6. 其他因素

增强短期偿债能力的表外因素：①可动用的银行授信指标；②可快速变现的非流动资产；③偿债能力的声誉。

降低短期偿债能力的表外因素：与担保有关的或有负债事项。

> 【例题 2-1·单选题】现金流量比率是反映公司短期偿债能力的一个财务指标。在计算年度现金流量比率时，通常使用流动负债的是（　　）。(2013 年)
> A. 年末余额 　　　　　　　　　　B. 年初余额和年末余额的平均值
> C. 各月末余额的平均值 　　　　　D. 年初余额
> 【答案】A
> 【解析】一般来讲，现金流量比率中的流动负债采用期末数而非平均数，因为实际需要偿还的是期末金额，而非平均金额。

二、长期偿债能力比率

长期偿债能力比率如表 2-2 所示。

表 2-2 　　　　　　　　　长期偿债能力比率

资产负债率	公式	资产负债率 = 总负债 ÷ 总资产 【提示】总资产 = 流动资产 + 非流动资产 = 总负债 + 股东权益
	说明	(1) 资产负债率越低，公司偿债能力越强。 (2) 资产负债率越低，公司举债能力越强，该指标越高，表明举债越困难。 (3) 各类资产变现能力有显著区别，房地产变现的价值损失小，专用设备则难以变现。不同公司的资产负债率不同，与其持有的资产类别有关
产权比率和权益乘数	公式	产权比率 = 总负债 ÷ 股东权益 权益乘数 = 总资产 ÷ 股东权益 = 1 + 产权比率 = 1 ÷ (1 - 资产负债率)
	说明	(1) 产权比率表明 1 元股东权益配套的总负债的金额。 (2) 权益乘数表明 1 元股东权益启动的总资产的金额
长期资本负债率	公式	长期资本负债率 = 非流动负债 ÷ (非流动负债 + 股东权益)
	说明	长期资本负债率是反映公司资本结构的一种形式。由于流动负债的金额经常变化，非流动负债较为稳定，资本结构管理通常使用长期资本结构来衡量
利息保障倍数	公式	利息保障倍数 = 息税前利润 ÷ 利息费用 = (净利润 + 利息费用 + 所得税费用) ÷ 利息费用
	说明	(1) 公式分母中的利息费用包括计入财务费用中的利息费用和资本化利息。 (2) 利息保障倍数越大，利息支付越有保障。 (3) 如果利息保障倍数小于 1，表明公司产生的经营收益不能支持现有的债务规模
现金流量利息保障倍数	公式	现金流量利息保障倍数 = 经营活动现金流量净额 ÷ 利息费用
	说明	(1) 该比率表明 1 元的利息费用有多少倍的经营活动现金流量净额作为支付保障。 (2) 该比率比以利润为基础的利息保障倍数更可靠。因为实际用以支付利息的是现金，而不是利润

续表

现金流量与负债比率	公式	现金流量与负债比率＝经营活动现金流量净额÷负债总额×100%
	说明	该比率表明公司用经营活动现金流量净额偿付全部债务的能力。该比率越高，偿还债务总额的能力越强。该比率中的负债总额采用期末数而非平均数，因为实际需要偿还的是期末金额，而非平均金额
表外因素		影响长期偿债能力的其他因素有： (1) 债务担保； (2) 未决诉讼

三、营运能力比率

营运能力比率如表2-3所示。

表2-3　　　　　　　　　　　营运能力比率

通用公式	ABC 周转次数＝营业收入÷ABC ABC 周转天数＝365÷ABC 周转次数＝(365×ABC)÷营业收入 ABC 与收入比＝ABC÷营业收入，ABC 代指应收账款、存货、流动资产等
应收账款周转率	(1) 应使用赊销额取代营业收入。 (2) 在应收账款周转率用于业绩评价时，最好使用多个时点的平均数，以减少季节性、偶然性和人为因素的影响。 (3) 如果坏账准备的数额较大，就应进行调整，使用未提取坏账准备的应收账款计算周转天数。 (4) 大部分应收票据是销售形成的，应将其纳入应收账款周转次数的计算。 (5) 周转天数不是越少越好。应收账款是赊销引起的，如果赊销有可能比现销更有利，周转天数就不是越少越好。 (6) 应收账款分析应与赊销分析、现金分析联系起来。应收账款的起点是赊销，终点是现金。正常情况是赊销增加引起应收账款增加，现金的存量和经营现金流量也会随之增加。如果一个公司应收账款日益增加，而现金日益减少，则可能是赊销出了比较严重的问题
存货周转率	(1) 计算存货周转率时，使用"营业收入"还是"营业成本"作为周转额，要看分析的目的： ①在短期偿债能力分析中，为评估资产的变现能力，应采用"营业收入"； ②在分解总资产周转时，为系统分析各项资产的周转情况，也应使用"营业收入"； ③如果是为了评估存货管理的业绩，应当使用"营业成本"。 (2) 存货周转天数不是越低越好。 (3) 应注意应付款项、存货和应收账款（或营业收入）之间的关系。一般来说，销售增加会拉动应收款、存货、应付账款增加，不会引起周转率的明显变化。但是，当公司接受一个大的订单时，先要增加采购，然后依次推动存货和应付账款增加，最后才引起收入上升。因此，在该订单没有实现销售以前，先表现为存货等周转天数增加。这种周转天数增加，没有什么不好。与此相反，预见到销售会萎缩时，先行减少采购，依次引起存货周转天数等下降。这种周转天数下降不是什么好事，并非资产管理的改善。 (4) 应关注构成存货的产成品、自制半成品、原材料、在产品和低值易耗品之间的比例关系。如果产成品大量增加，其他项目减少，很可能是销售不畅，放慢了生产节奏。此时，总的存货金额可能并没有显著变动，甚至尚未引起存货周转率的显著变化
其他营运能力指标	流动资产周转率、营运资本周转率、非流动资产周转率
	总资产周转率	【提示】总资产周转率的驱动因素分析，通常使用的是"资产周转天数"或"资产与收入比"，因为各项资产周转次数之和不等于总资产周转次数，不便于分析各项目变动对总资产周转率的影响

【例题 2-2·单选题】甲公司的生产经营存在季节性,每年的 6 月到 10 月是生产经营旺季,11 月到次年 5 月是生产经营淡季。如果使用应收账款年初余额和年末余额的平均数计算应收账款周转次数,计算结果会(   )。

A. 高估应收账款周转速度
B. 低估应收账款周转速度
C. 正确反映应收账款周转速度
D. 无法判断对应收账款周转速度的影响

【答案】A

【解析】应收账款的年初余额是在 1 月初,应收账款的年末余额是在 12 月末,这两个月份都是该公司的生产经营淡季,应收账款的数额较少,因此用这两个月份的应收账款余额平均数计算出的应收账款周转速度会比较高。

四、盈利能力比率

盈利能力比率如表 2-4 所示。

表 2-4　　　　　　　　　　　　　盈利能力比率

营业净利率	公式	营业净利率 = 净利润 ÷ 营业收入
	说明	(1) 营业收入是利润表的第一行数字,净利润是利润表的最后一行数字,两者相除可以概括公司的全部经营成果。 (2) 该比率越大,公司的盈利能力越强
总资产净利率	公式	总资产净利率 = 净利润 ÷ 总资产 = (净利润 ÷ 营业收入) × (营业收入 ÷ 总资产) = 营业净利率 × 总资产周转次数
	说明	(1) 总资产净利率是公司盈利能力的关键。虽然股东的报酬由总资产净利率和财务杠杆共同决定,但提高财务杠杆会同时增加公司风险,往往并不增加公司价值。 (2) 总资产净利率的驱动因素是营业净利率和总资产周转次数
权益净利率	公式	权益净利率 = 净利润 ÷ 股东权益
	说明	权益净利率的分母是股东的投入,分子是股东的所得。对于股权投资人来说,具有非常好的综合性,概括了公司的全部经营业绩和财务业绩

五、市价比率

市价比率如表 2-5 所示。

表 2-5　　　　　　　　　　　　　市价比率

市盈率	公式	市盈率 = 每股市价 ÷ 每股收益
	说明	(1) 市盈率反映普通股股东愿为每 1 元净利润支付的价格,反映了投资者对公司未来前景的预期。 (2) 对仅有普通股的公司而言,每股收益的计算如下: 每股收益 = 普通股股东净利润 ÷ 流通在外普通股加权平均股数 (3) 如果公司还有优先股,则计算公式为: 每股收益 = (净利润 - 优先股股利) ÷ 流通在外普通股加权平均股数

续表

	公式	市净率 = 每股市价 ÷ 每股净资产
市净率	说明	市净率反映普通股股东愿意为每1元净资产所支付的价格。 既有优先股又有普通股的公司，通常只为普通股计算每股净资产。在这种情况下，普通股每股净资产的计算如下： 每股净资产 = （股东权益总额 - 优先股权益）÷ 流通在外普通股股数 其中，优先股权益 = 优先股清算价值 + 拖欠的股利
市销率	公式	市销率 = 每股市价 ÷ 每股营业收入
	说明	市销率反映普通股股东愿意为每1元营业收入所支付的价格。 每股营业收入 = 营业收入 ÷ 流通在外普通股加权平均股数

【例题2-3·单选题】甲公司上年净利润为250万元，流通在外的普通股的加权平均股数为100万股，优先股为50万股，优先股股息为每股1元。如果上年末普通股的每股市价为30元，甲公司的市盈率为（　　）。（2012年）
A. 12　　　　　　　　　　　　　　B. 15
C. 18　　　　　　　　　　　　　　D. 22.5
【答案】B
【解析】每股收益 = 普通股股东净利润 ÷ 流通在外普通股加权平均股数 = （250 - 50）÷ 100 = 2（元），市盈率 = 每股市价 ÷ 每股收益 = 30 ÷ 2 = 15。

六、杜邦分析体系——权益净利率

杜邦分析体系是利用各主要财务比率之间的内在联系，对公司财务状况和经营成果进行综合系统评价的方法。

杜邦分析体系就是围绕着权益净利率这个公式展开使用因素分析法进行分析。而这个权益净利率也是本章出计算题的一个常考点。

（一）杜邦分析体系的核心比率

杜邦分析体系如图2-5所示。

01 基本公式　　　　权益净利率 = $\dfrac{净利润}{股东权益}$

02 分子分母同时乘以"营业收入"　　权益净利率 = $\dfrac{净利润}{营业收入} \times \dfrac{营业收入}{股东权益}$

03 同时乘以"总资产"　　权益净利率 = $\dfrac{净利润}{营业收入} \times \dfrac{营业收入}{总资产} \times \dfrac{总资产}{股东权益}$

04 推导公式　　权益净利率 = 营业净利率 × 总资产周转率 × 权益乘数
　　　　　　　　　　　　（盈利能力）　（营运能力）　（财务杠杆）

图2-5　杜邦分析体系

> 【提示】财务管理里让人比较头痛的就是名字较多,而且经常变换,比如权益净利率,在很多地方又可以叫净资产净利率,因为净资产就是股东权益,所以各位逐步去熟悉即可,无需多担心,本书也会在适当的地方作出详细的说明。

(二)杜邦分析体系的驱动因素分解

权益净利率的影响因素主要包括三个方面:营业净利率、总资产周转率和权益乘数。那么根据前面所学的因素分析法,这里就是利用因素分析法分析每个项目影响的金额。

(三)杜邦分析体系的局限性

1. 计算总资产净利率的"总资产"与"净利润"不匹配

$$总资产净利率 = 净利润 \div 总资产$$

分母中的总资产是全部资产提供者(包括股东、有息负债的债权人和无息负债的债权人)享有的权利。

分子中的净利润是专门属于股东的。由于该指标分子与分母的"投入与产出"不匹配,因此,不能反映实际的回报率。无息负债的债权人不要求分享收益。因此,需要计量股东和有息负债债权人投入的资本,并且计量这些资本产生的收益。

2. 没有区分经营活动损益和金融活动损益

经营活动损益是公司运用经营资产从事经营活动带来的损益,它代表着公司的基础盈利能力;金融活动对于多数公司来说是净筹资,筹资活动没有产生净利润,而是支出净费用。

3. 没有区分金融资产与经营资产

公司的金融资产是尚未投入实际经营活动的资产,应将其与经营资产相区别。由此,金融资产和金融损益匹配,经营资产和经营损益匹配,可以据此正确计量经营活动和金融活动的基本盈利能力。

4. 没有区分金融负债与经营负债

负债的成本(利息支出)仅仅是金融负债的成本,经营负债是无息负债。利息与金融负债相除,才是实际的平均利息率。金融负债与股东权益相除,可以得到更符合实际的财务杠杆。经营负债没有固定成本,谈不上杠杆作用,将其计入财务杠杆,会歪曲杠杆的实际作用。

七、管理用财务报表分析

前面所分析的财务报表是通用财务报表,但是通用财务报表通常是提供给外部投资者使用的,而我们的财务管理关注的是公司内部的财务分析和财务管理,通用财务报表可能就不那么合适,这里就需要用到管理用财务报表(见图2-6)。

公司活动分为经营活动和金融活动,那我们的核心就是要把我们公司的所有活动区分为这两种活动。

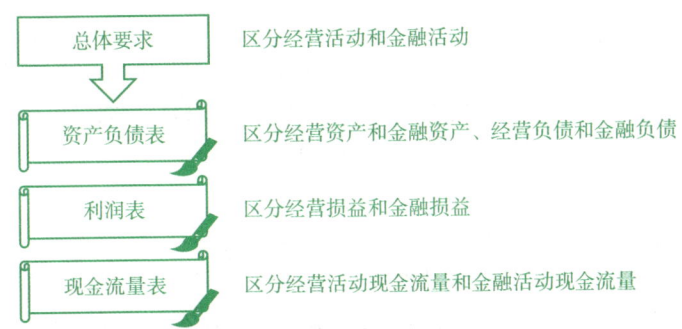

图 2-6　管理用报表的编制要求

由此我们需要在资产负债表中区分经营资产和金融资产，在利润表中区分经营损益和金融损益，在现金流量表中区分经营现金流量和金融现金流量。

【提示】管理用财务报表所区分的"经营活动"和"金融活动"跟现金流量表所区分的是不一样的，在会计中对外公布的现金流量表将现金流量分为"经营活动""投资活动"和"筹资活动"。比如这里的经营活动包含了有关的生产性资产投资活动，而这个在现金流量表中却是属于投资活动。

（一）管理用资产负债表

管理用资产负债表如图 2-7 所示。

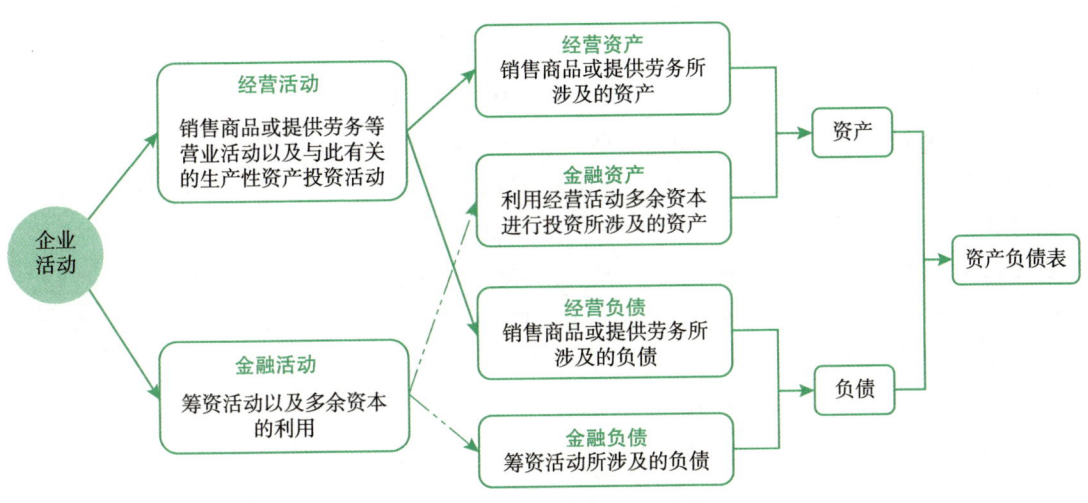

图 2-7　管理用资产负债表

管理用资产负债表的基本公式是：

$$净经营资产 = 净负债 + 股东权益$$

推论如下：

（1）资产 = 经营资产 + 金融资产 =（经营性流动资产 + 经营性长期资产）+（短期金融资产 + 长期金融资产）

（2）负债 = 经营负债 + 金融负债 =（经营性流动负债 + 经营性长期负债）+（短期金融

负债＋长期金融负债）

（3）净经营资产＝经营资产－经营负债＝（经营性流动资产＋经营性长期资产）－（经营性流动负债＋经营性长期负债）＝（经营性流动资产－经营性流动负债）＋（经营性长期资产－经营性长期负债）＝经营营运资本＋净经营性长期资产

（4）净金融负债＝金融负债－金融资产＝净负债

（5）净经营资产＝净负债＋股东权益＝净投资资本

我们来看看管理用资产负债表的具体格式（见表2－6）。

表2－6　　　　　　　　　　　管理用资产负债表

编制单位：　　　　　　　所属期间：　　　　　　　金额单位：元

净经营资产	年末余额	年初余额	净负债及股东权益	年末余额	年初余额
经营性流动资产：			金融负债：		
货币资金（经营）	44	25	短期借款	60	45
应收票据	20	23	交易性金融负债	0	0
应收账款	398	199	其他应付款（应付利息）	12	16
预付账款	22	4	其他应付款（应付股利）	0	0
其他应收款（应收股利）	0	0	一年内到期的非流动负债	0	0
其他应收款（扣除应收利息、应收股利）	12	22	长期借款	450	245
存货	119	326	应付债券	240	260
一年内到期的非流动资产	77	11	金融负债合计	762	566
其他流动资产	8	0	金融资产：		
经营性流动资产合计	700	610	交易性金融资产	0	0
经营性流动负债：			其他应收款（应收利息）	0	0
应付票据	33	14	其他债权投资	0	0
应付账款	100	109	其他权益工具投资	0	0
预收账款	10	4	投资性房地产	0	0
应付职工薪酬	2	1	金融资产合计	0	0
应交税费	5	4	净负债	762	566
其他应付款（扣除应付利息、应付股利）	25	22			
其他流动负债	53	5			
经营性流动负债合计	228	159			
经营营运资本	472	451			
经营性长期资产：					
长期应收款	0	0			
长期股权投资	30	0			

续表

净经营资产	年末余额	年初余额	净负债及股东权益	年末余额	年初余额
固定资产	1 238	1 012			
在建工程	18	35			
无形资产	6	8			
开发支出	0	0			
商誉	0	0			
长期待摊费用	5	15			
递延所得税资产	0	0			
其他非流动资产	3	0			
经营性长期资产合计	1 300	1 070			
经营性长期负债：			股东权益：		
长期应付款（经营）	50	60	股本	100	100
预计负债	0	0	资本公积	10	10
递延所得税负债	0	0	其他综合收益	0	0
其他非流动负债	0	15	盈余公积	60	40
经营性长期负债合计	50	75	未分配利润	790	730
净经营性长期资产	1 250	995	股东权益合计	960	880
净经营资产合计	1 722	1 446	净负债及股东权益总计	1 722	1 446

我们自己手动画一遍（见图 2-8）：

左边	右边
经营性流动资产 − 经营性流动负债 = 经营营运资本	金融负债 − 金融资产 = 净负债
经营性长期资产 − 经营性长期负债 = 净经营性长期资产	股东权益合计
净经营资产合计	净负债+股东权益合计

图 2-8 简化资产负债表

【提示】每次忘记的时候就自己手动画一遍，数遍之后印象就很深刻了。

财务报表分析和财务预测 | 41

(二) 管理用利润表

1. 区分经营损益和金融损益

金融损益和经营损益的划分,应与资产负债表上经营资产和金融资产的划分相对应。金融损益是指金融负债利息与金融资产收益的差额,即扣除利息收入、金融资产公允价值变动收益等以后的利息费用。

我们得到一个公式:

净利润 = 经营损益 + 金融损益
　　　 = 税后经营净利润 − 税后利息费用
　　　 = 税前经营利润 × (1 − 所得税税率) − 利息费用 × (1 − 所得税税率)

【提示】这里的利息费用不是仅仅指财务费用,而是将所有涉及的金融损益合并称为利息费用。

2. 管理用利润表范例

下面我们看看管理用利润表的格式(见表2-7)。

表2-7　　　　　　　　　　　　　管理用利润表

编制单位:　　　　　　　所属期间:　　　　　　　金额单位:元

项目	本年金额	上年金额
经营损益		
一、营业收入	3 000	2 850
减:营业成本	2 644	2 503
二、毛利	356	347
减:税金及附加	28	28
销售费用	22	20
管理费用	46	40
资产减值损失	0	0
加:其他收益	0	0
三、税前营业利润	260	259
加:营业外收入	45	72
减:营业外支出	1	0
四、税前经营利润	304	331
减:经营利润所得税	97.28	105.62
五、税后经营净利润	206.72	225.38
金融损益:		
六、利息费用	104	96

续表

项目	本年金额	上年金额
减：利息费用抵税	33.28	30.63
七、税后利息费用	70.72	63.37
八、净利润	136	160
附：平均所得税税率	32.00%	31.91%

【注】所得税的计算应根据公司实际负担的平均所得税税率计算出各自应分担的所得税。

3. 了解了格式，我们应该再加深了解一次管理用利润表，所以各位要重新默写一遍管理用利润表

（1）税前经营利润 = 营业收入 - 营业成本 - 税金及附加 - 销售费用 - 管理费用 - 资产减值损失（经营资产）+ 营业外收入 - 营业外支出

$$税后经营净利润 = 税前经营利润 \times (1 - 所得税税率)$$

（2）税后利息费用 = 税前利息费用 × (1 - 所得税税率)

（三）管理用现金流量表

管理用现金流量表<u>应区分为经营现金流量和金融现金流量</u>。其中经营现金流量，代表了公司经营活动的全部成果，是"企业生产的现金"，因此又称为实体经营现金流量，简称实体现金流量。企业的价值取决于未来的实体现金流量。

管理用现金流量表的编制原理如下：

（1）从管理用利润表的税后经营净利润往回进行调整，首先调整"折旧与摊销"，因为这个不影响现金流量；

（2）经营营运资本的净增加会导致现金的流出，所以要减"经营营运资本净增加"；

（3）净经营性长期资产的增加也会导致现金的流出，那么净经营性长期资产的增加怎么计算？因为长期资产涉及折旧和摊销，折旧和摊销会减少长期资产的账面价值，因此净经营长期资产的总增加数不只是包含账面上面的长期资产的增加，包含了折旧与摊销。

由此，就可以计算出管理用经营活动的现金流量，即"实体现金流量"。

具体公式如图2-9所示。

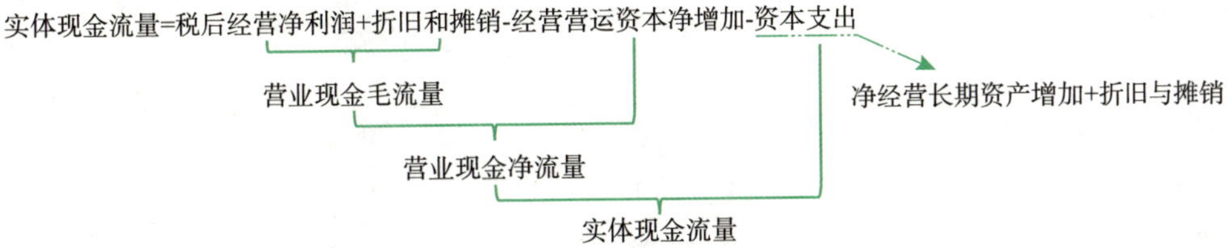

实体现金流量 = 税后经营净利润 + 折旧和摊销 - 经营营运资本净增加 - 资本支出

- 营业现金毛流量 = 税后经营净利润 + 折旧和摊销
- 营业现金净流量 = 营业现金毛流量 - 经营营运资本净增加
- 实体现金流量 = 营业现金净流量 - 资本支出
- 资本支出 = 净经营长期资产增加 + 折旧与摊销

图2-9 现金流量公式

整理可以得到：

实体现金流量＝税后经营净利润＋折旧和摊销

－经营营运资本净增加－净经营长期资产增加－折旧与摊销

＝税后经营净利润－（经营营运资本净增加＋净经营长期资产增加）

＝税后经营净利润－净经营资产增加

我们从实体现金流量的去向分析，它被用于债务融资活动和权益融资活动。

实体现金流量＝营业现金毛流量－经营营运资本增加－资本支出

＝债务现金流量＋股权现金流量

其中：债务现金流量＝税后利息费用－净负债的增加

股权现金流量＝净利润－股东权益净增加＝股利分配－股权资本净增加

经营现金流量＝实体现金流量＝融资现金流量＝金融现金流量

> 【提示】为什么"净利润－股东权益净增加"跟"股利分配－股权资本净增加"是一样的意思？
>
> 因为股东权益净增加来源于两个方面，一是留存收益增加，一是股权资本增加。那么"净利润－留存收益增加"不就是"股利分配"吗？因为净利润要么分配要么留存。

管理用现金流量表如表2－8所示。

表2－8　　　　　　　　　　管理用现金流量表

编制单位：　　　　　所属期间：　　　　　　　　　　　金额单位：元

项目	计算过程	本年金额	上年金额（略）
经营现金流量：			
税后经营净利润	①	206.72	
加：折旧与摊销	②	45	
＝营业现金毛流量	③＝①＋②	251.72	
减：经营营运资本增加	④	21	
＝营业现金净流量	⑤＝③－④	230.72	
减：资本支出	⑥	300	
＝实体现金流量	⑦＝⑤－⑥	－69.28	
金融现金流量：			
税后利息费用	⑧	70.72	
减：净负债增加	⑨	196	
＝债务现金流量	⑩＝⑧－⑨	－125.28	
股利分配	⑪	56	
减：股权资本净增加	⑫	0	
＝股权现金流量	⑬＝⑪－⑫	56	
融资现金流量	⑭＝⑩＋⑬	－69.28	

注：计算过程需要考生记住。

【例题2-4·多选题】下列关于实体现金流量计算的公式中，正确的有（   ）。
A. 实体现金流量＝税后经营净利润－净经营资产增加
B. 实体现金流量＝税后经营净利润－经营性营运资本增加－资本支出
C. 实体现金流量＝税后经营净利润－经营性资产增加－经营性负债增加
D. 实体现金流量＝税后经营净利润－经营性营运资本增加－净经营性长期资产增加

【答案】AD
【解析】实体现金流量＝税后经营净利润＋折旧与摊销－经营营运资本净增加－净经营长期资产增加－折旧与摊销＝税后经营净利润－（经营营运资本净增加＋净经营长期资产增加）＝税后经营净利润－净经营性资产增加。

（四）管理用财务分析体系

权益净利率＝净利润÷股东权益
　　　　　＝(税后经营净利润－税后利息费用)÷股东权益

权益净利率如图2-10所示。

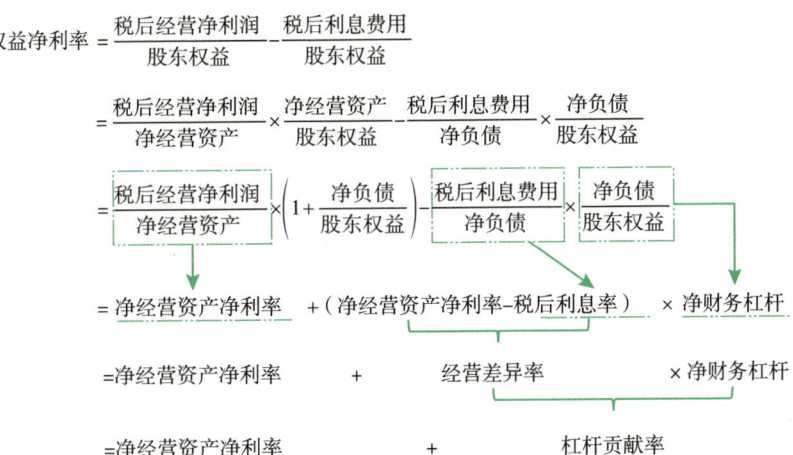

图2-10　权益净利率

由此我们可以看见，影响权益净利率的三个驱动因素是：净经营资产净利率、税后利息率和净财务杠杆。

改进的财务分析体系主要财务比率公式如表2-9所示。

表2-9　　　　　　　　　　主要财务比率公式

	财务比率名称	公式
1	税后经营净利率	＝税后经营净利润÷营业收入
2	净经营资产周转次数	＝营业收入÷净经营资产
3＝1×2	净经营资产净利率	＝税后经营净利润÷净经营资产
4	税后利息率	＝税后利息费用÷净负债
5＝3－4	经营差异率	＝净经营资产净利率－税后利息率

续表

	财务比率名称	公式
6	净财务杠杆	=净负债÷股东权益
7 = 5 × 6	杠杆贡献率	=经营差异率×净财务杠杆
8 = 3 + 7	权益净利率	=净经营资产净利率+杠杆贡献率

第3天

● 复习旧内容：
　　第二章　财务报表分析和财务预测第一～第二节

● 学习新内容：
　　第二章　财务报表分析和财务预测第三～第四节

● 学习方法：
　　见第2天

● 你今天的可能心态：
　　昨天学习过的公式都掌握了吗，今天在学习新内容之前记得先将第一～第二节的公式默写一遍哦！

● 简单解释今天学习内容：
　　财务预测就是预测未来需要的资金，由此来进行相应的筹资。那么作为一个正常经营的企业的资金需求主要是为了满足生产经营的需要。比如，销售的增加会导致经营性资产的增加，比如存货增加和应收账款增加，同时也会导致经营性负债的增加，比如应付账款的增加，这都会导致融资需求发生变化。融资顺序一般是先内部融资（留存收益和可动用的金融资产），然后外部融资（发行债券和新股）。

● 可能会遇到的难点：
　　要注意内含增长率和可持续增长率的异同。所谓的内含增长率强调的是"内含"二字，意思是只靠内部融资不靠外部融资所能达到的最大的增长率；而可持续增长率强调的是"可持续"，可持续讲的是不破坏现有的结构，按照现有的模式持续下去能够达到的增长率。

● 习题注意事项：
　　本章习题没有难点

● 建议学习时间：
　　3.5个小时

第三节 财务预测的步骤和方法

狭义的财务预测仅指估计公司未来的融资需求,广义的财务预测包括编制全部的预计财务报表。

财务预测是融资计划的前提。公司销售的增加,需要增加相应的流动资产,甚至还要增加固定资产。为了增加这些资产,公司需要筹措资金。这些资金,一部分来自公司内部融资,另一部分来自外部融资。

一、财务预测的步骤

财务预测的步骤如表 2-10 所示。

表 2-10　　　　　　　　　　财务预测四步骤

销售预测	**财务预测的起点是销售预测**。一般情况下,财务预测把销售数据视为已知数,作为财务预测的起点
估计经营资产和经营负债	经营资产的增加,会导致现金需求的增加,比如存货的增加,应收账款的增加;但是同时,经营负债的增加,也会减少对现金的需求,比如应付账款的增加,会使得现金的需求减少。一般来说,经营资产和经营负债都是营业收入的函数,只要预计出营业收入,就能知道经营资产和经营负债的增加,进而知道需要的现金
估计各项费用和保留盈余	假设各项费用也是营业收入的函数,可以根据预计营业收入估计费用和损失,并在此基础上确定净利润。**净利润和股利支付率共同决定所能提供的利润留存额**
估计所需融资	根据前面的步骤预计好后,根据预计经营资产总量,减去已有的经营资产、自发增长的经营负债、可动用的金融资产和内部提供的利润留存得出外部融资需求

二、财务预测的方法

(一) 销售百分比法

销售百分比是根据资产负债表和利润表中有关项目与营业收入之间的依存关系预测资金需要量的一种方法。**即假设相关资产、负债与营业收入存在稳定的百分比关系,然后根据预计营业收入和相应百分比预计相关资产、负债,最后确定融资需求。**

(1) 销售百分比法的前提。

该方法假设各项**经营资产和经营负债与营业收入保持稳定**的百分比。

该方法假设**预计营业净利率可以涵盖借款利息的增加**。

> **注意**:金融资产与金融负债并不与营业收入保持稳定的百分比!考试的时候要区分开来考虑!

(2) 在企业的融资需求中,融资的优先顺序是:**先内部融资再外部融资**,先债务筹资再股权筹资。

①动用现存的金融资产(内部融资);

②增加的留存收益(内部融资);

③增加金融负债（外部融资）；
④增发股票（外部融资）。

通过下面的例题，我们来看一下销售百分比法预测的步骤。

【例题2-5·计算题】 假设ABC公司2017年实际营业收入为3 000万元。2017年的各项销售百分比在2018年可以持续，2018年预计营业收入为4 000万元。2017年年底有金融资产6万元，为可动用的金融资产。2018年预计营业净利率为4.5%，当年该公司不支付股利。采用销售百分比法进行预计，该企业需要增加借款多少？

相关数据如下：

项目	营业收入	经营资产合计	经营负债合计	净经营资产总计
2017年实际	3 000	1 994	250	1 744

【解析】

确定资产和负债项目的销售百分比	销售百分比 = 基期经营资产(或负债)÷基期营业收入 | 项目	营业收入	经营资产合计	经营负债合计	净经营资产总计 | |---|---|---|---|---| | 2017年实际 | 3 000 | 1 994 | 250 | 1 744 | | 销售百分比 | | 66.47% | 8.33% | 58.13% |
预计各项经营资产和经营负债	各项经营资产(负债) = 预计营业收入×各项目销售百分比 | 项目	营业收入	经营资产合计	经营负债合计	净经营资产总计 | |---|---|---|---|---| | 2017年实际 | 3 000 | 1 994 | 250 | 1 744 | | 销售百分比 | | 66.47% | 8.33% | 58.13% | | 2018年预测 | 4 000 | 2 659 | 333 | 2 325（四舍五入）|
确定融资总需求	融资总需求 =（预计经营资产合计 - 基期经营资产合计） 　　　　　　 -（预计经营负债合计 - 基期经营负债合计） 　　　　　　 = 预计净经营资产合计 - 基期净经营资产合计 融资总需求 = 2 325 - 1 744 = 581（万元）
预计可动用的金融资产	题目告知可动用的金融资产为6万元。 尚需融资 = 581 - 6 = 575（万元）
预计增加的留存收益	留存收益增加 = 预计营业收入×预计营业净利率×（1 - 预计股利支付率） 题目已知计划营业净利率为4.5%，不分配股利，故股利支付率为0。 留存收益增加 = 4 000×4.5%×1 = 180（万元）
预计增加的借款	预计增加的借款 = 融资总需求 - 预计可动用的金融资产 - 预计增加的留存收益 预计增加的借款 = 581 - 6 - 180 = 395（万元）

（二）回归分析法和运用信息技术预测

当然除了销售百分比法，还可以运用回归分析法和运用信息技术预测。这两种方法了解即可。

【例题2-6·单选题】销售百分比法是预测企业未来融资需求的一种方法。下列关于应用销售百分比法的说法中,错误的是( )。
A. 根据预计存货÷销售百分比和预计销售收入,可以预测存货的资金需求
B. 根据预计应付账款÷销售百分比和预计销售收入,可以预测应付账款的资金需求
C. 根据预计金融资产÷销售百分比和预计销售收入,可以预测可动用的金融资产
D. 根据预计销售净利率和预计销售收入,可以预测净利润
【答案】C
【解析】销售百分比法下,经营资产和经营负债通常和销售收入成正比例关系,但是金融资产和销售收入之间不存在正比例变动的关系,因此不能根据金融资产与销售收入的百分比来预测可动用的金融资产,所以,选项C不正确。

第四节 增长率与资本需求的测算

从资本来源看,公司实现增长有三种方式:
(1)完全依靠内部资本增长;
(2)主要依靠外部资本增长;
(3)平衡增长:即保持目前的财务结构和与此有关的财务风险,按照股东权益的增长比例增加借款,以此支持销售增长。

一、外部资本需求的测算

(一)外部融资销售增长比

【公式及推导】
假设可动用的金融资产为0,经营资产销售百分比、经营负债销售百分比保持不变。
(1)**外部融资额=经营资产销售百分比×营业收入增加-经营负债销售百分比×营业收入增加-预计营业收入×预计营业净利率×(1-预计股利支付率)**
(2)两边同时除以"营业收入增加"。
外部融资销售增长比=经营资产销售百分比-经营负债销售百分比-[(1+增长率)÷增长率]×预计营业净利率×(1-预计股利支付率)

外部融资额=销售增长额×外部融资销售增长比
如果有通货膨胀率,还要考虑通货膨胀率对融资的影响。
销售名义增长率=(1+销量增长率)×(1+通货膨胀率)-1

【例题2-7·计算题】假设某公司上年营业收入为3 000万元,经营资产为2 000万元,经营资产销售百分比为66.67%,经营负债为185万元,经营负债销售百分比为6.17%,净利润为135万元。本年计划营业收入为4 000万元,销售增长率为33.33%。

假设经营资产销售百分比和经营负债销售百分比保持不变,可动用的金融资产为0,预计营业净利率为4.5%,预计股利支付率为30%。计算外部融资销售增长比,及外部融资额。

【解析】外部融资销售增长比 = 66.67% - 6.17% - 1.3333 ÷ 0.3333 × 4.5% × (1 - 30%) = 60.5% - 12.6% = 47.9%

外部融资额 = 外部融资销售增长比 × 销售增长额 = 47.9% × 1 000 = 479(万元)

【例题2-8·计算题】续【例题2-7】,如果预计明年通货膨胀率为10%,公司销量增长5%。预测外部融资销售增长比及外部融资额。

【解析】销售额含有通货膨胀的增长率 = (1 + 10%) × (1 + 5%) - 1 = 15.5%

外部融资销售增长比 = 66.67% - 6.17% - (1.155 ÷ 0.155) × 4.5% × (1 - 30%) = 60.5% - 23.47% = 37.03%

外部融资额 = 3 000 × 15.5% × 37.03% = 172.19(万元)

【例题2-9·单选题】某公司2014年年末的经营资产为800万元,经营负债为200万元,金融资产为40万元,金融负债为450万元,营业收入为1 500万元,若经营资产、经营负债占营业收入的比不变,营业净利率为10%,利润留存率为30%,公司金融资产均为可动用金融资产,若预计2015年营业收入会达到1 800万元,则需要从外部筹集的资金是( )万元。

A. 240　　　　　B. 180　　　　　C. 66　　　　　D. 26

【答案】D

【解析】销售增长率 = (1 800 - 1 500) ÷ 1 500 = 20%

外部筹集的资金 = (800 - 200) × 20% - 40 - 1 800 × 10% × 30% = 26(万元)

【例题2-10·单选题】某公司外部融资占销售增长的百分比为5%,则若上年营业收入为1 000万元,预计营业收入增加到1 200万元,则相应外部应追加的资金为( )万元。

A. 50　　　　　B. 10　　　　　C. 40　　　　　D. 30

【答案】B

【解析】外部融资额 = 外部融资销售增长比 × 销售增加额 = 5% × (1 200 - 1 000) = 10(万元)

【例题2-11·单选题】某公司上年营业收入为1 000万元,若预计下一年单价降低5%,公司销量增长10%,所确定的外部融资占销售增长的百分比为25%,则相应外部应追加的资金为( )万元。

A. 11.25　　　　B. 17.5　　　　C. 15　　　　D. 15.75

【答案】A

【解析】销售增长率 = (1 - 5%) × (1 + 10%) - 1 = 4.5%。相应外部应追加的资金 = 1 000 × 4.5% × 25% = 11.25(万元)

【例题 2-12·单选题】 某公司经营资产销售百分比为 60%，经营负债销售百分比为 30%。假设该公司不存在可动用的金融资产，外部融资销售增长比为 5%。如果预计该公司的营业净利率为 8%，股利支付率为 60%，则该公司销售增长率为（　　）。

A. 14.68%　　　　　　　　　　　B. 10.36%
C. 8.94%　　　　　　　　　　　　D. 8.54%

【答案】 A

【解析】 $5\% = 60\% - 30\% - (1+增长率g) \div 增长率g \times 8\% \times (1-60\%)$，得出增长率 $g = 14.68\%$。

（二）外部融资需求的敏感分析

1. 计算依据：根据增加额的计算公式

外部融资需求 = 增加的营业收入 × 经营资产销售百分比 − 增加的营业收入
　　　　　　× 经营负债销售百分比 − 可以动用的金融资产 − 预计销售额
　　　　　　× 计划营业净利率 × (1 − 股利支付率)

2. 外部融资需求的影响因素（见表 2-11）

表 2-11　　　　　　　　　　外部融资需求的影响因素

影响因素	营业净利率	股利支付率	经营资产销售百分比	经营负债销售百分比	销售增长率
外部融资需求	负相关	正相关	正相关	负相关	正相关

外部融资需求的多少，不仅取决于销售增长，还要看营业净利率和股利支付率。在股利支付率小于 1 的情况下，营业净利率越大，外部融资需求越少；在营业净利率大于 0 的情况下，股利支付率越高，外部融资需求越大（见图 2-11）。

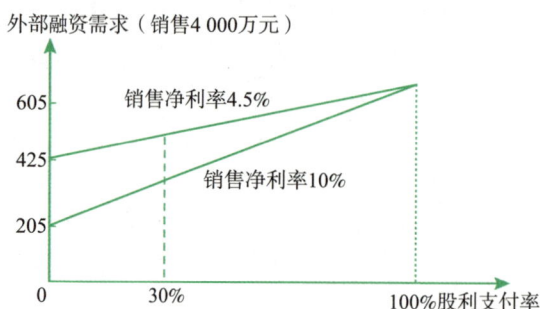

图 2-11　销售净利率、股利支付率与外部融资需求

二、内含增长率的测算

所谓的内含增长率，强调的是"内含"二字，即**完全不依靠外部融资**，只是依靠内部积累（即增加的留存收益）实现的销售增长率！

【公式及推导】
假设可动用的金融资产为0，经营资产销售百分比、经营负债销售百分比保持不变。

（1）**外部融资销售增长比＝经营资产销售百分比－经营负债销售百分比－[（1＋增长率）÷增长率]×预计营业净利率×（1－预计股利支付率）**

（2）而内含增长率就是完全不利用外部融资时的增长率。因此上式中的外部融资销售增长比为"0"。

从而推导出：

$$内含增长率 = \frac{\dfrac{预计净利润}{预计净经营资产} \times 预计利润留存率}{1 - \dfrac{预计净利润}{预计净经营资产} \times 预计利润留存率}$$

【例题2–13·计算题】 某公司上年营业收入为3 000万元，经营资产为2 000万元，经营资产销售百分比为66.67%，经营负债为185万元，经营负债销售百分比为6.17%，净利润为135万元。假设经营资产销售百分比和经营负债销售百分比保持不变，可动用的金融资产为0，营业净利率保持4.5%不变，预计股利支付率为30%。求该公司的内含增长率为多少？

【解析】 根据公式：0＝66.67%－6.17%－[（1＋增长率）÷增长率]×4.5%×（1－30%），则增长率＝5.49%

或

$$内含增长率 = \frac{\dfrac{135}{2\,000-185} \times 70\%}{1 - \dfrac{135}{2\,000-185} \times 70\%} = 5.49\%$$

【例题2–14·多选题】 甲公司无法取得外部融资，只能依靠内部积累增长。在其他因素不变的情况下，下列说法中正确的有（　　）。

A. 营业净利率越高，内含增长率越高
B. 净经营资产周转次数越高，内含增长率越高
C. 经营负债销售百分比越高，内含增长率越高
D. 股利支付率越高，内含增长率越高

【答案】 ABC
【解析】

$$内含增长率 = \frac{\dfrac{税后经营净利润}{净经营资产} \times 利润留存率}{1 - \dfrac{税后经营净利润}{净经营资产} \times 利润留存率}$$

$$= \frac{\dfrac{税后经营净利润}{预计营业收入} \times \dfrac{预计营业收入}{净经营资产} \times 利润留存率}{1 - \dfrac{税后经营净利润}{预计营业收入} \times \dfrac{预计营业收入}{净经营资产} \times 利润留存率}$$

$$\text{内含增长率} = \frac{\text{预计营业净利率} \times \text{净经营资产周转率} \times \text{利润留存率}}{1 - \text{预计营业净利率} \times \text{净经营资产周转率} \times \text{利润留存率}}$$

根据公式可知预计营业净利率、净经营资产周转率、预计利润留存率与内含增长率同向变动,选项 AB 正确;经营负债销售百分比提高,会使净经营资产降低,净经营资产周转率提高,从而使内含增长率提高,选项 C 正确;而预计利润留存率与预计股利支付率反向变动,所以预计股利支付率与内含增长率反向变动,选项 D 错误。

三、可持续增长率的测算

可持续增长率是指**不增发新股或回购股票,不改变经营效率(不改变营业净利率和资产周转率)和财务政策(不改变权益乘数和利润留存率)**时,其销售所能达到的增长率(见表 2-12)。

【提示】注意可持续增长率和内含增长率的区别:所谓内含增长率是指不依靠外部筹资的增长率;而可持续增长率是指不改变资本结构以及经营效率的增长率。

表 2-12　　　　　　　　　　可持续增长的假设条件

假设条件	对应指标或等式
公司营业净利率将维持当前水平,并且可以涵盖新增债务增加的利息	营业净利率不变
公司总资产周转率将维持当前水平	总资产周转率不变
公司目前的资本结构是目标资本结构,并且打算继续维持下去	权益乘数不变或资产负债率不变
公司目前的利润留存率是目标利润留存率,并且打算继续维持下去	利润留存率不变
不愿意或者不打算增发新股(包括股份回购,下同)	增加的所有者权益 = 增加的留存收益

在上述假设条件成立的情况下,销售增长率与可持续增长率相等。公司的这种增长状态,称为可持续增长或均衡增长。这种状态下,其资产、负债和股东权益同比例增长。

(一)可持续增长率的计算

1. 根据期初股东权益计算可持续增长率

由于:资产周转率不变

所以:可持续增长率 = 总资产增长率

由于:资产负债率不变

所以:可持续增长率 = 总资产增长率 = 股东权益增长率 = 股东权益本期增加额/期初股东权益

由于:不增发新股,股东权益增长只能靠内部留存

所以:**可持续增长率** = (本期净利润 × 本期利润留存率) ÷ 期初股东权益
　　　　　　　　　= 期初权益本期净利率 × 本期利润留存率

$$= \frac{本期净利润}{本期营业收入} \times \frac{本期营业收入}{期末总资产} \times \frac{期末总资产}{期初股东权益} \times 本期利润留存率$$

$$= 营业净利率 \times 期末总资产周转次数 \times 期末总资产期初权益乘数$$
$$\times 本期利润留存率$$

2. 根据期末股东权益计算的可持续增长率

$$可持续增长率 = 股东权益增长率$$
$$= 股东权益本期增加 \div 期初股东权益$$
$$= \frac{本期净利润 \times 本期利润留存率}{期末股东权益 - 本期净利润 \times 本期利润留存率}$$

分子分母同除以期末股东权益:

$$可持续增长率 = \frac{本期净利润 \div 期末股东权益 \times 本期利润留存率}{1 - 本期净利润 \div 期末股东权益 \times 本期利润留存率}$$

$$= \frac{期末权益净利率 \times 本期利润留存率}{1 - 期末权益净利率 \times 本期利润留存率}$$

$$= \frac{营业净利率 \times 期末总资产周转次数 \times 期末权益乘数 \times 本期利润留存率}{1 - 营业净利率 \times 期末总资产周转次数 \times 期末权益乘数 \times 本期利润留存率}$$

> 【提示】影响可持续增长率的因素有四个,即营业净利率、期末总资产周转次数、期末权益乘数、本期利润留存率。这四个因素与可持续增长率是同方向变动的。

(二) 可持续增长率与实际增长率

(1) 如果某一年的经营效率和财务政策与上年相同,在不增发新股的情况下,则实际增长率、上年的可持续增长率以及本年的可持续增长率三者相同。

(2) 如果某一年的公式中的4个财务比率有一个或多个比率<u>提高</u>,在不增发新股的情况下,则实际增长率就会<u>超过</u>上年的可持续增长率,本年的可持续增长率也会超过上年的可持续增长率。

(3) 如果某一年的公式中的4个财务比率有一个或多个比率<u>下降</u>,在不增发新股的情况下,则实际增长率就会<u>低于</u>上年的可持续增长率,本年的可持续增长率也会低于上年的可持续增长率。

(4) 如果公式中的4个财务比率已经达到公司的极限,只有通过发行新股增加资金,才能提高销售增长率。

【例题2-15·单选题】甲公司上年资产负债表中新增留存收益为500万元,所计算的可持续增长率为9%,若今年不增发新股和回购股票,且保持财务政策和经营效率不变,预计今年的净利润可以达到2 000万元,则今年的股利支付率为( )。
 A. 75%　　　　B. 72.75%　　　　C. 81.75%　　　　D. 27.25%
【答案】B
【解析】由于本年满足可持续增长的条件,所以本年的留存收益增长率=本年的可持续增长率=上年的可持续增长率=9%,因此本年的留存收益=500×(1+9%)=545(万元),本年的股利支付率=(2 000-545)÷2 000=72.75%。

(三)基于管理用财务报表的可持续增长率

以上是基于传统财务报表计算的可持续增长率,管理用财务报表可持续增长率需满足以下假设:

(1)公司营业净利率将维持当前水平,即其他利润表项目可以吸收或涵盖新增借款增加的利息;

(2)公司**净经营资产**周转率将维持当前水平(注意传统财务报表是总资产周转率);

(3)公司目前的资本结构是目标结构(净财务杠杆不变),并且打算继续维持下去;

(4)公司目前的利润留存率是目标留存率,并且打算继续维持下去;

(5)不愿意或者不打算增发新股(包括股份回购,下同)。

根据期初股东权益计算可持续增长率:

$$可持续增长率 = 营业净利率 \times 期末净经营资产周转次数 \times 期末净经营资产期初权益乘数 \times 本期利润留存率$$

根据期末股东权益计算可持续增长率:

$$可持续增长率 = \frac{营业净利率 \times 期末净经营资产周转次数 \times 期末净经营资产权益乘数 \times 本期利润留存率}{1 - 营业净利率 \times 期末净经营资产周转次数 \times 期末净经营资产权益乘数 \times 本期利润留存率}$$

第二章 财务报表分析和预测

彬哥跟你说：

本章公式特别多，但是我认为不需要去死记硬背，而且财管也不能靠死记硬背，而是要去理解，然后运用，本章内容很多，那么我还是想提醒各位：

(1) 财管前面的基础很重要，无需跑得太快！

(2) 对于每一道例题和每一道习题，你们都要自己动笔去做，只是看懂是不可能过关的！

前期你学习财管会遇到什么困难呢？那就是对各种"名词"比较陌生，这个时候不用担心，跟基础没关系，好比初识一个人很陌生，但是见面3次之后就熟悉了！

今日复习步骤：

第一遍：回忆 & 重新复习一遍框架（15分钟）

学习要求：自己重新梳理一遍框架，不需要掌握所有细节，但求框架了然于心。

财务报表分析学些什么——财务报表分析的方法、财务比率的分析、财务预测的步骤和方法、增长率与资本需求的测算。

第二遍：对细节进一步掌握（40分钟）

第三遍：重新复习一遍框架（10分钟）

我问你答：

(1) 流动比率、速动比率、现金比率、现金流量比率中分母里的流动负债用期末数还是平均数？速动资产包括哪些？

(2) 计算存货周转率时，什么时候用营业收入？什么时候用营业成本？经营旺季（淡季）有什么影响？应收票据是否应纳入计算？坏账准备怎么处理？

(3) 管理用财务分析体系中权益净利率的计算会了吗？净经营资产净利率、税后利息率和净财务杠杆怎么计算？

(4) 销售百分比法的前提是哪两个？金融资产和销售收入之间存在正比例变动的关系吗？企业融资的优先顺序是什么？

(5) 可持续增长需要满足的假设条件包括哪些？怎么计算可持续增长率？实际增长率与可持续增长率之间的关系弄清楚了吗？

本章作业：

(1) 请把讲义例题做三遍（做错的题目，请分析错误原因并记录到改错本）。

(2) 请复习完口述一遍框架，睡前再回忆一遍框架。

(3) 第二天早上，请再回忆一遍框架，对于回忆不起来的内容，再翻书看一遍。

第 4 天

● **复习旧内容：**

　　第二章　财务报表分析和财务预测第三～第四节

● **学习新内容：**

　　第三章　价值评估基础

● **学习方法：**

　　对于货币时间价值的知识一定要"画图"解决，凭空想象总是很难理解，但是画图就清晰了。

● **你今天的可能心态：**

　　经过前两天的学习，我们在逐步地入门，今天的内容无疑是令人期待的，今天的知识是带领大家真正走入财务管理的基础知识，让我们明白什么是风险，什么是报酬，什么是必要报酬率。

● **简单解释今天学习内容：**

　　（1）今天你们会遇到很多奇怪的公式（对没有数学基础的来说确实奇怪），但是很开心地告诉大家，你们遇到的奇怪的公式基本都只是为了告诉你们这个公式代表了什么含义，并不要求计算，因此不要去纠结考试如何计算。

　　（2）今天第一项内容就是"货币时间价值"，所谓货币时间价值是指现在的 1 元钱和 1 年后的 1 元钱的经济价值是不相等的。因此引申出了复利、单利、年金等概念，对于这些内容的最好的解决方法是画图。

　　（3）关于风险和报酬。衡量风险的方法有很多，我们也仅限于了解即可，但是我们要掌握的是，资产组合具有分散风险的效果，这也是本节一直尝试证明的内容。风险具体来说分为系统风险和非系统风险，其中非系统风险确实可以分散掉绝大部分，但是系统风险却无法分散。

● **可能会遇到的难点：**

　　（1）考生会被方差、标准差的公式吓住。其实这也是列出来告诉大家这些方差和标准差到底是什么？考试不会要求计算，毕竟不是考高数。

　　（2）资产组合可以分散风险，因此只要相关系数小于 1，资产组合的机会集总会向左边弯曲。

　　（3）要注意的是资本市场线和证券市场线的区别。

● **习题注意事项：**

　　本章无大题，主要考核选择题。

● **建议学习时间：**

　　3 个小时

第三章 价值评估基础

【简单解释本章内容】

(1) 价值评估基础。财务管理的核心就是净现值理论,什么是净现值,就是把未来的现金流入和流出折现到现在。净现值之所以是核心,是因为它是一个企业、一个资产、一个项目真正的内在价值,也是贯穿于财务管理全书的核心内容。

(2) 既然涉及折现,那就需要知道折现率(必要报酬率)。涉及折现率,那就需要知道折现率到底是怎么来的。俗话常说"**市场有风险、投资需谨慎**",而折现率就是风险的反映,因此,首先就要知道风险是什么?

(3) 学习风险之前,我们需要先知道一个基本的概念,那就是"货币的时间价值",现在的1元钱的购买力和5年后的购买力肯定不一样,这就是简略版的"货币时间价值"概念,包含了"复利""单利"和"年金"的处理,这里也有一些计算,但一般不会单独考,更多是概念性和工具性的内容,为后面的学习打下基础。

(4) 风险的概念和衡量方法我们在初中、高中都在接触,比如某资产亏损20万元的可能性在30%,这不就是风险吗?所以风险就属于一种不确定性,那么反映风险的概念很多,比如概率、均值、方差(也就是跟均值的偏离程度)等,这些内容都给出了公式,可我们是学习财务管理而不是数学,因此我们仅限于知道公式的含义,并不要求计算。

(5) (4) 里面讲述的是单项资产的风险和报酬。但是如果是两项资产或者更多的资产组合呢?这里就要注意,资产组合具有分散风险的效果,我们不是常说"不要把鸡蛋放在一个篮子里面"吗?说明了资产组合能够分散风险,因此资产组合的风险不是单项资产按照比例加权平均,而是应该低于这个数值。至于报酬嘛,报酬就是多项资产的报酬加权平均。

(6) 那么学习了风险,我们如何求折现率(必要报酬率)?所谓的必要报酬率就是只要能够满足对风险的补偿就可以,假设存在无风险利率A,整个市场的必要报酬率是B,那么整个市场的风险补偿率就是(B-A)!但是这个补偿是整个市场的风险补偿率,可不是单项资产的风险补偿率,假设单项资产的风险和整个市场的风险比率是C,则单项资产的风险补偿率应该是C×(B-A),所以单项资产的必要报酬率就是"无风险利率+单项资产的风险补偿率",即:单项资产的必要报酬率 = A + C × (B-A)。

【本章学习方法】

（1）面对众多公式，基本不是为了让考生去计算，特别是关于风险的那些复杂公式，都只是为了让考生能够理解含义，至于计算，那是数学的内容，不是财务管理的内容。因此我们无须纠结那些复杂公式，知道意思即可。

（2）现在学习你们会觉得本章有很多知识点，实际上本章既然作为价值评估基础，随着后面章节的学习，这些知识点都会逐步熟悉起来，因为本章就相当于工具，后面的章节随时会使用到本章的知识点。

财务估值是财务管理核心问题。这里的"价值"是指资产的内在价值，即用适当的折现率计算的资产预期未来现金流量的现值，被称为经济价值或公平价值。它不同于资产的账面价值、市场价值和清算价值。

财务估值的主流方法是现金流量折现法。该方法涉及几个基本的财务概念：利率、时间价值、风险价值和现金流量。本章第一节利率，主要介绍利率的决定因素和期限结构；第二节"货币的时间价值"主要讨论现值的计算方法，第三节"风险与报酬"主要讨论风险价值（见图3-1）。

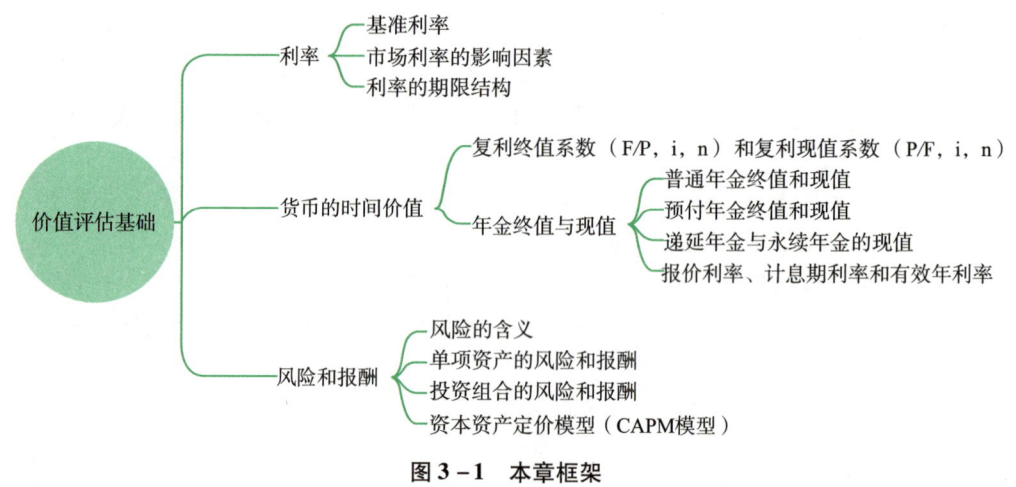

图3-1 本章框架

第一节 利 率

一、基准利率及其特征

利率表示一定时期内利息和本金的比率，通常用百分比表示。利率又称利息率，通常缩写符号为 i。利率的一般计算公式是：利率＝利息÷本金×100%。利率根据计量的期限不同，表示方法有年利率、月利率、日利率等。

基准利率是中国人民银行公布的商业银行存款、贷款、贴现等业务的指导性利率。基准利率是金融市场上具有普遍参照作用的利率，其他利率水平或金融资产价格可根据这一基准利率水平来确定。在我国，以中国人民银行（央行）对国家专业银行和其他金融机构规定的存贷利率为基准利率。

基准利率的基本特征：

（1）市场化。基准利率必须是由市场供求关系决定。

（2）基础性。基准利率在利率体系、金融产品价格体系中处于基础地位，与其他金融市场利率或金融资产的价格具有较强的关联性。

（3）传递性。基准利率所反映的市场信号，或者中国人民银行通过基准利率所发出的调控信号，能有效地传递到其他金融市场和金融产品价格上。

二、利率的影响因素

在市场经济条件下，利率的确定方法表达如下：

$$利率\ r = r^* + RP = r^* + IP + DRP + LRP + MRP$$

其中，r^*——纯粹利率：真实无风险利率，没有通货膨胀、无风险情况下的资金市场平均利率。没有通货膨胀时，短期政府债券的利率可以视为纯粹利率；RP——风险溢价；IP——通货膨胀溢价：证券存续期间预期的平均通货膨胀率；DRP——违约风险溢价：发行者在到期时不能按约定足额支付本金或利息的风险而给予债权人的补偿；LRP——流动性风险溢价：债券因存在不能短期内以合理价格变现的风险而给予债权人的补偿；MRP——期限风险溢价：债券因面临存续期内市场利率上升导致价格下跌的风险而给予债权人的补偿。

纯粹利率与通货膨胀溢价之和，称为"名义无风险利率"，并简称"无风险利率"。

三、利率的期限结构（简单了解）

利率期限结构是指某个时点不同期限债券的到期收益率与期限的关系，反映的是长期利率和短期利率的关系。该关系可以用曲线来表示，该曲线被称为债券收益率曲线，简称收益率曲线。关于利率期限结构有三种理论阐述，如表3-1所示。

表3-1　　　　　　　　利率期限结构的三种理论观点

项目	基本含义	关键假定
无偏预期理论	利率期限结构完全取决于市场对未来利率的预期，即长期债券即期利率是短期债券预期利率的函数（也就是说长期即期利率是短期预期利率的无偏估计）	对未来短期利率具有确定的预期，资金在长期资金市场和短期资金市场之间的流动完全自由（过于理想化）
市场分割理论	由于法律制度、文化心理、投资偏好等不同，投资者会比较固定地投资于某一期限的债券，即每类投资者固定偏好于收益率曲线的特定部分	不同期限的债券市场互不相关
流动性溢价理论	流动性溢价理论综合了预期理论和市场分割理论的特点。它认为短期债券的流动性比长期债券高，因为债券到期期限越长，利率变动的可能性越大，利率风险就越高。因此，长期债券要给予投资者一定的流动性溢价。即长期即期利率是未来短期预期利率平均值加上一定的流动性风险溢价	不同期限的债券不是完全替代品，也不是完全不可替代

【例题3-1·单选题】下列关于利率期限结构的表述中，属于无偏预期理论观点的是（　　）。(2017年)
A. 不同到期期限的债券无法相互替代
B. 到期期限不同的各种债券的利率取决于该债券的供给与需求
C. 长期债券即期利率是短期债券预期利率的函数
D. 长期债券的利率等于长期债券到期之前预期短期利率的平均值与随债券供求状况变动而变动的流动性溢价之和
【答案】C
【解析】无偏预期理论提出的命题是：长期债券即期利率是短期债券预期利率的函数。选项AB属于市场分割理论。选项D属于流动性溢价理论。

第二节　货币的时间价值

货币的时间价值框架如图3-2所示。

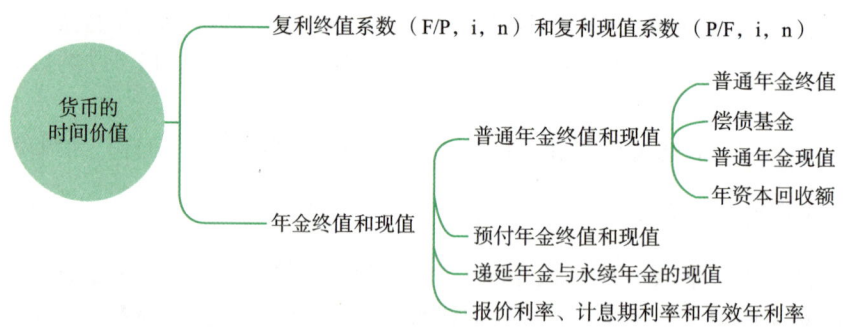

图3-2　本节框架

货币的时间价值是指货币经历一定时间的投资和再投资所增加的价值，也称为资金的时间价值。

一、复利终值和复利现值

（一）复利终值和复利现值

利息的计算方法分为单利和复利两种。
单利是指只计算本金的利息，不计算利息的利息。
复利不仅要对本金计算利息，而且对前期的利息也要计算利息，俗称"利滚利"（见表3-2）。

表 3-2　　　　　　　　　　　　　复利终值与复利现值

项目	概念	公式		系数
复利终值	指一定量的本金按复利计算的若干期后的本利和	$F = P \times (1+i)^n$	P 为现值或者初始值 i 为利率或者报酬率 n 为年数 F 为终值或者本利和	复利终值系数 $(F/P, i, n) = (1+i)^n$
复利现值	指未来一定时间的特定资产按复利计算的现在价值,或者说是为取得将来一定本利和现在所需要的本金	$P = F \times (1+i)^{-n}$		复利现值系数 $(P/F, i, n) = (1+i)^{-n}$

(二) 报价利率、计息期利率和有效年利率

复利的计息期间不一定是一年。计息期越短,每年的利息额就会越大。所以就需要明确三个概念：报价利率、计息期利率和有效年利率（见表 3-3）。

表 3-3　　　　　　　　　　　报价利率、计息期利率和有效年利率

项目	含义	关系
报价利率	指一年复利若干次时给出的**年利率**,**也叫名义利率**,**用 r 表示**	计息期利率 = 报价利率/每年复利次数 假设每年计息 m 次,则 有效年利率 = $\left(1 + \dfrac{报价利率}{m}\right)^m - 1$
计息期利率	计息期利率是指借款人对每 1 元本金**每期**支付的利息。它可以是年利率,也可以是半年利率、季度利率、每月或每日利率等	
有效年利率	在按给定的计息期利率和每年复利次数计算利息时,能够产生相同结果的每年复利一次的年利率被称为有效年利率,也称等价年利率	
	当复利次数 m 趋于无穷大时,利息支付的频率比每秒 1 次还频繁,所得到的利率为连续复利	连续复利的有效年利率 = $e^{报价利率} - 1$ 式中,e 为自然常数

【例题 3-2·计算题】本金 1 000 元,投资 5 年,年利率为 8%,按季度付息,则 5 年后本利和为多少?

【解析一】将名义利率调整成有效年利率,然后按年计算资金时间价值。

$i = (1 + 8\% \div 4)^4 - 1 = 1.0824 - 1 = 8.24\%$

$F = 1\,000 \times (1 + 8.24\%)^5 = 1\,000 \times 1.4859 = 1\,485.9$（元）

【解析二】将名义利率调整成计息期利率（r/m）；将年数调整成计息期数（m × n）；然后套用资金时间价值的计算公式。

每季度利率 = 8% ÷ 4 = 2%

复利次数 = 5 × 4 = 20（次）

$F = 1\,000 \times (1 + 2\%)^{20} = 1\,000 \times 1.4859 = 1\,485.9$（元）

【解析三】当复利次数趋于无穷大时,将名义利率调整为连续复利的有效年利率,然后计算资金时间价值。

查表知,$i = e^{8\%} - 1 = 8.33\%$。

$F = 1\,000 \times (e^{8\%})^5 = 1\,000 \times 1.492 = 1\,492$（元）

二、年金终值和现值

年金是指等额、定期的系列收支。例如，分期付款赊购、分期偿还贷款、发放养老金、分期支付工程款、每年相同的销售收入等，都属于年金收付形式。按照收付时点和方式的不同可以将年金分为 普通年金、预付年金、递延年金和永续年金 四种。

（一）普通年金终值和现值

普通年金又称后付年金，是指 各期期末收付的年金。普通年金的收付形式如图 3-3 所示。横线代表时间的延续，用数字标出各期的顺序号；竖线的位置表示收付的时刻，竖线下端数字表示收付的金额（见图 3-3）。

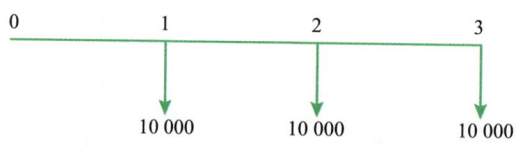

图 3-3 普通年金的收付形式

1. 普通年金终值

普通年金终值是指其最后一次收付时的本利和，它是每次收付的复利终值之和（见图 3-4）。

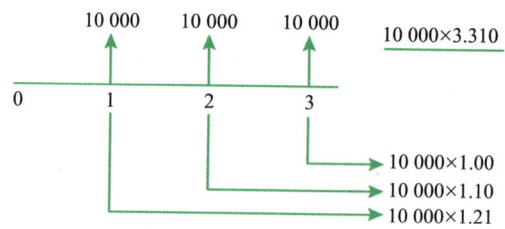

图 3-4 普通年金的终值

设每年的收付金额为 A，利率为 i，期数为 n，则按复利计算的普通年金终值 F 为：

$$F = A + A(1+i)^1 + A(1+i)^2 + \cdots + A(1+i)^{n-1}$$

等式两边同乘 $(1+i)$：

$$(1+i)F = A(1+i) + A(1+i)^2 + A(1+i)^3 + \cdots + A(1+i)^n$$

上述两式相减：$(1+i)F - F = A(1+i)^n - A$

$$F = \frac{A(1+i)^n - A}{(1+i) - 1} = A \frac{(1+i)^n - 1}{i}$$

式中的 $\frac{(1+i)^n - 1}{i}$ 是普通年金为 1 元、利率为 i、经过 n 期的年金终值，记作 年金终值系数（F/A，i，n）。

2. 偿债基金

偿债基金是指为使年金终值达到既定金额每年年末应收付的年金数额。

根据普通年金终值计算公式：

$$F = A \times \frac{(1+i)^n - 1}{i}$$

可知：

$$A = F \times \frac{i}{(1+i)^n - 1}$$

式中的 $\frac{i}{(1+i)^n - 1}$ 是普通年金终值系数的倒数，称作**偿债基金系数**，记作 **(A/F，i，n)**。它可以把普通年金终值折算成每年需要收付的金额。

3. 普通年金现值

普通年金现值，是指为在每期期末收付相等金额的款项，现在需要投入或收取的金额。

设年金现值为 P，则如图 3-5 所示。

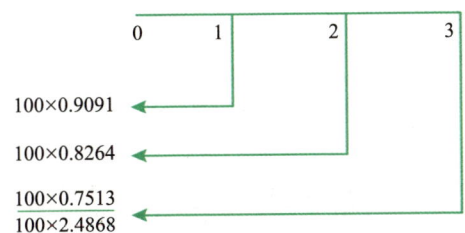

图 3-5　普通年金的现值

计算普通年金现值的一般公式：

$$P = A(1+i)^{-1} + A(1+i)^{-2} + \cdots + A(1+i)^{-n}$$

等式两边同乘 (1+i)：

$$P(1+i) = A + A(1+i)^{-1} + \cdots + A(1+i)^{-(n-1)}$$

后式减前式：$P(1+i) - P = A - A(1+i)^{-n}$

$$P \times i = A[1 - (1+i)^{-n}]$$

$$P = A \times \frac{1 - (1+i)^{-n}}{i}$$

式中 $\frac{1 - (1+i)^{-n}}{i}$ 是普通年金为 1 元、利率为 i、经过 n 期的年金现值，记作**年金现值系数 (P/A，i，n)**。

4. 投资回收系数

假设以年利率为 i 借款 P 元，投资于某个寿命为 n 年的项目，计算每年至少要收回多少现金才是有利的？

根据普通年金现值的计算公式可知：

$$P = A \times \frac{1 - (1+i)^{-n}}{i}$$

$$A = P \times \frac{i}{1 - (1+i)^{-n}}$$

上式中 $\frac{i}{1 - (1+i)^{-n}}$ 是普通年金现值系数的倒数，记作投资回收系数（A/P，i，n）。

(二) 预付年金终值和现值

预付年金是指在每期期初收付的年金,又称即付年金或期初年金。预付年金的支付形式如图3-6所示。

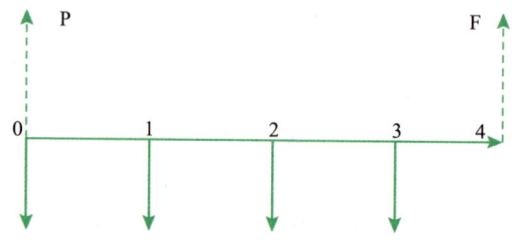

图3-6 预付年金的终值和现值

1. 预付年金终值

预付年金终值的计算公式为:
$$F = A(1+i) + A(1+i)^2 + \cdots + A(1+i)^n$$

式中各项为等比数列,首项为$A(1+i)$,公比为$(1+i)$,根据等比数列的求和公式可知:

$$F = A \times \frac{(1+i) \times [1-(1+i)^n]}{1-(1+i)} = A \times \frac{(1+i)-(1+i)^{n+1}}{-i}$$

$$F = A \times \left[\frac{(1+i)^{n+1}-1}{i} - 1\right]$$

式中的$\left[\frac{(1+i)^{n+1}-1}{i} - 1\right]$是**预付年金终值系数**,或称为1元的预付年金终值,记作 **[(F/A, i, n+1) -1]**。它和普通年金终值系数相比,**期数加1,而系数减1**。

2. 预付年金现值

预付年金现值的计算公式为:
$$P = A + A(1+i)^{-1} + \cdots + A(1+i)^{-(n-1)}$$

根据等比数列的求和公式可知:

$$P = A \cdot \left[\frac{1-(1+i)^{-(n-1)}}{i} + 1\right]$$

式中的$\left[\frac{1-(1+i)^{-(n-1)}}{i} + 1\right]$是**预付年金现值系数**,或称1元的预付年金现值,**记作 [(P/A, i, n-1) +1]**。它和普通年金现值系数相比,**期数要减1,而系数要加1**。

【例题3-3·单选题】假设银行利率为i,从现在开始每年年末存款1元,n年后的本利和为$\frac{(1+i)^n-1}{i}$元。如果改为每年年初存款,存款期数不变,n年后的本利和应为( )元。(2014年)

A. $\frac{(1+i)^{n+1}-1}{i}$

B. $\frac{(1+i)^{n+1}-1}{i} - 1$

C. $\frac{(1+i)^{n+1}-1}{i} + 1$

D. $\frac{(1+i)^{n-1}-1}{i} + 1$

> **【答案】** B
> **【解析】** 预付年金终值系数和普通年金终值系数相比，期数加1，系数减1。

（三）递延年金

递延年金是指第一次收付发生在第二期或第二期以后的年金。递延年金的收付形式如图3-7所示。从该图可以看出，前三期没有发生收付。一般用m表示递延期数，本例的m=3。第一次收付在第四期期末，连续收付4次，即n=4。

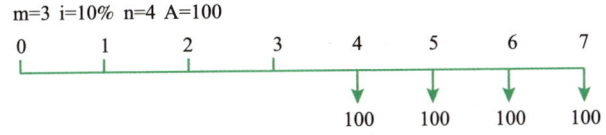

图3-7 递延年金的支付形式

1. 递延年金终值

递延年金终值的计算方法和普通年金终值类似：

$$F = A \cdot (F/A, i, n)$$

2. 递延年金现值

递延年金的现值计算方法有两种：

（1）第一种方法：把递延年金视为n期普通年金，求出递延期末的现值，然后再将此现值调整到第一期期初（递延m期）。

$$P_n = A \cdot (P/A, i, n)$$

$$P_{递延} = P_n \cdot (1+i)^{-m} = A \cdot (P/A, i, n) \cdot (1+i)^{-m}$$

（2）第二种方法：假设递延期也进行收付，先求出（m+n）期的年金现值，然后，扣除实际并未收付的递延期（m）的年金现值，即可得出最终结果。

$$P_{递延} = P_{(m+n)} - P_{(m)} = A \cdot (P/A, i, m+n) - A \cdot (P/A, i, m)$$

（四）永续年金

无限期定额收付的年金，称为永续年金。现实中的存本取息，可视为永续年金的一个例子。

永续年金没有终止的时间，也就没有终值。永续年金的现值可以通过普通年金现值的计算公式导出：

$$P = A \cdot \frac{1-(1+i)^{-n}}{i}$$

当n→∞时，$(1+i)^{-n}$的极限为零，故上式可写成：

$$P = A \times \frac{1}{i}$$

系数汇总如表3-4所示。

表 3-4　　　　　　　　　　　　　系数汇总

系数名称	系数符号	说明
复利终值系数	$(F/P, i, n) = (1+i)^n$	互为倒数
复利现值系数	$(P/F, i, n) = (1+i)^{-n}$	
普通年金终值系数	$(F/A, i, n) = \dfrac{(1+i)^n - 1}{i}$	互为倒数
偿债基金系数	$(A/F, i, n) = \dfrac{i}{(1+i)^n - 1}$	
普通年金现值系数	$(P/A, i, n) = \dfrac{1-(1+i)^{-n}}{i}$	互为倒数
投资回收系数	$(A/P, i, n) = \dfrac{i}{1-(1+i)^{-n}}$	
预付年金终值系数	$[(F/A, i, n+1) - 1] = \dfrac{(1+i)^{n+1} - 1}{i} - 1$	普通年金终值系数**期数加1，系数减1**
预付年金现值系数	$[(P/A, i, n-1) + 1] = \dfrac{1-(1+i)^{-(n-1)}}{i} + 1$	普通年金现值系数**期数减1，系数加1**
递延年金终值	$F = A \cdot (F/A, i, n)$	—
递延年金现值	$P(n) = P(m+n) - P(m)$	n 表示连续收支期数，m 表示递延期数
永续年金现值	$P = A/i$	—

第三节　风险和报酬

风险和报酬的框架如图 3-8 所示。

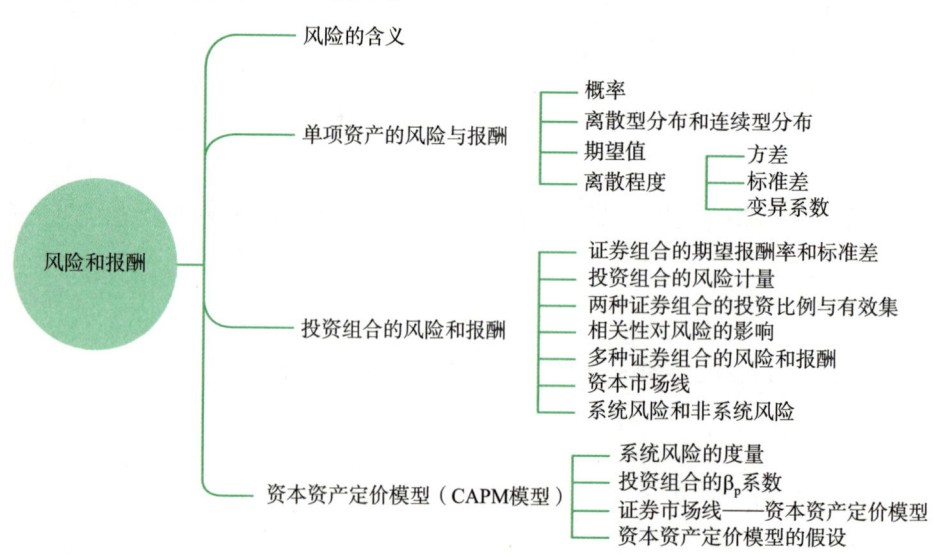

图 3-8　本节框架

该节主要讨论风险与报酬的关系，目的是解决估值时如何确定折现率的问题。折现率应当是投资者要求的必要报酬率。研究表明，必要报酬率的高低取决于投资的风险，风险越大，要求的必要报酬率越高。那么，投资的风险如何计量呢，特定风险需要多少报酬来补偿？就成了折现率的关键。

一、风险的含义

简单来讲，风险是发生财务损失的可能性。比较正式的定义是风险是预期结果的不确定性。

当投资组合理论出现以后，人们认识到非系统风险可以通过投资组合消除，系统风险是没有办法消除、影响所有资产的风险。

当资本资产定价理论出现以后，单项资产的系统风险计量问题得到解决。一项资产最佳的风险度量，是其报酬率变化对市场组合报酬率变化的敏感程度，或者说是一项资产对投资组合风险的贡献。在这以后，**投资风险被定义为资产对投资组合风险的贡献，或者说是指资产报酬率与市场组合报酬率之间的相关性。**衡量这种相关性的指标，被称为贝塔系数。

二、单项投资的风险与报酬

1. 概率

在经济活动中，某一事件在相同的条件下可能发生也可能不发生，这类事件称为随机事件。概率就是用来表示随机事件发生可能性大小的数值。必然发生的事件的概率定义为 1，不可能发生的事件的概率定义为 0，一般随机事件发生的概率介于 0 与 1 之间。概率越大表示该事件发生的可能性越大。

2. 离散型分布和连续型分布

如果随机变量只能取有限数量的值，且对应这些值有确定的概率，则称随机变量是离散型分布。

如果出现的情况有无数多种且对每种情况都赋予一定概率，并分别测定其报酬率，则可以说是连续型分布。

举例说明：（1）成绩的分布为离散型分布；（2）温度的分布为连续型分布。

3. 期望值（预期值、加权平均值）

随机变量的各个取值，以相应的概率为权数的加权平均数，叫作随机变量的预期值（数学期望或均值），它反映随机变量取值的平均化。

$$期望值(\overline{K}) = \sum_{i=1}^{N}(P_i \cdot K_i)$$

其中：P_i——第 i 种结果出现的概率；K_i——第 i 种结果的报酬率；N——所有可能结果的数目。

预期值相同的报酬率，离散程度不一定相同。离散程度大往往意味着更难以预测，风险比较大。

4. 离散程度（方差和标准差）

表示随机变量离散程度的量数，最常用的是**方差和标准差，通常用来度量风险的**

大小。

（1）方差可用来表示随机变量与期望值之间的离散程度，它是离差平方的平均数。

$$总体方差 = \frac{\sum_{i=1}^{n}(K_i - \bar{K})^2}{N}$$

$$样本方差 = \frac{\sum_{i=1}^{n}(K_i - \bar{K})^2}{n-1}$$

（2）标准差是方差的平方根。

$$总体标准差 = \sqrt{\frac{\sum_{i=1}^{n}(K_i - \bar{K})^2}{N}}$$

$$样本标准差 = \sqrt{\frac{\sum_{i=1}^{n}(K_i - \bar{K})^2}{n-1}}$$

（3）在已经知道每个变量值出现概率的情况下，标准差可以按下式计算：

$$标准差(\sigma) = \sqrt{\sum_{i=1}^{n}(K_i - \bar{K})^2 \times P_i}$$

（4）变异系数。

标准差是以均值为中心计算出来的，因而有时直接比较标准差是不准确的，需要剔除均值大小的影响。这里引入了变异系数（离散系数）。

变异系数在比较相关事物的差异程度时较之直接比较标准差要好。

变异系数 = 标准差 ÷ 均值

离散程度的总结如表 3-5 所示。

表 3-5　　　　　　　　　　　　　　　　小结

指标	计算公式	说明
方差	总体方差 = $\frac{\sum_{i=1}^{n}(K_i - \bar{K})^2}{N}$ 样本方差 = $\frac{\sum_{i=1}^{n}(K_i - \bar{K})^2}{n-1}$	预期值相同时，方差越大，风险越大
标准差	总体标准差 = $\sqrt{\frac{\sum_{i=1}^{n}(K_i - \bar{K})^2}{N}}$ 样本标准差 = $\sqrt{\frac{\sum_{i=1}^{n}(K_i - \bar{K})^2}{n-1}}$	预期值相同时，标准差越大，风险越大
变异系数	变异系数 = 标准差/均值	变异系数越大，风险越大

三、投资组合的风险和报酬

投资组合理论认为，若干种证券组成的投资组合，其收益是这些证券收益的加权平均数，但是其风险不是这些证券风险的加权平均风险，投资组合能降低风险。

（一）证券组合的期望报酬率和标准差

1. 期望报酬率

两种或两种以上证券的组合，其期望报酬率可以直接表示为：

$$r_p = \sum_{j=1}^{m} r_j A_j$$

其中：r_j——第 j 种证券的期望报酬率；A_j——第 j 种证券在全部投资额中的比重；m——组合中的证券种类总数。

2. 标准差与相关性

证券组合的标准差，并不是单个证券标准差的简单加权平均。证券组合的风险不仅取决于组合内的各证券的风险，还取决于各个证券之间的关系。

（二）投资组合风险计量

投资组合的标准差不是组合内证券标准差的加权平均数，而往往是低于加权平均数。投资组合有分散风险的作用。

投资组合报酬率概率分布的标准差是：

$$\sigma_p = \sqrt{\sum_{j=1}^{m} \sum_{k=1}^{m} A_j A_k \sigma_{jk}}$$

其中：m——组合内证券种类的总数；A_j——第 j 种证券在投资总额中的比例；A_k——第 k 种证券在投资总额中的比例；σ_{jk}——第 j 种证券与第 k 种证券报酬率的协方差。

1. 协方差的计算

两种证券报酬率的协方差，可以用来衡量它们之间共同变动的程度：

$$\sigma_{jk} = r_{jk} \sigma_j \sigma_k$$

其中：r_{jk}——证券 j 和证券 k 的报酬率之间的预期相关系数；σ_j——第 j 种证券的标准差；σ_k——第 k 种证券的标准差。

这里又冒出了一个新的概念——相关系数。什么是相关系数呢？

相关系数表示一种证券报酬率的增长总是与另一种证券报酬率的增长有某种比例关系。相关系数的值总是在 -1 ~ +1 之间（见表 3-6）。

表 3-6　　　　　　　　　　　　　　相关系数

相关程度	相关系数（r）	对投资组合风险的影响
完全正相关	1	表示一种证券报酬率的增长总是与另一种证券报酬率的增长成比例，反之亦然
完全负相关	-1	表示一种证券报酬率的增长总是与另一种证券报酬率的减少成比例，反之亦然

续表

相关程度	相关系数（r）	对投资组合风险的影响
不具有相关性	0	缺乏相关性，每种证券的报酬率相对于另外的证券报酬率独立变动
非完全正相关、非完全负相关	(-1, 1)	一般而言，多数证券的报酬率趋于同向变动，因此两种证券之间的相关系数多为小于1的正值

$$相关系数(r) = \frac{\sum_{i=1}^{n}[(X_i - \bar{X}) \times (y_i - \bar{y})]}{\sqrt{\sum_{i=1}^{n}(X_i - \bar{X})^2} \times \sqrt{\sum_{i=1}^{n}(y_i - \bar{y})^2}}$$

2. 两种证券投资组合的风险衡量

我们在这一节稍前的地方说过了，风险衡量靠的是风险组合的标准差，而影响风险组合标准差的，除了投资组合内的各证券的标准差，还有证券间的协方差。

以两种资产 x 和 y 构成投资组合 p 举例，列出的标准差和相关系数公式和关系。

$$\sigma_p = \sqrt{a^2\sigma_x^2 + b^2\sigma_y^2 + 2ab\text{Cov}(x, y)}$$

其中：a——x 证券在投资总额中的比例；b——y 证券在投资总额中的比例；Cov(x, y)——x 与 y 的协方差。

结论：**只要两种证券期望报酬率的相关系数小于1，证券组合期望报酬率的标准差就小于各证券期望报酬率标准差的加权平均数。**

（三）两种证券组合的投资比例与有效集

A 资产的期望报酬率是 10%，标准差是 12%，B 资产的期望报酬率是 18%，标准差是 20%。调整 A、B 两种资产的不同比例，构建投资组合。计算得出一组关于"期望报酬率"和"标准差"的数据，如表 3-7 所示。

表 3-7　　　　　　　　　　不同投资比例的组合

组合	对 A 的投资比例	对 B 的投资比例	组合的期望报酬率（%）	组合的标准差（%）
1	1	0	10.00	12.00
2	0.8	0.2	11.60	11.11
3	0.6	0.4	13.20	11.78
4	0.4	0.6	14.80	13.79
5	0.2	0.8	16.40	16.65
6	0	1	18.00	20.00

图 3-9 描绘出随着对两种证券投资比例的改变，期望报酬率与风险之间的关系。图中的点与表 3-7 中的六种投资组合一一对应。连接这些墨点所形成的曲线称为机会集，它反映出风险与报酬之间的权衡关系。

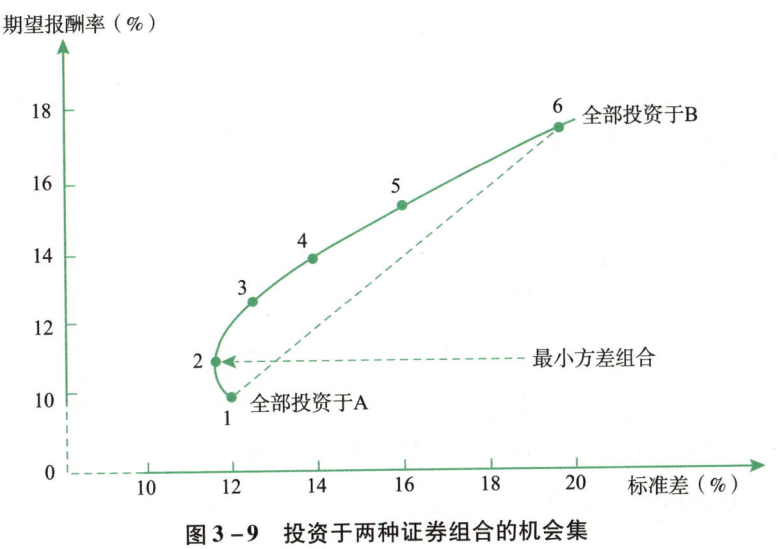

图 3-9 投资于两种证券组合的机会集

图 3-9 的几个非常重要的结论（**选择题常考**）。

1. 它揭示了分散化效应

比较曲线和虚线直线的距离可以判断分散化效应的大小。相关系数越小，机会集曲线就越弯曲，分散化效应越强。

2. 它表达了最小方差组合

曲线最左端的第 2 点组合被**称为最小方差组合**，它持有各种组合中最小的标准差。离开此点，其他各点标准差都会上升。

必须注意的是，并不是只要相关系数小于 1，就会有拐点（左侧凸出的点）出现，它取决于相关系数的大小。如果相关系数没有小到一定程度，则没有拐点出现，则最小方差组合是将资产全部投资于报酬率和风险较低的证券组合。

3. 它表达了投资的有效集合

在只有两种证券的情况下，投资者所有投资机会只能出现在机会集曲线上，而不会出现在该曲线上方或下方。改变投资比例只会改变组合在机会集曲线上的位置。

最小方差组合以下的组合（曲线 1~2 的部分）是无效的。他们与最小方差组合相比，不但标准差大（即风险大），而且报酬率也低。

有效集是从最小方差组合点到最高期望报酬率组合点的那段曲线。

必须注意的是，如果相关系数虽然小于 1，但也有可能没有拐点出现，这时曲线上就没有无效集，所有组合都是有效集。

（四）相关系数的影响

图 3-9 中，列示了相关系数为 0.2 的机会集曲线，如果增加一条相关系数为 0.5 的机会集，就成为图 3-10。

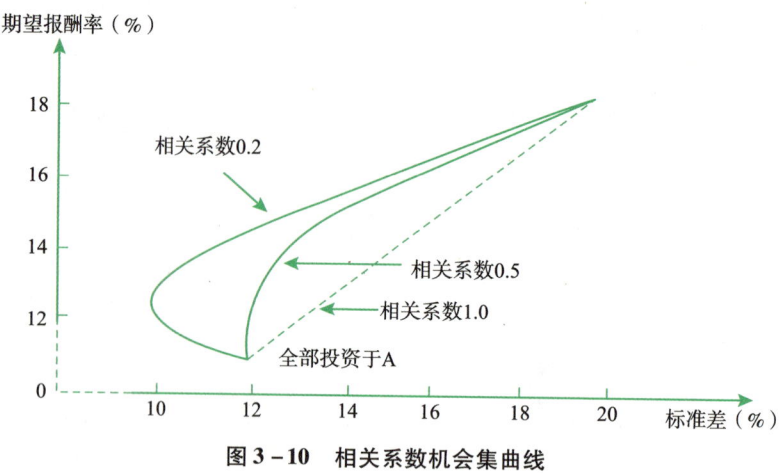

图 3-10 相关系数机会集曲线

不同相关系数的对比如表 3-8 所示。

表 3-8　　　　　　　　　　不同相关系数对比

	r = 0.2	r = 0.5
拐点（左侧凸出的点）	有	无
无效集	有 拐点至全部投资于 A 的点的曲线	无 整条机会集曲线都是有效集
最小方差组合	拐点的投资组合	全部投资于 A 的组合
分散化效应	相关系数越小，曲线弯曲程度越大，分散化效应越强	相关系数越大，曲线弯曲程度越小，分散化效应越弱

注：分散化投资不一定导致机会集曲线向左侧凸出，它取决于相关系数的大小。

【例题 3-4·单选题】下列关于两种证券组合的机会集曲线的说法中，正确的是（　）。(2013 年)

A. 曲线上报酬率最低点是最小方差组合点
B. 两种证券报酬率的相关系数越大，曲线弯曲程度越小
C. 两种证券报酬率的标准差越接近，曲线弯曲程度越小
D. 曲线上的点均为有效组合

【答案】B

【解析】选项 A：如果相关系数很小，曲线存在拐点，曲线上最左端的拐点才是最小方差组合，选项 A 错误；选项 C：曲线弯曲程度与两种证券的相关系数有关，与标准差无关，选项 C 错误；选项 D：如果相关系数很小，曲线存在拐点，在拐点下方的投资组合是无效组合，选项 D 错误。

（五）多种证券组合的风险和报酬

对于两种以上证券构成的组合，以上原理同样适用。值得注意的是，多种证券组合的机会集不同于两种证券的机会集。两种证券的所有可能组合都落在一条曲线上，而**两种以上证券的所有可能组合会落在一个平面中**。如图 3-11 的阴影部分所示。这个机会集反映

了投资者所有可能的投资组合。

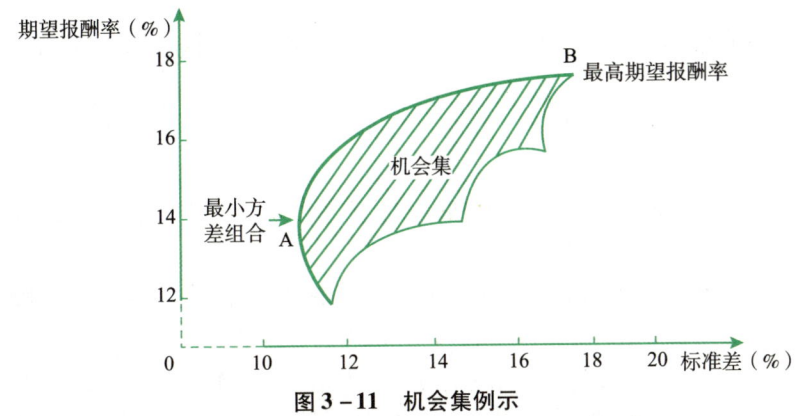

图 3-11 机会集例示

（1）最小方差组合是图 3-11 最左端的点，它具有最小组合标准差。

（2）图中以粗线描出的部分（线段 AB），称为有效集或有效边界，它位于机会集的顶部，从最小方差组合点起到最高期望报酬率点止，投资者应在有效集上寻求投资组合。

（六）资本市场线

如图 3-12 所示，从无风险资产的报酬率（Y 轴的 R_f）开始，做有效边界的切线，切点为 M，该直线被称为资本市场线。

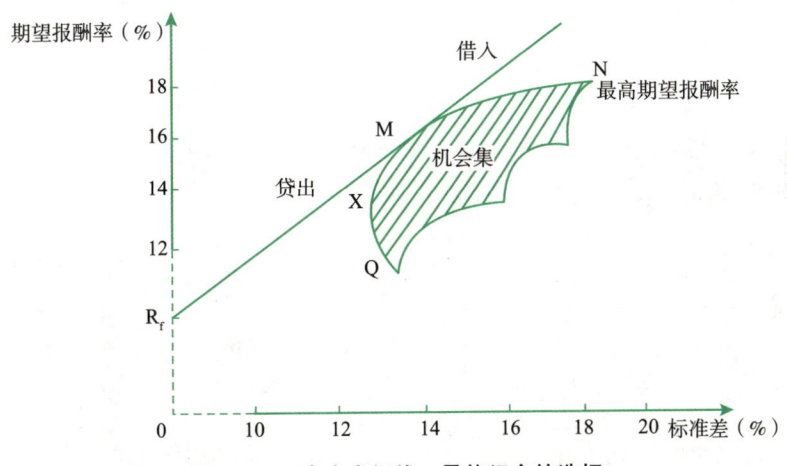

图 3-12 资本市场线：最佳组合的选择

资本市场线是指表明**有效组合**的**期望收益率**和**标准差**之间的一种简单的线性关系的一条**射线**。它是沿着**投资组合**的**有效边界**，由**风险资产**和**无风险资产**构成的投资组合。

1. 表达式

$$总期望报酬率 = Q \times 风险组合的期望报酬率 + (1-Q) \times 无风险利率$$
$$总标准差 = Q \times 风险组合标准差$$

其中：Q——投资者投资于风险组合 M 的资金占自有资本总额的比例；1-Q——投资于无风险资产的比例。

如果贷出资金，Q 将小于 1；如果借入资金，Q 将大于 1。

2. 说明

（1）假设存在无风险资产。投资者可以在资本市场上以固定利率借到钱，也可以将多余的钱贷出。

（2）存在无风险资产的情况下，投资人可以贷出资金减少风险，偏好风险的人可以借入资金购买风险资产。

（3）切点 M 是市场均衡点，它代表唯一最有效的风险资产组合，它是所有证券以各自的总市场价值为权数的加权平均组合。

（4）资本市场线揭示出持有不同比例的无风险资产和市场组合情况下风险与期望报酬率的权衡关系。直线截距表示无风险利率，斜率代表风险的市场价值，直线上的任何一点都可以告诉我们投资于市场组合和无风险资产的比例。在 M 点的左侧，代表同时持有无风险资产和风险资产组合。在 M 点的右侧，你将仅持有风险资产组合，并会借入资金进一步投资于组合 M。

（5）个人的效用偏好与最佳风险资产组合相独立（或相分离）。 投资者个人对风险的态度只影响借入或贷出的资金量，而不影响最佳风险资产组合。因为存在无风险资产并可按无风险利率自由借贷时，市场组合优于所有其他组合。

【例题 3－5·单选题】已知某风险组合的期望报酬率和标准差分别为 15% 和 20%，无风险利率为 8%，假设某投资者可以按无风险利率取得资金，将其自有资金 200 万元和借入资金 50 万元均投资于风险组合，则投资人总期望报酬率和总标准差分别为（　　）。

A. 16.75% 和 25%　　　　　　　　B. 13.65% 和 16.24%
C. 16.75% 和 12.5%　　　　　　　D. 13.65% 和 25%

【答案】A

【解析】Q = 250 ÷ 200 = 1.25；总期望报酬率 = 1.25 × 15% + (1 − 1.25) × 8% = 16.75%；总标准差 = 1.25 × 20% = 25%。

【例题 3－6·多选题】下列因素中，影响资本市场线中市场均衡点位置的有（　　）。（2014 年）

A. 无风险利率　　　　　　　　　　B. 风险组合的期望报酬率
C. 风险组合的标准差　　　　　　　D. 投资者个人的风险偏好

【答案】ABC

【解析】资本市场线中，市场均衡点的确定独立于投资者的风险偏好，取决于各种可能风险组合的期望报酬率和标准差，而无风险利率会影响期望报酬率，所以选项 ABC 正确，选项 D 错误。

【例题 3－7·多选题】下列有关证券组合投资风险的表述中，正确的有（　　）。（2010 年）

A. 证券组合的风险不仅与组合中每个证券的报酬率标准差有关，而且与各证券之间报酬率的协方差有关

B. 持有多种彼此不完全正相关的证券可以降低风险
C. 资本市场线反映了持有不同比例无风险资产与市场组合情况下风险和报酬的权衡关系
D. 投资机会集曲线描述了不同投资比例组合的风险和报酬之间的权衡关系

【答案】ABCD
【解析】均是教材原话。

(七) 风险类别

在投资组合的讨论中，我们知道个别资产的风险，有些可以被分散掉，有些则不能。**无法分散掉的是系统风险，可以分散掉的是非系统风险。**

资产的风险可以用标准差计量。标准差衡量的是**整体风险**。我们把整体风险划分为系统风险和非系统风险，如图3-13所示。

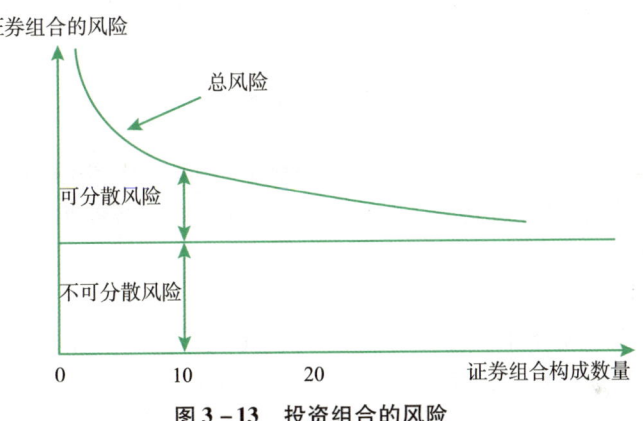

图3-13 投资组合的风险

系统风险：是指那些影响所有公司的因素的风险。例如，地震、战争、经济危机等。**投资组合不能消除系统风险。**

非系统风险：是指发生于个别公司的特有事件造成的风险。由于非系统风险是个别公司或个别资产所特有的，因此也称"特殊风险"或"特有风险"。由于**非系统风险可以通过投资多样化分散掉**，也称为"可分散风险"。

在风险分散过程中，不应当过分夸大资产多样性和资产个数作用。一般来讲，随着资产组合中资产个数的增加，资产组合的风险会逐渐降低，当资产的个数增加到一定程度时，组合风险的降低将非常缓慢直到不再降低。

【例题3-8·单选题】关于证券投资组合理论的以下表述中，正确的是（   ）。
A. 证券投资组合能消除大部分系统风险
B. 证券投资组合的总规模越大，承担的风险越大
C. 最小方差组合是所有组合中风险最小的组合，所以报酬最大
D. 一般情况下，随着更多的证券加入投资组合中，整体风险降低的速度会越来越慢

【答案】D
【解析】投资组合不能消除系统风险，所以选项 A 错误。证券投资组合的总规模越大，消除的风险越多，所以选项 B 错误。最小方差组合是所有组合中风险最小的组合，但不是报酬率最大的组合，最大的组合是将所有资产投资于报酬率最高的证券种类的组合，所以选项 C 错误。投资组合只能消除非系统风险，随着组合种类的增多，整体风险降低的速度越来越慢，所以选项 D 正确。

四、资本资产定价模型（CAPM 模型）

资本资产定价模型研究的是充分组合情况下风险与必要报酬率之间的均衡关系。
资本资产定价模型主要研究如何衡量系统风险以及如何给风险定价。

（一）系统风险的度量（单项资产的贝塔系数）

度量一项资产系统风险的指标是贝塔系数，用希腊字母 β 表示。
其计算公式如下：

$$\beta_J = \frac{Cov(K_J, K_M)}{\sigma_M^2} = \frac{r_{JM}\sigma_J\sigma_M}{\sigma_M^2} = r_{JM}\left(\frac{\sigma_J}{\sigma_M}\right)$$

其中：$Cov(K_J, K_M)$——第 J 种证券的报酬率与市场组合报酬率之间的协方差。
一种股票的 β 值的大小取决于：①该股票与整个股票市场的相关性；②它自身的标准差；③整个市场的标准差。

1. β 系数的经济意义

β 系数告诉我们相对于市场组合而言特定资产的系统风险是多少。
β = 1，表示该资产的系统风险程度与市场组合的风险一致；
β > 1，说明该资产的系统风险程度大于整个市场组合的风险；
β < 1，说明该资产的系统风险程度小于整个市场组合的风险；
β = 0，说明该资产的系统风险程度等于 0。

2. 投资组合的 β 系数

投资组合的贝塔系数就是各证券 β 值的加权平均值。

$$\beta_p = \sum_{i=1}^{n} X_i \beta_i$$

【例题 3-9·计算题】一个投资者拥有 10 万元现金进行组合投资，共投资 10 种股票且各占 1/10 即 1 万元。这 10 种股票的 β 值皆为 1.18，求组合 A 的 β 值为多少？若将其中一种股票完全卖出，同时买进一种 β 值为 0.8 的股票，求组合 B 的 β 值为多少？
【解析】组合 A 的 β_p = 1.18。
组合 B 的 β_p = 0.9 × 1.18 + 0.1 × 0.8 = 1.142。

（二）资本资产定价模型的图示——证券市场线

单一证券的系统风险可由 β 系数来度量，而其风险与收益之间的关系由证券市场线来描述。

证券市场线：$R_i = R_f + \beta(R_m - R_f)$

上述这个等式被称为资本资产定价模型。

其中：R_i——第 i 个股票的必要报酬率；R_f——无风险报酬率（通常以国库券的报酬作为无风险报酬率）；R_m——平均股票的必要报酬率（指 $\beta = 1$ 的股票的必要报酬率，也包括市场组合的必要报酬率）；$R_m - R_f$——<u>在均衡状态下</u>，投资者为补偿承担超过无风险报酬率的平均风险而要求的额外收益，即风险价格（见图 3 – 14）。

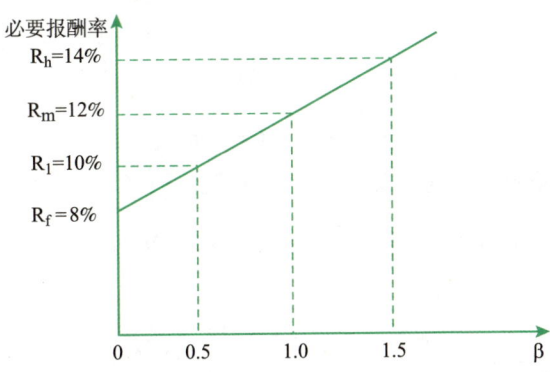

图 3 – 14　证券市场线：β 值与必要报酬率

> 通俗解释该公式：
> 一项资产的报酬率，与该资产跟整个市场的系统风险相关，风险越高，需要支付的补偿也就越多。首先，一项资产最基本的报酬率是无风险报酬率（R_f），同时呢，整个市场的风险溢价为（$R_m - R_f$），但是要反映到特定资产的风险，需要用 $\beta \times (R_m - R_f)$ 来反映单项资产的风险溢价。所以，公式为：$R_i = R_f + \beta(R_m - R_f)$。

证券市场线的主要含义如下：

（1）纵轴为必要报酬率，横轴是以 β 值表示的风险。

（2）无风险证券的 $\beta = 0$，故 R_f 成为证券市场线在纵轴的截距。

（3）证券市场线的<u>斜率</u>表示经济系统中<u>风险厌恶感的程度</u>。投资者<u>对风险厌恶感越强</u>，证券市场线的<u>斜率越大（斜率上升）</u>，风险资产的必要报酬率越高。

（4）投资者必要报酬率不仅取决于市场风险，还取决于无风险利率（证券市场线的截距）和市场风险补偿程度（证券市场线的斜率）。<u>预计通货膨胀提高时，无风险利率会提高，导致证券市场线的向上平移。风险厌恶感的加强，会提高证券市场线的斜率。</u>

（5）证券市场线斜率取决于全体投资者的<u>风险回避态度</u>，如果大家都愿意<u>冒险</u>，风险就得到很好的分散，风险程度就小，风险报酬率就低，证券市场线<u>斜率就小</u>，证券市场线就越平缓；如果大家都不愿意冒险，风险就得不到很好的分散，风险程度就大，风险报酬率就高，证券市场线斜率就大，证券市场线就越陡。

【例题 3-10·单选题】 证券市场线可以用来描述市场均衡条件下单项资产或资产组合的必要收益率与风险之间的关系。当投资者的风险厌恶感普遍减弱时,会导致证券市场线(   )。(2013 年)

A. 向上平行移动   B. 向下平行移动
C. 斜率上升   D. 斜率下降

【答案】 D

【解析】 证券市场线的斜率表示经济系统中风险厌恶感的程度,一般来说,投资者对风险的厌恶感越强,证券市场线的斜率越大。

资本市场线与证券市场线的比较如表 3-9 所示。

表 3-9　　　　　　　　　　　　资本市场线与证券市场线的比较

项目	资本市场线	证券市场线
含义	由风险资产和无风险资产构成的投资组合的有效边界。表明有效组合的期望收益率和风险(标准差,即整体风险)之间的一种简单的线性关系	在市场均衡条件下,单项资产或资产组合的必要收益率与风险之间(β值,即系统性风险)的线性关系
适用范围	只适用于有效证券组合	(1)单项资产或投资组合; (2)有效组合或无效组合
直线方程	$R_i = R_f + \dfrac{R_m - R_f}{\sigma_m} \times \sigma_i$	$R_i = R_f + \beta(R_m - R_f)$
直线斜率	它的斜率反映每单位整体风险的超额报酬(组合的报酬率超出无风险利率的部分),即风险的"价格"。 即:$\dfrac{R_m - R_f}{\sigma_m}$	它的斜率反映单个证券或证券组合每单位系统风险(贝塔系数)的超额收益。 即:$R_m - R_f$

第三章　价值评估基础

彬哥跟你说：

如果你毫无基础和学习能力较差，在这一章你会被绕进去，诸如"方差""标准差""协方差""相关系数""资本市场线""证券市场线"等，你会觉得怎么这么难呢？其实这些都是纸老虎，比如"方差""协方差"这些根本不可能让你计算，都是题目直接告诉，你只需要知道含义即可！比如"资本市场线"这种表述，不是难，而是我们自己有畏惧心理，去看3~5遍讲义，基本上也没什么问题，需要注意的是你们学习的时候不要一直在"微观"学习，总是去抠细节，然后忘了回到"宏观"，这样是学不好的！

当你学的累了，有点学不动了，就回到宏观来翻一下，这样又可以重新开始！如果你发现有些知识点你怎么也理解不了，不是因为知识点难，而是你的思维可能进入了死胡同，这个时候别自己跟自己过不起，先记下来答案和套路，往后学，在某一个时刻你会恍然大悟！同时，你还要翻来覆去地复习，这些知识迟早都会消化的！

今日复习步骤：

第一遍：回忆 & 重新复习一遍框架（15分钟）

学习要求：这一遍的目的是自己重新梳理一遍框架，不需要掌握所有细节，但求框架了然于心。

（1）价值评估基础这一章学些什么——利率、货币时间价值、风险和报酬。
（2）货币时间价值讲了什么？有哪些内容？
（3）风险和报酬讲了什么？有哪些内容？

第二遍：对细节进一步掌握（40分钟）

第三遍：重新复习一遍框架（10分钟）

我问你答：

（1）报价利率、计息期利率和有效年利率会区分了吗？它们之间怎么转换？
（2）投资组合的预期报酬率怎么计算？两种证券组合不同相关系数的机会集曲线有什么特点（拐点、有效集、机会集、最小方差组合、分散化效应）？
（3）投资者个人的风险偏好影响资本市场线中最有效风险资产组合吗？
（4）关于风险的度量，标准差衡量的是整体风险还是系统风险？β系数呢？
（5）证券市场线的表达式是什么？证券市场线的斜率表示什么？

本章作业：

（1）请把讲义例题做三遍（做错的题目，请分析错误原因并记录到改错本）。
（2）请复习完口述一遍框架，睡前请再回忆一遍框架。
（3）第二天早上，请再回忆一遍框架，对于回忆不起来的内容，再翻书看一遍。

第 5 天　复习日

- **复习旧内容：**
    第一章、第二章、第三章
- **学习新内容：**
    无
- **学习方法：**
    快速翻阅每章知识点，着重看自己标注的笔记，攻克难点，每复习一章做一章习题，带着习题中出现的问题再看一遍书，并归纳错题本。
- **你今天的可能心态：**
    财务管理的第一篇已经学完，这一篇需要记忆的公式不少，同学们一定要抓住复习日的空档将需要记忆的公式多写几遍，形成初步印象，之后再经过两轮复习，记忆效果就会越来越深刻！
- **简单解释今天学习内容：**
    无
- **可能会遇到的难点：**
    无
- **习题注意事项：**
    第一遍做习题没有思路不要紧，重要的是对照答案思考清楚后多做几遍，抓出自己的思维局限整理到错题本上！
- **建议学习时间：**
    5 个小时

第6天

● **复习旧内容：**
　　第三章　价值评估基础（15分钟快速浏览，并记得回顾错题本）

● **学习新内容：**
　　第四章　资本成本

● **学习方法：**
　　本章要学习的资本成本与前面的风险和报酬是一脉相承的。学习的时候一定要头脑清晰：债务资本成本看似有四种计算方法，但是归根结底只有两种计算方法；普通股资本成本有三种计算方法；最后可以计算出整个公司的加权平均资本成本。

● **你今天的可能心态：**
　　经过第一编的铺垫，从今天开始，学习任务逐步变得简单起来了，同学们加油！

● **简单解释今天学习内容：**
　　资本成本可以从两个角度进行解释：一是公司使用资金的成本，即筹资的成本，其实这也是投资人（债权人和股东）要求的必要报酬率；二是公司的投资所要求的必要报酬率。
　　（1）关于债务的资本成本，债务有到期日，每年也会支付现金，所以计算资本成本就是计算到期收益率，也就是现金流入的现值等于流出的现值的折现率。
　　（2）关于普通股的资本成本，其中一个计算方法就是CAPM模型，另外一种方法的核心也是将未来的现金流折现。

● **可能会遇到的难点：**
　　本章难点倒没有，需要注意的是：债务利息可以抵税，因为计算出来的必要报酬率是税前的，答题时要换算成税后。

● **习题注意事项：**
　　本章属于基础性章节，为后面的价值评估打基础，所以不会单独出大题，但是会结合其他内容出大题，所以要熟练。

● **建议学习时间：**
　　2个小时

第二编
长期投资决策

第二编长期投资决策包括资本成本、投资项目资本预算、债券股票价值评估、期权价值评估和公司价值评估。长期投资决策的基本方法就是净现值原理，如果一项投资的净现值为正，就能增加股东财富。计算净现值除了要预计现金流量外，最重要的就是确定折现率，也就是投资人的必要报酬率，在实务中，资本成本就是折现率的一个选择。在资产价值评估中，净现值原理也是基本的价值评估方法，净现值就是该资产的内在价值。期权价值评估相对比较特殊，因为期权投资的必要报酬率处于不断变动中，难以找到合理的折现率，所以期权价值评估有自己的独特方法。

第四章 资本成本
- 01 资本成本的概念和用途
- 02 债务资本成本的估计
- 03 普通股资本成本的估计
- 04 混合筹资成本的估计
- 05 加权平均资本成本的计算

第五章 投资项目资本预算
- 01 投资项目的评价方法
- 02 投资项目现金流量的估计
- 03 投资项目折现率的估计
- 04 投资项目的敏感分析

第六章 债券、股票价值评估
- 01 债券价值评估
- 02 普通股价值评估
- 03 混合筹资工具价值评估

第七章 期权价值评估
- 01 期权的概念、类型和投资策略
- 02 金融期权价值评估

第八章 企业价值评估
- 01 企业价值评估的目的和对象
- 02 企业价值评估方法

第四章　资本成本

【简单解释本章内容】

(1) 何谓资本成本。简单地说就是继续寻找适用的折现率（必要报酬率），第三章介绍了基本原理和方法，本章就是针对具体的资金来源确定折现率（必要报酬率）。资本成本就是使用资本的成本。比如公司所占用的长期资本的成本，不正是企业的债权人和股东所要求的必要报酬率吗？比如公司向外投资项目的资本成本，不正是公司所要求的必要报酬率吗？因此资本成本也是我们在寻找的那个折现率（必要报酬率）。

(2) 关于债务资本成本，其实就是求债券的到期收益率，即该笔债券的真实收益率的问题。现在投资债券，将来每年可以收获利息，以及将来还可以收到一笔本金，请问投资债券的收益率有多高？这就是资本成本！所以看到债券类题目，就要想到这种方法，不管是求债券的价格还是债券的资本成本还是到期收益率，基本都是用这个思路解决。

(3) 关于普通股资本成本，其实思路是一致的。作为普通股股东，未来每年可以收取一笔股利！那么买入股票付出一笔现金，同时每年收取一笔股利，请问真实收益率有多高？由于股票是假设永续存在，计算起来就更简单，可以记住最基本的公式：

$$r_S = \frac{D_1}{P_0} + g$$

求股票的价值（P），求资本成本（r）都是这个公式的变形而已。

当然根据前面学习的公式：$R_i = R_f + \beta(R_m - R_f)$。这也是可以拿来计算普通股资本成本的。

(4) 至于加权平均资本成本，则是整个公司使用的长期资本的总的资本成本，按照比例加权平均即可。要特别强调的是，我们计算的资本成本都是长期资本的资本成本。

【本章学习方法】

(1) 本章其实也是在为价值评估打基础，因此，精准掌握债务资本成本和股权资本成本是很有必要的。对于债务资本成本，明白基本原理就是"折现"！而股票资本成本的公式的推导可以理解，但是考试不会考推导，如果能够理解推导更好，不能理解可以先记住公式，后面再慢慢来学习！

(2) 总之本章的建议就是一定要搞懂原理！本章属于很重要的章节，属于承上启下的章节！

资本成本是非常重要的概念，有两个原因：一是公司要达到股东财富最大化，必须使所有的投入成本最小化，其中包括资本成本的最小化，所以正确估计和合理降低资本成本是制定筹资决策的基础。二是公司为了增加股东财富，公司只能投资于投资报酬率高于其资本成本率的项目，正确估计项目的资本成本是制定投资决策的基础（见图4-1）。

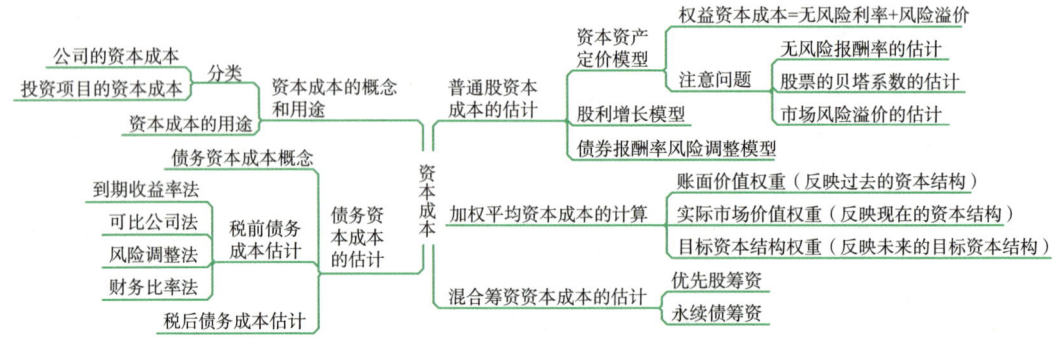

图4-1　本章框架

第一节　资本成本的概念和用途

一、资本成本的概念

资本成本是指投资资本的机会成本。这种成本不是实际支付的成本，而是一种失去的收益，是将资本用于本项投资所放弃的其他投资机会的收益，因此被称作**机会成本**。

资本成本有时也被称为**取舍率、最低可接受的报酬率（必要报酬率）**（见图4-2）。

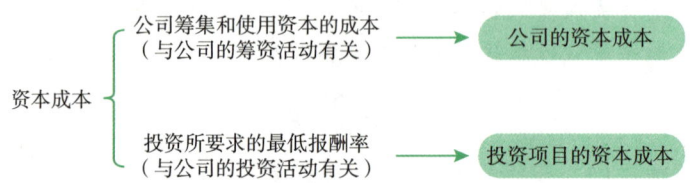

图4-2　资本成本的概念

公司资本成本是投资人针对整个公司要求的报酬率，或者说是投资人对于企业全部资产要求的报酬率；项目资本成本是公司投资于资本支出项目所要求的报酬率。

1. 公司的资本成本

公司的资本成本是构成公司资本结构的各种资金来源的成本组合，即各种资本要素成本的加权平均值。

资本成本是公司取得资本使用权的代价，是公司投资人的**必要报酬率**。

资本来源不同，资本成本也不同。

不同公司的资本成本也不相同。一个公司资本成本的高低取决于：（1）无风险利率；（2）经营风险溢价；（3）财务风险溢价。

2. 投资项目的资本成本

投资项目的资本成本是指项目本身所需投资资本的机会成本，每个项目有自己的机会资本成本。

不同的投资项目,资本成本不同。因为风险不同,所以要求的最低报酬率也不同。对于投资项目的资本成本,其高低既取决于资本投向什么样的项目,又受筹资来源影响(见表4-1)。

表4-1　　　　　　　　公司资本成本和项目资本成本的区别和联系

区别	公司资本成本是投资人针对整个公司要求的报酬率,或者说是投资者对于公司全部资产要求的最低报酬率;项目资本成本是公司投资于资本支出项目所要求的最低报酬率	
联系	公司新的投资项目风险=公司现有资产平均风险	项目资本成本=公司资本成本
	新的投资项目的风险>公司现有资产平均风险	项目资本成本>公司资本成本
	新的投资项目的风险<公司现有资产平均风险	项目资本成本<公司资本成本

二、资本成本的用途及影响因素

资本成本的用途有以下五种,具体如何运用,我们将在具体章节中进行讲述(见图4-3)。

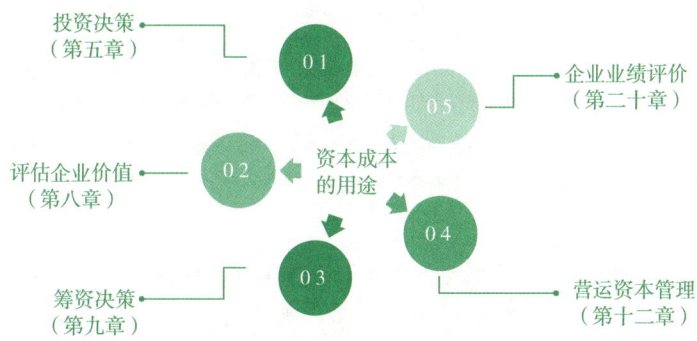

图4-3　资本成本的用途

资本成本的影响因素如表4-2所示。

表4-2　　　　　　　　　　资本成本的影响因素

影响因素		说明
外部因素	利率	市场利率上升,公司的债务成本会上升,同时普通股和优先股的成本也上升
	市场风险溢价	①市场风险溢价由资本市场上的供求双方决定,个别公司无法控制。 ②市场风险溢价会影响股权成本
	税率	①税率是政府政策,个别公司无法控制。 ②税率变化直接影响税后债务成本以及公司加权平均资本成本
内部因素	资本结构	①公司应适度负债,寻求资本成本最小的资本结构。 ②增加债务的比重,平均资本成本趋于降低,同时会加大公司的财务风险,财务风险的提高,又会引起债务成本和权益成本上升
	投资政策	①公司的资本成本反映现有资产的平均风险。 ②如果公司向高于现有资产风险的新项目大量投资,公司资产的平均风险就会提高,并使得资本成本上升

第二节 债务资本成本的估计

一、债务资本成本的概念

债务资本成本就是确定债权人所要求的报酬率。

债务筹资特征：①债务筹资产生合同义务；②归还债权人本息的请求权优先于股东的股利；③债权人无权获得高于合同规定之外的利息收益。

理解债务资本成本我们需要注意以下几个问题，如表4-3所示。

表4-3　　　　　　　　　　　　债务资本成本的理解要点

理解要点	注意区分	说明
是未来成本	区分历史成本和未来成本	作为投资决策和公司价值评估依据的资本成本，是未来借入新债务的成本。现有债务的历史成本，对于未来的决策是不相关的沉没成本
是期望收益	区分承诺收益和期望收益	债权人只能获得合同规定的本金和利息，即：承诺收益。但如果筹资公司因特有风险而失败，债权人可能无法得到承诺的本息。因此，若存在违约风险时，债务投资的期望收益低于合同规定的承诺收益。 当公司不存在违约风险时，则债务成本等于承诺收益
考虑长期债务	区分长期债务和短期债务	不同期限的债务利率不同，由于加权平均资本成本主要用于资本预算，涉及的债务是长期债务，因此通常只考虑长期债务，而忽略各种短期债务

【例题4-1·多选题】公司在进行资本预算时需要对债务成本进行估计。如果不考虑所得税的影响，下列关于债务成本的说法中，正确的有（　　）。(2012年)
A. 债务成本等于债权人的期望收益
B. 当不存在违约风险时，债务成本等于债务的承诺收益
C. 估计债务成本时，应使用现有债务的加权平均债务成本
D. 计算加权平均债务成本时，通常不需要考虑短期债务
【答案】ABD
【解析】作为投资决策和公司价值评估依据的资本成本，只能是未来借入新债务的成本。现有债务的历史成本，对于未来的决策是不相关的沉没成本，选项C错误。

二、税前债务成本的估计

因为有企业所得税的存在，而利息费用是可以抵税的，所以我们将债务成本分为税前债务成本和税后债务成本。

又因为发行债务，我们需要支付一部分发行费用，所以，在估计债务成本的时候，我们也要考虑，是否将发行费用计算在内。

（一）不考虑发行费用的税前债务资本成本估计

税前债务成本的估计方法如图4-4所示。

图 4-4 税前债务成本的估计方法

1. 到期收益率法

适用条件：**公司目前有上市的长期债券**。

根据债券估价的公式，适用内插法求出使下式成立的 r_d，即为到期收益率。

$$P_0 = \sum_{t=1}^{n} \frac{利息}{(1+r_d)^t} + \frac{本金}{(1+r_d)^t}$$

式中：P_0——债券的市价；r_d——到期收益率，即税前债务成本；n——债务的剩余期限，通常以年表示。

如果债券不是按年付息，而是每年付息 m 次，则上述公式将调整为：

$$P_0 = \sum_{t=1}^{mn} \frac{利息 \div m}{(1-r_d)^t} + \frac{本金}{(1+r_d)^{mn}}$$

债务税前资本成本 = 有效年利率 = $(1+r_d)^m - 1$

式中：P_0——债券的市价；r_d——计息期折现率；m——每年计息次数；n——债务的剩余期限，通常以年表示。

【例题 4-2·计算题】A 公司 8 年前发行了面值为 1 000 元、期限 30 年的长期债券，利率是 7%，每年付息一次，目前市价为 900 元。求该债券的资本成本为多少？

【解析】这张债券的现值为 900 元，我们要把未来 22 年的所有的现金流折现到现在。

有同学想问，为什么是折现 22 年，不是期限 30 年吗？因为债券的资本成本关注的是未来成本，而不是过去成本，该债券是 8 年前发行的，那么已经过去的 8 年的现金流和债权资本成本无关，故我们只需要关注从现在到未来长期债券到期的 22 年。

$$900 = \sum_{t=1}^{n} \frac{1\,000 \times 7\%}{(1+r_d)^{22}} + \frac{1\,000}{(1+r_d)^{22}}$$

用内插法求解：

设折现率 =7%，1 000×7%×(P/A, 7%, 22) + 1 000×(P/F, 7%, 22) = 1 000

设折现率 =8%，1 000×7%×(P/A, 8%, 22) + 1 000×(P/F, 8%, 22) = 897.95

使用插值法：

$$\frac{1\,000 - 897.95}{8\% - 7\%} = \frac{1\,000 - 900}{r_d - 7\%}$$

解出：$r_d = 7.98\%$

【提示】图解插值法

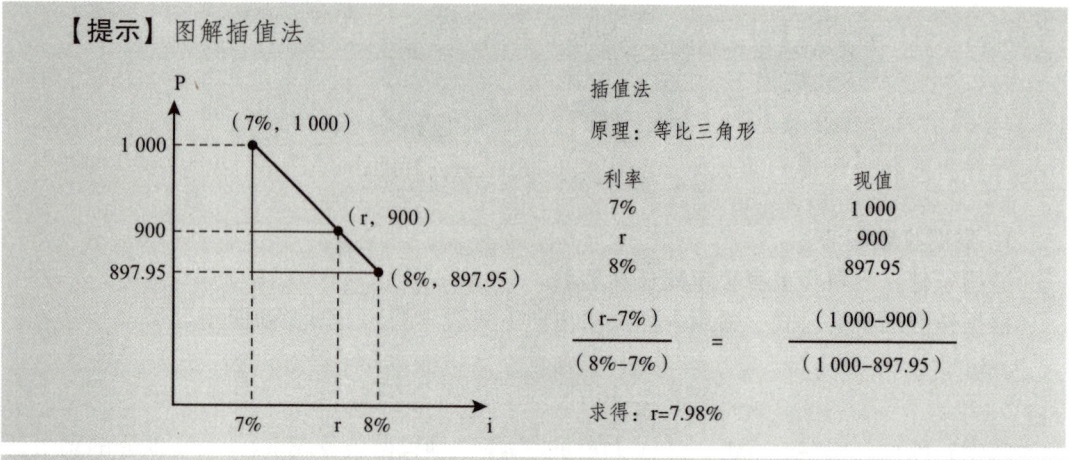

【例题4-3·计算题】续【例题4-2】,假设其他条件不变,该债券每半年付息一次。

【解析】

$$900 = \sum_{t=1}^{44} \frac{利息 \div 2}{(1-r_d)^t} + \frac{本金}{(1+r_d)^{44}}$$

$900 = 1\,000 \times (7\% \div 2) \times (P/A, r_d, 44) + 1\,000 \times (P/F, r_d, 44)$

用内插法求解,$r_d = 3.99\%$。

债务税前资本成本 $= (1+r_d)^2 = 8.14\%$

2. 可比公司法

适用条件:公司目前没有上市债券,但拥有可交易债券的可比公司作为参照物。

应用方法:要找一个拥有可交易债券的可比公司作为参照物。计算可比公司长期债券的到期收益率,作为本公司的长期债务成本。

可比公司的选择:可比公司应当与目标公司处于同一行业,具有类似的商业模式。最好两者的规模、负债比率和财务状况也比较类似。

【例题4-4·多选题】甲公司目前没有上市债券,在采用了可比公司法测算公司债务资本成本时,选择的可比公司应具有的特征有(   )。(2015年)

A. 与甲公司在同一行业
B. 拥有可上市交易的长期债券
C. 与甲公司商业模式类似
D. 与甲公司在同一生命周期阶段

【答案】ABC

【解析】采用可比公司法测算,适用前提是可比公司拥有可交易债券(长期债券),选项B正确。可比公司应当与目标公司处于同一行业,具有类似的商业模式。选项AC正确。

3. 风险调整法

适用条件:公司目前没有上市债券,也找不到合适的可比公司,但是有信用评级。

基本公式:税前债务成本 = 政府债券的市场回报率 + 公司信用风险补偿率

公司信用风险补偿率的确定：

（1）选择若干信用级别与本公司相同的上市公司的债券（不一定符合可比公司条件）；

（2）计算这些债券的到期收益率；

（3）计算与这些上市公司债券同期（到期日相同或相近）的长期政府债券到期收益率（无风险利率）；

（4）计算上述两种债券到期收益率的差额，即信用风险补偿率；

（5）计算信用风险补偿率的平均值，并作为本公司的信用风险补偿率。

4. 财务比率法

适用条件：公司没有上市的长期债券，找不到合适的可比公司，并且找不到信用评级的资料。

通过计算出目标公司的关键财务比率，大致判断信用级别，然后和风险调整法步骤一致。（实质也是风险调整法）

税前债务成本的估计方法如表4-4所示。

表4-4 四种税前债务成本的估计方法对比

方法	适用条件	使用方法	
到期收益率法	拥有上市的长期债券	已知其他数据，求r_d：$P_0 = \sum_{t=1}^{n} \frac{利息}{(1+r_d)^t} + \frac{本金}{(1+r_d)^t}$	
可比公司法	没有上市的长期债券；但有合适的可比公司	计算可比公司长期债券的到期收益率，作为本公司的长期债务成本	【注意】可比公司的选择：可比公司应当与目标公司处于同一行业，具有类似的商业模式。两者的规模、负债比率和财务状况也比较类似
风险调整法	没有上市的长期债券；没有合适的可比公司；但有信用评级	税前债务成本 = 政府债券的市场回报率 + 公司信用风险补偿率	【注意】公司信用风险补偿率的确定：（1）选择若干信用级别与本公司相同的上市公司的债券；（2）计算这些债券的到期收益率；（3）计算与这些上市公司债券同期（到期日相同或相近）的长期政府债券到期收益率
财务比率法	没有上市的长期债券；没有合适的可比公司；没有信用评级	计算出目标公司的关键财务比率，大致判断信用级别，然后同风险调整法步骤一致	

（二）考虑发行费用的税前债务资本成本的估计

在估计债券资本成本时考虑发行费用，需要将其从筹资额中扣除，此时，债务的税前成本 r_d 应使下式成立：

$$P_0 \times (1-F) = \sum_{t=1}^{n} \frac{利息}{(1+r_d)^t} + \frac{本金}{(1+r_d)^t}$$

式中：P_0——债券发行价格；F——发行费用率；n——债券期限；r_d——经发行费用调整后的债券税前资本成本。

【例题4-5·计算题】ABC公司拟发行30年期的债券，面值1 000元，利率10%（按年付息），所得税税率25%，平价发行，发行费用率为面值的1%。求该债券的资本成本为多少？

【解析】将数据带入公式

$$1\,000 \times (1 - 1\%) = \sum_{t=1}^{n} \frac{1\,000 \times 10\%}{(1+r_d)^{30}} + \frac{1\,000}{(1+r_d)^{30}}$$

利用内插法求解：

设折现率 = 10%，$1\,000 \times 10\% \times (P/A, 10\%, 30) + 1\,000 \times (P/F, 10\%, 30) = 999.99$

设折现率 = 11%，$1\,000 \times 10\% \times (P/A, 11\%, 30) + 1\,000 \times (P/F, 11\%, 30) = 913.08$

使用插值法：

$$\frac{999.99 - 913.08}{10\% - 11\%} = \frac{990 - 913.08}{r_d - 11\%}$$

解出：$r_d = 10.11\%$

三、税后债务成本

利息可以在公司所得税税前扣除，而股利则不能在公司所得税税前扣除，所以利息有避税的功能。

利息的抵税作用使得负债的税后成本低于税前成本。

税后债务成本 = 税前债务成本 × (1 − 所得税税率)

因为利息抵税，所以公司债务成本小于债权人要求的报酬率。

第三节　普通股资本成本的估计

普通股成本是指筹集普通股所需的成本。这里的筹资成本，是指未来的成本。

增加普通股的方式有两种：增发新的普通股、留存收益转增普通股。

发行普通股，我们一样要考虑是否有发行费用。故我们从是否考虑发行费用两个方面来讲解普通股资本成本的估计。

因为留存收益来源于净利润，归属于股东权益，并不存在发行费用。但如果股东愿意将其留用于公司，其必要报酬率与普通股相同，故留存收益资本成本的估计与不考虑发行费用的普通股资本成本相同（见图4-5）。

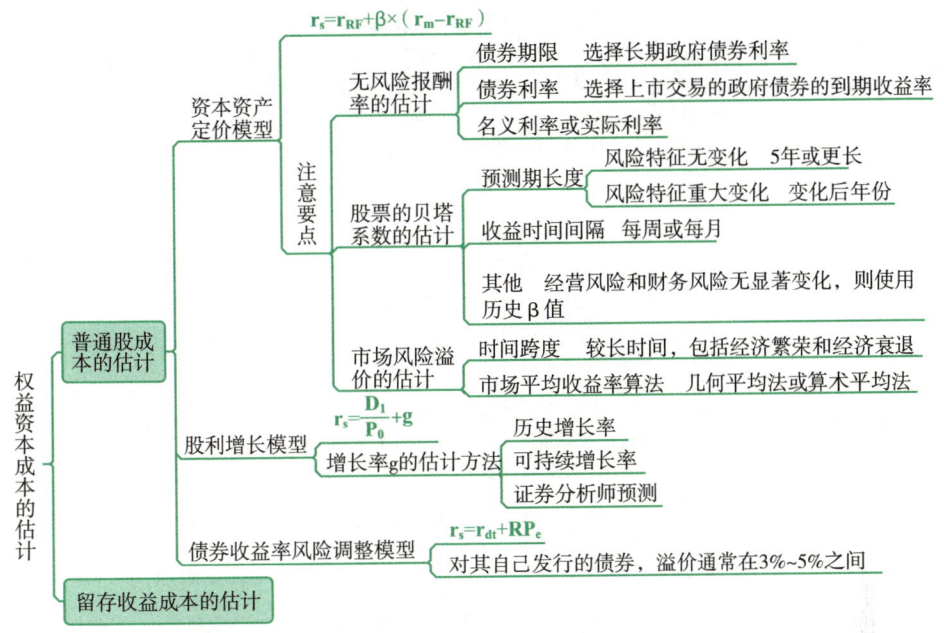

图 4-5 本节框架

一、不考虑发行费用的普通股资本成本的估计

主要有三种方法：资本资产定价模型（常用）、股利增长模型、债券收益率风险调整模型。

（一）资本资产定价模型（CAPM 模型）

资本资产定价模型是估计普通股资本成本的常用方法，按照资本资产定价模型，普通股资本成本等于无风险利率加上风险溢价。

基本公式：$r_s = r_{Rf} + \beta \times (r_m - r_{Rf})$

式中：r_{Rf}——无风险利率；β——该股票的贝塔系数；r_m——平均风险股票报酬率；$(r_m - r_{Rf})$——市场风险溢价、市场风险补偿率、市场风险收益率；$\beta(r_m - r_{Rf})$——该股票的风险溢价。

【例题 4-6·计算题】市场无风险利率为10%，平均风险股票报酬率为14%，某公司普通股 β 值为1.2。求新公司普通股发行成本。

【解析】$r_s = 10\% + 1.2 \times (14\% - 10\%) = 14.8\%$

根据资本资产定价模型计算普通股的资本成本，必须估计无风险利率、股票的贝塔系数以及市场风险溢价（见表 4-5）。

无风险资产是投资者可以确定期望报酬率的资产。通常认为，政府债券没有违约风险，可以代表无风险利率。

表 4–5　　　　　　　　资本资产定价模型计算资本成本时的注意要点

项目	主要要点	说明
无风险利率估计	债券期限	在计算公司股权资本成本时**选择长期政府债券的利率**比较适宜。 我们一般选用 10 年期的政府债券利率作为无风险利率的代表
	债券利率	**应当选择上市交易的长期政府债券的到期收益率**作为无风险收益率的代表
	名义利率或实际利率	名义利率是指包括了通货膨胀因素的利率，实际利率是指排除了通货膨胀因素的利率。 $1 + r_{Rf} = (1 + r^*) \times (1 + 通货膨胀率)$ 其中：r_{Rf} 代表名义利率，r^* 代表实际利率。 只有在这两种情况下才使用实际利率计算资本成本：(1) 存在恶性通货膨胀；(2) 预测周期特别长，通货膨胀影响巨大。 实际现金流量，消除通货膨胀的影响；名义现金流量，包含了通货膨胀影响。 名义现金流量 = 实际现金流量 $\times (1 + 通货膨胀率)^n$ 其中：n 是相对于基期的期数 决策原则：折现率要与现金流一致，即含有通胀的现金流量要使用含有通胀的折现率进行折现，实际的现金流量要使用实际的折现率进行折现。 根据政府债券的未来现金流，计算出来的到期收益率是含有通胀利率
股票 β 值的估计	预测期间的长度	公司风险特征**无重大变化**时，可以采用 **5 年或更长**的预测期长度； 公司风险特征**发生重大变化**，应当使用**变化后**的年份作为预测期长度
	收益计量的时间间隔	股票报酬率可能建立在每年、每月、每周、甚至每天的基础上。一般被广泛应用的是**使用每周或每月的报酬率**
	其他	影响 β 值的关键驱动因素只有两个：**经营风险和财务风险**。如果公司在这两方面**没有显著改变**，则**可以用历史的 β 值**估计股权成本
市场风险溢价的估计	时间跨度	应该选择**较长**的时间跨度，即包括经济繁荣时期，也包括经济衰退时期
	市场平均收益率算法	算术平均数是样本年收益率的简单平均，几何平均数是同一时期内年收益率的复合平均数，多数人倾向于采用**几何平均法**。几何平均法得出的预期风险溢价，一般情况下**比算术平均法要低一些**

【例题 4–7·单选题】下列关于"运用资本资产定价模型估计权益成本"的表述中，错误的是（　　）。(2010 年)

A. 通货膨胀率较低时，可选择上市交易的政府长期债券的到期收益率作为无风险利率

B. 公司三年前发行了较大规模的公司债券，估计 β 系数时应使用发行债券日之后的交易数据计算

C. 金融危机导致过去两年证券市场萧条，估计市场风险溢价时应剔除这两年的数据

D. 为了更好地预测长期平均风险溢价，估计市场风险溢价时应使用权益市场的几何平均收益率

【答案】C

【解析】由于股票收益率非常复杂多变，影响因素很多，因此较短的期间所提供的风险溢价比较极端，无法反映平均水平，因此应选择较长的时间跨度，既要包括经济繁荣时期，也包括经济衰退时期，选项 C 错误。

(二) 股利增长模型

股利增长模型**假设收益（即股利）是以固定的年增长率递增**的，所以股权资本成本的计算公式：

$$r_s = \frac{D_1}{P_0} + g$$

其中：r_s——普通股成本（无特别说明的情况下，是**税后**的资本成本）；D_1——预期下年现金股利额；P_0——普通股当前市价；g——股利增长率。

使用股利增长模型的主要问题是估计长期平均增长率g。若一家企业在支付股利，那么 D_0 就是已知的，则 $D_1 = D_0 \times (1 + g)$。估计长期平均增长率的方法有三种，如表4–6所示。

表4–6　　　　　　　　　　　　　增长率g的估计方法

历史增长率	几何平均数计算	根据过去的股利支付数据估计未来的股利增长率 适合投资者在整个期间长期持有股票； 由于股利折现模型的增长率需要长期的平均增长率，几何增长率更符合。 $g = \sqrt[n]{\dfrac{FV}{PV}} - 1$ 其中：PV——最早一期支付的股利；FV——最近一期支付的股利；n——股息增长期的期间数
	算术平均数计算	适合在某一段时间持有股票的情况
可持续增长率		适用条件：**未来不增发新股**（或股票回购），保持当前的**经营效率和财务政策**（利润留存率）**不变**；新投资的权益净利率等于当前期望报酬率。 股利增长率 = 可持续增长率 = 期初权益预期净利率 × 预计利润留存率
采用证券分析师的预测		证券服务机构的分析师会经常发布大多数上市公司的增长率预测值。我们估计增长率时，可以将不同分析师的预测值进行汇总，并求其平均值

【注】在三种增长率中，采用分析师的预测增长率可能是**最好的方法**。

【例题4–8·计算题】ABC公司2011~2015年的股利支付情况如下表所示。分别求该公司的几何增长率和算术增长率。

年份	2011年	2012年	2013年	2014年	2015年
股利	0.16	0.19	0.20	0.22	0.25

【解析】ABC公司的股利（几何）增长率为：$g = \sqrt[4]{0.25 \div 0.16} - 1 = 11.8\%$。

ABC公司的股利（算术）增长率为：

$$g = \left(\frac{0.19 - 0.16}{0.16} + \frac{0.20 - 0.19}{0.19} + \frac{0.22 - 0.20}{0.20} + \frac{0.25 - 0.22}{0.22} \right) \div 4 = 11.91\%$$

(三) 债券收益率风险调整模型

根据"风险越大,要求的报酬率越高"原理,普通股股东对公司的投资风险大于债券投资者,因而会在债券投资者要求的收益率上再要求一定的风险溢价。

$$r_s = r_{dt} + RP_c$$

其中:r_{dt}——税后债务成本;RP_c——股东比债权人承担更大风险所要求的风险溢价。

风险溢价是凭借经验估计的。一般认为,某公司普通股风险溢价对其自己发行的债券来讲,在3%~5%之间。对风险较高的股票用5%,风险较低的股票用3%。

> 【注意】区分债券收益率风险调整模型和风险调整法估计债务成本。
>
> 债券收益率风险调整模型,是估计股权成本的。其中债券收益指自己公司长期债券的税后债务成本。
>
> 风险调整法估计债务成本,是估计税前债务成本。
>
> 基本公式:税前债务成本=政府债券的市场回报率+公司信用风险补偿率
>
> 其中,公司信用风险补偿率的确定,要选择信用级别相同的上市公司长期债券的到期收益率;计算无风险利率,要选择同这些上市公司长期债券到期日相近的政府长期债券到期收益率。

【例题4-9·单选题】甲公司是一家上市公司,使用"债券收益率风险调整模型"估计甲公司的权益资本成本时,债券收益是指(   )。(2012年)

A. 政府发行的长期债券的票面利率
B. 政府发行的长期债券的到期收益率
C. 甲公司发行的长期债券的税前债务成本
D. 甲公司发行的长期债券的税后债务成本

【答案】D

【解析】按照债券报酬率风险调整模型,$r_s = r_{dt} + RP_c$,其中,债券是指本公司发行的长期债券,债券收益率是指税后债务成本。

二、考虑发行费用的普通股资本成本的估计

把发行费用考虑在内,新发行普通股资本成本的计算公式则为:

$$r_s = \frac{D_1}{P_0 \times (1 - F)} + g$$

式中:F——发行费用率。

第四节 混合筹资成本的估计

混合筹资兼具债权和股权筹资双重属性,主要包括优先股筹资、永续债筹资、可转换债券筹资和附认股权证债券筹资等。此处只介绍优先股和永续债资本成本的估计。

1. 优先股资本成本

优先股资本成本包括股息和发行费用。优先股股息通常是固定的,公司税后利润在派发普通股股利之前,优先派发优先股股息。公式如下:

$$r_p = \frac{D_p}{P_p \times (1-F)}$$

式中:r_p——优先股资本成本;D_p——优先股每股年股息;P_p——优先股每股发行价格;F——优先股发行费用率。

【例题4-10·计算题】某公司拟发行一批优先股,每股发行价格105元,每股发行费用5元,预计每股年股息10元,求该优先股资本成本为多少?
【解析】$r_p = 10 \div (105 - 5) = 10\%$

2. 永续债资本成本

永续债在"货币时间价值"学习过,永续债是指没有明确到期日或期限非常长的债券,债券发行方只需支付利息,没有还本义务。永续债是具有一定权益属性的债务工具,其利息是一种永续年金。

永续债资本成本的估计与优先股类似,公式如下:

$$r_{pd} = \frac{I_{pd}}{P_{pd} \times (1-F)}$$

式中:r_{pd}——永续债的资本成本;I_{pd}——永续债每年利息;P_{pd}——永续债发行价格;F——永续债的发行费用率。

第五节　加权平均资本成本的计算

加权平均资本成本是<u>公司全部长期资本</u>的平均成本,一般按照各种长期资本的比例加权计算,故称加权平均资本成本。

其中,债务成本是<u>发行新债务的成本</u>,而不是已有债务的利率;股权成本是<u>新筹集权益资本的成本</u>,而不是过去的股权成本。

计算公司的加权平均资本成本,有三种权重依据可供选择,即账面价值权重、实际市场价值权重和目标资本结构权重,具体见表4-7。

表4-7　　　　　　　　　加权平均资本成本的计算方法

计算方法	特征	特点
账面价值权重	根据公司资产负债表上显示的会计价值来衡量每种资本的比例	优点:资料容易取得,计算方便。 缺点:当资本的账面价值与市场价值差别较大时,计算结果与实际差别大,不一定符合未来状态,会歪曲资本成本
实际市场价值权重	根据当前负债和权益的市场价值比例衡量每种资本的比例	由于证券市场价格变动频繁,由此计算出的资本成本数额也是经常变化的
目标资本结构权重	根据按市场价值计量的目标资本结构衡量每种资本要素的比例	选用平均市场价格,回避证券市场价格变动频繁的不便;适用于公司<u>评价未来的资本结构</u>

【例题 4-11·计算题】 ABC 公司按平均市场价值计量的目标资本结构是：40% 的长期债务、10% 的优先股、50% 的普通股。长期债务的税后成本是 3.90%，优先股的成本是 8.16%，普通股的成本是 11.80%。求该公司的加权平均成本？

【解析】 该公司的加权平均资本成本是：WACC = 40% × 3.9% + 10% × 8.16% + 50% × 11.80% = 8.276%。

【例题 4-12·计算题】 B 公司是一家制造企业，2009 年度财务报表有关数据如下：

B 公司 2009 年度财务报表　　　　　　　单位：万元

项目	2009 年
营业收入	10 000
营业成本	6 000
销售及管理费用	3 240
息前税前利润	760
利息支出	135
利润总额	625
所得税费用	125
净利润	500
本期分配股利	350
本期利润留存	150
期末股东权益	2 025
期末流动负债	700
期末长期负债	1 350
期末负债合计	2 050
期末流动资产	1 200
期末长期资产	2 875
期末资产总计	4 075

B 公司没有优先股，目前发行在外的普通股为 1 000 万股。假设 B 公司的资产全部为经营资产，流动负债全部是经营负债，长期负债全部是金融负债。公司目前已达到稳定增长状态，未来年度将维持 2009 年的经营效率和财务政策不变（包括不增发新股和回购股票），可以按照目前的利率水平在需要的时候取得借款，不变的销售净利率可以涵盖不断增加的负债利息。2009 年的期末长期负债代表全年平均负债，2009 年的利息支出全部是长期负债支付的利息。公司适用的所得税税率为 25%。

要求：

(1) 计算 B 公司 2010 年的预期销售增长率。

(2) 计算 B 公司未来的预期股利增长率。

（3）假设B公司2010年初的股价是9.45元，计算B公司的股权资本成本和加权平均资本成本。

【答案】

(1) 经营效率和财务政策不变（包括不增发股票和股票回购）。

预期销售增长率＝可持续增长率＝股东权益增长率＝150÷(2 025－150)＝8%

或者：预期销售增长率＝可持续增长率＝留存收益比率×期初权益预期净利率

$$=\frac{150}{500}\times\frac{500}{2\,025-150}=8\%$$

(2) 未来经营效率和财务政策不变（包括不增发股票和股票回购），预期股利增长率＝可持续增长率＝8%。

(3) 目前股利＝350÷1 000＝0.35（元/股）

股权资本成本＝下期股利÷当前股价＋股利增长率＝0.35×(1＋8%)÷9.45＋8%＝12%

债务资本成本＝135÷1 350＝10%

$$\frac{净负债}{净经营资产}=\frac{1\,350}{4\,075-700}=40\%$$

加权平均资本成本＝10%×(1－25%)×40%＋12%×(1－40%)＝10.2%

【注意】有人无法理解为何是（4 075－700），因为4 075是经营资产，700是经营负债，那么"经营资产－经营负债＝净经营资产"，这种思维模式在财管考试里面多次运用到，值得各位关注！

第四章 资本成本

彬哥跟你说：

　　本章好像没有太多难点，属于比较温柔的章节，可以跟第六章一起学习，因为内容差不多。那么针对学习我要提醒你们的是：

　　（1）无复习无新课！很多人总是着急往前赶课，但是前面学的根本没有消化，怎么消化？那就是要不断地往回翻，每天保持往回看，每天规划3个小时的新课，那一定要加入40分钟的复习课！

　　（2）学会精力管理！每天上班之后真的很辛苦，回家就想倒头就睡，那么我的建议是回家先斜坐在沙发上睡觉20~25分钟，这样可以让精力迅速恢复！看书的效率也会提升！

今日复习步骤：

　　第一遍：回忆&重新复习一遍框架（15分钟）
　　学习要求：自己重新梳理一遍框架，不需要掌握所有细节，但求框架了然于心。
　　第二遍：对细节进一步掌握（30分钟）
　　债务资本成本、普通股资本成本、混合筹资资本成本、加权平均资本成本分别涉及哪些考点？
　　第三遍：重新复习一遍框架（5分钟）

我问你答：

　　（1）资本成本的概念是什么？公司的资本成本、投资项目的资本成本呢？
　　（2）债务资本成本的四种估计方法是什么？各自有什么适用条件？可比公司应该具有的特征是什么？公司信用风险补偿率怎么确定？
　　（3）普通股资本成本的三种估计方法分别是什么？资本资产定价模型中无风险利率、贝塔值、市场风险溢价怎么估计？股利增长模型中增长率是怎么确定的？区分一下债券收益率风险调整模型和风险调整法？
　　（4）三种不同的权重计算加权平均资本成本时各有什么优缺点？

本章作业：

　　（1）请把讲义例题做三遍（做错的题目，请分析错误原因并记录到改错本）。
　　（2）请复习完口述一遍框架，睡前请再回忆一遍框架。
　　（3）第二天早上，请再回忆一遍框架，对于回忆不起来的内容，请翻书看一遍。

第 7 天

- 复习旧内容：
  第四章　资本成本
- 学习新内容：
  第五章　投资项目资本预算
- 学习方法：

什么叫投资项目资本预算？简单来说就是企业想投资一个项目，需要判断这个项目到底是否可行。

那么如何判断是否可行？主要的方法就是折现法！将未来的现金净流量和原始投资额都折现，看看是否具有可行性。

因此本章的学习方法我认为一定要从上往下学习，首先大致搞懂判断的标准有哪些，现金流量分为"初始投入、运营期现金流量、回收期现金流量"；然后进入细节的学习，这样不至于迷路。

- 你今天的可能心态：

今天的内容如果能够从开始就明白在学什么，那你将学习得很轻松，如果从开始都不知道在学什么内容，那会一直糊涂。不过本章的内容还算财务管理中较容易的章节，接下来的几章相对于前面几章来说，难度要大一点，跨过了这几章，后面的章节又很简单，所以不要着急。

- 简单解释今天学习内容：

（1）某项目值不值得投资，判定方法有很多种，但主要还是折现法，折现法包含了净现值法和内含报酬率法，他们的核心原理是一致的，都是计算未来现金净流量的现值和原始投资额的现值。如果流入的大于流出的，这个项目可以投资。

（2）具体的项目投资主要是需要寻找现金流量，对于一个正常的项目来说，现金流量主要包含三个方面：初始投资现金流量、运营期现金流量和回收期现金流量。

（3）投资项目的资本成本是企业的加权平均资本成本吗？不一定，而且通常都不是。因为新的项目的经营风险（业务）跟企业以前的经营风险（业务）通常不一样，其次就是新项目的资本结构也可能跟以前不一样。所以我们应该寻找与新项目同行业的公司作为可比公司，来计算投资项目的资本成本。

- 可能会遇到的难点：

（1）本章的难度大于前面几章，主要是现金流量的计算可能会稍微难一点，因为本章的题目很多是计算题或综合题，做题的时候感觉时间有点紧张，不过经过训练，我们可以形成做题套路，看见关于资本预算的大题目，我们就直接将所有的题干分成三段：第一段是初始的现金流量、第二段是运营期现金流量、第三段是回收期的现金流量。

（2）本章的综合题往往是跟资本成本结合起来出题，所以要求大家要把前面的章节也掌握熟练。

● **习题注意事项：**

既然是综合题，要注意两个事情：

（1）基本上每年的真题都有相关的题目，因此要多去练习，而且每次练习的时候要养成好习惯，按照三段去寻找现金流。

（2）既然是综合题，那就不要奢求得100%的分数，中间很可能有一些小的分数拿不到，很正常，我们要做的就是尽量去拿分。

● **建议学习时间：**

3.5 个小时

第五章 投资项目资本预算

> 【简单解释本章内容】
>
> （1）投资项目，是指公司去投资项目，比如某一个新的事业，比如更新一项资产。那么到底这个项目应不应该投资呢？有哪些判断方法呢？主要有净现值法和内含报酬率法。
>
> （2）净现值法即该项目的未来现金净流量与原始投资额现值之差，大于零，就说明有利可图；小于零，就说明会减损价值。
>
> （3）内含报酬率法，我认为跟到期收益率法是一个意思，就是真实的收益率。比如现在投资一笔钱进入某个项目，未来营运期间会收到一笔钱，未来项目结束也会收到一笔钱，那么请问真实的收益率多高？那不是就是前面所学的到期收益率吗？如果这个收益率高于公司要求的必要报酬率，那就有利可图；如果小于，那就不应该投资。
>
> （4）因此要评判一个项目是否可行，不管用净现值法，还是用内含报酬率法，都要知道两个事情：一是现金流量；二是折现率（必要报酬率）。
>
> （5）现金流量是本章的考点，题目可能很长很长，但是只要保持头脑清晰，多做几道例题，就能悟出做题套路：
>
> ①初始现金流量：投资的成本，垫支的营运资金；
>
> ②运营期现金流量：营业收入×(1-税率)-付现成本×(1-税率)+折旧×税率；
>
> ③回收期现金流量：出售资产收到的现金，回收的营运资金，出售资产影响的所得税。
>
> （6）投资项目的资本成本。上一章讲过资本成本包括公司的资本成本和投资项目的资本成本。那为什么投资项目的资本成本不能采取公司的加权平均资本成本呢？因为新的投资项目的经营风险跟公司目前的经营风险不一定一样，同时也不一定采取公司现有的财务结构对这个项目进行融资。因此最好的办法是：
>
> ①选取与投资项目经营业务类似的上市公司，以该上市公司的经营风险作为投资项目的经营风险。
>
> ②然后针对资本结构的差异将参照对象的风险换算成投资项目的风险，由此可以求出投资项目的资本成本。
>
> （7）至于敏感分析，这就是很简单的内容，意思就是影响投资项目的这么多因素中（比如收入、成本等），每一项的影响强度多大。

> **【本章学习方法】**
> （1）本章是综合题和选择题的出题章节，因此务必非常重视。
> （2）综合题如何应对，题目这么长我们如何分析？其实很简单，越是长的题目得分越简单。长题目无非就是要大家分析现金流量，看到这种题目脑海里面就要浮现三层结构，即初始现金流量、营运现金流量以及回收现金流量。在草稿纸上面也列出三层结构，将题目给的条件有条理地、一个一个地写在草稿纸上面。
> （3）同时对于大题目，一定不要奢求得到100%的分数，尽可能得分即可，考场上面高度紧张，大题目的最终答案会因为一道小问题出错，但是最终答案的正确与否并不影响前面步骤的得分，所以保持平和的心态即可。

项目是指具有明确目标的一系列复杂并相互关联的活动。公司尤其是实业公司为实现增长，进而达到财务管理目标，往往进行项目投资。

（一）投资项目的类型

划分依据不同，则划分种类不同。
（1）我们按所投资对象，将经营性长期资产投资项目可分为五种类型：
①新产品开发或现有产品的规模扩张项目。通常需要添置新的固定资产（最具一般意义）。
②设备或厂房的更新项目。
③研究与开发项目。
④勘探项目。
⑤其他项目。包括劳动保护设施建设、购置污染控制装置等。
（2）按投资项目之间的相互关系，投资项目可分为独立项目和互斥项目。
独立项目是相容性投资，各投资项目之间互不关联、互不影响，可以同时并存。对于此类项目，我们决策时只需要考虑方案本身能否满足某种决策标准。
互斥项目是非相容性投资，各投资项目之间相互关联、相互替代，不能同时并存。对于此类项目，我们决策时需要考虑每个方案之间的互斥性，从中选择最优方案。

（二）投资项目评价的程序

投资项目的评价一般包含下列基本步骤：
（1）提出各种项目的投资方案。
（2）估计投资方案的相关现金流量。
（3）计算投资方案的价值指标，如净现值、内含报酬率等。
（4）比较价值指标与可接受标准。
（5）对已接受的方案进行敏感分析。

第一节　投资项目的评价方法

本节主要知识点如图5-1所示。

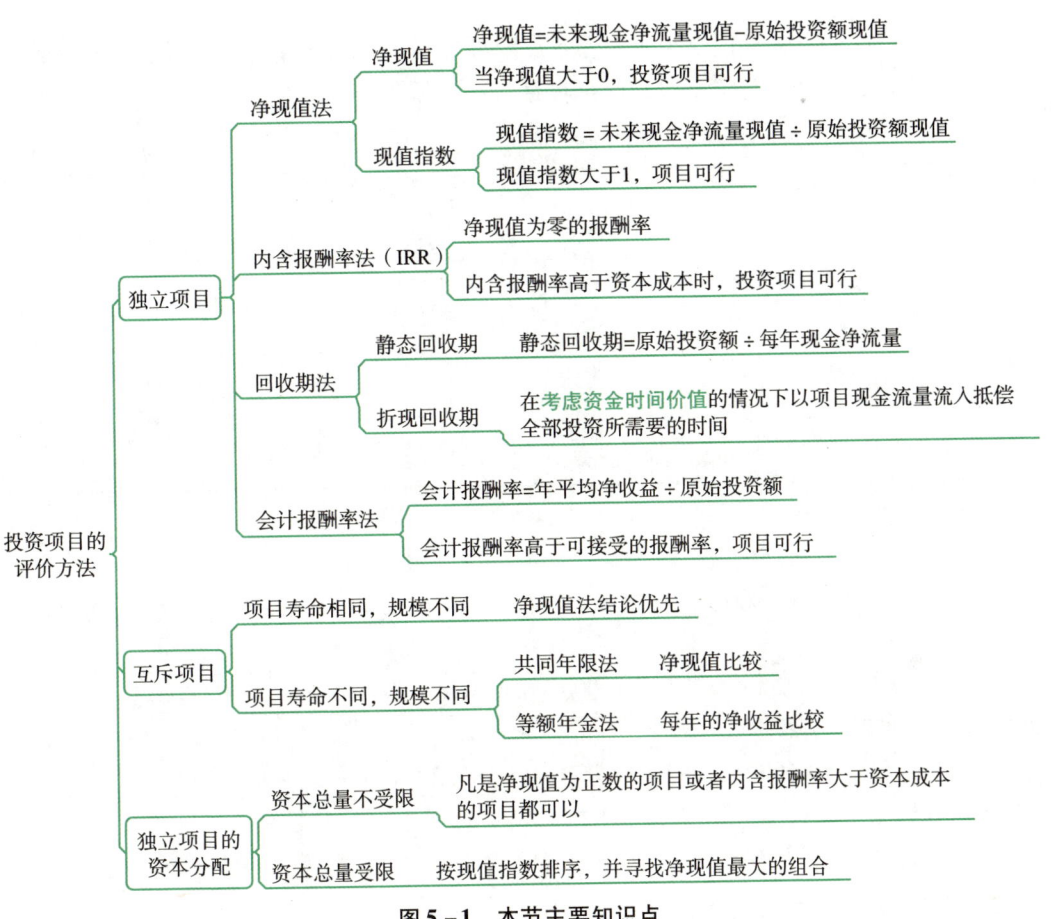

图 5-1 本节主要知识点

一、独立项目评价方法

投资项目评价使用的基本方法是现金流量折现法，主要有**净现值法和内含报酬率法**。此外，还有一些辅助方法，主要是**回收期法和会计报酬率法**。

（一）净现值法

1. 净现值

净现值是指特定项目未来现金净流量现值与原始投资额现值的差额。

决策原则：净现值 >0，投资项目可行；净现值 =0，可选择采纳或不采纳；净现值 <0，投资项目不可行。

计算净现值公式：

$$净现值 = 未来现金净流量现值 - 原始投资额现值$$

优点：净现值法具有广泛的适用性，在理论上也比其他方法更完善。

缺点：净现值反映一个项目按现金流量计量的净收益现值，它是个**金额的绝对值**，在**比较投资额不同的项目时有一定的局限性**。

【例题5-1·计算题】 设企业的资本成本为10%,有三项投资项目。有关数据如下表所示。要求：通过计算三个项目的净现值,判断每个项目的可行性。

单位：万元

年份	A项目			B项目			C项目		
	净利润	折旧	现金净流量	净利润	折旧	现金净流量	净利润	折旧	现金净流量
0			(20 000)			(9 000)			(12 000)
1	1 800	10 000	11 800	(1 800)	3 000	1 200	600	4 000	4 600
2	3 240	10 000	13 240	3 000	3 000	6 000	600	4 000	4 600
3				3 000	3 000	6 000	600	4 000	4 600
合计	5 040		5 040	4 200		4 200	1 800		1 800

注：表内使用括号的数字为负数。

【答案】

净现值（A）=（11 800×0.9091+13 240×0.8264）-20 000=21 668.92-20 000=1 668.92（万元）

净现值（B）=（1 200×0.9091+6 000×0.8264+6 000×0.7513）-9 000=10 557.12-9 000=1 557.12（万元）

净现值（C）=4 600×2.487-12 000=11 440.2-12 000=-559.80（万元）

A、B两个项目投资的净现值为正数,说明这两个项目的投资报酬率均超过10%,都可以采纳。C项目净现值为负数,说明该项目的报酬率达不到10%,应予放弃。

2. 现值指数（初始投资不相等）

因为净现值是绝对值指标,对于初始投资不相等的项目无法做比较,所以比较投资额不同的项目之间的效率问题,可以使用现值指数法。

现值指数指投资项目未来现金净流量现值与原始投资额现值的比值,亦称现值比率或获利指数。

现值指数 = 未来现金净流量现值 ÷ 原始投资额现值

决策原则：现值指数>1,项目可行；现值指数=1,可选择采纳或不采纳；现值指数<1,项目不可行。

特点：现值指数消除了投资额的差异,但还没有消除项目期限的差异。

【例题5-2·计算题】 续【例题5-1】,要求：根据【例题5-1】的资料分别计算三个项目的现值指数。

【答案】 根据【例题5-1】的资料,三个项目的现值指数如下：

现值指数（A）=（11 800×0.9091+13 240×0.8264）÷20 000=21 668.92÷20 000=1.08

现值指数（B）=（1 200×0.9091+6 000×0.8264+6 000×0.7513）÷9 000=10 557.12÷9 000=1.17

现值指数（C）=（4 600×2.487）÷12 000=11 440.2÷12 000=0.95

(二) 内含报酬率法(IRR)

净现值法和现值指数法,虽然考虑了时间价值可以说明投资项目的报酬率高于或低于资本成本,但没有揭示项目本身可以达到的报酬率是多少,内含报酬率是根据项目的现金流量计算的,是项目本身的投资报酬率。内含报酬率是指能够使未来现金净流量现值等于原始投资额现值的折现率,或者说是使**投资项目净现值为零的折现率**。

当净现值=0时,即当未来现金净流量现值=原始投资额现值时,

i=内含报酬率

决策原则:当**内含报酬率高于资本成本时,投资项目可行。**

计算方法:通常需要"逐步测试法"。

(1) 估计一个折现率,用来计算项目净现值;
(2) 若得到净现值>0,则表明项目本身报酬率>折现率,应提高折现率后进一步测试;
(3) 若得到净现值<0,则表明项目本身报酬率<折现率,应降低折现率后进一步测试;
(4) 经过多次测试,以及通过**内插法**的计算,寻找到使净现值为0的折现率,即为项目本身内含报酬率。

【例题5-3·计算题】根据下列表中所给资料,求出项目A的内含报酬率。

表1　　　　　　　　　　　　　　　　　　　　　　　　　　　单位:万元

	0	1	2	3	合计
净利润		1 800	3 240		5 040
折旧		10 000	10 000		
现金净流量	-20 000	11 800	13 240		5 040

【解析】用18%的折现率进行测试,其净现值为-499万元。我们将折现率降低到16%,得到净现值为9万元。测试过程如表2所示。

表2　　　　　　　　A项目内含报酬率的测试　　　　　　　　单位:万元

年份	现金净流量	折现率=18%		折现率=16%	
		折现系数	现值	折现系数	现值
0	(20 000)	1	(20 000)	1	(20 000)
1	11 800	0.847	9 995	0.862	10 172
2	13 240	0.718	9 506	0.743	9 837
净现值			(499)		9

接下来,用内插法,计算净现值为0的折现率。

$$\frac{-499-9}{18\%-16\%}=\frac{0-9}{r_d-16\%}$$

解出:$r_d=16.04\%$,故项目A的内含报酬率为16.04%。

【例题5-4·单选题】一般情况下，使某投资方案的净现值小于零的折现率（　　）。
A. 一定小于该投资方案的内含报酬率
B. 一定大于该投资方案的内含报酬率
C. 一定等于该投资方案的内含报酬率
D. 可能大于也可能小于该投资方案的内含报酬率

【答案】B

【解析】当投资方案净现值<0时，内含报酬率<资本成本（折现率），所以选项B正确。

独立项目评价方法如表5-1所示。

表5-1　　　　　　　　净现值、现值指数、内含报酬率指标间的比较

	净现值	现值指数	内含报酬率
含义	未来现金净流量现值－原始投资额现值	未来现金净流量现值÷原始投资额现值	投资项目**净现值为零**的折现率
相同点	在评价单一方案可行与否的时候，结论一致。 当净现值>0时，现值指数>1，内含报酬率>资本成本率； 当净现值=0时，现值指数=1，内含报酬率=资本成本率； 当净现值<0时，现值指数<1，内含报酬率<资本成本率		
不同点	绝对数指标，反映投资效益	相对数指标，反映投资效率	
	指标大小受折现率影响，折现率的选择，会影响方案的优先次序		指标大小不受折现率影响

（三）回收期法

1. 静态回收期

回收期是指投资引起的现金净流量累计到与原始投资额相等所需要的时间，代表收回投资所需要的年限。回收年限越短，项目越有利。

（1）在原始投资一次支出，每年现金净流量相等时：**回收期＝原始投资额÷每年现金净流量**。

（2）现金净流量每年不相等，或原始投资是分几年投的，**则使累计现金净流量等于原始投资额的时间为回收期**。

决策原则：**项目的回收期短于可接受的回收期，项目可行，反之项目不可行**。

优点：回收期法计算简便，并且容易为决策人所正确理解；可以大体上衡量项目的流动性和风险。

缺点：不仅**忽视了时间价值**，而且**没有考虑回收期以后的收益**，促使公司**接受短期项目**，放弃有战略意义的长期项目。

【例题 5-5·计算题】某公司有 A、B 两个项目，具体数据如下表所示。分别计算出项目 A、项目 B 的回收期。

单位：万元

年份	项目 A		项目 B			
	原始投资	现金流入	原始投资	现金流入	净现金流量	累计净现金流量
0	(12 000)		(4 000)		(4 000)	(4 000)
1		4 600	(4 000)	4 600	600	(3 400)
2		4 600	(4 000)	5 000	1 000	(2 400)
3		4 600		5 200	5 200	2 800

【解析】项目 A，第一年和第二年总共回收 9 200 万元，还差 2 800 万元，因此静态回收期为：2+2 800÷4 600=2.61（年）。

项目 B，因为初始投资分 3 年投入，前两年的累计净现值为 -2 400 万元，故还差 2 400 万元。因此静态回收期为：2+2 400÷5 200=2.46（年）。

2. 折现回收期（动态回收期）

为了克服静态回收期法不考虑时间价值的缺陷，人们提出了**折现回收期法**。

折现回收期是指在**考虑资金时间价值**的情况下以项目现金流量流入抵偿全部投资所需要的时间。它是使下式成立的 n。

$$\sum_{t=0}^{n} \frac{I_t - O_t}{(1+i)^t} = 0$$

缺点：仍然**没有考虑回收期以后的收益**！

【例题 5-6·计算题】某项目 A，共投资 12 000 万元，从第一年初开始，分三年投入。这三年的现金流入分别是：第 1 年 4 600 万元、第 2 年 5 000 万元、第 3 年 5 200 万元。假设折现率为 10%，计算出项目 A 的折现回收期。

【解析】A 项目投资回收计算如下表所示：

单位：万元

年份	原始投资	现金流入	净现金流量	折现系数（10%）	净现值	累计净现值
0	(4 000)		(4 000)		(4 000)	(4 000)
1	(4 000)	4 600	600	0.9091	545.46	(3 454.54)
2	(4 000)	5 000	1 000	0.8264	826.4	(2 628.14)
3		5 200	5 200	0.7513	3 906.76	1 278.62

折现回收期=2+2 628.14÷3 906.76=2.67（年）

【例题 5-7·多选题】动态投资回收期法是长期投资项目评价的一种辅助方法,该方法的缺点有( )。(2013 年)
A. 忽视了资金的时间价值
B. 忽视了折旧对现金流的影响
C. 没有考虑回收期以后的现金流
D. 促使放弃有战略意义的长期投资项目
【答案】CD
【解析】动态投资回收期考虑了货币的时间价值,选项 A 错误。投资回收期是以现金流量为基础的指标,在考虑所得税的情况下,是考虑了折旧对现金流的影响的,选项 B 错误。

(四)会计报酬率法

会计报酬率是按会计报表上的数据计算的报酬率。计算时使用会计报表上的数据。

会计报酬率 = 年平均净利润 ÷ 原始投资额 × 100%

决策原则:项目的会计报酬率高于可接受的报酬率,项目可行,反之项目不可行。

优点:它是一种衡量盈利性的简单方法,使用的概念易于理解;使用财务报告的数据,容易取得;考虑了整个项目寿命期的全部利润;使经理人员知道业绩的预期,也便于项目后续评价。

缺点:使用账面收益而非现金流量,忽视了折旧对现金流量的影响;忽视了净收益的时间分布对于项目经济价值的影响。

二、互斥项目的优选问题

互斥项目是指接受一个项目就必须放弃另一个项目的情况,通常它们是为了解决一个问题设计的两个备选方案。

在评价互斥项目的时候,评价指标很可能出现矛盾,最常见的是**基本指标净现值和内含报酬率出现矛盾**,这个时候我们如何取舍?

出现矛盾的原因主要有两种:一是投资额不同;二是项目寿命不同。

(一)投资额不同(项目寿命相同)

以**净现值法结论优先**。因为它可以给股东带来更多的财富。

(二)项目寿命不同(投资额也不同)

如果因项目寿命不同,而引起矛盾,我们有两种解决办法:一是共同年限法;二是等额年金法(见表 5-2)。

1. 共同年限法

原理:假设投资项目可以在终止时进行重置,通过重置使两个项目**达到相同的年限,然后比较其净现值**。该方法也被称为重置价值链法。

比如 A 项目是 3 年，B 项目是 4 年，那么可以假设二者年限都是 12 年，这样 A 项目总共需要 4 个 3 年，B 项目是 3 个 4 年。然后分别计算 A 和 B 的净现值，净现值高的是较好的项目。

2. 等额年金法

等额年金法是通过比较多个备选方案的等额年金判断方案孰优孰劣的方法。

方案的等额年金是方案的净现值与方案年金现值系数的比值，其经济含义是考虑时间价值，将方案的净收益现值平均分摊到整个项目寿命期内，看哪个方案每年的净收益更高，每年的净收益更高者更优。

计算方法如下：

（1）计算两项目的净现值；

（2）计算净现值的等额年金额，等额年金额 = 该方案净现值 ÷（P/A，i，n）；

（3）永续净现值 = 等额年金额 ÷ 资本成本 i。

其实，等额年金法的最后一步即永续净现值的计算，并非总是必要的。在资本成本相同时，等额年金大的项目永续净现值肯定大，根据等额年金大小就可以直接判断项目的优劣。

表 5-2　　　　　　　　共同年限法和等额年金法的优缺点

	共同年限法	等额年金法
优点	比较直观、易于理解	应用简单
缺点	预计现金流的工作很困难 （1）有的领域技术进步快，不可能原样复制； （2）如果通货膨胀比较严重，必须考虑重置成本的上升，两种方法均未考虑； （3）长期来看，竞争会使项目净利润下降，甚至被淘汰，两种方法均未考虑	不便于理解

注：只有重置概率很高的项目才适宜采用上述分析方法。对于预计项目年限差别不大的项目，可直接比较净现值，不需要做重置现金流的分析。

三、独立投资项目的资本分配

对于独立投资项目，当总量资本不受限制时，只要净现值为正，我们都可以投资。

但是，实务中常常遇到总量资本受限，我们不能对所有净现值为正的项目进行投资，那我们就要选择最优组合进行投资，这个时候就涉及了独立投资项目排序的问题。

在**资本总量受到限制**时，按**现值指数排序并寻找净现值最大**的组合。

第二节　投资项目现金流量的估计

投资项目现金流量的估计如图 5-2 所示。

所谓现金流量，在投资决策中是指一个项目引起的公司现金支出和现金收入增加的数量。这里的"现金"是广义的现金，它不仅包括各种货币资金，而且包括项目需要投入公司拥有的非货币资源的变现价值。

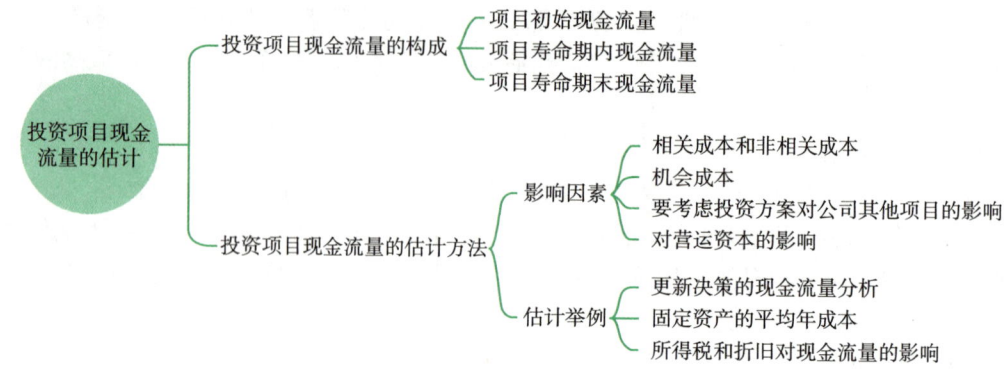

图 5-2 本节框架

一、投资项目现金流量的构成

一般而言,投资项目的现金流量包括项目初始现金流量、项目寿命期内现金流量、项目寿命期末现金流量。

项目初始现金流量主要涉及购买资产和使之正常运行所必需的直接现金流出,包括设备购置及安装支出、垫支营运资本等非费用性支出。另外,初始现金流量还可能包括机会成本。

项目寿命期内现金流量主要包括新项目实施所带来的税后增量现金流入和流出。行政管理人员及辅助生产部门等费用,如果不受新项目实施的影响,可不计入;若有关,则必须计入项目寿命期内的现金流出。但项目以债务方式融资带来的利息支付和本金偿还以及以股权方式融资带来的现金股利支付等,均不包括在内,因为折现率中已经包含了该项目的筹资成本。

项目寿命期末现金流量主要是与项目终止有关的现金流量,如设备变现税后净现金流入、收回营运资本现金流入等。另外,可能还会涉及弃置义务等现金流出。

二、投资项目现金流量的估计方法

在确定投资方案相关的现金流量时,应遵循的最基本原则是:只有增量现金流量才是与项目相关的现金流量。只有那些由于采纳某个项目引起的现金支出增加额,才是该项目的现金流出;只有那些由于采纳某个项目引起的现金流入增加额,才是该项目的现金流入。

例如,以下两种情况就不属于项目的现金流量。

(1) 利用现有未充分利用的厂房和设备,如将该设备出租可获收益 200 万元,但公司规定不得将生产设备出租,以防止对本公司产品形成竞争。

(2) 新产品销售会使本公司同类产品减少收益 100 万元,如果本公司不经营此产品,竞争对手也会推出此新产品。

(一) 投资项目现金流量的影响因素

估计投资项目现金流量时的注意事项如表 5-3 所示。

表 5-3　　　　　　　　　估计投资项目现金流量时需要注意的问题

1. 只考虑相关成本	区分相关成本和非相关成本 相关成本是指与特定决策有关的、在分析评价时必须加以考虑的成本。例如，边际成本、机会成本、重置成本、付现成本、可避免成本、可延缓成本、专属成本、差量成本等都是属于相关成本。与此相反，与特定决策无关的、在分析评价时不必加以考虑的成本是非相关成本。例如，沉没成本、不可避免成本、不可延缓成本、共同成本等
2. 不要忽视机会成本	在投资方案的选择中，如果选择了一个投资方案，则必须放弃投资于其他途径的机会。其他投资机会可能取得的收益是实行本方案的一种代价，被称为这项投资方案的机会成本
3. 要考虑投资方案对公司其他项目的影响	当我们采纳一个新的项目后，该项目可能对公司的其他项目造成有利或不利的影响
4. 对营运资本的影响	所谓营运资本的需要，指增加的经营性流动资产与增加的经营性流动负债之间的差额

（二）新建项目现金流量的估计（不考虑所得税）（见表 5-4）

表 5-4　　　　　　　　　新建项目现金流量的估计

建设期现金流量	（1）长期资产投资
	（2）垫支营运资本
营业期现金流量	营业收入 - 付现成本 = 利润 + 非付现成本
终结期现金流量	（1）回收长期资产余值（或变现收入）
	（2）收回垫支营运资本

（三）固定资产更新决策项目现金流量的估计

1. 更新决策的现金流量分析

更新决策不同于一般的投资决策，不改变生产能力，不增加现金流入。

更新决策的现金流量主要是现金流出，即使有少量的残值变现收入，也属于支出抵减，而非实质上的流入增加。

由于没有适当的现金流入，故不能计算其净现值和内含报酬率。因为旧设备和新设备可使用年限不同，我们也无法使用差额分析法。

因此，我们选择**比较继续使用和更新的年成本，以较低者作为好方案**。

2. 固定资产的平均年成本

固定资产的平均年成本是指该资产引起的现金流出的年平均值（见表 5-5 和图 5-3）。

不考虑货币的时间价值：**固定资产的平均年成本 = 现金流出总额 ÷ 使用年限**

考虑货币的时间价值：

$$固定资产的平均年成本 = \frac{现金流出总现值}{(P/A, i, n)}$$

表 5-5　　　　　　　　　　　　使用平均年成本法需要注意的问题

假设前提	将来设备再更换时，可以按原来的平均年成本找到可代替的设备
互斥方案	平均年成本法是把继续使用旧设备和购置新设备**看成是两个互斥的方案，而不是一个更换设备的特定方案**。因此，**不能将旧设备的变现价值作为购置新设备的一项现金流入**。对于更新决策来说，除非未来使用年限相同，否则，不能根据实际现金流动分析的净现值法或内含报酬率法解决问题
固定资产的经济寿命	固定资产的运行成本随着设备的陈旧会逐年提高，同时随着资产的价值逐渐减少，资产占用的资金应计利息等持有成本也会逐步减少。**因此最经济的使用年限，是使固定资产的平均年成本最小的那一使用年限**（见图 5-3）

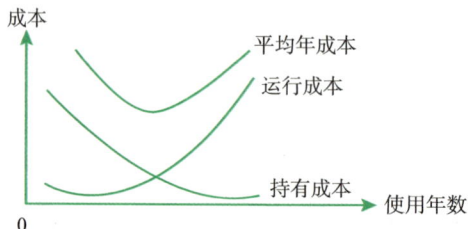

图 5-3　固定资产的平均年成本

【例题 5-8·计算题】某公司有一旧设备，工程技术人员提出更新要求，有关数据如下表。判断该公司是否需要进行设备更新？（使用平均年成本时，要考虑货币的时间价值）

	原值	预计使用年限	已经使用年限	最终残值	变现价值	年运行成本
旧设备	2 200	10	4	200	600	700
新设备	2 400	10	0	300	2 400	400

假设该公司要求的必要报酬率为 15%，继续使用与更新的现金流量如下图所示。

(P/A, 15%, 6) = 3.784　　(P/A, 15%, 10) = 5.019
(P/F, 15%, 6) = 0.432　　(P/F, 15%, 10) = 0.247

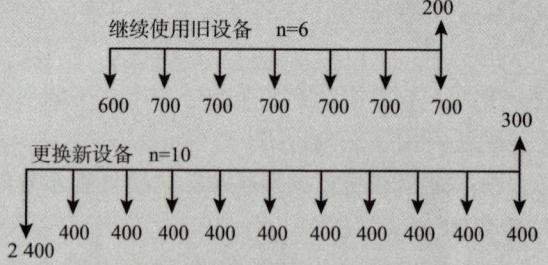

【解析】旧设备的平均年成本 = [600 + 700 × (P/A, 15%, 6) - 200 × (P/F, 15%, 6)] ÷ (P/A, 15%, 6) = 835.73（元）

新设备的平均年成本 = [2 400 + 400 × (P/A, 15%, 10) - 300 × (P/F, 15%, 10)] ÷ (P/A, 15%, 10) = 863.42（元）

因此，使用旧设备的平均年成本较低，不宜进行设备更新。

3. 所得税和折旧对现金流量的影响

所得税是企业的一种现金流出，取决于利润大小和税率高低，而利润大小受折旧方法的影响。故所得税和折旧都对现金流量有影响（见表 5-6）。

表 5-6　　　　　　　　　　所得税和折旧对现金流量的影响

使用税后成本与税后收入		所谓税后收入和税后成本，就是扣除所得税的影响以后的收入和成本。 税后成本 = 支出金额 ×（1 - 税率） 税后收入 = 收入金额 ×（1 - 税率） 【注意】这里所说的"收入金额"是指根据税法规定需要纳税的收入，不包括项目结束时收回垫支资金
折旧抵税		加大成本会减少利润，从而使所得税减少，如果不计提折旧，企业的所得税将会增加许多。折旧可以起到减少税负的作用，称为"折旧抵税"。 税负减少额 = 折旧额 × 税率
计算税后现金流量	直接法	营业现金毛流量 = 营业收入 - 付现营业费用 - 所得税
	间接法	营业现金毛流量 = 税后经营净利润 + 折旧
	折旧抵税法（最常用）	营业现金毛流量 = 税后营业收入 - 税后付现营业费用 + 折旧抵税 = 营业收入 ×（1 - 税率）- 付现营业费用 ×（1 - 税率）+ 折旧 × 税率

【注意】

1. 关于出售资产影响所得税的问题

（1）现在某固定资产账面价值还剩下 300 万元，市场公允价值 500 万元，如果这时转让或者投入到新项目，请问该资产应该如何纳税？（企业所得税税率 25%）

公允价值和账面价值之差在会计上记入"资产处置损益"，因此这里差额应该缴纳税款 50 万元（200 × 25%）。

（2）现在某固定资产的税法规定的残值是 20 万元，到折旧年限转让取得收入 30 万元，请问应该如何纳税？

因为税法规定的残值是 20 万元，但是取得收入 30 万元，多余的 10 万元应当纳税 2.5 万元（10 × 25%）。

2. 关于垫支营运资本的问题

什么是营运资本？营运资本就是"流动资产 - 流动负债"，也就是企业在运营中可供使用、周转的流动资金净额，需要提前垫支，这个营运资本是流动循环使用的！比如今年需要营运资本 30 万元，那么在理想的情况下，可以一直循环使用；假如明年需要 40 万元的营运资本，那只需要追加投入 10 万元即可。

由此，我们来总结一下现金流的问题，如图 5-4 所示。

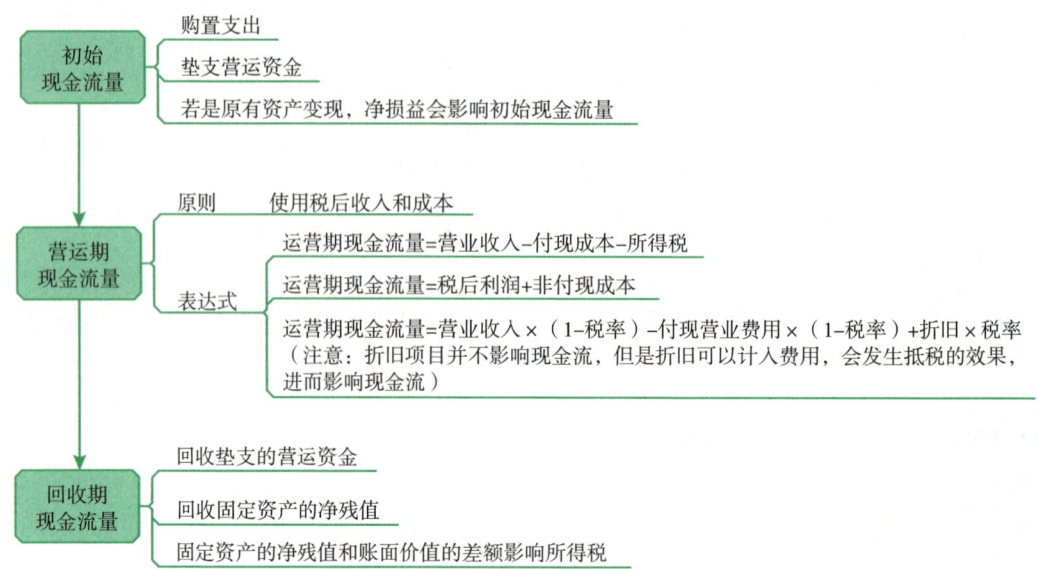

图 5-4 现金流问题

【例题 5-9·计算题】 某公司有 1 台设备，购于 3 年前，现在考虑是否需要更新。该公司所得税税率为 25%，假设两台设备的生产能力相同，且未来可使用年限相同，税法允许大修支出一次性税前扣除，其他有关资料如表 1 所示。要求：通过比较，判断该公司是否需要更新设备？

表 1

项目	旧设备	新设备
原价（元）	60 000	50 000
税法规定残值（10%）	6 000	5 000
税法规定使用年限（年）	6	4
已用年限（年）	3	0
尚可使用年限（年）	4	4
每年操作成本（元）	8 600	5 000
两年末大修支出（元）	28 000	
最终报废残值（元）	7 000	10 000
目前变现价值（元）	10 000	
每年折旧额：	（直线法）	（年数总和法）
第一年（元）	9 000	18 000
第二年（元）	9 000	13 500
第三年（元）	9 000	9 000
第四年（元）	0	4 500

【答案】 计算使用旧设备和新设备的现值，如表 2 所示。

表 2

项目	现金流量	时间（年）	系数（10%）	现值
继续用旧设备：				
旧设备变现价值	-10 000	0	1	-10 000
旧设备变现损失减税	(10 000 - 33 000) × 0.25 = -5 750	0	1	-5 750
每年付现操作成本	-8 600 × (1 - 0.25) = -6 450	1~4	3.170	-20 446.5
每年折旧抵税	9 000 × 0.25 = 2 250	1~3	2.487	5 595.75
两年末大修成本	-28 000 × (1 - 0.25) = -21 000	2	0.826	-17 346
残值变现收入	7 000	4	0.683	4 781
残值变现利得纳税	-(7 000 - 6 000) × 0.25 = -250	4	0.683	-170.75
合计				-43 336.5
更换新设备：				
设备投资	-50 000	0	1	-50 000
每年付现操作成本	-5 000 × (1 - 0.25) = -3 750	1~4	3.170	-11 887.5
每年折旧抵税：				
第一年	18 000 × 0.25 = 4 500	1	0.909	4 090.5
第二年	13 500 × 0.25 = 3 375	2	0.826	2 787.75
第三年	9 000 × 0.25 = 2 250	3	0.751	1 689.75
第四年	4 500 × 0.25 = 1 125	4	0.683	768.38
残值收入	10 000	4	0.683	6 830
残值变现利得纳税	-(10 000 - 5 000) × 0.25 = -1 250	4	0.683	-853.75
合计				-46 574.87

通过比较其现金流出的总现值，更换新设备的现金流出总现值为 46 574.87 元，比继续使用旧设备的现金流出总现值 43 336.5 元要多。因此，继续使用旧设备较好。如果未来的尚可使用年限不同，则需要将总现值转换成平均年成本，然后进行比较。

【解析】 旧设备变现价值 -10 000 元，是因为如果继续使用旧设备，则旧设备目前变现价值 10 000 元无法收到，所以这里是 -10 000 元。旧设备目前账面价值 = 60 000 - 9 000 × 3 = 33 000（元），所以无法收到的旧设备变现损失减税 = (10 000 - 33 000) × 0.25 = -5 750（元）。

第三节 投资项目折现率的估计

一、使用企业当前加权平均资本成本作为投资项目的资本成本

使用公司当前的资本成本作为项目的资本成本，应同时具备两个条件：
一是项目的经营风险与公司当前资产的平均经营风险相同；
二是公司继续采用相同的资本结构为新项目筹资。

二、运用可比公司法估计投资项目的资本成本

如果新项目的风险与现有资产的平均风险显著不同，就不能使用公司当前的加权平均资本成本，而应当估计项目的系统风险。此时可以使用可比公司法。

可比公司法是寻找一个经营业务与待评价项目类似的上市公司，以该上市公司的 β 值作为待评价项目的 β 值。

根据可比公司股东收益波动性估计的 β 值，是含有财务杠杆的 $β_{权益}$。可比公司的资本结构与目标公司不同，因此要将资本结构因素排除，确定可比公司不含财务杠杆的 β 值，即 $β_{资产}$。

运用可比公司法的步骤如表 5-7 所示。

表 5-7　　　　　　　　　运用可比公司法的步骤

步骤	公式
①卸载可比公司财务杠杆	$β_{资产} = \dfrac{可比公司 β_{权益}}{1 + (1 - 可比公司税率) \times 可比公司 \dfrac{负债}{权益}}$ 【提示】$β_{资产}$ 不含财务风险，$β_{权益}$ 既包含了项目的经营风险，也包含了财务风险
②加载目标公司财务杠杆	目标公司 $β_{权益} = β_{资产} \times \left[1 + (1 - 目标公司税率) \times 目标公司 \dfrac{负债}{权益} \right]$
③根据目标公司的 β 权益计算股东要求的报酬率	股东要求的报酬率 = 股东权益成本 = 无风险利率 + 目标公司 $β_{权益} \times$ 市场风险溢价
④计算目标公司的加权平均资本成本	加权平均成本 = 负债成本 × (1 - 所得税税率) × $\dfrac{负债}{资本}$ + 权益成本 × $\dfrac{股东权益}{资本}$

【例题 5-10·计算题】某大型联合公司 A 公司，拟开始进入飞机制造业。A 公司目前的资本结构为负债/权益为 2/3，进入飞机制造业后仍维持该目标结构。在该目标资本结构下，债务税前成本为 6%。飞机制造业的代表公司是 B 公司，其资本结构为债务/权益为 7/10，权益的 β 值为 1.2。已知无风险利率为 5%，市场风险溢价为 8%，两个公司的所得税税率均为 30%。

要求：计算 A 公司进入飞机制造业的投资项目的资本成本？

【解析】

(1) 将 B 公司的 $β_{权益}$ 转换为无负债的 $β_{资产}$。$β_{资产} = 1.2 ÷ [1 + (1 - 30\%) \times (7/10)] = 0.8054$

(2) 将无负债 β 值转换为 A 公司含有负债的股东权益 β 值：

$\beta_{权益} = 0.8054 \times [1 + (1 - 30\%) \times 2/3] = 1.1813$

（3）根据 $\beta_{权益}$ 计算 A 公司的权益成本。权益成本 = 5% + 1.1813 × 8% = 5% + 9.4504% = 14.45%

（4）计算加权平均资本成本。

加权平均资本成本 = 6% × (1 - 30%) × (2/5) + 14.45% × (3/5) = 1.68% + 8.67% = 10.35%

故，A 公司该投资项目的资本成本为 10.35%。

第四节 投资项目的敏感分析

敏感分析是投资项目评价中常用的一种研究不确定性的方法。在确定性分析的基础上，进一步分析不确定性因素对投资项目的最终经济效果指标的影响及影响程度。

投资项目的敏感分析，通常是假定其他变量不变的情况下，测定某一个变量发生特定变化对净现值（或内含报酬率）的影响。

敏感分析主要包括最大最小法和敏感程度法两种。

一、最大最小法

主要步骤是：

（1）给定计算净现值的每个变量的预期值。
（2）根据变量的预期值计算净现值，由此得出的净现值叫作基准净现值。
（3）选择一个变量并假设其他变量不变，令净现值为零，计算选定变量的临界值。
（4）选择第二个变量，并重复 3 的过程。

通过上述步骤，可以得出基准净现值由正变负（或相反）的各变量最大最小值，从而帮助决策者认识项目的特有风险。

二、敏感程度法

主要步骤是：

（1）计算项目的基准净现值。
（2）选择一个变量，假设其发生一定幅度的变化，而其他因素不变，重新计算净现值。
（3）计算选定变量的敏感系数。

敏感系数 = 目标值变动百分比/选定变量变动百分比

它表示选定变量变化 1% 时导致目标值变动的百分数，可以反映目标值对于选定变量变化的敏感程度。

（4）根据上述分析结果，对项目敏感性作出判断。

敏感分析的局限性包括：

（1）在进行敏感分析时，只允许一个变量发生变动，而假设其他变量保持不变，但在现实世界中这些变量通常是相互关联的，会一起发生变动，但是变动的幅度不同；

（2）每次测算一个变量变化对净现值的影响，可以提供一系列分析结果，但是没有给出每一个数值发生的可能性。

【例题 5-11·计算题】甲公司是一家多元化经营的民营公司，投资领域涉及医药、食品等多个行业。受当前经济型酒店投资热的影响，公司正在对是否投资一个经济型酒店项目进行评价，有关资料如下：

（1）经济型酒店的主要功能是为一般商务人士和工薪阶层提供住宿服务，通常采取连锁经营模式。甲公司计划加盟某知名经济型酒店连锁品牌 KJ 连锁，由 KJ 连锁为拟开设的酒店提供品牌、销售、管理、培训等支持服务。加盟 KJ 连锁的一次加盟合约年限为 8 年，甲公司按照加盟合约年限作为拟开设酒店的经营年限并作为加盟费用的摊销年限。加盟费用如表 1 所示。

表 1

费用内容	费用标准	支付时间
初始加盟费	按加盟酒店的实有客房数量收取，每间客房收取 3 000 元	加盟时一次性支付
特许经营费	按加盟酒店收入的 6.5% 收取	加盟后每年年末支付
特许经营保证金	10 万元	加盟时一次性支付，合约到期时一次性归还（无息）

（2）甲公司计划采取租赁旧建筑物并对其进行改造的方式进行酒店经营。经过选址调查，拟租用一幢位于交通便利地段的旧办公楼，办公楼的建筑面积为 4 200 平方米，每平方米每天的租金为 1 元，租赁期为 8 年，租金在每年年末支付。

（3）甲公司需按 KJ 连锁的统一要求对旧办公楼进行改造、装修，配备客房家具用品，预计支出 600 万元。根据税法规定，上述支出可按 8 年摊销，期末无残值。

（4）租用的旧办公楼能改造成 120 间客房，每间客房每天的平均价格预计为 175 元，客房的平均入住率预计为 85%。

（5）经济型酒店的人工成本为固定成本。根据拟开设酒店的规模测算，预计每年人工成本支出 105 万元。

（6）已入住的客房需发生客房用品、洗涤费用、能源费用等支出，每间入住客房每天的上述成本支出预计为 29 元。除此之外，酒店每年预计发生固定付现成本 30 万元。

（7）经济型酒店需要按营业收入缴纳增值税、税金及附加，税率合计为营业收入的 5.5%。

（8）根据拟开设经济型酒店的规模测算，经济型酒店需要的营运资本预计为 50 万元。

（9）甲公司拟采用 2/3 的资本结构（负债/权益）为经济型酒店项目筹资。在该目标资本结构下，税前债务成本为 9%。由于酒店行业的风险与甲公司现有资产的平均风险有较大不同，甲公司拟采用 KJ 连锁的 β 值估计经济型酒店项目的系统风险。KJ 连锁的 $β_{权益}$ 为 1.75，资本结构（负债/权益）为 1/1。已知当前市场的无风险利率为 5%，权益市场的平均风险溢价为 7%。甲公司与 KJ 连锁适用的公司所得税税率均为 25%。

(10) 由于经济型酒店改造需要的时间较短，改造时间可忽略不计。为简化计算，假设酒店的改造及装修支出均发生在年初（零时点），营业现金流量均发生在以后各年年末，垫支的营运资本在年初投入，在项目结束时收回。一年按365天计算。

要求：

（1）计算经济型酒店项目的税后利润（不考虑财务费用，计算过程和结果填入下方给定的表格中）、会计报酬率。

表2

项目	单价（元/间/天）	年销售数量（间）	金额（元）
销售收入			
变动成本			
其中			
固定成本			
其中			
税前利润			
所得税			
税后利润			

（2）计算评价经济型酒店项目使用的折现率。

（3）计算经济型酒店项目的初始（零时点）现金流量、每年的现金净流量及项目的净现值，判断项目是否可行并说明原因。

表3

项目	零时点	第1~7年	第8年

续表

项目	零时点	第1~7年	第8年
现金净流量			
折现系数			
现金净流量的现值			
净现值			

（4）由于预计的酒店平均入住率具有较大的不确定性，请使用最大最小法进行投资项目的敏感性分析，计算使经济型酒店项目净现值为零的最低平均入住率。(P/A，12%，7) = 4.5638；(P/F，12%，8) = 0.4039。

【答案】

（1）

表4

项目	单价（元/间/天）	年销售数量（间）	金额（元）
销售收入	175	120×365×85%=37 230	175×37 230=6 515 250
变动成本	11.375+29+9.625=50	37 230	50×37 230=1 861 500
其中：			
特许经营费	175×6.5%=11.375		
客房经费	29		
税金及附加	175×5.5%=9.625		
固定成本			45 000+1 533 000+750 000+300 000+1 050 000=3 678 000
其中：			
初始加盟费摊销			3 000×120÷8=45 000
房屋租金			4 200×1×365=1 533 000
装修费摊销			6 000 000÷8=750 000
酒店固定付现成本			300 000
酒店人工成本			1 050 000
税前利润			6 515 250-1 861 500-3 678 000=975 750
所得税			975 750×25%=243 937.5
税后利润			975 750-243 937.5=731 812.5

原始投资额 = 加盟保证金 + 初始加盟费 + 装修费 + 营运资本 = 100 000 + 3 000 × 120 + 6 000 000 + 500 000 = 6 960 000（元）

会计报酬率 = 731 812.5 ÷ 6 960 000 = 10.51%

(2) $\beta_{资产}$ = 1.75 ÷ [1 + (1 - 25%) × (1/1)] = 1

该项目的 $\beta_{权益}$ = 1 × [1 + (1 - 25%) × (2/3)] = 1.5

权益资本成本 = 5% + 1.5 × 7% = 15.5%

项目折现率 = 加权平均资本成本 = 9% × (1 - 25%) × 40% + 15.5% × 60% = 12%

(3)

表5

项目	零时点	第1~7年	第8年
初始加盟费	-120 × 3 000 = -360 000		
装修费用	-6 000 000		
初始加盟保证金	-100 000		100 000
营运资本	-500 000		500 000
净利润		731 812.5	731 812.5
初始加盟费摊销		45 000	45 000
装修费摊销		750 000	750 000
营业现金毛流量		731 812.5 + 45 000 + 750 000 = 1 526 812.5	1 526 812.5
现金净流量	-6 960 000	1 526 812.5	1 526 812.5 + 100 000 + 500 000 = 2 126 812.5
折现系数	1	4.5638	0.4039
现金净流量的现值	-6 960 000	6 968 066.89	859 019.57
净现值	867 086.46		

该项目净现值大于0，因此是可行的。

【注意】这里我们是用间接法计算的现金流量。营业现金毛流量 = 税后经营净利润 + 折旧

(4) 设平均入住率是X，则年销售客房数量 = 120 × 365 × X = 43 800X

表6

项目	单价（元/间/天）	年销售数量（间）	金额（元）
销售收入	175	120 × 365 × X	7 665 000X
变动成本	11.375 + 29 + 9.625 = 50	120 × 365 × X	2 190 000X
其中：			
特许经营费	175 × 6.5% = 11.375		

续表

项目	单价（元/间/天）	年销售数量（间）	金额（元）
客房经费	29		
税金及附加	175×5.5%=9.625		
固定成本			45 000+1 533 000+750 000+300 000+1 050 000=3 678 000
其中：			
初始加盟费摊销			3 000×120÷8=45 000
房屋租金			4 200×1×365=1 533 000
装修费摊销			6 000 000÷8=750 000
酒店固定付现成本			300 000
酒店人工成本			1 050 000
税前利润			7 665 000X−2 190 000X−3 678 000
税后利润			(7 665 000X−2 190 000X−3 678 000)×(1−25%)

第1~7年现金净流量=(7 665 000X−2 190 000X−3 678 000)×(1−25%)+(45 000+750 000)=4 106 250X−1 963 500(元)

第8年现金净流量=4 106 250X−1 963 500+600 000=4 106 250X−1 363 500（元）

净现值=−6 960 000+(4 106 250X−1 963 500)×4.5638+(4 106 250X−1 363 500)×0.4039=0

解得，X=80.75%，最低平均入住率为80.75%。

第五章 投资项目资本预算

彬哥跟你说：

本章不难，但是内容真的有点多了！而且本章还是大题的必考点，分值非常重！所以各位必须保持谨慎，针对这一章，我想说的是：

（1）留充足的时间进行学习，1~2个晚上是可以的！

（2）针对大题，虽然不难，但是真的需要勇敢动笔，勇敢思考！很多人还是觉得看懂了即可，实际上仅仅看懂就等于不懂，一定要有完整的题目思考过程，有完整的折腾过程，还要有完整的动笔过程，方可达到训练的目的！

今日复习步骤：

第一遍：回忆＆重新复习一遍框架（15分钟）

学习要求：自己重新梳理一遍框架，不需要掌握所有细节，但求框架了然于心。

第二遍：对细节进一步掌握（50分钟）

投资项目评价方法、投资项目现金流量的估计、折现率的估计、敏感性分析分别涉及哪些考点？

第三遍：重新复习一遍框架（10分钟）

我问你答：

（1）净现值、现值指数、内含报酬率是什么？它们之间有什么关系？

（2）两类回收期法的优缺点是什么？会计报酬率怎么计算？

（3）在评价互斥项目的时候，评价指标出现矛盾时怎么去选择更优的项目？

（4）现金流量分几个阶段估计？要不要考虑所得税的影响？哪些因素会影响现金流量？

（5）怎么运用可比公司法估计投资项目的资本成本？计算步骤弄清楚了吗？

（6）最大最小法怎么运用？

（7）敏感程度法怎么运用？敏感系数怎么算？

本章作业：

（1）请把讲义例题做三遍（做错的题目，请分析错误原因并记录到改错本）。

（2）请复习完口述一遍框架，睡前请再回忆一遍框架。

（3）第二天早上，请再回忆一遍框架，对于回忆不起来的内容，请翻书看一遍。

第 8 天

● 复习旧内容：

　　第五章　投资项目资本预算

● 学习新内容：

　　第六章　债券、股票价值评估

　　第七章　期权价值评估

● 学习方法：

　　前面学习过债券和股票的资本成本，因此今日的内容没有难点，比如债券的价值评估就是折现，而普通股的价值评估则是资本成本的公式变形。

● 你今天的可能心态：

　　今天要学习两章内容，第六章内容不多，而对第七章，很多人会感到摸不到头脑，但它却是最好得分的章节！因为虽然出现很多让你搞不懂的模型，但考试时出题的方式也相对固定，只要弄懂历年真题，就可以拿到全部分数，同学们要放轻松，以"不求甚解"的态度来学习第七章，只求搞清楚考试的套路。

● 简单解释今天学习内容：

　　第六章：财管的价值评估就是求内在价值、经济价值。因此就是按照折现率进行折现，在资本成本章节已经计算过必要报酬率，所以本章没什么太多新知识。

　　第七章：期权是一种权利，是未来购买资产或者出售资产的权利。既然是权利，那就有价值，这个价值怎么计算？既然是求价值，那其实也逃不脱按照现金流量折现这个套路。

● 可能会遇到的难点：

　　第六章无难点；对于第七章，最重要的方法就是画图！画图是期权章节最重要的利器！学习本章内容时也无须"打破砂锅问到底"，得到分数即可，其原理同学们可以在考完试之后再去深究！

● 习题注意事项：

　　财管这一课最重要的学习方法就是做真题！尤其在第七章这种出题方式不灵活的章节更是如此！同学们要重视真题，学会以题代学的学习方法，加油！

● 建议学习时间：

　　2.5 个小时（其中 1 个小时复习前面的内容）

第六章 债券、股票价值评估

【简单解释本章内容】

（1）初学本章，你们会怀疑自己，感觉自己思维混乱了，这不就是资本成本的内容吗？其实这就是类似的内容。

（2）求资本成本的时候，知道现金流和当前价格，求折现率；而价值评估的时候，是知道现金流和折现率，求当前的价值。所以你们会觉得怎么这么眼熟，甚至怀疑自己，不需要怀疑，大体思路差不多。

（3）债券价值评估，还是按照之前的学习思路，折现！未来持有年度会收到利息，到期会收到本金，既然知道债券资本成本，那求当前的价值，岂不就是折现即可？

（4）股票价值评估。还是公式的变形，在资本成本学过一个公式：

$$r_s = \frac{D_1}{P_0} + g$$

那么假设知道资本成本，求 P，则有：

$$P_0 = \frac{D_1}{r_s - g}$$

【本章学习方法】

经过前面的学习，本章你们会觉得学习比较轻松了，所以无需紧张了，学到这里应该不会遇到太多难点。

本章框架如图 6-1 所示。

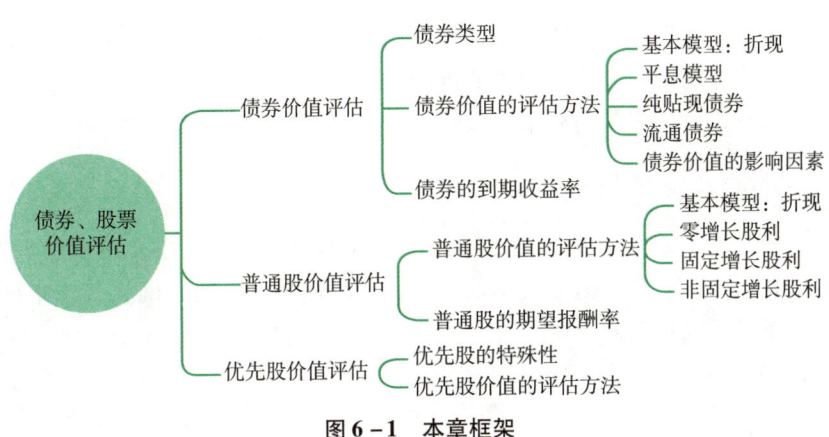

图 6-1 本章框架

第一节 债券价值评估

企业通过发行债券从资本市场上筹资，必须要知道如何定价。因为债券的价值体现了债券投资人要求的报酬率。

一、债券的类型

债券是发行者为筹集资金发行的、在约定时间支付一定比例的利息，并在到期时偿还本金的一种有价证券（见图6-2）。

债券的面值：指设定的票面金额，它代表发行人承诺于未来某一特定日期偿付给债券持有人的金额。

债券的票面利率：指债券发行者预计一年内向投资者支付的利息占票面金额的比率。**票面利率可能不等于有效年利率。**

债券的到期日：指偿还本金的日期。债券一般都规定到期日，以便到期时归还本金。

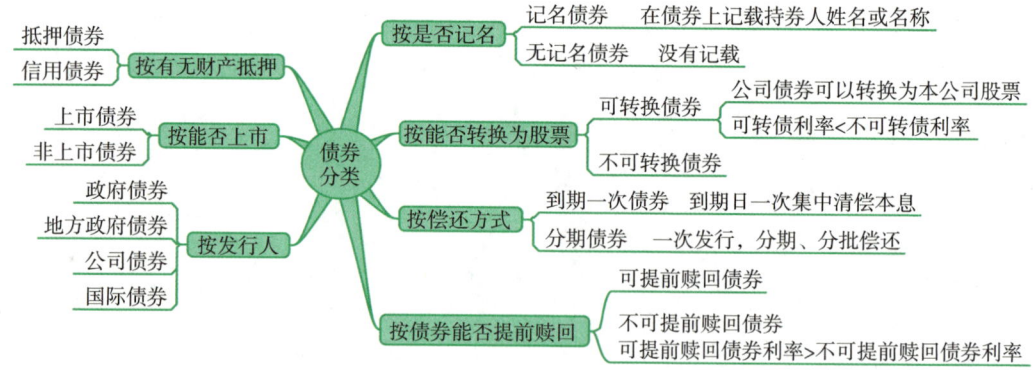

图6-2 债券分类

二、债券价值的评估方法

债券价值评估方法是净现值原理。债券的价值就是未来现金流入的现值。债券的未来现金流入包括预计每期支付的利息和到期可以收回的本金，折现率取决于当前等风险投资的市场利率，而不是债券的票面利率。

（一）债券的估值模型

债券按偿还方式（或付息方式）不同，可以分为普通债券、平息债券、纯贴现债券、永续债券，但不管什么类型的债券，其价值评估方法都是一样的，即将其未来现金流入折现，关键是要仔细分析其现金流量。

1. 普通债券（基本模型）

典型的债券是固定利率、每年计算并支付利息、到期归还本金。债券价值计算的模型是：

$$V_d = \frac{I_1}{(1+r_d)^1} + \frac{I_2}{(1+r_d)^2} + \cdots + \frac{I_n}{(1+r_d)^n} + \frac{M}{(1+r_d)^n}$$
$$= I \times (P/A, r_d, n) + M \times (P/F, r_d, n)$$

式中：V_d——债券价值；I——每年的利息；M——面值；n——债券到期前的年数；r_d——折现率，一般采用当前等风险投资的市场利率。

【例题6-1·计算题】ABC公司拟于2011年2月1日发行面额为1 000元的债券，其票面利率为8%，每年2月1日计算并支付一次利息，并于5年后的1月31日到期。同等风险投资的必要报酬率为10%，求该债券的价值？

【解析】
$$V_d = \frac{80}{(1+10\%)^1} + \frac{80}{(1+10\%)^2} + \frac{80}{(1+10\%)^3} + \frac{80}{(1+10\%)^4} + \frac{80+1\,000}{(1+10\%)^5}$$
$$= 80 \times (P/A, 10\%, 5) + 1\,000 \times (P/F, 10\%, 5)$$
$$= 80 \times 3.7908 + 1\,000 \times 0.6209 = 924.16（元）$$

2. 平息债券

平息债券是指利息在到期时间内平均支付的债券。支付频率可能是一年一次、半年一次或者每季度一次等。

计算公式如下：

$$V_d = \sum_{t=1}^{mn} \frac{I/m}{\left(1+\frac{r_d}{m}\right)^t} + \frac{M}{\left(1+\frac{r_d}{m}\right)^{mn}} = \frac{I}{m} \times \left(P/A, \frac{r_d}{m}, mn\right) + M \times \left(P/F, \frac{r_d}{m}, mn\right)$$

式中：V_d——债券价值；I——每年的利息；M——面值；n——债券到期前的年数；m——年付利息次数；r_d——年折现率

应当注意，当一年内要复利几次时，报价利率应除以年内付息次数得出计息期利率；年折现率为有效年利率的，应开年计息次数方得出计息期折现率。

【例题6-2·计算题】有一债券面值为1 000元，票面利率为8%，每半年支付一次利息，5年到期。假设年折现率为10.25%，求该债券的价值？

【解析】每半年按8%÷2=4%计息，每次支付40元。年折现率为按年计算的有效年利率，每半年期的折现率为$(1+10.25\%)^{1/2} - 1 = 5\%$。该债券的价值为：

$$V_d = \frac{1\,000 \times 8\%}{2} \times (P/A, 5\%, 2\times 5) + 1\,000 \times (P/F, 5\%, 2\times 5)$$
$$= 40 \times 7.7217 + 1\,000 \times 0.6139 = 922.77（元）$$

3. 纯贴现债券

纯贴现债券是指承诺在未来某一确定日期按面值支付的债券，在到期日前购买人不能得到任何现金支付，因此也称为"零息债券"。若未标明利息计算规则，通常采用按年计算的复利计算规则。纯贴现债券价值为：

$$V_d = \frac{F}{(1+r_d)^n}$$

式中：V_d——债券价值；F——到期日支付额；r_d——年折现率；n——到期时间的

年数。

到期日**一次还本付息债券**,实际上也是**一种纯贴现债券**,只不过到期日是按照本利和作单笔支付。

【例题 6-3·计算题】有一个 5 年期国债,面值 1 000 元,票面利率 12%,单利计息,到期时一次还本付息。假设年折现率为 10%,求该债券的价值?

【解析】

$$V_d = \frac{1\,000 + 1\,000 \times 12\% \times 5}{(1 + 10\%)^5} = \frac{1\,600}{1.6105} = 993.48 \text{(元)}$$

4. 流通债券

流通债券是指已发行并在二级市场上流通的债券,估值需要**考虑现在至下一次利息支付的时间因素**。

流通债券的特点:到期时间小于债券发行在外的时间、估值的时点不在发行日。

估值方法:

(1) 以**现在**为折算时间点,历年现金流量按非整数计息期折现。

(2) 以**最近一次付息时间**为折算起点,计算历次现金流量现值,然后将其折算到现在时点。

流通债券的价值在两个付息日之间呈周期性变动。折价发行的债券,发行后价值逐渐升高,在付息日由于割息而价值下降,然后又逐渐上升,总的趋势是波动上升。越临近付息日,利息的现值越大,债券的价值有可能超过面值。溢价发行的债券是波动下降,其间价值一直高于面值。

【例题 6-4·计算题】有一个面值为 1 000 元的债券,票面利率为 8%,每年支付一次利息,2011 年 5 月 1 日发行,2016 年 4 月 30 日到期。现在是 2014 年 4 月 1 日,假设年折现率为 10%,问该债券的价值是多少?

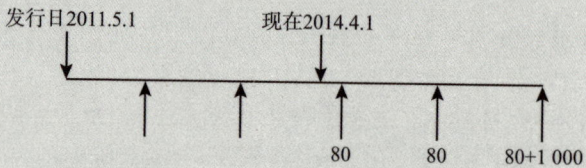

【解析】

方法一:分别计算 4 笔现金流入的现值,然后求和。由于计息期数不是整数,而是 1/12, 13/12, 25/12,需要计算现值因数。

PV = 1 000 × 8% × (P/F, 10%, 1/12) + 1 000 × 8% × (P/F, 10%, 13/12) + (1 000 × 8% + 1 000) × (P/F, 10%, 25/12) = 1 037.05(元)

方法二:先计算 2014 年 5 月 1 日的价值,然后将其折现为 4 月 1 日的价值。

2014 年 5 月 1 日的价值 = 80 + 80 × (P/A, 10%, 2) + 1 000 × (P/F, 10%, 2) = 1 045.24(元)

2014 年 4 月 1 日的价值 = 1 045.24 × (P/F, 10%, 1/12) = 1 045.24/(1 + 10%)^{1/12} = 1 036.97(元)

（二）债券价值的影响因素

债券价值的影响因素如表 6-1 所示。

表 6-1　　　　　　　　　平息债券价值的主要影响因素分析

债券种类	折现率	到期时间	付息频率	折现率影响
平价债券	折现率＝票面利率	价值随着到期日的临近，总体上在波动中等于债券的票面价值	平价债券的价值，不受付息频率的影响，始终等于债券的票面价值	等风险投资的市场利率与债券价值反向变化。 随着到期时间的缩短，等风险投资的市场利率的变动对债券价值的影响越来越小
折价债券	折现率＞票面利率	价值随着到期日的临近，总体上波动提高，最终等于债券的面值； 期间价值有可能高于面值，割息后低于面值	折价债券的价值，随着付息频率的加快，逐渐降低	
溢价债券	折现率＜票面利率	价值随着到期日的临近，总体上波动降低，最终等于债券的面值； 期间价值一直高于面值	溢价债券的价值，随着付息频率的加快，逐渐提高 与折价债券受付息频率影响效果相反	

连续支付利息（支付期限无限小）的情形下，债券价值与到期时间的关系如图 6-3 所示。

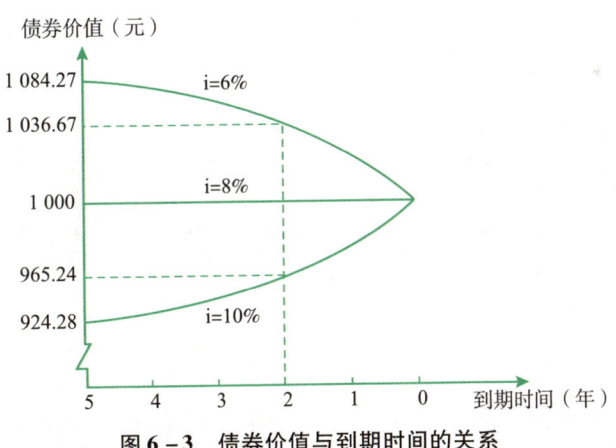

图 6-3　债券价值与到期时间的关系

【例题 6-5·单选题】假设其他因素不变，当平息债券的票面利率高于折现率时，债券的价值与面值的关系是（　　）。
　　A. 债券价值大于面值　　　　　　　　B. 债券价值小于面值
　　C. 债券价值等于面值　　　　　　　　D. 无法确定
【答案】A
【解析】票面利率＞折现率，为溢价债券，债券价值大于面值。

【例题6-6·多选题】甲、乙两种债券，均按1 000元面值发行，票面利率相同，但是甲债券的期限是4年期，乙债券的期限是6年期，在其他条件相同的情形下，下列说法正确的有（   ）。

A. 市场利率上升，两种债券都贬值，乙贬值得更多
B. 市场利率上升，两种债券都升值，甲升值得更多
C. 市场利率下降，两种债券都贬值，甲贬值得更多
D. 市场利率下降，两种债券都升值，乙升值得更多

【答案】AD

【解析】平价发行的债券，票面利率＝折现率。市场利率上升，导致折现率＞票面利率，为折价债券，故债券贬值，到期时间长的贬值更多。市场利率下降，则为溢价债券，债券升值，到期时间长的升值更多。

【例题6-7·多选题】债券A和债券B是两只刚发行的平息债券，债券的面值和票面利率相同，票面利率均高于必要报酬率，以下说法中，正确的有（   ）。

A. 如果两债券的必要报酬率和利息支付频率相同，偿还期限长的债券价值低
B. 如果两债券的必要报酬率和利息支付频率相同，偿还期限长的债券价值高
C. 如果两债券的偿还期限和必要报酬率相同，利息支付频率高的债券价值低
D. 如果两债券的偿还期限和利息支付频率相同，必要报酬率与票面利率差额大的债券价值高

【答案】BD

【解析】对于平息债券（即分期付息债券），票面利率高于折现率，即溢价发行的情形下，如果债券的折现率和利息支付频率不变，则随着到期日的临近（期限缩短），债券的价值逐渐向面值回归（即降低），所以离到期日期限越长的债券价值越高；在溢价发行的情形下，如果两债券的偿还期限和折现率相同，利息支付频率高的债券价值就大；如果债券的偿还期限和利息支付频率不变，则折现率与票面利率差额越大（即票面利率一定的时候，折现率降低），债券价值就越大。

三、债券的期望报酬率

债券的期望收益率通常用到期收益率来衡量。到期收益率是指以特定价格购买债券并持有至到期日所能获得的报酬率。它是使未来现金流量现值等于债券购入价格的折现率。

计算到期收益率的方法是求解含有折现率的方程，即：购进价格＝每年利息×年金现值系数＋面值×复利现值系数

$$P_0 = I \times (P/A, r_d, n) + M \times (P/F, r_d, n)$$

式中：P_0——债券的价格；I——每年的利息；M——面值；n——到期前的年数；r_d——年折现率。

【例题6-8·计算题】 2007年7月1日发行的某债券,面值100元,期限3年,票面年利率8%,每半年付息一次,付息日为6月30日和12月31日。

要求:

(1) 假设年折现率为8.16%,计算该债券的有效年利率和全部利息在2007年7月1日的现值。

(2) 假设年折现率为10.25%,计算2007年7月1日该债券的价值。

(3) 假设年折现率为12.36%,2008年7月1日该债券的市价是85元,试问该债券当时是否值得购买?

(4) 某投资者2009年7月1日以97元购入,试问该投资者持有该债券至到期日的到期收益率是多少?(2007年)

【答案】

(1) 该债券的有效年利率 $=(1+8\%\div 2)^2-1=8.16\%$

每半年的折现率 $=(1+8.16\%)^{1/2}-1=4\%$

该债券全部利息的现值 $=4\times(P/A,4\%,6)=4\times 5.2421=20.97$(元)

(2) 该债券每半年的折现率 $=(1+10.25\%)^{1/2}-1=5\%$

2007年7月1日该债券的价值 $=4\times(P/A,5\%,6)+100\times(P/F,5\%,6)=4\times 5.0757+100\times 0.7462=94.92$(元)

(3) 该债券每半年的折现率 $=(1+12.36\%)^{1/2}-1=6\%$

2008年7月1日该债券的市价是85元,该债券的价值为:

$4\times(P/A,6\%,4)+100\times(P/F,6\%,4)=4\times 3.4651+100\times 0.7921=93.07$(元)

该债券价值高于市价,故值得购买。

(4) 该债券的到期收益率为:

$4\times(P/A,i,2)+100\times(P/F,i,2)=97$

先用 $i=5\%$ 试算: $4\times(P/A,5\%,2)+100\times(P/F,5\%,2)=4\times 1.8594+100\times 0.9070=98.14$(元);

再用 $i=6\%$ 试算: $4\times(P/A,6\%,2)+100\times(P/F,6\%,2)=4\times 1.8334+100\times 0.8900=96.33$(元);

用插值法计算: $i=5\%+(98.14-97)\div(98.14-96.33)\times(6\%-5\%)=5.63\%$。

年到期收益率 $=(1+5.63\%)^2-1=11.58\%$

即该债券的到期收益率为11.58%。

第二节 普通股价值评估

一、普通股价值的评估方法

普通股是指股份公司依法发行的具有表决权和剩余索取权的一类股票。普通股价值评估有两种常用方法：现金流量折现模型、相对价值评估模型。本章重点介绍现金流量折现模型中的股利折现模型，相对价值评估模型在学习第八章企业价值评估时再讲。

（一）股票估值基本模型

股票带给持有者的现金流入包括两部分：**股利收入和出售时的售价**。股票的内在价值由一系列的股利和将来出售股票时售价的现值所构成。

如果股东永远持有股票，股东只获得股利，是一个永续的现金流入。这个现金流入的现值就是股票的价值。

股票估值的基本模型：

$$V_s = \sum_{t=1}^{\infty} \frac{D_t}{(1+r_s)^t}$$

式中：V_s——普通股价值；D_t——第 t 年的股利；r_s——年折现率，一般采用资本成本或投资的必要报酬率。

股票估值模型应用的主要问题：

（1）股利的多少，取决于每股盈利和股利支付率两个因素。
（2）折现率，应当是投资的必要报酬率。

（二）不同类型股票的价值

股票的价值是指其期望的未来现金流入的现值，又称为"**股票的内在价值**"（见表 6－2）。

表 6－2　不同类型股票的价值

计算类型	含义	公式
零增长股票	假设未来股利不变，其支付过程是永续年金	$V_0 = D \div r_s$
固定增长股票	股利按固定的增长率增长	$V_0 = \dfrac{D_0 \times (1+g)}{r_s - g} = \dfrac{D_1}{r_s - g}$ 式中：D_0——最近一期支付的股利（当前股利）；D_1——1 年后的股利（第 1 年股利）；g——固定的增长率；r_s——折现率，一般采用资本成本率或投资必要报酬率
非固定增长股票	公司的股利是不固定的，一般前期高速增长，后期固定增长	应采用分段计算的方法。 （1）先计算非正常增长期（高速增长期 g'）的股利现值； $V_0 = \sum \dfrac{D_t}{(1+r_s)^t} = \sum \dfrac{D_0 \times (1+g')^t}{(1+r_s)^t}$ （2）计算第 n 年以后固定增长期的普通股价值的现值； $V_{0'} = \dfrac{D_{n+1}}{r_s - g} \times (P/F, r_s, n)$ （3）将两段现值相加。$V = V_0 + V_{0'}$

【例题6-9·单选题】ABC公司股票为固定增长股票,年增长率为3%,预期一年后的股利为每股2元,现行国库券的报酬率为5%,平均风险股票的风险溢价为6%,而该股票的β系数为1.5,则该股票每股价值为（　　）元。

A. 9.09　　　　　B. 18.73　　　　　C. 18.18　　　　　D. 14.29

【答案】C

【解析】折现率 $=5\%+6\%\times1.5=14\%$，$V_0=\dfrac{D_1}{(r_s-g)}=\dfrac{2}{14\%-3\%}=18.18$。

【例题6-10·计算题】一个投资人持有ABC公司的股票,投资必要报酬率为15%。预期ABC公司未来3年股利将高速增长,增长率为20%。在此以后转为正常的增长,增长率为12%。公司最近支付的股利是2元。要求计算该公司股票的内在价值。

【解析】对于非固定增长股票,我们要分段计算。

(1) 前三年的高速增长阶段的股利现值：

$$V_0=\sum\dfrac{D_0\times(1+g')^t}{(1+r_s)^t}=\dfrac{2\times(1+20\%)^1}{(1+15\%)^1}+\dfrac{2\times(1+20\%)^2}{(1+15\%)^2}+\dfrac{2\times(1+20\%)^3}{(1+15\%)^3}$$

$$=2.088+2.177+2.274=6.539$$

(2) 第3年以后为固定增长期普通股价值的现值：

$D_3=2\times(1+20\%)^3=3.456$

$$V_0'=\dfrac{D_{n+1}}{r_s-g}\times(P/F,\ r_s,\ n)=\dfrac{D_4}{15\%-12\%}\times(P/F,\ 15\%,\ 3)$$

$$=\dfrac{D_3\times(1+12\%)}{15\%-12\%}\times(P/F,\ 15\%,\ 3)$$

$$=3.456\times(1+12\%)\div(15\%-12\%)\times(P/F,\ 15\%,\ 3)=84.831（元）$$

(3) 股票价值 $=6.539+84.831=91.37$（元）

二、普通股的期望报酬率

就是普通股票价值公式的变形,变成了已知股票的价格或价值,求当前价格购入的股票报酬率。类似于求股权资本成本。

根据固定增长股利模型,我们知道：$P_0=D_1\div(r_s-g)$

把上述公式整理,求 r_s,就得到普通股期望报酬率公式：

$$r_s=\dfrac{D_1}{P_0}+g$$

式中：D_1/P_0——**股利收益率**；g——股利增长率、股价增长率、**资本利得收益率**。

【例题6-11·单选题】在其他条件不变的情况下,下列事项中能够引起股票期望收益率上升的是（　　）。（2012年）

A. 当前股票价格上升　　　　　B. 资本利得收益率上升
C. 预期现金股利下降　　　　　D. 预期持有该股票的时间延长

【答案】B

【解析】股票的期望收益率 = $D_1 \div P_0 + g$,第一部分是 $D_1 \div P_0$,叫作股利收益率,第二部分是增长率 g,叫股利增长率。由于股利的增长速度也就是股票价值的增长速度,因此 g 可以解释为股价增长率或资本利得收益率。

第三节 混合筹资工具价值评估

混合筹资工具是既带有债务融资特征又带有权益融资特征的特殊融资工具,常见的有优先股、永续债、可转换债券、附认股权证债券等,这里以优先股为例讲述混合筹资工具的价值评估。

优先股,指一般规定的普通种类股份之外,另行规定的其他种类股份,其股份持有人优先于普通股股东分配公司利润和剩余财产,但参与公司决策管理等权利受到限制。

一、优先股的特殊性

优先股的特殊性如图 6-4 所示。

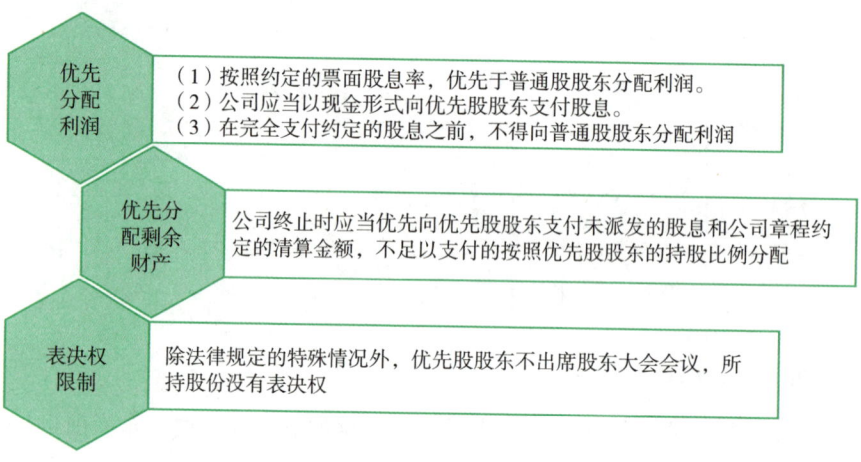

图 6-4 优先股的特殊性

二、优先股价值的评估

优先股可以采用固定股息率或浮动股息率支付股息。不论何种方式,优先股价值均是对未来股利折现进行估计,即采用股利的现金流量折现模型估值。

当**优先股采用固定股息率**时,每期股息就形成了无限期定额收付的年金,即永续年金(见表 6-3)。

表 6-3　　　　　　　　　优先股和永续债的价值评估及期望收益率公式

	价值评估	期望报酬率
优先股	$V_p = D_p \div r_p$ r_p——折现率，一般用资本成本或投资的必要报酬率	$r_p = D_p \div V_p$ r_p——期望报酬率
	V_p——优先股价值；D_p——优先股每期股息	
永续债	$V_{pd} = I \div r_{pd}$ r_{pd}——折现率，一般用当前等风险投资的市场利率	$r_{pd} = I \div V_{pd}$ r_{pd}——期望报酬率
	V_{pd}——永续债价值；I——每年的利息	

第六章 债券、股票价值评估

彬哥跟你说：

本章内容和第四章很多重复，所以建议是跟第四章一起学习，难度不大，但是很容易怀疑自己没学习的感觉，因为内容重复的太多了！

今日复习步骤：

第一遍：回忆 & 重新复习一遍框架（10分钟）

学习要求：这一遍的目的是自己重新梳理一遍框架，不需要掌握所有细节，但求框架了然于心。

（1）债券价值有哪些评估方法？有哪些影响因素？到期收益率怎么计算？
（2）普通股价值有哪些评估方法？到期收益率怎么计算？
（3）优先股、永续债价值怎么评估？

第二遍：对细节进一步掌握（30分钟）

第三遍：重新复习一遍框架（5分钟）

我问你答：

（1）平价债券、折价债券、溢价债券的到期时间、付息频率对债券价值有什么影响？
（2）零增长股票、固定增长股票、非固定增长股票的股票价值怎么计算？
（3）股票的资本利得收益率是什么？
（4）债券的到期收益率怎么算？普通股的期望报酬率怎么算？
（5）优先股有哪些特殊性？表决权限制的例外情况有哪些？

本章作业：

（1）请把讲义例题做三遍（做错的题目，请分析错误原因并记录到改错本）。
（2）请复习完口述一遍框架，睡前请再回忆一遍框架。
（3）第二天早上，请再回忆一遍框架，对于回忆不起来的内容，请翻书看一遍。

第七章　期权价值评估

【简单解释本章内容】
（1）很多人不敢学习本章，其实越是不敢学习的章节，分数就越好拿，因为这种章节就是考点固定，不会出难题，就是抓住几个考点就可以得到满分，所以要勇敢地来学习，不一定能够学通透，但拿满分是绝对没问题的。

（2）所谓期权，就是一种权利，也就是购买股票的权利。比如看涨期权的购买人，就是买了一个权力可以约定以一个固定的价格来购买股票，比如约定5元，在行权的时候股票涨到了7元，那购买方还是以5元的价格购买，岂不是赚了2元？但是购买人也要付出一定代价，代价就是购买时看涨期权本身的价格。

（3）本章常考点其实就几个：
①看涨期权和看跌期权价格的影响因素，这是常考不衰的考点。
②期权的时间溢价。
③三种期权组合的损益：保护性看跌期权、抛补性看涨期权、对敲。
④复制原理与风险中性原理。
⑤布莱克-斯科尔斯模型基本假设。

【本章学习方法】
（1）本章最好的学习方法就是抓考点，因为考点清晰。
（2）学习期权最好的学习方法是"画图"，将各种期权画一遍图，做题的时候也画图，学习起来会很轻松。
（3）本章最后一点内容的公式特别复杂，我认为各位不用去纠结了，看懂原理，公式不用去记忆，也不用花太多时间，等财管彻底没问题了再去花时间看。

本章框架如图 7-1 所示。

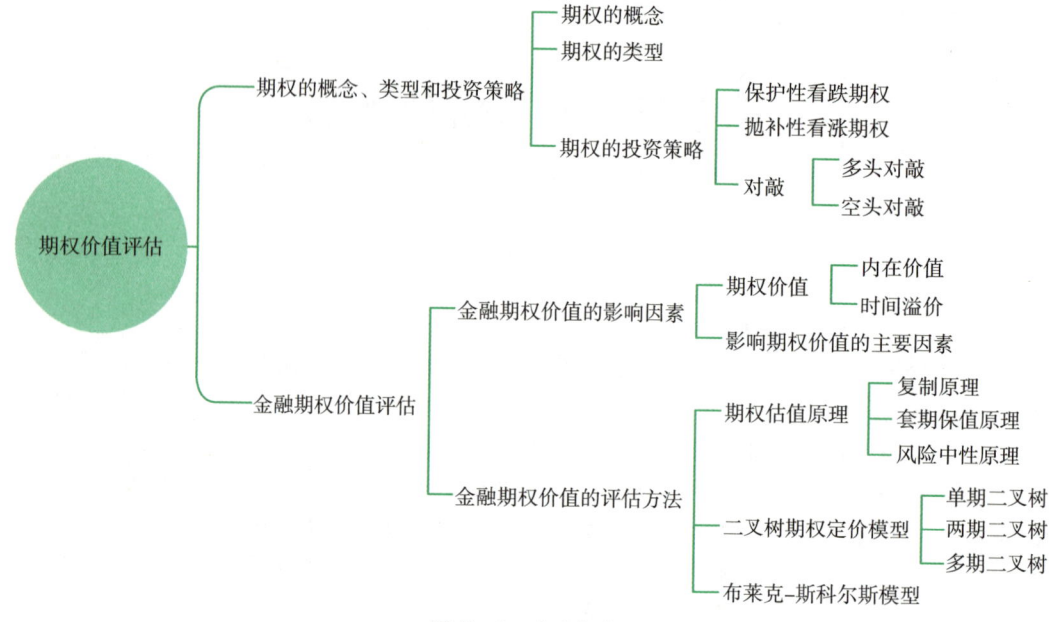

图 7-1 本章框架

第一节 期权的概念、类型和投资策略

一、期权的概念

期权是指一种合约，该合约赋予持有人在某一特定日期或该日之前的任何时间以固定价格购进或售出一种资产的权利。

理解期权要从以下几个方面理解，具体见图 7-2。

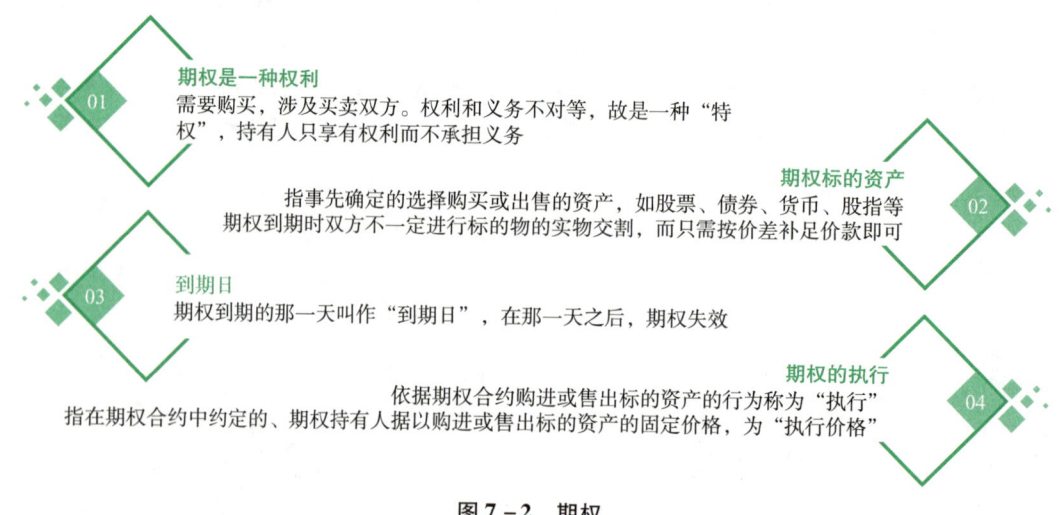

图 7-2 期权

二、期权的类型

期权的类型如图 7-3 所示。

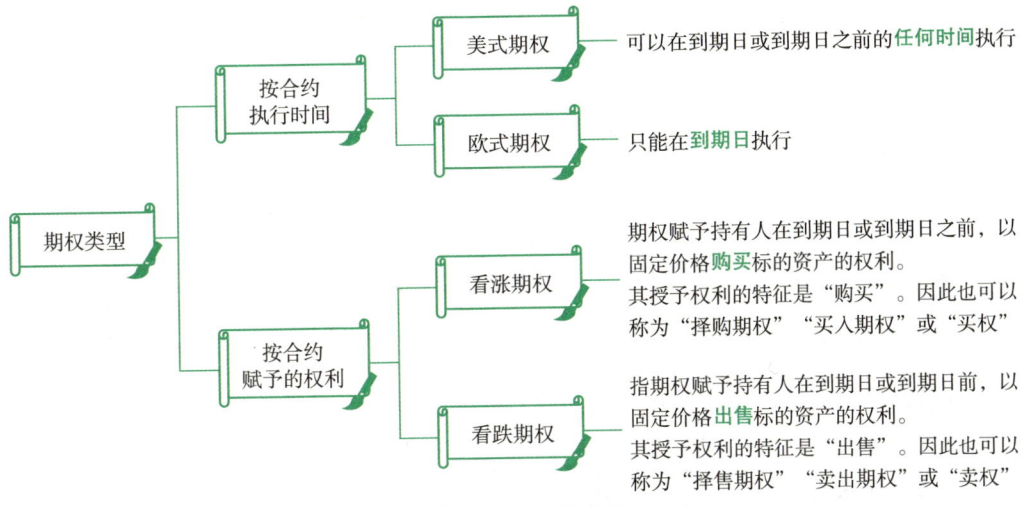

图 7-3 期权的类型

三、期权的到期日价值（执行净收入）和净损益

期权的到期日价值是指到期时执行期权可以取得的净收入，它依赖于标的股票的到期日价格和执行价格。

对于看涨期权和看跌期权，到期日价值的计算又分为买入和卖出两种。

（一）看涨期权

买入看涨期权又被称为"多头看涨期权"；
卖出看涨期权又被称为"空头看涨期权"。
看涨期权如表 7-1、图 7-4 所示。

表 7-1　　　　　　　　　　　　　看涨期权

	多头看涨期权	空头看涨期权
含义	买入一个以一定价格购买标的资产的权利	卖出一个以一定价格购买标的资产的权利
执行期权	股票市价＞执行价格，执行期权	股票市价＞执行价格，被执行期权
到期日价值（净收入）	到期日价值＝Max（股票市价－执行价格，0）	到期日价值＝－Max（股票市价－执行价格，0）
净损益	净损益＝到期日价值－期权价格	净损益＝到期日价值＋期权价格
净损失与净收益关系	净损失有限（最大值为期权价格）；净收益却潜力巨大（股票市价－执行价格－期权价格）	净损失不确定（执行价格－股票市价＋期权价格）；净收益有限（最大值为期权价格）

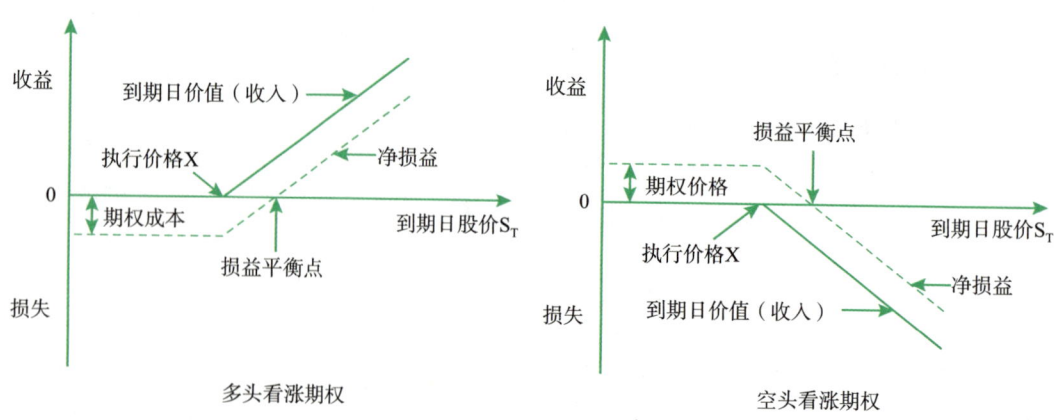

图7-4 看涨期权的损益状况

(二) 看跌期权

买入看跌期权又被称为"多头看跌期权";
卖出看跌期权又被称为"空头看跌期权"。
看跌期权如表7-2和图7-5所示。

表7-2　　　　　　　　　　　看跌期权

	多头看跌期权	空头看跌期权
含义	**买入**一个以一定价格**出售**标的资产的权利	**卖出**一个以一定价格**出售**标的资产的权利
执行期权	股票市价＜执行价格,执行期权	股票市价＜执行价格,被执行期权
到期日价值（净收入）	到期日价值＝Max(执行价格-股票市价,0)	到期日价值＝-Max(执行价格-股票市价,0)
净损益	净损益＝到期日价值-期权价格	净损益＝到期日价值+期权价格
净损失与净收益关系	净损失有限（最大值为期权价格）;净收益不确定（执行价格-股票价格-期权价格）	净损失不确定（股票价格-执行价格+期权价格）;净收益有限（最大值为期权价格）

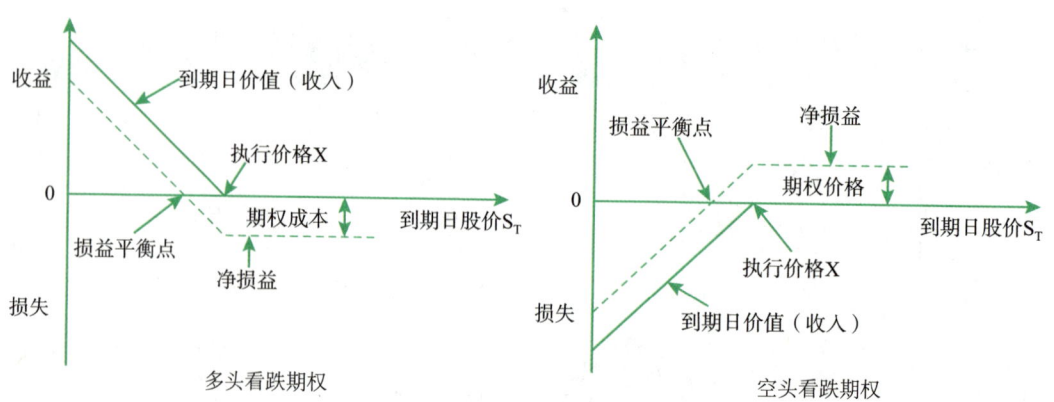

图7-5 看跌期权的损益状况

四、期权的投资策略

因为单一股票期权损益状态的不同,理论上讲,通过不同期权和股票的组合,可以帮助我们建立任意形式的损益状态,用于控制投资风险。下面我们详细介绍三种投资策略。

(一) 保护性看跌期权

股票加多头看跌期权组合,是指购买 1 只股票,同时购入该股票的 1 股看跌期权。单独投资于股票风险很大,同时增加一股看跌期权,情况就会有变化,可以降低投资的风险(见图 7-6)。

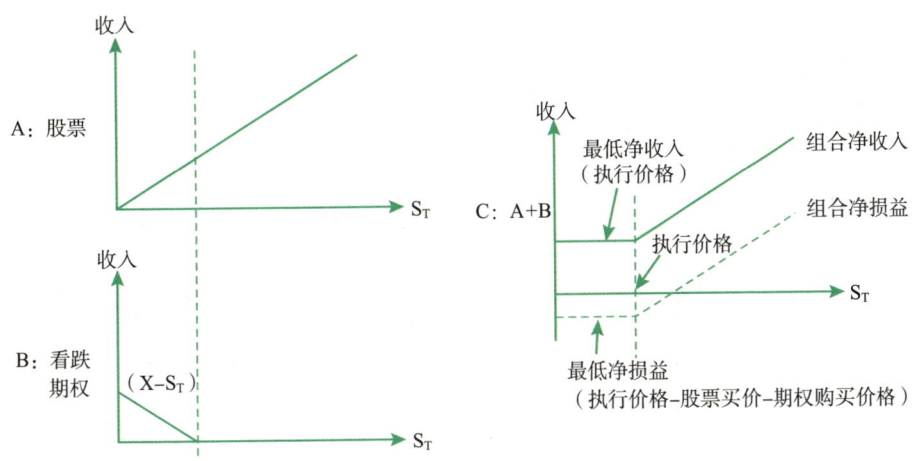

图 7-6 保护性看跌期权

保护性看跌期权**锁定了最低净收入和最低净损益**。但是,同时净损益的预期也因此降低了(见表 7-3)。

表 7-3　　　　　　　　　组合净收益和组合净损益

	组合净收入	组合净损益(组合净收入 - 初始投资)
股价 < 执行价格	执行价格	执行价格 -(股票初始投资买价 + 期权购买价格)
股价 > 执行价格	股价	股票售价 -(股票初始投资买价 + 期权购买价格)

【例题 7-1·计算题】购入 1 只 ABC 公司的股票,购入价格 $S_0 = 100$ 元;同时购入该股票的 1 股看跌期权,执行价格 $X = 100$ 元,期权价格 $P = 2.56$ 元,1 年后到期。当股价为 80 元或 120 元的时候,分别求该组合的净收入和净损益。

【解析】
(1) 当股价为 80 元,股价 < 执行价格:
组合净收入 = 执行价格 = 100 元

组合净损益 = 执行价格 – (股票初始投资买价 + 期权购买价格) = 100 – (100 + 2.56) = –2.56 (元)

(2) 当股价为 120 元,股价 > 执行价格:

组合净收入 = 股价 = 120 元

组合净损益 = 股价 – (股票初始投资买价 + 期权购买价格) = 120 – (100 + 2.56) = 17.44 (元)

(二) 抛补性看涨期权

股票加空头看涨期权组合,是指购买 1 只股票,同时出售该股票 1 股看涨期权(见图 7–7)。

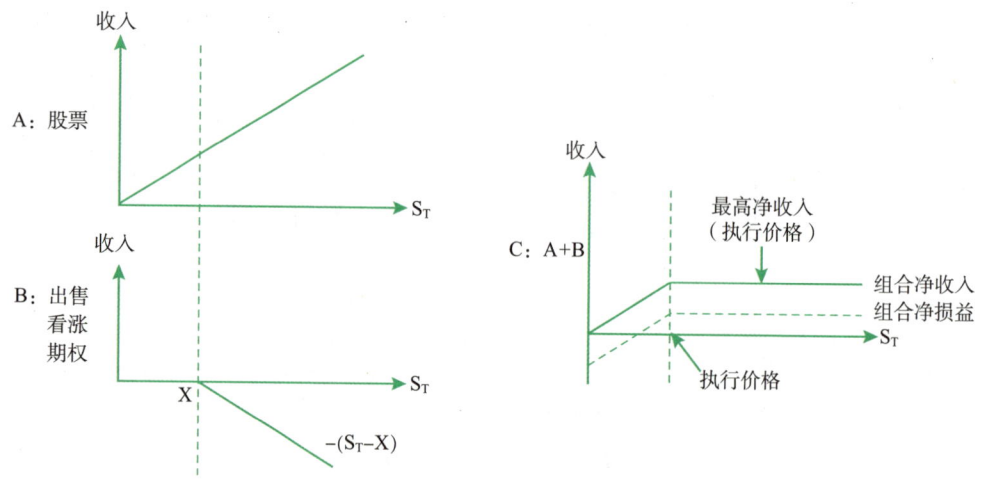

图 7–7 抛补性看涨期权

抛补性看涨期权组合缩小了未来的不确定性。**锁定了净收入和净损益**,是机构投资者常用的投资策略(见表 7–4)。

表 7–4　　　　　　　　　组合净收益和组合净损益

	组合净收入	组合净损益(组合净收入 – 初始投资)
股价 < 执行价格	股价	股价 – 股票初始投资买价 + 期权出售价格
股价 > 执行价格	执行价格	执行价格 – 股票初始投资买价 + 期权出售价格

【例题 7–2·计算题】购入 1 只 ABC 公司的股票,购入价格 $S_0 = 100$ 元;同时出售该股票的 1 股的看涨期权,期权价格 C = 5 元,执行价格 X = 100 元,1 年后到期。当股价为 80 元或 120 元的时候,分别求该组合的净收入和净损益。

【解析】

(1) 当股价为 80 元,股价 < 执行价格:

组合净收入 = 股价 = 80 元

组合净损益 = 股价 - 股票初始投资买价 + 期权出售价格 = 80 - 100 + 5 = -15（元）

(2) 当股价为120元，股价 > 执行价格：

组合净收入 = 执行价格 = 100元

组合净损益 = 执行价格 - 股票初始投资买价 + 期权出售价格 = 100 - 100 + 5 = 5（元）

（三）对敲

对敲策略分为多头对敲和空头对敲。

1. 多头对敲

多头对敲是指**同时买进**一只股票的看涨期权和看跌期权，它们的执行价格、到期日都相同（见图7-8）。

适用情形：对于预计市场价格将**发生剧烈变动**，但是不知道升高还是降低的投资者非常有用。

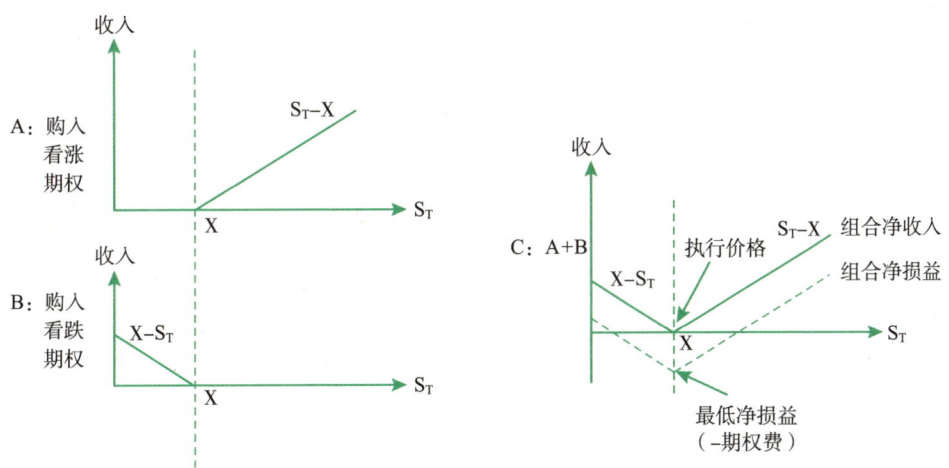

图7-8 多头对敲

多头对敲的**最坏结果**是到期股价与执行价格一致，白白损失了看涨期权和看跌期权的购买成本。

股价偏离执行价格的差额必须超过期权购买成本，才能给投资者带来净收益（见表7-5）。

表7-5　　　　　　　　　组合净收益和组合净损益

	组合净收入	组合净损益（组合净收入 - 初始投资）
股价 < 执行价格	执行价格 - 股价	（执行价格 - 股票售价）- 两种期权（购买）价格
股价 > 执行价格	股价 - 执行价格	（股票售价 - 执行价格）- 两种期权（购买）价格

【**例题7-3·计算题**】同时购入ABC公司股票的1股看涨期权和1股看跌期权。看涨期权的价格为5元，看跌期权的价格为2.56元，执行价格都为100元，1年后到期。当股价为95元或120元的时候，分别求该组合的净收入和净损益。

【解析】
（1）当股价为95元，股价＜执行价格：

组合净收入＝执行价格－股价＝100－95＝5（元）

组合净损益＝（执行价格－股价）－两种期权（购买）价格＝100－95－（5＋2.56）＝－2.56（元）

（2）当股价为120元，股价＞执行价格：

组合净收入＝股价－执行价格＝120－100＝20（元）

组合净损益＝（股价－执行价格）－两种期权（购买）价格＝120－100－（5＋2.56）＝12.44（元）

2. 空头对敲

空头对敲是**同时出售**一只股票的看涨期权和看跌期权，它们的执行价格、到期日都相同。

适用情形：对于预计市场价格相对比较稳定，股价与执行价格**相比没有变化**时。

空头对敲**最好的结果**是到期股价与执行价格一致，投资者白白赚取出售看涨期权和看跌期权的收入。空头对敲的股价偏离执行价格的差额必须小于期权出售收入，才能给投资者带来净收益（见图7－9和表7－6）。

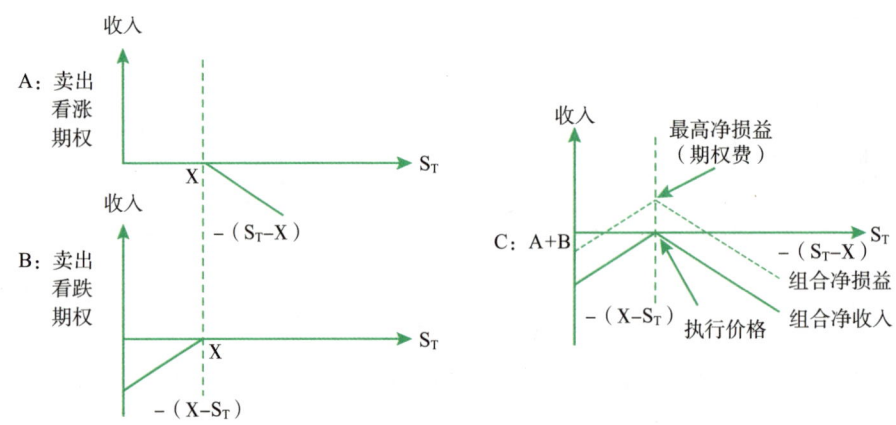

图7－9　空头对敲

表7－6　　　　　　　　　　　组合净收益和组合净损益

	组合净收入	组合净损益（组合净收入－初始投资）
股价＜执行价格	股价－执行价格	（股价－执行价格）＋两种期权（卖出）价格
股价＞执行价格	执行价格－股价	（执行价格－股价）＋两种期权（卖出）价格

【例题7－4·计算题】同时卖出ABC公司股票的1股看涨期权和1股看跌期权。看涨期权的价格为5元，看跌期权的价格为2.56元，执行价格都为100元，1年后到期。当股价为95元或120元的时候，分别求该组合的净收入和净损益。

【解析】
(1) 当股价为95元,股价<执行价格:
组合净收入=股价-执行价格=95-100=-5(元)
组合净损益=(股价-执行价格)+两种期权(卖出)价格=95-100+(5+2.56)=2.56(元)
(2) 当股价为120元,股价>执行价格:
组合净收入=执行价格-股价=100-120=-20(元)
组合净损益=(执行价格-股价)+两种期权(卖出)价格=100-120+(5+2.56)=-12.44(元)

期权投资策略如表7-7所示。

表7-7 期权投资策略

投资策略	含义	特点
保护性看跌期权	购进看跌期权+购进股票	在股价下跌时可以锁定最低净收入(净流量)和最低净损益,同时,净损益的预期也降低了
抛补性看涨期权	售出看涨期权+购进股票	在股价上升时可以锁定组合最高净收入(净流量)和组合最高净损益; 在股价下跌时可以使组合净收入(净流量)和组合净损益波动的区间变小; 机构投资者常用的投资策略
多头对敲	买入看涨期权+买入看跌期权	预期市场价格剧烈波动,但是不知道升高还是降低
空头对敲	卖出看涨期权+卖出看跌期权	预期市场价格相对平稳

【例题7-5·单选题】下列关于期权投资策略的表述中,正确的是( )。(2010年)
A. 保护性看跌期权可以锁定最低净收入和最低净损益,但不改变净损益的预期值
B. 抛补性看涨期权可以锁定最低净收入和最低净损益,是机构投资者常用的投资策略
C. 多头对敲组合策略可以锁定最低净收入和最低净损益,其最坏的结果是损失期权的购买成本
D. 空头对敲组合策略可以锁定最低净收入和最低净损益,其最低收益是出售期权收取的期权费

【答案】C
【解析】保护性看跌期权可以锁定最低净收入和最低净损益,但净损益的预期也因此降低了,选项A错误;抛补看涨期权可以锁定最高净收入和最高净损益,选项B错误;空头对敲组合策略可以锁定最高净收入和最高净损益,其最高收益是出售期权收取的期权费,选项D错误。

第二节 金融期权价值评估

一、金融期权价值的影响因素

（一）期权的内在价值和时间溢价

期权价值＝内在价值＋时间溢价

1. 期权的内在价值

期权的内在价值是指期权立即执行产生的经济价值。内在价值的大小，取决于期权标的资产的现行市价与期权执行价格的高低。

由于标的资产的价格是随时间变化的，所以内在价值也是变化的（见表7－8）。

表7－8　　　　　　　　　　期权价值状态与执行决策

价值状态	实值期权（实值状态）	虚值期权（虚值状态）	平价期权（平价状态）
含义	执行期权能给持有人带来正回报	执行期权将给持有人带来负回报	资产的现行市价等于执行价格
看涨期权	标的资产现价＞执行价格	标的资产现价＜执行价格	标的资产现价＝执行价格
看跌期权	标的资产现价＜执行价格	标的资产现价＞执行价格	标的资产现价＝执行价格
内在价值	｜现价－执行价格｜	0	0
执行状况	有可能被执行，但也不一定被执行。只有到期日的实值期权才肯定会被执行，此时已不能再等待	不会被执行	不会被执行

2. 期权的时间溢价

期权的时间溢价是指期权价值超过内在价值的部分。

时间溢价＝期权价值－内在价值

期权的时间溢价是一种等待的价值。如果已经到了到期时间，期权的价值就只剩内在价值了，时间溢价就为零了。

时间溢价是时间带来的"**波动的价值**"，是未来存在不确定性而产生的价值，不确定性越强，期权时间价值越大。

注意：时间溢价取决于波动性（不确定性），并不是等待期越长，期权价值越大。

【例题7－6·单选题】某公司股票的当前市价为10元，有一种以该股票为标的资产的看跌期权，执行价格为8元，到期时间为3个月，期权价格为3.5元。下列关于该看跌期权的说法中，正确的是（　　）。(2011年)

A. 该期权处于实值状态

B. 该期权的内在价值为2元

C. 该期权的时间溢价为3.5元

D. 买入一股该看跌期权的最大净收入为4.5元

【答案】C

【解析】因为市价高于执行价格，该看跌期权属于虚值状态，期权的内在价值为0，所以选项 AB 错误；由于期权价格为 3.5 元，则期权的时间溢价为 3.5 元，所以选项 C 正确；看跌期权的最大净收入为执行价格 8 元，最大净损益为 4.5（8-3.5）元，所以选项 D 错误。

（二）影响期权价值的因素

期权价值是指期权的现值，不同于期权的到期日价值（见表 7-9、表 7-10）。

表 7-9　　　　　　　　　　　影响期权价值的因素

影响因素	对期权价值的影响
标的资产市场价格	若其他因素不变，随着标的资产价格的上升，看涨期权价值增加；随着标的资产价格的上升，看跌期权价值下降
执行价格	看涨期权的执行价格越高，期权的价值越小； 看跌期权的执行价格越高，期权的价值越大
到期期限	美式期权：到期时间越长，期权价值就越高
	欧式期权：随着到期时间的增加，不一定增加期权价值
标的资产价格波动率（最重要因素）	标的资产价格波动率越大，期权价值越大
无风险利率	看涨期权：无风险利率越高，看涨期权价格越高； 看跌期权：无风险利率越高，看跌期权价格越低
预期红利	现金红利的发放引起除息日后股票价格降低，看涨期权的价值降低，而看跌期权的价值上升

表 7-10　　　　　一个变量增加（其他变量保持不变）对期权价格的影响

变量	欧式看涨期权	欧式看跌期权	美式看涨期权	美式看跌期权
股票价格	+	-	+	-
无风险利率	+	-	+	-
执行价格	-	+	-	+
红利	-	+	-	+
到期期限	不一定	不一定	+	+
股价波动率	+	+	+	+

注：口诀：股价利率涨为正，执价红利跌为正，到期期限看美式，股价波动全为正。

【例题 7-7·多选题】 在其他因素不变的情况下，下列各项变动中，引起美式看跌期权价值下降的有（　　）。(2017 年)

A. 股票市价下降
B. 到期期限缩短
C. 股价波动率下降
D. 无风险报酬率降低

【答案】 BC
【解析】 股票市价下降和无风险报酬率降低，会增加美式看跌期权的价值。

二、金融期权价值的评估方法

对于期权定价方法，如果没有足够的数学背景知识，要全面了解期权定价模型是非常困难的，所以注会考试教材主要通过举例的方法介绍期权估值的基本原理和主要模型的使用方法。对于这些复杂的原理和模型，我们能够记住公式和结论，能够做客观题和利用公式代入数值的简单计算题就行，没必要纠结于模型背后的原理，学这部分内容可以少问几个为什么。

（一）期权估值原理

1. 复制原理

基本思想：构造一个股票和借款的适当组合，使得无论股价如何变动，投资组合的损益都与期权相同，那么，创建该投资组合的成本就是期权的价值。

复制原理的步骤如图 7-10 所示。

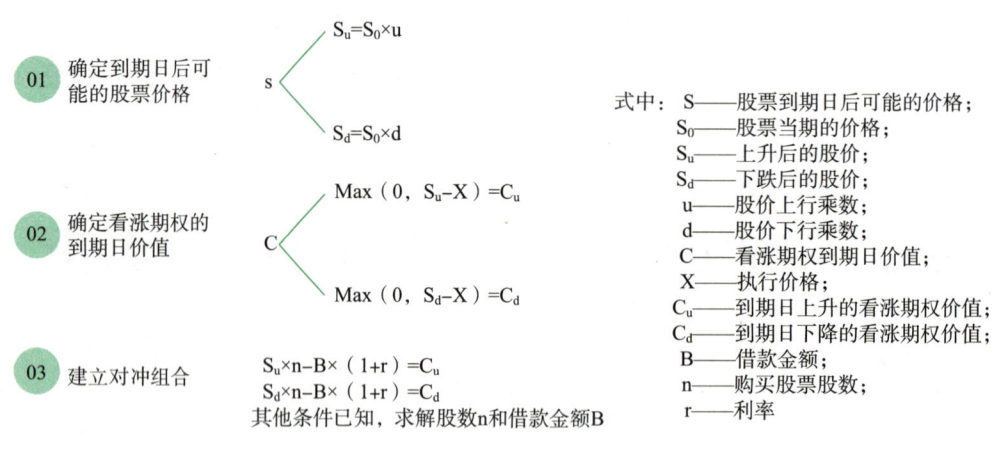

图 7-10　复制原理

【注】 利率要折合为同等期间的利率，如题目告诉年利率 4%，而期权 6 个月后到期，则这里的利率 = 4% ÷ 2 = 2%。

【例题7-8·计算题】 假设A公司的股票现在市价为50元,有一股以该股票为标的资产的看涨期权,执行价格为52.08元,到期时间是6个月。6个月以后股价有2种可能:上升33.32%,或者下降25%,借款利率(无风险利率)为每年4%。通过建立一个投资组合,包括购进适当的股票以及借入必要的款项,求6个月后到期的看涨期权的价值?

【解析】
(1) 确定6个月后股票可能的价格。$S_u = S_0 \times u = 50 \times (1+33.32\%) = 66.66$(元);$S_d = S_0 \times d = 50 \times (1-25\%) = 37.5$(元)。

(2) 确定看涨期权的到期日价值。$C_u = Max(0, S_u - X) = Max(0, 66.66 - 52.08) = 14.58$(元);$C_d = Max(0, S_d - X) = Max(0, 37.5 - 52.08) = 0$(元)。

(3) 建立对冲组合。$S_u \times n - B \times (1+r) = C_u$;$S_d \times n - B \times (1+r) = C_d$
$66.66 \times n - B \times (1+2\%) = 14.58$;$37.5 \times n - B \times (1+2\%) = 0$;解得 $B = 18.38$元、$n = 0.5$股。

(4) 看涨期权价格即为购建组合成本。看涨期权价格 = 组合成本 = $n \times S_0 - B = 0.5 \times 50 - 18.38 = 6.62$(元)。

2. 套期保值原理

通过复制原理,我们可以求得看涨期权的价格。但是,复制组合中建立对冲组合,求解借款金额和股票数量需要解方程,很麻烦,有没有更简单的方法呢?

当然有,这里我们引入一个新的公式,**套期保值比率(即求需要购买的股票数量)**:

$$\text{套期保值比率 } H = \frac{C_u - C_d}{S_u - S_d} = \frac{C_u - C_d}{S_0 \times (u - d)}$$

借款数额 =(到期日下行股价 × 套期保值比率 - 股价下行时期权到期日价值)÷(1 + r)

运用套期保值原理求看涨期权价格和复制原理步骤一样,唯一区别就是,求解建立的对冲组合方法不一样。

【注】 C_d 通常都为零,故无须计算。

3. 风险中性原理

基本思想:假设投资者对待风险的态度是中性的,所有证券的期望报酬率都应当是无风险利率。风险中性的投资者不需要额外的收益补偿其承担的风险。

在风险中性的世界里,将到期日价值的期望值用无风险利率折现,就可以获得期权的现值。

风险中性的步骤如图7-11所示。

01	求上行概率	期望报酬率 （无风险利率）＝上行概率×上行时报酬率+下行概率×下行时报酬率 假设股票不派发红利，股票价格的上升百分比就是股票投资的报酬率。 期望报酬率 （无风险利率）＝上行概率×股价上升百分比+下行概率×（-股价下降百分比） 下行概率＝1-上行概率
02	求期权到期后的期望价值	期权到期后的期望价值C=上行概率×C_u+下行概率×C_d C_d通常为0，上式可以写为：**C=上行概率×C_u**
03	求期权的现值	$C_0 = C ÷ (1+r)$

图 7-11 风险中性的步骤

【例题 7-9·计算题】 假设 ABC 公司的股票现在的市价为 50 元。有 1 股以该股票为标的资产的看涨期权，执行价格为 52.08 元，到期时间是 6 个月。6 个月以后股价有两种可能：上升 33.33%，或者降低 25%。无风险利率为每年 4%。求该期权的价格。

【解析】
（1）求上行概率。
期望报酬率＝2%＝上行概率×33.33%＋下行概率×(-25%)＝上行概率×33.33%＋(1-上行概率)×(-25%)
上行概率=0.4629，下行概率=1-0.4629=0.5371。
（2）求期权到期后的期望价值。C＝上行概率×C_u，C_u=Max(0, S_u-X)=Max[0, 50×(1+33.33%)-52.08]=Max(0, 14.59)=14.59（元），C=0.4629×14.59+0.5371×0=6.75（元）。
（3）求期权的现值。期权现值=6.75÷(1+2%)=6.62（元）。

（二）二叉树期权定价模型

二叉树期权定价模型的假设基础：(1) 市场投资没有交易成本；(2) 投资者都是价格的接受者；(3) 允许完全使用卖空所得款项；(4) 允许以无风险利率借入或贷出款项；(5) 未来股票的价格将是两种可能值中的一个。

1. 单期二叉树期权定价模型

$$C_0 = \left(\frac{1+r-d}{u-d}\right) \times \frac{C_u}{1+r} + \left(\frac{u-1-r}{u-d}\right) \times \frac{C_d}{1+r}$$

因 C_d 通常为 0，故上式可写为：

$$C_0 = \left(\frac{1+r-d}{u-d}\right) \times \frac{C_u}{1+r}$$

式中：$\left(\frac{1+r-d}{u-d}\right)$——上行概率；$\left(\frac{u-1-r}{u-d}\right)$——下行概率。

【例题7-10·计算题】假设甲公司的股票现在的市价为20元。有1份以该股票为标的资产的看涨期权,执行价格为21元,到期时间是1年。1年以后股价有两种可能:上升40%,或者降低30%。无风险利率为每年4%。

要求:利用单期二叉树定价模型确定期权的价值。

【答案】$C_u = Max(0, S_u - X) = Max[0, 20 \times (1+40\%) - 21] = 7$(元)

$$期权价格 = \left(\frac{1+r-d}{u-d}\right) \times \frac{C_u}{1+r} + \left(\frac{u-1-r}{u-d}\right) \times \frac{C_d}{1+r}$$

$$= \left[\frac{1+4\% - (1-0.3)}{(1+0.4) - (1-0.3)}\right] \times \frac{7}{1+4\%}$$

$$= 3.27(元)$$

2. 两期二叉树期权定价模型

所谓的两期二叉树模型,简单来说,就是单期模型的两次应用(见图7-12)。

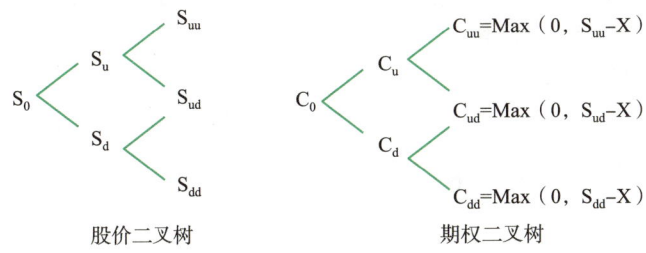

图7-12 两期二叉树模型

(1)先计算C_u和C_d。

$$C_u = \left(\frac{1+r-d}{u-d}\right) \times \frac{C_{uu}}{1+r} + \left(\frac{u-1-r}{u-d}\right) \times \frac{C_{ud}}{1+r}$$

$$C_d = \left(\frac{1+r-d}{u-d}\right) \times \frac{C_{ud}}{1+r} + \left(\frac{u-1-r}{u-d}\right) \times \frac{C_{dd}}{1+r}$$

(2)再根据单期定价模型计算出C_0。

式中:C_{uu}——标的资产两个时期都上升的期权价值;C_{ud}——标的资产一个时期上升、另一个时期下降的期权价值;C_{dd}——标的资产两个时期都下降的期权价值。

【注】C_{ud}、C_{dd}几乎都为0,故上式中,只要求出C_{uu},再求出C_u就可以,C_d几乎也都为0。

【例题7-11·计算题】假设A公司的股票现在的市价为40元。有1份以该股票为标的资产的看涨期权,执行价格为40.5元,到期时间是1年。根据股票过去的历史数据所测算的连续复利报酬率的标准差为0.5185,无风险利率为每年4%,拟利用两期二叉树模型确定看涨期权的价格。

要求:

(1)若保证年报酬率的标准差不变,股价的上行乘数和下行乘数为多少?

(2)利用两期二叉树模型确定看涨期权的价格。

【答案】

(1) 上行乘数：$u = 1 + 上升百分比 = e^{\sigma\sqrt{t}} = e^{0.5185\sqrt{0.5}} = 1.4428$

下行乘数：$d = 1 - 下降百分比 = 1 \div u = 1 \div 1.4428 = 0.6931$

(2) $C_{uu} = Max(0, S_{uu} - X) = Max[0, 40 \times (1 + 44.28\%)^2 - 40.5] = 83.27 - 40.5 = 42.77$（元）

$C_u = \left(\dfrac{1+r-d}{u-d}\right) \times \dfrac{C_{uu}}{1+r} = \left(\dfrac{1+2\%-0.6931}{1.4428-0.6931}\right) \times \dfrac{42.77}{1+2\%} = 0.4360 \times 41.93 = 18.28$（元）

期权价格 $C_0 = (0.4360 \times 18.28 + 0.5640 \times 0) \div (1 + 2\%) = 7.81$（元）

3. 多期二叉树期权定价模型

(1) 原理：从原理上看，与两期模型一样，从后向前逐级推进，只不过多了一个层次。

(2) 股价上升与下降的百分比的确定：

期数增加以后带来的主要问题是股价上升与下降的百分比如何确定问题。期数增加以后，要调整价格变化的升降幅度，以保证年报酬率的标准差不变。把年报酬率标准差和升降百分比联系起来的公式是：

$$u = 1 + 上升百分比 = e^{\sigma\sqrt{t}}$$

$$d = 1 - 下降百分比 = \dfrac{1}{u}$$

其中：e——自然常数，约等于 2.7183；σ——标的资产连续复利报酬率的标准差；t——以年表示的每期时段长度。

（三）布莱克 - 斯科尔斯期权定价模型（BS 模型）

布莱克 - 斯科尔斯模型原理复杂，考试主要考查基本假设，在这里我们主要了解一下即可。

布莱克 - 斯科尔斯模型假设：

(1) 买方期权标的股票不发放股利；
(2) 股票或期权的买卖没有交易成本；
(3) 短期无风险利率已知并保持不变；
(4) 任何证券购买者均能以短期无风险利率借得任何数量的资金；
(5) 允许卖空，卖空者将立即得到所卖空股票当天价格的资金；
(6) 看涨期权为欧式期权，即只能在到期日执行；
(7) 所有证券交易都是连续发生的，股票价格随机游走。

（四）看涨期权—看跌期权平价定理

对于**欧式期权**，假定看涨期权和看跌期权有相同的执行价格和到期日，则下述等式成立：

看涨期权价格 C - 看跌期权价格 P = 标的资产的价格 S - 执行价格的现值 PV(X)

利用该等式中的 4 个数据中的 3 个，就可以求出另外 1 个。

【注意】美式期权在到期前的任意时间都可以执行,除享有欧式期权的全部权利之外,还有提前执行的优势。因此,美式期权的价值应当至少等于相应欧式期权的价值,在某种情况下比欧式期权的价值更大。

【例题7-12·计算题】两种期权的执行价格均为30元,6个月到期,6个月的无风险报酬率为4%,股票的现行价格为35元,看涨期权的价格为9.20元,看跌期权的价格为多少?

【答案】根据 C - P = S - PV(X),得到 P = C - S + PV(X) = 9.20 - 35 + 30 ÷ (1 + 4%) = 9.20 - 35 + 28.85 = 3.05(元)。

第七章 期权价值评估

彬哥跟你说：

这就是很多人害怕的期权章节了！实际上考试有一个套路"越是难的章节考试越简单，越是简单的章节考试越难"，相对于其他章节，期权确实有点难度，但是期权的分数却最好拿。

首先，都是对基本概念的考核，基本无须转弯！

其次，都是以前考核过的知识点，题目都大同小异，特别好把握考点！

所以无须担心本章，如果你有一些知识学不懂，那就得分即可！

今日复习步骤：

第一遍：回忆 & 重新复习一遍框架（15 分钟）

学习要求：自己重新梳理一遍框架，不需要掌握所有细节，但求框架了然于心。

第二遍：对细节进一步掌握（40 分钟）

第三遍：重新复习一遍框架（10 分钟）

我问你答：

（1）多头看涨期权、空头看涨期权、多头看跌期权、空头看跌期权到期日价值怎么计算？净损益呢？

（2）保护性看跌期权、抛补性看涨期权是怎么回事？锁定了什么？组合净损益怎么计算？

（3）多头对敲、空头对敲是怎么回事？适用于什么情形？组合净损益怎么计算？

（4）期权的内在价值怎么算？什么时候是实值状态，什么时候是虚值状态？时间溢价怎么算，取决于什么？

（5）有哪些因素影响期权价值？口诀"股价利率涨为正，执价红利跌为正，到期期限看美式，股价波动全为正"理解了吗？

（6）期权估值原理之复制原理、套期保值原理、风险中性原理怎么计算期权的价值？

（7）看涨期权—看跌期权平价定理适用于欧式期权还是美式期权？怎么计算期权的价值？

本章作业：

（1）请把讲义例题做三遍（做错的题目，请分析错误原因并记录到改错本）。

（2）请复习完口述一遍框架，睡前请再回忆一遍框架。

（3）第二天早上，请再回忆一遍框架，对于回忆不起来的内容，请翻书看一遍。

第 9 天

- **复习旧内容：**
  第六章、第七章
- **学习新内容：**
  第八章　企业价值评估
- **学习方法：**
  很开心地告诉大家，企业价值评估的难度降低了，因为预测财务报表的难度降低了。
  但是注会之所以放弃率这么高，是因为注会不是从业考试，是需要多思考和动笔的。因此我们还是要倡导"多思考、勤动笔"这个方法，只有将动笔和思考进行有机的结合，我们才能够通过考试。
- **你今天的可能心态：**
  经历前面的入门，也经历了前面的几个难点，现在其实可以放松下来了，后面的难度正在逐步降低，不用太担心。其实很多人的财管考试不是倒在黎明前的黑暗，而是倒在黎明之后，因为他们不知道已经黎明了。
- **简单解释今天学习内容：**
  （1）所谓价值评估就是利用企业未来的现金流进行折现，那企业的现金流是什么？在第二章学习过的"实体现金流量"就是整个企业的现金流量。
  （2）在众多企业中，有很多可以参照的上市企业，也可以参照其他企业的规模来估计本企业的价值。这就是相对价值法。
- **可能会遇到的难点：**
  如果说本节会遇到难点，那就是现金流量的理解。很多同学可能在第二章没有学好，不知道如何计算"实体现金流量"，实体现金流量＝税后经营净利润－净经营资产净增加。
- **习题注意事项：**
  本章内容有一些变化，特别是以前的书本里面预测财务报表时会要求预测资产负债表，这是很复杂的工程，但是现在只是预测了利润表项目，说明本书有意将这块的难度降低，所以以前的复杂题目建议不用做了。
- **建议学习时间：**
  3个小时

第八章　企业价值评估

【简单解释本章内容】

（1）本章也很重要，前面学习了股票、债券、期权的估值，这里就学习一下企业价值评估。企业价值评估有两种方法，一是现金流量法，二是相对价值法。

（2）现金流量法大家都知道，就是将企业未来的现金流量折现，因此这就涉及企业的现金流量问题。回忆一下"第二章财务报表分析的目的和方法"里面所讲述的现金流量：实体现金流量＝税后经营净利润－净经营资产增加。知道了实体现金流量之后再根据加权平均资本成本进行折现，即可以求出企业的价值。但要注意的是，企业的现金流量可比股票和债券复杂多了，因此一定要有一些假设，比如假设未来5～7年的流量是不稳定的流量，需要每年都预计一下，但是7年以后的流量就是呈现稳定增长的局面。本章难度较以前年度有所降低。

（3）如果是波动的现金流量，每年折现即可，如果是固定增长率的现金流量呢？那岂不是跟股票的固定增长率可以采用一个公式？

因为股票的价值评估公式为：

$$P_0 = \frac{D_1}{r_s - g}$$

所以，永续增长模型的一般表达式为：

$$实体价值 = \frac{下期实体现金流量}{加权平均资本成本 - 永续增长率}$$

（4）关于相对价值法，理解起来就更简单了。以市盈率举例：市盈率＝每股市价÷每股收益，那么变形：每股市价＝市盈率×每股收益。因为既然是同行业，市盈率肯定差不多的，这个可以根据公开数据获得，因此，只需要求出本公司的每股收益，即可求出本公司每股市价。当然这是简化版的公式，计算的时候要相对复杂一点。

（5）关于相对价值法，计算简单，所以各位更要关注三种估值方法的适用范围和优缺点，这里反而更容易出各种题目。

【本章学习方法】

（1）本章文字内容较多，很多同学第一条件反射就是不想看了，其实看了上面的内容，你们会感觉都是以前内容的变形，但又不是简单的变形。不能看得太难，也不能轻视，特别是涉及现金流量法下面的一些变形，这里经常会容易出现问题。

（2）关于相对价值法，公式比较简单，务必掌握三种估值方法的适用范围和优缺点。

企业价值评估（简称"企业估值"），目的是分析和衡量一个企业或一个经营单位的公平市场价值，并提供有关信息以帮助投资人和管理当局改善决策。价值评估是一种经济"评估"的方法。"评估"不同于"计算"。评估虽然是一种定量分析，但它并不是完全客观和科学的，带有主观估计的成分（见图8-1）。

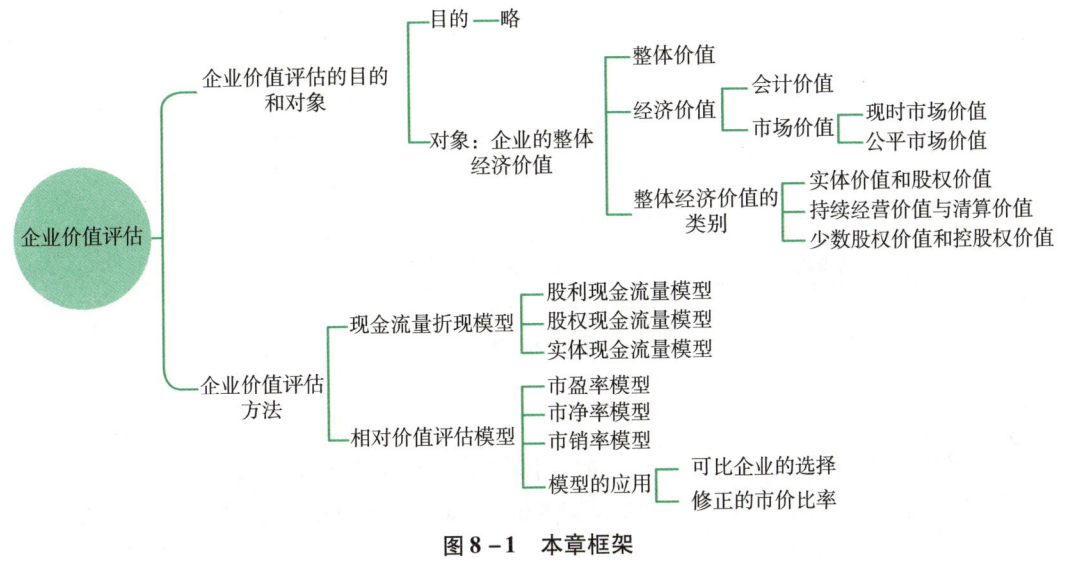

图 8-1 本章框架

第一节 企业价值评估的目的和对象

一、企业价值评估的目的

价值评估的目的是帮助投资人和管理当局改善决策。主要用途表现在以下三个方面：
（1）可以用于投资分析。
（2）可以用于战略分析。
（3）用于以价值为基础的管理。

二、企业价值评估的对象

企业价值评估的一般对象是企业**整体的经济价值**。企业整体的经济价值，是指企业作为一个整体的**公平市场价值**。

（一）整体的经济价值

整体的经济价值，我们要从两方面来理解，一个是整体价值，另一个是经济价值，如图8-2所示。
经济价值是指一项资产的公平市场价值，通常用该资产所产生的**未来现金流量的现值**来计量。

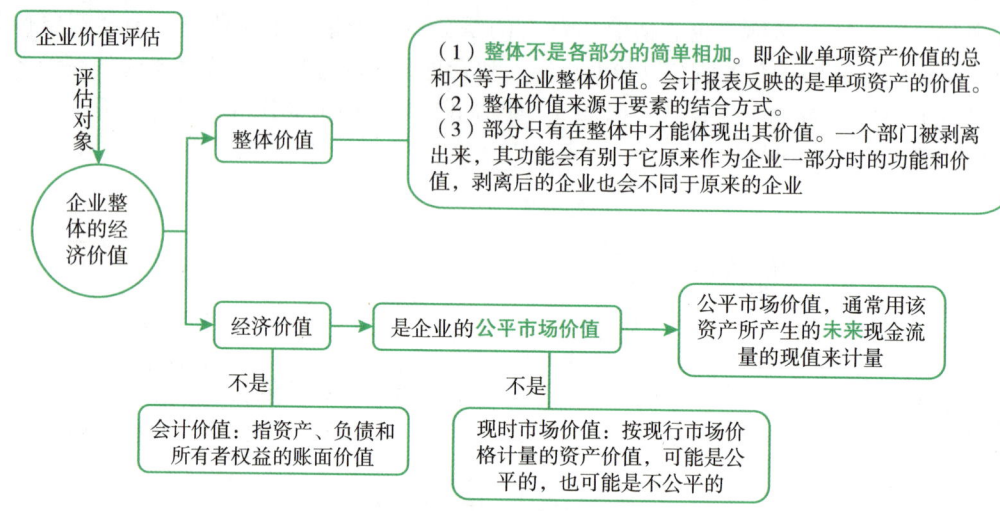

图 8-2 企业整体的经济价值

(二) 企业整体经济价值的类别

我们明确了价值评估的对象是企业的总体价值,但我们还需要进一步明确是"哪一种"整体价值。因为不同的评估对象,有不同的用途,需要使用不同的方法进行评估(见表 8-1)。

表 8-1　　　　　　　　　　企业经济价值的类别

类别	解释	
实体价值与股权价值	实体价值:指企业全部资产的总体价值,是股权价值与净债务价值之和。 股权价值:指股权的公平市场价值。 **企业实体价值 = 股权价值 + 净债务价值**	
持续经营价值与清算价值	持续经营价值:营业所产生的未来现金流量的现值。 清算价值:停止经营,出售资产产生的现金流	一个企业的公平市场价值:持续经营价值和清算价值中较高的一个
少数股权价值与控股权价值	少数股权价值[V(当前)]:是现有管理和战略条件下企业能够给股票投资人带来的现金流量现值。 控股权价值[V(新的)]:是企业进行重组、改进管理和经营战略后可以为投资人带来的未来现金流量的现值。 控股权溢价 = V(新的) - V(当前) 【注意】股权价值≠少数股权价值 + 控股权价值,这里不是会计上的概念	

【例题 8-1·多选题】下列关于企业公平市场价值的说法中,正确的有(　　)。(2017 年)
　　A. 企业公平市场价值是企业控股权价值
　　B. 企业公平市场价值是企业持续经营价值
　　C. 企业公平市场价值是企业未来现金流入的现值
　　D. 企业公平市场价值是企业各部分构成的有机整体的价值

【答案】 CD

【解析】 企业公平市场价值分为少数股权价值和控股权价值,选项 A 不正确;企业公平市场价值是企业持续经营价值与清算价值中较高者,选项 B 不正确。

第二节 企业价值评估方法

一、现金流量折现模型

现金流量折现模型是企业价值评估使用最广泛、理论上最健全的模型。

企业也是资产,具有资产的一般特征。但是,又与实物资产有区别,是一种特殊的资产(见表 8-2)。

表 8-2　　　　　　　企业价值评估与投资项目评价的比较

		寿命期	现金流分布	现金流量归属
联系	(1) 都可以给投资主体带来现金流量,现金流越大则经济价值越大; (2) 现金流都具有不确定性,其价值计量都使用风险概念; (3) 现金流都是陆续产生的,其价值计量都使用现值概念			
区别	投资项目评价	投资项目的寿命是有限的	稳定的或下降的现金流	项目产生的现金流量属于投资人
	企业价值评估	企业的寿命是无限的	增长的现金流	企业产生的现金流量仅在决策层决定分配时才流向所有者

现金流量模型的基本公式及思路,如图 8-3 所示。

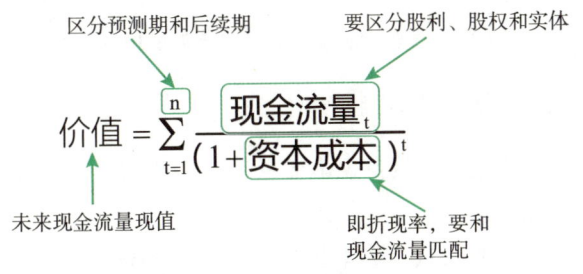

图 8-3　现金流模型的基本公式及思路

(一) 现金流量折现模型的种类

根据现金流量的不同种类,企业估值的现金流量折现模型也可以分为以下三种(见表 8-3)。

表 8 – 3　　　　　　　　　　　现金流量折现模型的种类

种类	计算公式	现金流量
股利现金流量模型	$股权价值 = \sum_{t=1}^{\infty} \frac{股利现金流量_t}{(1+股权资本成本)^t}$	股利现金流量是企业分配给股权投资人的现金流量
股权现金流量模型	$股权价值 = \sum_{t=1}^{\infty} \frac{股权现金流量_t}{(1+股权资本成本)^t}$	股权现金流量是一定期间企业可以提供给股权投资人的现金流量。 股权现金流量 = 实体现金流量 – 债务现金流量
实体现金流量模型	$实体价值 = \sum_{t=1}^{\infty} \frac{实体自由现金流量_t}{(1+加权平均资本成本)^t}$ 股权价值 = 实体价值 – 净债务价值 $净债务价值 = \sum_{t=1}^{\infty} \frac{偿还债务现金流量_t}{(1+等风险债务成本)^t}$	实体现金流量是企业全部现金流入扣除成本费用和必要的投资后的剩余部分，它是企业一定期间可以提供给所有投资人的税后现金流量

说明：（1）使用现金流量折现模型时，现金流量的种类要和资本成本的种类相匹配，如用股权现金流量模型，就得用股权资本成本来折现，而不能使用债务资本成本或者加权平均资本成本。
（2）在数据假设相同的情况下，三种模型的评估结果是相同的。企业价值的评估主要使用实体现金流量模型或股权现金流量模型

各种现金流量和价值之间的相互关系，如图 8 – 4 所示。

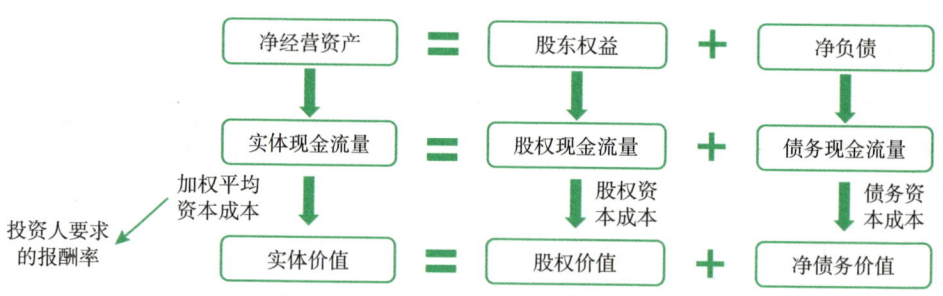

图 8 – 4　各种现金流量和价值之间的相互关系

（二）现金流量折现模型参数的估计

现金流量折现模型涉及三个参数：现金流量、折现率（资本成本）、时间序列（n）。

1. 折现率即资本成本

（1）股权现金流量使用股权资本成本折现，一般采用资本资产定价模型确定；

（2）实体现金流量使用加权平均资本成本折现；

（3）折现率与现金流量要相互匹配。

2. 时间序列即预测期间

时间序列指产生现金流量的时间。

通常我们将预测的时间分为两个阶段：

（1）详细预测期。这一阶段是有限的、明确的预测期。在此期间，需要对每年的现金流量进行详细预测，并根据现金流量折现模型计算其预测期价值。

（2）后续期。这一阶段是预测期以后的无限时期。在此期间，假设企业进入稳定状

态，有一个稳定的增长率，可以用简便的方法直接估计后续期价值。

由此可以看出，企业价值被分为两部分：

企业价值＝预测期价值＋后续期价值

后续期价值＝[现金流量$_{t+1}$÷(资本成本－现金流量增长率)]×(P/F，i，t)

3. 估计现金流量

未来现金流量的数据需要通过财务预测取得。

（1）预测方法：单项预测、全面预测。

单项预测的主要缺点是容易忽视财务数据之间的联系，不利于发现预测假设的不合理之处。

全面预测是指编制成套的预计财务报表，通过预计财务报表获取需要的预测数据。由于计算机的普遍应用，人们越来越多地使用全面预测。

（2）预测步骤如表8-4所示。

表8-4　　　　　　　　　　　　　预测步骤

确定基期数据	基期，通常是预测工作的上一个年度。 确定基期数据的方法有两种： （1）以上年实际数据作为基期数据； （2）以修正后的上年数据作为基期数据。如果认为上年的数据不具有可持续性，就应适当进行调整，使之适合未来的情况。 【提示】在考试中，基期的数据通常为已知数
确定预测期间	（1）5~7年，很少超过10年； （2）企业增长的不稳定时期有多长，预测期就应当有多长
估计详细预测期现金流量	预测销售收入。以历史为基础，结合未来变化（宏观经济、行业状况、企业发展战略）进行修正
估计后续期现金流量增长率	估计方法有很多，包括永续增长模型、剩余收益模型、价值驱动因素模型、价格乘数模型、延长预测期法、账面价值法、清算价值法和重置成本法等 永续增长模型：后续期价值＝[现金流量$_{t+1}$÷(资本成本－现金流量增长率)]×(P/F，i，t)。 【注】在稳定状态下，实体现金流量、股权现金流量和营业收入的增长率相同，因此，可以根据销售增长率估计现金流量增长率。 竞争均衡理论认为，后续期的销售增长率大体上等于宏观经济的名义增长率。这里的"宏观经济"是指该企业所处的宏观经济系统，如果一个企业的业务范围仅限于国内市场，宏观经济增长率是指国内的预期经济增长率；如果一个企业的业务范围是世界性的，宏观经济增长率则是指世界的经济增长速度

【例题8-2·计算题】A公司目前正处在高速增长的时期，2010年的销售增长了12%。预计2011年可以维持12%的增长率，2012年增长率开始逐步下降，每年下降2个百分点，2015年下降1个百分点，即增长率为5%，自2015年，公司进入稳定增长状态，永续增长率为5%，如表1所示。

表1　　　　　　　　　　　　A公司的销售预测

年份	基期	2011	2012	2013	2014	2015	2016	2017	2018	2019	2020
销售增长率	12%	12%	10%	8%	6%	5%	5%	5%	5%	5%	5%

【解析】 A 公司的基期营业收入为 1 000 万元，其他相关信息见表 2、表 3。

表 2   A 公司的相关财务比率预测

项目	预测
销售成本÷营业收入	70%
销售和管理费用÷营业收入	5%
净经营资产÷营业收入	80%
净负债÷营业收入	40%
债务利息率	6%
所得税税率	25%

表 3   A 公司的预计现金流量   单位：万元

项目	基期	2011	2012	2013	2014	2015	2016
一、营业收入	1 000.00	1 120.00	1 232.00	1 330.56	1 410.39	1 480.91	1 554.96
减：营业成本		784.00	862.40	931.39	987.28	1 036.64	1 088.47
销售和管理费用		56.00	61.60	66.53	70.52	74.05	77.75
二、税前经营利润		280.00	308.00	332.64	352.60	370.23	388.74
减：经营利润所得税		70.00	77.00	83.16	88.15	92.56	97.18
三、税后经营净利润		210.00	231.00	249.48	264.45	277.67	291.55
减：净经营资产增加		96.00	89.60	78.85	63.87	56.42	59.24
四、实体现金流量		114.00	141.40	170.63	200.58	221.26	232.32
减：税后利息费用		20.16	22.18	23.95	25.39	26.66	27.99
加：净负债增加		48.00	44.80	39.42	31.93	28.21	29.62
五、股权现金流量		141.84	164.02	186.10	207.12	222.81	233.95

以 2011 年为例，营业收入 = 1 000 × (1 + 12%) = 1 120（万元）

营业成本 = 1 120 × 70% = 784（万元）

销售和管理费用 = 1 120 × 5% = 56（万元）

税前经营利润 = 1 120 - 784 - 56 = 280（万元）

经营利润所得税 = 280 × 25% = 70（万元）

税后经营净利润 = 280 - 70 = 210（万元）

净经营资产增加 = 1 000 × 12% × 80% = 96（万元）

实体现金流量 = 210 - 96 = 114（万元）

税后利息费用 = 1 120 × 40% × 6% × (1 - 25%) = 20.16（万元）

净负债增加 = 1 000 × 12% × 40% = 48（万元）

股权现金流量 = 114 - (20.16 - 48) = 141.84（万元）

【例题 8-3·多选题】 下列关于企业价值评估的表述中，正确的有（   ）。
A. 现金流量折现模型的基本思想是增量现金流量原则和时间价值原则
B. 实体现金流量是企业可提供给全部投资人的税后现金流量之和
C. 在稳定状态下实体现金流量增长率一般等于国内经济的预期增长率
D. 在稳定状态下股权现金流量增长率一般等于世界的经济增长率
【答案】 AB
【解析】 选项CD的前提不明确，如果一个企业的业务范围仅限于国内市场，宏观经济增长率是指国内的预期经济增长率；如果一个企业的业务范围是世界性的，宏观经济增长率则是指世界的经济增长速度。所以选项CD不正确。

（三）现金流量折现模型的应用

1. 股权现金流量模型的应用

（1）永续增长模型。

使用条件：企业必须处于永续状态。所谓永续状态是指企业有永续的增长率和净投资资本报酬率。

$$股权价值 = \frac{下期股权现金流量}{股权资本成本 - 永续增长率}$$

【例题 8-4·计算题】 B企业是一个规模较大的跨国企业，目前处于稳定增长状态。20×1年每股股权现金流量为2.5元。假设长期增长率为6%。预计该企业的长期增长率与宏观经济相同。据估计，该企业的股权资本成本为10%。请计算该企业20×1年的每股股权价值。

【答案】 每股股权价值 = [2.5×(1+6%)]÷(10%-6%) = 66.25（元/股）

（2）两阶段增长模型。

使用条件：适用于增长<u>呈现两个阶段</u>的企业。通常第二阶段具有永续增长的特征。

两阶段增长模型的一般表达式：

股权价值 = 预测期价值 + 后续期价值 = 预测期股权现金流量现值 + 后续期股权现金流量现值

假设预测期为n，则：

$$股权价值 = \sum_{t=1}^{n} \frac{股权现金流量_t}{(1+股权资本成本)^t} + \frac{股权现金流量_{n+1} \div (股权资本成本 - 永续增长率)}{(1+股权资本成本)^n}$$

【例题8-5·计算题】 C公司是一家高技术企业,具有领先同业的优势。预计2011~2015年每股股权现金流量如下表所示,自2016年进入稳定增长状态,永续增长率为3%。企业股权资本成本为12%。

要求:计算目前的每股股权价值。

表1　　　　　　　　　　C公司每股股权现金流量　　　　　　　　　　单位:元/股

年份	2010	2011	2012	2013	2014	2015	2016
每股股权现金流量	1.0030	1.2000	1.4400	1.7280	2.0736	2.4883	5.1011

【解析】

(1) 先计算预测期的股权价值:

表2　　　　　　　　　　C公司第一阶段每股股权价值

年份	2010	2011	2012	2013	2014	2015	2016
每股股权现金流量	1.0030	1.2000	1.4400	1.7280	2.0736	2.4883	5.1011
折现系数(12%)		0.8929	0.7972	0.7118	0.6355	0.5674	
预测期价值		1.0715	1.1480	1.2300	1.3178	1.4119	

$$\text{预测期每股股权现金流量现值} = \sum_{t=1}^{n} \frac{\text{每股股权现金流量}_t}{(1+\text{股权资本成本})^t}$$

$$= 1.0715 + 1.1480 + 1.23 + 1.3178 + 1.4119$$

$$= 6.18 \text{(元/股)}$$

(2) 再计算后续期的股权价值:

$$\text{后续期每股股权现金流量现值} = \frac{\text{每股股权现金流量}_{n+1} \div (\text{股权资本成本} - \text{永续增长率})}{(1+\text{股权资本成本})^n}$$

$$= \frac{5.1011 \div (12\% - 3\%)}{(1+12\%)^5}$$

$$= 32.16 \text{(元/股)}$$

(3) 每股股权价值 = 预测价值 + 后续期价值 = 6.18 + 32.16 = 38.34(元/股)

2. 实体现金流量模型的应用

(1) 永续增长模型。

$$\text{实体价值} = \frac{\text{下期实体现金流量}}{\text{加权平均资本成本} - \text{永续增长率}}$$

(2) 两阶段增长模型。

实体价值 = 预测期价值 + 后续期价值 = 预测期实体现金流量现值 + 后续期实体现金流量现值

$$\text{实体价值} = \sum_{t=1}^{n} \frac{\text{实体现金流量}_t}{(1+\text{加权平均资本成本})^t}$$

$$+ \frac{\text{实体现金流量}_{n+1} \div (\text{加权平均资本成本} - \text{永续增长率})}{(1+\text{加权平均资本成本})^n}$$

【注意】股权现金流量模型和实体现金流量模型,公式都是大同小异的,区别在于,股权现金流量模型用的是股权现金流量和股权资本成本。而实体现金流量模型,用的是实体现金流量和加权平均资本成本。这也就是我们前面说的,现金流量要和资本成本匹配,算哪一个价值,就用哪一个现金流量和资本成本。

【例题8-6·计算题】D企业预计2011~2015年实体现金流量如下表所示,自2016年进入稳定增长状态,永续增长率为5%。企业当前的加权平均资本成本为11%,2016年及以后年份资本成本降为10%。债务当前的市场价值为4 650万元,普通股当前每股市价12元,流通在外的普通股股数为1 000万股。

要求:通过计算分析,说明该股票被市场高估还是低估了?

D企业实体现金流量

年份	2011	2012	2013	2014	2015	2016
实体现金流量	614.00	663.12	716.17	773.46	835.34	1 142.40

【解析】
先计算预测期的实体价值:

D公司预测期实体价值

年份	2011	2012	2013	2014	2015	2016
实体现金流量	614.00	663.12	716.17	773.46	835.34	1 142.40
折现系数(11%)	0.9009	0.8116	0.7312	0.6587	0.5935	
预测期价值	553.15	538.19	523.66	509.48	495.77	

预测期实体现金流量现值 = 553.15 + 538.19 + 523.66 + 509.48 + 495.77 = 2 620.25(万元)
后续期实体现金流量终值 = 1 142.40 ÷ (10% - 5%) = 22 848(万元)
后续期实体现金流量现值 = 22 848 ÷ $(1+11\%)^5$ = 13 558.84(万元)
实体价值 = 2 620.25 + 13 558.84 = 16 179.09(万元)
股权价值 = 实体价值 - 净债务价值 = 16 179.09 - 4 650 = 11 529.09(万元)
每股股权价值 = 11 529.09 ÷ 1 000 = 11.53(元/股)
因现价12元 > 11.53元,故被市场高估了。

二、相对价值评估方法(见图8-5)

01 寻找一个影响企业价值的关键变量(如净利润)

基本做法

02 确定一组可以比较的类似企业,计算可比企业的市价/关键变量的平均值(如平均市盈率)

03 根据目标企业的关键变量(如净利润)乘以得到的平均值(平均市盈率),计算目标企业的评估价值

图8-5 相对价值评估方法

(一)市盈率模型

市盈率是指普通股每股市价与每股收益的比率。市盈率=每股市价÷每股收益。
运用市盈率估值的模型如下:

$$目标企业每股价值 = 可比企业市盈率 \times 目标企业每股收益$$

(1) 模型原理:

$$本期市盈率 = \frac{股利支付率 \times (1+增长率)}{股权成本 - 增长率}$$

$$内在(预期)市盈率 = \frac{股利支付率}{股权成本 - 增长率}$$

该模型的驱动因素:**增长潜力(关键因素)**、股利支付率和风险(股权资本成本的高低与其风险有关)。

(2) 模型的优缺点及适用性:市盈率模型最适合连续盈利的企业。

①优点:

第一,计算市盈率的数据容易取得,并且计算简单;

第二,市盈率把价格和收益联系起来,直观地反映投入和产出的关系;

第三,市盈率涵盖了风险、增长率、股利支付率的影响,具有很高的综合性。

②局限性:如果收益是负值,市盈率就失去了意义。

(3) 在估值时,目标企业**本期净利**必须乘以可比企业**本期市盈率**,目标企业**预期净利**必须乘以可比企业**预期市盈率**,**两者必须匹配**(这一原则**适用于市盈率、市净率、市销率以及未修正和修正的各种价格乘数**)。

【例题 8-7·计算题】甲企业今年的每股收益是 0.5 元,分配股利 0.35 元/股,该企业净利润和股利的增长率都是 6%,β 值为 0.75。政府长期债券利率为 7%,股票的风险补偿率为 5.5%。

(1) 问甲企业的本期市盈率和预期市盈率各是多少?

(2) 乙企业与甲企业是类似企业,今年实际净利为 1 元,根据甲企业本期市盈率对乙企业估值,其股票价值是多少?乙企业预期明年净利是 1.06 元,根据甲企业预期市盈率对乙企业估值,其股票价值是多少?

【解析】

(1) 甲企业股利支付率=每股股利÷每股收益=0.35÷0.5=70%

甲企业股权成本=无风险利率+β×市场风险溢价=7%+0.75×5.5%=11.125%

甲企业本期市盈率=[股利支付率×(1+增长率)]÷(股权成本-增长率)=[70%×(1+6%)]÷(11.125%-6%)=14.48

甲企业预期市盈率=股利支付率÷(股权成本-增长率)=70%÷(11.125%-6%)=13.66

(2) 乙企业股票价值=目标企业本期每股收益×可比企业本期市盈率=1×14.48=14.48(元/股)

乙企业股票价值=目标企业预期每股收益×可比企业预期市盈率=1.06×13.66=14.48(元/股)

(二) 市净率模型

市净率是指每股市价与每股净资产的比率。

$$市净率 = 每股市价 \div 每股净资产$$

运用市净率估值的模型如下：

$$目标企业每股价值 = 可比企业市净率 \times 目标企业每股净资产$$

(1) 模型原理：

$$本期市净率 = \frac{股利支付率 \times 权益净利率_0 \times (1+增长率)}{股权成本 - 增长率}$$

$$内在(预期)市净率 = \frac{股利支付率 \times 权益净利率_1}{股权成本 - 增长率}$$

该模型的驱动因素：**权益净利率（关键因素）**、股利支付率、增长潜力和风险（股权成本）。

(2) 模型的优缺点及适用性：主要适用于需要拥有大量资产、净资产为正值的企业。市净率模型的特点如表 8-5 所示。

表 8-5　　　　　　　　　　　市净率模型的特点

优点	局限性
①市净率极少为负值，可用于大多数企业； ②净资产账面价值的数据容易取得，并且容易理解； ③净资产账面价值比净利稳定，也不像利润那样经常被人为操纵； ④如果会计标准合理并且各企业会计政策一致，市净率的变化可以反映企业价值的变化	①账面价值受会计政策选择的影响，如果各企业执行不同的会计标准或会计政策，市净率会失去可比性； ②固定资产很少的服务性企业和高科技企业，净资产与企业价值的关系不大，其市净率比较没有实际意义； ③少数企业的净资产是负值，市净率没有意义，无法用于比较

【例题 8-8·单选题】甲企业采用固定股利支付率政策，股利支付率为 50%，2014 年甲企业每股收益 2 元。预期可持续增长率为 4%，股权资本成本为 12%，期末每股净资产 10 元，没有优先股。2014 年末甲企业的本期市净率为（　　）。(2015 年)

A. 1.25　　　　　　B. 1.20　　　　　　C. 1.35　　　　　　D. 1.30

【答案】D

【解析】权益净利率 = 2÷10×100% = 20%，本期市净率 = 50%×20%×(1+4%)÷(12%-4%) = 1.30。

(三) 市销率模型

市销率是指每股市价与每股营业收入的比率。市销率 = 每股市价÷每股营业收入

运用市销率估值的模型如下：

$$目标企业每股价值 = 可比企业市销率 \times 目标企业每股营业收入$$

(1) 模型原理：

$$本期市销率 = \frac{股利支付率 \times 营业净利率_0 \times (1+增长率)}{股权成本 - 增长率}$$

$$内在(预期)市销率 = \frac{股利支付率 \times 营业净利率_1}{股权成本 - 增长率}$$

该模型的驱动因素：营业净利率（关键因素）、股利支付率、增长潜力和风险（股权成本）。

（2）模型的优缺点及适用性：主要适用于销售成本率较低的服务类企业，或者销售成本率趋同的传统行业的企业。

①优点：

第一，它不会出现负值，对于亏损企业和资不抵债的企业，也可以计算出一个有意义的市销率；

第二，它比较稳定、可靠，不容易被操纵；

第三，市销率对价格政策和企业战略变化敏感，可以反映这种变化的后果。

②局限性：不能反映成本的变化，而成本是影响企业现金流量和价值的重要因素之一。

三、相对价值模型的应用

相对价值法应用的主要困难是选择可比企业。通常做法是选择一组同业的上市企业，计算出它们的平均市价比率，作为估计目标企业价值的乘数。

但我们常常会找不到符合条件的可比企业。尤其是要求的可比条件比较严格，或者同行业上市企业很少的时候，经常找不到足够多的可比企业。此时，我们就要用修正的市价比率了。

1. 市盈率模型的修正

所谓修正，指的是修正关键因素，对于市盈率模型，增长率是关键因素，因此，可以用增长率修正市盈率，把增长率不同的同业企业纳入可比范围。

修正市盈率 = 可比企业市盈率 ÷（可比企业预期增长率 × 100）

我们修正市盈率时，通常有两种评估方法，如图 8-6 所示。

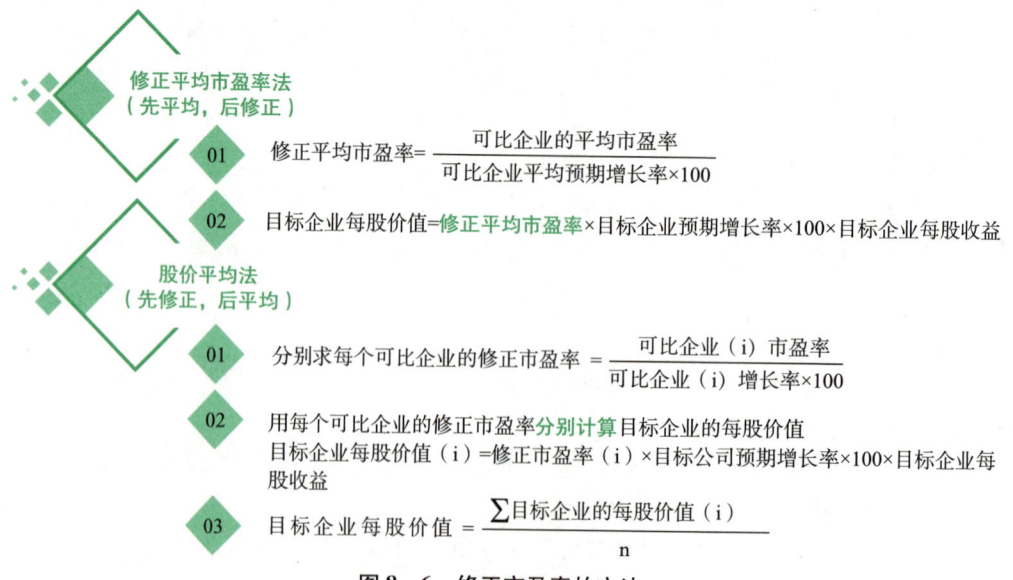

图 8-6 修正市盈率的方法

2. 修正市净率

修正市净率 = 可比企业市净率 ÷ (可比企业预期**权益净利率** × 100)

目标企业每股价值 = 修正市净率 × 目标企业预期**权益净利率** × 100
× 目标企业每股净资产

3. 修正市销率

修正市销率 = 可比企业市销率 ÷ (可比企业预期**销售净利率** × 100)

目标企业每股价值 = 修正市销率 × 目标企业预期**销售净利率** × 100
× 目标企业每股销售收入

【例题8-9·计算题】甲公司是一家尚未上市的高科技企业，固定资产较少，人工成本占销售成本的比重较大，为了进行以价值为基础的管理，公司拟采用相对价值评估模型对股权价值进行评估，有关资料如下：

（1）甲公司2013年度实现净利润3 000万元，年初股东权益总额为20 000万元，年末股东权益总额为21 800万元，2013年股东权益的增加全部源于利润留存，公司没有优先股，2013年末普通股股数为10 000万股，公司当年没有增发新股，也没有回购股票，预计甲公司2014年及以后年度的利润增长率为9%，权益净利率保持不变。

（2）甲公司选择了同行业的3家上市公司作为可比公司，并收集了以下相关数据：

可比公司	每股收益	每股净资产	权益净利率	每股市价	预期利润增长率
A公司	0.4	2	21.20%	8	8%
B公司	0.5	3	17.50%	8.1	6%
C公司	0.5	2.2	24.30%	11	10%

要求：

（1）使用市盈率模型下的修正平均市盈率法计算甲公司的每股股权价值。

（2）使用市净率模型下的股价平均法计算甲公司的每股股权价值。（2014年）

【答案】

（1）甲公司每股收益 = 3 000 ÷ 10 000 = 0.3（元）

可比公司平均市盈率 = (8 ÷ 0.4 + 8.1 ÷ 0.5 + 11 ÷ 0.5) ÷ 3 = 19.4

可比公司平均增长率 = (8% + 6% + 10%) ÷ 3 = 8%

修正平均市盈率 = 可比公司平均市盈率 ÷ (可比公司平均增长率 × 100)
= 19.4 ÷ (8% × 100) = 2.425

甲公司每股股权价值 = 修正平均市盈率 × 甲公司增长率 × 100 × 甲公司每股收益
= 2.425 × 9% × 100 × 0.3 = 6.55（元）

（2）甲公司每股净资产 = 21 800 ÷ 10 000 = 2.18（元）

甲公司权益净利率 = 3 000 ÷ [(20 000 + 21 800) ÷ 2] = 14.35%

甲公司每股股权价值(i) = 可比公司修正市净率(i) × 甲公司权益净利率 × 100 × 甲公司每股净资产

按 A 公司计算甲公司每股股权价值 = (8÷2) ÷ (21.2%×100) × 14.35% × 100 × 2.18 = 5.90（元）

按 B 公司计算甲公司每股股权价值 = (8.1÷3) ÷ (17.5%×100) × 14.35% × 100 × 2.18 = 4.83（元）

按 C 公司计算甲公司每股股权价值 = (11÷2.2) ÷ (24.3%×100) × 14.35% × 100 × 2.18 = 6.44（元）

甲公司每股股权价值 = (5.90 + 4.83 + 6.44) ÷ 3 = 5.72（元）

第八章 企业价值评估

彬哥跟你说：

当然本章也是考点比较多的章节，选择题和大题都可能出题，但是不得不说，近些年，本章的难度是彻底降低了，所以倒不用太担心得分的问题，学到了今天，我觉得财管过关问题并不大了。

今日复习步骤：

第一遍：回忆 & 重新复习一遍框架（15 分钟）
学习要求：自己重新梳理一遍框架，不需要掌握所有细节，但求框架了然于心。
（1）企业价值评估怎么学——企业价值评估的目的是什么？对象是什么？有哪些评估方法？
（2）现金流量折现模型怎么评估，有哪些内容？
（3）相对价值评估模型怎么评估，有哪些内容？
第二遍：对细节进一步掌握（40 分钟）
第三遍：重新复习一遍框架（10 分钟）

我问你答：

（1）怎么理解企业整体经济价值？
（2）使用现金流量折现模型评估股价时，实体现金流、债务现金流、股权现金流怎么计算？
（3）市盈率模型中本期市盈率、内在（预期）市盈率及目标企业股权价值怎么求？市盈率模型的优缺点是什么？市盈率模型什么时候适用？
（4）市净率模型中本期市净率、内在（预期）市净率及目标企业股权价值怎么求？市净率模型的优缺点是什么？市净率模型什么时候适用？
（5）市销率模型中本期市销率、内在（预期）市销率及目标企业股权价值怎么求？市销率模型的优缺点是什么？市销率模型什么时候适用？
（6）使用修正的市价比率计算目标企业每股价值时，修正平均市盈率法和股价平均法的步骤弄清楚了吗？

本章作业：

（1）请把讲义例题做三遍（做错的题目，请分析错误原因并记录到改错本）。
（2）请复习完口述一遍框架，睡前请再回忆一遍框架。
（3）第二天早上，请再回忆一遍框架，对于回忆不起来的内容，请翻书看一遍。

第 10 天　复习日

- **复习旧内容：**

    第四章～第八章

- **学习新内容：**

    无

- **学习方法：**

    快速翻阅每章知识点，着重看自己标注的笔记，攻克难点，每复习一章做一章习题，带着习题中出现的问题再看一遍书，并归纳错题本。

- **你今天的可能心态：**

    今天就把前面全方位复习一下，也让自己休息一天。

- **简单解释今天学习内容：**

    无

- **可能会遇到的难点：**

    无

- **习题注意事项：**

    第一遍没有做对的题目，对照答案整理清楚之后，要再连续做 2～3 遍，财管无他法，惟手熟尔。

- **建议学习时间：**

    3 个小时

第 11 天

- **复习旧内容：**
  第八章　企业价值评估
- **学习新内容：**
  第九章　资本结构
- **学习方法：**
  本章主要是文字内容，资本结构里面涉及计算的内容也是特别简单。既然是文字内容，那就要抓住一些细节考点，实际上细节考点在真题中已经出现了，所以抓住真题的考试细节即可。
- **你今天的可能心态：**
  前面已经说了，后面的难度在逐步地降低了，所以请继续坚持下去，我们已经跨过了最难的部分。
- **简单解释今天学习内容：**
  资本结构就是主要解决企业的长期资本（如股东权益和长期负债）中的占比对企业价值的影响，以及如何确定最优的占比问题，内容不难，主要是文字内容。
- **可能会遇到的难点：**
  无难点
- **习题注意事项：**
  今日内容以文字内容为主，所以要精准记忆，特别是把真题要搞懂，也要知道考点在哪里。
- **建议学习时间：**
  2 个小时

第三编
长期筹资决策

第三编，长期筹资决策，包括资本结构、长期筹资以及股利分配、股票分割与股票回购。长期筹资决策的主题是资本结构决策、债务结构决策和股利分配决策。根据净现值原理，要增加股东财富，主要有两个途径：一个是增加现金净流入；另一个就是降低资本成本，从而降低折现率，也可以提高净现值。长期筹资决策研究的基本问题就是资本结构的问题，即如何利用各种长期资本尽可能地降低公司资本成本，增加股东财富。资本成本主要包括长期债务资本成本和权益资本成本，计算资本成本的方法也是净现值原理，求出使净现值为 0 的折现率。公司实现的盈利本来属于股东，留存部分收益而不将其分给股东，实际上是向现有股东筹集权益资本，即利润的资本化，所以股利分配、股票分割、股票回购也属于长期筹资决策的问题。

第九章　资本结构

- 01　资本结构理论
- 02　资本结构决策分析
- 03　杠杆系数的衡量

第十章　长期筹资

- 01　长期债务筹资
- 02　普通股筹资
- 03　混合筹资
- 04　租赁筹资

第十一章　股利分配、股票分割与股票回购

- 01　股利理论与股利政策
- 02　股利的种类、支付程序与分配方案
- 03　股票分割和股票回购

第九章 资本结构

【简单解释本章内容】

(1) 本章讲"资本结构",所谓资本结构,就是各项长期资本的占比优化问题,不同的权益资本和长期负债比例会形成不同的资本成本,进而影响到企业的价值。企业应该致力于寻找最优的资本结构。

(2) 那么资本结构的理论有哪些呢?包括无税的 MM 理论,该理论认为公司的价值跟资本结构无关,当然这有一个假设条件是没有所得税;也包括有税的 MM 理论,因为存在所得税,利息可以抵税,因此负债越高,抵税越多,所以公司价值越大。但是负债太高,会有财务困境,也会有财务风险,因此权衡理论认为应当考虑债务困境成本。当然还有其他所谓的资本结构理论,了解即可。

(3) 资本结构的决策方法,主要是包含三种方法:资本成本比较法、每股收益无差别点法,公司价值比较法。资本成本比较法就是直接计算出各种不同情况下的加权平均资本成本,选取最低的组合;而每股收益无差别点法,意思是寻找到每股收益无差别点的那个平衡点,然后据此作出判断;所谓的公司价值比较法,就是计算出企业的价值,看哪种情况下企业的价值最大。

(4) 最后一节讲述了杠杆,杠杆在高中物理学习过的,正如阿基米德说过"给我一个支点,我可以撬动整个地球",说明杠杆具有放大的作用。本章的杠杆产生是由于固定成本的存在,导致营业收入变动引起利润的更大幅度变动,或者固定融资成本的存在,导致息税前利润的变动引起每股收益的更大幅度变动。

【本章学习方法】

(1) 本章简单,但需要注意的是,资本结构理论的那几个公式只是为了让大家知道是怎么回事,公式本身没有任何意义,所以资本结构理论只需要掌握原理即可。

(2) 资本结构的决策方法中的第二个,每股收益无差别点法是较容易出题的地方。

(3) 杠杆很容易理解,做题简单,总体来说本章没难点。

资本结构是指企业各种长期资本来源的构成和比例关系。

通常,企业的资本由长期债务资本和权益资本构成,资本结构指的就是长期债务资本和权益资本各占多大比例(见图 9-1)。

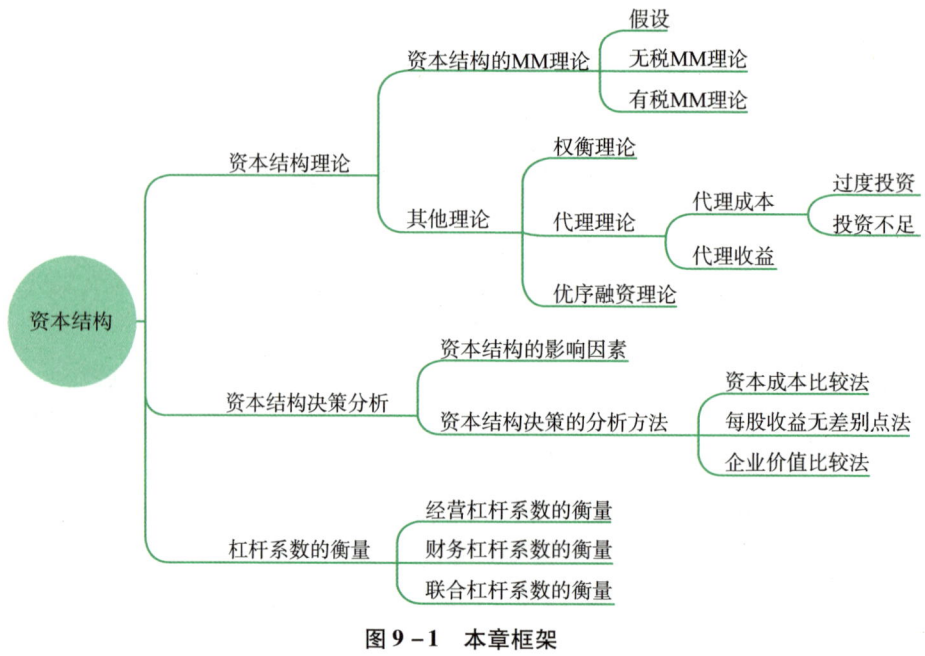

图 9-1 本章框架

第一节 资本结构理论

一、资本结构的 MM 理论

现代资本结构理论是基于完美资本市场的假设条件提出的，MM 的资本结构理论所依据的直接及隐含的假设条件如下：

（1）经营风险可以用息税前利润的方差来衡量，具有相同经营风险的公司称为风险同类。

（2）投资者等市场参与者对公司未来的收益与风险的预期是相同的。

（3）完美资本市场，即在股票与债券进行交易的市场中没有交易成本，且个人与机构投资者的借款利率与公司相同。

（4）借债无风险。即公司或个人投资者的所有债务利率均为无风险利率，与债务数量无关。

（5）全部现金流是永续的。即公司息前税前利润具有永续的零增长特征，债券也是永续的。

在上述假设基础上，MM 的资本结构理论可以分为"无企业所得税 MM 理论"和"有企业所得税 MM 理论"。

（一）无企业所得税的 MM 理论

无企业所得税的 MM 理论如表 9-1 和图 9-2 所示。

表 9-1　　　　　　　　　　无企业所得税条件下的 MM 理论

命题Ⅰ：有负债企业的价值与无负债企业的价值相等，即无论企业是否有负债，企业的资本结构与企业价值无关	
表达式	$V_L = \dfrac{EBIT}{r_{WACC}^0} = V_U = \dfrac{EBIT}{r_s^u}$
相关结论	(1) 有负债企业的价值 V_L = 无负债企业的价值 V_U。 (2) 有负债企业的加权平均资本成本 = 风险等级相同的无负债企业的权益资本成本。 (3) 企业加权资本成本与其资本结构无关，仅取决于企业的经营风险
命题Ⅱ：有负债企业的权益资本成本随着财务杠杆的提高而增加	
表达式	$r_s^L = r_s^U + 风险溢价 = r_s^U + \dfrac{D}{E} \times (r_s^U - r_d)$
相关结论	(1) 有负债企业的权益资本成本 = 无负债企业的权益资本成本 + 风险溢价。 (2) 风险溢价与以市值计算的财务杠杆（负债÷股东权益）成正比。 (3) 有负债企业的股权资本成本随着负债程度增大而增加

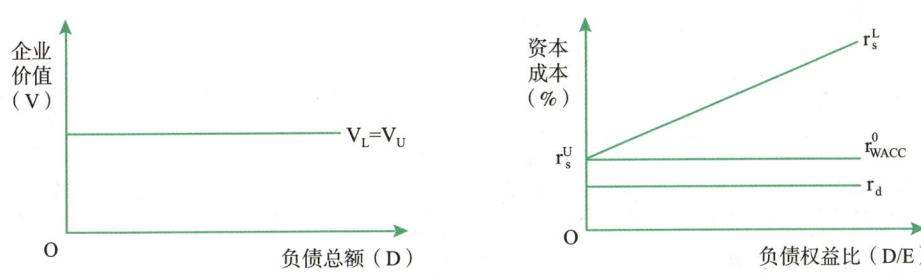

图 9-2　无企业所得税条件下 MM 理论的命题Ⅰ和命题Ⅱ

（二）有企业所得税的 MM 理论

有企业所得税的 MM 理论如表 9-2 和图 9-3 所示。

表 9-2　　　　　　　　　　有企业所得税条件下的 MM 理论

命题Ⅰ：有负债企业的价值等于具有相同风险等级的无负债企业的价值加上债务利息抵税收益的现值	
表达式	$V_L = V_U + T \times D$ 其中：V_L——有负债企业价值；V_U——无负债企业价值；T——企业所得税税率；D——企业的债务数量
相关结论	随着企业负债比例的提高，企业价值也随之提高，在理论上全部融资来源于负债时，企业价值达到最大
命题Ⅱ：有债务企业的权益资本成本等于相同风险等级的无负债企业的权益资本成本加上与以市值计算的债务与权益比例成比例的风险报酬，且风险报酬取决于企业的债务比例以及所得税税率	
表达式	$r_s^L = r_s^U + 风险报酬 = r_s^U + (r_s^U - r_d)(1 - T) \times \dfrac{D}{E}$
相关结论	有负债企业的加权平均资本成本随着债务筹资比例的增加而降低

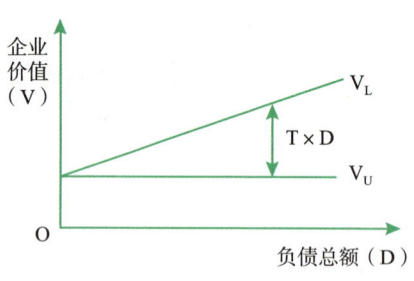 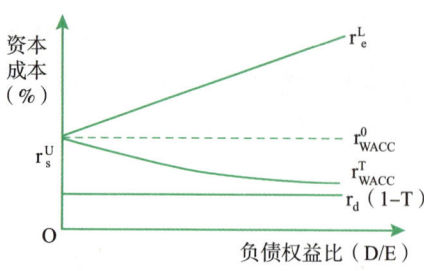

图 9-3　考虑企业所得税条件下 MM 理论中的命题 I 和命题 II

有税条件下 MM 命题 II 与无税条件下命题 II 所表述的有负债企业权益资本成本的基本含义是一致的，其仅有的差异是由（1-T）引起的。由于（1-T）<1，使有税时有负债企业的权益资本成本比无税时的要小。

【例题 9-1·单选题】在考虑企业所得税但不考虑个人所得税的情况下，下列关于资本结构有税 MM 理论的说法中，错误的是（　　）。(2017 年)

A. 财务杠杆越大，企业价值越大
B. 财务杠杆越大，企业利息抵税现值越大
C. 财务杠杆越大，企业权益资本成本越高
D. 财务杠杆越大，企业加权平均资本成本越高

【答案】D
【解析】在考虑企业所得税的条件下，有负债企业的加权平均资本成本随着债务筹资比例增加而降低。因此，财务杠杆越大，企业加权平均资本成本越低。

二、资本结构的其他理论

(一) 权衡理论

强调在**平衡债务利息的抵税收益与财务困境成本**的基础上，实现企业价值最大化时的最佳资本结构。

此时所确定的债务比率是债务抵税收益的边际价值等于增加的财务困境成本的现值。

$$V_L = V_U + PV(利息抵税) - PV(财务困境成本)$$

财务困境成本包括直接成本和间接成本。

直接成本：企业因破产、进行清算或重组所发生的法律费用和管理费用等。

间接成本：企业资信状况恶化以及持续经营能力下降而导致的企业价值损失。

(二) 代理理论

代理理论是指债务代理成本与收益的权衡。

$$V_L = V_U + PV(利息抵税) - PV(财务困境成本) - PV(债务的代理成本) + PV(债务的代理收益)$$

1. 代理成本

根据代理理论，企业在陷入财务困境时，更容易引起过度投资与投资不足问题，导致

发生债务代理成本（见表9–3）。

表9–3　　　　　　　　　　代理理论的过度投资和投资不足

	过度投资问题	投资不足问题
含义	指因企业采取不盈利项目或高风险项目而产生的损害股东以及债权人利益并降低企业价值的现象	指因企业放弃净现值为正的投资项目而使债权人利益受损进而降低企业价值的现象
发生情形	（1）当企业经理与股东之间存在利益冲突时，经理的自利行为产生的过度投资问题； （2）当企业股东与债权人之间存在利益冲突时，经理代表股东利益采纳成功率低甚至净现值为负的高风险项目产生的过度投资问题。在企业遭遇财务困境时，即使投资了净现值为负的投资项目，股东仍可能从企业的高风险投资中获利。股东有动机投资于净现值为负的高风险项目，并伴随着风险从股东向债权人的转移	发生在企业陷入财务困境且有比例较高的债务时，股东如果预见采纳新投资项目会以牺牲自身利益为代价补偿了债权人，股东就缺乏积极性选择该项目进行投资

2. 代理收益

债务的代理收益将有利于减少企业的价值损失或增加企业价值，具体表现为债权人保护条款引入、对经理提升企业业绩的激励措施以及对经理随意支配现金流浪费企业资源的约束等。

（三）优序融资理论

考虑信息不对称和逆向选择的影响，当公司存在融资需求时，管理者偏好按以下顺序选择：**内源融资＞债务融资（先普通债券后可转换债券）＞股权融资，即：先内后外，先债后股。**

【例题9–2·多选题】下列关于资本结构理论的表述中，正确的有（　　）。
A. 根据MM理论，当存在公司所得税时，公司负债比例越高，公司价值越大
B. 根据权衡理论，平衡债务利息的抵税收益与财务困境成本是确定最优资本结构的基础
C. 根据代理理论，当负债程度较高的公司陷入财务困境时，股东通常会选择投资净现值为正的项目
D. 根据优序融资理论，当存在外部融资需求时，公司倾向于债务融资而不是股权融资

【答案】ABD
【解析】根据代理理论，在公司陷入财务困境时，更容易引起过度投资问题与投资不足问题，导致发生债务代理成本，过度投资是指公司采用不盈利项目或高风险项目而产生的损害股东以及债权人的利益并降低公司价值的现象，投资不足问题是指公司放弃净现值为正的投资项目而使债权人利益受损并进而降低公司价值的现象，所以选项C错误。

资本结构

第二节 资本结构决策分析

企业资本结构决策的主要内容是权衡债务的收益与风险，实现合理的目标资本结构，从而实现企业价值最大化。

一、资本结构的影响因素

影响资本结构的因素较为复杂，大体上可以分为企业的内部因素和外部因素。

内部因素：通常有营业收入、成长性、资产结构、盈利能力、管理层偏好、财务灵活性以及股权结构等。

外部因素：通常有税率、利率、资本市场、行业特征等。

二、资本结构决策分析方法

企业应该确定最佳的债务比率（资本结构），使加权平均资本成本最低，企业价值最大。

资本结构决策分析有不同的方法，常用的方法有资本成本比较法与每股收益无差别点法、企业价值比较法。

（一）资本成本比较法

资本成本比较法指在不考虑各种融资方式在数量与比例上的约束以及财务风险差异时，通过计算各种基于市场价值的长期融资组合方案的加权平均资本成本，并根据计算结果**选择加权平均资本成本最小的融资方案**，确定为相对最优的资本结构。

优点：以资本成本最低为选择标准，测算简单，使用便捷。

缺点：只比较了各种融资组合方案的资本成本，难以区别不同方案之间的财务风险因素差异，实际运用中，有时也难以确定各种融资方式的资本成本。

【例题9-3·计算题】某公司初始成立时需要资本总额为7 000万元，有以下三种筹资方式，如下表所示。使用资本成本比较法，比较下列三个方案中，哪一个方案最好。

筹资方式	方案一		方案二		方案三	
	筹资金额（万元）	资本成本（%）	筹资金额（万元）	资本成本（%）	筹资金额（万元）	资本成本（%）
长期借款	500	4.5	800	5.25	500	4.5
长期债券	1 000	6	1 200	6	2 000	6.75
优先股	500	10	500	10	500	10
普通股	5 000	15	4 500	14	4 000	13
资本合计	7 000		7 000		7 000	
其他资料：表中债务资本成本均为税后资本成本，所得税税率为25%						

【答案】

方案一的加权平均资本成本

= (500÷7 000)×4.5% + (1 000÷7 000)×6% + (500÷7 000)×10% + (5 000÷7 000)×15% = 12.61%

方案二的加权平均资本成本

= (800÷7 000)×5.25% + (1 200÷7 000)×6% + (500÷7 000)×10% + (4 500÷7 000)×14% = 11.34%

方案三的加权平均资本成本

= (500÷7 000)×4.5% + (2 000÷7 000)×6.75% + (500÷7 000)×10% + (4 000÷7 000)×13% = 10.39%

显然，方案三的加权平均资本成本最低，所对应的资本结构是最佳资本结构，故选择方案三。

（二）每股收益无差别点法

每股收益无差别点法，是在计算不同融资方案下企业的每股收益（EPS）相等时所对应的息税前利润（EBIT）基础上，通过比较在企业预期盈利水平下的不同融资方案的每股收益，选择每股收益较大的融资方案。

$$EPS = \frac{(EBIT - I_1)(1-T) - PD_1}{N_1} = \frac{(EBIT - I_2)(1-T) - PD_2}{N_2}$$

式中：EBIT——每股收益无差别时的息税前利润；I_i——年利息支出；T——企业所得税税率；PD_i——支付的优先股股利；N_i——筹资后流通在外的普通股股数。

【例题9-4·计算题】某公司目前已有1 000万元长期资本，均为普通股，股价为10元/股。现公司希望再实现500万元的长期资本融资以满足扩大经营规模的需要。有三种筹资方案可供选择：

方案一：全部通过年利率为10%的长期债券融资；

方案二：全部是优先股股利为12%的优先股筹资；

方案三：全部依靠发行普通股股票筹资，按照目前的股价，需增发50万股新股。

假设公司预期的息税前利润为210万元，公司所得税税率为25%。

要求：在预期的息税前利润水平下选择最优方案。

【答案】

（1）方案一与方案三，即长期债务和普通股筹资方式的每股收益无差别点，$EPS_1 = EPS_3$：

$$\frac{(EBIT - 50)(1-25\%) - 0}{100} = \frac{(EBIT - 0)(1-25\%) - 0}{100 + 50}$$

解方程得，方案一与方案三的每股收益无差别点所对应的EBIT = 150万元。

(2) 方案二与方案三，即优先股和普通股筹资方式的每股收益无差别点，$EPS_2 = EPS_3$：

$$\frac{(EBIT-0)(1-25\%)-500\times12\%}{100} = \frac{(EBIT-0)(1-25\%)-0}{100+50}$$

解方程得，方案二与方案三的每股收益无差别点所对应的 EBIT=240 万元。

(3) 因为预期收益为 210 万元＞150 万元，故选择债务融资，即方案一。

针对上面例题，我们利用 EBIT–EPS 方法进行分析，画出长期债务、优先股、普通股融资的每股收益无差别点图。通过图 9–4 我们可以得出，长期债务线和优先股线是平行的，不会产生每股收益无差别点，这说明债务融资在任何同一预期收益条件下均比发行优先股能提供更高的每股收益，故在决策时，如果有债务融资，则不考虑优先股。

长期债务和普通股有每股收益无差别点，从图 9–4 中可以看到，**当预期收益＞EBIT 时，我们选择债务融资；当预期收益＜EBIT 时，我们选择股权融资。**

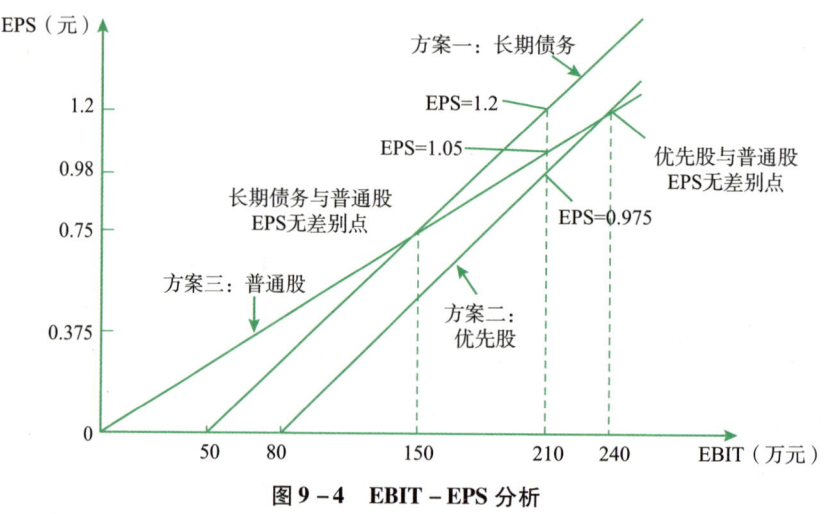

图 9–4 EBIT–EPS 分析

（三）企业价值比较法

最佳资本结构应当是使公司的总价值最高，即市净率最高，而不一定是使每股收益最大的资本结构。同时，在该资本结构下，公司的资本成本也是最低的。

衡量公司价值的一种合理的方法是：公司的市场价值 V 等于其股票的市场价值 S 加上长期债务价值 B，再加上优先股的价值 P。

$$V = S + B + P$$

企业价值比较法的运用如图 9–5 所示（假设不存在优先股）。

01 求企业债务价值：
企业债务价值B=长期债务的现值=面值

02 求企业权益价值：
权益价值S=股票的现值=企业未来的净收益按股东要求的报酬率折现

$$S = \frac{(EBIT-I) \times (1-T) - PD}{r_s}$$

若r_s题目没有告知，我们用资本资产定价模型计算

$$r_s = r_{RF} + \beta \times (r_m - r_{RF})$$

03 求企业加权平均资本成本：

加权平均资本成本 $r_{WACC} = r_d \times (1-T) \times \frac{B}{V} + r_s \times \frac{S}{V}$

式中：EBIT——息税前利润；　　　　I——年利息额；
　　　T——企业所得税税率；　　　PD——优先股股息；
　　　r_s——权益资本成本；　　　　r_{RF}——无风险利率；
　　　β——股票的β系数；　　　　r_m——平均风险股票报酬率；
　　　r_d——债务税前资本成本；　　B——企业债务价值；
　　　V——企业总价值；　　　　　S——企业权益价值

图9-5　企业价值比较法

【例题9-5·计算题】某公司的长期资本构成均为普通股，无长期债务资本和优先股资本，股票的账面价值为3 000万元。预计未来每年EBIT为600万元，所得税税率为25%。该公司认为目前的资本结构不够合理，准备通过发行债券回购部分股票的方式，调整资本结构，提高公司价值。经咨询调查，目前的长期债务利率和权益资本的成本情况如表1所示。企业应该发行多少债务，以达到最优的资本结构？

表1　　　　不同债务水平下的公司债务资本成本和权益资本成本

债券市场价值B（万元）	债务税前资本成本r_d（%）	股票β值	无风险利率r_{RF}（%）	平均风险股票报酬率r_m（%）	权益资本成本r_s（%）
0	—	1.2	8	12	12.8
300	10	1.3	8	12	13.2
600	10	1.4	8	12	13.6
900	12	1.55	8	12	14.2
1 200	14	1.7	8	12	14.8
1 500	16	2.1	8	12	16.4

【解析】我们计算出不同长期债务规模下的企业价值和加权平均资本成本。

表2　　　　公司市场价值和加权平均资本成本

公司市场价值V（万元）①=②+③	债券市场价值B（万元）②	股票市场价值S（万元）③	市净率$\frac{S}{3000-B}$	债务税前资本成本r_d（%）	权益资本成本r_s（%）	加权平均资本成本r_{WACC}（%）
3 515.63	0	3 515.63	1.171 9	—	12.80	12.80
3 538.64	300	3 238.64	1.199 5	10	13.20	12.72

续表

公司市场价值 V（万元）①=②+③	债券市场价值 B（万元）②	股票市场价值 S（万元）③	市净率 $\frac{S}{3\,000-B}$	债务税前资本成本 r_d（%）	权益资本成本 r_s（%）	加权平均资本成本 r_{WACC}（%）
3 577.94	600	2 977.94	1.2408	10	13.60	12.58
3 498.59	900	2 598.59	1.2374	12	14.20	12.86
3 389.19	1 200	2 189.19	1.2162	14	14.80	13.28
3 146.34	1 500	1 646.34	1.0976	16	16.40	14.30

通过计算可知，企业在发行600万元债务时，加权平均资本成本最低，企业价值达到最大。故企业最优的资本结构应为发行债务600万元。

第三节 杠杆系数的衡量

在筹资方式选择和资本结构调整方面，公司需要考虑是否利用和如何利用经营杠杆和财务杠杆的作用。这两种杠杆有放大盈利波动性的作用，从而影响公司的风险和收益。

一、经营杠杆系数的衡量

（一）息税前利润与盈亏平衡分析

1. 息税前利润

$$EBIT = Q \times (P - V) - F$$

式中：EBIT——息税前利润；Q——销量；P——单价；V——单位变动成本；F——固定成本。

2. 盈亏平衡点销售量

当息税前利润等于0的时候，达到了盈亏平衡点，这个时候的收入涵盖了所有的变动成本和固定成本。

$$EBIT = Q_{BE} \times (P - V) - F = 0$$

$$盈亏平衡点销售量 Q_{BE} = \frac{F}{P - V}$$

【例题9-6·计算题】某企业生产产品A，销售单价为50元，单位变动成本为25元，固定成本总额为100 000元，则该企业盈亏平衡点销售量为多少？
【解析】$Q_{BE} = F \div (P - V) = 100\,000 \div (50 - 25) = 4\,000$（件）

（二）经营风险（了解）

经营风险是指公司未使用债务时经营的内在风险。影响因素有很多，主要有以下几个方面：

（1）产品需求、产品售价、产品成本。这三个因素越稳定，利润越稳定，经营风险越小；反之，经营风险越大。

（2）调整价格的能力。当产品成本变动时，若公司具有较强的价格调整能力，则经营风险小。

（3）固定成本的比重。固定成本比重大会导致经营风险大。

（三）经营杠杆系数的衡量方法

经营杠杆是在某一<u>固定成本比重</u>的作用下，由于营业收入一定程度的变动引起息税前利润产生更大程度变动的现象。

经营杠杆的大小一般用经营杠杆系数表示，它是息税前利润变动率与营业收入（销售量）变动率之间的比率。定义表达式为：

$$DOL = \frac{息税前利润变化的百分比}{营业收入变化的百分比} = \frac{\Delta EBIT \div EBIT}{\Delta S \div S}$$

$$DOL_q = \frac{Q(P-V)}{Q(P-V) - F}$$

$$DOL_s = \frac{S - VC}{S - VC - F} = \frac{EBIT + F}{EBIT}$$

式中：DOL——经营杠杆系数；$\Delta EBIT$——息税前利润变动额；EBIT——变动前息税前利润；ΔS——营业收入（销售量）变动量；S——变动前营业收入（销售量）；DOL_q——销售量为 Q 时的经营杠杆系数；DOL_s——营业收入为 S 时的经营杠杆系数；VC——变动成本总额。

相关说明：

（1）<u>固定经营成本引起了经营杠杆效应。</u>

（2）<u>在固定成本不变的情况下，经营杠杆系数说明了营业收入变动所引起息税前利润的变动幅度。</u>

（3）固定成本不变的情况下，营业收入越大，经营杠杆系数越小，经营风险也就越小。

（4）公司一般可以通过增加营业收入、降低产品单位变动成本、降低固定成本比重等措施使经营杠杆系数下降，降低经营风险。

> 【例题 9-7·计算题】某企业生产 A 产品，固定成本为 60 万元，变动成本率为 40%，当企业的营业收入为 400 万元时，其经营杠杆系数为多少？
>
> 【解析】DOL = (S - VC) ÷ (S - VC - F) = (400 - 400×40%) ÷ (400 - 400×40% - 60) = 1.33
>
> 注意：上式中的经营杠杆系数说明，当营业收入为 400 万元时，营业收入的增长会引起息税前利润 1.33 倍的增长。

二、财务杠杆系数的衡量

财务风险，指公司运用债务筹资方式而产生的丧失偿付能力的风险，而这种风险最终由普通股股东承担。

财务杠杆效应，指某一固定的债务与权益融资结构下由于息税前利润的变动引起每股收益产生更大变动程度的现象。

财务杠杆的大小用财务杠杆系数来计量，它是指普通股每股收益变动率与息税前利润变动率的比率。财务杠杆系数越大，表明财务杠杆作用越大，财务风险也就越大。

财务杠杆系数的定义表达式为：

$$DFL = \frac{每股收益变化的百分比}{息税前利润变化的百分比} = \frac{\Delta EPS \div EPS}{\Delta EBIT \div EBIT}$$

$$DFL = \frac{EBIT}{EBIT - I - PD \div (1-T)}$$

$$DFL = \frac{Q(P-V) - F}{Q(P-V) - F - I - PD \div (1-T)}$$

式中：DFL——财务杠杆系数；ΔEPS——普通股每股收益变动额；EPS——变动前的普通股每股收益；I——债务利息；PD——优先股股利；T——所得税税率。

相关说明：

（1）财务杠杆的大小是由**固定融资成本和息税前利润**共同决定的。

（2）当盈利能力提高时，固定性利息成本占全部盈利的比重下降，导致财务风险下降，表现为财务杠杆系数下降。

（3）公司可以通过合理安排资本结构，适度负债，使财务杠杆利益抵消风险增大所带来的不利影响。

【例题9-8·单选题】甲公司只生产一种产品，产品单价为6元，单位变动成本为4元，产品销量为10万件/年，固定成本为5万元/年，利息支出为3万元/年。甲公司的财务杠杆为（　　）。

A．1.18　　　　B．1.25　　　　C．1.33　　　　D．1.66

【答案】B

【解析】财务杠杆系数 = 息税前利润 ÷（息税前利润 − 利息）=[(6−4)×10−5] ÷ [(6−4)×10−5−3] = 1.25

三、联合杠杆系数的衡量

联合杠杆效应是指由于固定经营成本和固定融资成本的存在，导致普通股每股收益变动率大于营业收入变动率的现象。

联合杠杆，是将经营杠杆系数和财务杠杆系数联系起来，考查**营业收入的变化对每股收益的影响程度**，即将两种杠杆作用叠加。

联合杠杆作用的大小用联合杠杆系数（DTL）来计量，公式如下：

$$DTL = \frac{每股收益变化的百分比}{营业收入变化的百分比} = \frac{\Delta EPS \div EPS}{\Delta S \div S}$$

$$DTL = DOL \times DFL$$

$$DTL = \frac{EBIT + F}{EBIT - I - PD \div (1-T)}$$

$$DTL = \frac{Q(P-V)}{Q(P-V) - F - I - PD \div (1-T)}$$

相关说明：

（1）只要公司同时存在固定经营成本和固定性融资成本的债务或优先股，就存在营业收入较小变动引起每股收益较大变动的联合杠杆效应。

（2）联合杠杆放大了销售收入变动对普通股收益的影响，联合杠杆系数越高，表明普通股收益的波动程度越大，整体风险也就越大。

【小结】因为固定成本的存在，导致销售量的变动引起了息税前利润的变动。又因为固定性融资成本的存在，导致每股收益变动（见图9-6）。

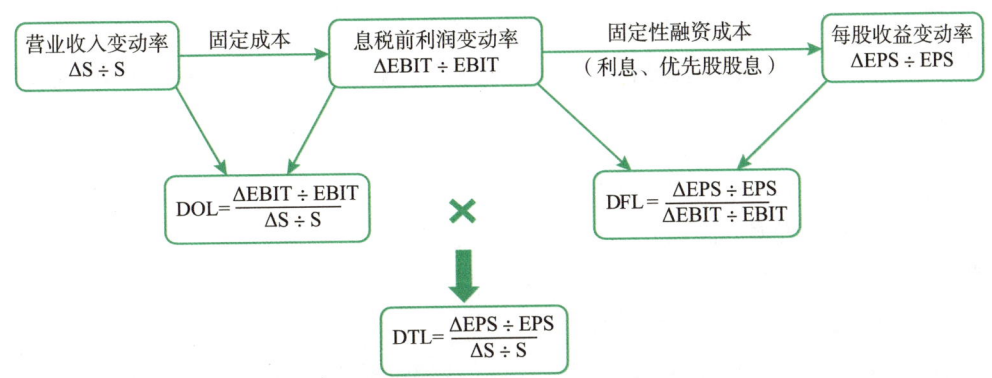

图9-6 经营杠杆、财务杠杆、联合杠杆的关系

【例题9-9·单选题】甲公司2016年销售收入1 000万元，变动成本率为60%，固定成本200万元，利息费用40万元。假设不存在其他利息且不考虑其他因素，该企业联合杠杆系数是（　　）。（2017年）

A. 1.25　　　　B. 2　　　　C. 2.5　　　　D. 3.75

【答案】C

【解析】该企业联合杠杆系数=边际贡献÷（边际贡献-固定成本-利息费用）=1 000×（1-60%）÷[1 000×（1-60%）-200-40]=2.5

注意：边际贡献是后面章节会出现的概念，就是"PQ-VQ"。

第九章　资本结构

彬哥跟你说：

　　本章难度不大，但是我觉得却是对你们学习能力的一个考核，比如"无税 MM 理论"，你是要搞懂"无税 MM 理论"的内容，还是"无税 MM 理论"的名词解释？很多人的学习总是把自己卡死在名词解释里面，他忘记了学习的目的是去运用知识，而不是简单的名词解释！

今日复习步骤：

　　第一遍：回忆 & 重新复习一遍框架（10 分钟）
　　学习要求：这一遍的目的是自己重新梳理一遍框架，不需要掌握所有细节，但求框架了然于心。
　　（1）资本结构的理论有哪些？
　　（2）资本结构的决策方法有哪些内容？
　　（3）杠杆系数有哪些内容？
　　第二遍：对细节进一步掌握（30 分钟）
　　第三遍：重新复习一遍框架（5 分钟）

我问你答：

　　（1）无税 MM 理论与有税 MM 理论相关结论之差异？优序融资理论是什么顺序？
　　（2）每股收益无差别点法进行资本结构决策分析时，什么时候选择债务筹资，什么时候选择权益筹资？
　　（3）息税前利润（EBIT）代表的是什么内容？怎么求？
　　（4）经营杠杆系数、财务杠杆系数以及联合杠杆反映了什么内容？应该怎么计算？

本章作业：

　　（1）请把讲义例题做三遍（做错的题目，请分析错误原因并记录到改错本）。
　　（2）请复习完口述一遍框架，睡前请再回忆一遍框架。
　　（3）第二天早上，请再回忆一遍框架，对于回忆不起来的内容，请翻书看一遍。

第 12 天

🟢 **复习旧内容：**

　　第九章　资本结构

🟢 **学习新内容：**

　　第十章　长期筹资

　　第十一章　股利分配、股票分割与股票回购

🟢 **学习方法：**

　　第十章内容是"文字+计算"，其中第一节和第二节是文字内容，第三节和第四节是计算偏多。文字内容的学习方法就是抓住关键考点即可，第三节和第四节是计算，最好的方法就是从文字到计算，然后再回到文字。

　　第十一章主要是文字内容特别简单。既然是文字内容，那就要抓住一些细节考点，实际上细节考点在真题中已经出现了，所以抓住真题的考试细节即可。

🟢 **你今天的可能心态：**

　　当你看到混合筹资和租赁筹资的题目的时候，你的内心是崩溃的，你会觉得上当受骗了，不是说好了难度在逐渐下降的吗？其实是这样的，这两块内容计算多了一点，但是核心就是现金流量折现，难度不大的，所以耐心学完就好啦！

🟢 **简单解释今天学习内容：**

　　（1）长期债务筹资和普通股筹资主要讲的是长期债务筹资的种类及优缺点和普通股筹资的种类及优缺点，所以较简单。

　　（2）混合筹资和租赁筹资这里涉及计算，一是混合筹资的资本成本问题；二是租赁筹资是否可行的问题，但是有了前面的知识点作为铺垫，本章内容的学习没有那么困难，主要是解决现金流量即可。

　　（3）股利分配、股票分割与股票回购主要是讲述股利分配的方法和种类及其影响，以及股票分割和股票回购对企业的影响。

🟢 **可能会遇到的难点：**

　　（1）可转换债券的现金流量比较难理解，计算内容比较复杂，但是必须搞懂，因为真题考过。

　　（2）租赁里面容易将融资租赁和经营租赁混淆。税法中认为经营租赁才是真正的租赁，租赁费可以扣除，而融资租赁不是真正的租赁，租赁费不得扣除，但是折旧可以扣除。

🟢 **习题注意事项：**

　　本章容易出大题，一是可转换债券的资本成本计算；二是租赁的适用性计算。

🟢 **建议学习时间：**

　　3.5 个小时

第十章 长期筹资

【简单解释本章内容】

（1）本章内容难度差别较大，其中"第一节长期债务筹资"和"第二节普通股筹资"属于文字内容且考点不多，所以不用花太多时间。但是"第三节混合筹资"和"第四节租赁筹资"，这里就涉及计算，还有可能出现大题，所以要引起重视。

（2）长期债务筹资主要讲述长期债务筹资的各种不同方式的优缺点，而普通股筹资主要讲述利用普通股进行筹资的特点、发行方式及股权再融资。

（3）混合筹资主要讲以下三种筹资：优先股、认股权证、可转换债券。之所以是混合筹资工具因为这三种是具有债券的性质又具有股权的性质。优先股的内容较简单，难点主要集中在认股权证和可转换债券，认股权证和可转换债券在选择题和大题中都可能出题。

（4）租赁是历年的考点，且今年整体变动比较大，学习的时候要引起足够的重视。

【本章学习方法】

对于认股权证和可转换债券，如果觉得文字比较枯燥无味，可以简单看一遍文字，我建议首先耐心把例题研究一遍，搞懂大概处理方式之后，然后回头再看一遍文字，这样两轮之后学习起来就轻松了。

本章框架如图10-1所示。

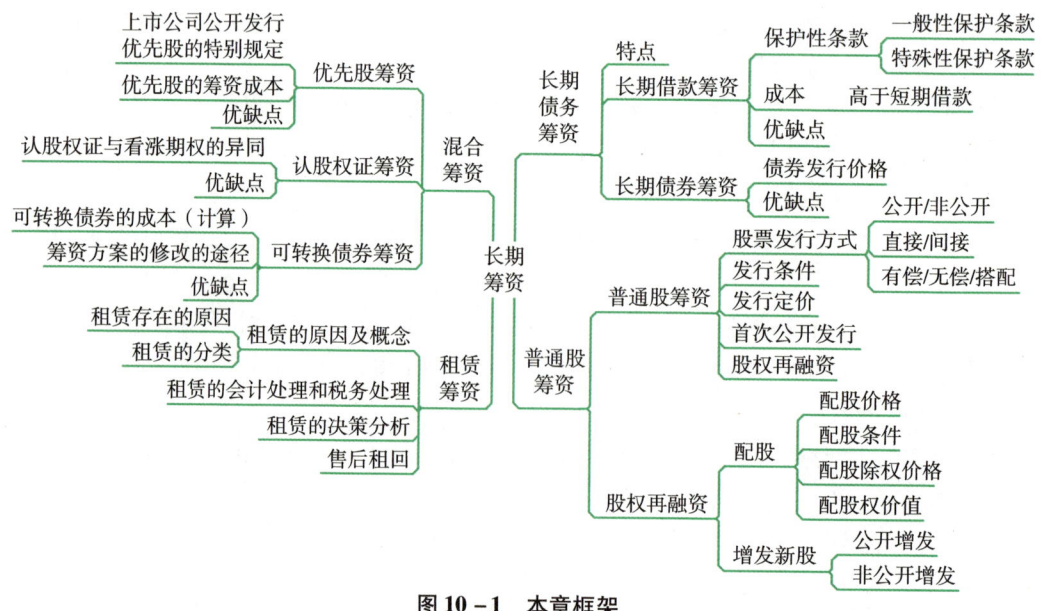

图10-1 本章框架

第一节 长期债务筹资

一、长期债务筹资的特点

1. 债务筹资与普通股筹资相比的特点（见表10-1）

表10-1　　　　　债务筹资与普通股筹资相比的特点

区别点	债务筹资	普通股筹资
资本成本	低（利息可抵税；投资人风险小，要求回报低）	高（股利不能抵税；股票投资人风险大，要求回报高）
公司控制权	不分散控制权	会分散控制权
筹资风险	高（到期偿还；支付固定利息）	低（无到期日，没有固定的股利负担）
资金使用的限制	限制条款多	限制少

2. 长期债务与短期负债相比的特点（见表10-2）

表10-2　　　　　长期债务与短期负债相比的特点

区别点	短期负债	长期债务
资本成本	低	高
筹资风险	高（期限短，还本付息压力大）	低
资金使用的限制	限制相对宽松	限制条款多
筹资速度	快（容易取得）	慢

3. 银行借款与债券筹资相比的特点（见表10-3）

表10-3　　　　　银行借款与债券筹资相比的特点

区别点	银行借款	债券筹资
资本成本	低（利息率低，筹资费低）	高
筹资速度	快（手续比发行债券简单）	慢
筹资弹性	大（可协商，可变更性比债券好）	小
筹资对象及范围	对象窄，范围小	对象广，范围大

二、长期借款筹资

长期借款是指企业向银行或其他非银行金融机构借入的使用期限超过1年的借款，主要用于购建固定资产和满足长期流动资金占用的需要。

1. 长期借款的种类

（1）按照用途：固定资产投资借款、更新改造借款、科技开发和新产品试制借款等；

(2) 按照提供贷款的机构：政策性银行贷款、商业银行贷款、信托投资贷款、财务公司贷款等；

(3) 按照有无担保：信用贷款和抵押贷款。

2. 长期借款的条件

(1) 独立核算、自负盈亏、有法人资格；

(2) 经营方向和业务范围符合国家产业政策，借款用途符合规定；

(3) 借款企业具有一定的物资和财产保证，担保单位具有相应的经济实力；

(4) 具有偿还贷款的能力；

(5) 财务管理和经济核算制度健全，资金使用效益及企业经济效益良好；

(6) 在银行设有账户，办理结算。

3. 长期借款的其他要求或特点（见图 10 - 2）

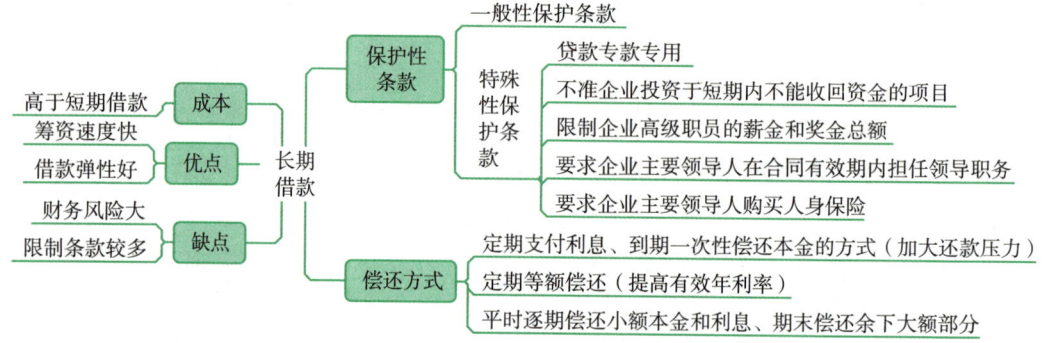

图 10 - 2　长期借款其他要求或特点

三、长期债券筹资

（一）债券发行价格：未来现金流量的现值

债券的发行价格是债券发行时使用的价格，即投资者购买债券时所支付的价格，公司发行债券的发行价格通常有三种：

(1) 平价：债券的票面金额 = 发行价格，此时票面利率 = 市场利率；

(2) 溢价：债券的票面金额 < 发行价格，此时票面利率 > 市场利率；

(3) 折价：债券的票面金额 > 发行价格，此时票面利率 < 市场利率。

债券发行价格 = 未来支付的利息现值 + 到期本金的现值

【例题 10 - 1·计算题】南华公司发行面值为 1 000 元，票面利率为 10%，期限为 10 年，每年年末付息的债券。

要求：在市场利率为 8%、10%、12% 时，公司债券的发行价格分别为多少？

【解析】

(1) 市场利率为 8% 时：

债券的发行价格 = 1 000 × (P/F, 8%, 10) + 1 000 × 10% × (P/A, 8%, 10)
　　　　　　　 = 1 000 × 0.4632 + 100 × 6.7101 = 1 134.21（元）

(2) 市场利率为 10% 时：

债券的发行价格 = 1 000 × (P/F, 10%, 10) + 1 000 × 10% × (P/A, 10%, 10)
= 1 000 × 0.3855 + 100 × 6.1446 = 1 000（元）

(3) 市场利率为 12% 时：

债券的发行价格 = 1 000 × (P/F, 12%, 10) + 1 000 × 10% × (P/A, 12%, 10)
= 1 000 × 0.322 + 100 × 5.6502 = 877.02（元）

（二）债券的偿还

1. 债券的偿还时间（见表 10-4）

表 10-4　　　　　　到期偿还、提前偿还和滞后偿还

到期偿还	指债券到期后还清债券所载明的义务，有分批偿还和一次偿还两种
提前偿还	指债券尚未到期之前就予以偿还。只有在公司发行债券的契约中明确了有关允许提前偿还的条款，公司才可以进行此项操作。 提前偿还所支付的价格通常高于债券的面值，并随到期日的临近而逐渐下降。 偿还时机选择：当公司资金有结余时、当预测利率下降时
滞后偿还	指在到期日之后来偿还债券，有转期和转换两种形式。 (1) 转期：一是直接以新债券兑换旧债券；二是用发行新债券得到的资金来赎回旧债券。 (2) 转换：将债券转换为公司的股票

2. 债券的偿还形式

(1) 用现金偿还债券。

(2) 以新债券换旧债券。

(3) 用普通股偿还债券。

（三）债券筹资的优点和缺点

与其他长期负债筹资相比，长期债券的优缺点主要有：

优点：筹资规模较大、具有长期性和稳定性、有利于资源优化配置。

缺点：发行成本高、信息披露成本高、限制条件多。

【例题 10-2·单选题】长期借款筹资与长期债券筹资相比，其特点是（　　）。

A. 利息能节税　　　　　　　　　　B. 筹资弹性大

C. 筹资费用大　　　　　　　　　　D. 债务利息高

【答案】B

【解析】借款时公司与银行直接交涉，有关条件可谈判确定，用款期间发生变动，也可与银行再协商。而债券融资面对的是社会广大投资者，协商改善融资条件的可能性很小。

第二节　普通股筹资

相对于债券和借款的到期还本付息，普通股融资通常不需要归还本金且没有固定的股利负担，投资者将承担更高的财务风险，故普通股筹资的资本成本也更高。

普通股筹资包括内部股权筹资和外部股权筹资，反映在资产负债表上，前者是留存收益的增加，后者则体现为股本或实收资本的增加。

一、普通股筹资的特点

普通股是最基本的一种股票形式，指股份公司依法发行的具有表决权和剩余索取权的一类股票（见表10-5）。

表10-5　普通股筹资的特点

优点	缺点
（1）没有固定利息负担； （2）没有固定到期日； （3）财务风险小； （4）能增加公司的信誉； （5）筹资限制较少； （6）在通货膨胀时普通股筹资容易吸收资金	（1）普通股的资本成本较高； （2）会增加新股东，可能会分散公司的控制权； （3）信息披露成本大，也增加了公司保护商业秘密的难度； （4）股票上市会增加公司被收购的风险

二、普通股的发行方式

股票的发行方式，可按不同标准分类：（1）以发行对象为标准，可划分为公开发行和非公开发行；（2）以发行中是否有中介机构协助为标准，可划分为直接发行和间接发行；（3）以发行能否带来现款为标准，可划分为有偿增资发行、无偿增资发行和搭配增资发行。

1. 公开发行与非公开发行（见表10-6）

表10-6　公开发行与非公开发行

	公开发行（公募）	非公开发行（私募）
发行方式	是指向不特定对象公开募集股份。 属于公开发行的情形：（1）向不特定对象发行证券；（2）向特定对象发行证券累计超过200人，但依法实施员工持股计划的员工人数不计算在内；（3）法律、行政法规规定的其他发行行为	是指上市公司采用非公开方式，向特定对象发行股票的行为。非公开发行证券，不得采用广告、公开劝诱和变相公开方式。 特定对象应当符合下列规定：（1）符合股东大会决议规定的条件；（2）发行对象不超过35名
优点	（1）发行范围广，发行对象多，易于足额募集资本； （2）股票的变现性强，流通性好； （3）有助于提高发行公司的知名度和影响力	灵活性较大，发行成本低
缺点	手续繁杂，发行成本高	发行范围小，股票变现性差

2. 直接发行与间接发行（见表10-7）

表10-7　　　　　　　　　　直接发行与间接发行

	直接发行	间接发行（委托发行）	
		包销	代销
含义	发行公司自己承担股票发行的一切事务和发行风险，直接向认购者推销出售股票的方式	根据承销协议商定价格，证券经营机构一次性购进全部发行股份，然后以较高价格出售给社会上的认购者	证券经营机构为发行公司代售股票，并取得一定的佣金，在承销期结束时，将未售出的股票全部退还给发行人
优点	发行公司可直接控制发行过程，并节省发行费用	可及时筹足资本，不承担发行风险，股款未募足的风险由承销商承担	可获得部分溢价收入
缺点	筹资时间较长，发行公司要承担全部发行风险，并需要发行公司有较高的知名度、信誉和实力	损失部分溢价	发行公司需承担股款未募足的风险

3. 有偿增资发行、无偿增资发行和搭配增资发行（见表10-8）

表10-8　　　　　有偿增资发行、无偿增资发行和搭配增资发行

	有偿增资发行	无偿增资发行	搭配增资发行
发行方式	认购者必须按股票的某种发行价格支付现款	认购者不必向公司缴纳现金就可获得股票的发行方式，发行对象只限于原股东	股东支付发行价格的一部分就可获得一定数额股票，其余部分由资本公积或留存收益转增
特点	可以直接从外界募集股本，增加公司的资本金	依靠减少公司的资本公积或留存收益来增加资本金。目的主要是为增强股东信心和公司信誉	通常是对原股东的一种优惠

【例题10-3·多选题】与公开发行股票相比，下列关于非公开发行股票的说法中，正确的有（　　）。(2017年)

A. 发行成本低　　　　　　　　B. 发行范围小
C. 股票变现性差　　　　　　　D. 发行方式灵活性小

【答案】ABC

【解析】非公开发行股票方式灵活性较大，发行成本低，但发行范围小，股票变现性差。

三、普通股的发行条件（新增）（见表 10-9）

表 10-9　　　　　　　　　　　普通股的发行条件

	条件
公开发行普通股	1. 盈利能力具有可持续性 （1）最近 3 个会计年度连续盈利；（2）业务和盈利来源相对稳定；（3）现有主营业务或投资方向能够可持续发展；（4）高级管理人员和核心技术人员稳定，最近 12 个月内未发生重大不利变化；（5）公司重要资产、核心技术或其他重大权益的取得合法，能够持续使用；（6）不存在可能严重影响公司持续经营的担保、诉讼、仲裁或其他重大事项；（7）最近 24 个月内曾公开发行证券的，不存在发行当年营业利润比上年下降 50% 以上的情形。 2. 财务状况良好 （1）会计基础工作规范；（2）最近 3 年及一期财务报表未被注册会计师出具保留意见、否定意见或无法表示意见的审计报告；（3）资产质量良好；（4）经营成果真实，现金流量正常；（5）最近 3 年以现金方式累计分配的利润不少于最近 3 年实现的年均可分配利润的 30%。
非公开发行普通股	（1）发行价格不低于定价基准日前 20 个交易日公司股票均价的 80%；（2）本次发行的股份自发行结束之日起，6 个月内不得转让；控股股东、实际控制人及其控制的企业认购的股份，18 个月内不得转让；（3）募集资金的使用符合相关规定；（4）发行导致控制权变化的，应符合相关规定。

四、普通股的发行定价（新增）

股票发行价格可以按票面金额，也可以超过票面金额，但不得低于票面金额。我国《证券法》规定，股票发行采取溢价发行的，其发行价格由发行人与承销的证券公司协商确定。

公开增发股票的发行价格，应不低于公告招股意向书前 20 个交易日公司股票均价或前 1 个交易日的均价；非公开发行股票的发行价格不低于定价基准日前 20 个交易日公司股票均价的 80%。其中：

$$\text{定价基准日前 20 个交易日股票交易均价} = \frac{\text{定价基准日前 20 个交易日股票交易总额}}{\text{定价基准日前 20 个交易日股票交易总量}}$$

五、普通股的首次公开发行（IPO）（新增）

（一）发行条件

（1）最近 3 个会计年度净利润均为正数且累计超过人民币 3 000 万元；（2）最近 3 个会计年度经营活动产生的现金流量净额累计超过人民币 5 000 万元；或者最近 3 个会计年度营业收入累计超过人民币 3 亿元；（3）发行前股本总额不少于人民币 3 000 万元；（4）最近一期末无形资产（扣除土地使用权、水面养殖权和采矿权等后）占净资产的比例不高于 20%；（5）最近一期末不存在未弥补亏损。

（二）发行定价

首次公开发行股票，可以通过向网下投资者询价的方式确定股票发行价格，也可以通过发行人与主承销商自主协商直接定价等方式确定发行价格。公开发行股票数量在 2 000 万股（含）以下且无老股转让计划的，应当通过直接定价的方式确定发行价格。

六、股权再融资

股权再融资的方式包括向原股东配股和增发新股融资。

(一) 配股

配股是指向原普通股股东按其持股比例、以低于市价的某一特定价格配售一定数量新发行股票的融资行为。配股权是普通股股东的优惠权，实际上是一种短期的看涨期权。

1. 配股的目的

（1）不改变原控股股东对公司的控制权和享有的各种权利；

（2）因发行新股将导致短期内每股收益稀释，通过折价配售的方式可以给原股东一定的补偿；

（3）鼓励原股东认购新股，以增加发行量。

2. 配股价格

配股一般采取网上定价发行的方式。配股价格由主承销商和发行人协商确定。

3. 配股条件

上市公司向原股东配股的，除了要符合公开发行股票的一般规定外，还应当符合下列规定：

（1）拟配售股份数量不超过本次配售股份前股本总额的30%；

（2）控股股东应当在股东大会召开前公开承诺认配股份的数量；

（3）采用证券法规定的代销方式发行。

（4）控股股东不履行认配股份的承诺，或代销期限届满，原股东认购数量未达到拟配售数量70%的，发行失败，发行人按照发行价格并加算银行同期存款利息返还已经认购的股东。

4. 配股除权价格

$$配股除权参考价 = \frac{配股前股票市值 + 配股价格 \times 配股数量}{配股前股数 + 配股数量}$$

$$= \frac{配股前每股价格 + 配股价格 \times 股份变动比例}{1 + 股份变动比例}$$

当所有股东都参与配股时，股份变动比例（即实际配售比例）等于拟配售比例。

如果除权后股票交易市价高于该除权参考价，这种情形使得参与配股的股东财富较配股前有所增加，一般称为"填权"；反之股价低于除权参考价则会减少参与配股股东的财富，一般称为"贴权"。

5. 每股股票配股权价值

一般来说，原股东可以以低于配股前股票市价的价格购买所配发的股票，即配股权的执行价格低于当前股票价格，此时配股权是实值期权，因此配股权具有价值。

$$每股股票配股权价值 = \frac{配股除权参考价 - 配股价格}{购买一股新配股所需的原股数}$$

【例题10-4·单选题】甲公司采用配股方式进行融资。每10股配2股,配股前股价为6.2元,配股价为5元。如果除权日股价为5.85元,所有股东都参加了配股,除权日股价下跌( )。(2014年)

A. 2.42% B. 2.50%
C. 2.56% D. 5.65%

【答案】B

【解析】配股除权价格=(配股前每股价格+配股价格×股份变动比例)÷(1+股份变动比例)=(6.2+5×0.2)÷(1+0.2)=6(元),除权日股价下跌(6-5.85)÷6×100%=2.50%。

(二)增发新股(见表10-10)

表10-10 增发新股

	公开增发	非公开增发
增发对象	没有特定的发行对象,股票市场上的投资者均可以认购	(1) **机构投资者**:大体可以划分为财务投资者和战略投资者 (2) **大股东及关联方**:指上市公司的控股股东或关联方
认购方式	通常为现金认购	不限于现金,还包括股权、债权、无形资产、固定资产等非现金资产

【例题10-5·单选题】下列关于普通股筹资定价的说法中,正确的是( )。(2010年改编)

A. 首次公开发行股票时,发行价格应由发行人与承销的证券公司协商确定
B. 上市公司向原有股东配股时,发行价格可由发行人自行确定
C. 上市公司公开增发新股时,发行价格不能低于公告招股意向书前20个交易日公司股票均价的80%
D. 上市公司非公开增发新股时,发行价格不能低于定价基准日前20个交易日公司股票的均价

【答案】A

【解析】配股一般采取网上定价发行的方式。配股价格由主承销商和发行人协商确定,选项B错误;上市公司公开增发新股的定价通常按照"发行价格应不低于公开招股意向书前20个交易日公司股票均价或前1个交易日的均价"的原则确定增发价格,选项C错误;上市公司非公开增发新股时,发行价格应不低于定价基准日前20个交易日公司股票均价的80%,选项D错误。

(三)股权再融资对公司的影响(了解)(见图10-3)

对资本结构的影响
(1)一般来讲,权益成本高于负债成本。因此,采用股权再融资会降低资产负债率,并可能使资本成本提高。
(2)若权益融资改善了公司资本结构,也会在一定程度上降低公司的加权平均资本成本,增加公司整体价值

对财务状况的影响
(1)若公司运营及盈利能力不变,采用股权再融资会降低权益净利率。
(2)但如果公司将股权再融资筹集的资金投入到具有良好效益的项目,或能够改善资本结构,降低资本成本,就有利于增加公司的价值

对控制权的影响
(1)就配股而言,如果老股东不放弃配股权,公司控制权结构不会变化。
(2)公开增发会引入新股东,股东控制权受到增发认购数量的影响。
(3)非公开增发主要有两种情况:
①若对财务投资者和战略投资者增发,则会降低控股股东的持股比例,但因财务投资者和战略投资者大多与控股股东有良好的合作关系,因此一般不会对控股股东的控制权形成威胁;
②若面向控股股东增发,以收购其优质资产或实现整体上市,则会增强控股股东对公司的控制权

图10-3 股权再融资对公司的影响

第三节 混合筹资

一、优先股筹资

优先股是指股份持有人优先于普通股股东分配公司利润和剩余财产,但参与公司决策管理等权力受到限制的股份。

(一)相关规定

1. 上市公司发行优先股的一般条件
(1)最近3个会计年度实现的年均可分配利润应当不少于优先股1年的股息。
(2)最近3年现金分红情况应当符合公司章程及中国证监会的有关监管规定。
(3)报告期不存在重大会计违规事项。
(4)已发行的优先股不得超过公司普通股股份总数的50%,且筹资金额不得超过发行前净资产的50%,已回购、转换的优先股不纳入计算。

2. 上市公司公开发行优先股的特别规定
(1)最近3个会计年度应当连续盈利。扣除非经常性损益后的净利润与扣除前净利润相比,以孰低者作为计算依据。
(2)上市公司公开发行优先股应当在公司章程中规定以下事项:
①采取固定股息率;
②在有可分配税后利润的情况下必须向优先股股东分配股息;
③未向优先股股东足额派发股息的差额部分应当累积到下一个会计年度;

④优先股股东按照约定的股息率分配股息后,不再同普通股股东一起参加剩余利润分配。

商业银行发行优先股补充资本的,可就第②项和第③项事项另行约定。

(3) 上市公司公开发行优先股的,可以向原股东优先配售。

(4) 最近 36 个月内因违反工商、税收、土地、环保、海关法律、行政法规或规章,受到行政处罚且情节严重的,不得公开发行优先股。

(5) 公司及其控股股东或实际控制人最近 12 个月内应当不存在违反向投资者作出的公开承诺的行为。

(二) 优先股的筹资成本

同一公司的优先股股东的必要报酬率**比债权人高**,同一公司的优先股股东的必要报酬率**比普通股股东低**。

(三) 优先股筹资的优缺点 (见表 10-11)

表 10-11　　　　　　　　　　优先股筹资的优缺点

优点	(1) 与债券相比,不支付股利不会导致公司破产;没有到期期限,不需要偿还本金。 (2) 与普通股相比,发行优先股一般不会稀释股东权益
缺点	(1) 优先股股利不可以税前扣除,是优先股筹资的税收劣势;投资者购买优先股所获股利免税,是优先股筹资的税收优势。两者可以完全抵消,使优先股股息与债券利息趋于一致。 (2) 优先股的股利通常被视为固定成本,与负债筹资的利息没有什么差别,会增加公司的财务风险并进而增加普通股的成本

二、附认股权证债券筹资

(一) 认股权证的特征

认股权证是公司向股东发放的一种凭证,授权其持有者在一个特定期间以特定价格购买特定数量的公司股票(见表 10-12)。

表 10-12　　　　　　　　　认股权证与股票看涨期权的异同

		认股权证	股票看涨期权
相同点		(1) 都以股票为标的资产,其价值随股票价格变动; (2) 到期前都具有选择权; (3) 都有固定的执行价格	
不同点	行权时股票来源	是新增股票,存在稀释问题	来自二级市场,不存在稀释问题
	时间	时间长。可以长达 10 年,甚至更长	时间短。通常只有几个月
	布莱克—斯科尔斯模型	不能假设有效期内不分红,故不适用	适用

认股权证发行的用途:

(1) 在公司发行新股时,为避免原有股东每股收益和股价被稀释,给原有股东配发一定数量的认股权证，使其可以按优惠价格认购新股，或直接出售认股权证，以弥补新股发行的稀释损失。

（2）作为奖励发放给本公司的管理人员。

（3）作为筹资工具，以吸引投资者购买票面利率低于市场要求的长期债券。

（二）附认股权证债券的筹资成本

附认股权证债券是指公司债券附认股权证，持有人依法享有在一定期间内按约定价格认购公司股票的权利，是债券加上认股权证的产品组合。

附认股权证债券分类：

（1）分离型：认股权证与公司债券可以分开，单独在流通市场上自由买卖；

（2）非分离型：认股权证与公司债券无法分开，两者存续期一致，同时流通转让，不得分开转让。

附带认股权证债券的筹资成本，可以用投资人的内含报酬率来估计。计算出的内含报酬率必须处于债务市场利率和税前普通股成本之间，才可以被投资人和发行公司同时接受。

（三）附认股权证债券筹资的优缺点（见图10-4）

优点
（1）一次发行、二次融资的作用，有效降低融资成本；
（2）发行人主要是高速增长的小公司，这些公司有较高的风险，直接发行债券需要较高的票面利率。通过发行附有认股权证的债券，是以潜在的股权稀释为代价换取较低的利息

缺点
（1）灵活性较差。发行人一直都有偿还本息的义务，因无赎回和强制转股条款，从而在市场利率大幅降低时，发行人需要承担一定的机会成本。
（2）发行者主要目的是发行债券而不是股票，是为了发行债券而附带期权。
（3）认股权证的执行价格，一般比发行时的股价高出20%~30%。如果将来公司发展良好，股票价格会大大超过执行价格，原有股东会蒙受较大损失。
（4）附带认股权证债券的承销费用高于债务融资

图10-4 认股权证筹资的优缺点

【例题10-6·多选题】某公司是一家生物制药企业，目前正处于高速成长阶段。公司计划发行10年期限的附认股权证债券进行筹资。下列说法中，正确的有（ ）。（2010年）

A. 认股权证是一种看涨期权，可以使用布莱克—斯科尔斯模型对认股权证进行定价

B. 使用附认股权证债券筹资的主要目的是当认股权证执行时，可以以高于债券发行日股价的执行价格给公司带来新的权益资本

C. 使用附认股权证债券筹资的缺点是当认股权证执行时，会稀释股价和每股收益

D. 为了使附认股权证债券顺利发行，其内含报酬率应当介于债务市场利率和税前普通股成本之间

【答案】CD

【解析】布莱克—斯科尔斯模型假设没有股利支付，看涨期权可以适用。认股权证不能假设有效期限内不分红，5~10年不分红不现实，不能用布莱克—斯科尔斯模型，选项A错误；附认股权证债券筹资的主要目的是可以降低相应债券的利率，所以选项B错误。

三、可转换债券筹资

可转换债券是一种特殊的债券,它在一定期间内依据约定的条款可以转换成普通股。

(一)可转换债券的主要条款

可转换债券的主要条款如表 10-13 所示。

表 10-13　　　　　　　　　　　可转换债券的主要条款

特征	说明
可转换性	(1) 在资产负债表上只是负债转换为普通股,并不增加额外的资本; (2) 这种转换是一种期权,可以选择转换,也可以选择不转换而继续持有债券
转换价格	可转换债券发行之时,明确了以怎样的价格转换为普通股,这一规定的价格就是可转换债券的转换价格(也称"转股价格"),即转换发生时投资者为取得普通股每股所支付的实际价格; 转换价格通常比发行时的股价高出 20%~30%
转换比率	转换比率是债权人将一份债券转换成普通股可获得的普通股股数。 **转换比率 = 债券面值 ÷ 转换价格**
转换期	可转换债券的转换期可以与债券的期限相同,也可以短于债券的期限
赎回条款	设置赎回条款的目的:(1) 可以促使债券持有人转换股份;(2) 可以使发行公司避免市场利率下降后,继续向债券持有人按较高的债券票面利率支付利息所蒙受的损失
回售条款	回售条款指在达到某一条件时,债券投资者可以强制将债券销售给发行债券的公司; 设置回售条款是为了**保护债券投资人**的利益,使他们能够避免遭受过大损失,降低风险
强制性转换条款	设置强制性转换条款,是为了保证可转换债券顺利地转换为股票,实现发行公司扩大权益筹资的目的

(二)可转换债券的筹资成本

可转换债券的持有者,同时拥有 1 份债券和 1 份股票的看涨期权,但为了执行看涨期权,必须放弃债券。

可转换债券的估值就是先当作普通债券分析,再当作看涨期权处理。

可转换债券,在 CPA 考试中其核心考点在于计算可转换债券的资本成本是否在合适区间,因此对其的计算主要分为以下几步(见表 10-14)。

表 10-14　　　　　　　　　　　确定可转换债券票面利率是否合适

确定纯债券的价值	纯债券的价值是不含看涨期权的普通债券的价值。 **纯债券的价值 = 利息的现值 + 本金的现值**
分析期权部分的转换价值	债券转换价值是债券转换成的股票价值。 **转换价值 = 股价 × 转换比率** 第 i 年股价 = 初始股价 × $(1 + 预期增长率)^i$
分析可转换债券的底线价值	可转换债券的底线价值,应当是纯债券价值和转换价值两者中**较高者**
分析市场价值	市场价值不会低于底线价值

续表

赎回价值	可转换债券设置有赎回保护期，在此之前发行者不可以赎回。 若赎回价格＜底线价值，则选择转股
分析筹资成本	买价 = 每年利息的现值 + 底线价值的现值 = $\sum \frac{每年利息}{(1+i)^t} + \frac{底线价值}{(1+i)^n}$ 求出上式中的折现率（i），就是可转换债券的税前成本，再乘以（1－T）就是税后成本
确定票面利率、转换价格与转换比率是否合适	可转换债券的税前筹资成本应**在普通债券利率与税前股权成本之间**。 【注】若票面利率或者转换价格不合适，我们要修改筹资方案，修改途径包括：提高每年支付的利息、提高转换比率或延长赎回保护期间

【例题10-7·单选题】甲公司拟发行可转换债券，当前等风险普通债券的市场利率为5%，股东权益成本为7%。甲公司的企业所得税税率为20%。要使发行方案可行，可转换债券的税后资本成本的区间为（　　）。(2014年)

A. 4%～7%　　　　　　　　　　B. 5%～7%
C. 4%～8.75%　　　　　　　　　D. 5%～8.75%

【答案】A

【解析】等风险普通债券的税后利率=5%×（1－20%）=4%，所以可转换债券的税后资本成本的区间是4%～7%。

（三）可转换债券筹资的优缺点（见图10-5）

优点　（1）与普通债券相比，可转换债券使得公司能够以较低的利率取得资金。降低了公司前期的筹资成本。
（2）与普通股相比，可转换债券使得公司取得了以高于当前股价出售普通股的可能性。有利于稳定公司股票价格

缺点　（1）股价上涨风险。公司只能以较低的固定转换价格换出股票，会降低公司的股权筹资额。
（2）股价低迷风险。发行可转换债券后，如果股价没有达到转股所要求的水平，可转换债券持有者没有如期转换普通股，则公司只能继续承担债务。在订有回售条款的情况下，公司短期内集中偿还债务的压力会更明显。
（3）筹资成本高于纯债券。尽管可转换债券的票面利率比纯债券低，但是加入转股成本之后的总筹资成本比纯债券更高

图10-5　可转换债券筹资的优缺点

（四）可转换债券和附认股权证债券的区别

可转换债券和认股权证债券的区别如表10-15所示。

表10-15　　　　　　　　　　可转换债券和认股权证的区别

	可转换债券	认股权证
行权对资本的影响不同	在转换时只是报表项目之间的变化，没有增加新的资本	在认购股份时给公司带来新的权益资本
灵活性不同	类型繁多，千姿百态。它允许发行者规定可赎回条款、强制转换条款等	灵活性较差

续表

	可转换债券	认股权证
适用情况不同	主要目的是发行股票而不是债券,只是因为当前股价偏低,希望通过将来转股以实现较高的股票发行价	公司规模小、风险更高,往往是新的公司启动新的产品。 主要目的是发行债券而不是股票,是为了发债而附带期权
两者的发行费用不同	承销费用与普通债券类似	承销费用介于债务融资和普通股融资之间

第四节 租赁筹资

一、租赁的原因及概念

租赁,指在一定的期间内,出租人将资产使用权让与承租人以获取对价的合同。

(一) 租赁种类

按不同的分类标准,可将租赁分为如表10-16所示几类。

表10-16　　　　　　　　　　租赁的分类

分类标准	租赁类型	说明
按当事人之间的关系	直接租赁	指出租方(租赁公司或生产厂商)直接向承租人提供租赁资产的租赁形式。直接租赁**只涉及出租人和承租人两方**
	杠杆租赁	是有贷款者参与的一种租赁形式。在这种租赁形式下出租人既是资产的出租者,又是款项的借入者。杠杆租赁**涉及三方当事人:承租人、出租人、贷款者**
	售后租回	该种租赁是指承租人先将某资产卖给出租人,再将该资产租回的一种租赁形式。在这种形式下,承租人一方面通过出售资产获得了现金;另一方面又通过租赁满足了对资产的需要,而租赁费却可以分期支付
按租赁期的长短	短期租赁	租赁的时间明显少于租赁资产的经济寿命
	长期租赁	租赁的时间接近租赁资产的经济寿命
按全部租赁费是否超过资本的成本	不完全补偿租赁	指租赁费不足以补偿租赁资产的全部成本的租赁
	完全补偿租赁	指租赁费超过资产全部成本的租赁
按租赁撤销限制	可以撤销租赁	指合同中注明承租人可以随时解除的租赁。通常,提前终止合同,承租人需要支付一笔赔偿款
	不可撤销租赁	指在合同到期前不可以单方面解除的租赁。如果经出租人同意或者承租人支付一笔足够大的额外款项,也可以提前终止
按出租人是否负责资产的维护	毛租赁	指由出租人负责资产维护的租赁
	净租赁	指由承租人负责资产维护的租赁

（二）租赁存在的原因（见表 10-17）

表 10-17　　　　　　　　　　　　租赁存在的原因

原因	说明
节税	如果承租方的有效税率高于出租方，在租赁费可以抵税的情况下，通过租赁可以节税。节税是**长期租赁**存在的重要原因
降低交易成本	交易成本的差别是**短期租赁**存在的主要原因
减少不确定性	租赁的风险主要与租赁期满时租赁资产的余值有关。承租人不拥有租赁资产的所有权，不承担与此有关的风险。资产使用者如果自行购置，他就必须承担该项风险

二、租赁的会计处理和税务处理

（一）租赁的会计处理

1. 采用简化处理的短期租赁和低价值资产租赁

短期租赁是指在租赁期开始日，租赁期不超过 12 个月的租赁。包含购买选择权的租赁不属于短期租赁。

承租人在判断是否是低价值资产租赁时，应基于全新状态下的价值评估，不应考虑资产已被使用的年限。

对于短期租赁和低价值资产租赁，承租人可以选择不确认使用权资产和租赁负债。作出该选择的，承租人应当将短期租赁和低价值资产租赁的**租赁付款额**，在租赁期内各个期间按照直线法或其他系统合理的方法计入相关资产成本或当期损益。

2. 其他租赁

对除采用简化处理的短期租赁和低价值资产租赁外的租赁，在租赁期开始日，承租人应当对租赁确认使用权资产和租赁负债。

承租人应当按照固定的周期性利率计算租赁负债在租赁期内各个期间的利息费用，并计入当期损益或相关资产成本。承租人应当参照固定资产折旧，自租赁期开始日起对使用权资产计提折旧。

（二）租赁的税务处理

税收法规规定了租赁资产的计税基础和扣除时间，并且与会计准则不一致时，应遵循税收法规。

（1）以经营租赁方式租入固定资产发生的租赁费支出，按照租赁期均匀扣除。

（2）以融资租赁方式租入固定资产发生的租赁费支出，按照规定构成融资租入固定资产价值的部分应当提取折旧费用，分期扣除；

（3）**融资租入的固定资产，以租赁合同约定的付款总额和承租人在签订租赁合同过程中发生的相关费用为计税基础**，租赁合同未约定付款总额的，以该资产的公允价值和承租人在签订租赁合同过程中发生的相关费用为计税基础。

（4）企业在生产经营活动中发生的利息支出，准予扣除。

财务管理主要关注估值。由于税法的相关规定将影响税后现金流量，故财务管理将采用税法角度而不是会计的角度看待租赁问题。

【例题10-8·多选题】下列有关租赁的表述中，正确的有（   ）。
A. 按照税法规定以融资租赁方式租入固定资产发生的租赁费支出，应按照租赁期限均匀扣除
B. 租赁费用的经济内容包括出租人的租赁资产的购置成本、营业成本以及相关的利息
C. 按照我国会计准则的规定，短期租赁可以选择采用简易办法处理，在租赁期内各个期间按照直线法或其他系统合理的方法计入相关资产成本或当期损益
D. 除采用简易办法处理的租赁外，承租人应当对租赁确认使用权资产和租赁负债

【答案】CD

【解析】按照税法规定以经营租赁方式租入固定资产发生的租赁费支出，应按照租赁期限均匀扣除，选项A错误；租赁费用的经济内容包括出租人的全部出租成本和利润。出租成本包括租赁资产的购置成本、营业成本以及相关的利息，选项B错误。

三、租赁的决策分析

财管主要从承租人的融资角度研究租赁（出租人是从投资角度研究租赁），把租赁视为一种融资方式。如果租赁融资比其他融资方式更有利，则应优先考虑租赁融资。

租赁分析的主要程序如下：

（1）分析是否应该取得一项资产。这是租赁分析的前置程序。承租人在决定是否租赁一项资产之前，先要判断该项资产是否值得投资。这一决策通过常规的资本预算程序完成。通常，确信投资于该资产有正的净现值之后才会考虑如何筹资问题。

（2）分析公司是否有足够的现金用于该项资产投资。通常，运行良好的公司没有足够的多余现金用于固定资产投资，需要为新的项目筹资。

（3）分析可供选择的筹资途径。筹资的途径包括借款和发行新股等。租赁是可供选择的筹资途径之一。如果公司拟通过借款筹资，就应分析借款和租赁哪个更有利。

（4）利用租赁分析模型计算租赁净现值。根据财务的基本原理，为获得同一资产的两个方案，现金流出的现值较小的方案是好方案。如果租赁方式取得资产的现金流出的总现值小于借款筹资，则租赁有利于增加股东财富。因此，租赁分析的基本模型如下：

租赁净现值 = 租赁的现金流量总现值 − 借款购买的现金流量总现值

（5）根据租赁净现值以及其他非计量因素，决定是否租赁。

应用该模型的主要问题如表10-18所示。

表 10 – 18　　　　　　　应用该模型的主要问题（预计现金流量和估计折现率）

确定预计现金流量时需要考虑		（1）预计借款筹资购置资产的现金流； （2）与可供选择的出租人讨论租赁方案； （3）判断租赁的税务性质； （4）预计租赁方案的现金流
估计折现率	租赁费	租赁费现金流的折现率应采用有担保债券的利率，它比无风险利率稍高一些
	折旧抵税额	折旧抵税额的风险比租金大一些，折现率也应高一些
估计折现率	期末资产余值	通常认为，持有资产的经营风险大于借款的风险，因此期末资产余值的折现率要比借款利率高。多数人认为，资产余值应使用项目的必要报酬率即加权平均资本成本作为折现率
	实务中的做法	实务中大多采用简单的解决办法，即采用**有担保债券的税后利率**作为折现率，它比无风险利率稍微高一点

考试中，经常考查的是租赁和购买哪一个更划算。首先我们要对租赁的性质进行判断，看是经营租赁还是融资租赁。经营租赁的现金流比较简单，我们先对购买与融资租赁的现金流量进行分析（见表 10 – 19）。

表 10 – 19　　　　　　从购买和融资租赁的角度来分析一下两者的现金流量

	购买	融资租赁
初始现金流量	购买设备支出	—
营业（租赁期）现金流量	（1）折旧抵税：折旧×税率。 （2）税后维修费用：–维修费×（1–税率）	（1）租金：–租金（注意不能税前扣除）。 （2）折旧抵税：折旧×税率 按同类固定资产的折旧年限、净残值率计提折旧费用
回收期现金流量	期末资产变现价值+变现损失抵税（–变现收益纳税）	（1）假设所有权不转移，即是丧失的期末资产变现抵税，即：残余价值×税率。 （2）假设期末所有权转移，现金流量有几个： ①支付购买价款：–买价； ②回收残值变现收益：期末资产变现价值+变现损失抵税（–变现收益纳税）

【提示】我们通过差额分析法再来看看经营租赁相对于自己购买的优势：
（1）避免购置支出，这相当于现金流入：避免购置支出的流入。
（2）营业期流量：
①丧失了折旧抵税：–折旧×所得税税率；
②税后租金支出：–租金×（1–所得税税率）。
（3）回收期现金流量：租赁相比自己购买，丧失了回收期现金流量：–（回收期现金流量）=–[期末资产变现价值+变现损失抵税（–变现收益纳税）]
【注意】在比较租赁与购买哪个更划算时，运营期的资产维护费用应该考虑进项目的现金流量吗？

如果出租合同约定，维护费用应该由承租方来承担，那么自行购置和租赁都应该承担这笔维护费用，这属于非相关成本，无须考虑。

如果出租合同约定，维护费用是由出租方来承担，这时，自行购置的维护费用需要自己来承担，相当于自行购置多承担了一笔费用，那就需要考虑维护费用。

【例题10-9·计算题】A公司是一个制造公司，为增加产品产量决定添置一台设备，预计该设备将使用4年。公司正在研究应通过自行购置还是租赁取得该设备。有关资料如下：

（1）如果自行购置，预计设备购置成本100万元。税法折旧年限为5年，折旧期满时预计净残值率为5%，直线法计提折旧。4年后该设备的变现价值预计为30万元。设备维护费用（保险、保养、修理等）预计每年1万元，假设发生在每年年末。

（2）B租赁公司可提供该设备的租赁服务，租赁期4年，年租赁费20万元，在年初支付。租赁公司负责设备的维护，不再另外收取费用。租赁期内不得撤租。租赁期届满租赁资产所有权不转让。

（3）A公司的所得税税率为25%，税后借款（有担保）利率为8%。

要求：该公司应该选择购买资产还是租赁资产。

【解析】

表1　　　　　　　　　　　　租赁方案决策分析　　　　　　　　　　　　单位：万元

项目	时间（年末）				
	0	1	2	3	4
租赁方案：					
租金支付	-20	-20	-20	-20	
计税基础	80				
折旧		15.2	15.2	15.2	15.2
折旧抵税		3.8	3.8	3.8	3.8
期末资产变现流入					0
（期末资产账面价值）					19.2
（期末资产变现损益）					-19.2
期末资产变现损失抵税					4.8
各年现金流量	-20	-16.2	-16.2	-16.2	8.6
折现系数（8%）	1	0.9259	0.8573	0.7938	0.7350
各年现金流量现值	-20	-15	-13.89	-12.86	6.32
租赁的现金流量总现值	-55.43				
购买方案：					
购置设备	-100				

续表

项目	时间（年末）				
	0	1	2	3	4
折旧		19	19	19	19
折旧抵税		4.75	4.75	4.75	4.75
维修费用		-1	-1	-1	-1
维修费用抵税		0.25	0.25	0.25	0.25
税后维修费用		-0.75	-0.75	-0.75	-0.75
期末资产变现流入					30
（期末资产账面价值）					24
（期末资产变现损益）					6
期末资产变现利得缴税					-1.5
各年现金流量	-100	4	4	4	32.5
折现系数（8%）	1	0.9259	0.8573	0.7938	0.7350
各年现金流量现值	-100	3.7	3.43	3.18	23.89
借款购买的现金流量总现值	-65.8				
租赁率现值	10.37				

通过上表可知，采用租赁方案更有利，故应该选择租赁。

有关项目说明如下：

1. 租赁方案

表2

(1) 判断租赁的税务性质	该合同不属于选择简化处理的短期租赁和低价值资产租赁，符合融资租赁的认定标准，租赁费每年20万元，不可在税前扣除
(2) 租赁资产的计税基础	由于合同约定了承租人的付款总额，租赁费是取得租赁资产的成本，全部构成其计税基础：租赁资产的计税基础=20×4=80（万元）
(3) 折旧抵税（按同类固定资产的折旧年限计提折旧费）	租赁资产的年折旧额=80×(1-5%)÷5=15.2（万元） 每年折旧抵税=15.2×25%=3.8（万元）
(4) 期末资产变现（该设备租赁期届满时租赁资产所有权不转移）	期末资产变现流入=0 期末资产账面价值=80-15.2×4=19.2（万元） 期末资产变现损失=19.2-0=19.2（万元） 期末资产变现损失抵税=19.2×25%=4.8（万元）
(5) 各年现金流量	第1年年初现金流量=-20万元 第1年至第3年年末现金流量=-20+3.8=-16.2（万元） 第4年年末现金流量=3.8+4.8=8.6（万元）
(6) 租赁方案现金流量总现值	总现值=-20-16.2×2.5771+8.6×0.7350=-55.43（万元）

2. 购买方案

表3

(1) 购置设备	第1年年初购置设备 = 100万元
(2) 折旧抵税。按税法规定计提折旧费	购买资产的年折旧额 = 100 × (1 – 5%) ÷ 5 = 19（万元） 每年折旧抵税 = 19 × 25% = 4.75（万元）
(3) 税后维修费用	每年年末税后维修费用 = 1 × (1 – 25%) = 0.75（万元）
(4) 期末资产变现	期末资产变现流入 = 30万元 期末资产账面价值 = 100 – 19 × 4 = 24（万元） 期末资产变现收益 = 30 – 24 = 6（万元） 期末资产变现利得缴税 = 6 × 25% = 1.5（万元）
(5) 各年现金流量	第1年到第3年年末现金流量 = 4.75 – 0.75 = 4（万元） 第4年年末现金流量 = 4.75 – 0.75 + 30 – 1.5 = 32.5（万元）
(6) 购买方案现金流量总现值	总现值 = –100 + 4 × 2.5771 + 32.5 × 0.7350 = –65.8（万元）

四、售后租回

售后租回是指卖主（即承租人）将一项自制或外购的资产出售后，又将该项资产从买主（即出租人）租回。在该方式下，卖主同时是承租人，买主同时是出租人。

（一）售后租回的会计处理

1. 售后租回交易中的资产转让属于销售

卖方兼承租人应当按原资产账面价值中与租回获得的使用权有关的部分，计量售后租回所形成的使用权资产，并仅就转让至买方兼出租人的权利确认相关利得或损失。买方兼出租人对资产购买和资产出租进行会计处理。

2. 售后租回交易中的资产转让不属于销售

卖方兼承租人不终止确认所转让的资产，而应当将收到的现金作为金融负债。买方兼出租人不确认被转让资产，而应当将支付的现金作为金融资产。

（二）售后租回的税务处理

融资性售后租回业务中承租方出售资产时，与资产相关的风险与报酬并未完全转移。承租人出售资产的行为，不确认收入，仍按照出售前原账面价值作为计税基础计提折旧。租赁期间，承租人支付的属于融资利息的部分，作为企业财务费用在税前扣除。

第十章 长期筹资

彬哥跟你说：

　　本章如果说有难度，那就是可转换债券的成本的计算，实际上难度也不大，因为基本原理就是找出现金流量然后折现即可！所以本章也没什么难度特别大的知识点，轻松学吧！

今日复习步骤：

　　第一遍：回忆 & 重新复习一遍框架（15分钟）
　　学习要求：这一遍的目的是自己重新梳理一遍框架，不需要掌握所有细节，但求框架了然于心。
　　（1）长期筹资讲了些什么——普通股筹资、长期债务筹资、混合筹资、租赁筹资。
　　（2）普通股筹资的特点有哪些，有哪些内容？
　　（3）长期债务筹资的特点有哪些，有哪些内容？
　　（4）混合筹资有哪些方式，包括哪些内容？
　　（5）租赁筹资是怎么回事，有哪些内容？
　　第二遍：对细节进一步掌握（40分钟）
　　第三遍：重新复习一遍框架（10分钟）

我问你答：

　　（1）长期筹资讲了些什么——长期债务筹资、普通股筹资、混合筹资、租赁筹资。
　　（2）长期债务筹资的特点有哪些，有哪些内容？
　　（3）普通股筹资的特点有哪些，有哪些内容？
　　（4）优先股筹资有什么特点？
　　（5）认股权证是怎么回事？认股权证与股票看涨期权的相同点有哪些，不同点又有哪些？
　　（6）可转换债券的底线价格怎么确定？可转换债券的税前资本成本应该在哪个范围之间该发行方案才是可行的？
　　（7）选择购买方案还是租赁方案的决策分析怎么做？

本章作业：

　　（1）请把讲义例题做三遍（做错的题目，请分析错误原因并记录到改错本）。
　　（2）请复习完口述一遍框架，睡前请再回忆一遍框架。
　　（3）第二天早上，请再回忆一遍框架，对于回忆不起来的内容，请翻书看一遍。

第十一章 股利分配、股票分割与股票回购

【简单解释本章内容】

（1）本章内容非常简单，主要是文字内容，但是不得不说，财务管理考试往往喜欢考文字内容，所以各位要结合历年真题多看看细节。

（2）股利分配主要讲述如何分配股利，股利的种类以及股利相关的一些理论。

（3）股票分割，就是将股票分为更多的股票。

【本章学习方法】

本章虽然简单，但是要注意细节，越是简单的章节出题就会越细。

本章框架如图11-1所示。

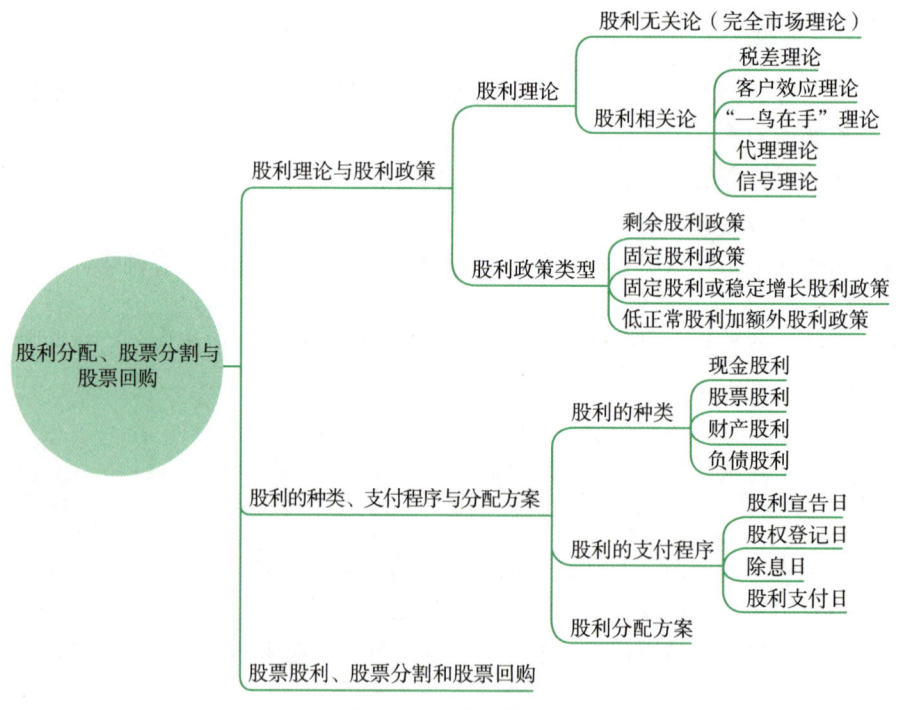

图11-1 本章框架

第一节 股利理论与股利政策

一、股利理论

股利分配的核心问题是如何权衡公司股利支付决策与未来长期增长之间的关系,以实现公司价值最大化的财务管理目标。股利理论主要有两种:股利无关论和股利相关论。

(一)股利无关论

股利无关论认为股利分配对公司的市场价值(或股票价格)不会产生影响。建立在完美资本市场理论之上的。

假设条件:(1)公司的投资政策已确定并且已经为投资者所理解;
(2)不存在股票发行和交易费用;
(3)不存在个人或公司所得税;
(4)不存在信息不对称;
(5)经理与外部投资者之间不存在代理成本。

结论:(1)投资者并不关心公司股利的分配,是否分配股利对股东的财富和公司价值没有影响。
(2)股利政策与股价无关,公司的股利政策不会影响股票的市价(公司价值)。

(二)股利相关论

股利理论如表11-1所示。

表11-1 股利理论

理论种类	基本观点	
税差理论 (交易成本)	现金股利税和资本利得税有差异时,将使股东在继续持有股票以期取得预期资本利得与立即实现股利收益之间进行权衡	
	不考虑股票交易成本(低现金股利政策)	一般来说,政府会采用股利收益税大于资本利得税的差异税率制度,以提高留存收益再投资的比率,使股东在实现未来的资本利得中享有税收节省
	考虑股票交易成本(高现金股利政策)	存在股票交易成本,甚至资本利得税与交易成本之和大于股利收益税时,偏好取得定期现金股利的股东倾向于高股利支付率政策
客户效应理论 (收入)	处于不同税负等级的投资者,对公司股利政策的偏好也不同	
	收入高的投资者 (低现金股利)	其边际税率较高表现出偏好低股利支付率的股票,希望少分现金股利或不分现金股利,以更多的留存收益进行再投资,从而提高所持有的股票价格
	收入低的及享有税收优惠的养老基金投资者(高现金股利)	偏好高股利支付率的股票,希望支付较高且稳定的现金股利

续表

理论种类	基本观点	
"一鸟在手"理论	因企业经营过程中存在诸多不确定性，股东认为现实的现金股利要比未来的资本利得更为可靠，故会偏好于确定的股利收益。 该理论强调为了实现股东价值最大化的目标，企业应实行高股利分配率的股利政策	
代理理论 （代理成本）	企业中的股东、债权人、经理人员等诸多利益相关者的目标并非完全一致，在追求自身利益最大化的过程中有可能会以牺牲另一方的利益为代价	
	债权人希望低股利政策	股东与债权人之间的代理冲突
	股东希望高股利政策	经理人员与股东之间的代理冲突
	中小股东希望高股利政策	控股股东与中小股东之间的代理冲突
信号理论 （信号传递）	由于公司管理者与投资者之间存在信息不对称，公司可以通过股利政策向市场传递关于公司未来盈利能力的信息，股利政策会影响公司股价	
	公司"提高股利"	是公司管理者向市场传递"盈利好"的信号，引起股票价值上涨
	公司"降低股利"	是公司管理者向市场传递"盈利差"的信号，引起股票价值下降

【例题 11-1·单选题】下列关于股利分配理论的说法中，错误的是（　　）。（2011年）

A. 税差理论认为，当股票资本利得税与股票交易成本之和大于股利收益税时，应采用高现金股利支付率政策

B. 客户效应理论认为，对于高收入阶层和风险偏好投资者，应采用高现金股利支付率政策

C. "一鸟在手"理论认为，由于股东偏好当期股利收益胜过未来预期资本利得，应采用高现金股利支付率政策

D. 代理理论认为，为解决控股股东和中小股东之间的代理冲突，应采用高现金股利支付率政策

【答案】B

【解析】边际税率较高的投资者（高收入阶层和风险偏好投资人，税负高，偏好资本增长）偏好低股利支付率的股票，偏好少分现金股利，多留存。选项B错误。

二、股利政策类型

股利政策的类型如表11-2所示。

表11-2　　　　　　　　　　　股利政策类型

	含义	特点	
剩余股利政策	在公司有良好投资机会时,根据一定的目标资本结构(最佳资本结构),测算出投资所需要的权益资本,先从盈余(当年利润)当中留用,然后将剩余的盈余作为股利予以分配	保持理想资本结构,使加权平均资本成本最低 注意:分配的基数是当年的税后利润,这里不考虑以前的未分配利润和需要提取的盈余公积。	
固定股利或稳定增长股利政策	企业将每年派发的股利固定在某一特定水平上或是在此基础上维持某一固定增长率从而逐年稳定增长。其理论依据是"一鸟在手"理论和股利信号理论	该政策适用于成熟的、盈利充分且获利能力比较稳定的、扩张需求减少的公司。稳定增长期的企业可采用稳定增长股利政策,成熟期的企业可采用固定股利政策	
		优点	(1) 可以消除投资者内心的不确定性。 (2) 有利于投资者安排股利收入和支出,特别是那些对股利有着很高依赖性的股东
		缺点	股利支付与盈余相脱节。当盈余较低时,会导致资金短缺。也不能保持较低的资本成本
固定股利支付率政策	公司确定一个股利占盈余的比率,长期按此比率支付股利	优点	股利与公司盈余紧密配合,体现多盈多分、少盈少分、无盈不分
		缺点	各年股利变动较大,极易造成公司不稳定的感觉,不利于稳定股价
低正常股利加额外股利政策	公司一般情况下每年只支付固定的、数额较低的股利,在盈余多的年份,再根据实际情况向股东发放额外股利	(1) 使公司具有较大的灵活性。增强股东信心,利于稳定股价 (2) 使依靠股利度日的股东每年可以得到稳定的股利,从而吸引这部分股东	

【例题11-2·单选题】某公司采用剩余股利政策分配股利,董事会正在制订2009年度的股利分配方案。在计算股利分配额时,不需要考虑的因素是(　　)。(2010年)

A. 公司的目标资本结构
B. 2009年年末的货币资金
C. 2009年实现的净利润
D. 2010年需要的投资资本

【答案】B

【解析】剩余股利政策要求根据目标资本结构,测算投资所需的权益资本,从盈余(当年利润)当中留用,然后将剩余的盈余作为股利予以分配,与货币资金数额无关,选项B错误。

【例题 11-3·单选题】 甲公司 2016 年年初未分配利润 -100 万元，2016 年实现净利润 1 200 万元。公司计划 2017 年新增长期资本 1 000 万元，目标资本结构（债务：权益）为 3：7。法律规定，公司须按抵减年初累计亏损后的本年净利润 10% 提取公积金。若该公司采取剩余股利政策应发放现金股利（　　）万元。(2017 年)

A. 310　　　　B. 380　　　　C. 400　　　　D. 500

【答案】D

【解析】目标资本结构中负债与股东权益比例是 3：7，因此股东权益占全部资本的 70%，应发放现金股利金额 =1 200－1 000×70%＝500（万元）。注意，这里不要弥补亏损之后再发放股利，因为以前的亏损也是以前资本结构的一部分。

三、股利政策的影响因素

股利政策的影响因素如表 11-3 所示。

表 11-3　　　　　　　　　　股利政策的影响因素

法律限制	资本保全的限制	公司不能用资本（包括股本和资本公积）发放股利
	公司积累的限制	按照法律规定，公司税后利润必须先提取法定公积金。此外还鼓励提取任意公积金，只有当提取的法定公积金达到注册资本 50% 时，才可以不再提取
	净利润的限制	年度累计净利润必须为正数时才可发放股利，以前年度亏损必须足额弥补
	超额累积利润的限制	公司不得超额累积利润，一旦公司的保留盈余超过法律认可的水平，将被加征额外税额
	无力偿付的限制	基于对债权人的利益保护，如果一个公司已经无力偿付负债，或股利支付会导致公司失去偿债能力，则不能支付股利
股东因素	稳定的收入和避税	依靠股利维持生活的股东要求支付稳定的股利。边际税率较高的股东出于避税考虑，往往反对发放较多的股利
	防止控制权稀释	为防止控制权的稀释，持有控股权的股东希望少募集权益资金，少分股利
公司因素	盈余的稳定性	盈余相对稳定的公司有可能支付较高的股利，盈余不稳定的公司一般采取低股利政策
	公司的流动性	公司的流动性较低时往往支付较低的股利
	举债能力	具有较强举债能力的公司往往采取高股利政策，而举债能力弱的公司往往采取低股利政策
	投资机会	有良好投资机会的公司往往少发股利，缺乏良好投资机会的公司，倾向于支付较高的股利。因此，处于成长中的公司多采取低股利政策；处于经营收缩中的公司多采取高股利政策
	资本成本	保留盈余（不存在筹资费用）的资本成本低于发行新股。从资本成本考虑，如果公司有扩大资金的需要，也应当采取低股利政策
	债务需要	具有较高债务偿还需要的公司一般采取低股利政策
其他因素	债务合同约束	如果债务合同限制现金股利支付，公司只能采取低股利政策
	通货膨胀	通货膨胀时期，公司计提的折旧不能满足重置固定资产的需要，需要动用盈余补足重置固定资产的需要，因此通货膨胀时期股利政策往往偏紧

第二节 股利的种类、支付程序与分配方案

一、股利的种类（见图 11-2）

01	现金股利	以现金支付的股利，它是股利支付的主要方式。公司支付现金股利除了要有累计盈余外，还要有足够的现金
02	股票股利	是公司以增发的股票作为股利的支付方式
03	财产股利	是以现金以外的资产支付的股利。主要是以公司所拥有的其他公司的有价证券，如债券、股票，作为股利支付给股东
04	负债股利	是公司以负债支付的股利。通常以公司的应付票据支付给股东，不得已情况下也有发行公司债券抵付股利的

图 11-2 股利的种类

股票股利并不直接增加股东的财富，不导致公司资产的流出或负债的增加，同时也并不因此增加公司的财产，但会引起所有者权益各项目的结构发生变化。

发放股票股利之后，如果盈利总额与市盈率不变，会由于普通股股数增加而引起每股收益和每股市价的下降。但由于股东所持股份的比例不变，每位股东所持有股票的市场价值总额仍然保持不变。

发放股票股利对每股收益和每股市价有影响通过调整可直接算出：

$$发放股票股利后的每股收益 = \frac{发放股票股利前的每股收益}{1 + 股票股利发放率}$$

$$发放股票股利后的每股除权参考价 = \frac{股利分配权转移日的每股市价}{1 + 股票股利发放率}$$

通常，发放现金股利、股票股利和资本公积转增资本都会使股票价格下降。

在除权（除息）日，上市公司发放现金股利、股票股利以及资本公积转增资本后，

$$股票的除权参考价 = \frac{股权登记日收盘价 - 每股现金股利}{1 + 送股率 + 转增率}$$

【例题 11-4·单选题】甲公司是一家上市公司，2011 年的利润分配方案如下：每 10 股送 2 股并派发现金红利 10 元（含税），资本公积每 10 股转增 3 股。如果股权登记日的股票收盘价为每股 25 元，除权（息）日的股票参考价格为（　　）元。（2012 年）
A. 10　　　　B. 15　　　　C. 16　　　　D. 16.67
【答案】C
【解析】除权（除息）日的参考价 =（25 - 1）÷（1 + 0.2 + 0.3）= 16（元）

二、股利的支付程序

股利支付程序并不是财务管理考试中的重点，这里不详细介绍，这里主要讲一下股利支付过程中的重要日期，如图 11-3 所示。

| 股利宣告日 | 公司董事会将股东大会通过本年度利润分配方案的情况以及股利支付情况予以公告的日期 |

| 股权登记日 | 凡在股权登记日这一天在册的股东才有资格领取本期股利,而在这一天以后登记在册的股东,即使是在股利支付日之前买入的股票,也无权领取本期分配的股利 |

| 除息日 | 也称除权日,是指股利所有权与股票本身分离的日期,将股票中含有的股利分配权予以解除,即在除息日当日及以后买入的股票不再享有本次股利分配的权利。我国上市公司的除息日通常是在登记日的下一个交易日 |

| 股利支付日 | 向股东正式发放股利的日期 |

图 11-3 股利的支付程序

第三节 股票分割和股票回购

一、股票分割

股票分割是指将面额较高的股票交换成面额较低的股票的行为。

股票分割时,发行在外的**股数增加**,使得**每股面额降低**,**每股盈余下降**;但公司价值不变,股东权益总额以及股东权益内部各项目相互间的比例也不会改变。

对于股东来讲,股票分割后各股东持有的股数增加,但持股比例不变,持有股票的总价值不变。

股票分割后,如果净利润不变,市盈率也不变,那每股市价下降。

股票分割的目的:

(1) 主要目的在于通过增加股票股数降低每股市价,从而吸引更多的投资者。

(2) 此外,股票分割往往是**成长中公司的行为**,所以宣布股票分割后容易给人一种"公司正处于发展之中"的印象,这种利好信息会在短时间内提高股价。

【注意】股票反分割是股票分割的相反行为,即将数股面额较低的股票合并为一股面额较高的股票。

【例题11-5·单选题】实施股票分割和股票股利产生的效果相似,它们都会( )。(2017 年)
A. 降低股票每股面值
B. 降低股票每股价格
C. 减少股东权益总额
D. 改变股东权益结构
【答案】B
【解析】实施股票股利和股票分割,都会导致普通股股数增加,进而降低股票每股市价。发放股票股利不会降低股票每股面值,实施股票股利和股票分割都不会减少股东权益总额,实施股票分割不会改变股东权益结构。

二、股票回购

股票回购是指公司出资购回自身发行在外的股票。

公司回购股票，使流通在外的股份减少，每股股利增加，从而使股价上升，股东因此能获得资本利得。因此可以将股票回购看作是一种现金股利的替代方式。

1. 股票回购与发放现金股利不同的意义

股票回购的意义如表11-4所示。

表11-4　　　　　　　　　　　　　股票回购的意义

对股东而言	股票回购后股东得到的资本利得，当资本利得税率小于股利收益税率时，相比于直接分配现金股利而言，股东将得到纳税上的好处
对公司而言	股票回购有利于增加公司的价值： 第一，向市场传递了股价被低估的信号。 第二，用自由现金流进行股票回购，有助于提高每股收益。 第三，避免股利波动带来的负面影响。 第四，发挥财务杠杆的作用。 第五，在一定程度上降低了公司被收购的风险。 第六，调节所有权结构

2. 股票回购的方式

股票回购的方式如表11-5所示。

表11-5　　　　　　　　　　　　　股票回购的方式

分类依据	类别	说明
按照股票回购的地点不同	场内公开收购	—
	场外协议收购	收购透明度比较低
按照股票回购面向的对象不同	资本市场上进行随机回购	最为普遍，往往受到监管机构的严格监控
	全体股东招标回购	回购价格高于当时的股价，成本费用较高
	向个别股东协商回购	必须保持回购价格的公正合理
按照筹资方式不同	举债回购	—
	现金回购	—
	混合回购	既动用剩余资金，又向银行等金融机构举债来回购本公司股票
按照回购价格的确定方式不同	固定价格要约回购	—
	荷兰式拍卖回购	灵活性更大

现金股利、股票股利、股票分割和股票回购的比较如表11-6所示。

表11-6　　　　　　现金股利、股票股利、股票分割和股票回购的比较

	会计处理	财务影响	资本结构是否变化
现金股利	借：利润分配——未分配利润 贷：银行存款	(1) 资产和股东权益同时减少； (2) 引起现金流出	资产负债率提高，即财务杠杆提高

续表

	会计处理	财务影响	资本结构是否变化
股票股利	借：利润分配——未分配利润 贷：股本 资本公积	(1) 资产、负债和股东权益总额不变； (2) 股东权益内部结构变化：未分配利润减少，股本和资本公积增加； (3) 由于股数增加，每股收益、每股净资产、每股价格降低； (4) 每股面值不变，每位股东的股东财富不变	资产负债率不变，即财务杠杆不变。但权益资本内部构成发生变化
股票分割	—	(1) 资产、负债和股东权益总额不变； (2) 股东权益内部结构不变； (3) 由于股数增加，每股收益、每股净资产和每股价格降低； (4) 每股面值发生变化；但每位股东享有的股东财富不变	资产负债率不变，即财务杠杆不变。同时权益资本内部构成也不发生变化
股票回购	借：股本 资本公积 贷：银行存款	(1) 资产和股东权益同时减少； (2) 引起现金流出； (3) 股数减少，每股收益和每股价格提高	资产负债率提高，即财务杠杆提高

【例题11-6·多选题】甲公司盈利稳定，有多余现金，拟进行股票回购用于将来奖励本公司职工。在其他条件不变的情况下，股票回购产生影响（ ）。(2015年)
A. 每股面额下降　　　　　　　　B. 资本结构变化
C. 每股收益提高　　　　　　　　D. 自由现金流量减少
【答案】BCD
【解析】股票回购利用公司多余现金回购公司股票，减少了公司的自由现金流量，同时减少公司外部流通股的数量，减少公司的股东权益，因此选项BD正确；公司外部流通股的数量减少，净收益不变，因此每股收益增加，选项C正确；每股回购不影响每股面值，选项A错误。

第十一章　股利分配、股票分割与股票回购

彬哥跟你说：

　　跨过了前面 10 章，后面的内容确实要简单一些了，比如本章，就完全可以快速地学习完，也没有太多需要详细强调的，只是提醒各位要不断地往回复习！

今日复习步骤：

　　第一遍：回忆 & 重新复习一遍框架（10 分钟）
　　学习要求：这一遍的目的是自己重新梳理一遍框架，不需要掌握所有细节，但求框架了然于心。
　　（1）本章讲了哪些内容——股利理论与股利政策；股利的种类；股票股利、股票分割和股票回购。
　　（2）股利无关论与股利相关论有哪些内容？
　　（3）具体有哪些股利政策，它们有哪些内容？
　　（4）有哪些股利种类，具体怎么区分？
　　（5）股票股利、股票分割和股票回购是怎么回事，有哪些内容？
　　第二遍：对细节进一步掌握（30 分钟）
　　第三遍：重新复习一遍框架（5 分钟）

我问你答：

　　（1）股利相关论中具体理论的基本观点是什么？
　　（2）具体的股利政策的分别代表什么含义？各自的优点、缺点是什么？
　　（3）剩余股利政策在具体的应用过程中怎么去计算应发放的现金股利数额？
　　（4）股利支付过程中股权登记日与除息日代表了什么含义？股票的除权（息）参考价值怎么计算？股权登记日的股票价格怎么计算？
　　（5）股票反分割有哪些影响？
　　（6）股票股利、股票分割和股票回购的财务影响有哪些？资本结构是否发生变化？

本章作业：

　　（1）请把讲义例题做三遍（做错的题目，请分析错误原因并记录到改错本）。
　　（2）请复习完口述一遍框架，睡前请再回忆一遍框架。
　　（3）第二天早上，请再回忆一遍框架，对于回忆不起来的内容，请翻书看一遍。

第 13 天

○ **复习旧内容：**
　　第十章　长期筹资
　　第十一章　股利分配、股票分割与股票回购

○ **学习新内容：**
　　第十二章　营运资本管理

○ **学习方法：**
　　营运资本管理，包括营运资本筹资和营运资本投资管理。对于营运资本筹资来说，这里涉及到筹资策略的判断，这里的最佳方法也是画图，通过画图看波动性流动资产到底是通过短期负债解决还是长期资本解决，由此来判断该企业的筹资策略。
　　营运资本投资主要是计算问题，计算非常简单，但是需要细心。

○ **你今天的可能心态：**
　　今天的内容对你来说不难，后面的学习可以逐渐轻松下来，今天也是财务成本管理的最后一章内容，当然后面还有成本管理和管理会计。

○ **简单解释今天学习内容：**
　　（1）营运资本筹资策略分为三种：适中型筹资策略、保守型筹资策略、激进型筹资策略。因为企业存在经营的淡季和旺季，所以流动资产的需求也是波动的（比如存货），因此满足这个波动的流动资产的资金来源的地方不一样，企业的筹资策略也不一样。比如用长期资本来满足这种波动的流动资产，那说明企业的筹资策略非常保守；如果这种波动的流动资产刚好可以用流动负债来满足，那说明企业的筹资策略为适中；如果流动负债不仅满足波动的流动资产，还满足了稳定性的流动资产，那说明企业的筹资策略比较激进。营运资本筹资还包括了短期债务的管理，分析是否要放弃现金折扣只需要对放弃现金折扣成本与短期贷款率或短期投资收益率进行比较即可。
　　（2）营运资本投资主要包括应收账款、存货和现金。由于存货放到管理会计相关章节了，所以本节主要讲了应收账款和现金的管理。现金的管理就是现金的最佳持有量，最佳现金持有量的分析方法有三种，计算起来较为简单。
　　至于应收账款的管理，主要是根据企业的信用政策来计算哪种信用政策能够保持最佳的应收账款，首先改变信用政策会增加收益，但是也会导致应收账款增加，进而引起应收账款占用资金的利息增加，也会影响坏账损失和收账费用，做题的时候按照这个思路一步一步去寻找相关的条件即可。
　　（3）存货的管理主要是存货经济批量分析，主要包括经济订货量的基本模型以及基本模型的三个扩展。分析存货经济订货量的方法与最佳现金持有量的存货模式分析方法是相似的，注意联系起来理解。

● **可能会遇到的难点：**
　　本章没有难点，只是内容较多，需要更多的耐心。
● **习题注意事项：**
　　本章最容易出题点是选择题，不是计算题。所以多把握选择题得分点。
● **建议学习时间：**
　　3 小时

第四编
营运资本管理

第四编营运资本管理，包括营运资本的投资和筹资管理。该编基本研究问题是如何降低各项流动资产的成本，从而增加公司价值和股东财富。决策的基本方法也是比较成本与收益的大小。比如是否需要延长应收账款信用期的问题，我们的分析思路就是比较延长信用期后的收益和增加的成本，如果收益大于成本，那就延长信用期，否则就不延长信用期。

第十二章 营运资本管理

【简单解释本章内容】

（1）营运资本＝流动资产－流动负债

故本章涉及流动资产管理和流动负债管理，因此也就涉及营运资本筹资管理和营运资本投资管理。其中"第一节营运资本管理策略"主要讲述了投资和筹资管理的原理，第二节和第三节主要从现金和应收账款的管理进行讲解，这属于营运资本投资管理的内容，第四节讲述存货管理，第五节讲述短期债务的管理，这是营运资本筹资的内容，内容简单。

（2）所谓的营运资本投资的管理，就是为了确定最佳的现金持有量、最佳的应收账款政策以及存货经济定货量分析。其中现金管理有三种模式，这三种模式都较简单；应收账款的管理也很简单，但是学习和做题的时候一定要保持思路清晰；存货的管理就是要掌握基本模型以及基本模型的三个扩展。

【本章学习方法】

本章内容简单易懂，现金和存货的管理要求会计算，但是计算不难；应收账款的管理一定要有思路、有套路，一步一步地往下思考。

本章框架如图 12-1 所示。

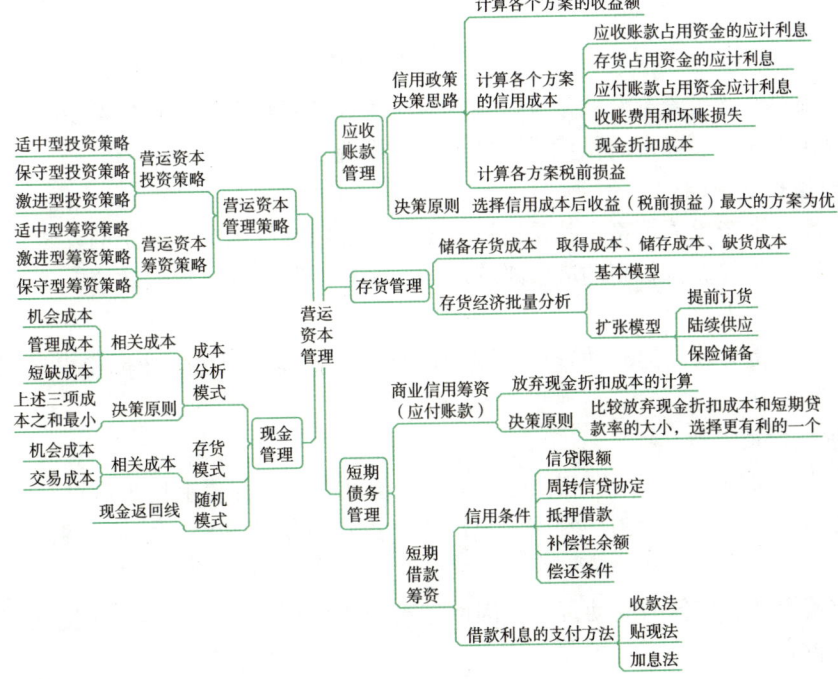

图 12-1 本章框架

第一节 营运资本管理策略

营运资本是指流动资产（短期资产）减去流动负债（短期负债）后的差额。

营运资本管理可以分为流动资产管理和流动负债管理两个方面，前者是对营运资本投资的管理，后者是对营运资本筹资的管理。

一、营运资本投资策略

1. 适中型投资策略

适中型投资策略使得短缺成本和持有成本之和最小化，这种投资策略要求短缺成本和持有成本大体相等，如图12－2所示。

（1）短缺成本：指随着流动资产投资水平降低而增加的成本。

（2）持有成本：指随着流动资产投资上升而增加的成本。持有成本主要是与流动资产相关的机会成本。

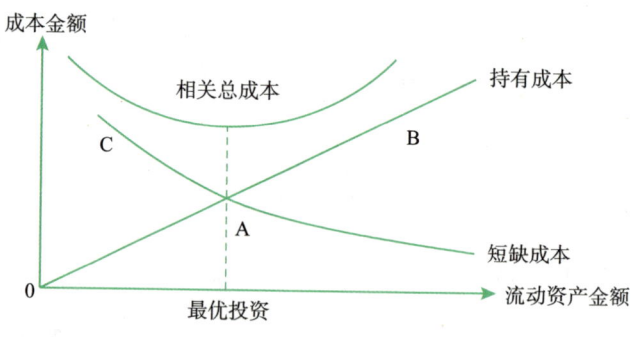

图12－2 最优投资规模

适中的流动资产投资策略就是按照预期的流动资产周转天数、销售额及其增长，成本水平和通货膨胀等因素确定的最优投资规模，安排流动资产投资。

2. 保守型投资策略

保守型流动资产投资策略，就是持有较多的现金和有价证券，充足的存货，提供给客户宽松的付款条件并保持较高的应收账款水平。保守型流动资产投资政策，表现为安排较高的流动资产与收入比。

该种政策因持有较高的流动资产，因而持有成本较高，但公司中断经营的风险较小，其短缺成本较小。

3. 激进型投资策略

激进型投资策略，就是持有较低的现金和有价证券，在存货上作少量投资，采用严格的销售信用政策或者禁止赊销。紧缩的流动资产投资政策，表现为较低的流动资产/收入比率。

该种政策因持有较低的流动资产，因而持有成本较低，但公司经营中断的风险较大，其短缺成本较高。

【例题 12-1·单选题】 与激进型营运成本投资策略相比，适中型营运资本投资策略的（ ）。(2017 年)

A. 持有成本和短缺成本均较低　　　B. 持有成本和短缺成本均较高
C. 持有成本较高，短缺成本较低　　D. 持有成本较低，短缺成本较高

【答案】 C

【解析】 相比于激进型营运资本投资策略，适中型营运资本投资策略流动资产/收入比率较高，所以持有成本较高，而短缺成本较低。

二、营运资本筹资策略

营运资本筹资策略是指在总体上确定如何为流动资产筹资，采用短期资金来源还是长期资金来源，或者兼而有之。

营运资本的筹资政策，主要是决定筹资的来源结构。流动资产的资金来源，一部分是短期来源，另一部分是长期来源，后者是长期资金来源购买长期资产后的剩余部分。

营运资本的筹资政策，通常用经营性流动资产中长期筹资来源的比重来衡量，该比率称为易变现率。

$$易变现率 = \frac{(股东权益 + 长期债务 + 经营性流动负债) - 长期资产}{经营性流动资产}$$

(1) 公式中的长期资产不含稳定性流动资产；
(2) 经营性流动负债即指自发性流动负债；
(3) "股东权益 + 长期债务 + 经营性流动负债"是长期资金来源；
(4) 易变现率越高说明流动资产中由长期资本提供的资金越多，偿债压力越小；反之，说明流动资产中由长期资本提供的资金越少，偿债压力越大。

我们通过易变现率的高低，将筹资政策分为以下三类：
(1) 保守型筹资政策：易变现率高，资金来源的持续性强，偿债压力小，管理起来比较容易；
(2) 激进型筹资政策：易变现率低，资金来源的持续性弱，偿债压力大；
(3) 适中型筹资政策：易变现率居中。

提示：在营运资本筹资这部分中，我们将资产分为长期资产和流动资产，其中流动资产又分为稳定性流动资产和波动性流动资产；我们将负债分为长期负债和流动负债，其中流动负债又分为自发性（经营性）流动负债和临时性（金融）流动负债。

(1) 稳定性流动资产是指那些即使公司处于经营淡季也仍然需要保留的资产、用于满足企业长期、稳定运行的流动资产所需的资金。
(2) 波动性流动资产是那些受季节性、周期性影响的流动资产需要的资金。

我们通过易变现率衡量公司长期资本中用于流动资产的部分能够为流动资产提供资金，并通过低谷期易变现率与 1 的关系来确定公司的营运资本筹资策略。

（一）适中型筹资策略

特点：对于波动性流动资产，用临时性负债筹集资金，也就是利用短期银行借款等短

期金融负债工具取得资金;对于稳定性流动资产需求和长期资产,用权益资本、长期债务和经营性流动负债筹集。该政策可以用下列公式表示:

长期资产+稳定性流动资产=股东权益+长期债务+经营性流动负债

波动性流动资产=短期金融负债

经营低谷时易变现率=1;经营高峰时易变现率<1

适中型筹资策略如图12-3所示。

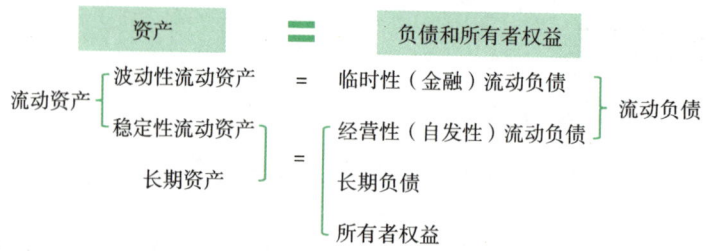

图12-3 适中型筹资政策(风险适中)

【例题12-2·计算题】某公司在生产经营的淡季,需占用300万元的流动资产和500万元的长期资产;在生产经营的高峰期,会额外增加200万元的季节性存货需求,公司只在此期间才借入200万元的短期借款。800万元长期性资产(即300万元稳定性流动资产和500万元长期资产之和)均由长期负债、自发性负债和权益资本解决其资金需要。问该公司属于什么筹资政策。

【解析】易变现率=[(股东权益+长期债务+经营性流动负债)-长期资产]÷经营性流动资产

在营业高峰期其易变现率为:(800-500)÷(300+200)=60%;

在营业低谷时其易变现率为:300÷300=1。

故该政策属于适中型筹资策略。

(二)保守型筹资策略

特点:短期金融负债只融通部分波动性流动资产的资金需要,另一部分波动性流动资产和全部稳定性流动资产,则由长期资金来源支持。该政策可以用下列公式表示。

波动性流动资产>临时性流动负债

长期资产+稳定性流动资产<所有者权益+长期负债+自发性流动负债

经营低谷时,易变现率>1;经营高峰时,易变现率<1

保守型筹资策略如图12-4所示。

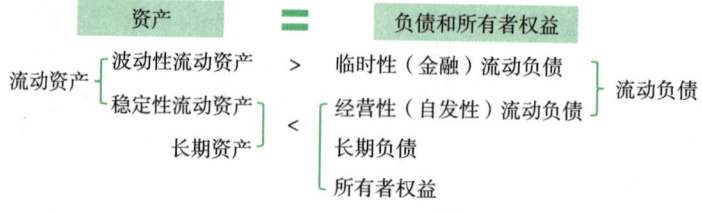

图12-4 保守型筹资策略

保守型筹资策略，企业拥有太多长期负债，因长期负债成本高于短期负债成本，故资本成本高；又因短期金融负债占比小，故收益低。所以，保守型筹资策略是一种风险和收益均较低的营运资本筹资策略。

（三）激进型筹资策略

特点：短期金融负债不但融通临时性流动资产的资金需要，还解决部分长期性资产的资金需要。该政策可以用下列公式表示：

波动性流动资产 < 临时性流动负债

长期资产 + 稳定性流动资产 > 股东权益 + 长期负债 + 自发性流动负债

经营低谷时，易变现率 < 1；经营高峰时，易变现率 < 1

激进型筹资策略如图 12 – 5 所示。

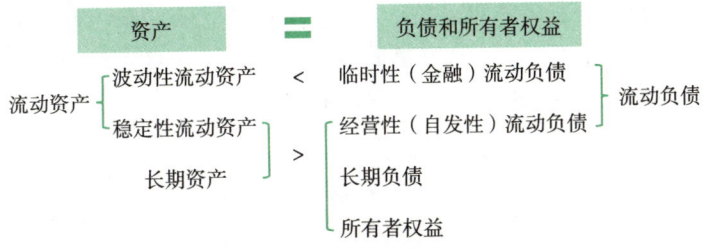

图 12 – 5　激进型筹资策略

激进型筹资策略，因短期金融负债的资本成本较低，而其所占比重较大，故该策略下资本成本低；因短期负债需要在短期内偿还，故该策略风险高。所以，激进型筹资策略是一种收益性和风险性均较高的营运资本筹资策略。

【例题 12 – 3 · 计算题】某公司在生产经营淡季占用 300 万元的流动资产和 500 万元的长期资产。在生产经营的高峰期，额外增加 200 万元的季节性存货需求。如果公司的权益资本、长期负债和自发性负债的筹资额为 700 万元（即低于正常经营期的流动资产占用与长期资产占用之和），那么就会有 100 万元的长期性资产和 200 万元的波动性流动资产（在经营高峰期内）由短期金融负债筹资解决。问该公司属于什么筹资政策。

【解析】其易变现率为：营业高峰易变现率 = (700 – 500) ÷ 500 = 40%

营业低谷易变现率 = (700 – 500) ÷ 300 = 66.67%

这种情况表明，公司实行的是激进型筹资策略。

判断筹资政策类型的方法如表 12 – 1 所示。

表 12 – 1　　　　　　　判断筹资政策类型的方法

	方法一：通过比较短期来源与短期资产	方法二：营业低谷易变现率
适中型策略	临时性流动资产 = 短期性金融负债	易变现率 = 1
保守型策略	临时性流动资产 > 短期性金融负债	易变现率 > 1
激进型策略	临时性流动资产 < 短期性金融负债	易变现率 < 1

【例题12-4·多选题】某公司的波动性流动资产为120万元，经营性流动负债为20万元，短期金融负债为100万元。下列关于该公司营运资本筹资策略的说法中，正确的有（　　）。(2011年)

A. 该公司采用的是适中型营运资本筹资策略
B. 该公司在营业低谷时的易变现率大于1
C. 该公司在营业高峰时的易变现率小于1
D. 该公司在生产经营淡季，可将20万元闲置资金投资于短期有价证券

【答案】BCD

【解析】由于短期金融负债小于波动性流动资产，该公司采用的是保守型营运资本筹资政策，选项A错误；在营业低谷时保守型营运资本筹资政策的易变现率大于1，适中型营运资本筹资政策的易变现率等于1，激进型营运资本筹资政策的易变现率小于1，选项B正确。在经营高峰时易变现率均小于1，选项C正确；由于在经营季节性需要时公司波动性流动资产120万元，短期金融负债100万元，所以在经营淡季，公司会有闲置资金20万元，可投资于短期有价证券，选项D正确。

第二节　现金管理

现金是企业中流动性最强的资产。属于现金内容的项目有库存现金、各种形式的银行存款和银行本票、银行汇票。

一、现金管理的目标及方法

（一）现金管理的目标

公司置存现金的原因，主要是满足交易性需要、预防性需要和投机性需要：
（1）交易性需要，置存现金以满足日常业务的现金支付需要。
（2）预防性需要，置存现金以防发生意外的支付。现金流量的不确定性越大，预防性现金数额应越大；公司的临时借款能力越强，则可以减少预防性现金数额；反之同理。
（3）投机性需要，置存现金用于不寻常的购买机会。

（二）现金管理的方法

为了提高现金使用效率，可采用如下现金管理方法：
（1）力争现金流量同步。如果公司能尽量使它的现金流入与现金流出发生的时间趋于一致，就可以使其所持有的交易性现金余额降到最低水平。这就是所谓的现金流量同步。
（2）使用现金浮游量。从公司开出支票，收票人收到支票并存入银行，至银行将款项划出公司账户，中间需要一段时间。现金在这段时间的占用称为现金浮游量。
（3）加速收款。主要指缩短应收账款的时间。

（4）推迟应付账款的支付。指公司在不影响自己信誉的前提下，尽可能地推迟应付款的支付期，充分运用供货方所提供的信用优惠。

二、最佳现金持有量的分析

现金的管理，除了做好日常收支、加速现金流转速度外，还需要控制好现金持有规模即确定适当的现金持有量。下面是几种确定最佳现金持有量的方法。

（一）成本分析模式

成本分析模式是通过分析持有现金的成本，寻找持有成本最低的现金持有量。

公司持有现金，将会有三种成本：

（1）机会成本：跟现金持有量呈正比例变动。

（2）管理成本：是一种固定成本，与现金持有量之间无明显的比例关系。

（3）短缺成本：因缺乏必要的现金，不能应付业务开支所需而使企业蒙受损失或为此付出的转换成本等代价。跟现金持有量呈反比例变动。

所谓最佳现金持有量，就是使上述三项成本之和最小的现金持有量，如图12-6所示。

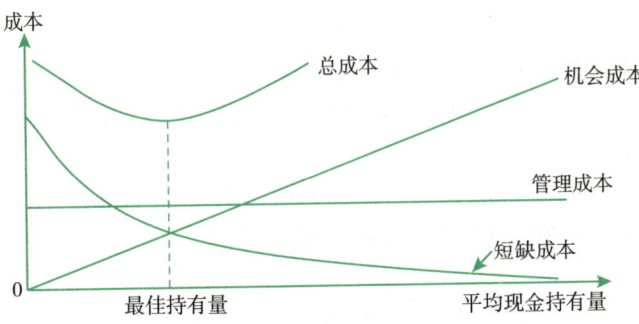

图12-6 持有现金的总成本

【例题12-5·单选题】使用成本分析模式确定现金持有规模时，在最佳现金持有量下，现金的（ ）。（2014年）

A. 机会成本与管理成本相等

B. 机会成本与短缺成本相等

C. 机会成本等于管理成本与短缺成本之和

D. 短缺成本等于机会成本与管理成本之和

【答案】B

【解析】成本分析模式下，管理成本是固定成本，和现金持有量之间无明显的比例关系。所以机会成本和短缺成本相等时的现金持有量即为最佳现金持有量。

（二）存货模式

若企业平时持有较多现金，会增加机会成本，若持有现金较少，又会增加短缺成本。

此时，一般企业都会在现金和有价证券之间转换，当现金过多时，则购买有价证券，降低机会成本；现金过少时，出售有价证券来补充现金，以降低短缺成本。在此过程中，我们会涉及两个成本：机会成本和交易成本。

交易成本：企业以有价证券转换回现金是要付出代价的（如支付经济费用），这就是现金的交易成本。

存货模式下的最佳现金持有量，就是使上述两项成本之和最小的现金持有量，如图12-7所示。

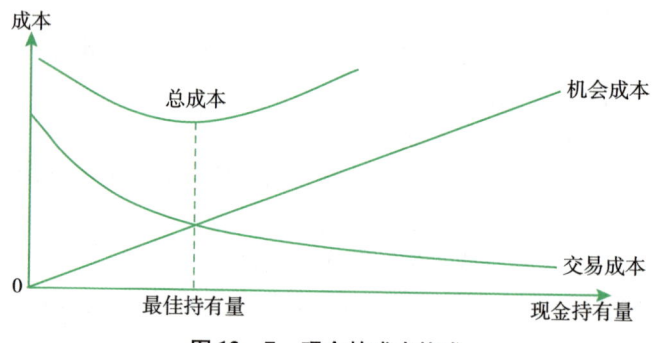

图12-7 现金的成本构成

计算过程：

（1）确定一定期间内的现金需求量，用T表示。

（2）确定每次出售有价证券以补充现金所需的交易成本，用F表示。则，交易成本 = $(T \div C) \times F$。

（3）确定持有现金的机会成本率，用K表示。则，机会成本 = $(C \div 2) \times K$。

（4）确定最佳现金持有量C，因最佳现金持有量满足"机会成本 = 交易成本"。

$$最佳现金持有量\ C^* = \sqrt{\frac{2T \times F}{K}}$$

（5）确定最小相关总成本。最小相关总成本 = $\sqrt{2TFK}$。

该模式的优点：现金持有量的存货模式是一种简单、直观的确定最佳现金持有量的方法。

缺点：（1）该模型假设现金需要量恒定；（2）该模型假定现金的流出量稳定不变，实际上这种情况很少出现。

> 【注意】要区分成本分析模式和存货模式。
> （1）成本分析模式：机会成本、短缺成本、管理成本，最佳现金持有量是机会成本 = 短缺成本时的现金持有量。
> （2）存货模式：机会成本、交易成本，最佳现金持有量是机会成本 = 交易成本时的现金持有量。

【例题 12-6·计算题】某公司现金收支平衡,预计全年(按360天计算)现金需要量为 250 000 元,现金与有价证券的转换成本为每次 500 元,有价证券年利率为 10%。

要求:

(1) 使用存货模式计算最佳现金持有量。

(2) 使用存货模式计算最佳现金持有量下的全年现金管理总成本、全年现金交易成本和全年现金持有机会成本。

(3) 计算最佳现金持有量下的全年有价证券交易次数和有价证券交易间隔期。

【解析】

(1) 最佳现金持有量 $C^* = \sqrt{(2 \times 250\ 000 \times 500) \div 10\%} = 50\ 000$(元)

(2) 全年现金管理总成本 $= \sqrt{2 \times 250\ 000 \times 500 \times 10\%} = 5\ 000$(元)

全年现金交易成本 $= (250\ 000 \div 50\ 000) \times 500 = 2\ 500$(元)

全年现金持有机会成本 $= (50\ 000 \div 2) \times 10\% = 2\ 500$(元)

(3) 全年有价证券交易次数 $= 250\ 000 \div 50\ 000 = 5$(次)

有价证券交易间隔期 $= 360 \div 5 = 72$(天)

(三) 随机模式

随机模式是在现金需求量难以预知的情况下进行现金持有量控制的方法(见图 12-8)。

公司根据历史经验和现实需要,测算出一个现金持有量的控制范围,即制定出现金持有量的上限和下限,将现金量控制在上下限之内。具体如下:

(1) 当现金量 > 控制上限时,用现金购入有价证券,使现金持有量回落到现金返还线水平;

(2) 当现金量 < 控制下限时,则抛售有价证券换回现金,使现金持有量回升到现金返还线水平;

(3) 若现金量在控制的上下限之内,便不必进行现金与有价证券的转换,保持它们各自的现有存量。

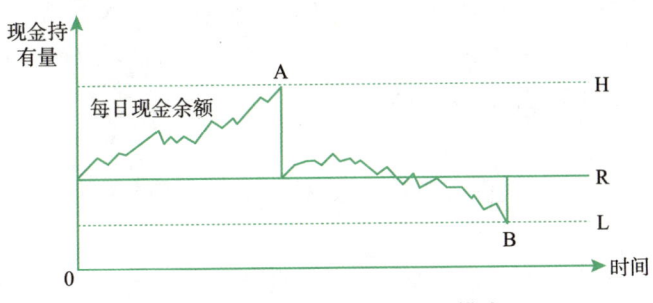

图 12-8 现金持有量的随机模式

计算过程:

(1) 确定现金持有量下限,用 L 表示。受到公司每日**最低现金需要量**、管理人员的**风险承受倾向**等因素的影响。

(2) 确定现金返回线，用 R 表示。则：

$$R = \sqrt[3]{\frac{3b\delta^2}{4i}} + L$$

式中：b——每次有价证券的固定转换成本；i——有价证券的日利息率；δ——预期每日现金余额波动的标准差。

(3) 确定现金持有量上限，用 H 表示：

$$H = 3R - 2L$$

【例题 12-7·计算题】某公司有价证券的年利率为 9%，每次固定转换成本为 50 元，公司认为任何时候其银行活期存款及现金余额均不能低于 1 000 元，又根据以往经验测算出现金余额波动的标准差为 800 元。问该公司的最优现金返回线 R 和现金控制上限 H 分别为多少？（一年按 360 天计算）

【解析】有价证券日利率 = 9% ÷ 360 = 0.025%

现金返回线 $R = \sqrt[3]{\frac{3b\delta^2}{4i}} + L = \sqrt[3]{\frac{3 \times 50 \times 800^2}{4 \times 0.025\%}} + 1\,000 = 5\,579$（元）

现金控制上限 $H = 3R - 2L = 3 \times 5\,579 - 2 \times 1\,000 = 14\,737$（元）

【例题 12-8·多选题】甲公司采用随机模式确定最佳现金持有量，最优现金返回线水平为 7 000 元，现金存量下限为 2 000 元。公司财务人员的下列做法中，正确的有（ ）。(2014 年)

A. 当持有的现金余额为 1 500 元时，转让 5 500 元的有价证券
B. 当持有的现金余额为 5 000 元时，转让 2 000 元的有价证券
C. 当持有的现金余额为 12 000 元时，购买 5 000 元的有价证券
D. 当持有的现金余额为 20 000 元时，购买 13 000 元的有价证券

【答案】AD

【解析】现金持有量上限 $H = 3R - 2L = 3 \times 7\,000 - 2 \times 2\,000 = 17\,000$（元），现金余额为 5 000 元和 12 000 元时，均介于 17 000 元和 2 000 元之间，不必采取任何措施，所以选项 BC 不正确；当现金余额为 1 500 元时，低于现金持有量下限，应转让有价证券 7 000 - 1 500 = 5 500（元），使现金持有量回升为 7 000 元，选项 A 正确；当现金余额为 20 000 元时，超过现金持有上限，应购买有价证券 20 000 - 7 000 = 13 000（元），使现金持有量回落为 7 000 元，所以选项 D 正确。

第三节 应收款项管理

应收款项是指因对外销售产品、材料、供应劳务及其他原因，应向购货单位或接受劳务的单位及其他单位收取的款项，包括应收账款、其他应收款、应收票据等。

应收账款主要是因为商业竞争、销售和收款时间的差距而导致的。

应收账款是企业的一项资金投放，是为了扩大销售和盈利而进行的投资。只有当应收账款所增加的盈利超过所增加的成本时，才应当实施应收账款赊销。

一、应收账款信用政策分析

应收账款赊销的效果好坏,依赖企业的信用政策。信用政策包括:信用标准、信用期间和现金折扣政策。

(一) 信用标准

信用标准是指顾客获得公司的交易信用所应具备的条件。通过"5C"系统来评估顾客信用品质的五个方面(见图12-9)。

品质(character)	顾客的信誉,即履行偿债义务的可能性
能力(capacity)	顾客的偿债能力,即其流动资产的数量和质量以及与流动负债的比例
资本(capital)	指顾客的财务实力和财务状况,表明顾客可能偿还债务的背景
抵押(collateral)	顾客拒付款项或无力支付款项时能被用作抵押的资产
条件(conditions)	可能影响顾客付款能力的经济环境

图12-9 "5C"系统

(二) 信用期间

信用期间是公司允许顾客从购货到付款之间的时间,或者说企业给予顾客的付款期间。

信用期的确定,主要是分析改变现行信用期对收入和成本的影响。延长信用期,会使销售额增加,产生有利影响;与此同时,应收账款、收账费用和坏账损失增加,均会产生不利影响。当前者大于后者时,可以延长信用期,否则不适宜延长。

(三) 现金折扣政策

现金折扣是企业对顾客在商品价格上所做的扣减。向顾客提供这种价格上的优惠,主要目的在于吸引顾客为享受优惠而提前付款,缩短企业的平均收款期。

改变现金折扣政策,也会影响到企业的信用政策的决策。

折扣的表示常采用如5/10、3/20、n/30这样一些符号形式。这三种符号的含义为:5/10表示10天内付款,可以享受5%的价格优惠,3/20表示20天内付款,可以享受3%的价格优惠,n/30表示付款的最后期限为30天,此时付款无优惠。

因现金折扣是与信用期结合使用的,所以确定最佳方案时,要将提供的延期付款时间和折扣综合起来,看能取得多大的收益增量。

CPA考试中,通常是要求我们比较新的信用政策和原来的信用政策,是否应该采用新的信用政策。

二、信用政策决策思路

信用政策决策思路如表12-2所示。

表12-2　　　　　　　　　　　　信用政策决策思路

（1）收益的增加	收益增加＝销售量的增加×单位边际贡献	单位边际贡献＝单价－单位变动成本
（2）应收账款占用资金的应计利息增加	应收账款应计利息＝日销售额×平均收现期×变动成本率×资本成本 应收账款应计利息＝应收账款占用资金×资本成本 应收账款占用资金＝应收账款平均余额×变动成本率 应收账款平均余额＝日销售额×平均收现期	①为什么是变动成本率？因为固定成本是固有存在的，只有变动成本是随着应收账款的增加而变动的； ②平均收现期。就是回收账款时间的加权平均。比如10天收回的占30%，20天收回的占70%，那平均收现期就是"10×30%＋20×70%＝17（天）"
（3）存货增加而多占用资金的利息	存货占用资金利息＝存货增加量×存货变动成本×资本成本	
（4）收账费用和坏账损失增加	一般题目会告知	
（5）现金折扣成本的增加	现金折扣成本增加＝新的销售额×新的现金折扣率×新的享受现金折扣的顾客比例－旧的销售额×旧的现金折扣率×旧的享受现金折扣的顾客比例	
（6）改变信用期的税前损益	税前损益＝收益增加－成本费用增加（2、3、4、5）	

【例题12-9·计算题】某公司现在采用30天按发票金额付款的信用政策，拟将信用期放宽至60天，为了吸引顾客尽早付款，提出了0.8/30、n/60的现金折扣条件，估计会有一半的顾客（按60天信用期所能实现的销售量计）将享受现金折扣优惠。同时由于销售量的增加，平均存货水平从9 000件上升到20 000件，每件存货成本按变动成本4元计算，其他条件不变。假设等风险投资的最低报酬率为15%，其他有关的数据如下表所示。求该公司是否应该选择延长信用期？

某公司信用期放宽的有关资料

信用期项目	30天	60天
销售量（件）	100 000	120 000
销售额（元）（单价5元）	500 000	600 000
变动成本（每件4元）	400 000	480 000
固定成本（元）	50 000	50 000
息税前利润（元）	50 000	70 000
可能发生的收账费用（元）	3 000	4 000
可能发生的坏账损失（元）	5 000	9 000

【解析】
(1) 计算收益的增加：
收益的增加 = 销售量的增加 × 单位边际贡献 = (120 000 - 100 000) × (5 - 4) = 20 000（元）
(2) 应收账款占用资金的应计利息增加：
应收账款应计利息 = 日销售额 × 平均收现期 × 变动成本率 × 资本成本
30 天信用期应计利息 = (500 000 ÷ 360) × 30 × (400 000 ÷ 500 000) × 15% = 5 000（元）
60 天信用期的平均收现期 = 30 × 50% + 60 × 50% = 45（天）
60 天信用期应计利息 = (600 000 ÷ 360) × 45 × (480 000 ÷ 600 000) × 15% = 9 000（元）
应计利息增加 = 9 000 - 5 000 = 4 000（元）
(3) 存货增加而多占用资金的利息：
存货占用资金利息 = 存货增加量 × 存货变动成本 × 资本成本 = (20 000 - 9 000) × 4 × 15% = 6 600（元）
(4) 收账费用和坏账损失的增加：
收账费用增加 = 4 000 - 3 000 = 1 000（元）
坏账损失增加 = 9 000 - 5 000 = 4 000（元）
(5) 现金折扣成本的增加：
现金折扣成本增加 = 新的销售额 × 新的现金折扣率 × 新的享受现金折扣的顾客比例 - 旧的销售额 × 旧的现金折扣率 × 旧的享受现金折扣的顾客比例
= 600 000 × 0.8% × 50% - 500 000 × 0 = 2 400（元）
(6) 提供现金折扣后的税前损益：
收益增加 - 成本费用增加 = 20 000 - (4 000 + 6 600 + 1 000 + 4 000 + 2 400) = 2 000（元）
由于可获得税前收益，故应采用 60 天信用期，提供现金折扣。

第四节 存货管理

一、存货管理的目标

公司置备存货的原因有两点：(1) 保证生产或销售的经营需要；(2) 出自价格的考虑。存货管理的目标是尽力在各种存货成本与存货效益之间做出权衡，达到两者的最佳结合。

二、储备存货的成本

与储备存货有关的成本，包括取得成本、储存成本、缺货成本。

储备存货总成本 = 取得成本 + 储存成本 + 缺货成本

$$TC = TC_a + TC_c + TC_s = F_1 + \frac{D}{Q} \times K + DU + F_2 + \frac{Q}{2} \times K_c + TC_s$$

储备存货的成本如表 12-3 所示。

表 12-3　　　　　取得成本、储存成本和缺货成本

取得成本	取得成本 TC_a = 订货成本 + 购置成本 = 订货固定成本 + 订货变动成本 + 购置成本 = $F_1 + \dfrac{D}{Q} \times K + DU$	
	订货成本	指取得订单的成本，包括订货固定成本和订货变动成本。 订货成本 = F_1 + D/Q × K 其中，F_1——订货的固定成本；D——存货年需要量；Q——每次进货量；K——每次订货的变动成本
	购置成本	指存货本身的价值，经常用数量与单价的乘积来确定，年需用量用 D 表示，单价用 U 表示，于是购置成本常用 DU 表示
储存成本	指为保持存货而发生的成本，主要包括存货占用资金的应计利息、仓库费用、保险费用、存货破损以及损失等费用。 储存成本 TC_c = 储存固定成本 + 储存变动成本 = $F_2 + \dfrac{Q}{2} \times K_c$ F_2 是储存固定成本，K_c 是存货单位储存变动成本	
缺货成本	指由于存货供应中断而造成的损失，用 TC_s 表示	

三、存货经济批量分析

按照存货管理的目的，需要通过合理的进货批量和进货时间，使存货的总成本最低，这个批量叫作经济订货量或经济批量。

（一）经济订货量基本模型

1. 经济订货量基本模型的假设条件

（1）能及时补充存货，即需要订货时便可立即取得存货；
（2）能集中到货，而不是陆续入库；
（3）不允许缺货，即无缺货成本；
（4）年需求量稳定，并能预测；
（5）存货单价不变；
（6）公司现金充足，不会因现金短缺而影响进货；
（7）所需存货市场供应充足，可以随时买到。

2. 决策相关成本

由于不允许缺货，因此无缺货成本，由于固定的订货成本和固定的储存成本是固定的，不需要决策，那就是变动订货成本与变动储存成本之和最低的时候是最佳订货量，变动订货成本随着订货量的增加而降低，变动储存成本，随着订货量的增加而增加！

$$变动订货成本 = 年订货次数 \times 每次订货成本 = D \div Q \times K$$
$$变动储存成本 = Q \div 2 \times K_c$$

最经济订货批量是变动储存成本线与变动订货成本线交叉点所对应的库存量，如图 12-10 所示。

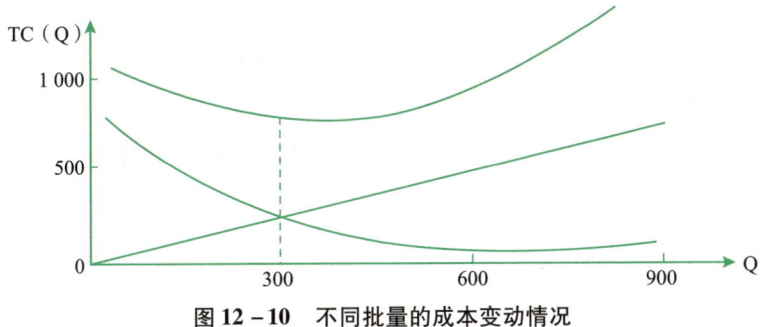

图 12-10 不同批量的成本变动情况

3. 经济订货量基本模型及其变形

$$经济订货量（Q^*）基本模型：Q^* = \sqrt{\frac{2KD}{K_C}}$$

基本模型演变形式：

$$每年最佳订货次数（N^*）= \frac{D}{Q^*}$$

$$经济订货量（Q^*）基本模型：Q^* = \sqrt{\frac{2KD}{K_C}}$$

$$最佳订货周期（t^*）= \frac{1}{N^*}$$

$$经济订货量占用资金（I^*）= 年平均库存 \times 单位购置成本 = \frac{Q^*}{2} \times U$$

【例题 12-10·计算题】某公司每年耗用某种材料 3 600 千克，该材料单位成本为 10 元，单位存储成本为 2 元，一次订货变动成本为 25 元。则：

经济订货量（Q^*）基本模型：$Q^* = \sqrt{\frac{2KD}{K_C}} = \sqrt{\frac{2 \times 25 \times 3\,600}{2}} = 300$（千克）。

每年最佳订货次数（N^*）$= \frac{D}{Q^*} = \frac{3\,600}{300} = 12$（次）

与批量相关的存货总成本 $TC(Q^*) = \sqrt{2KDK_C} = \sqrt{2 \times 25 \times 3\,600 \times 2} = 600$（元）

最佳订货周期（t^*）$= \frac{1}{N^*} = \frac{1}{12}$ 年 $= 1$ 月

经济订货量占用资金（I^*）= 年平均库存 × 单位购置成本 = $\frac{Q^*}{2} \times U$

$= \frac{300}{2} \times 10 = 1\,500$（元）

（二）经济订货量基本模型的扩展

经济订货量的基本模型是在前述各假设条件下建立的，但现实生活中能够满足这些假设条件的情况十分罕见。为使模型更接近于实际情况，具有较高的可用性，需逐一放宽假设，同时改进模型。

1. 订货提前期

一般情况下，企业的存货不能做到随用随时补充，因此不能等存货用光再去订货，而需要在没有用完时提前订货。在提前订货的情况下，企业再次发出订货单时，尚有存货的库存量，称为再订货点，用 R 来表示。它的数量等于平均交货时间 L 和每日平均需用量 d 的乘积。

再订货点 R = 交货时间 L × 每日需求量 d

提前订货的情形如图 12-11 所示，订单虽然提前发出，但订货间隔时间、订货批量、订货次数不变，故订货提前期对经济订货量并无影响。

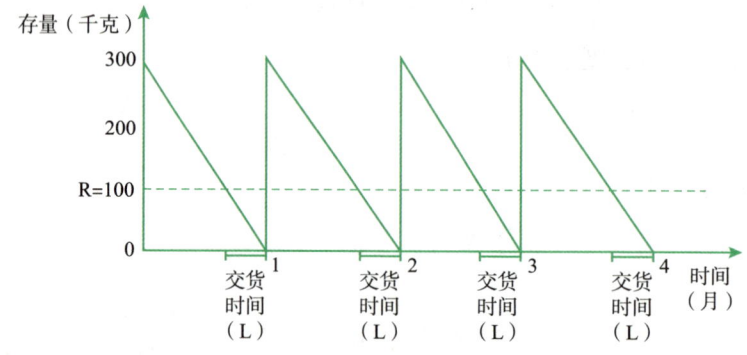

图 12-11 订货提前期

2. 存货陆续供应和使用

在建立基本模型时，是假设存货一次全部入库，故存货增加时存量变化为一条垂直的直线。事实上，各批存货可能陆续入库，使存量陆续增加。尤其是产成品入库和在产品转移，几乎总是陆续供应和陆续使用的。在这种情况下，需要对基本模型做一些修改。

存货陆续供应的经济订货量：$Q^* = \sqrt{\dfrac{2KD}{K_C} \times \dfrac{P}{P-d}}$

存货陆续供应与批量相关的存货总成本 $TC(Q^*) = \sqrt{2KDK_C \times \dfrac{P-d}{P}}$

式中：Q——每批订货数；P——每日送货量；d——每日耗用量。

【例题 12-11·计算题】某生产公司使用 A 零件，可以外购，也可以自制。如果外购，单价 4 元，一次订货变动成本 10 元；如果自制，单位成本 3 元，每次生产准备成本 600 元。每日产量 50 件。零件的全年需求量为 3 600 件，储存变动成本为零件价值的 20%，每日平均需求量为 10 件。问该公司应该选择哪种方案比较好？

【解析】

（1）外购零件。

存货总成本 $TC(Q^*) = \sqrt{2KDK_C} = \sqrt{2 \times 10 \times 3\,600 \times 4 \times 20\%} = 240$（元）

$TC = DU + TC(Q^*) = 3\,600 \times 4 + 240 = 14\,640$（元）

（2）自制零件。

存货总成本 $TC(Q^*) = \sqrt{2KDK_C \times \dfrac{P-d}{P}} = \sqrt{2 \times 600 \times 3\,600 \times 3 \times 0.2 \times \dfrac{50-10}{50}}$

$= 1\,440$（元）

TC = DU + TC(Q*) = 3 600 × 3 + 1 440 = 12 240（元）

由于自制的总成本 12 240 元低于外购的总成本 14 640 元，故以自制为宜。

3. 保险储备

按照某一订货量和再订货点发出订单后，如果需求增大或送货延迟，就会发生缺货或供货中断。为防止由此造成的损失，就需要多储备一些存货以备应急之需，称为保险储备。

确定原则：使保险储备的储存成本及缺货成本之和最小。

考虑保险储备的再订货点：

$$R = 平均交货时间 \times 平均日需求量 + 保险储备 = L \times d + B$$

考虑保险储备的相关总成本：

$$TC(S，B) = C_S + C_B = K_U \times S \times N + B \times K_C$$

式中：K_U——单位缺货成本；S——一次订货缺货量；N——年订货次数；B——保险储备量；K_C——单位储存变动成本。

【例题 12-12·计算题】 假定某存货的年需要量 D = 3 600 件，一次订货成本 k = 25 元，单位储存变动成本 K_C = 2 元，单位缺货成本 K_U = 4 元，交货时间 L = 10 天；已经计算出经济订货量 Q = 300 件，每年订货次数 N = 12 次。交货期内的存货需要量及其概率分布如下表所示。

要求：应该确定的保险储备量为多少？

某种存货交货期内的需要量及其概率分布

需要量（10 × d）	70	80	90	100	110	120	130
概率（P）	0.01	0.04	0.20	0.50	0.20	0.04	0.01

【解析】

（1）不设置保险储备量。

再订货点 R = L × d + B = 70 × 0.01 + 80 × 0.04 + 90 × 0.2 + 100 × 0.5 + 110 × 0.20 + 120 × 0.04 + 130 × 0.01 = 100（件）

缺货的期望值 S_0 = (110 - 100) × 0.2 + (120 - 100) × 0.04 + (130 - 100) × 0.01 = 3.1（件）

TC(S，B) = 4 × 3.1 × 12 + 0 × 2 = 148.8（元）

（2）保险储备量为 10 件。

R = 100 + 10 = 110（件）

S_{10} = (120 - 110) × 0.04 + (130 - 110) × 0.01 = 0.6（件）

TC(S、B) = K_u × S × N + B × K_C = 4 × 0.6 × 12 + 10 × 2 = 48.8（元）

（3）保险储备量为 20 件。

R = 100 + 20 = 120（件）

S_{20} = (130 - 120) × 0.01 = 0.1（件）

TC(S、B) = 4 × 0.1 × 12 + 20 × 2 = 44.8（元）

（4）保险储备量为 30 件。此种情况下可满足最大需求，不会发生缺货。

R = 100 + 30 = 130（件）
$S_{30} = 0$
TC（S、B）= 30 × 2 = 60（元）
结论：保险储备量为 20 件，或者说应确定以 120 件为再订货点。

【例题 12-13·单选题】 甲公司生产成品所需某种材料需求不稳定，为保障原料的供应，现设置保险储备，保险储备量所依据的是（ ）。
A. 缺货成本与保险储备成本之和最小
B. 缺货成本与保险储备成本之差最大
C. 边际保险储备成本小于边际缺货成本
D. 边际保险储备成本大于边际缺货成本
【答案】A
【解析】研究保险储备的目的，就是要找出合理的保险储备量，使缺货或供应中断损失和储备成本之和最小。

【例题 12-14·计算题】 甲公司是一个汽车挡风玻璃批发商，为 5 家汽车制造商提供挡风玻璃。该公司总经理为了降低与存货有关的总成本，请你帮助他确定最佳的采购批量。有关资料如下：
(1) 挡风玻璃的单位进货成本为 1 300 元。
(2) 全年需求预计为 9 900 块。
(3) 每次订货发出与处理订单的成本为 38.2 元。
(4) 每次订货需要支付运费 68 元。
(5) 每次收到挡风玻璃后需要验货，验货时外聘一名工程师，验货需要 6 小时，每小时支付工资 12 元。
(6) 为存储挡风玻璃需要租用公共仓库。仓库租金每年 2 800 元，另外按平均存量加收每块挡风玻璃 12 元/年。
(7) 挡风玻璃为易碎品，损坏成本为年平均存货价值的 1%。
(8) 公司的年资金成本为 5%。
(9) 从订货至挡风玻璃到货，需要 6 个工作日。
(10) 在进行有关计算时，每年按 300 个工作日计算。
要求：
(1) 计算每次订货的变动成本；
(2) 计算每块玻璃的变动储存成本；
(3) 计算经济订货量；
(4) 计算与经济订货量有关的存货总成本；
(5) 计算再订货点。（2012 年）
【解析】
(1) 每次订货的变动成本 = 38.2 + 68 + 6 × 12 = 178.20（元）

(2) 每块挡风玻璃的变动储存成本 = 12 + 1 300 × 1% + 1 300 × 5% = 90（元）
(3) 经济订货量 = $\sqrt{2 \times 9\,900 \times 178.2 \div 90}$ = 198（件）
(4) 与经济订货量有关的存货总成本 = $\sqrt{2 \times 9\,900 \times 178.2 \times 90}$ = 17 820（元）
(5) 再订货点 = (9 900 ÷ 300) × 6 = 198（件）

第五节 短期债务管理

一、短期债务筹资的特点

短期债务筹资所筹资金的可使用时间较短，一般不超过 1 年，具有如下特点：
(1) 筹资速度快，容易取得；
(2) 筹资富有弹性；
(3) 筹资成本较低；
(4) 筹资风险高。

二、商业信用筹资

商业信用是指在商品交易中由于延期付款或预收货款所形成的公司间的借贷关系。

商业信用筹资的优点：容易取得，如果设有现金折扣或使用不带息票据，商业信用筹资不负担成本。

商业信用筹资的缺点：如果有现金折扣，放弃现金折扣时所付出的成本较高。

商业信用的具体形式有应付账款、应付票据、预收账款等。

下面，我们主要来看应付账款。

应付账款是企业购买货物暂未付款而欠对方的款项，即卖方允许买方在购货后一定时期内支付货款的一种形式。卖方利用这种方式促销，而对于买方来说，延期付款则等于向卖方借用资金购进商品，可以满足短期的资金需要（见表 12 – 4）。

表 12 – 4　　　　　　　　　应付账款筹资决策分析

> 应付账款筹资最主要的就是，判断企业是否应该在信用期内付款。若在信用期付款，则享受现金折扣，同时失去这笔现金的短期投资收益。若不在信用期付款，则可得到这笔现金的短期投资收益，但却失去了现金折扣的优惠。
> 通常我们通过比较放弃现金折扣成本和短期投资收益率的大小来决定。
> (1) 放弃现金折扣成本的计算。
> $$\text{放弃现金折扣成本} = \frac{\text{折扣百分比}}{1 - \text{折扣百分比}} \times \frac{360}{\text{信用期} - \text{折扣期}}$$
> 上述放弃现金折扣的成本是按单利计算的。如果按复利计算，公式为：
> $$\text{放弃现金折扣成本} = \left(1 + \frac{\text{折扣百分比}}{1 - \text{折扣百分比}}\right)^{\frac{360}{\text{信用期} - \text{折扣期}}} - 1$$
> (2) 决策原则。
> ①若放弃现金折扣成本率 > 短期贷款率或短期投资收益率，则选择折扣期内付款；
> ②若放弃现金折扣成本率 < 短期贷款率或短期投资收益率，则选择信用期内付款；
> ③展延付款所降低的折扣成本 > 展延付款的信用损失，则选择展期信用。

注：若面对两家以上提供不同信用条件的卖方，通过衡量放弃折扣成本的大小，选择信用成本最小（或所获利益最大）的一家。

【例题 12-15·计算题】 某公司拟采购一批零件，供应商规定的付款条件：10 天之内付款付 98 万元，20 天之内付款付 99 万元，30 天之内付款付全额 100 万元。

要求：

（1）假设银行短期贷款利率为 15%，计算一般情况下放弃现金折扣的成本率，并确定对该公司最有利的付款日期和价格。

（2）假设目前有一短期投资报酬率为 40%，确定对该公司最有利的付款日期和价格。

（3）如果按复利计算时，放弃现金折扣的成本率分别是多少？

【解析】

（1）放弃（第 10 天）折扣的资金成本 = [2% ÷ (1 - 2%)] × [360 ÷ (30 - 10)] = 36.73%

放弃（第 20 天）折扣的资金成本 = [1% ÷ (1 - 1%)] × [360 ÷ (30 - 20)] = 36.36%

放弃折扣的资金成本大于短期贷款利率，所以应享受折扣，且选择折扣成本（享有收益）较大的一个，应选择在第 10 天付款，付 98 万元。

（2）短期投资报酬率大于放弃折扣成本，应放弃折扣，选择第 30 天付款，付 100 万元。

（3）放弃（第 10 天）折扣的资金成本 = $\left(1 + \frac{2\%}{1-2\%}\right)^{\frac{360}{30-10}} - 1 = 43.86\%$；放弃（第 20 天）折扣的资金成本 = $\left(1 + \frac{1\%}{1-1\%}\right)^{\frac{360}{30-20}} - 1 = 43.59\%$。

三、短期借款筹资

短期借款是指企业向银行和其他非银行金融机构借入的期限在 1 年以内的借款。

（一）短期借款的信用条件

短期借款的信用条件如表 12-5 所示。

表 12-5　　　　　　　　　　短期借款的信用条件

项目	含义及有效年利率
信贷限额	银行对借款人规定的无担保贷款的最高限额。有效期通常为 1 年。信贷期内，可随时借款
周转信贷协议	周转信贷协议是银行具有法律义务的、承诺提供不超过某一最高限额的贷款协议。在协定的有效期内，只要公司的借款总额未超过最高限额，银行必须满足公司任何时候提出的借款请求
	公司享用周转信贷协定，通常需要对贷款限额的未使用部分付给银行一笔承诺费（就未使用部分，支付承诺费）
	有效年利率 = $\frac{贷款额 \times 报价利率 + (周转信贷限额 - 贷款额) \times 承诺费率}{贷款额}$

续表

项目	含义及有效年利率
补偿性余额	银行要求借款企业保持按贷款限额或实际借款额一定百分比计算的最低存款额,对借款企业来讲会提高借款的有效年利率（保有一定比例的银行存款） $$有效年利率 = \frac{贷款额 \times 报价利率}{贷款额 \times (1-补偿性余额比率)} = \frac{报价利率}{1-补偿性余额比率}$$
借款抵押	银行向财务风险较大的企业发放贷款时,有时需要有抵押品担保。抵押借款的成本通常高于非抵押借款的成本
偿还条件	贷款的偿还有到期一次偿还和贷款期内定期等额偿还两种方式。 贷款期内定期等额偿还会提高借款的有效年利率
其他承诺	若企业违背所作出的承诺,银行可要求企业立即偿还全部贷款

【例题12-16·计算题】公司与银行签订了为期一年的周转信贷协定,周转信贷额为1 000万元,年承诺费率为1%,借款公司年度内使用了400万元（使用期为半年）,借款年利率为8%,则该公司当年应向银行支付利息和承诺费共计多少万元？

【解析】利息 = 400 × 8% × 1/2 = 16（万元）,承诺费 = 600万元全年未使用的承诺费 + 400万元半年未使用的承诺费 = 600 × 1% + 400 × 1% × 1/2 = 8（万元）,则该公司当年应向银行支付利息和承诺费共计24万元。

【例题12-17·单选题】甲公司与乙银行签订了一份周转信贷协定,周转信贷限额为1 000万元,借款利率为6%,承诺费率为0.5%,甲公司需按照实际借款额维持10%的补偿性余额。甲公司年度内使用借款600万元,则该笔借款的实际税前资本成本是（　　）。(2009年)

A. 6%　　　　　B. 6.33%　　　　　C. 6.67%　　　　　D. 7.04%

【答案】D

【解析】

$$该笔借款的实际税前资本成本 = \frac{贷款额 \times 报价利率 + (周转信贷限额 - 贷款额) \times 承诺费率}{贷款额 \times (1-补偿性余额比率)}$$

$$= \frac{600 \times 6\% + (1\,000 - 600) \times 0.5\%}{600 \times (1-10\%)} = 7.04\%$$

（二）短期借款利率及其支付方法

（1）借款利率分为三种：优惠利率、浮动优惠利率、非优惠利率。
（2）借款利息的支付方法如表12-6所示。

表 12-6　　　　　　　　　　借款利息的支付方法

支付方法	含义	有效年利率
收款法	是在借款到期时向银行支付利息的方法	有效年利率 = $\dfrac{贷款额 \times 报价利率}{贷款额}$ = 报价利率
贴现法	银行向公司发放贷款时，先从本金中扣除利息部分，而到期时借款公司则要偿还贷款全部本金的一种计息方法（先扣利息，到期还本金）	有效年利率 = $\dfrac{贷款额 \times 报价利率}{贷款额 \times (1-报价利率)}$ = 报价利率 ÷ (1-报价利率)
加息法	加息法是银行发放分期等额偿还贷款时采用的利息收取方法。 由于贷款分期均衡偿还，借款企业实际上只平均使用了贷款本金的半数，却支付全额利息。这样，企业所负担的有效年利率便高于报价利率大约 1 倍	有效年利率 = 2 × 报价利率

【例题 12-18·单选题】 某公司拟使用短期借款进行筹资。下列借款条件中，不会导致有效年利率（利息与可用贷款额的比率）高于报价利率（借款合同规定的利率）的是（　　）。(2010 年)

A. 按贷款一定比例在银行保持补偿性余额
B. 按贴现法支付银行利息
C. 按收款法支付银行利息
D. 按加息法支付银行利息

【答案】C

第十二章 营运资本管理

彬哥跟你说：

本章是非常重要的章节！也是 100% 会出很多分数的章节！所以各位务必高度重视！

那么本章有难度吗？这是真的有难度的！特别是存货管理，表述的形式也比较多，但是这也是大题的必考点，所以各位要在本章付出一些时间，我认为可以安排 2~3 个晚上进行消化都不足为过！所以本章不建议快速跳过去！

今日复习步骤：

第一遍：回忆 & 重新复习一遍框架（15 分钟）

学习要求：自己重新梳理一遍框架，不需要掌握所有细节，但求框架了然于心。

第二遍：对细节进一步掌握（60 分钟）

营运资本管理策略、现金管理、应收账款管理、短期债务管理分别涉及哪些考点？

第三遍：重新复习一遍框架（10 分钟）

我问你答：

（1）适中型投资策略、保守型投资策略以及激进型投资策略各有什么特点？

（2）适中型筹资策略、保守型筹资策略以及激进型筹资策略各有什么特点？怎么判断？

（3）使用成本分析模式确定最佳现金持有量的决策原则是什么？管理成本会随现金持有量的变动发生明显的变动吗？

（4）存货模式下，最佳现金持有量是"机会成本＝交易成本"时的现金持有量吗？最佳现金持有量怎么计算？

（5）随机模式进行现金管理是依据什么原理？返回时返回到哪一个金额？现金持有量下限受哪些因素的影响？现金持有量上限怎么计算？

（6）应收账款信用政策包括哪些？"5C"指的是哪五个方面？

（7）信用政策决策怎么做？包括哪些内容？

（8）存货的经济订货量基本模型满足什么条件？如果需要一定的交货时间时，再订货点怎么计算？存货是陆续供应而不是立刻到货，经济订货量和与批量相关的存货总成本应该怎么计算？考虑保险储备的再订货点和相关总成本怎么计算？

（9）商业信用筹资（应付账款）放弃现金折扣的成本应该怎么计算？什么时候选择放弃或不放弃？

（10）企业与银行签订周转信贷协议或补偿性余额协议时，有效年利率如何计算？

本章作业：

（1）请把讲义例题做三遍（做错的题目，请分析错误原因并记录到改错本）。

（2）请复习完口述一遍框架，睡前请再回忆一遍框架。

（3）第二天早上，请再回忆一遍框架，对于回忆不起来的内容，请翻书看一遍。

第 14 天　复习日

- 🟢 **复习旧内容：**

  第九章~第十二章

- 🟢 **学习新内容：**

  无

- 🟢 **学习方法：**

  快速翻阅每章知识点，着重看自己标注的笔记，攻克难点，每复习一章做一章习题，带着习题中出现的问题再看一遍书，并归纳错题本。

- 🟢 **你今天的可能心态：**

  学到现在已经学完了财务管理的内容，应该已经入门，入门之后再进行复习就简单了。学习的过程本就是遗忘的过程，通过不断反复地背框架和复习，记忆也会越来越深刻，不要以为忘记是你的专利，其实任何人都容易忘记。

- 🟢 **简单解释今天学习内容：**

  复习完所有的内容，同时也要理顺财管的内在逻辑，学到现在你们应该明白了财管的核心其实就是现金流折现，不管是投资还是筹资，都是这么一个基本思路。

- 🟢 **可能会遇到的难点：**

  无

- 🟢 **习题注意事项：**

  建议同学们将之前错题本上的错题再拿出来做一遍，财管就是不断地重复，尤其是大题！

- 🟢 **建议学习时间：**

  5 个小时

第 15 天

- **复习旧内容：**
  第十二章　营运资本管理
- **学习新内容：**
  第十三章　产品成本计算
- **学习方法：**
  无
- **你今天的可能心态：**
  学完了财务管理，后面的内容就是成本计算和管理会计了，压力逐渐降低，坚持下去之后就是做题和复习，不担心了。
- **简单解释今天学习内容：**
  （1）产品成本计算就是看这个产品到底耗费了多少成本，很多人想这不是很简单吗？其实操作中也没那么简单。比如，一批产品耗费了一些成本，但是年末有在产品和产成品，请问产成品和在产品的成本怎么分配？再如，有一些间接费用，比如人工费用、制造费用等，如何更准确地分配到各项产品里面去？这就是产品成本要解决的内容。

  （2）成本的计算方法有三种，分别是品种法、分批法和分步法。品种法就是按照品种来归集成本，比如大量大批的单步骤生产企业；分批法是按照每一批来核算一次成本，比如造船、重型机器设备制造业等单件小批类型；分步法是指大量大批的多步骤生产，要一个步骤一个步骤地往下生产，每个步骤都要投入成本，这也是考试的重点，甚至有可能出大题。
- **可能会遇到的难点：**
  本章如果说有难点，那就是分步法核算成本难度稍微大一点，因为分步法分为逐步结转和平行结转，所谓的逐步结转就是每一个步骤的成本结转到下一步，而平行结转就是前一步骤的成本不用结转到下一步骤，最后直接将最终产成品的各个步骤成本相加即可。
- **习题注意事项：**
  本章出大题的可能性较大，特别是分步法是考试的重点，希望各位重点关注。
- **建议学习时间：**
  3~4 个小时

第五编
成本计算

第五编成本计算，包括产品成本计算、标准成本法和作业成本法。本编主要介绍几种产品成本计算方法，考试分值较多，但内容比较简单，是相对友好的送分内容，希望大家认真掌握各种成本计算方法和标准成本分析，尽量少丢分。

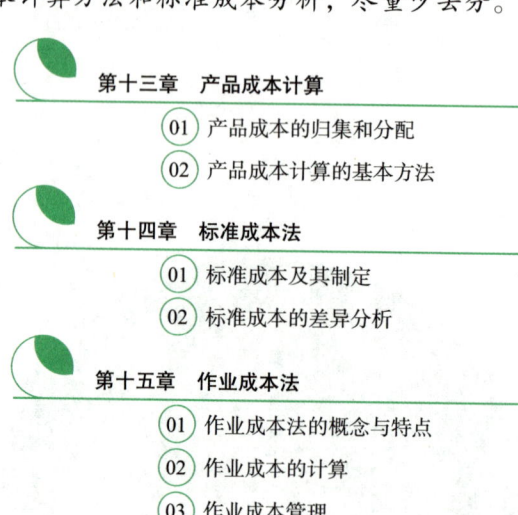

第十三章　产品成本计算
- 01 产品成本的归集和分配
- 02 产品成本计算的基本方法

第十四章　标准成本法
- 01 标准成本及其制定
- 02 标准成本的差异分析

第十五章　作业成本法
- 01 作业成本法的概念与特点
- 02 作业成本的计算
- 03 作业成本管理

第十三章 产品成本计算

【简单解释本章内容】

(1) 为什么会有这一章节？比如生产一辆车，每辆车一台发动机，这个成本可以核算到每台车上面去，但是生产线的折旧、生产部门管理人员的工资所产生的成本能够轻而易举地分配到每台车上面去吗？这就需要本章来解决。

(2) 同时，企业的生产车间有在产品和产成品，那么分配给在产品和产成品的成本肯定也不相同。为什么一定要分配到在产品和产成品上呢？因为不分配下去，我们如何核算产成品的成本呢？所以本章也要解决分配给在产品和产成品的金额。

(3) 在产成品和在产品中进行成本分配，方法很多，比如我们假设在产品保持稳定，每年保持不变。但是用得最多的叫"约当产量法"，很多同学看到名字就觉得恐怖，其实按照字面意思解释，所谓的约当产量，就是大约产量。比如一个产成品总共需要10个小时，但是这个在产品现在只花了4个小时，那不就是只相当于0.4个产成品吗？

(4) 在实际的工作中，我们可以有很多方法来核算产品的成本，比如按照品种，将各种成本分配到各个不同的品种，或者各个不同的批次，这些都简单。复杂点的是假设某些产品涉及多步骤的时候，那核算起来就比较麻烦，这也是本章可能出综合题的地方。但是幸运的是，如果出题，都是书上例题的难度，所以静下来搞懂例题即可。

【本章学习方法】

本章学习方法，首先需要知道的就是本章为什么存在。就是为了分配费用进产品，就是为了确定在产品和产成品的成本，确定在产品和产成品成本的方法很多，比如不计算在产品成本或者在产品成本保持不变，又比如采用约当产量法。那么企业在实际工作中怎么核算产品成本呢？可以分批，可以分品种，但要注意的是如果产品的生产是多个步骤，那就要复杂一点。

本章框架如图 13 – 1 所示。

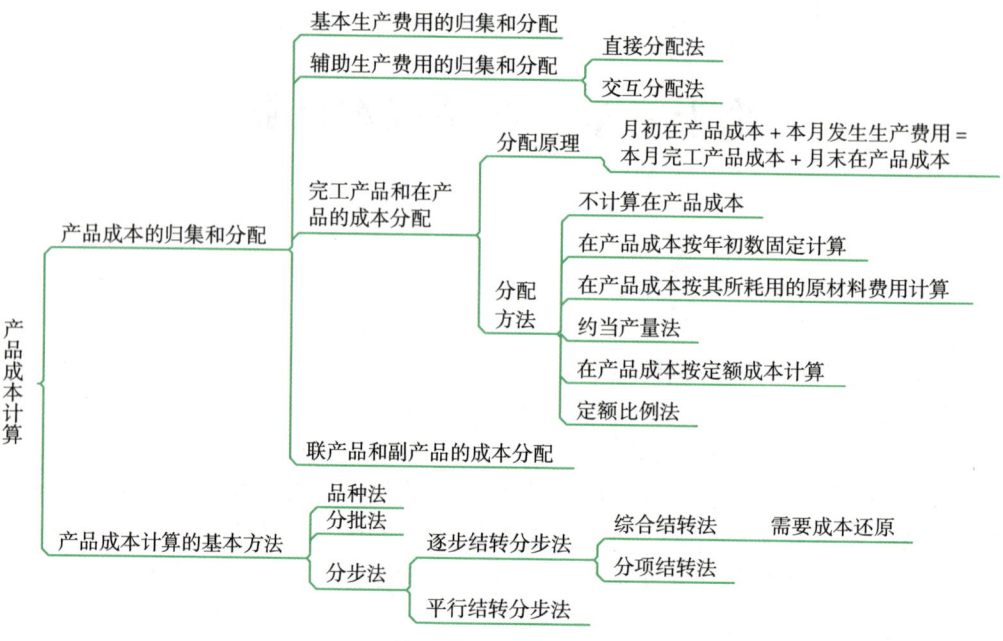

图 13 – 1　本章框架

成本通常是指对象化的费用。为了适应不同目的和需要，成本可以按照不同的标准进行分类（见表 13 – 1）。

表 13 – 1　　　　　　　　　　　　　产品成本的分类

划分标准	成本分类	具体阐述
是否参与制造	制造成本	制造成本包括直接材料、直接人工和制造费用
	非制造成本	非制造成本包括销售费用、管理费用和财务费用，它们不构成产品的制造成本
费用的发生与产品的关系	产品成本	产品成本是与产品的生产直接相关的成本，包括直接材料成本、直接人工成本和制造费用
	期间成本	期间成本是企业经营活动中所发生的与该会计期间的销售、经营和管理等活动相关的成本
按计入成本对象的方式	直接成本	直接成本是与成本对象直接相关的，可以用经济合理方式追溯到成本对象的那一部分的成本
	间接成本	间接成本是指与成本对象相关联的成本中不能用一种经济合理方式追溯到成本对象，不适宜直接计入

第一节　产品成本的归集和分配

产品成本核算的过程实际上是通过多次的成本归集和分配，最终计算出产品总成本和单位成本的过程（见图 13 – 2）。

间接成本：
料，比如车间可以共用的备品备件，机器的修理用零部件；
工，比如说管理者的工资；
费，比如说厂房折旧费这种无法直接归属单一产品的。

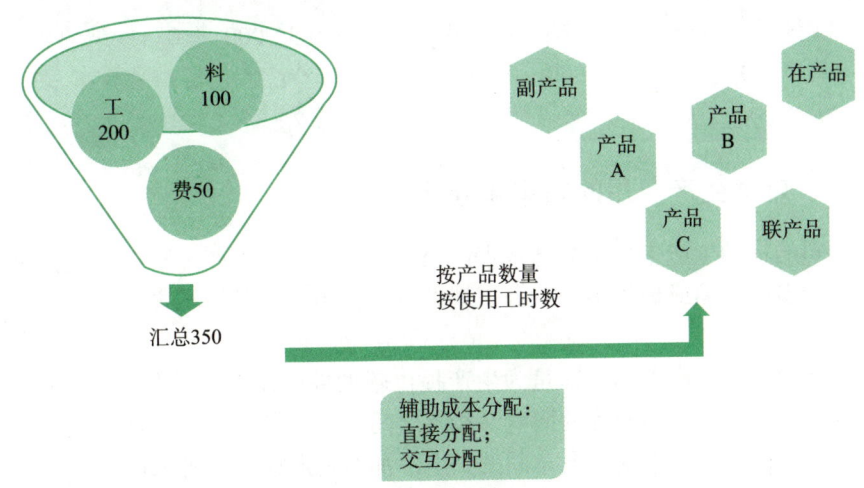

图 13－2　产品成本的归集和分配

一、基本生产费用的归集和分配

生产费用是指基本生产车间为生产产品所消耗的人（职工薪酬）、财（银行存款）、物（原材料、辅料等），主要分为直接材料、直接人工、制造费用。

为了计算产品成本，需要将生产过程中耗用的各种直接费用和间接费用归集起来，然后按照一定标准将其分配至各个产品。其中：

成本的归集，是指通过一定的方式进行成本数据的收集或汇总。

成本的分配，是指将归集的间接成本分配给成本对象的过程。

计算公式为：

分配率＝待分配的间接成本÷各个分配对象的分配标准合计

某分配对象应分配的间接费用＝间接成本费用分配率×某分配对象的分配标准

其中：一般来说，材料费用按照<u>定额消耗量</u>来计算，人工费用按照<u>实际工时</u>来分配，制造费用则看题目的要求。

【例题 13－1·计算题】领用某种原材料 2 106 千克，单价 20 元，原材料费用合计 42 120 元，投产甲产品 400 件、乙产品 300 件。甲产品消耗定额 1.2 千克，乙产品消耗定额 1.1 千克。求甲、乙产品的材料费用如何分配。

【解析】分配率＝42 120÷（400×1.2＋300×1.1）＝42 120÷（480＋330）＝52（元/千克）

应分配的材料费用：甲产品：52×400×1.2＝24 960（元）；乙产品：52×300×1.1＝17 160（元）。

【例题13-2·计算题】假设某基本生产车间甲产品生产工时为56 000小时，乙产品生产工时为32 000小时，本月发生制造费用36 080元。求甲、乙产品的制造费用如何分配。

【解析】制造费用分配率 = 36 080 ÷ (56 000 + 32 000) = 0.41（元/小时）
甲产品制造费用 = 56 000 × 0.41 = 22 960（元）；乙产品制造费用 = 32 000 × 0.41 = 13 120（元）。

二、辅助生产费用的归集和分配

公司的辅助生产主要是为基本生产服务的。有的只生产一种产品或提供一种劳务，有的则生产多种产品或提供多种劳务。辅助生产费用的主要分配方法：**直接分配法、交互分配法**。

什么叫辅助生产费用，即是为生产提供辅助性的服务，比如供电车间、机修车间等，这些车间在为生产产品服务的同时，相互之间也会提供服务，比如供电车间需要机修车间的维修，机修车间也需要供电车间的供电，那么就形成了两种分配方法：一种是直接分配法；另一种是交互分配法（见表13-2）。

所谓的直接分配法就是供电车间和机修车间不互相分配，直接将所有的成本分配给各个产品。

所谓的交互分配法就是供电车间和机修车间相互提供的服务要分配相应的成本，然后将剩余部分再分配到各个产品。

表13-2　　　　　　　　　辅助生产费用的两种分配方法

	直接分配	交互分配
方法概述	不考虑辅助生产内部相互提供的劳务量，直接将各辅助生产车间发生的费用分配给辅助生产以外的各个受益单位或产品	交互分配法，需要进行两次分配。首先在各辅助生产车间之间进行一次交互分配；其次将各辅助生产车间交互分配后的实际费用，对辅助生产车间以外的各受益单位进行分配
计算过程	辅助生产的单位成本 = 辅助生产费用总额 ÷（辅助生产的产品或劳务总量 - 对其他辅助部门提供的产品或劳务量） 各受益车间、产品或各部门应分配的费用 = 辅助生产的单位成本 × 该车间、产品或部门的耗用量	对内交互分配率 = 辅助生产费用总额 ÷ 辅助生产提供的总产品或劳务总量 对外分配率 =（交互分配前的成本费用 + 交互分配转入的成本费用 - 交互分配转出的成本费用）÷ 对辅助生产车间以外的其他部门提供的产品或劳务总量
优点	由于各辅助生产费用只是对外分配，计算工作简便	辅助生产内部相互提供产品或劳务全都进行了交互分配，从而提高了分配结果的正确性
缺点	当辅助生产车间相互提供产品或劳务量差异较大时，分配结果往往与实际不符。只适宜在辅助生产内部相互提供产品或劳务不多，不进行费用的交互分配，对辅助生产成本和产品制造成本影响不大的情况下采用	各辅助生产费用要计算两个单位成本（费用分配率），进行两次分配，因而增加了计算工作量

1. 直接分配法

【例题 13-3·计算题】 公司有锅炉和供电两个辅助生产车间，这两个车间的辅助生产明细账所归集的费用分别是：供电车间 89 000 元，锅炉车间 21 000 元；供电车间为生产甲、乙两种产品及各车间管理部门和企业行政管理部门供电 362 000 度，其中锅炉车间耗电 6 000 度；锅炉车间为生产甲乙产品、各车间及公司行政管理部门提供 5 370 吨热力蒸汽，其中供电车间耗用 120 吨。采用直接分配法分配此项费用，并编制"辅助生产费用分配表"，如下表所示。

【解析】

辅助生产费用分配表（直接分配法）

2010 年 5 月　　　　　　　　　　　　　　　　　　　　　单位：元

借方科目		生产成本——基本生产成本			制造费用（基本车间）	管理费用	合计
		甲产品	乙产品	小计			
供电车间	耗用量（度）	220 000	130 000	350 000	4 200	1 800	356 000
	分配率						0.25（89 000 ÷ 356 000）
	金额	55 000	32 500	87 500	1 050	450	89 000
锅炉车间	耗用量（吨）	3 000	2 200	5 200	30	20	5 250
	分配率						4（21 000 ÷ 5 250）
	金额	12 000	8 800	20 800	120	80	21 000
金额合计		67 000	41 300	108 300	1 170	530	110 000

2. 交互分配法

【例题 13-4·计算题】 沿用【例题 13-3】资料，采用交互分配法分配辅助生产费用，并编制"辅助生产费用分配表"，如下表所示。

【解析】

辅助生产费用分配表（交互分配法）

2010 年 5 月　　　　　　　　　　　　　　　　　　　　　单位：元

项目		供电车间			锅炉车间			合计
		耗用量（度）	单位成本	分配金额	耗用量（吨）	单位成本	分配金额	
待分配费用		362 000	0.2459	89 000	5 370	3.9106	21 000	110 000
交互分配	辅助生产——供电			469.27	-120		-469.27	
	辅助生产——锅炉	-6 000		-1 475.14			1 475.14	
对外分配辅助生产费用		356 000	0.2472	87 994.13	5 250	4.1916	22 005.87	110 000
对外分配	基本生产——甲产品	220 000		54 384	3 000		12 574.8	66 958.8
	基本生产——乙产品	130 000		32 136	2 200		9 221.52	41 357.52
	制造费用	4 200		1 038.24	30		125.75	1 163.99
	管理费用	1 800		435.89	20		83.8	519.69
合计		356 000		87 994.13	5 250		22 005.87	110 000

三、完工产品和在产品的成本分配

> 【提示】完工产品和在产品的成本分配的意思是确定期末的时候完工产品的成本和在产品的成本,那么完工产品的成本和在产品的成本主要是怎么来的?不就是月初在产品的成本加上本月的投入吗?这个成本就是在期末完工产品和在产品之间进行分配。分配方法很多,比如在产品成本保持不变,那么本月发生的生产费用就是完工产品的成本。所以本知识点就是为了探讨到底有哪些方法来确定在产品和产品的成本。

(一) 分配原理

月初在产品成本 + 本月发生生产费用 = 本月完工产品成本 + 月末在产品成本

由于公式中前两项是已知数,所以,在完工产品与月末在产品之间分配费用的方法有两类:

一是将前两项之和按一定比例在后两项之间进行分配,从而求得完工产品与月末在产品的成本;

二是先确定月末在产品的成本,再计算求得完工产品的成本。

(二) 分配方法(六种)

分配方法的适用范围和相关费用分配如表13-3所示。

表13-3　　　　　　　　完工产品和在产品的成本分配方法

方法	适用范围	费用的分配
不计算在产品成本法	该方法适用于月末在产品数量很小的情况	采用不计算在产品成本法时,由于期初在产品和期末在产品成本为零,根据:期初在产品成本 + 本月生产费用 = 本月完工产品成本 + 期末在产品成本,则某种产品某月发生的生产费用之和,就是该月该种产品的完工产品成本
在产品成本按年初数固定计算法	该方法适用于月末在产品数量很小,或者在产品数量虽大但各月之间在产品数量变动不大,月初、月末在产品成本的差额对完工产品成本影响不大的情况	采用该方法,由于期初在产品成本和期末在产品成本相等,根据:期初在产品成本 + 本月生产费用 = 本月完工产品成本 + 期末在产品成本,则某种产品某月发生的生产费用之和,就是该月该种产品的完工产品成本。年终时,根据实地盘点的在产品数量,重新调整计算在产品成本,以避免在产品成本与实际出入过大,影响成本计算的正确性
在产品成本按其所耗用的原材料费用计算法	该方法适用于原材料费用在产品成本中所占比重较大,而且原材料在生产开始时一次全部投入的情况	采用该方法,月末在产品只计算应该负担的原材料费用,其他费用则全部由完工产品负担
约当产量法(最重要)	该方法适用于各月末在产品数量变化较大,产品成本中原材料费用和工资等其他费用比重相差不多的产品	约当产量是指在产品按其完工程度约当于完工产品的数量。约当产量法就是将月末结存的在产品,按其完工程度折合成约当产量,然后再将产品应负担的全部生产费用,按完工产品产量和在产品约当产量的比例分配的一种方法。约当产量法下具体分为加权平均法和先进先出法,详见约当产量法的应用

续表

方法	适用范围	费用的分配
在产品成本按定额成本计算法	该方法适用于在产品数量稳定或者数量较少，并且制定了比较准确的定额成本的情况	月末在产品成本 = 月末在产品单位定额成本 × 月末在产品数量 产成品总成本 = (月初在产品成本 + 本月生产费用) – 月末在产品成本
定额比例法	该方法适用于各月末在产品数量变化较大，有较为准确的消耗定额资料的情况	费用分配率 = (月初在产品成本 + 本月生产费用) ÷ (完工产品定额 + 月末在产品定额) 完工产品应分配的成本 = 完工产品定额 × 费用分配率 月末在产品成本 = 月末在产品定额 × 费用分配率

关于约当产量法的应用：

1. 加权平均法

$$在产品约当产量 = 在产品数量 \times 在产品完工程度$$

$$单位成本 = (月初在产品成本 + 本月发生的生产费用) \div (月末在产品约当产量 + 完工产品产量)$$

$$完工产品成本 = 单位成本 \times 完工产品产量$$

$$月末在产品成本 = 单位成本 \times 月末在产品约当产量$$

（1）人工成本和制造费用的分配，必须计算在产品的约当产量：

$$某工序在产品完工率 = \left(\frac{前面各工序}{工时定额之和} + \frac{本工序}{工时定额} \times 50\%\right) \div 产品工时总定额$$

【提示】如果告诉了各工序的平均完工程度，则应按其计算，就不应再使用50%计算。

【**例题13-5·计算题**】生产A产品需要两道工序，第一道工序需要15个小时，第二道工序需要10个小时，两道工序总共需要25小时。现在第一道工序的在产品有50件，在第一道工序的完工进度为50%，第二道工序的在产品有30件，在第二道工序的完工进度也为50%，请问约当产量为多少？

【解析】

（1）第一道工序完工进度50%，耗时为7.5小时（15×50%），则总的完工进度为30%（7.5÷25×100%），所以第一道工序的约当产量为15件（30%×50）。

（2）第二道工序完工进度50%，耗用的时间不仅包括第二道工序的，还应当包括第一道工序的，所以总时间为20小时（15+10×50%），则总的完工进度为80%（20÷25），则第二道工序的约当产量为24件（30×80%）。

（2）分配原材料费用分两种情况：

①原材料在生产开始时<u>一次投入</u>：不需要计算在产品的约当产量，<u>直接计算在产品材料成本</u>。

因为不管现在完工进度如何，在产品和产成品一样，原材料都是期初一次投入，都是100%一次性投入了，这时进度跟原材料的投入没有关系。

②原材料随着加工进度陆续投入又要分两种情况：一种是原材料分工序投入，但每道工序是在开始时一次投入；另一种是原材料分工序投入，每道工序也是随加工进度陆续投

入。下面我们看个例子:

【例题13-6·计算题】某产品需经过两道工序加工完成,原材料消耗定额为100千克,其中:第一道工序的原材料消耗定额为40千克,第二道工序的原材料消耗定额为60千克。月末在产品数量30件,其中:第一道工序在产品20件,第二道工序在产品10件。

【解析】
(1) 原材料随着加工进度分工序投入,但每道工序则是在开始时一次投入:

表1

工序	工序开始时一次性投入的原材料消耗定额	完工率(投料率)	在产品的约当产量
第一道工序	40千克	40÷100×100%=40%	20×40%=8(件)
第二道工序	60千克	(40+60)÷100×100%=100%	10×100%=10(件)
合计	100千克	—	18件

(2) 原材料随着加工进度分工序投入,每道工序也是随加工进度陆续投入:

表2

工序	本工序原材料消耗定额	完工率(投料率)	在产品的约当产量
第一道工序	40千克	40×50%÷100×100%=20%	20×20%=4(件)
第二道工序	60千克	(40+60×50%)÷100×100%=70%	10×70%=7(件)
合计	100千克	—	11件

【例题13-7·计算题】某产品本月完工26件,月初无在产品,月末在产品10件,平均完工程度40%,本月发生生产费用共3 000元。求生产费用在在产品和完工产品之间的分配。

【解析】
单位成本 = 3 000÷(26+10×40%) = 100(元/件)
完工产品成本 = 26×100 = 2 600(元)
在产品成本 = 10×40%×100 = 400(元)

2. 先进先出法

在先进先出法下,假设先开始生产的产品先完工。

月初在产品约当产量(直接材料) = 月初在产品数量×(1-已投料比例)

月初在产品约当产量(直接人工+制造费用即转换成本) = 月初在产品数量×(1-月初在产品完工程度)

本月投入本月完工产品数量 = 本月全部完工产品数量 - 月初在产品数量

月末在产品约当产量(直接材料) = 月末在产品数量×本月投料比例

月末在产品约当产量(转换成本) = 月末在产品数量×月末在产品完工程度

$$单位成本(分配率) = \frac{本月发生生产费用}{月初在产品约当产量+本月投入本月完工产品数量+月末在产品约当产量}$$

完工产品成本 = 月初在产品成本 + 月初在产品本月加工成本 + 本月投入本月完工产品数量
　　　　　　　× 分配率
　　　　　　= 月初在产品成本 + 月初在产品约当产量 × 分配率
　　　　　　　+ 本月投入本月完工产品数量 × 分配率
　　　　月末在产品成本 = 月末在产品约当产量 × 分配率

【例题 13-8·计算题】 假如甲产品月初在产品数量 200 件,月初在产品完工程度 60%,本月投入生产 700 件,本月完工产品 800 件,月末在产品 100 件,月末在产品完工程度 70%,原材料均在开始生产时一次投入。月初在产品成本 3 200 元,本月发生直接材料成本 8 400 元,发生转换成本(直接人工和制造费用)6 000 元。假设在产品存货发出采用先进先出法,用约当产量法计算确定本月完工产品成本和月末在产品成本。

【解析】 分配计算如表 1 和表 2 所示。

表 1　　　　　　　　　先进先出法约当产量计算表　　　　　　　　　单位:件

	实际数量（第1步）	约当产量（第2步）	
		直接材料	转换成本
月初在产品数量	200		
本月投入生产数量	700		
小计	900		
本月完工产品数量	800		
月末在产品数量	100		
小计	900		
月初在产品约当产量	200	200×(1-100%)=0	200×(1-60%)=80
本月投入本月完工产品数量	600	600	600
月末在产品约当产量	100	100×100%=100	100×70%=70
小计	900	700	750

表 2　　　　先进先出法下用约当产量法分配完工产品成本和在产品成本表　　　　单位:元

	生产成本	直接材料	转换成本
月初在产品成本	3 200		
(第3步) 本期生产费用	14 400	8 400	6 000
总约当产量		700	750
(第4步) 分配率(单位约当产量成本)		12	8
总成本	17 600		
(第5步) 成本分配			
完工产品成本:			
月初在产品成本	3 200		

续表

	生产成本	直接材料	转换成本
月初在产品本月加工成本	640	0	80×8=640
本月投入本月完工产品直接材料	7 200	600×12=7 200	
本月投入本月完工产品转换成本	4 800		600×8=4 800
完工产品成本	15 840		
月末在产品成本：			
月末在产品直接材料	1 200	100×12=1 200	
月末在产品转换成本	560		70×8=560
月末在产品成本	1 760		
总成本	17 600		

四、联产品和副产品的成本分配

（一）联产品加工成本的分配

联产品是指使用同种原料，经过同一生产过程同时生产出来的两种或两种以上的主要产品。在分离点以前发生的成本，称为联合成本。联产品加工成本的分配就是要将联合成本分配到不同的产品之上，对此有三种计算方法（见表13-4）。

表13-4　　　　　　　　联产品加工成本分配的三种计算方法

分离点售价法	在分离点售价法下，联合成本是以分离点上每种产品的销售价格为比例进行分配的。采用这种方法，要求每种产品在分离点时的销售价格能够可靠地计量。 联合成本分配率＝待分配联合成本÷（A产品分离点的总售价＋B产品分离点的总售价） A产品应分配联合成本＝联合成本分配率×A产品分离点的总售价 B产品应分配联合成本＝联合成本分配率×B产品分离点的总售价
可变现净值法	联产品需要进一步加工后才可供销售，可采用可变现净值进行分配。某产品的可变现净值＝该产品最终销售价格总额－分离后的该产品的后续单独加工成本。 联合成本分配率＝待分配联合成本÷（A产品可变现净值＋B产品可变现净值）
实物数量法	即联合成本以产品的实物数量或重量为基础分配。该方法通常适用于所生产的产品的价格很不稳定或无法直接确定

【例题13-9·计算题】某公司生产联产品A和B。1月份发生加工成本500万元。A和B在分离点上的销售价格总额为3 000万元，其中A产品的销售价格为1 800万元，B产品的销售价格总额为1 200万元。

【解析】采用售价法分配联合成本：

A产品成本＝1 800÷3 000×500＝300（万元）

B产品成本＝1 200÷3 000×500＝200（万元）

如果这些联产品尚需要进一步加工后才可供销售，可采用可变现净值法进行分配。

【例题 13-10·计算题】 某公司生产联产品 A 和 B。1 月份 A 和 B 在分离前发生联合加工成本为 400 万元。A 和 B 在分离后继续发生的单独加工成本分别为 300 万元和 200 万元,加工后 A 产品的销售总价为 1 800 万元,B 产品的销售总价为 1 200 万元。

【解析】 采用可变现净值法分配联合成本:
(1) 计算分离点上的可变现净值:
A 产品的可变现净值 = 1 800 - 300 = 1 500(万元)
B 产品的可变现净值 = 1 200 - 200 = 1 000(万元)
(2) 将分离前发生的联合加工成本依据各产品的可变现净值按比例进行分配:

A 产品应分配的成本 = $\dfrac{1\,500}{1\,500+1\,000} \times 400 = 240$(万元)

B 产品应分配的成本 = $\dfrac{1\,000}{1\,500+1\,000} \times 400 = 160$(万元)

【例题 13-11·计算题】 某公司生产联产品 A 和 B。1 月份发生联合加工成本 500 万元,假定 A 产品为 560 件,B 产品为 440 件。

【解析】 采用实物数量法分配联合成本如下:

A 产品应分配的成本 = $\dfrac{500}{560+440} \times 560 = 280$(万元)

B 产品应分配的成本 = $\dfrac{500}{560+440} \times 440 = 220$(万元)

(二)副产品加工成本的分配

副产品是指在同一生产过程中,使用同种原料,在生产主要产品的同时附带生产出来的非主要产品。

由于副产品价值相对较低,而且在全部产品生产中所占的比重较小,因而可以采用**简化的方法**确定其成本,然后从总成本中扣除,其余额就是主产品的成本。在分配主产品和副产品的加工成本时,通常先确定副产品的加工成本,然后再确定主产品的加工成本。

第二节 产品成本计算的基本方法

一、三种基本方法的比较

按成本计算对象的不同,成本计算的基本方法分为品种法、分批法和分步法,三者之间的差异是常考点。其中,品种法是最基础的,因为无论什么方法最终都要计算各种产品的成本,品种法的成本计算程序是成本计算的一般程序(见表 13-5)。

表 13-5　　　　　　　　　　　品种法、分批法和分步法的对比

	品种法	分批法	分步法
适用范围	大量大批次单步骤生产的公司以及管理上不要求按照生产步骤计算产品成本的多步骤生产。【举例】发电、供水、采掘	单件小批次产品的生产。【举例】造船、重型机械、精密仪器、新产品试制、设备修理等	它适用于大量大批的多步骤生产。管理上既要求按照产品品种又要求按照生产步骤计算成本。【举例】冶金、纺织、机械制造
成本计算对象	产品品种	产品批次	各种产品的生产步骤
成本计算期	一般定期计算产品成本，成本计算期与会计核算报告期一致	成本计算期与产品生产周期基本一致，而与核算报告期不一致	一般定期计算产品成本，成本计算期与会计核算报告期一致
完工产品与在产品成本划分	如果月末有在产品，要将生产费用在完工产品和在产品之间进行分配	一般不存在完工产品与在产品之间分配费用的问题	月末需将生产费用在完工产品和在产品之间进行费用分配；除了按品种计算和结转产品成本外，还需要计算和结转产品的各步骤成本

1. 品种法举例

【例题 13-12·计算题】

表1　　　　　　　　　　　产品成本计算单

产成品数量：600 件

产品名称：甲产品　　　　　　　　　2010 年 5 月　　　　　　　　　　　单位：元

成本项目	月初在产品成本	本月生产费用	生产费用合计	产成品成本		月末在产品成本
				总成本	单位成本	
直接材料费	15 700	55 000	70 700	60 600	101.00	10 100
直接人工费	7 730	31 920	39 650	36 600	61.00	3 050
燃料和动力费	18 475	67 000	85 475	78 900	131.50	6 575
制造费用	6 290	22 960	29 250	27 000	45.00	2 250
合计	48 195	176 880	225 075	203 100	338.50	21 975

表2　　　　　　　　　　　产品成本计算单

产成品数量：500 件

产品名称：乙产品　　　　　　　　　2010 年 5 月　　　　　　　　　　　单位：元

成本项目	月初在产品成本	本月生产费用	生产费用合计	产成品成本		月末在产品成本
				总成本	单位成本	
直接材料费	9 468	30 000	39 468	29 900	59.80	9 568
直接人工费	2 544	18 240	20 784	17 320	34.64	3 464
燃料和动力费	8 020	41 300	49 320	41 100	82.20	8 220
制造费用	1 292	13 120	14 412	12 010	24.02	2 402
合计	21 324	102 660	123 984	100 330	200.66	23 654

2. 分批法举例

【例题 13-13·计算题】 某公司按照购货单位的要求，小批次生产某些产品，采用分批法计算产品成本。该厂 4 月份投产甲产品 10 件，批号为 401，5 月份全部完工；5 月份投产乙产品 60 件，批号为 501，当月完工 40 件，并已交货，还有 20 件尚未完工。401 批和 501 批产品成本计算单如表 1、表 2 所示。各种费用的归集和分配过程省略。

表 1   产品成本计算单

开工日期：4 月 15 日
批号：401   产品名称：甲产品   完工日期：5 月 20 日
委托单位：东方公司   批量：10 件   单位：元

项目	直接材料费	直接人工费	制造费用	合计
4 月末余额	12 000	900	3 400	16 300
5 月发生费用：				
据材料费用分配表	4 600			4 600
据工资费用分配表		1 700		1 700
据制造费用分配表			8 000	8 000
合计	16 600	2 600	11 400	30 600
结转产成品（10 件）成本	16 600	2 600	11 400	30 600
单位成本	1 660	260	1 140	3 060

表 2   产品成本计算单

开工日期：5 月 5 日
批号：501   产品名称：乙产品   完工日期：5 月 25 日
委托单位：佳丽公司   批量：60 件   单位：元

项目	直接材料费	直接人工费	制造费用	合计
5 月发生费用：				
据材料费用分配表	18 000			18 000
据工资费用分配表		1 650		1 650
据制造费用分配表			4 800	4 800
合计	18 000	1 650	4 800	24 450
结转产成品（40 件）成本	12 000	1 320	3 840	17 160
单位成本	300	33	96	429
月末在产品成本	6 000	330	960	7 290

【解析】 该批产品月末部分完工，而且完工产品数量占总指标的比重较大，应采用适当的方法将产品生产费用在完工产品与在产品之间进行分配。本例由于原材料费用在生产开始时一次投入，所以原材料费用按完工产品和在产品的实际数量做比例分配，而其他费用则按约当产量法进行分配。

（1）材料费用按完工产品产量和在产品数量作比例分配。
产成品应负担的材料费用 = 18 000 ÷ (40 + 20) × 40 = 12 000（元）
在产品应负担的材料费用 = 18 000 ÷ (40 + 20) × 20 = 6 000（元）
（2）其他费用按约当产量比例分配。
① 计算501批乙产品在产品约当产量，如表3所示。

表3　　　　　　　　　　　　乙产品约当产量计算表

工序	完工程度 ①	在产品（件）②	约当产量（件）③ = ① × ②	完工产品（件）④	产量合计（件）⑤ = ③ + ④
1	15%	4	0.6		
2	25%	4	1		
3	70%	12	8.4		
合计	—	20	10	40	50

② 直接人工费用按约当产量法分配：
产成品应负担的直接人工费用 = 1 650 ÷ (40 + 10) × 40 = 1 320（元）
在产品应负担的直接人工费用 = 1 650 ÷ (40 + 10) × 10 = 330（元）
③ 制造费用按约当产量法分配：
产成品应负担的制造费用 = 4 800 ÷ (40 + 10) × 40 = 3 840（元）
在产品应负担的制造费用 = 4 800 ÷ (40 + 10) × 10 = 960（元）
将各项费用分配结果计入501批乙产品成本计算单即可计算出乙产品的产成品成本和月末在产品成本。

二、分步法

根据成本管理对各生产步骤成本资料的不同要求（是否要求计算半成品成本）和简化核算的要求，一般采用逐步结转和平行结转两种方法，也称为**逐步结转分步法和平行结转分步法**（见表13-6）。

表13-6　　　　　　　逐步结转分步法和平行结转分步法的比较

项目	逐步结转分步法	平行结转分步法
含义	按照产品加工的顺序，逐步计算并结转半成品成本，直到最后加工步骤才能计算出产成品成本的一种方法。也称为计算半成品成本分步法	不计算各步骤所产半成品成本，也不计算各步骤所耗上一步骤的半成品成本，只计算本步骤发生的各项其他费用，以及这些费用中应计入产成品成本的份额，将相同产品的各步骤成本明细账中的这些份额平行结转、汇总，即可计算出该产品的产成品成本
是否需要成本还原	按照半成品成本在下一步骤成本计算单中反映方式的不同，分为综合结转法和分项结转法。综合结转法需要进行成本还原	不需要

续表

项目	逐步结转分步法	平行结转分步法
是否计算半成品成本	计算半成品成本。计算各步骤半成品成本的原因是：便于计算外售半成品成本；便于与同行业半成品成本对比；便于计算各种产品成本提供所耗同一种半成品成本的数量；便于考核与分析各生产步骤等内部单位的生产耗费与资金占用水平	不计算半成品成本
上一步成本是否结转到下一步	在逐步结转分步法下，随着半成品实体的流转，上一步骤半成品成本一同结转到下一步骤	随着半成品实体的流转，上一步骤的生产成本不结转到下一步骤
在产品含义的不同	狭义的在产品（仅指本步骤尚未加工完成的在产品）	广义的在产品（包括本步骤在产品，和本步骤已完工但未最终完工的所有后续仍需继续加工的在产品、半成品）
完工产品含义不同	各步骤的完工产品	最终完工的产成品

注意，在自学的过程中，看上面的对比表格肯定看不懂，接下来直接学习两道例题，搞懂两道例题之后再回头看上面的文字内容，会有新的感觉。

（一）逐步结转分步法（计算半成品成本分步法）

【例题 13-14·计算题】假定甲产品生产分两步在两个车间内进行，第一车间为第二车间提供半成品，半成品收发通过半成品库进行。两个车间的月末在产品均按定额成本计价。成本计算程序如下：

（1）根据各种费用分配表、半成品产量月报和第一车间在产品定额成本资料（这些费用的归集分配同品种法一样，过程均省略，下同），登记第一车间甲产品（半成品）成本计算单，如表1所示。

表1　　　　　　　　　　甲产品（半成品）成本计算单

第一车间　　　　　　　　　　2010年5月　　　　　　　　　　单位：元

项目	产量（件）	直接材料费	直接人工费	制造费用	合计
月初在产品成本（定额成本）		61 000	7 000	5 400	73 400
本月生产费用		89 500	12 500	12 500	114 500
合计		150 500	19 500	17 900	187 900
完工半成品转出	800	120 000	16 000	15 200	151 200
月末在产品定额成本		30 500	3 500	2 700	36 700

【提示】

①月初在产品成本和月末在产品成本是题目已知的，本月生产费用也是题目已知的，因此可以求出第一车间"完工半成品转出"的金额为151 200元。

②转出的完工半成品151 200元的构成为：直接材料费120 000元，直接人工费16 000元，制造费用15 200元。

（2）根据第一车间甲产品（半成品）成本计算单、半成品入库单，以及第二车间领用半成品的领用单，登记半成品明细账，如表2所示。

表2　　　　　　　　　　　　半成品明细账

月份	月初余额		本月增加		合计			本月减少	
	数量（件）	实际成本（元）	数量（件）	实际成本（元）	数量（件）	实际成本（元）	单位成本（元）	数量（件）	实际成本（元）
5	300	55 600	800	151 200	1 100	206 800	188	900	169 200
6	200	37 600							

【提示】这里就相当于中间仓库，第一车间完工产品放入这里，第二车间从这里领取，第二车间本月领取了900件，实际成本为169 200元（900×188）。

（3）根据各种费用分配表、半成品领用单、产成品产量月报，以及第二车间在产品定额成本资料，登记第二车间甲产品（产成品）成本计算单，如表3所示。

表3　　　　　　　　　甲产品（产成品）成本计算单

第二车间　　　　　　　　　　2010年5月　　　　　　　　　　单位：元

项目	产量（件）	直接材料费	直接人工费	制造费用	合计
月初在产品（定额成本）		37 400	1 000	1 100	39 500
本月费用		169 200	19 850	31 450	220 500
合计		206 600	20 850	32 550	260 000
产成品转出	500	189 000	19 500	30 000	238 500
单位成本		378	39	60	477
月末在产品（定额成本）		17 600	1 350	2 550	21 500

【提示】

（1）这里月初在产品和月末在产品是已知条件，本月费用这里的直接材料费除了从第一车间转入的成本之外，没有其他直接材料，直接人工费和制造费用是本月新投入。

（2）本月完工了500件，计算所得直接材料费是189 000元，直接人工费是19 500元，制造费用是30 000元。但是各位看看189 000元其实就是第一车间转过来的，第二车间没有新的投入！但是第一车间的费用也不全是直接材料费，还包括了直接人工费和制造费用。因此要把189 000元还原成这三种费用，那按照什么比例进行还原呢？

【解析】在第一步的时候我写了这么一句话"转出的完工半成品151 200元的构成为：直接材料费120 000元，直接人工费16 000元，制造费用15 200元"，这里是不是可以代表直接材料费、直接人工费和制造费用所占的比例？这就是还原的方式。

逐步综合结转法下成本的还原：一般是按本月所产半成品的成本结构进行还原。即从最后一个步骤起，把各步骤所耗上一步骤半成品的综合成本按照上一步骤所产半成品成本的结构，逐步分解，还原出按原始成本项目反映的产成品成本。成本还原的次数较正常生产步骤少一步。

$$成本还原分配率 = \frac{产成品所耗以前生产步骤半成品成本合计}{以前生产步骤所产该种半成品成本合计}$$

【例题 13 – 15 · 计算题】 续【例题 13 – 14】。

产成品成本还原计算表

产品名称：甲产品　　　　　　　产品产量：500 件　　　　　　　　　　单位：元

项目	还原分配率	半成品	直接材料	直接人工	制造费用	成本合计
还原前产成品成本		189 000		19 500	30 000	238 500
本月所产半成品成本			120 000	16 000	15 200	151 200
成本还原	189 000 ÷ 151 200 = 1.25	– 189 000	150 000	20 000	19 000	0
还原后产成品成本			150 000	39 500	49 000	238 500
还原后产成品单位成本			300	79	98	477

【提示】 转出的完工半成品 151 200 元的构成为：直接材料费 120 000 元，直接人工费 16 000 元，制造费用 15 200 元。这意味着每 1 元的完工半成品中，是由 120 000 ÷ 151 200 元的直接材料费、16 000 ÷ 151 200 元的直接人工费、15 200 ÷ 151 200 元的制造费用所组成。则第二车间所耗费的 189 000 元直接材料（即第一车间生产的半成品），可以还原为：

直接材料为：120 000 ÷ 151 200 × 189 000 = 150 000（元）

直接人工为：16 000 ÷ 151 200 × 189 000 = 20 000（元）

制造费用为：152 000 ÷ 151 200 × 189 000 = 19 000（元）

（二）平行结转分步法（不计算半成品成本分步法）

【例题 13 – 16 · 计算题】 某公司生产甲产品，生产分两个步骤在两个车间内进行，第一车间为第二车间提供半成品，第二车间加工为产成品。各种生产费用归集与分配过程省略，数字在各成本计算单中列示。产成品和月末在产品之间分配费用的方法采用定额比例法；材料费用按定额材料费用比例分配，其他费用按定额工时比例分配，假设公司月末没有盘点在产品。

表1　　　　　　　　　　　　　甲产品定额资料　　　　　　　　　　　　　　单位：元

生产步骤	月初在产品		本月投入		产成品				
					单件定额		产量（件）	总定额	
	材料费用	工时（小时）	材料费用	工时（小时）	材料费用	工时（小时）		材料费用	工时（小时）
第一车间份额	67 650	2 700	98 450	6 300	293	14	500	146 500	7 000
第二车间份额	—	2 400	—	9 600	—	20	500	—	10 000
合计	67 650	5 100	98 450	15 900	—	34	—	146 500	17 000

表2　　　　　　　　　　　　　　甲产品成本计算单

第一车间　　　　　　　　　　　2010年5月　　　　　　　　　　　　　　单位：元

项目	产成品产量（件）	直接材料费		定额工时（小时）	直接人工费用	制造费用	合计
		定额	实际				
月初在产品		67 650	61 651	2 700	7 120	10 000	78 771
本月生产费用		98 450	89 500	6 300	12 500	12 500	114 500
合计		166 100	151 151	9 000	19 620	22 500	193 271
分配率			0.91		2.18	2.50	
产成品中本步骤份额	500	146 500	133 315	7 000	15 260	17 500	166 075
月末在产品		19 600	17 836	2 000	4 360	5 000	27 196

表3　　　　　　　　　　　　　　甲产品成本计算单

第二车间　　　　　　　　　　　2010年5月　　　　　　　　　　　　　　单位：元

项目	产成品产量（件）	直接材料费		定额工时（小时）	直接人工费用	制造费用	合计
		定额	实际				
月初在产品				2 400	8 590	8 150	16 740
本月生产费用				9 600	19 850	31 450	51 300
合计				12 000	28 440	39 600	68 040
分配率					2.37	3.30	
产成品中本步骤份额	500			10 000	23 700	33 000	56 700
月末在产品				2 000	4 740	6 600	11 340

表4　　　　　　　　　　　　　甲产品成本汇总计算表

　　　　　　　　　　　　　　　2010年5月　　　　　　　　　　　　　　单位：元

生产车间	产成品数量（件）	直接材料费用	直接人工费用	制造费用	合计
第一车间		133 315	15 260	17 500	166 075
第二车间			23 700	33 000	56 700
合计	500	133 315	38 960	50 500	222 775
单位成本		266.63	77.92	101	445.55

【注意】本例题给定的条件很清楚，第一车间的500件完工品是指两个工序都完工的产品，由于第一车间的成本不用结转至第二车间，所以将这两个车间成本相加即是500件完工品的成本。所以如果考核到平行结转分步法，判断完工品将是考点，稍后做真题加以巩固。

【例题13-17·单选题】 下列关于成本计算分步法的表述中，正确的是（   ）。(2010年)

A. 逐步结转分步法不利于各步骤在产品的实物管理和成本管理
B. 当公司经常对外销售半成品时，应采用平行结转分步法
C. 采用逐步分项结转分步法时，无须进行成本还原
D. 采用平行结转分步法时，无须将产品生产费用在完工产品和在产品之间进行分配

【答案】C

【解析】逐步结转分步法要计算各步骤半成品成本，所以有利于各步骤在产品的实物管理和成本管理，选项A错误；平行结转分步法不计算各步骤半成品成本，当公司经常对外销售半成品时，应采用逐步结转分步法，选项B错误；采用平行结转分步法，每一生产步骤的生产费用要在其完工产品与月末在产品之间进行分配，但这里的完工产品是指公司最后完工的产成品，这里的在产品是指各步骤尚未加工完成的在产品和各步骤已经完工但尚未最终完成的产品，选项D错误。

【例题13-18·计算题】 甲公司是一家化工原料生产企业，只生产一种产品，产品分两个生产步骤在两个基本生产车间进行，第一车间生产的半成品转入半成品库，第二车间领用半成品后继续加工成产成品，半成品的发出计价采用加权平均法。甲公司采用逐步综合结转分步法计算产品成本，月末对在产品进行盘点，并按约当产量法在完工产品和在产品之间分配生产费用。

第一车间耗用的原材料在生产过程中逐渐投入，其他成本费用陆续发生。第二车间除耗用第一车间生产的半成品外，还需耗用其他材料，耗用的半成品和其他材料均在生产开始时一次投入，其他成本费用陆续发生。第一车间和第二车间的在产品完工程度均为50%。

甲公司还有机修和供电两个辅助生产车间，分别为第一车间、第二车间和行政管理部门提供维修和电力，两个辅助生产车间之间也相互提供产品或服务。甲公司按照交互分配法分配辅助生产费用。

甲公司2014年8月的成本核算资料如下：

（1）月初在产品成本。

表1　　　　　　　　　　　　　　　　　　　　　　　　　　　　　　　　　　单位：元

生产车间	半成品	直接材料	直接人工	制造费用	合计
第一车间		2 750	2 625	3 625	9 000
第二车间	23 720	1 900	2 800	3 600	32 020

（2）本月生产量。

表2　　　　　　　　　　　　　　　　　　　　　　　　　　　　　　　　　　单位：吨

生产车间	月初在产品数量	本月完工数量	月末在产品数量
第一车间	5	70	8
第二车间	8	85	10

（3）机修车间本月发生生产费用 6 500 元，提供维修服务 100 小时；供电车间本月发生生产费用 8 800 元，提供电力 22 000 度。各部门耗用辅助生产车间产品或服务的情况如表 3 所示。

表 3

耗用部门		机修车间（小时）	供电车间（度）
辅助生产部门	机修车间		2 000
	供电车间	20	
基本生产车间	第一车间	40	10 200
	第二车间	35	9 300
行政管理部门		5	500
合计		100	22 000

（4）基本生产车间本月发生的生产费用。

表 4　　　　　　　　　　　　　　　　　　　　　　　　　　　　　　　　　　　　单位：元

生产车间	直接材料	直接人工	制造费用
第一车间	86 050	71 375	99 632
第二车间	93 100	51 200	79 450.50

注：制造费用中尚未包括本月应分配的辅助生产费用。

（5）半成品收发结存情况。

半成品月初结存 13 吨，金额 46 440 元；本月入库 70 吨，本月领用 71 吨，月末结存 12 吨。

要求：

（1）编制辅助生产费用分配表（结果填入下方表格中，不用列出计算过程。单位成本要求保留四位小数）。

表 5　　　　　　　　　　　辅助生产费用分配表（交互分配法）　　　　　　　　单位：元

项目		机修车间			供电车间		
		耗用量（小时）	单位成本	分配金额	耗用量（度）	单位成本	分配金额
待分配项目							
交互分配	机修车间						
	供电车间						
对外分配辅助生产费用							
对外分配	第一车间						
	第二车间						
	行政管理部门						
	合计						

(2) 编制第一车间的半成品成本计算单（结果填入下方表格中，不用列出计算过程）。

表6　　　　　　　　　　　　第一车间半成品成本计算单
2014年8月　　　　　　　　　　　　　　　　　　　　单位：元

项目	产量（吨）	直接材料	直接人工	制造费用	合计
月初在产品	—				
本月生产费用	—				
合计	—				
分配率	—				
完工半成品转出					
月末在产品					

(3) 编制第二车间的半成品成本计算单（结果填入下方表格中，不用列出计算过程）。

表7　　　　　　　　　　　　第二车间半成品成本计算单
2014年8月　　　　　　　　　　　　　　　　　　　　单位：元

项目	产量（吨）	半成品	直接材料	直接人工	制造费用	合计
月初在产品	—					
本月生产费用	—					
合计	—					
分配率	—					
完工半成品转出						
月末在产品						

【答案】

(1)

表8　　　　　　　　　　　辅助生产费用分配表（交互分配法）

项目		机修车间			供电车间		
		耗用量（小时）	单位成本	分配金额	耗用量（度）	单位成本	分配金额
待分配项目		100	65	6 500	22 000	0.4	8 800
交互分配	机修车间			800	−2 000		−800
	供电车间	−20		−1 300			1 300
对外分配辅助生产费用		80	75	6 000	20 000	0.465	9 300
对外分配	第一车间	40		3 000	10 200		4 743
	第二车间	35		2 625	9 300		4 324.5
	行政管理部门	5		375	500		232.5
	合计	80		6 000	20 000		9 300

（2）

表9　　　　　　　　　　　　第一车间半成品成本计算单

2014年8月　　　　　　　　　　　　　　　　　　　　单位：元

项目	产量（吨）	直接材料	直接人工	制造费用	合计
月初在产品	—	2 750	2 625	3 625	9 000
本月生产费用	—	86 050	71 375	107 375（99 632 + 3 000 + 4 743）	264 800
合计		88 800	74 000	111 000	273 800
分配率	—	1 200	1 000	1 500	3 700
完工半成品转出	70	84 000	70 000	105 000	259 000
月末在产品	8	4 800	4 000	6 000	14 800

月末完工产量70吨，在产品产量8吨，约当量 = 70 + 8 × 50% = 74（吨）

直接材料分配率 = 88 800 ÷ 74 = 1 200（元/吨）

直接人工分配率 = 74 000 ÷ 74 = 1 000（元/吨）

制造费用分配率 = 111 000 ÷ 74 = 1 500（元/吨）

（3）

表10　　　　　　　　　　　　第二车间半成品成本计算单

2014年8月　　　　　　　　　　　　　　　　　　　　单位：元

项目	产量（吨）	半成品	直接材料	直接人工	制造费用	合计
月初在产品	—	23 720	1 900	2 800	3 600	32 020
本月生产费用	—	261 280	93 100	51 200	86 400（79 450.5 + 2 625 + 4 324.5）	491 980
合计	—	285 000	95 000	54 000	90 000	524 000
分配率		3 000	1 000	600	1 000	5 600
完工产成品转出	85	255 000	85 000	51 000	85 000	476 000
月末在产品	10	30 000	10 000	3 000	5 000	48 000

【解析】

题目告知半成品月初13吨，金额46 440元，本月入库70吨，我们通过第一车间半成品计算，可以得知本月半成品入库259 000元。故半成品发出单价 =（46 440 + 259 000）÷（13 + 70）= 3 680（元/件）。

题目又告知，本月领用半成品71吨，故第二车间本月半成品费用 = 3 680 × 71 = 261 280（元）。

半成品的分配率 = 285 000 ÷（85 + 10）= 3 000

直接材料的分配率 = 95 000 ÷（85 + 10）= 1 000

直接人工的分配率 = 54 000 ÷（85 + 10 × 50%）= 600

制造费用的分配率 = 90 000 ÷（85 + 10 × 50%）= 1 000

【例题 3-19·计算分析题】 甲企业使用同种原料生产联产品 A 和 B，采用平行结转分步法计算产品成本。产品生产有两个步骤，第一个步骤对原料进行预处理后，直接转移到第二个步骤进行深加工，生产出 A、B 两种产品，原料只在第一个步骤生产开工时一次性投放，两个步骤的直接人工和制造费用随加工进度陆续发生，第一个步骤和第二个步骤均采用约当产量法在产成品和在产品之间分配成本，月末留存在本步骤的实物在产品的完工程度分别为 60% 和 50%，联产品成本按照可变现净值法进行分配，其中：A 产品可直接出售，售价为 8.58 元/千克；B 产品需继续加工，加工成本为 0.336 元/千克，售价为 7.2 元/千克。A、B 两种产品的产量比例为 6:5。

2017 年 9 月相关成本核算资料如下：

（1）本月产量资料。

表 1　　　　　　　　　　　　　　　　　　　　　　　　　　　　　　　　　　　　　单位：千克

	月初留存在本步骤的实物在产品	本月投产	合计	本月本步骤完成的产品	月末留存在本步骤的在产品
第一步骤	8 000	92 000	100 000	90 000	10 000
第二步骤	7 000	90 000	97 000	88 000	9 000

（2）月初在产品成本。

表 2　　　　　　　　　　　　　　　　　　　　　　　　　　　　　　　　　　　　　单位：元

	直接材料	直接人工	制造费用	合计
第一步骤	50 000	8 250	5 000	63 250
第二步骤		3 350	3 600	6 950

（3）本月发生成本。

表 3　　　　　　　　　　　　　　　　　　　　　　　　　　　　　　　　　　　　　单位：元

	直接材料	直接人工	制造费用	合计
第一步骤	313 800	69 000	41 350	424 150
第二步骤		79 900	88 900	168 800

要求：

（1）编制各步骤产品成本计算单以及产品汇总计算单（结果填入下方表格中，不用列出计算过程）。

表 4　　　　　　　　　　　　第一步骤成本计算单
　　　　　　　　　　　　　　　2017 年 9 月　　　　　　　　　　　　　　　　　　　　　　单位：元

	直接材料	直接人工	制造费用	合计
月初在产品成本				
本月生产成本				

续表

	直接材料	直接人工	制造费用	合计
合计				
分配率				
产成品成本中本步骤份额				
月末在产品				

表5　　　　　　　　　　　第二步骤成本计算单
　　　　　　　　　　　　　　2017年9月　　　　　　　　　　　　　　单位：元

	直接材料	直接人工	制造费用	合计
月初在产品成本				
本月生产成本				
合计				
分配率				
产成品成本中本步骤份额				
月末在产品				

表6　　　　　　　　　　　产品成本汇总计算单
　　　　　　　　　　　　　　2017年9月　　　　　　　　　　　　　　单位：元

	直接材料	直接人工	制造费用	合计
第一步骤				
第二步骤				
合计				

（2）计算A、B产品的单位成本。（2017年）

【答案】

表7　　　　　　　　　　　第一步骤成本计算单
　　　　　　　　　　　　　　2017年9月　　　　　　　　　　　　　　单位：元

	直接材料	直接人工	制造费用	合计
月初在产品成本	50 000	8 250	5 000	63 250
本月生产成本	313 800	69 000	41 350	424 150
合计	363 800	77 250	46 350	487 400
分配率	3.4	0.75	0.45	
产成品成本中本步骤份额	299 200	66 000	39 600	404 800
月末在产品	64 600	11 250	6 750	82 600

【解析】 在平行结转分步法中,在分配费用时,"完工产品"指的是企业"最终完工的产成品"。某个步骤的"在产品"指的是"广义在产品",包括该步骤尚未加工完成的在产品(称为该步骤的狭义在产品)和该步骤已完工但尚未最终完成的产品(即后面各步骤的狭义在产品)。换句话说,凡是该步骤"参与"了加工,但还未最终完工形成产成品的,都属于该步骤的"广义在产品"。计算某步骤的广义在产品的约当产量时,实际上计算的是"约当该步骤完工产品"的数量,由于后面步骤的狭义在产品耗用的是该步骤的完工产品,所以,计算该步骤的广义在产品的约当产量时,对于后面步骤的狭义在产品的数量,不用乘以其所在步骤的完工程度。用公式表示如下:

某步骤月末(广义)在产品约当产量=该步骤月末狭义在产品数量×在产品完工程度+(以后各步骤月末狭义在产品数量×每件狭义在产品耗用的该步骤的完工半成品的数量)

另外还要注意:如果原材料在生产开始时一次投入,计算第一步骤广义在产品约当产量时,直接材料的在产品完工程度按照100%计算。

所以:

直接材料分配率=363 800÷(88 000+10 000+9 000)=3.4(元/千克)
直接人工分配率=77 250÷(10 000×60%+9 000+88 000)=0.75(元/千克)
制造费用分配率=46 350÷(10 000×60%+9 000+88 000)=0.45(元/千克)

产成品成本中本步骤份额:

直接材料=88 000×3.4=299 200(元)
直接人工=88 000×0.75=66 000(元)
制造费用=88 000×0.45=39 600(元)

月末在产品成本:

直接材料=(10 000+9 000)×3.4=64 600(元)
直接人工=(10 000×60%+9 000)×0.75=11 250(元)
制造费用=(10 000×60%+9 000)×0.45=6 750(元)

表8　　　　　　　　　　　第二步骤成本计算单

2017年9月　　　　　　　　　　　　　　　　　　　　　　　　　　单位:元

	直接材料	直接人工	制造费用	合计
月初在产品成本		3 350	3 600	6 950
本月生产成本		79 900	88 900	168 800
合计		83 250	92 500	175 750
分配率		0.9	1	
产成品成本中本步骤份额		79 200	88 000	167 200
月末在产品		4 050	4 500	8 550

直接人工分配率=83 250÷(88 000+9 000×50%)=0.9(元/千克)
制造费用分配率=92 500÷(88 000+9 000×50%)=1(元/千克)

产成品成本中本步骤份额：
直接人工 = 88 000 × 0.9 = 79 200（元）
制造费用 = 88 000 × 1 = 88 000（元）
月末在产品成本：
直接人工 = 9 000 × 50% × 0.9 = 4 050（元）
制造费用 = 9 000 × 50% × 1 = 4 500（元）

表9　　　　　　　　　　　产品成本汇总计算单
2017年9月　　　　　　　　　　　　　　　　单位：元

第一步骤	299 200	66 000	39 600	404 800
第二步骤		79 200	88 000	167 200
合计	299 200	145 200	127 600	572 000

(2) A产品产量 = 88 000 × 6 ÷ (6 + 5) = 48 000（千克）
B产品产量 = 88 000 × 5 ÷ (6 + 5) = 40 000（千克）
A产品可变现净值 = 48 000 × 8.58 = 411 840（元）
B产品可变现净值 = 40 000 × (7.2 − 0.336) = 274 560（元）
A产品分配的成本 = 572 000 × 411 840 ÷ (411 840 + 274 560) = 343 200（元）
B产品分配的成本 = 572 000 × 274 560 ÷ (411 840 + 274 560) = 228 800（元）
A产品单位成本 = 343 200 ÷ 48 000 = 7.15（元/千克）
B产品需要继续加工，所以其单位成本 = 228 800 ÷ 40 000 + 0.336 = 6.056（元/千克）

第十三章　产品成本计算

彬哥跟你说：

　　本章也是重中之重！必考点而且分值特别重！所以容不得半点闪失！

　　本章的稍微难理解的地方只有一处，那就是平行分步结转法里面确认"在产品"和"产成品"的方法，这里很多人觉得有点难理解，实际上不难！

　　本章不但是必考点，而且也基本确定有大题，那怎么办？一定要去刻意练习，一定要有自己完整的思维过程，有完整的动笔过程，有完整的解决问题过程，而且还要多去训练几次，这样考试的时候才不至于出现各种小问题！

今日复习步骤：

　　第一遍：回忆&重新复习一遍框架（10分钟）

　　学习要求：这一遍的目的是自己重新梳理一遍框架，不需要掌握所有细节，但求框架了然于心。

　　（1）产品成本计算学了些什么——生产费用的归集、完工产品和在产品的成本分配、联产品和副产品的成本分配、产品成本计算基本方法。

　　（2）辅助生产费用怎么归集和分配？

　　（3）完工产品和在产品的成本怎么分配？联产品和副产品的成本怎么分配？

　　（4）产品成本计算的基本方法有哪些内容？

　　第二遍：对细节进一步掌握（60分钟）

　　第三遍：重新复习一遍框架（5分钟）

我问你答：

　　（1）辅助生产费用分配的直接分配法和间接分配法的优点和缺点是什么？怎么分配？

　　（2）生产成本在完工产品和在产品之间分配的原理是什么？采取的分配方法有哪些，分别适用于什么情况？怎么采取约当产量法和定额比例法分配成本？

　　（3）产品成本计算的三种基本方法的适用范围是什么？

　　（4）逐步结转分步法和平行结转分步法相比各有什么优缺点，在产品和完工产品的含义是否一致？逐步结转分步法如何进行成本还原？

本章作业：

　　（1）请把讲义例题做三遍（做错的题目，请分析错误原因并记录到改错本）。

　　（2）请复习完口述一遍框架，睡前请再回忆一遍框架。

　　（3）第二天早上，请再回忆一遍框架，对于回忆不起来的内容，请翻书看一遍。

第 16 天

- **复习旧内容：**
    第十三章　产品成本计算
- **学习新内容：**
    第十四章　标准成本法
    第十五章　作业成本法
- **学习方法：**
    （1）作业成本常以客观题形式考核，有时也会在大题里面结合第十三章出题。
    （2）标准成本主要是文字性的内容，计算题目非常简单，建议直接记忆，无须画图。
    在这里还要特别强调三遍法和改错本法，这非常关键！
- **你今天的可能心态：**
    复习计划过半！大家加油！
- **简单解释今天学习内容：**
    （1）标准成本法的意思是根据一定的方法制定出单位产品标准成本，然后根据实际成本与标准成本的差额，分析是价格导致的差异还是数量导致的差异。
    （2）作业成本法的意思是为了核算更加准确，将成本的分配步骤增加一步，传统的分配是直接将各种间接费用分配到产品，而作业成本法是先把间接费用分配到各项作业（如检验成本、材料成本、维修成本），然后按照更加精确的方式分配到产品。这样做的好处就是成本计算更加准确，本章内容以了解为主。
- **可能会遇到的难点：**
    无难点。
- **习题注意事项：**
    在做固定制造费用成本差异分析的题目时容易混淆，没有别的办法，只能一遍一遍地去记忆，慢慢会越来越熟悉的。
- **建议学习时间：**
    3 个小时

第十四章 标准成本法

【简单解释本章内容】

(1) 为什么会有本章内容？标准成本法是为了克服实际成本计算系统的缺陷（尤其是不能提供有助于成本控制的确切信息的缺陷），而研究出来的一种会计信息系统和成本控制系统。企业制定了标准成本，然后通过实际成本和标准成本之差就可以分析出到底是哪个部门出现了问题。比如因为价格差异引起了成本的变化，这应该由采购部门承担责任，如果是用量差异引起了成本的变化，那这很可能要由生产部门来承担。

(2) 有人在思考，这个标准成本由谁来制定，应该怎么制定。当然这个不用考生来制定，企业在制定标准的时候也不是随便制定，而是考虑各种条件来制定的，包括：理想标准成本和正常标准成本、现行标准成本和基本标准成本。

(3) 至于价格差异，主要有以下几种差异：直接材料差异、直接人工差异、变动制造费用差异、固定制造费用差异。考查重点是这几种差异的价差和量差的计算。

【本章学习方法】

至于价差和量差，本书建议无须画图，直接记住即可。
(1) 价差：材料价格差异 = 实际数量 × (实际价格 – 标准价格)
(2) 量差：材料数量差异 = (实际数量 – 标准数量) × 标准价格
当然可以画图理解一下，但是复习时直接记忆效果最好，回忆图片反而增加了难度。

本章框架如图14-1所示。

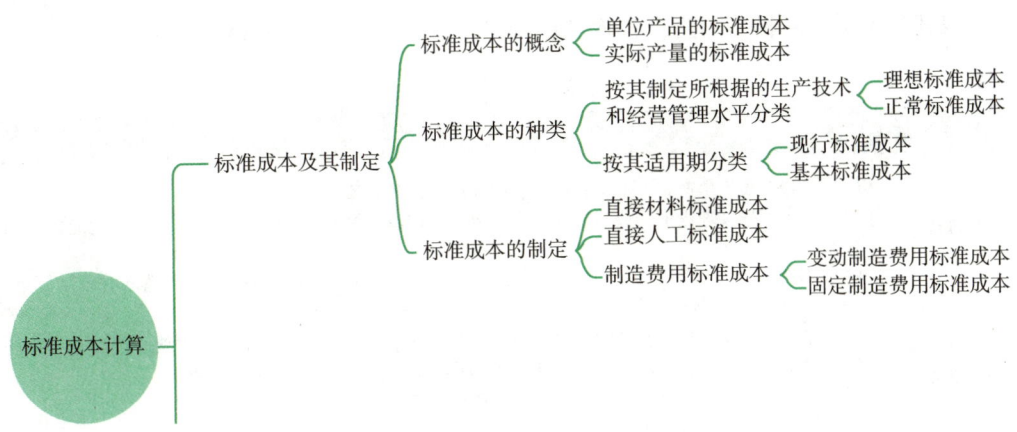

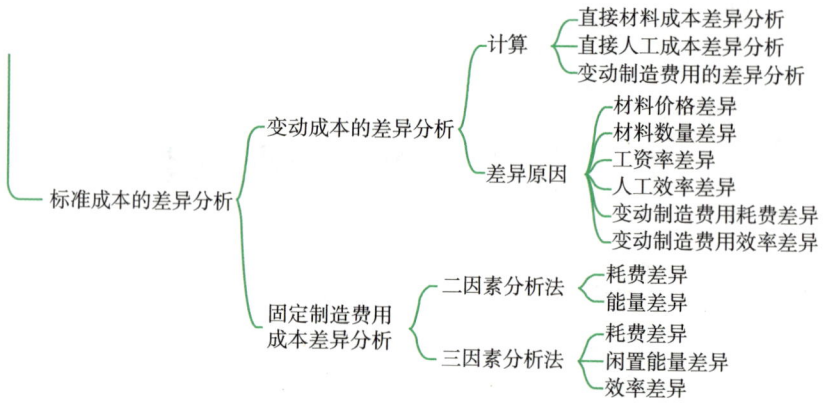

图 14-1 本章框架

第一节 标准成本及其制定

一、标准成本的概念

标准成本是通过精确的调查、分析与技术测定而制定的，用来评价实际成本、衡量工作效率的一种目标成本。

"标准成本"一词在实际工作中有两种含义：一种是"成本标准"；另一种是"标准成本"（见表 14-1）。

表 14-1　　成本标准与标准成本

成本标准	即单位产品的标准成本，根据单位产品的标准消耗量和标准单价计算。 成本标准 = 单位产品标准成本 = 单位产品标准消耗量 × 标准单价
标准成本	根据实际产品产量和单位产品成本标准计算。 标准成本（总额）= 实际产量 × 单位产品标准成本

二、标准成本的种类

1. 按其制定标准所根据的生产技术和经营管理水平分类（见表 14-2）

表 14-2　　标准成本的种类

成本类型	说明
理想标准成本	（1）是指在最优生产条件下，利用现有的规模和设备能够达到的最低成本； （2）制定依据是理论上的业绩标准、生产要素的理想价格和可能实现的最高生产经营能力利用水平； （3）主要用途是提供一个完美无缺的目标，揭示实际成本下降的潜力，不宜作为考核依据
正常标准成本	（1）正常标准成本是指在效率良好的条件下，根据下期一般应该发生的生产要素消耗量、预计价格和预计生产经营能力利用程度制定出来的标准成本。 （2）考虑了生产经营过程中难以避免的损耗和低效率。 （3）实际工作中广泛使用正常标准成本

续表

成本类型		说明
正常标准成本	特点	(1) 它是用科学方法根据客观实验和过去实践，经充分研究后制定出来的，具有客观性和科学性； (2) 它既排除了各种偶然性和意外情况，又保留了目前条件下难以避免的损失，代表正常情况下的消耗水平，具有现实性； (3) 它是应该发生的成本，可以作为评价业绩的尺度，成为督促职工去努力争取的目标，具有激励性； (4) 它可以在工艺技术水平和管理有效性水平变化不大时持续使用，不需要经常修订，具有稳定性

2. 按其适用期分类（见表 14–3）

表 14–3　　　　　　　　　标准成本的种类

成本类型	说明
现行标准成本	(1) 现行标准成本是指根据其适用期间应该发生的价格、效率和生产经营能力利用程度等预计的标准成本。 (2) 可以作为评价实际成本的依据，也可以用来对存货和销货成本进行计价
基本标准成本	(1) 基本标准成本是指一经制定，只要生产的基本条件无重大变化，就不予变动的一种标准成本。 (2) 基本标准成本与各期实际成本进行对比，可以反映成本变动的趋势。 (3) 不宜用来直接评价工作效率和成本控制的有效性 所谓生产的基本条件的重大变化是指： (1) 产品的物理结构的变化； (2) 重要原材料和劳动力价格的重要变化； (3) 生产技术和工艺的根本变化。 只有这些条件发生变化，基本标准成本才需要修订。 由于市场供求变化导致的售价变化和生产经营能力利用程度变化，以及工作方法改变而引起的效率变化等，不属于生产的基本条件的重大变化

【例题 14–1·多选题】甲公司制定产品标准成本时采用基本标准成本。下列情况中，需要修订基本标准成本的有（　　）。（2014 年）
A. 季节原因导致材料价格上升　　　　B. 订单增加导致设备利用率提高
C. 采用新工艺导致生产效率提高　　　D. 工资调整导致人工成本上升
【答案】CD
【解析】需要修订基本标准成本的条件有产品的物理结构变化、重要原材料和劳动力价格的重要变化、生产技术和工艺的根本变化。选项 A 属于是由于市场供求变化导致的价格变化，选项 B 属于由于生产能力利用程度的变化，不属于生产的基本条件变化，对此不需要修订基本标准成本。

三、标准成本的制定

制定标准成本，通常先确定直接材料和直接人工的标准成本，其次确定制造费用的标准成本，最后汇总确定单位产品的标准成本。制定时，无论是哪一个成本项目，都需要分别确定其用量标准和价格标准，两者相乘后得出标准成本。

无论是价格标准还是用量标准,都可以是理想状态的或正常状态的,据此得出理想的标准成本或正常的标准成本。下面介绍正常标准成本的制定。

(一)直接材料标准成本

(1)直接材料的标准消耗量是现有技术条件下生产单位产品所需的材料数量,包括必不可少的消耗以及各种难以避免的损失。

(2)直接材料的价格标准,是预计下一年度实际需要支付的进料单位成本,包括发票价格、运费、检验和正常损耗等成本,是取得材料的完全成本。

(二)直接人工标准成本

(1)直接人工的用量标准是单位产品的标准工时。

(2)标准工时是指现有生产技术条件下,生产单位产品所需要的时间,包括直接加工操作必不可少的时间,以及必要的间歇和停工(如工间休息、设备调整准备时间)、不可避免的废品耗用工时等。

(3)直接人工的价格标准是指标准工资率。它可能是预定的工资率,也可能是正常的工资率。

(三)制造费用标准成本

制造费用标准成本分为变动制造费用标准成本和固定制造费用标准成本两部分。

1. 变动制造费用标准成本

(1)变动制造费用的**用量标准**通常采用单位产品直接人工工时标准。

(2)变动制造费用的**价格标准**是单位工时变动制造费用的标准分配率,它根据变动制造费用预算和直接人工总工时的计算求得。

$$变动制造费用标准分配率 = 变动制造费用预算总数 \div 直接人工标准总工时$$

$$\frac{变动制造费用}{标准成本} = \frac{单位产品直接}{人工的标准工时} \times \frac{变动制造}{费用的标准分配率}$$

2. 固定制造费用标准成本

(1)固定制造费用的**用量标准**与变动制造费用的用量标准相同,包括直接人工工时、机器工时、其他用量标准等,并且两者要保持一致,以便进行差异分析。

(2)固定制造费用的**价格标准**是其单位工时的标准分配率,它根据固定制造费用预算和直接人工标准总工时来计算求得。

$$固定制造费用标准分配率 = 固定制造费用预算总额 \div 直接人工标准总工时$$

$$固定制造费用标准成本 = 单位产品直接人工标准工时 \times 固定制造费用的标准分配率$$

【例题14-2·单选题】甲公司是一家化工生产公司,生产单一产品,按正常标准成本进行成本控制。公司预计下一年度的原材料采购价格为13元/千克,运输费为2元/千克,运输过程中的正常损耗为5%,原材料入库后的储存成本为1元/千克。该产品的直接材料价格标准为( )元。(2014年)

A. 15 B. 15.75 C. 15.79 D. 16.79

【答案】C

【解析】直接材料的价格标准包含发票价格、运费、检验费和正常损耗等成本。所以本题该产品的直接材料价格标准＝(13＋2)÷(1－5%)＝15.79（元）。

【小结】成本标准＝用量标准×价格标准（见表14－4）

表14－4　　　　　　　　　　　标准成本的制定

成本项目	用量标准	价格标准
直接材料	单位产品材料消耗量	原材料单价
直接人工	单位产品直接人工工时	小时工资率
制造费用（分变动费用和固定费用）	单位产品直接人工工时（或台）	标准分配率

第二节　标准成本的差异分析

一、变动成本的差异分析

（一）变动成本差异分析的计算

【提示】变动成本差异分析的通用分析思路如下：

成本差异＝实际成本－标准成本＝**实际数量×实际价格－标准数量×标准价格**
　　　　＝实际数量×实际价格－实际数量×标准价格＋实际数量×标准价格
　　　　　－标准数量×标准价格
　　　　＝实际数量×(实际价格－标准价格)＋(实际数量－标准数量)×标准价格
　　　　＝**价格差异＋数量差异**
　其中，**价格差异＝实际数量×(实际价格－标准价格)**
　　　　数量差异＝(实际数量－标准数量)×标准价格

有关数据之间的数量关系如图所示：

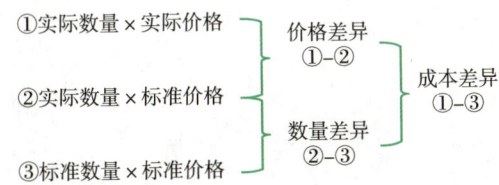

解释：价差是价格导致的差异，应该用实际数量才能反映出真实的价格差异。量差是数量导致的差异，用标准价格也能反映出真实的差异。

所以本内容不建议采用图形，直接记住即可！价差要用实际数量反映，这才能反映出真实的情况；而量差，只是反映数量的差异，可以用标准价格来反映。

1. 直接材料差异分析

$$直接材料成本差异 = 实际成本 - 标准成本$$

（1）价差：材料价格差异 = 实际数量 × （实际价格 - 标准价格）

（2）量差：材料数量差异 = （实际数量 - 标准数量）× 标准价格

【例题14-3·计算题】本月生产产品400件，使用材料2 500千克，材料单价为0.55元/千克；直接材料的单位产品标准成本为3元，即每件产品耗用6千克直接材料，每千克材料的标准价格为0.5元。根据上述公式计算，求直接材料的价格差异和数量差异。

【答案】直接材料价格差异 = 2 500 × （0.55 - 0.5）= 125（元）

直接材料数量差异 = （2 500 - 400 × 6）× 0.5 = 50（元）

2. 直接人工差异分析

$$直接人工成本差异 = 实际直接人工成本 - 标准直接人工成本$$

（1）价差：工资率差异 = 实际工时 × （实际工资率 - 标准工资率）

（2）量差：人工效率差异 = （实际工时 - 标准工时）× 标准工资率

【例题14-4·计算题】本月生产产品400件，实际使用工时890小时，支付工资4 539元；直接人工的标准成本是10元/件，即每件产品标准工时为2小时，标准工资率为5元/小时。按上述公式计算，求直接人工的价格差异和数量差异。

【答案】直接人工工资率差异 = 890 × （4 539 ÷ 890 - 5）= 890 × （5.10 - 5）= 89（元）

直接人工效率差异 = （890 - 400 × 2）× 5 = （890 - 800）× 5 = 450（元）

3. 变动制造费用的差异分析

$$变动制造费用成本差异 = 实际变动制造费用 - 标准变动制造费用$$

（1）价差：变动制造费用耗费差异 = 实际工时 × （变动制造费用实际分配率 - 变动制造费用标准分配率）；

（2）量差：变动制造费用效率差异 = （实际工时 - 标准工时）× 变动制造费用标准分配率。

【例题14-5·计算题】本月实际产量400件，使用工时890小时，实际发生变动制造费用1 958元；变动制造费用标准成本为4元/件，即每件产品标准工时为2小时，标准的变动制造费用分配率为2元/小时。按上述公式计算，求变动制造费用的耗费差异和效率差异。

【答案】变动制造费用成本差异 = 实际变动制造费用 - 标准变动制造费用 = 1 958 - 400 × 4 = 358（元）

变动制造费用耗费差异 = 890 × （1 958 ÷ 890 - 2）= 890 × （2.2 - 2）= 178（元）

变动制造费用效率差异 = （890 - 400 × 2）× 2 = 90 × 2 = 180（元）

（二）变动成本差异原因（见表 14–5）

表 14–5　　　　　　　　　　　变动成本差异原因

	用量差异			价格差异		
	材料数量差异	人工效率差异	变动制造费用效率差异	材料价格差异	人工工资率差异	变动制造费用耗费差异
主要责任部门	主要是生产部门的责任，但也不是绝对的（如采购材料质量差导致材料数量差异或工作效率慢是采购部门责任）			采购部门	人事劳动部门管理	部门经理负责

【例题 14–6·多选题】下列各项原因中，属于材料价格差异形成原因的有（　　）。（2014 年）
A. 材料运输保险费率提高
B. 运输过程中的损耗增加
C. 加工过程中的损耗增加
D. 储存过程中的损耗增加

【答案】AB

【解析】材料价格差异指的是实际价格与标准价格之间的差异是在采购过程中形成的，采购部门未能按标准价格进货的原因有许多，如供应厂家价格变动、未按经济采购批量进货、未能及时订货造成的紧急订货、采购时舍近求远使运费和途耗增加、不必要的快速运输方式、违反合同被罚款、承接紧急订货造成额外采购等。

【例题 14–7·多选题】在进行标准成本差异分析时，通常把变动成本差异分为价格脱离标准造成的价格差异和用量脱离标准造成的数量差异两种类型。下列标准成本差异中，通常应由生产部门负责的有（　　）。（2010 年）
A. 直接材料的价格差异
B. 直接人工的数量差异
C. 变动制造费用的效率差异
D. 变动制造费用的耗费差异

【答案】BCD

【解析】材料价格差异是在采购过程中形成的，不应由耗用材料的生产部门负责，而应由采购部门对其作出说明，选项 A 错误。

二、固定制造费用差异分析

（一）二因素分析法

（1）固定制造费用耗费差异 = 固定制造费用实际数 − 固定制造费用预算数

（2）固定制造费用能量差异 = 固定制造费用预算数 − 固定制造费用标准成本 = 固定制造费用标准分配率 × 生产能量 − 固定制造费用标准分配率 × 实际产量标准工时 = （生产能量 − 实际产量标准工时）× 固定制造费用标准分配率

【例题14-8·计算题】本月实际产量400件,发生固定制造成本1 424元,实际工时为890小时;公司生产能力为500件即1 000小时;每件产品固定制造费用标准成本为3元/件,即每件产品标准工时为2小时,标准分配率为1.50元/小时。求固定制造费用耗费差异和能量差异。

【答案】固定制造费用成本差异=实际固定制造费用-标准固定制造费用=1 424-400×3=224(元)

固定制造费用耗费差异=1 424-1 000×1.5=-76(元)

固定制造费用能量差异=1 000×1.5-400×2×1.5=1 500-1 200=300(元)

【例题14-9·单选题】甲企业采用标准成本法进行成本控制,当月产品实际产量大于预算产量,导致的成本差异是( )。
A. 直接材料数量差异
B. 直接人工效率差异
C. 变动制造费用效率差异
D. 固定制造费用能量差异

【答案】D

【解析】固定制造费用能量差异=预算产量下标准固定制造费用-实际产量下标准固定制造费用。因此实际产量大于预算产量时,成本差异表现为固定制造费用能量差异。

(二)三因素分析法

耗费差异=固定制造费用实际数-固定制造费用预算数
　　　　=固定制造费用实际数-固定制造费用标准分配率×生产能量

闲置能量差异=固定制造费用预算-实际工时×固定制造费用标准分配率
　　　　　　=(生产能量-实际工时)×固定制造费用标准分配率

效率差异=(实际工时-实际产量标准工时)×固定制造费用标准分配率

【例题14-10·计算题】本月实际产量400件,发生固定制造成本1 424元,实际工时为890小时;公司生产能力为500件即1 000小时;每件产品固定制造费用标准成本为3元/件,即每件产品标准工时为2小时,标准分配率为1.50元/小时。求固定制造费用耗费差异、闲置能量差异和效率差异。

【答案】固定制造费用耗费差异=1 424-1 000×1.5=-76(元)

固定制造费用闲置能量差异=(1 000-890)×1.5=110×1.5=165(元)

固定制造费用效率差异=(890-400×2)×1.5=90×1.5=135(元)

【总结】

二因素分析法与三因素分析法的总结如图14-2所示。

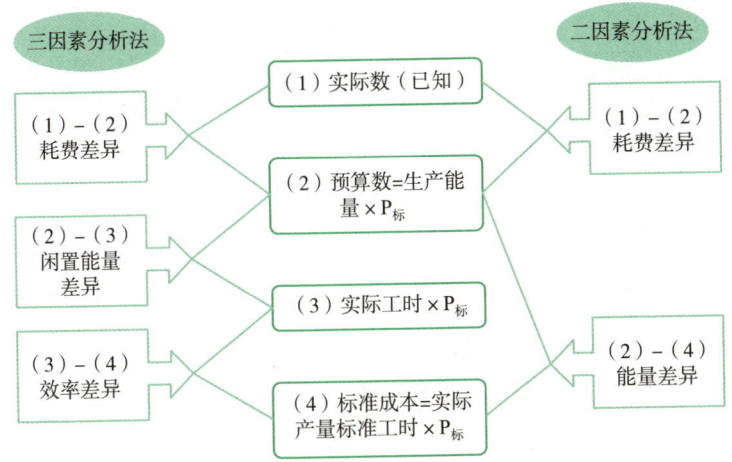

图 14–2　二因素分析法与三因素分析法总结

【例题 14-11·单选题】公司进行固定制造费用差异分析时可以使用三因素分析法。下列关于三因素分析法的说法中，正确的是（　　）。(2012 年)

A. 固定制造费用耗费差异 = 固定制造费用实际成本 - 固定制造费用标准成本
B. 固定制造费用闲置能量差异 =（生产能量 - 实际工时）× 固定制造费用标准分配率
C. 固定制造费用效率差异 =（实际工时 - 标准产量标准工时）× 固定制造费用标准分配率
D. 因素分析法中的闲置能量差异与二因素分析法中的能量差异相同

【答案】B

第十四章 标准成本法

彬哥跟你说：

本章不难，都是选择题考点，轻松学习！
遇到轻松的章节，那就是复习前面章节的好时候！
后面的章节难度都不大了！

今日复习步骤：

第一遍：回忆 & 重新复习一遍框架（10 分钟）
学习要求：这一遍的目的是自己重新梳理一遍框架，不需要掌握所有细节，但求框架了然于心。
（1）关于本章标准成本法学了哪些内容——标准成本及其制定、标准成本的差异分析。
（2）标准成本是什么意思？有哪些种类？怎么制定标准成本？
（3）标准成本的差异分析包括哪些内容，怎么分析？
第二遍：对细节进一步掌握（30 分钟）
第三遍：重新复习一遍框架（5 分钟）

我问你答：

（1）基本标准成本制定之后可以随意变动吗？哪些具体情况下才可以变动？
（2）在制定直接材料标准成本、直接人工标准成本时其用量标准——单位产品材料消耗量、单位产品直接人工工时怎么计算？
（3）在进行变动成本差异分析时价差用实际数量，量差用标准价格表示是否正确？耗费差异和效率差异哪个指的是价差，哪个指的是量差？
（4）变动成本产生用量差异的主要责任部门是哪个？产生价格差异的责任又属于哪个部门？

本章作业：

（1）请把讲义例题做三遍（做错的题目，请分析错误原因并记录到改错本）。
（2）请复习完口述一遍框架，睡前请再回忆一遍框架。
（3）第二天早上，请再回忆一遍框架，对于回忆不起来的内容，请翻书看一遍。

第十五章 作业成本法

【简单解释本章内容】

（1）本章为什么存在？前面都学习了各种成本法了，为什么还要学习本章呢？本章的存在只是为了让成本的分摊更加精准，前面都是直接将间接成本分摊进入产品。但是产品的生产包括很多部分，比如搬运、检验、储存等，每个产品耗用的比例肯定不一样，我们可以先把间接成本分摊到前面所说的"搬运、检验、储存"等作业里面去，再按照更准确的方法分摊到具体的产品，这样会更加精确。

（2）既然是为了更加准确，那么实际操作必然复杂很多，因此考试也就不是重点，知道基本原理和基本方法即可。

【本章学习方法】

通过上面的介绍我们知道了本章学习的内容，知道了大概内容，学习起来就不难了，所以本章没难点。

本章框架如图15-1所示。

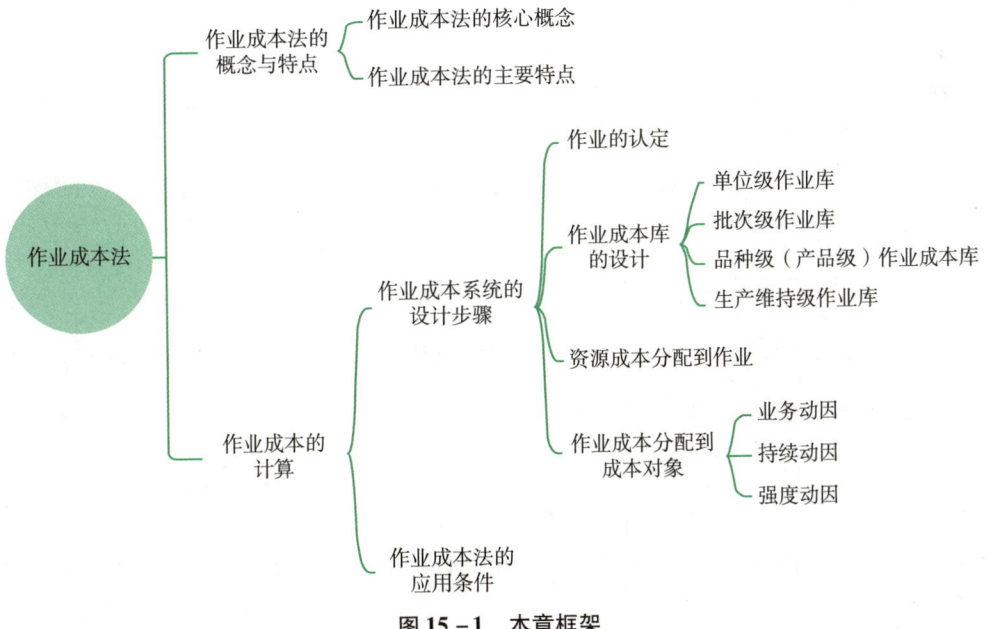

图15-1 本章框架

第一节　作业成本法的概念与特点

作业成本法是将间接成本和辅助费用更准确地分配给产品和服务的一种成本计算方法。 依据作业成本法的观念，公司的全部经营活动是由一些相互关联的作业组成的，公司每进行一项作业都要耗用一定的资源；与此同时，产品被一系列的作业生产出来。

首先按经营活动中发生的各项作业归集成本，计算出作业成本；其次再按各项作业成本与成本对象之间的因果关系，将作业成本分配到成本对象，最终完成成本计算过程。

在作业成本法下，直接成本可以直接计入有关产品，与传统的成本计算方法并无差异；只是直接成本的范围比传统成本计算的要大，凡是易于追溯到产品的材料、人工和其他成本的都可以直接归属于特定产品，尽量减少不准确的分配。不能追溯到产品的成本，则先追溯到有关作业或分配到有关作业，计算作业成本，然后再将作业成本分配到有关产品。

一、作业成本法的核心概念

1. 作业

作业是指公司中特定组织（成本中心、部门或产品线）重复执行的任务或活动。如签订材料采购合同、将材料运达仓库、对材料进行质量检验、办理入库手续、登记材料明细账等。执行任何一项作业都需要耗费一定的资源。资源是指作业耗费的人工、能源和实物资产（车床和厂房等）。

2. 成本动因

成本动因是指作业成本或产品成本的驱动因素，它又分为两类：

（1）资源成本动因：是引起作业成本增加的驱动因素。依据资源成本动因可以将资源成本分配给各有关作业。

（2）作业成本动因：是引起产品成本增加的驱动因素。依据作业成本动因可以将作业成本分配给各产品。

二、作业成本法的主要特点

作业成本法的主要特点，是相对于以产量为基础的传统成本计算方法而言的。

（一）成本计算分为两个阶段

作业成本法的基本指导思想是，"作业消耗资源、产品（服务或顾客）消耗作业"。根据这一指导思想，作业成本法把成本计算过程划分为两个阶段。

第一阶段，将作业执行中消耗的资源分配（包括追溯和间接分配）到作业，计算作业的成本；

第二阶段，根据第一阶段计算的作业成本分配（包括追溯和动因分配）到各有关成本对象（产品或服务）中（见图15-2）。

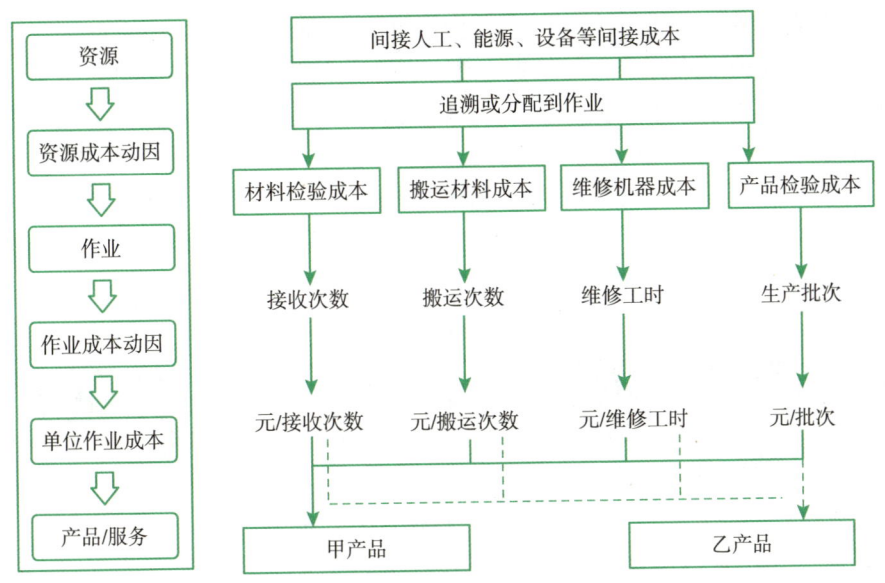

图15-2 作业成本法分两阶段分配示意

（二）成本分配强调因果关系

作业成本法将成本分配到成本对象有三种不同的形式：追溯、动因分配和分摊。

（1）成本追溯是指把成本直接分配给相关的成本对象。使用直接追溯方式得到的产品成本是最准确的。

（2）动因分配是指根据成本动因将成本分配到各成本对象的过程。动因分配虽然不像追溯那样准确，但只要因果关系建立恰当，成本分配的结果同样可以达到较高的准确程度。

（3）分摊，有些成本既不能追溯，也不能合理、方便地找到成本动因，只好使用产量作为分配基础，将其强制分配给成本对象。

作业成本法的成本分配主要使用成本追溯和动因分配，尽可能减少不准确的分摊，因此能够提供更加真实、准确的成本信息。

（三）成本分配使用众多不同层面的成本动因

作业成本法的独到之处，在于它把资源的消耗首先追溯或分配到作业，然后使用不同层面和数量众多的作业动因将作业成本分配到产品。

采用不同层面的、众多的成本动因进行成本分配，要比采用单一分配基础更加合理，更能保证产品成本计算的准确性。

第二节 作业成本的计算

一、作业的认定

作业的认定需要对每项消耗资源的作业进行定义，识别每项作业在生产活动中的作用、与其他作业的区别,以及每项作业与耗用资源的联系。

作业认定有两种形式:一种是根据企业总的生产流程,自上而下进行分解;另一种形式是通过与员工和经理进行交谈,自下而上地确定他们所做的工作,并逐一认定各项作业。

表 15-1 是一个以变速箱制造企业为背景的作业清单示例。这仅仅只是一个示例,实际上对一个企业在产品生产过程中认定作业数量的多少,取决于该企业自身的产品生产特点。

表 15-1　　　　　　　　　　　作业的认定

作业名称	作业说明
材料订购	包括选择供应商、签订合同、明确供应方式等
材料检验	对每批购入的材料进行质量、数量检验
生产准备	每批产品投产前,进行设备、工装调整等准备工作
发放材料	每批产品投产前,将生产所需材料发往各生产车间
材料切割	将管材、圆钢切割成适于机器加工的毛坯工件
车床加工	使用车床加工零件(轴和连杆)
铣床加工	使用铣床加工零件(齿轮)
刨床加工	使用刨床加工零件(变速箱外壳)
产品组装	人工装配变速箱
产品质量检验	人工检验产品质量
包装	用木箱将产品包装
车间管理	组织和管理车间生产、提供维持生产的条件

二、作业成本库的设计

作业成本库的设计如图 15-3、表 15-2 和图 15-4 所示。

图 15-3　作业成本库的设计

表 15-2　　　　　　　　　　作业成本库的设计

种类	含义	特点
单位级作业成本库	指每一单位产品至少要执行一次的作业 例如,机器加工、组装。单位级作业成本是直接成本,可以追溯到每个单位产品上,即直接计入成本对象的成本计算单。这类作业的成本包括直接材料、直接人工成本、机器成本和直接能源消耗	作业成本与产量呈比例变动

续表

种类	含义	特点
批次级作业成本库	指同时服务于每批产品或许多产品的作业。产品比品种更综合，一种产品可能包含多种规格型号的品种，但产品级作业与品种级作业具有相似特征 例如，生产前的机器调试、成批产品转移至下一工序的运输、成批采购和检验等。它们的成本取决于批次，而不是每批中单位产品的数量。批次级作业成本需要单独进行归集，计算每一批的成本，然后分配给不同批次，最后根据产品的数量在单个产品之间进行分配	作业成本与产品批次呈比例变动
品种级（产品级）作业成本库	品种级作业是指服务于某种型号或样式产品的作业 例如，产品设计、产品生产工艺规程制定、工艺改造、产品更新等。品种级作业成本仅仅因为某个特定的产品品种存在而发生，随产品品种数而变化，不随产量、批次数而变化	作业成本与产品的品种呈比例变动
生产维持级作业成本库	是指服务于整个工厂的作业，它们是为了维护生产能力而进行的作业，不依赖于产品的数量、批次和种类。例如工厂保安、维修、行政管理、保险、财产税等	作业成本为全部生产品的共同作业成本

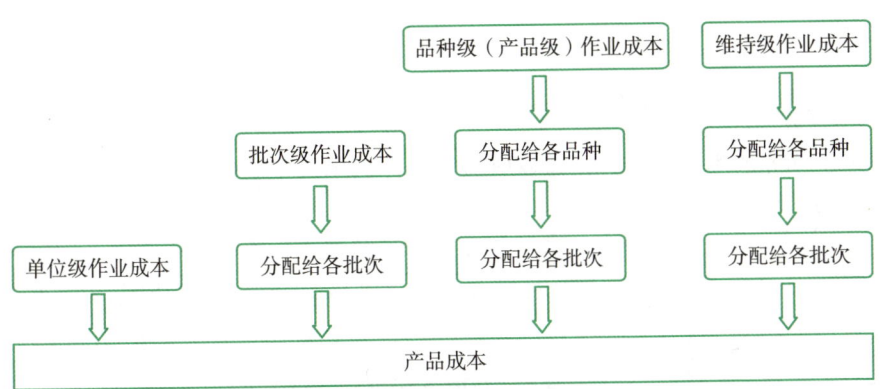

图 15-4 不同层级的作业成本

【例题 15-1·多选题】下列各项中，适合作为单位级作业的作业动因有（　　）。(2009 年)

A. 生产准备次数　　B. 零部件产量　　C. 采购次数　　D. 耗电千瓦时数

【答案】BD

【解析】单位级作业指每一单位产品至少要执行一次的作业，因此其成本与产量呈比例变动，如果产量增加一倍，则成本也会增加一倍。

【例题 15-2·单选题】甲企业采用作业成本法计算产品成本，每批产品生产前需要进行机器调试。在对调试作业中心进行成本分配时，最适合采用的作业成本动因是（　　）。(2017 年)

A. 产品品种　　B. 产品批次　　C. 产品数量　　D. 每批产品数量

【答案】B

【解析】机器调试是每批产品生产前都要发生的，与批次相关，所以成本分配以产品批次为动因。

三、资源成本分配到作业

资源成本借助于资源成本动因分配到各项作业。资源成本动因和作业成本之间一定要存在因果关系。常用的资源成本动因如表15-3所示。

表15-3　　　　　作业与资源成本动因的关系

作业	资源成本动因
机器运行作业	机器小时
安装作业	安装小时
清洁作业	平方米
材料移动作业	搬运次数、搬运距离、吨公里
人事管理作业	雇员人数、工作时间
能源消耗	电表、流量表、装机功率和运行时间
制作订单作业	订单数量
顾客服务作业	服务电话次数、服务产品品种数、服务的时间

四、作业成本分配到成本对象

在确定了作业成本之后,根据作业成本动因计算单位作业成本,再根据作业量计算成本对象应负担的作业成本。

$$单位作业成本 = 本期作业成本库归集总成本 \div 作业量$$

作业量的计量单位即作业成本动因有三类:业务动因、持续动因、强度动因(见表15-4)。

表15-4　　　　　业务动因、持续动因和强度动因

类型	含义	计算公式	特点	
			精确度	执行成本
业务动因	通常以执行的次数作为作业动因,并假定执行每次作业的成本(包括耗用的时间和单位时间耗用的资源)相等,如前面我们所说的检验完工产品质量作业的次数就属于业务动因的范畴	分配率=归集期内作业成本总成本÷归集期内总作业次数 某产品应分配的作业成本=分配率×该产品耗用的作业次数	低	低
持续动因	通常以执行一项作业所需的时间作为作业动因	分配率=归集期内作业总成本÷归集期内总作业时间 某产品应分配的作业成本=分配率×该产品耗用的作业时间	中	中
强度动因	强度动因是在某些特殊情况下,将作业执行中实际耗用的全部资源单独归集,并将该项单独归集的作业成本直接计入某一特定的产品。强度动因一般适用于某一特殊订单或某种新产品试制等	—	高	高

【例题15-3·计算题】DBX公司的主要业务是生产服装服饰。该公司的服装生产车间生产3种款式的夹克衫和2种款式的休闲西服。夹克衫和西服分别由两个独立的生产线进行加工,每个生产线有自己的技术部门。5种服装均按批组织生产,每批100件。

【解析】

（一）成本资料

该公司本月每种款式的产量和直接成本如表1所示。

表1　　　　　　　　　　产量、直接人工和直接材料资料

指标 \ 产品型号	夹克			西服		合计
	夹克1	夹克2	夹克3	西服1	西服2	
本月批次	8	10	6	4	2	30
每批产量（件）	100	100	100	100	100	
产量（件）	800	1 000	600	400	200	3 000
每批直接人工成本（元）	3 300	3 400	3 500	4 400	4 200	
直接人工总成本（元）	26 400	34 000	21 000	17 600	8 400	107 400
每批直接材料成本（元）	6 200	6 300	6 400	7 000	8 000	
直接材料总成本（元）	49 600	63 000	38 400	28 000	16 000	195 000

本月制造费用发生额如表2所示。

表2　　　　　　　　　　制造费用发生额

指标	金额
生产准备、检验和供应成本（批次级成本）（元）	84 000
夹克产品线成本（产品级作业成本）（元）	54 000
西服产品线成本（产品级作业成本）（元）	66 000
其他成本（生产维持级成本）（元）	10 800
制造费用合计（元）	214 800
制造费用分配率（直接人工）	200%

（二）按传统完全成本法计算成本

采用传统的完全成本法时,制造费用使用统一的分配率:

制造费用分配率 = 制造费用 ÷ 直接人工成本 = 214 800 ÷ 107 400 = 200%

表3　完全成本法汇总成本计算单

指标	夹克1	夹克2	夹克3	西服1	西服2	合计
直接人工（元）	26 400	34 000	21 000	17 600	8 400	107 400
直接材料（元）	49 600	63 000	38 400	28 000	16 000	195 000
制造费用分配率（%）	200	200	200	200	200	200
制造费用（元）	52 800	68 000	42 000	35 200	16 800	214 800
总成本（元）	128 800	165 000	101 400	80 800	41 200	517 200
每批成本（元）	16 100	16 500	16 900	20 200	20 600	
每件成本（元）	161	165	169	202	206	

（三）按作业成本法计算成本

作业成本分配的第一步是计算作业成本动因的单位成本，作业成本的分配率如表4所示。

表4　作业成本分配率的计算

指标	成本（元）	批次（批数）	直接人工（元）	分配率
批次级作业成本	84 000	30		2 800（元/批）
夹克产品线成本	54 000	24		2 250（元/批）
西服产品线成本	66 000	6		11 000（元/批）
生产维持级成本	10 800		107 400	10.06%

作业成本分配的第二步是根据单位作业成本和作业量，将作业成本分配到产品，计算结果如表5所示。

表5　汇总成本计算单　　　　　　　　　　　　　　　　　　　　　单位：元

指标	夹克1	夹克2	夹克3	西服1	西服2	合计
本月批次	8	10	6	4	2	
直接人工	26 400	34 000	21 000	17 600	8 400	107 400
直接材料	49 600	63 000	38 400	28 000	16 000	195 000
制造费用：						
分配率（元/批）	2 800	2 800	2 800	2 800	2 800	
批次相关总成本	22 400	28 000	16 800	11 200	5 600	84 000
产品相关成本：						
分配率（元/批）	2 250	2 250	2 250	11 000	11 000	
产品相关总成本	18 000	22 500	13 500	44 000	22 000	120 000
生产维持成本：						

续表

指标	夹克1	夹克2	夹克3	西服1	西服2	合计
分配率（元/每元直接人工成本）	10.06%	10.06%	10.06%	10.06%	10.06%	
生产维持成本	2 655	3 419	2 112	1 770	845	10 800
间接费用合计	43 055	53 919	32 412	56 970	28 445	214 800
总成本	119 055	150 919	91 812	102 570	52 845	517 200
每批成本	14 882	15 092	15 302	25 642	26 422	
单件成本（作业成本法）	148.82	150.92	153.02	256.42	264.22	
单件成本（完全成本法）	161.00	165.00	169.00	202.00	206.00	
差异（作业成本—完全成本）	-12.18	-14.08	-15.98	54.42	58.22	
差异率（差异/完全成本）	-7.57%	-8.53%	-9.46%	26.94%	28.26%	

第三节 作业成本管理

成本管理的根本目的是把成本管控住，努力降低成本，增强企业的竞争优势，为企业创造价值。

作业成本管理的核心是分析哪些作业是增值作业，哪些作业是不增值作业。

实行基于作业的成本管理，消除转化或降低不增值作业、提高增值作业效率、降低成本、增加价值，创建企业的竞争优势。

一、增值作业与非增值作业的区分

增值作业与非增值作业的区分是站在顾客角度划分的。最终增加顾客价值的作业是增值作业，否则就是非增值作业。

二、基于作业进行成本管理

作业成本管理是应用作业成本计算提供的信息，从成本的角度，在管理中努力提高增加顾客价值的作业效率，消除或遏制不增加顾客价值的作业，实现企业生产流程和生产经营效率效果的持续改善，增加企业价值。

三、作业成本法的优点和局限性

作业成本法的优点和局限性如表15-5所示。

表15-5　　　　　　　　作业成本法的优点和局限性

优点	
成本计算更准确	(1) 减少了传统成本信息对于决策的误导。 (2) 提高经营决策质量，包括定价决策、扩大生产规模、放弃产品线等经营决策

续表

优点	
成本控制与成本管理更有效	消除非增值作业、提高增值作业效率,有助于持续降低成本和不断消除浪费
为战略管理提供信息支持	作业成本法与价值链分析概念一致,可以为其提供信息支持
局限性	
开发和维护费用较高	成本动因多于完全成本法,成本动因的数量越大,开发和维护费用越高
作业成本法不符合对外财务报告的需要	计算出的产品成本既包含制造成本,也可能包含部分非制造成本。为了使对外财务报表符合会计准则的要求,需要重新调整成本数据。这种调整与变动成本法的调整相比,不仅工作量大,而且技术难度大,有可能出现混乱
确定成本动因比较困难	并不是所有的间接成本都和特定的成本动因相关联
不利于通过组织控制进行管理控制	完全成本法按部门建立成本中心,为实施责任会计和业绩评价提供了方便。作业成本系统的成本库与公司的组织结构不一致,不利于提供管理控制的信息

四、作业成本法的适用情景条件

一般来讲,采用作业成本法的公司首先需要满足图15–5中所列的条件。

图15–5 作业成本法的适用情景条件

【例题15–4·多选题】下列关于作业成本法与传统的成本计算方法(以产量为基础的完全成本计算方法)比较的说法中,正确的有( )。(2011年)
A. 传统的成本计算方法对全部生产成本进行分配,作业成本法只对变动成本进行分配
B. 传统的成本计算方法按部门归集间接费用,作业成本法按作业归集间接费用
C. 作业成本法的直接成本计算范围要比传统的成本计算方法的计算范围小
D. 与传统的成本计算方法相比,作业成本法不便于实施责任会计和业绩评价
【答案】BD
【解析】作业成本法和完全成本法都是对全部生产成本进行分配,不区分固定成本和变动成本,这与变动成本法不同。从长远看,所有成本都是变动成本,都应当分配给产品,选项A错误;作业成本法强调尽可能扩大追溯到个别产品的成本比例,因此其直接成本计算范围通常要比传统的成本计算方法的计算范围大,选项C错误。

第十五章　作业成本法

彬哥跟你说：

　　本章难度不大，而且可考性极低！
　　如果这个阶段你还有其他科目没开始，那么就可以加入其他科目的学习了！
　　需要注意的是学习务必要有规划，无规划不学习，没有规划的学习就是无头苍蝇，根本不会有学习效率！

今日复习步骤：

　　第一遍：回忆 & 重新复习一遍框架（10 分钟）
　　学习要求：这一遍的目的是自己重新梳理一遍框架，不需要掌握所有细节，但求框架了然于心。
　　什么是作业？作业成本法是做什么的？有哪些内容？
　　第二遍：对细节进一步掌握（30 分钟）
　　第三遍：重新复习一遍框架（5 分钟）

我问你答：

　　（1）有几类作业成本库？不同的作业成本库代表了什么含义？
　　（2）将作业成本分配到成本对象有几类动因？分别有什么含义？怎么计算？
　　（3）作业成本法的优缺点有哪些？什么时候适用？

本章作业：

　　（1）请把讲义例题做三遍（做错的题目，请分析错误原因并记录到改错本）。
　　（2）请复习完口述一遍框架，睡前请再回忆一遍框架。
　　（3）第二天早上，请再回忆一遍框架，对于回忆不起来的内容，请翻书看一遍。

今日小奖励：

　　生活不能没有成就感，学习也不能没有成就感。今天的课程很简单，如果按照规划学完了，请给自己一根棒棒糖！

第 17 天

- **复习旧内容：**
    - 第十四章　标准成本法
    - 第十五章　作业成本法
- **学习新内容：**
    - 第十六章　本量利分析
- **学习方法：**

    抓住一个公式：利润＝单价×销售量－变动成本×销售量－固定成本，本章的所有公式都源于此。

- **你今天的可能心态：**

    本章内容非常简单，但是你也会非常头疼，正因为简单，所以你心里有点放松，本章的特点是各种公式变形很多，稍不注意你就发现忘记了，所以本章刚学习的时候乱一点儿没关系，学完了整理一下即可！

- **简单解释今天学习内容：**

    本章所有内容围绕这个公式展开：利润＝单价×销售量－变动成本×销售量－固定成本。

    所以学习的过程中要将这个公式铭记于心，自己也要学会去分析这个公式的各种变动，学习的时候会遇到各种名词，比如边际贡献，但也就是名词而已，实际含义简单，不要被复杂的名字给吓住。

- **可能会遇到的难点：**

    无难点！但是你们会觉得稍微有点乱！没关系，学完再整理一次！

- **习题注意事项：**

    本章习题基本都是选择题，准备好选择题。

- **建议学习时间：**

    2.5~3 个小时

第六编
管理会计

第六编管理会计,包括本量利分析、短期经营决策、全面预算、责任会计、业绩评价和管理会计报告。本编考试分值相对不多,内容也比较简单,大家可以抓住重点进行学习。

第十六章 本量利分析

【简单解释本章内容】

(1) 所谓的本量利分析,就是成本、数量、利润的分析,请记住核心公式:息税前利润=单价×销量-单位变动成本×销量-固定成本,那么就要知道什么是变动成本,什么是固定成本。而且本节的所有内容都是围绕"利润"这个公式进行变动,看似复杂的名字,都是进行简单的变换得来的。

(2) 本章内容特别简单,但是考生有一个坏习惯,越是简单的内容越是学得混乱,一是思想上面不重视,二是简单的内容往往就是一些简单的记忆性的东西,反而学得比较乱,所以要引起重视。

【本章学习方法】

本章无难点,但是正因为无难点,导致很多同学在学习第一遍的时候思想放松,导致学得一团糟,所以请务必摆正心态,一步一步地学习。

本章框架如图16-1所示。

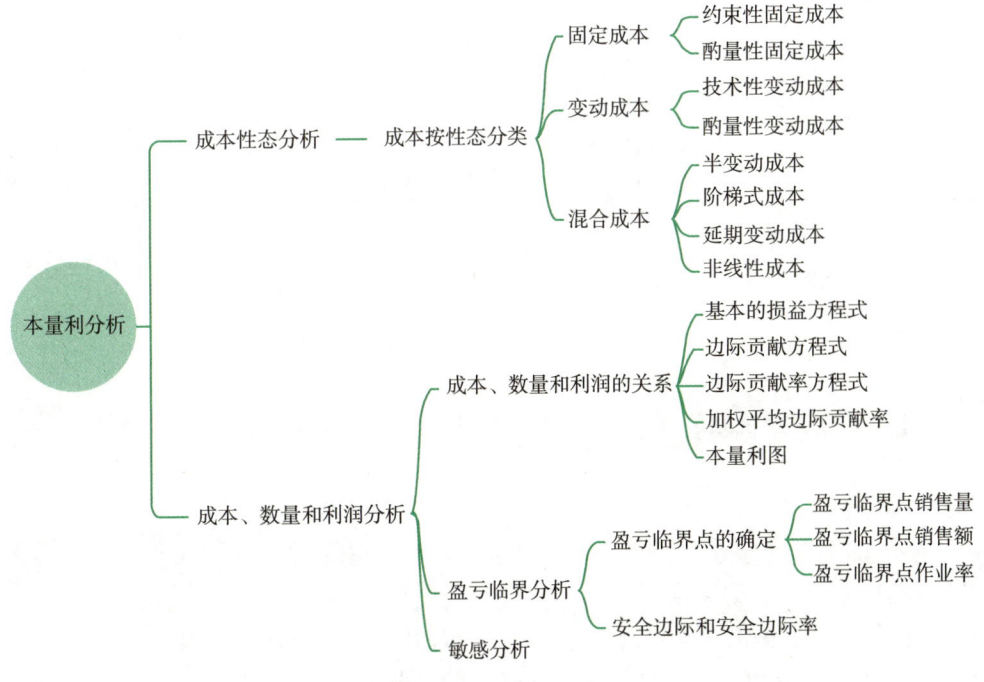

图16-1 本章框架

第一节 本量利的一般关系

一、成本性态分析

成本性态，是指成本总额与业务量（如产品产量、销量等）之间的内在关系。成本按其性态分类，可分为固定成本、变动成本与混合成本三大类（见表16-1）。

表16-1 成本性态分析

类别	细分类	含义及要点阐释	
固定成本	约束性固定成本	即生产经营能力成本，是企业为**维持一定的业务量所必须负担的最低成本，不能通过当前的管理决策加以改变**。要想降低约束性固定成本，只能通过合理利用经营能力、降低单位固定成本解决。如固定资产折旧费、长期租赁费等	(1) 固定成本的"固定"强调"相关范围内"，即一定业务量范围和一定期间范围； (2) 固定成本的"固定"强调特定相关范围内，成本总额不随业务量的增减变化而变化，但单位产品的固定成本随业务量的增减变化而反方向变化
固定成本	酌量性固定成本	即经营方针成本，**是企业根据经营方针可以加以改变的固定成本**。如广告费、研究与开发费、职工培训费等	
变动成本	技术性变动成本	技术性变动成本，**是利用生产能力所必须发生的变动成本**。如直接材料成本、直接人工成本	(1) 变动成本的"变动"强调"相关范围内"，即一定业务量范围和一定期间范围； (2) 变动成本的"变动"强调特定范围内，成本总额随业务量的增减变化而正比例变化，但单位产品的变动成本不随业务量的增减变化而变化
变动成本	酌量性变动成本	酌量性变动成本，**是指可以通过管理决策行动加以改变的变动成本**。如销售佣金、技术转让费等	
混合成本	半变动成本	半变动成本，是指通常有一个初始量，类似于固定成本，在这个初始量的基础上随业务量的增长而正比例增长，又类似于变动成本。如电话费等	
混合成本	阶梯式成本	阶梯式成本，又称为半固定成本，这类成本随业务量的变化而呈阶梯式增长，业务量在一定限度内该类成本总额不变，当业务量增长超过一定限度后，这种成本就跳跃到一个新的水平，并在新的限度内保持不变。如质检员、化验员工资	
混合成本	延期变动成本	延期变动成本，是指在一定业务量范围内总额保持稳定，超过特定业务量则开始随业务量同比例增长的成本。如固定工资加超产量工资	
混合成本	非线性成本	有些成本和业务量有依存关系，但不是直线关系	

【例题16-1·单选题】下列各项成本费用中，属于酌量性固定成本的是（ ）。（2015年）

A. 广告费
B. 运输车辆保险费
C. 行政部门耗用水费
D. 生产部门管理人员工资

【答案】A

【解析】酌量性固定成本指的是可以通过管理决策行动而改变数额的固定成本，包括科研开发费、广告费、职工培训费等，所以选项A正确。

二、成本估计

如果特定的成本是一项混合成本,就需要运用一定的方法估计成本与产量之间的关系,并建立相应的成本函数模型。**总成本直线方程:$Y = a + bx$**

(一) 回归直线法 (了解即可)

回归直线法,是根据一系列历史成本资料,用数学上的最小平方法的原理,计算能代表平均成本水平的直线截距和斜率,以其作为固定成本和单位变动成本的一种成本估计方法。

(二) 工业工程法

工业工程法指运用工业工程的研究方法,逐项研究决定成本高低的每个因素,在此基础上直接估算固定成本和单位变动成本的一种成本估计方法。这种方法可以在没有历史成本数据、历史成本数据不可靠或者需要对历史成本分析结论进行验证的情况下使用。

> 【例题16-2·计算题】选择某车间的燃料成本作为研究对象。燃料用于铸造工段的熔炉,具体分为点火(耗用木柴和焦炭)和熔化铁水(耗用焦炭)两项操作。对这两项操作进行观测和技术测定,寻找最佳的操作方法。按照最佳的操作方法,每次点火要使用木柴0.1吨、焦炭1.5吨,熔化1吨铁水要使用焦炭0.15吨;每个工作日点火一次,全月工作26天,点火燃料属固定成本;熔化铁水所用燃料与产量相联系,属变动成本。木柴每吨价格为100元,焦炭每吨价格为180元。求燃料总成本公式是什么?
>
> 【解析】
> 每日固定成本 = 0.1 × 100 + 1.5 × 180 = 280 (元)
> 每月固定成本 = 280 × 26 = 7 280 (元)
> 每吨铸件变动成本 = 0.15 × 180 = 27 (元)
> 设燃料总成本为y,产量为x,则每月燃料总成本为:y = 7 280 + 27x。

三、变动成本法

变动成本法也称直接成本法、边际成本法。在此方法下,产品成本只包括直接材料、直接人工和变动制造费用,即变动生产成本,变动生产成本随生产量的变化成正比例变化。在变动成本法下,固定制造费用和非生产成本全部作为制造边际贡献(销售额与变动成本的差额)的扣除项目。

在完全成本法下,产品成本包含直接材料、直接人工和变动制造费用、固定制造费用。两种方法的核心差别在于固定制造费用处理不同,在完全成本法下,固定制造费用进入了产品成本;而在变动成本法下,固定制造费用不进入产品成本,全部与期间费用一起一次进入当期损益。

四、本量利分析基本模型的相关假设（见表16－2）

表16－2 本量利分析基本模型的相关假设

假设	具体阐述
相关范围假设	区分一项成本是变动成本还是固定成本时，均限定在一定的相关范围内，相关范围假设包括： （1）期间假设； （2）业务量假设
模型线性假设	企业总成本按性态可以近似描述为 $y = a + bx$。模型线性假设包括： （1）固定成本不变假设； （2）变动成本与业务量呈完全线性关系假设； （3）销售收入与销售数量呈完全线性关系
产销平衡假设	站在销售数量的角度进行本量利分析时，就必须假设产销关系是平衡的
品种结构不变假设	是指在一个多品种生产和销售的企业中，各种产品的销售收入在总收入中所占的比重不会发生变化

上述假设之间的关系是：
相关范围假设是最基本的假设，是本量利分析的出发点；
模型线性假设由相关范围假设派生而来，是相关范围假设的延伸和具体化；
产销平衡假设与品种结构不变假设是对模型线性假设的进一步补充；同时，品种结构不变假设又是多品种条件下产销平衡假设的前提条件；
上述诸条假设都有一个共同假设，即企业的全部成本可以合理地分解为固定成本与变动成本

五、本量利分析基本模型

（一）基本的损益方程式

1. 基本的损益方程式

息税前利润 = 单价 × 销量 － 单位变动成本 × 销量 － 固定成本
　　　　　 = （单价 － 单位变动成本）× 销量 － 固定成本

2. 包含期间成本的损益方程式

税前利润 = 单价 × 销量 － （单位变动生产成本 + 单位变动销售和管理费用）
　　　　　× 销量 － （固定生产成本 + 固定销售和管理费用）

3. 计算税后利润的损益方程式

税后利润 = （单价 × 销量 － 单位变动成本 × 销量 － 固定成本）×（1 － 所得税税率）

【例题16－3·计算题】某公司每月固定成本为1 000元，生产一种产品，单价为10元，单位变动成本为6元，本月计划销售500件，问预期利润是多少？

【答案】息税前利润 = 单价 × 销量 － 单位变动成本 × 销量 － 固定成本 = 10 × 500 － 6 × 500 － 1 000 = 1 000（元）

（二）边际贡献方程式

1. 边际贡献

（1）边际贡献 = 销售收入 － 变动成本 = （单价 － 单位变动成本）× 销量

（2）单位边际贡献 = 单价 － 单位变动成本

边际贡献具体分为制造边际贡献（生产边际贡献）和产品边际贡献（总营业边际

贡献)。

（3）制造边际贡献＝销售收入－变动生产成本（简称"产品变动成本"）

（4）产品边际贡献＝制造边际贡献－变动销售和管理费用

通常，如果在"边际贡献"前未加任何定语，则是指"产品边际贡献"。

【例题 16-4·单选题】产品边际贡献是指（　　）。（2008 年）
A. 销售收入与变动生产成本之差
B. 销售收入与销售和管理变动成本之差
C. 销售收入与制造边际贡献之差
D. 销售收入与全部变动成本（包括变动生产成本和变动期间成本）之差

【答案】D

【解析】边际贡献分为制造边际贡献和产品边际贡献，其中制造边际贡献＝销售收入－变动生产成本，产品边际贡献＝制造边际贡献－变动销售和管理费用。其中的"变动销售和管理费用"又称为"变动期间成本"。

2. 边际贡献率

（1）边际贡献率＝边际贡献÷销售收入×100%＝单位边际贡献÷单价×100%

（2）变动成本率＝变动成本÷销售收入×100%＝产品单位变动成本÷单价×100%

（3）变动成本率＋边际贡献率＝1

3. 边际贡献方程式

$$息税前利润＝销售收入－变动成本－固定成本＝边际贡献－固定成本$$
$$＝销量×单位边际贡献－固定成本$$

4. 边际贡献率方程式

多种产品的边际贡献率要用加权平均数，其公式为：

$$息税前利润＝销售收入×边际贡献率－固定成本$$

（1）加权平均边际贡献率＝($\sum$各产品边际贡献÷$\sum$各产品销售收入)×100%

（2）加权平均边际贡献率＝$\sum$（各产品边际贡献率×各产品占总销售比重）

（三）本量利关系图

1. 基本的本量利图（见图 16-2）

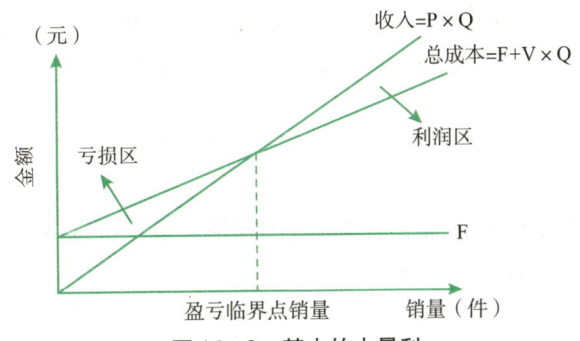

图 16-2　基本的本量利

2. 正方形本量利图

图 16-2 中的销售量（横轴）不仅可以使用实物量也可以使用金额来表示，其绘制方法与上面介绍的大体相同。这种图画呈正方形，如图 16-3 所示。

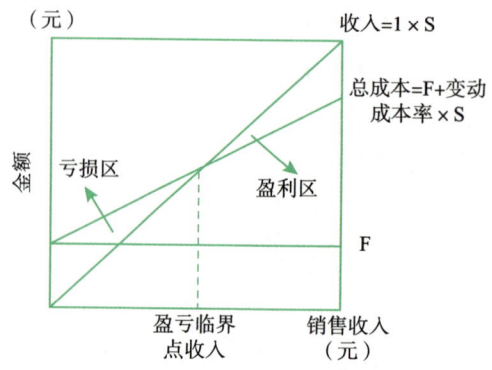

图 16-3 正方形本量利

基本本量利和正方形本量利的比较如表 16-3 所示。

表 16-3　　　　　基本本量利和正方形本量利的比较

种类	横轴	销售收入线	变动成本线
基本本量利	销售量（实物量Q）	斜率为单价P 注：销售收入 = P×Q	斜率为单位变动成本 注：变动成本 = V×Q
正方形本量利	销售收入（金额S）	斜率为1 注：销售收入 = 1×S	斜率为变动成本率 注：变动成本 = 变动成本率×S

3. 边际贡献式本量利图

特点：图中能表示出边际贡献的大小（见图 16-4）。

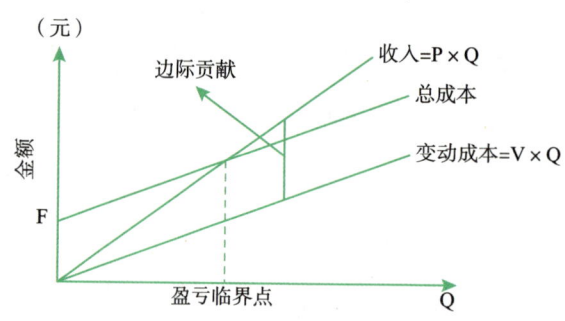

图 16-4 边际贡献式本量利关系

第二节　保本分析

保本分析是基于本量利基本关系原理进行的损益平衡分析或盈亏临界分析。其主要研究如何确定保本点，以及有关因素变动的影响。

保本点，亦称盈亏临界点，是指企业**收入和成本相等的经营状态**，即边际贡献等于固定成本时企业所处的既不盈利又不亏损的状态。

一、保本量分析

本量利公式：息税前利润 = 单价 × 销量 − 单位变动成本 × 销量 − 固定成本

既然是保本分析，那么就要假设"息税前利润 = 0"

$$0 = 单价 × 销量 − 单位变动成本 × 销量 − 固定成本$$

$$保本量 = 固定成本 ÷ (单价 − 单位变动成本)$$

又可以写成：

$$保本量 = 固定成本 ÷ 单位边际贡献$$

二、保本额分析

$$息税前利润 = 销售额 × 边际贡献率 − 固定成本$$

若息税前利润 = 0，可以得出：

$$保本额 = 固定成本 ÷ 边际贡献率$$

三、与保本点有关的指标

（一）盈亏临界点作业率

盈亏临界点作业率，是指盈亏临界点销售量占企业实际或预计销售量的比重。

$$盈亏临界点作业率 = 盈亏临界点销售量 ÷ 实际或预计销售量 × 100\%$$

（二）安全边际和安全边际率

安全边际，是指实际或预计的销售额（量）超过盈亏临界点销售额（量）的差额，表明销售额（量）下降多少企业仍不至于亏损。

(1) 安全边际的计算公式：

$$安全边际额 = 实际或预计销售额 − 盈亏临界点销售额$$

$$安全边际量 = 实际或预计销售量 − 盈亏临界点销售量$$

(2) 安全边际率 = 安全边际额（量）÷ 实际或预计销售额（量）[或实际订货额（量）] × 100%

从上面的公式，我们可以看出：

$$正常销售额 = 盈亏临界点销售额 + 安全边际额$$

$$正常销售量 = 盈亏临界点销售量 + 安全边际量$$

两边同时除以正常销售额（量），可以得出下面的公式：

(3) 1 = 安全边际率 + 盈亏临界点作业率

由于：息税前利润 = 销售收入 − 变动成本 − 固定成本 = 边际贡献 − 固定成本

= 销售收入 × 边际贡献率 − 盈亏临界点销售收入 × 边际贡献率

= (销售收入 − 盈亏临界点销售收入) × 边际贡献率

(4) 息税前利润 = 安全边际额 × 边际贡献率，两边除以"销售收入"。

(5) 销售息税前利润率 = 安全边际率 × 边际贡献率

（6）其中，对于单一产品，

$$息税前利润 = 安全边际量 \times 单价 \times \frac{单位边际贡献}{单价} = 安全边际量 \times 单位边际贡献$$

四、多品种情况下的保本分析

$$加权平均边际贡献率 = \frac{\sum 各产品边际贡献}{\sum 各产品销售收入} \times 100\%$$

$$= \sum (各产品边际贡献率 \times 各产品占总销售比重)$$

$$加权平均保本销售额 = \frac{固定成本总额}{加权平均边际贡献率}$$

第三节 保利分析

保利分析是在单价和成本水平一定的情况下，为确保预先制定的目标利润可以实现，而必须达到的销售量或销售额。

一、保利量分析

保利量就是使企业实现目标利润所需完成的业务量。

（1）假设在没有企业所得税的情况下，目标利润 = 单价 × 销量 − 单位变动成本 × 销量 − 固定成本：

$$保利量 = \frac{固定成本 + 目标利润}{单价 - 单位变动成本} = \frac{固定成本 + 目标利润}{单位边际贡献}$$

（2）假设存在企业所得税，税后目标利润 = (单价 × 销量 − 单位变动成本 × 销量 − 固定成本) × (1 − 企业所得税税率)：

$$保利量 = \frac{固定成本 + \dfrac{税后目标利润}{1 - 企业所得税税率}}{单价 - 单位变动成本} = \frac{固定成本 + \dfrac{税后目标利润}{1 - 企业所得税税率}}{单位边际贡献}$$

二、保利额分析

保利额是企业为实现既定的目标利润所需的业务额。保利额可在保利量计算公式基础上乘以单价加以计算。

（1）在不存在企业所得税的情况下，公式为：

$$保利额 = \frac{固定成本 + 目标利润}{单价 - 单位变动成本} \times 单价 = \frac{固定成本 + 目标利润}{边际贡献率}$$

（2）在存在企业所得税的情况下，公式为：

$$保利额 = \frac{固定成本 + \dfrac{税后目标利润}{1 - 企业所得税税率}}{单价 - 单位变动成本} \times 单价 = \frac{固定成本 + \dfrac{税后目标利润}{1 - 企业所得税税率}}{边际贡献率}$$

【例题16-5·计算题】 甲公司是一家生物制药企业,研发出一种专利产品,该产品投资项目已完成可行性分析,厂房建造和设备购置安装工作也已完成,新产品将于2016年开始生产销售。目前,公司正对该项目进行盈亏平衡分析,相关资料如下:

(1) 专利研发支出资本化金额350万元,专利有效期10年,预计无残值;建造厂房使用的土地使用权,取得成本300万元,使用年限30年,预计无残值。两种资产均采用直线法计提摊销。

厂房建造成本500万元,折旧年限30年,预计净残值率10%,设备购置成本100万元,折旧年限10年,预计净残值率5%,两种资产均采用直线法计提折旧。

(2) 新产品销售价格每瓶100元,销量每年可达10万瓶,每瓶材料成本20元,变动制造费用15元,包装成本9元。

公司管理人员实行固定工资制,生产工人和销售人员实行基本工资加提成制,预计新增管理人员2人,每人每年固定工资5万元;新增生产工人15人,人均月基本工资1 500元,生产计件工资每瓶1元;新增销售人员5人,人均月基本工资1 500元,销售提成每瓶5元。

每年新增其他费用,财产保险费6.5万元,广告费60万元,职工培训费10万元,其他固定费用8万元。

(3) 假设年生产量等于年销售量。

要求:
(1) 计算新产品的年固定成本总额和单位变动成本。
(2) 计算新产品的盈亏平衡点年销售量、安全边际率和年息税前利润。
(3) 计算该项目的经营杠杆系数。(2015年)

【答案】
(1) 厂房折旧 = 500 × (1 - 10%) ÷ 30 = 15(万元);设备折旧 = 100 × (1 - 5%) ÷ 10 = 9.5(万元)

新产品的年固定成本总额 = 专利摊销 + 土地摊销 + 固定资产折旧 + 管理人员工资 + 生产工人固定工资 + 销售人员固定工资 + 财产保险费 + 广告费 + 职工培训费 + 其他固定费用

= 35 + 10 + (15 + 9.5) + 5 × 2 + 0.15 × 12 × 15 + 0.15 × 12 × 5 + 6.5 + 60 + 10 + 8

= 35 + 10 + 24.5 + 10 + 27 + 9 + 6.5 + 60 + 10 + 8 = 200(万元)

新产品的单位变动成本 = 材料费用 + 变动制造费用 + 包装费 + 计件工资 + 销售提成
= 20 + 15 + 9 + 1 + 5 = 50(元)

(2) 盈亏平衡点年销售 = 200 ÷ (100 - 50) = 4(万瓶)

安全边际率 = 1 - 4 ÷ 10 = 60%

年息税前利润 = (100 - 50) × (10 - 4) = 300(万元)

(3) 经营杠杆系数 = (息税前利润 + 固定成本) ÷ 息税前利润 = (300 + 200) ÷ 300 = 1.67

或:经营杠杆系数 = 1 ÷ 安全边际率 = 1 ÷ 60% = 1.67

第四节 利润敏感分析

一、利润敏感分析的含义

基于本量利关系的敏感分析，主要研究分析**有关参数发生多大变化会使盈利转为亏损**，各参数变化对利润变化的影响程度，以及各因素变动时如何调整应对，以保证原目标利润的实现。

有关敏感分析如下：

单价、单位变动成本、产销量或固定成本总额等因素均会引起利润的变化，当分析某一个因素如何变化会使利润为零时，最简单的方法就是**令利润等于零**，设该因素为未知量，保持其他因素不变，求该因素值。此时求出的值为该因素的影响盈亏的临界点，不同因素的临界值有不同的叫法：

单价的最小值是公司能忍受的单价最小值；

单位变动成本的最大值是公司能忍受的最大值；

固定成本最大值是公司能忍受的最大值；

销售量最小值是公司能忍受的最小值。

【例题16-6·计算题】公司只生产一种产品，单价为2元，单位变动成本为1.20元，预计明年固定成本40 000元，产销量计划达100 000件。要求：确定有关参数发生多大变化使盈利转为亏损？

【答案】预计明年销售利润为：利润 = 100 000 × (2 - 1.20) - 40 000 = 40 000（元）

（1）单价的最小值。

设单价为P，则有100 000 × (P - 1.20) - 40 000 = 0，求得P = 1.60（元）。

单价降至1.60元，即降低20%（0.4÷2）时公司由盈利转入亏损。

（2）单位变动成本的最大值。

设单位变动成本为V，则有100 000 × (2 - V) - 40 000 = 0，求得V = 1.60（元）。

单位变动成本由1.20元上升至1.60元时，公司利润由40 000元降至0。此时，单位变动成本上升了33%（0.40÷1.20）。

（3）固定成本最大值。

设固定成本为F，则有100 000 × (2 - 1.20) - F = 0，求得F = 80 000（元）。

固定成本增至80 000元时，公司由盈利转为亏损，此时固定成本增加了100%（40 000÷40 000）。

（4）销售量最小值（盈亏临界点销售量）。

Q = 40 000 ÷ (2 - 1.20) = 50 000（件）

销售计划如果只完成50%（50 000÷100 000），则公司利润为0。

二、各参数的敏感系数计算

各参数变化都会引起利润的变化，但其影响程度各不相同。有的参数发生微小变化，就会使利润发生很大的变动。如果利润对这些参数的敏感系数绝对值大于1,我们称这类参数为敏感因素。如果利润对这些参数的敏感系数绝对值小于1,则我们称这类参数为不敏感因素。反映敏感程度的指标是敏感系数:

$$敏感系数 = \frac{目标值变动百分比}{参量值变动百分比}$$

> 【提示】敏感系数有正负,若敏感系数为正,则该影响因素与目标值(利润)同向变动;若敏感系数为负,则该影响因素与目标值(利润)反向变动。

【例题16-7·计算题】以【例题16-6】的数据为基础,分别求单价、单位变动成本、固定成本、销售量的敏感程度。

【解析】

(1) 单价的敏感程度。

设单价增长20%,则:P = 2×(1+20%) = 2.40(元)

按此单价计算,利润 = 100 000×(2.4-1.20) - 40 000 = 80 000(元)

利润原来是40 000元,其变化率为:目标值变动百分比 = (80 000 - 40 000)÷40 000 = 100%

单价的敏感系数 = 100%÷20% = 5

经营者根据敏感系数知道,每降价1%,公司将失去5%的利润,必须格外予以关注。

(2) 单位变动成本的敏感程度。

设单位变动成本增长20%,则:V = 1.20×(1+20%) = 1.44(元)

按此单位变动成本计算,利润 = 100 000×(2-1.44) - 40 000 = 16 000(元)

利润原来是40 000元,其变化率为:

目标值变动百分比 = (16 000 - 40 000)÷40 000 = -60%

单位变动成本的敏感系数 = (-60%)÷20% = -3

敏感系数绝对值大于1,说明变动成本的变化会造成利润更大的变化,仍属于敏感因素。

【提示】

①敏感系数为正值,表明它与利润为同向增减;敏感系数为负值,表明它与利润为反向增减。

②敏感系数绝对值大于1,则属于敏感因素。

(3) 固定成本的敏感程度。

设固定成本增长20%,则:F = 40 000×(1+20%) = 48 000(元)

按此固定成本计算,利润 = 100 000×(2-1.20) - 48 000 = 32 000(元)

原来的利润为40 000元,其变化率为:

目标值变动百分比 = (32 000 - 40 000)÷40 000 = -20%

固定成本的敏感系数 = (-20%)÷20% = -1

这说明固定成本每上升1%,利润将减少1%。

(4) 销售量的敏感程度。

设销量增长20%,则:Q = 100 000×(1+20%) = 120 000(件)

按此计算利润 = 120 000 × (2 - 1.20) - 40 000 = 56 000（元）
利润的变化率：
目标值变动百分比 = (56 000 - 40 000) ÷ 40 000 = 40%
销量的敏感系数 = 40% ÷ 20% = 2
就本例而言，影响利润的诸因素中最敏感的是单价（敏感系数5），其次是单位变动成本（敏感系数-3），再次是销量（敏感系数2），最后是固定成本（敏感系数-1）。

人们为了得出变量之间关系的连续变化，设计出利润的敏感性分析图，如图16-5所示。

敏感性分析图中，这些直线与利润线的夹角越小，对利润的敏感程度越高。

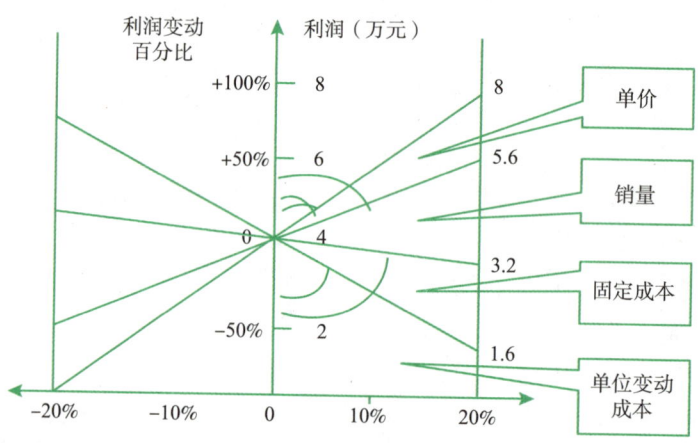

图16-5 利润的敏感性分析

【例题16-8·单选题】 假设某公司只生产销售一种产品，单价50元，边际贡献率40%，每年固定成本300万元，预计来年产销量20万件，则价格对利润影响的敏感系数为（　　）。(2002年)

A. 10　　　　B. 8　　　　C. 4　　　　D. 40%

【答案】A

【解析】来年预计利润 = 收入 - 变动成本 - 固定成本 = 20 × 50 - 20 × 50 × (1 - 40%) - 300 = 100（万元）。假设价格增长10%，达到55元，单位变动成本不变还是30元，由于单价变动，所以不能用原来的边际贡献率来计算。预计利润 = 20 × 55 - 20 × 30 - 300 = 200（万元），利润变动率 = (200 - 100) ÷ 100 = 100%，单价的敏感系数 = 100% ÷ 10% = 10。

【例题16-9·计算题】 甲公司只生产一种A产品，为了更好地进行经营决策和目标控制，该公司财务经理正在使用2011年相关数据进行本量利分析，有关资料如下：

(1) 2011年产销量为8 000件，每件价格1 000元。

(2) 生产A产品需要的专利技术需要从外部购买取得，甲公司每年除向技术转让方支付50万元的固定专利使用费外，还需按销售收入的10%支付变动专利使用费。

(3) 2011年直接材料费用200万元,均为变动成本。

(4) 2011年人工成本总额为180万元,其中:生产工人采取计件工资制度,全年人工成本支出120万元,管理人员采取固定工资制度,全年人工成本支出为60万元。

(5) 2011年折旧费用总额为95万元,其中管理部门计提折旧费用15万元,生产部门计提折旧费用80万元。

(6) 2011年发生其他成本及管理费用87万元,其中40万元为变动成本,47万元为固定成本。

要求:

(1) 计算A产品的单位边际贡献、盈亏临界点销售量和安全边际率。

(2) 计算甲公司税前利润对销售量和单价的敏感系数。

(3) 如果2012年原材料价格上涨20%,其他因素不变,A产品的销售价格应上涨多大幅度才能保持2011年的利润水平?(2012年)

【答案】

(1) 固定成本 = 500 000 + 950 000 + 600 000 + 470 000 = 2 520 000(元)

单位变动成本 = 1 000 × 10% + (2 000 000 + 1 200 000 + 400 000) ÷ 8 000 = 100 + 450 = 550(元)

单位边际贡献 = 单价 - 单位变动成本 = 1 000 - 550 = 450(元)

盈亏临界点销售量 = 2 520 000 ÷ 450 = 5 600(件)

盈亏临界点作业率 = 5 600 ÷ 8 000 × 100% = 70%

安全边际率 = 1 - 盈亏临界点作业率 = 30%

(2) 当前税前利润 = 450 × 8 000 - 2 520 000 = 1 080 000(元)

当销售量增加10%时:

税前利润 = 450 × 8 000 × (1 + 10%) - 2 520 000 = 1 440 000(元)

税前利润变动百分比 = (1 440 000 - 1 080 000) ÷ 1 080 000 = 33.33%

销售量的敏感系数 = 33.33% ÷ 10% = 3.33

当单价增长10%时:

单位变动专利使用费增加 = 100 × 10% = 10(元)

单位变动成本 = 550 + 10 = 560(元)

税前利润 = [1 000 × (1 + 10%) - 560] × 8 000 - 2 520 000 = 1 800 000(元)

税前利润变动百分比 = (1 800 000 - 1 080 000) ÷ 1 080 000 = 66.67%

单价的敏感系数 = 66.67% ÷ 10% = 6.67

(3) 设单价为P。

则单位变动成本 = P × 10% + [2 000 000 × (1 + 20%) + 1 200 000 + 400 000] ÷ 8 000 = P × 10% + 500

因为利润不变,则:(P - P × 10% - 500) × 8 000 - 2 520 000 = 1 080 000(元)

P = [(1 080 000 + 2 520 000) ÷ 8 000 + 500] ÷ (1 - 10%) = 1 055.56(元)

价格的上涨幅度 = (1 055.56 - 1 000) ÷ 1 000 = 5.56%

第十六章　本量利分析

彬哥跟你说：

　　接下来的章节好像没有太多要嘱咐的了。

　　如果有，那我需要说的就是：后面的章节可以一次性学完，不需要分几次了，一次听完课之后去消化即可！

今日复习步骤：

　　第一遍：回忆&重新复习一遍框架（10分钟）

　　学习要求：这一遍的目的是自己重新梳理一遍框架，不需要掌握所有细节，但求框架了然于心。

　　（1）本量利分析怎么学——成本性态分析；成本、数量和利润分析。

　　（2）成本性态指的是什么？有哪些种类？

　　（3）成本、数量和利润分析包括本量利分析基本模型、保本分析、保利分析、利润敏感分析，都有哪些内容？

　　第二遍：对细节进一步掌握（30分钟）

　　第三遍：重新复习一遍框架（5分钟）

我问你答：

　　（1）酌量性固定成本包括哪些？酌量性变动成本由谁决定？包括哪些？

　　（2）基本损益方程式是什么？单位边际贡献、边际贡献、边际贡献率、加权平均边际率怎么算？

　　（3）保本分析的原理是什么？保本量、保本额、盈亏临界点作业率、安全边际、安全边际率、息税前利润、销售息税前利润率怎么算？

　　（4）保利分析的原理是什么？保利量、保利额怎么算？

　　（5）利润敏感分析相关敏感系数怎么算？

本章作业：

　　（1）请把讲义例题做三遍（做错的题目，请分析错误原因并记录到改错本）。

　　（2）请复习完口述一遍框架，睡前请再回忆一遍框架。

　　（3）第二天早上，请再回忆一遍框架，对于回忆不起来的内容，翻书再看一遍。

第 18 天

- **复习旧内容：**
    第十六章　本量利分析
- **学习新内容：**
    第十七章　短期经营决策
- **你今天的可能心态：**
    疲倦的感觉，毕竟学了这么久了，但是请每天保持激情，早晨的时候背一下财管。背财管不是背文字，而是回忆一遍章节的大致内容，并将需要熟练掌握的公式默写一遍。
- **简单解释今天学习内容：**
    本章主要讲了生产决策和定价决策。生产决策主要是与前面的内容结合起来考查，在这里要求把决策的原理搞清楚。定价决策主要是文内容，相对来说比较简单。
- **可能会遇到的难点：**
    针对不同的情形，如何进行生产决策，难度不大，但是很重要。
- **习题注意事项：**
    这里可能会设置大题，内容简单，需要对书本熟悉；在这里再次强调，题目不在多，在精！
- **建议学习时间：**
    3 个小时

第十七章 短期经营决策

【简单解释本章内容】

本章主要讲了生产决策和定价决策，生产决策主要针对企业短期内（或者当前规模范围内）是否生产、生产什么等问题进行的相关决策，对于不同的情形，我们要运用不同的决策方法。例如，亏损产品是否投产的决策，我们的决策原理就是看该产品是否能弥补全部的变动成本，给企业带来正的边际贡献。如果能带来正的边际贡献则决定生产，因为会弥补部分固定成本。定价决策就是解决产品如何定价的问题，不同的企业情况，不同的市场，为了满足企业的目标，我们要如何给产品定价。

【本章学习方法】

本章内容要格外的注重理解，可能会考选择题或者与其他章节结合起来考大题，如果明白了原理做起来也就容易了。

本章框架如图 17-1 所示。

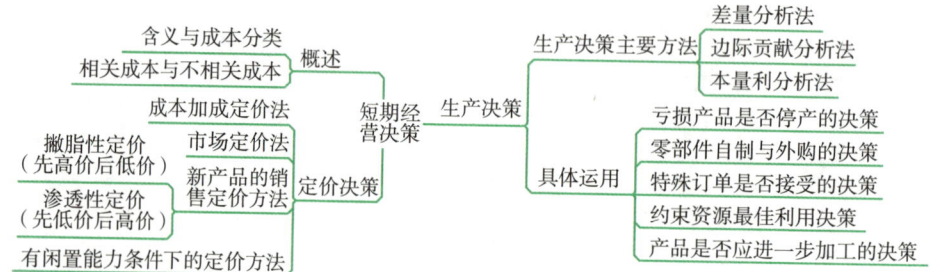

图 17-1 本章框架

第一节 短期经营决策概述

一、短期经营决策的含义与成本分类

短期经营决策是指对企业**一年以内或者维持当前的经营规模的条件下**所进行的决策。

短期经营决策主要特点是在既定的规模条件下决定如何有效地进行资源配置，以获得最大的经济效益。通常不涉及固定资产投资和经营规模的改变，因此短期经营决策通常是在成本性态分析时提到的"相关范围"内进行决策（见图 17-2）。

图 17-2 短期经营决策

二、相关成本与不相关成本

为了使企业的决策更加准确可靠,我们首先必须弄清楚各成本同决策之间的关系。从与企业决策是否相关,成本可分为两大类:相关成本和不相关成本。

(一) 相关信息的特点

相关信息必须同时具备两个特点:
(1) 相关信息是面向未来的。
(2) 相关信息在各个备选方案之间应该有所差异。在备选方案中,同样都发生的那部分成本或者收益对决策不会产生任何影响,属于无关信息。

这两个特点也是区分相关成本和不相关成本的标准。在决策过程中,管理者要区分相关成本与不相关成本,并只考虑相关成本。

(二) 相关成本与不相关成本

相关成本是指与决策相关的成本,在分析评价时必须加以考虑,它随着决策的改变而改变。

不相关成本是指与决策没有关联的成本,对未来决策没有影响,因此在决策分析中可以不考虑。

相关成本和不相关成本的表现形式有很多,表 17-1 进行了详细讲述。

表 17-1　　　　　　　　　　相关成本和不相关成本的种类

相关成本		不相关成本	
1. 边际成本	是指业务量变动一个单位时成本的变动部分	1. 沉没成本	是指由于过去已经发生的,现在和未来决策无法改变的成本
2. 机会成本	是指实行本方案的一种代价,即失去所放弃方案的潜在收益		
3. 重置成本	是指目前从市场上购置一项原有资产所需支付的成本,又称为现时成本或现行成本,与之对应的概念是账面成本	2. 不可避免成本	是指通过管理决策行动而不能改变其数额的成本,如约束性固定成本
4. 付现成本	是指需要在将来或最近期间支付现金的成本,是一种未来成本		

续表

相关成本		不相关成本	
5. 可避免成本	当方案或者决策改变时，可避免成本或其数额发生变化	3. 不可延缓成本	相对于可延缓成本而言，是指必须在企业计划期间发生，否则就会影响企业大局的已选定方案的成本
6. 可延缓成本	是指同已经选定，但可以延期实施而不会影响大局的某方案相关联的成本		
7. 专属成本	是指可以明确归属于某种、某批或某个部门的固定成本	4. 共同成本	是指需要由几种、几批或有关部门共同分担的固定成本。共同成本具有共享性、基础性和无差别性等特征
8. 差量成本	是指两个备选方案的预期成本之间的差异数		

第二节　生产决策

生产决策是企业短期经营决策的重要内容，它主要针对**企业短期内（或者当前规模范围内）是否生产、生产什么、怎样组织生产等问题进行的相关决策**。典型的生产决策包括亏损产品是否需要停产的决策、零部件自制还是外购的决策、特殊订单是否接受的决策、约束资源如何最有效利用的决策、产品是否进一步深加工的决策等。

一、生产决策主要方法

生产决策的主要方法如表 17 – 2 所示。

表 17 – 2　　　　　　　　　　　生产决策主要方法

	差量分析法	边际贡献分析法	本量利分析法
具体阐述	差量分析法就是分析备选方案之间的差额收入和差额成本，根据差额利润进行选择的方法。如果差额利润大于零，则前一个方案优于后一个方案，否则反之	边际贡献分析法，就是通过对比各个备选方案的边际贡献额的大小来确定最优方案的决策方法	本量利分析法就是利用成本、产量、利润之间的依存关系进行生产决策
优点	只考虑相关收入和相关成本，较为简单明了	固定成本稳定不变时，可以直接比较备选方案的边际贡献额的大小就可以判断	可以方便地分析判断各种方案对企业利润的影响程度
缺点	对于两个以上的备选方案，只能两两进行比较，逐次筛选，故比较烦琐	涉及追加专属成本时，就无法直接使用边际贡献进行比较，此时应该使用相关损益指标	—

二、生产决策的具体运用

（一）亏损产品是否停产的决策

决策问题：对于亏损的产品或部门，企业是否应该停产呢？

决策方法：关键看该产品或部门能否给企业带来正的边际贡献。如果是正的边际贡献，则不应停产，否则，应停产。

（二）零部件自制与外购的决策

决策问题：对于某些企业，零部件可以自制，也可以向外部供应商购买，那么是应该自制还是外购呢？

决策方法：进行差额成本分析，即比较两种方案的相关成本，选择成本低的方案即可。

注意：比较相关成本时，需要考虑企业是否有剩余生产能力。如果有，则只需考虑变动成本，如果没有，则还需考虑追加设备投资所带来的专属成本。同时要把剩余生产能力的机会成本考虑在内。

（三）特殊订单是否接受的决策

决策问题：企业往往会面对一些特殊的订货合同，这些订货合同的价格有时会低于市场价格，甚至低于平均单位成本，企业是否应该接受这些特殊订货呢？

决策方法：比较订单所提供的边际贡献是否能够大于该订单所引起的相关成本。管理者应针对具体情况具体分析（见表17-3）。

表17-3　　　　　　　　　　特殊订单的决策

具体情况			接受订货的条件
是否影响正常销售	是否需要追加专属成本	剩余生产能力能否转移	
不影响	不需要	不可以	特殊订单的单价 > 该产品的单位变动成本
不影响	需要	不可以	该方案的边际贡献 > 追加的专属成本
不影响	不需要	可以	将转移剩余生产能力的可能收益作为追加订货的机会成本予以考虑。追加订货创造的边际贡献 > 机会成本时
影响	不需要	不可以	将追加订货需要减少正常销售的边际贡献作为机会成本。追加订货的边际贡献 > 机会成本时

（四）约束资源最优利用决策

约束资源是特定企业最紧缺的资源，一般也叫瓶颈资源。

决策问题：当存在瓶颈资源时，企业如何确定优先生产哪种产品，让企业产生最大的经济效益？

决策方法：主要考虑如何安排生产才能最大化企业总的边际贡献。这里需要运用一个核心指标：单位限制资源边际贡献。

单位限制资源边际贡献 = 单位产品边际贡献 ÷ 该单位产品所需限制资源量

（五）产品是否应进一步深加工的决策

决策问题：有些企业生产的产品，既可以直接对外销售，也可以进一步加工后再出售。企业对该部分产品应当如何决策，是直接对外出售？或是进一步加工后再出售？

决策方法：采用差量分析法，即比较这两种方案的利润，选择利润高的方案即可。

> 【注意】进一步深加工前的半成品所发生的成本，都是无关的沉没成本。进一步深加工的相关成本只包括进一步深加工所需的追加成本，相关收入则是加工后出售和直接出售的收入之差。

【例题 17-1·计算题】 甲公司是一家智能机器人制造企业生产A、B、C三种型号机器人。最近几年该行业变化较大，公司正在进行生产经营的调整和决策。相关资料如下：

(1) 预计2018年A型机器人销量1 500台，单位售价24万元，单位变动成本14万元；B型机器人销量1 000台，单位售价18万元；单位变动成本10万元；C型机器人销量2 500台，单位售价16万元，单位变动成本10万元；固定成本总额10 200万元。

(2) A、B、C三种型号机器人都需要通过同一台关键设备加工，该设备是公司的关键约束资源，该设备总的加工能力为5 000小时，A、B、C三种型号机器人利用该设备进行加工的时间分别为1小时、2小时和1小时。

要求：

(1) 为有效利用关键设备，该公司2018年A、B、C三种型号机器人各应生产多少台？营业利润总计多少？

(2) 基于要求(1)的结果，计算公司2018年的加权平均边际贡献率、加权平均盈亏平衡销售额及A型机器人的盈亏平衡销售额、盈亏平衡销售量、盈亏临界点作业率。

(3) 假设公司根据市场需求变化，调整产品结构，计划2019年只生产A型机器人。预计2019年A型机器人销量达到5 000台，单位变动成本保持不变，固定成本增加到11 200万元。若要达到要求(1)的营业利润2019年公司A型机器人可接受的最低销售单价是多少？

(4) 基于要求(3)的单位售价、单位变动成本、固定成本和销量，分别计算在这些参数增长10%时营业利润对各参数的敏感系数，然后按营业利润对这些参数的敏感程度进行排序，并指出对营业利润而言哪些参数是敏感因素。(2017年)

【答案】

(1) A机器人的每小时边际贡献 = (24-14)÷1 = 10（万元），B机器人的每小时边际贡献 = (18-10)÷2 = 4（万元），C机器人的每小时边际贡献 = (16-10)÷1 = 6（万元）。

为有效利用关键设备，即获取最大的边际贡献，应该在总工时5 000小时的前提下，按照每小时边际贡献从大到小的顺序选择，所以，该公司2018年A型号机器人应该生产1 500台，B型号机器人应该生产500台，C型号机器人应该生产2 500台。营业利润 = 1 500×10+500×8+2 500×6-10 200 = 23 800（万元）。

(2) 边际贡献总额=1 500×10+500×8+2 500×6=34 000（万元），销售收入总额=1 500×24+500×18+2 500×16=85 000（万元），加权平均边际贡献率=34 000÷85 000×100%=40%，加权平均盈亏平衡销售额=10 200÷40%=25 500（万元），A型机器人的盈亏平衡销售额=25 500×(1 500×24÷85 000)=10 800（万元），盈亏平衡销售量=10 800÷24=450（台），盈亏临界点作业率=450÷1 500×100%=30%。

(3) 假设2019年公司A型机器人可接受的最低销售单价是W万元，则：5 000×(W-14)-11 200=23 800，解得：W=21（万元）。

(4) 假设单位售价增长10%，即增加2.1万元，则营业利润增加5 000×2.1=10 500（万元），营业利润增长率=10 500÷23 800×100%=44.12%，所以，营业利润对单位售价的敏感系数=44.12%÷10%=4.41。

假设单位变动成本增长10%，即增加1.4万元，则营业利润减少5 000×1.4=7 000（万元），营业利润增长率=-7 000÷23 800×100%=-29.41%，所以，营业利润对单位变动成本的敏感系数=-29.41%÷10%=-2.94。

假设固定成本增长10%，即增加1 120万元，则营业利润减少1 120万元，营业利润增长率=-1 120÷23 800×100%=-4.71%，所以，营业利润对固定成本的敏感系数=-4.71%÷10%=-0.47。

假设销量增长10%，则营业利润增长500×(21-14)=3 500（万元），营业利润增长率=3 500÷23 800×100%=14.71%，所以，营业利润对销量的敏感系数=14.71%÷10%=1.47。

敏感程度由大到小的顺序为：单位售价、单位变动成本、销量、固定成本，其中，单位售价、单位变动成本、销量属于敏感因素。

第三节 定价决策

一、产品销售定价决策原理

根据市场中供应方力量大小可以将市场分为完全竞争、垄断竞争、寡头垄断和完全垄断四种不同的市场结构。

在完全竞争市场，市场价格是单个厂商无法左右，每个厂商都是均衡价格的被动接受者。

在垄断竞争和寡头垄断市场中，厂商可以对价格有一定的影响力。

在完全垄断市场中，企业可以自主决定产品的价格。

因此，对于产品定价决策来说，通常是针对后三种市场类型的产品。

二、产品销售定价的方法

产品销售定价的基本规则是：从长期来看，销售收入必须足以弥补全部的生产、行政管理和营销成本，并为投资者提供合理的利润，以维持企业的生存和发展。因此，产品的价格应该是在成本的基础上进行一定的加成后得到的（见表17-4）。

表 17-4　　　　　　　　　　　　　产品销售定价的方法

定价方法		具体阐述
成本加成定价法		成本加成定价法的基本思路是先计算成本基数，在此基础上加上一定的"成数"。成本基数，可以是完全成本，也可以是变动成本
	完全成本加成法	成本基数是单位的制造成本，"加成"内容包括非制造成本及合理利润
	变动成本加成法	成本基数是单位变动成本，"加成"内容包括全部固定成本和预期利润
市场定价法		市场定价法，就是对于有活跃市场的产品，可以根据市场价格或者市场上同类或者相似产品的价格来定价。 市场定价法有利于时刻保持对市场的敏感性，对同行的敏锐性
新产品的销售定价方法	撇脂性定价（先高价后低价）	撇脂性定价是在新产品初期定出较高的价格，然后随着市场扩大降低价格，是一种短期性的策略。 可以使销售初期获得较高的利润，但暴利会引来大量的竞争者，难以维持高价格
	渗透性定价（先低价后高价）	渗透性定价是在新产品试销初期以较低的价格进入市场，迅速获得市场份额，等市场份额稳固后再逐步提高价格。 在初期会减少一部分利润，但可以排除其他企业的竞争，建立长期的市场定位，是一种长期的市场定价策略
有闲置能力条件下的定价方法		是指在企业具有闲置生产能力时，为了赢得市场竞争，以增量成本（即变动成本）作为定价基础，定一个较低的价格。 虽然定价较低，但是短期内可以维持企业的正常经营，并维持员工稳定，还可以抵补一部分固定成本

第十七章 短期经营决策

彬哥跟你说：

在结束财管的路上了！
学完不等于过关！
接下来就是漫长的消化时间了！

今日复习步骤：

第一遍：回忆 & 重新复习一遍框架（10分钟）
学习要求：这一遍的目的是自己重新梳理一遍框架，不需要掌握所有细节，但求框架了然于心。
（1）相关成本与不相关成本分别包括哪些内容？
（2）生产决策包括哪些内容？
（3）定价决策包括哪些内容？
第二遍：对细节进一步掌握（30分钟）
第三遍：重新复习一遍框架（5分钟）

我问你答：

（1）相关成本包括哪些？不相关成本包括哪些？会区分相关成本与不相关成本了吗？
（2）生产经营决策包括哪些内容？针对不同的问题，如何选择更优的方案？
（3）具体有哪些定价方法？它们分别有什么含义？成本加成定价法怎么定价？

本章作业：

（1）请把讲义例题做三遍（做错的题目，请分析错误原因并记录到改错本）。
（2）请复习完口述一遍框架，睡前请再回忆一遍框架。
（3）第二天早上，请再回忆一遍框架，对于回忆不起来的内容，请翻书看一遍。

第 19 天

● **复习旧内容：**

　　第十七章　短期经营决策

● **学习新内容：**

　　第十八章　全面预算

　　第十九章　责任会计

● **学习方法：**

　　这两章内容以文字性内容为主，因此学习起来较为简单，特别是全面预算的内容非常简单，而责任会计我们可以先简单理解一下。

　　所谓责任会计就是将企业内部的各个中心（可能是一个部门或者分公司）根据内部单位职责范围和权限大小，划分为成本中心、收入中心、利润中心和投资中心。所谓的成本中心就是只考核成本费用，不考核利润；所谓的利润中心就是要考核利润的完成情况；所谓的投资中心就是不只是考核利润还要考核投资回报率。

● **你今天的可能心态：**

　　开不开心？高不高兴？终于要学完了！

● **简单解释今天学习内容：**

　　（1）全面预算，这里是指短期预算，主要是预测下一年的销售预算，进而预测各种成本和生产预算，再进一步就是财务预算，预测需要的现金以及利润表。

　　（2）所谓的责任会计，就是企业如何进行内部考核。成本中心如何考核，利润中心如何考核，投资中心如何考核。虽然涉及计算，但是基本考核的还是文字内容，因为计算太简单。

● **可能会遇到的难点：**

　　无难点

● **习题注意事项：**

　　选择题

● **建议学习时间：**

　　2.5 个小时

第十八章 全面预算

【简单解释本章内容】

（1）本章内容以文字内容为主，所谓的预算，就是预计未来的销售，并以销售预算为起点然后按部就班地去推导需要的各项成本，以及需要的资金等，最终做出全面预算。

（2）前面两节主要讲预算的种类和编制方法，全部是文字，因此需要掌握一下选择题考点。

（3）后面两节是实际进入预算的编制，学会编制原理即可。考试的时候也可能涉及选择题，其实原理很简单，比如生产预算：去年有剩余5件，今年需要销售20件，但是年末还应该留下8件，那么今年应该生产23件（20+8-5）。

【本章学习方法】

本章内容简单，掌握选择题细节即可。

本章框架如图18-1所示。

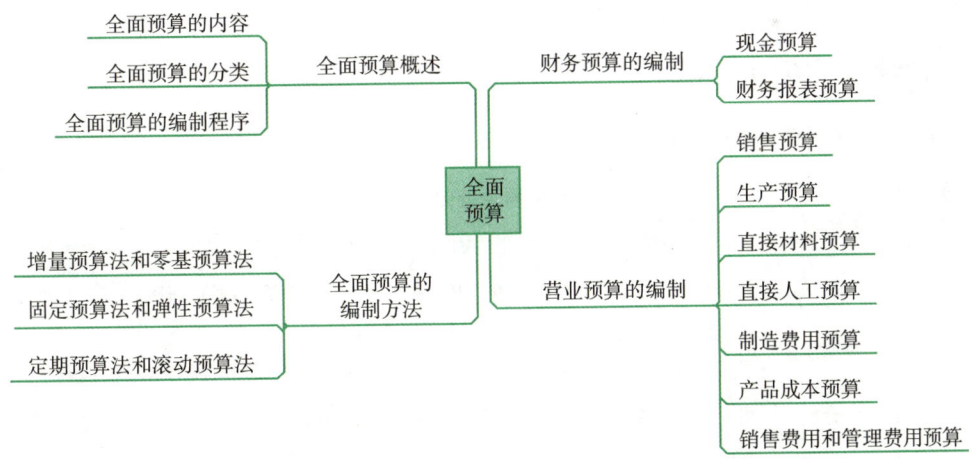

图18-1 本章框架

第一节 全面预算概述

全面预算是通过企业内外部环境的分析，在预测与决策的基础上，调配相应的资源，对企业未来一定时期的经营和财务等作出一系列具体计划。

一、全面预算的体系

全面预算是由**资本预算、经营预算和财务预算**等类别的一系列预算构成的体系，各项预算之间相互联系、关系复杂。下图是以制造企业为例，勾画了全面预算体系中各项预算之间的关系（见图18-2）。

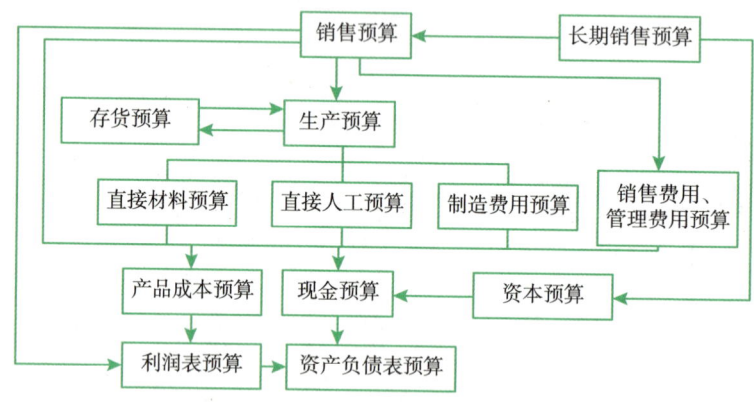

图18-2 全面预算体系

公司应根据长期市场预测和生产能力，编制长期销售预算，以此为基础，确定本年度的销售预算，并根据公司财力确定资本预算。**销售预算是年度预算的编制起点**，根据"以销定产"的原则确定生产预算，同时确定所需要的销售费用。生产预算的编制，除了考虑计划销售量外，还要考虑期初存货和年末存货。根据生产预算来确定直接材料、直接人工和制造费用预算。产品成本预算和现金预算是有关预算的汇总。利润表预算和资产负债表预算是全面预算的综合。

二、全面预算的分类

全面预算的分类如表18-1所示。

表18-1 全面预算的分类

分类依据	类别	解释
按其涉及的预算期	长期预算	包括长期销售预算和资本预算，有时还包括长期资本筹措预算和研究与开发预算
	短期预算	指年度预算，或者时间更短的季度或月度预算 通常，长期和短期的划分以1年为界限，有时把2～3年期的预算称为中期预算
按其涉及的内容	综合预算	指利润表预算和资产负债表预算，它们反映公司的总体状况，是各种专门预算的综合
	专门预算	指反映公司某一方面经济活动的预算
按其涉及的业务活动领域	投资预算	如资本预算
	营业预算	或称为经营预算，是关于采购、生产、销售业务的预算，包括销售预算、生产预算、成本预算等
	财务预算	是关于利润、现金和财务状况的预算，包括利润表预算、现金预算和资产负债表预算等

【例题18-1·单选题】下列预算中,属于财务预算的是(　　)。(2007年)
A. 销售预算　　　　　　　　　　B. 生产预算
C. 产品成本预算　　　　　　　　D. 利润表预算
【答案】D
【解析】财务预算是关于利润、现金和财务状况的预算,包括利润表预算、现金预算和资产负债表预算等。

三、全面预算的编制程序

(1) 企业决策机构根据长期规划,利用本量利分析等工具,提出企业一定时期的总目标,并下达规划指标;
(2) 最基层成本控制人员自行草编预算;
(3) 各部门汇总部门预算,并初步协调本部门预算,编制出销售、生产、财务等预算;
(4) 预算委员会审查、平衡各预算,汇总出公司的总预算;
(5) 经过总经理批准,审议机构通过或者驳回修改预算;
(6) 主要预算指标报告给董事会或上级主管单位,讨论通过或者驳回修改;
(7) 批准后的预算下达给各部门执行。

第二节　全面预算的编制方法

企业全面预算的构成内容比较复杂,编制预算需要采用适当的方法。按不同的标准可以分为不同的方法(见图18-3)。

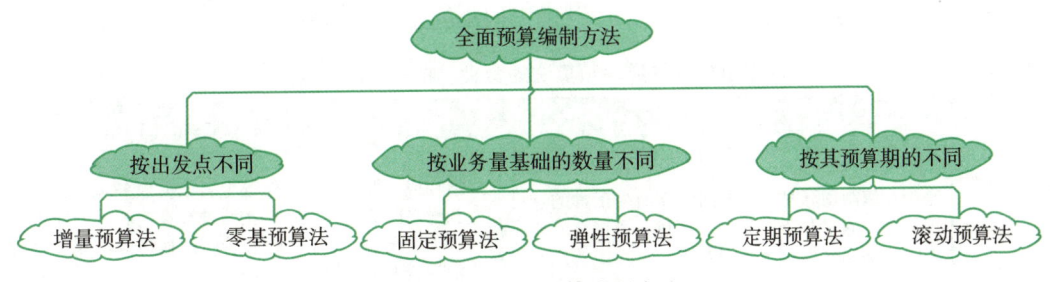

图18-3　全面预算编制方法

一、增量预算法与零基预算法

增量预算法与零基预算法的含义与特征如表18-2所示。

表18-2　　　　　　　增量预算法与零基预算法的含义与特征

	增量预算(调整预算)	零基预算
含义	以历史期实际经济活动及其预算为基础,结合预算期经济活动及相关影响因素的变动情况,通过调整历史期经济活动项目及金额形成预算的预算编制方法	企业不以历史期经济活动及其预算为基础,以零为起点,从实际需要出发分析预算期经济活动的合理性,经综合平衡,形成预算的预算编制方法

续表

	增量预算（调整预算）	零基预算
适用条件	（1）现有业务活动是公司所必需的；（2）原有的各项业务都是合理的	零基预算适用于企业各项预算的编制，特别是不经常发生的预算项目或预算编制基础变化较大的预算项目
优点	编制相对简单	（1）不受前期费用项目和费用水平的限制；（2）能调动各部门降低费用的积极性
缺点	（1）若预算期情况发生变化，预算数额会受到基期不合理因素的干扰，可能导致预算的不准确；（2）不利于调动各部门达成预算目标的积极性	编制工作量大

【例题18-2·多选题】与增量预算编制方法相比，零基预算编制方法的优点有（ ）。

A. 编制工作量小
B. 可以重新审视现有业务的合理性
C. 可以避免前期不合理费用项目的干扰
D. 可以调动各部门降低费用的积极性

【答案】BCD

【解析】运用零基预算法编制费用预算的优点是不受前期费用项目和费用水平的制约，能够调动各部门降低费用的积极性，但其缺点是编制工作量大。

二、固定预算法与弹性预算法

固定预算法与弹性预算法的含义、特征和适用范围如表18-3所示。

表18-3　　固定预算法与弹性预算法的含义、特征和适用范围

	固定预算（静态预算）	弹性预算（动态预算）
含义	是指在编制预算时，只根据预算期内正常的、可实现的某一固定业务量（如产量、销售量）水平作为唯一基础来编制预算的方法	指在成本性态分析的基础上，依据业务量、成本和利润之间的联动关系，按照预算期内相关的业务量（如生产量、工时等）水平计算其相应预算项目所消耗资源的预算编制方法
特点	（1）适应性差；（2）可比性差	（1）预算适用范围宽；（2）便于预算执行的评价和考核
适用范围	一般适用于经营业务稳定、产销量稳定、能准确预测产品需求及产品成本的公司，也可以用于编制固定费用预算	从理论上讲适用于编制全面预算中所有与业务量有关的预算，但实务中主要用于编制成本费用预算和利润预算，尤其是成本费用预算

弹性预算法又分为公式法和列表法两种具体方法（见表18-4）。

表 18-4　　　　　　　　　　　　公式法与列表法的优缺点

	公式法	列表法
方法描述	Y = a + bx。通过确定系数 a，b 来编制弹性预算 其中：y——某项成本预算总额； 　　　a——该项成本中的固定成本预算总额； 　　　b——该项成本中的单位变动成本预算额； 　　　x——表示预计业务量	将业务量分为若干个水平，按不同的业务量水平编制预算
优点	便于计算任何业务量的预算成本	（1）不必经过计算即可找到与业务量相近的预算成本； （2）混合成本中的阶梯成本和曲线成本，可按总成本性态模型计算填列，不必用数学方法修正为近似的直线成本
缺点	阶梯成本和曲线成本只能用数学方法修正为直线后才能运用公式法	在评价和考核实际成本时，需要使用插补法来计算"实际业务量的预算成本"，比较麻烦

【例题 18-3·单选题】甲公司机床维修费为半变动成本，机床运行 100 小时的维修费为 250 元，运行 150 小时的维修费为 300 元，机床运行时间为 80 小时，维修费为（　　）元。（2014 年）
　　A. 220　　　　　B. 230　　　　　C. 250　　　　　D. 200
【答案】B
【解析】本题为公式法下弹性预算的编制。半变动成本的计算式为 y = a + bx，则有 $250 = a + b \times 100$；$300 = a + b \times 150$，联立方程解之得，a = 150（元），b = 1（元），则运行 80 小时的维修费 = $150 + 1 \times 80 = 230$（元）。

三、定期预算法与滚动预算法

定期预算法与滚动预算法如表 18-5 所示。

表 18-5　　　　　　　　　　　　定期预算法与滚动预算法

	定期预算	滚动预算
含义	以固定不变的会计期间（如年度、季度、月份）作为预算期间编制预算的方法	又称连续预算或永续预算，是在上期预算完成情况基础上，调整和编制下期预算，并将预算期间逐期连续向后滚动推移，使预算期间保持一定的时期跨度
优点	保证预算期间与会计期间在时期上配比，便于依据会计报告的数据与预算的比较，考核和评价预算的执行结果	使预算期间依时间顺序向后滚动，能够保持预算的持续性，有利于结合企业近期目标和长期目标考虑未来业务活动，使预算随时间的推进不断加以调整和修订，能使预算与实际情况更相适应，有利于充分发挥预算的指导和控制作用
缺点	不利于前后各个期间的预算衔接，不能适应连续不断的业务活动过程的预算管理	—

采用滚动预算法编制预算,按照滚动的时间单位不同,可分为逐月滚动、逐季滚动和混合滚动。

(1)逐月滚动是指在预算编制过程中,以月份为预算的编制和滚动单位,每个月调整一次预算的方法。按照逐月滚动编制的预算比较精确,但工作量比较大。

(2)逐季滚动方式。指在预算编制过程中,以季度为预算的编制和滚动单位,每个季度调整一次预算的方法。逐季滚动比逐月滚动工作量小,但精确度较差。

(3)混合滚动方式。在预算编制过程中,同时以月份和季度作为预算的编制和滚动单位的方法。

【例题18-4·多选题】短期预算可采用定期预算法编制,该方法(   )。(2013年)
A. 有利于前后各个期间的预算衔接
B. 可以适应连续不断的业务活动过程的预算管理
C. 有利于按财务报告数据考核和评价预算的执行结果
D. 使预算期间与会计期间在时期上配比
【答案】CD
【解析】定期预算的优点在于保证预算期间与会计期间在时期上配比,便于依据会计报告的数据与预算的比较,考核和评价预算的执行结果。其缺点是不利于前后各个期间的预算衔接,不能适应连续不断的业务活动过程的预算管理。

第三节 营业预算的编制

营业预算是企业日常营业活动的预算,企业的营业活动涉及供产销等各个环节及其业务。营业预算包括销售预算、生产预算、直接材料预算、直接人工预算、制造费用预算、产品成本预算、销售费用预算和管理费用预算等(见表18-6)。

表18-6　　　　　　　　　　主要预算的编制

项目	要点	相关项目金额的确定方法
销售预算	销售预算是编制全面预算的关键和起点	假设分两期收款: (1)本期销售商品、提供劳务收到的现金=本期营业收入×本期收现率+前期营业收入×在本期收现率 (2)期末应收账款余额=本期营业收入×本期赊销比率
生产预算	生产预算是在销售预算的基础上编制的,其主要内容有销售量、期初和期末产成品存货、生产量	预计生产量=预计销售量+预计期末产成品存货量-预计期初产成品存货量 其中,预计销售量来自销售预算,预计期初产成品存货=上期期末产成品存货 【提示】生产预算是所有日常业务预算中唯一只使用实物量为计量单位的预算,虽然不直接涉及现金收支,但与其他预算密切相关

续表

项目	要点	相关项目金额的确定方法
直接材料预算	直接材料预算，是以生产预算为基础编制的，同时要考虑材料存货水平	(1) 某种直接材料预计生产需用量 = 预计生产量 × 单位产品材料用量 (2) 某种直接材料预计采购量 = 预计生产需用量 + 预计期末材料存量 - 预计期初材料存量 假设分两期付款： (3) 购买材料支付的现金 = 本期采购金额 × 本期付现率 + 上期采购金额 × 在本期付现比率 (4) 期末应付账款余额 = 本期采购金额 × 本期赊购比率
产品成本预算	产品成本预算是预算期产品生产成本的预算	产品成本预算是销售预算、生产预算、直接材料预算、直接人工预算和制造费用预算的汇总
现金预算	现金预算以营业预算和资本预算为基础来编制	(1) 某期现金余缺 = 期初现金余额 + 该期现金收入 - 该期现金支出 (2) 期末现金余额 = 现金余缺 ± 现金的筹措与运用

（一）直接材料预算编制

直接材料预算，是以生产预算为基础编制的，同时要考虑材料存货水平。

预计材料采购量 =（预计生产需用量 + 预计期末材料存量）- 预计期初材料存量

表 18 - 7 是 M 公司的直接材料预算表，其中，预计生产量，来自生产预算。年初和年末的预计材料存货量，是根据当前情况和长期销售预测估计的。各季度的预计期末材料存量通常按下期生产需用量的一定百分比确定，这里按 20% 计算。这里假设年初原材料 300 千克，年末留存 400 千克。假设材料采购的货款有 50% 在本季度内付清，另外 50% 在下季度付清。

表 18 - 7　　　　　　　　　　　直接材料预算

季度	一	二	三	四	全年
预计生产量（件）	105	155	198	182	640
单位产品材料用量（千克/件）	10	10	10	10	10
预计生产需用量（千克）	1 050	1 550	1 980	1 820	6 400
加：预计期末材料存量（千克）	310	396	364	400	400
合计	1 360	1 946	2 344	2 220	6 800
减：预计期初材料存量（千克）	300	310	396	364	300
预计材料采购量（千克）	1 060	1 636	1 948	1 856	6 500
单价（元/千克）	5	5	5	5	5
预计采购金额（元）	5 300	8 180	9 740	9 280	32 500
预计现金支出					
上年应付账款	2 350				2 350
第一季度（采购 5 300 元）	2 650	2 650			5 300
第二季度（采购 8 180 元）		4 090	4 090		8 180

续表

季度	一	二	三	四	全年
第三季度（采购9 740元）			4 870	4 870	9 740
第四季度（采购9 280元）				4 640	4 640
合计	5 000	6 740	8 960	9 510	30 210

【例题18-5·单选题】甲公司正在编制下一年度的生产预算，期末产成品存货按照下季度销量的10%安排。预计一季度和二季度的销售量分别为150件和200件，一季度的预计生产量是（　　）件。(2012年)

A. 145　　　　B. 150　　　　C. 155　　　　D. 170

【答案】C

【解析】一季度预计生产量 = 150 + (200 - 150) × 10% = 155(件)。

【例题18-6·多选题】某批发公司销售甲商品，第三季度各月预计的销售量分别为1 000件、1 200件和1 100件，公司计划每月末商品存货为下月预计销售量的20%。下列各项预计中，正确的有（　　）。(2009年新)

A. 8月份期初存货为240件　　　　B. 8月份采购量为1 180件
C. 8月份期末存货为220件　　　　D. 第三季度采购量为3 300件

【答案】ABC

【解析】第三季度采购量不仅取决于销量，还要取决于期初期末存量，所以选项D错误。

（二）直接人工预算

表18-8为A公司某期的直接人工预算表，该表应用下列两个公式编制：

某种产品直接人工工时总数 = 单位产品定额工时 × 该产品预计生产量
预计直接人工总成本 = 单位工时工资率 × 该种产品直接人工工时总数

表18-8　　　　　　　　　　直接人工预算

季度	一	二	三	四	全年
预计产量（件）	105	155	198	182	640
单位产品工时（小时/件）	10	10	10	10	10
人工总工时（小时）	1 050	1 550	1 980	1 820	6 400
每小时人工成本（元/小时）	2	2	2	2	2
人工总成本（元）	2 100	3 100	3 960	3 640	12 800

（三）制造费用预算

（1）变动制造费用以生产预算为基础来编制。

（2）固定制造费用，需要逐项进行预计，通常与本期产量无关，可按各期实际需要的支付额预计，然后求出全年数。

注意：

（1）为便于以后编制现金预算，制造费用预算数需扣除折旧、摊销等非付现成本，可得出"现金支出的费用"。

（2）为便于以后编制产品成本预算，制造费用分配率＝制造费用预算额÷预算人工总工时。

表18-9为A公司某期的制造费用预算表，其中：

变动制造费用分配率＝3 200÷6 400＝0.5（元/小时）

固定制造费用分配率＝9 600÷6 400＝1.5（元/小时）

表18-9 制造费用预算

季度	一	二	三	四	全年
变动制造费用：					
间接人工（1元/件）	105	155	198	182	640
间接材料（1元/件）	105	155	198	182	640
修理费（2元/件）	210	310	396	364	1 280
水电费（1元/件）	105	155	198	182	640
小计	525	775	990	910	3 200
固定制造费用：					
修理费	1 000	1 140	900	900	3 940
折旧	1 000	1 000	1 000	1 000	4 000
管理人员工资	200	200	200	200	800
保险费	75	85	110	190	460
财产税	100	100	100	100	400
小计	2 375	2 525	2 310	2 390	9 600
合计	2 900	3 300	3 300	3 300	12 800
减：折旧	1 000	1 000	1 000	1 000	4 000
现金支出的费用	1 900	2 300	2 300	2 300	8 800

（四）产品成本预算

产品成本预算是销售预算、生产预算、直接材料预算、直接人工预算、制造费用预算的汇总。其主要内容是产品的单位成本和总成本。

表18-10为A公司某期的产品成本预算表。

表 18-10　　　　　　　　　　　产品成本预算

项目	单位成本			生产成本（640 件）	期末存货（20 件）	销货成本（630 件）
	元/每千克或每小时	投入量	成本（元）			
直接材料	5	10 千克	50	32 000	1 000	31 500
直接人工	2	10 小时	20	12 800	400	12 600
变动制造费用	0.5	10 小时	5	3 200	100	3 150
固定制造费用	1.5	10 小时	15	9 600	300	9 450
合计			90	57 600	1 800	56 700

注：假设期初存货 10 件，单位成本也为 90 元。

（五）销售费用和管理费用预算编制

（1）销售费用预算是公司为了实现销售预算所需安排的费用预算，以销售预算为基础。

（2）管理费用是公司管理业务所必须的费用。多属于固定成本，所以，一般是以过去的实际开支为基础，按预算期的可预见变化来调整。

表 18-11 为 A 公司某期的销售及管理费用预算表。

表 18-11　　　　　　　　　销售及管理费用预算　　　　　　　　　　　单位：元

项目	金额
销售费用：	
销售人员工资	2 000
广告费	5 500
包装、运输费	3 000
保管费	2 700
管理费用：	
管理人员薪金	4 000
福利费	800
保险费	600
办公费	1 400
合计	20 000
每季度支付现金（20 000÷4）	5 000

【例题18-7·多选题】下列各项预算中,以生产预算为基础编制的有( )。(2013年)
　　A. 直接人工预算　　　　　　　　B. 销售费用预算
　　C. 固定制造费用预算　　　　　　D. 直接材料预算
【答案】AD
【解析】固定制造费用需要逐项进行预计,通常与本期产量无关;销售费用预算是以销售预算为基础编制的。

第四节　财务预算的编制

财务预算是企业的综合性预算,包括现金预算、利润表预算和资产负债表预算。

一、现金预算

现金预算由四部分组成:可供使用现金、现金支出、现金多余或不足、现金的筹措和运用。
（1）现金收入包括期初现金余额和预算期现金收入。
（2）现金支出包括预算期的各项现金支出。
（3）现金多余或不足部分列示可供使用现金与现金支出合计的差额。

【例题18-8·计算分析题】甲公司是一家蔗糖生产企业,每年12月份编制下一年度的分季度现金预算。2017年末,预计2018年的相关资料如下：
　　（1）该公司只生产一种1千克装的白砂糖。由于作为原料的甘蔗供货有季节性,采购、生产只在第一、第四季度进行,但销售全年发生。
　　（2）销售收入预计：第一季度1 500万元,第二季度750万元,第三季度750万元,第四季度1 500万元。所有销售均为赊销。每季度赊销款的2/3当季收回,另外1/3下一季度收回。应收账款年初余额500万元,预计可在第一季度收回。
　　（3）原料采购预计：甘蔗全年原料采购预计支出800万元；第一季度预付原料采购款的50%,第四季度收储原料并支付剩余的50%尾款。
　　（4）付现费用预计：直接人工费用第一、第四季度均为700万元；制造费用第一、第四季度均为500万元；第二、第三季度不进行生产,不发生直接人工和制造费用；销售和管理费用第一季度100万元,第二季度50万元,第三季度50万元,第四季度100万元。直接人工费用、制造费用、销售和管理费用,均于当季支付。全年所得税费用200万元,分4个季度预交,每季度支付50万元。
　　（5）公司计划在下半年安装两条新生产线,第三、第四季度分别支付设备及安装款400万元、200万元。
　　（6）2017年末,公司有现金12万元,没有短期投资,为应对季节生产所需的大量资金,2017年末公司从银行借入短期借款255万元,除该短期借款外,公司没有其他负债。公司根据下一季度现金净需求额外加10万元浮动额确定季末最低现金余额,如下季度现金净需求额为负，则最低现金余额为10万元。实有现金低于最低现金余额时，如有短期投资，先变卖短期投资，仍不足时，再向银行借入短期借款；超过最低现金余额时，如果有短期借款，先偿还短期借款，仍有剩余时，再进行短期投资。借款、偿还借款、投资和收回投资，数额均为5万元的倍数，均在季度末发生，短期借款年利率为8%，每季度末付息一次；短期投资年报酬率为4%，每季度末结算一次。假设不考虑借款和投资的交易费用。

（7）为简化计算，假设2019年第一季度的预计销售收入，原料采购及付现费用与2018年第一季度相同。

要求：根据上述资料，编制公司现金预算（结果填入下方表格中，不用列出计算过程）（2017年）

现金预算　　　　　　　　　　　　　　　　　　　　　单位：万元

季度	一	二	三	四	合计
期初现金余额					
现金收入：					
本期销售本期收款					
上期销售本期收款					
现金收入合计					
现金支出：					
原料采购					
直接人工					
制造费用					
销售与管理费用					
所得税费用					
设备购置及安装					
现金支出合计					
向银行借款					
归还银行借款					
支付借款利息					
短期投资					
收回短期投资					
获取投资报酬					
期末现金余额					

【答案】

单位:万元

季度	一	二	三	四	合计
期初现金余额	267	11.9	11.8	713.2	267
现金收入:					
本期销售本期收款	1 000	500	500	1 000	3 000
上期销售本期收款	500	500	250	250	1 500
现金收入合计	1 500	1 000	750	1 250	4 500
现金支出:					
原料采购	400	0	0	400	800
直接人工	700	0	0	700	1 400
制造费用	500	0	0	500	1 000
销售与管理费用	100	50	50	100	300
所得税费用	50	50	50	50	200
设备购置及安装	0	0	400	200	600
现金支出合计	1 750	100	500	1 950	4 300
向银行借款				55	55
归还银行借款		255			255
支付借款利息	5.1(255×2%)	5.1			10.2
短期投资		640			640
收回短期投资			445	195	640
获取投资报酬			6.4(640×1%)	1.95	8.35
期末现金余额	11.9	11.8	713.2	265.15	265.15

二、利润表预算

利润表预算与会计的利润表的内容、格式相同,只不过数据是面向预算期的。

"所得税"项目是在利润预测时估计的,并已列入现金预算。它通常不是根据"利润总额"和所得税税率计算出来的。

三、资产负债表预算

资产负债表预算反映预算期末的财务状况。该预算是利用本期期初会计的资产负债表,根据有关营业和财务等预算的有关数据加以调整编制的。

"未分配利润"是根据利润表预算的数据填写的。

第十八章　全面预算

彬哥跟你说：

正在结束财管！

书要从薄读到厚，然后从厚读到薄！很多人以为学完了就没事了！实际上把书读薄的过程是一个庞大的工程！

今日复习步骤：

第一遍：回忆 & 重新复习一遍框架（10 分钟）

学习要求：这一遍的目的是自己重新梳理一遍框架，不需要掌握所有细节，但求框架了然于心。

（1）全面预算包括哪些内容——资本预算、经营预算和财务预算等。

（2）全面预算的编制方法有哪些内容？

（3）营业预算包括哪些内容？

（4）财务预算包括哪些内容？

第二遍：对细节进一步掌握（30 分钟）

第三遍：重新复习一遍框架（5 分钟）

我问你答：

（1）增量预算法与零基预算法相比各有什么优缺点？固定预算法和弹性预算法是怎么回事？定期预算法与滚动预算法相比各有什么优缺点？

（2）销售预算是全面预算的起点对吗？预算编制的原理是什么？

（3）现金预算怎么编制？

（4）生产预算涉及现金预算吗？销售预算、直接人工、销售费用预算涉及现金预算吗？

本章作业：

（1）请把讲义例题做三遍（做错的题目，请分析错误原因并记录到改错本）。

（2）请复习完口述一遍框架，睡前请再回忆一遍框架。

（3）第二天早上，请再回忆一遍框架，对于回忆不起来的内容，请翻书看一遍。

第十九章 责任会计

【简单解释本章内容】

(1) 什么是责任会计？就是对内部的各个责任中心进行考核的一种制度，要不怎么知道内部的各个中心的每年业绩完成情况？内部的各个中心可以分为三种：成本中心、利润中心和投资中心。

(2) 什么是成本中心？就是只考核成本和费用是否符合规定，是否跟预算一致，不考核利润。

(3) 什么是利润中心？就是要考核利润，利润怎么考核？利润的考核不就是考核边际贡献或者税前利润么？

(4) 什么是投资中心？就是这个中心还有对外投资的能力？那考核的范围就更广，就需要考核整个中心的投资能力。考核的标准是：部门投资报酬率和部门剩余收益。

【本章学习方法】

本章内容简单，但是如果不看上面的解释，很多人不知道什么是成本中心，什么是利润中心，什么是投资中心，这其实就是企业对内部的各个部门的定位问题。当然各个中心也可能变换角色，比如以前是成本中心，很可能过几年变成利润中心。

责任会计是指为适应企业内部经济责任制的要求，对企业内部各责任中心的经济业务进行规划与控制，以实现业绩考核与评价的一种内部会计控制制度（见图 19-1）。

企业组织结构与其责任会计系统存在密切的关系，理想的责任会计系统应反映并支撑企业组织结构。

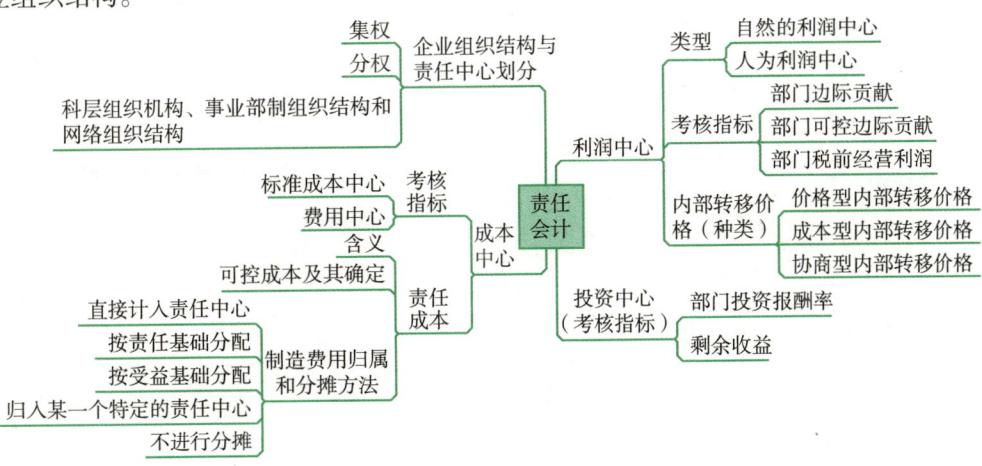

图 19-1 本章框架

第一节　企业组织结构与责任中心划分

一、企业的集权与分权

集权和分权是企业经营管理权限的分配方式，可以看做两种不同的组织结构形式，但实际上是上级与下级在权力分配上的比重和协调问题（见表19–1）。

表19–1　企业的集权与分权

	集权	分权
含义	集权是把企业经营管理权限较多集中在企业上层的一种组织形式	分权是把企业经营管理权限适当地分散在企业中下层的一种组织形式
优点	(1) 提高决策效率，对市场作出迅速反应； (2) 容易实现目标的一致性； (3) 可以避免重复和资源浪费	(1) 可以让高层管理者将主要精力集中于重要事务； (2) 权力下放，可以充分发挥下属的积极性和主动性，增加下属工作满足感，便于发现和培养人才； (3) 下属拥有一定的决策权，可以减少不必要的上下沟通，并可以对下属权限内事情作出迅速反应
缺点	容易形成对高层管理者的个人崇拜，形成独裁，导致将来企业高管更替困难，影响企业长远发展	可能产生与企业整体目标不一致的委托—代理问题

二、科层组织结构、事业部制组织结构和网络组织结构

科层组织结构、事业部制组织结构和网络组织结构如表19–2所示。

表19–2　科层组织结构、事业部制组织结构和网络组织结构

类型	含义		特点
科层组织结构	科层组织结构中，存在直线指挥机构和参谋辅助机构两类管理机构，决策权力主要集中在最高层的直线领导手中。 在这类机构中，企业生产经营活动主要由直线人员统一领导和指挥。职能部门设置在直线领导之下，分别从事专业管理，是各级直线领导的参谋部	优点	各个职能目标明确，部门主管容易控制和规划；内部资源较为集中，减少不必要的重复和浪费
		缺点	部门之间的协调常出现困难，导致不同部门各自为政，甚至争夺公司内部资源。公司对外界环境反应迟钝，员工变得眼光狭隘，缺乏整体意识和创新意识
事业部制组织结构	事业部制是一种分权组织结构。它把分权管理和独立核算结合在一起，在总公司领导下，按照产品、地区或者市场（客户）来划分经营单位（即事业部）。各个事业部实行相对独立的经营和核算，其有从生产到销售的全部职能		(1) 企业按照产品、地区或者顾客类别设置生产经营事业部。 (2) 每个事业部设置各自执行总经理，其有权进行采购、生产和销售并负责。 (3) 总公司在重大问题上集中决策，各个事业部独立经营、独立核算、自负盈亏，是一个利润中心。 (4) 各个事业部盈亏影响总公司盈亏，总公司利润是各个事业部利润之和，总公司对各个事业部下达利润指标

续表

类型	含义	特点
网络组织结构	这种新组织模式强调减少企业管理层次、强化分权管理为主要内容的组织形式，其组织结构单元和单元之间的关系类似一个网络，所以也称为扁平化网络组织（N形组织）	分散性；创新性；高效性；协作性

第二节 成本中心

一、成本中心划分和类型

成本中心是指只对其成本或费用承担经济责任并负责控制和报告成本或费用的责任中心。

成本中心往往没有收入，或者有少量收入，但不成为主要的考核内容。任何发生成本的责任领域，都可以确定为成本中心，大的成本中心可能是一个分公司、分厂，小的成本中心可以是车间、工段、班组。

成本中心有两种类型：标准成本中心和费用中心。

(1) 标准成本中心，必须是所生产的产品稳定而明确，并且已经知道单位产品所需要的投入量的责任中心，比如制造业工厂、车间、工段、班组等；

(2) 费用中心，适用于那些产出物不能用财务指标来衡量，或者投入和产出之间没有密切关系的单位，比如会计、人事、劳资、计划等。

二、成本中心的考核指标

成本中心的考核指标如表19-3所示。

表19-3　　　　　　　　　　成本中心的考核指标

类型	考核指标
标准成本中心	既定产品质量和数量条件下的标准成本。 (1) 标准成本中心不需要作出价格决策、产量决策、产品结构决策以及设备技术决策。 (2) 由于不作出价格决策，因此不对收入负责。 (3) 由于**不对产量、质量作出决策**，因此产品质量和数量是既定的。 (4) 由于不对设备技术作出决策，因此不对生产能力的利用程度负责，而只对既定产量的投入量承担责任
费用中心	通常使用费用预算来评价其成本控制业绩

【例题19-1·多选题】某生产车间是一个标准成本中心。下列各项标准成本差异中，通常不应由该生产车间负责的有（　　）。(2014年)
A. 直接材料数量差异　　　　　　　　B. 直接材料价格差异
C. 直接人工工资率差异　　　　　　　D. 固定制造费用闲置能量差异
【答案】BCD

【解析】变动成本用量差异，如材料用量差异、人工效率差异以及变动制造费用效率差异，主要是生产部门的责任，所以选项A不是正确答案。直接材料价格差异由采购部门负责，直接人工工资率差异由人事劳动部门负责，固定制造费用闲置能量差异不应该由标准成本中心负责，所以不由该生产车间负责。

三、责任成本

（一）责任成本的定义及特点

1. 责任成本的含义

责任成本是以具体的责任单位（部门、单位或个人）为对象，以其承担的责任为范围所归集的成本，也就是特定责任中心的全部可控成本。

2. 可控成本的含义

可控成本是指在特定时期内、特定责任中心能够直接控制其发生的成本。其对称概念是不可控成本。可控成本总是针对特定责任中心来说的，一项成本，对某个责任中心来说是可控的，对另外的责任中心来说则是不可控的。比如耗用材料的进货成本，采购部门可以控制，使用材料的生产单位则不能控制。

3. 变动成本和固定成本的含义

变动成本和固定成本的划分依据，是成本依产量的变动性。随产量正比例变动的成本，称为变动成本。在一定幅度内不随产量变动而基本上保持不变的成本，称为固定成本。对生产单位来说，大多数变动成本是可控的，但也有部分不可控。

【例题19-2·单选题】某生产车间是一个标准成本中心。为了对该车间进行业绩评价，需要计算的责任成本范围是（　　）。（2010年）

A. 该车间的直接材料、直接人工和全部制造费用
B. 该车间的直接材料、直接人工和变动制造费用
C. 该车间的直接材料、直接人工和可控制造费用
D. 该车间的全部可控成本

【答案】D

【解析】责任成本是以具体的责任单位（部门、单位或个人）为对象，以其承担的责任为范围所归集的成本，也就是特定责任中心的全部可控成本。责任成本与直接成本、可变成本是不同的概念，直接成本和间接成本的划分依据，是成本的可追溯性。可追溯到个别产品或部门的成本是直接成本；由几个产品或部门共同引起的成本是间接成本。对生产的基层单位来说，大多数直接材料和直接人工是可控制的，但也有部分是不可控的。

责任成本、变动成本、制造成本的区分如表19-4所示。

表 19－4　　　　　　　　责任成本、变动成本、制造成本的区分

项目	责任成本计算	变动成本计算	制造成本计算
核算目的不同	计算责任成本是为了评价成本控制业绩	计算产品的变动成本是为了经营决策	计算产品的制造成本是为了确定产品存货成本和销货成本
成本计算对象不同	责任成本计算以责任中心为成本计算对象	变动成本计算以产品为成本计算的对象	制造成本计算以产品为成本计算的对象
成本范围不同	责任成本计算的范围是各责任中心的可控成本	包括直接材料、直接人工和变动制造费用，以及变动的销售费用和管理费用	制造成本计算的范围是全部制造成本，包括直接材料、直接人工和全部制造费用
共同费用在成本对象间分摊的原则不同	责任成本计算按可控原则把成本归属于不同责任中心，谁能控制谁负责，不仅可控的变动间接费用要分配给责任中心，可控的固定间接费用也要分配给责任中心	变动成本计算只分摊变动制造费用，不分摊固定制造费用	制造成本计算按受益原则归集和分摊费用，谁受益谁负担，要分摊全部制造费用

（二）可控成本及其确定

（1）可控成本是指在特定时期内、特定责任中心能够直接控制其发生的成本。在理解可控成本时要把握两个要点：

①可控成本总是针对特定责任中心来说的。

②区别可控成本和不可控成本，还要考虑成本发生的时间范围。

（2）确定可控成本的三原则。

①假如某责任中心通过自己的行动能有效地影响一项成本的数额，那么该中心就要对这项成本负责。

②假如某责任中心有权决定是否使用某种资产或劳务，它就应对这些资产或劳务的成本负责。

③某管理人员虽然不直接决定某项成本，但是上级要求他参与有关事项，从而对该项成本的支出施加了重要影响，则他对该成本也要承担责任。

（三）制造费用归属和分摊方法

将发生的直接材料和直接人工费用归属于不同的责任中心通常比较容易，而制造费用的归属则比较困难。一般依次按表 19－5 所述五个步骤来处理。

表 19－5　　　　　　　　制造费用归属和分摊方法

步骤	说明	例如
1. 直接计入责任中心	将可以直接判别责任归属的费用项目，直接列入应负责的成本中心	机物料消耗、低值易耗品的领用等
2. 按责任基础分配	有些费用虽然不能直接归属于特定成本中心，但它们的数额受成本中心的控制，能找到合理依据来分配	动力费、维修费等

续表

步骤	说明	例如
3. 按受益基础分配	有些费用不是专门属于某个责任中心的，但与各中心的受益多少有关，可按受益基础分配	按装机功率分配电费
4. 归入某一个特定的责任中心	有些费用既不能用责任基础分配，也不能按受益基础分配，则考虑有无可能将其归属于一个特定的责任中心	车间的运输费用、试验检验费用
5. 不进行分摊	不能归属于任何责任中心的固定成本，不进行分摊，可暂时不加控制，作为不可控费用	车间厂房的折旧

【例题19-3·多选题】 甲公司将某生产车间设为成本责任中心，该车间领用材料型号为GB007，另外还发生机器维修费、试验检验费以及车间折旧费。下列关于成本费用责任归属的表述中，正确的有（　　）。（2009年）

A. 型号为GB007的材料费用直接计入该成本责任中心
B. 车间折旧费按照受益基础分配计入该成本责任中心
C. 机器维修费按照责任基础分配计入该成本责任中心
D. 试验检验费归入另一个特定的成本中心

【答案】 ACD

【解析】 不能归属于任何责任中心的固定成本，不进行分摊。例如，车间厂房的折旧是以前决策的结果，短期内无法改变，可暂时不加以控制，作为不可控费用。

第三节　利润中心

一、利润中心划分和类型

利润中心是指对利润负责的责任中心。由于利润等于收入减去成本或费用，所以利润中心是对收入成本或费用都要承担责任的责任中心。

利润中心有以下两个类型：

（1）自然的利润中心，它直接向公司外部出售产品，在市场上进行购销业务；
（2）人为利润中心，它在公司内部按内部转移价格出售产品。

二、利润中心的考核指标

对于利润中心进行考核的指标主要是利润。尽管利润指标具有综合性，但仍然需要一些非货币的衡量方法作为补充，包括生产率、市场地位、产品质量、职工态度、社会责任、短期目标和长期目标的平衡等。

利润并不是一个十分具体的概念，在这个名词前边加上不同的定语，可以得出不同的概念。在评价利润中心业绩时，我们至少有三种选择：部门边际贡献、部门可控边际贡献、部门税前经营利润（见表19-6）。

表 19-6　　　　　　　　　　　　　评价利润中心指标

指标	公式	说明
部门边际贡献	部门边际贡献 = 部门销售收入 - 部门变动成本总额	以边际贡献作为业绩评价依据不够全面，因为部门经理至少可以控制某些固定成本，并且在固定成本和变动成本的划分上有一定的选择余地。因此，业绩评价至少应包括可控制的固定成本
部门可控边际贡献	部门可控边际贡献 = 部门边际贡献 - 部门可控固定成本	以可控边际贡献作为部门经理业绩评价依据可能是最好的，它反映了部门经理在其权限和控制范围内有效使用资源的能力
部门税前经营利润	部门税前经营利润 = 部门可控边际贡献 - 部门不可控固定成本	以税前经营利润作为业绩评价依据，可能更适合评价该部门对公司利润和管理费用的贡献，而不适合于部门经理的评价

【例题 19-4·分析题】某公司某一个部门的有关数据如下表所示。

某公司某一个部门数据表　　　　　　　　　　　　单位：元

项目	成本费用	收益
部门销售收入		15 000
部门销货成本	8 000	
部门变动费用	2 000	
（1）部门边际贡献		5 000
部门可控固定成本	800	
（2）部门可控边际贡献		4 200
部门不可控固定成本	1 200	
（3）部门税前经营利润		3 000

【解析】以边际贡献 5 000 元作为业绩评价依据不够全面。部门经理至少可以控制某些固定成本，并且在固定成本和变动成本的划分上有一定选择余地。以边际贡献为评价依据，可能导致部门经理尽可能多地支出固定成本以减少变动成本支出，尽管这样做并不能降低总成本。因此，业绩评价时至少应包括可控制的固定成本。

以可控边际贡献 4 200 元作为业绩评价依据可能是最好的，它反映了部门经理在其权限和控制范围内有效使用资源的能力。

以税前经营利润 3 000 元作为业绩评价依据，可能更适合评价该部门对公司利润和管理费用的贡献，而不适合于部门经理的评价。如果要决定该部门的取舍，可控边际贡献是有重要意义的信息。如果要评价部门经理的业绩，由于有一部分固定成本是过去最高管理阶层投资决策的结果，现在的部门经理已很难改变，故税前经营利润超出了经理人员的控制范围。

【例题19-5·单选题】甲部门是一个利润中心。下列财务指标中,最适合用来评价该部门经理业绩的是( )。(2012年)

A. 部门边际贡献　　　　　　　　B. 部门可控边际贡献
C. 部门税前经营利润　　　　　　D. 部门投资报酬率

【答案】B

【解析】以部门可控边际贡献作为业绩评价依据可能是最好的,它反映了部门经理在其权限和控制范围内有效使用资源的能力。

【例题19-6·单选题】甲部门是一个利润中心。下列各项指标中,考核该部门经理业绩最适合的指标是( )。(2017年)

A. 部门边际贡献　　　　　　　　B. 部门税前经营利润
C. 部门税后利润　　　　　　　　D. 部门可控边际贡献

【答案】D

【解析】部门可控边际贡献反映了部门经理在其权限和控制范围内有效使用资源的能力,所以部门可控边际贡献为业绩评价依据是最佳选择。

三、内部转移价格

内部转移价格是指企业内部分公司、分厂、车间、分部等责任中心之间相互提供产品(或服务)、资金等内部交易时所采用的计价标准。

（一）制订转移价格的目的

（1）防止成本转移带来的部门间责任转嫁,使每个利润中心都能作为单独的组织单位进行业绩评价;

（2）作为一种价格机制引导下级部门采取明智的决策,生产部门据此确定提供产品的数量,购买部门据此确定所需要的产品数量。

（二）内部转移价格的种类及特点（重要）

内部转移价格的种类及特点如表19-7所述。

表19-7　　　　　　　　　内部转移价格的种类及特点

价格型内部转移价格	以市场价格为基础、由成本和毛利构成的内部转移价格,一般适用于内部利润中心 提供的产品（或服务）经常外销且外销比例较大的,或提供的产品（或服务）有外部活跃市场可靠报价的,可以外销价格或活跃市场报价作为内部转移价格。 一般不对外销售且外部市场没有可靠报价的产品（或服务）,或企业管理层和有关各方认为不需要频繁变动价格的,可参照外部市场或预测价格制定模拟市场价作为内部转移价格。 没有外部市场但企业出于管理需要设置为模拟利润中心的,可在生产成本基础上加一定比例毛利作为内部转移价格
成本型内部转移价格	以标准成本等相对稳定的成本数据为基础制定的内部转移价格,一般适用于内部成本中心

续表

| 协商型内部转移价格 | 企业内部供求双方为**使双方利益相对均衡**，通过协商机制制定的内部转移价格，主要适用于**分权程度较高的企业**。协商价格的取值范围通常较宽，一般不高于市场价，不低于变动成本 |

第四节 投资中心

投资中心是指某些分散经营的单位或部门，其经理所拥有的自主权不仅包括制定价格、确定产品和生产方法等经营决策权，**而且还包括投资规模和投资类型等投资决策权**。

【例题19-7·多选题】以下关于责任中心的表述中，正确的有（　　）。（2006年）

A. 任何发生成本的责任领域都可以确定为成本中心
B. 任何可以计量利润的组织单位都可以确定为利润中心
C. 与利润中心相比，标准成本中心仅缺少销售权
D. 投资中心不仅能够控制生产和销售，还能控制占用的资产

【答案】AD

【解析】本题的主要考核点是有关各类责任中心的含义和特点。任何发生成本的责任领域都可以确定为成本中心，但并不是任何可以计量利润的组织单位都可以确定为利润中心，从本质上讲，只有当其管理人员有对其供货的来源和市场的选择进行决策等权力，而且可以计量利润的组织单位才可以确定为利润中心。与利润中心相比，标准成本中心的管理人员不仅缺少销售权，而且对产品的品种和数量也无权决策。投资中心不仅能够控制生产和销售，还能控制占用的资产（即具有投资决策权）。

一、投资中心的考核指标

由于所得税是根据整个企业的收益确定的，与部门的业绩评价没有直接关系，因此通常使用税前经营利润和税前投资报酬率（见表19-8）。

表19-8　　　　投资中心的考核指标

部门投资报酬率	公式	部门投资报酬率＝部门税前经营利润÷部门平均净经营资产
	优点	（1）它是根据现有的会计资料计算的，比较客观； （2）相对数指标，可用于部门之间以及不同行业之间的比较； （3）部门投资报酬率可以分解为投资周转率和部门经营利润率两者的乘积，并可进一步分解为资产的明细项目和收支的明细项目，从而对整个部门的经营状况作出评价
	局限性	部门会放弃高于公司要求的报酬率而低于目前部门投资报酬率的机会，或者减少现有的投资报酬率较低但高于公司要求的报酬率的某些资产，使部门的业绩获得较好评价，但却伤害了公司整体的利益

续表

剩余收益	公式	部门剩余收益＝部门税前经营利润－部门平均净经营资产应计报酬 ＝部门税前经营利润－部门平均净经营资产×要求的税前投资报酬率
	优点	（1）可以使业绩评价与公司的目标协调一致，引导部门经理采纳高于公司资本成本的决策； （2）允许使用不同的风险调整资本成本
	局限性	（1）该指标是绝对数指标，不便于不同规模的公司和部门之间的比较； （2）它依赖于会计数据的质量

【例题19-8·计算题】某公司有A和B两个部门，公司要求的税前投资报酬率为11%，有关数据如下表所示：

某公司A、B部门相关数据　　　　　　　　单位：元

项目	A部门	B部门
部门税前经营利润	108 000	90 000
所得税（税率25%）	27 000	22 500
部门税后经营净利润	81 000	67 500
部门平均经营资产	900 000	600 000
部门平均经营负债	50 000	40 000
部门平均净经营资产（部门平均净投资资本）	850 000	560 000

要求：

（1）计算A、B两个部门的投资报酬率。

（2）B部门经理面临一个税前投资报酬率为13%的投资机会，投资额为100 000元，每年部门税前经营利润13 000元。若利用投资报酬率评价部门业绩，B部门是否接受投资？

（3）假设该B部门现有一项资产价值50 000元，每年税前获利6 500元，税前投资报酬率为13%，若利用投资报酬率评价部门业绩，B部门是否会放弃该投资？

【答案】

（1）A部门投资报酬率＝部门税前营业利润÷部门平均净经营资产＝108 000÷850 000＝12.71%

B部门投资报酬率＝90 000÷560 000＝16.07%

（2）接受投资后B部门的投资报酬率＝（90 000＋13 000）÷（560 000＋100 000）×100%＝15.61%

该税前投资报酬率为13%，超过了公司要求的报酬率，对公司有利，但是它却使这个部门的投资报酬率由过去的16.07%下降到15.61%，若利用投资报酬率评价部门业绩，B部门经理不愿接受投资。

(3) 放弃投资后的投资报酬率 =（90 000 - 6 500）÷（560 000 - 50 000）×100% = 16.37%

该税前投资报酬率为13%，超过了公司要求的报酬率，对公司有利，但B部门经理却愿意放弃该项资产，以提高部门的投资报酬率。

【例题19-9·计算题】 续【例题19-8】，假设A部门要求的税前投资报酬率为10%，B部门要求的税前投资报酬率为12%。

要求：

(1) 计算两部门的剩余收益。

(2) 如果采用剩余收益作为部门业绩评价标准，B部门经理如果采纳前面提到的投资机会（税前报酬率为13%，投资额为100 000元，每年税前获利13 000元），其剩余收益为多少？

(3) B部门经理如果采纳前面提到的减少一项现有资产的方案（价值50 000元，每年税前获利6 500元，税前投资报酬率为13%），其部门剩余收益为多少？

【答案】

(1) A部门剩余收益 = 部门税前经营利润 - 部门平均净经营资产 × 要求的税前投资报酬率 = 108 000 - 850 000 × 10% = 23 000（元）

B部门剩余收益 = 90 000 - 560 000 × 12% = 22 800（元）

(2) 采纳投资方案后剩余收益 =（90 000 + 13 000）-（560 000 + 100 000）× 12% = 23 800（元）

(3) 采纳减资方案后剩余收益 =（90 000 - 6 500）-（560 000 - 50 000）× 12% = 22 300（元）

因此，B部门经理会采纳投资方案而放弃减资方案，与公司总目标一致。

【例题19-10·多选题】 剩余收益是评价投资中心业绩的指标之一。下列关于剩余收益指标的说法中，正确的有（　　）。(2010年)

A. 剩余收益可以根据现有财务报表资料直接计算

B. 剩余收益可以引导部门经理采取与公司总体利益一致的决策

C. 计算剩余收益时，对不同部门可以使用不同的资本成本

D. 剩余收益指标可以直接用于不同部门之间的业绩比较

【答案】BC

【解析】剩余收益的计算需要利用资本成本，资本成本不能根据现有财务报表资料直接计算，选项A错误；剩余收益是绝对数指标，不便于不同规模的投资中心业绩的比较，选项D错误。

二、三大责任中心特征对比表（见表19–9）

表19–9 三大责任中心特征对比表

项目	应用范围	权利	考核范围	考核指标
成本中心	最广	可控成本的控制权	可控成本、费用	标准成本中心：既定产品质量和数量条件下的标准成本 费用中心：费用预算
利润中心	较窄	有权对其供货的来源和市场的选择进行决策（经营决策权）	成本（费用）、收入、利润	部门边际贡献 = 部门销售收入 – 部门变动成本总额 部门可控边际贡献 = 部门边际贡献 – 部门可控固定成本 部门税前经营利润 = 部门可控边际贡献 – 部门不可控固定成本
投资中心	最小	经营决策权、投资决策权	成本（费用）、收入、利润、投资效果（率）	部门投资报酬率 = 部门税前经营利润 ÷ 部门平均净经营资产 部门剩余收益 = 部门税前经营利润 – 部门平均净经营资产 × 要求的税前投资报酬率

第十九章　责任会计

彬哥跟你说：

本章不难，无需太过担心，主要是几个公式问题！快速学完，然后进入消化环节！

今日复习步骤：

第一遍：回忆 & 重新复习一遍框架（10 分钟）

学习要求：这一遍的目的是自己重新梳理一遍框架，不需要掌握所有细节，但求框架了然于心。

（1）责任会计是干什么的？有哪些责任中心需要考核——成本中心、利润中心和投资中心。

（2）成本中心包括哪些内容？

（3）利润中心包括哪些内容？

（4）投资中心包括哪些内容？

第二遍：对细节进一步掌握（30 分钟）

第三遍：重新复习一遍框架（5 分钟）

我问你答：

（1）标准成本中心应该对哪些成本差异负责？特定责任中心的可控成本怎么判断？

（2）利润中心的考核指标包括哪些？哪个指标作为评价部门经理的依据更好？

（3）内部转移价格有哪几种？各转移价格有哪些需要注意的地方？

（4）投资中心的考核指标包括哪些？部门投资报酬率、部门剩余收益怎么计算？

本章作业：

（1）请把讲义例题做三遍（做错的题目，请分析错误原因并记录到改错本）。

（2）请复习完口述一遍框架，睡前请再回忆一遍框架。

（3）第二天早上，请再回忆一遍框架，对于回忆不起来的内容，请翻书看一遍。

第 20 天

- **复习旧内容：**
    - 第十八章　全面预算
    - 第十九章　责任会计
- **学习新内容：**
    - 第二十章　业绩评价
    - 第二十一章　管理会计报告
- **学习方法：**
    - 无
- **你今天的可能心态：**
    - 收尾章节，学习起来异常轻松
- **简单解释今天学习内容：**

    （1）业绩评价：主要涉及到从外部评价一个公司，主要讲述了经济增加值和平衡计分卡，所谓的经济增加值是指税后净营业利润扣除包括股权和债务的全部投入资本成本后的所得，也可以理解为超额收益。因为股权和债务的全部投入资本成本即是他们要求的必要报酬率，如果经济增加值为正数，说明有更多的收益，当然在投资者来看，这是利好消息。

    （2）平衡计分卡，这是非财务指标，虽然在实务中这是比较复杂的内容，但是考试在这里基本没有考点，只需要了解平衡计分卡的四个维度包含的内容即可。

    （3）所谓的管理会计报告就是内部报告问题，了解即可。
- **可能会遇到的难点：**
    - 无难点
- **习题注意事项：**
    - 选择题为主
- **建议学习时间：**
    - 2 个小时

第二十章　业绩评价

【简单解释本章内容】

（1）业绩评价就是根据财务信息来评价管理者业绩的方法。上一章的责任会计是评价内部各个中心的业绩，属于内部的业绩评价。那本章的业绩评价呢，我认为可以作为内部考核依据，但是更主要是外部的评价，投资者可以根据财务信息对本企业进行分析评价，以影响其决策。

（2）业绩评价可以采用财务指标，也可以采用非财务指标。本章的经济增加值就是财务指标，所谓的经济增加值强调的是"增加"二字，也就是对投资者来说增加的部分，也就是税后净营业利润中扣除包括股权和债务的全部投资资本成本后的余额，这才是"增加"。所以最基本的公式是：

基本经济增加值＝税后净营业利润－加权平均资本成本×报表总资产

（3）至于非财务指标，本章主要是指平衡计分卡。平衡计分卡在教材中没有实质性的内容，也没有考点，主要讲述了平衡计分卡的四个维度主要包含哪些内容。但是现在平衡计分卡在现实的大企业中用的比较多。

【本章学习方法】

本章内容简单，经济增加值要注意准备计算题，有可能出简单的计算题。

本章框架如图 20-1 所示。

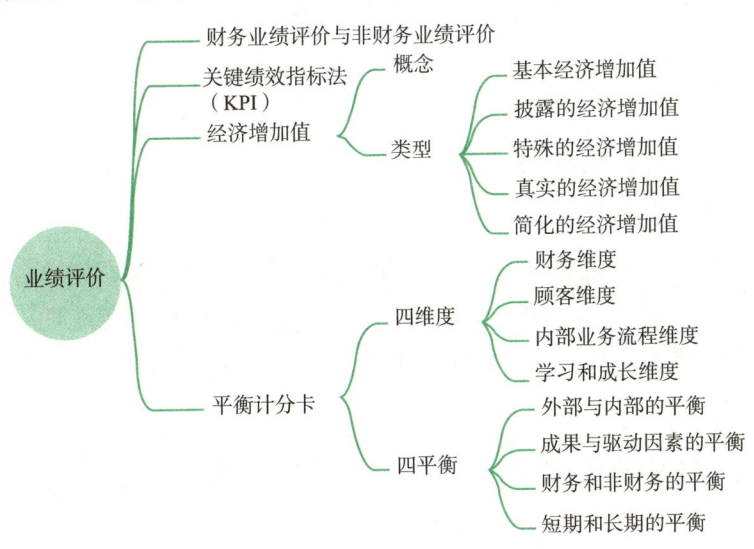

图 20-1　本章框架

第一节　财务业绩评价与非财务业绩评价

财务业绩评价与非财务业绩评价如表 20-1 所示。

表 20-1　　　　　　　　　财务业绩评价与非财务业绩评价

	财务业绩评价	非财务业绩评价
含义	财务业绩评价是根据财务信息评价管理者业绩的方法，常见的财务评价指标包括净利润、资产报酬率、经济增加值等	非财务业绩评价是指根据非财务信息评价管理者业绩的方法，比如：市场份额、关键顾客订货量、顾客满意度、顾客忠诚度
优点	可以反映企业综合经营成果，容易获取数据，操作简单，易于理解，被广泛使用	可以避免财务业绩评价只侧重过去、比较短视的不足；非财务业绩评价更体现长远业绩，更体现外部对企业的整体评价
缺点	（1）体现企业当期的财务成果，反映短期业绩，无法反映管理者在企业长期业绩改善方面所做的努力。 （2）财务业绩是一种结果导向，没考虑过程。 （3）会计数据可能无法准确反映管理者的真正业绩	一些关键的非财务业绩评价指标往往比较主观，数据收集比较困难，评价指标数据的可靠性难以保证

第二节　关键绩效指标法（KPI）

一、关键绩效指标法的含义

关键绩效指标法是指基于企业战略目标，通过建立关键绩效指标体系，将价值创造活动与战略规划目标有效联系，并据此进行绩效管理的方法。

关键绩效指标是对企业绩效产生关键影响力的指标，是通过对企业战略目标、关键成果领域的绩效特征分析，识别和提炼出的最能有效驱动企业价值创造的指标。

关键绩效指标法可以单独使用，也可以与经济增加值法、平衡计分卡等其他方法结合使用。

关键绩效指标法的应用对象可以是企业，也可以是企业所属的单位（部门）和员工。

二、关键绩效指标法的应用

企业应用关键绩效指标法，一般包括如下程序计划：制定以关键绩效指标为核心的绩效计划、制订激励计划、执行绩效计划与激励计划、实施绩效评价与激励、编制绩效评价报告与激励管理报告等。其中，与其他业绩评价方法不同是制定和实施以关键绩效指标为核心的绩效计划。

制订绩效计划。

1. 构建关键绩效指标体系

（1）层次：企业级、所属单位（部门）级、岗位（员工）级。

（2）指标分类：

①结果类（反映企业绩效）：投资报酬率、权益净利率、经济增加值、息税前利润、自由现金流量等。

②动因类（反映企业价值）：资本性支出、单位生产成本、产量、销量、客户满意度、员工满意度等。

（3）制定标准：含义明确、可度量、与战略目标高度相关、每一层级一般不超过10个。

2. 设定关键绩效指标权重

关键绩效指标的权重分配应以企业战略目标为导向，反映被评价对象对企业价值贡献或支持的程度，以及各指标之间的重要性水平。

单项关键绩效指标权重：5%~30%。

特别重要、影响企业整体价值的指标："一票否决"制度。

3. 设定关键绩效指标目标值

参考标准：

（1）国家有关部门或权威机构发布的行业标准或参考竞争对手标准。

（2）参照企业内部标准。

（3）企业历史经验（如果前两种不能确定）。

三、关键绩效指标法的优点和缺点

关键绩效指标法的优点和缺点如表20-2所示。

表20-2 　　　　　　　　关键绩效指标法的优点和缺点

优点	缺点
（1）使企业业绩评价与企业战略目标密切相关，有利于企业战略目标的实现； （2）通过识别价值创造模式把握关键价值驱动因素，能够有效地实现企业价值增值目标； （3）评价指标数量相对较少，易于理解和使用，实施成本相对较低，有利于推广实施	关键绩效指标的选取需要透彻理解企业价值创造模式和战略目标，有效识别企业核心业务流程和关键价值驱动因素，指标体系设计不当将导致错误的价值导向和管理缺失

第三节　经济增加值

一、经济增加值的概念

（一）含义及特点

经济增加值（EVA）指从税后净经营利润扣除全部投入资本的成本后的剩余收益。经济增加值及其改善值是全面评价经营者有效使用资本和为企业创造价值的重要指标。经济增加值为正，表明经营者在为企业创造价值；经济增加值为负，表明经营者在损毁企业价值。

经济增加值的概念与剩余经营收益相同，是剩余经营收益的计算方法之一，或者说是剩余收益的一种"版本"。其计算公式为：

经济增加值＝税后净营业利润－平均资本占用×加权平均资本成本

需要注意，经济增加值与剩余收益有两点不同：

（1）在计算经济增加值时，需要对会计数据进行一系列调整，包括税后经营净利润和资本占用。

（2）需要根据资本市场的机会成本计算资本成本，以实现经济增加值与资本市场的衔接；而剩余收益是根据投资要求的报酬率来计算，该投资报酬率可以根据管理的要求做出不同选择，带有一定主观性。

（二）不同含义的经济增加值

不同经济增加值的比较如表20-3所示。

表20-3　　　　　　　　　　　　不同经济增加值的比较

项目	含义	计算	阐释
基本经济增加值	根据未经调整的税后经营利润和总资产计算的经济增加值	基本经济增加值＝税后净营业利润－加权平均资本成本×报表总资产	计算很容易。对于会计利润来说是个进步，因为它承认了股权资金的成本。但是，由于"经营利润"和"总资产"是按照会计准则计算的，它们歪曲了企业的真实业绩
披露的经济增加值	是利用公开会计数据进行调整计算出来的，这种调整是根据公布的财务报表及其附注中的数据进行的	披露的经济增加值＝调整后税后净营业利润－加权平均资本成本×调整后的净投资资本	调整事项详见下面内容。计算资金成本的"总资产"应为"投资资本"（即扣除应付账款等经营负债），并且要把表外融资项目纳入"总资产"之内，如长期性经营租赁资产等
特殊的经济增加值	特定公司根据自身情况定义的经济增加值。是"量身定做"的计算办法	—	调整结果使得经济增加值更接近公司的内在价值
真实的经济增加值	是公司经济利润最正确和最准确的度量指标		要对会计数据做出所有必要的调整，并对公司中每一个经营单位都使用不同的更准确的资本成本

【提示】披露经济增加值典型调整项目（所有对未来利润有贡献的支出都是投资）：

（1）**研究与开发费用**。经济增加值要求将其作为投资并在一个合理的期限内摊销。

（2）**战略性投资**。会计将投资的利息（或部分利息）计入当期财务费用，经济增加值要求将其在一个专门账户中资本化并在开始生产时逐步摊销。

（3）**为建立品牌、进入新市场或扩大市场份额发生的费用**。会计作为费用立即从利润中扣除，经济增加值要求把争取客户的营销费用资本化并在适当的期限内摊销。

（4）**折旧费用**。会计大多使用直线折旧法处理，经济增加值要求对某些大量使用长期设备的公司，按照更接近经济现实的"沉淀资金折旧法"处理。前期折旧少，后期折旧多。

经济增加值与部门剩余收益的比较如表20-4所示。

表20-4 经济增加值与部门剩余收益的比较

比较项目	部门剩余收益	经济增加值
评价目的	旨在设定部门投资的最低报酬率，防止部门利益伤害整体利益	旨在使经理人员赚取超过资本成本的报酬，促进股东财富最大化
计算依据	通常使用部门税前经营利润和要求的税前投资报酬率计算	使用部门税后净营业利润和税后加权平均资本成本计算
资本成本	使用的部门要求的报酬率；主要考虑管理要求及部门个别风险的高低	与公司的实际资本成本相联系，基于资本市场的计算方法，资本市场上权益成本和债务成本变动时，公司要随之调整加权平均资本成本

二、简化的经济增加值的衡量

经济增加值是公司税后净营业利润减去资本成本后的余额。

1. 计算公式

$$经济增加值 = 税后净营业利润 - 资本成本$$
$$= 税后净营业利润 - 调整后资本 \times 平均资本成本率$$
$$税后净营业利润 = 净利润 + (利息支出 + 研究开发费用调整项)$$
$$\times (1 - 25\%)$$

企业通过变卖主业优质资产等取得的非经常性收益在税后净营业利润中全部扣除。

调整后资本 = 平均所有者权益 + 平均负债合计 - 平均无息流动负债 - 平均在建工程

2. 会计调整项目说明

会计调整项目说明如表20-5所示。

表20-5 会计调整项目说明

利息支出	是指公司财务报表中"财务费用"下的"利息支出"
研究开发费用调整项	是指公司财务报表中"管理费用"项目下的"研究与开发费"和当期确认为无形资产的研究开发支出
无息流动负债	是指公司财务报表中"应付票据""应付账款""预收款项""应交税费""应付利息""应付职工薪酬""应付股利""其他应付款"和"其他流动负债（不含其他带息流动负债）"；对于"专项应付款"和"特种储备基金"，可视同无息流动负债扣除
在建工程	是指公司财务报表中的符合主业规定的"在建工程"

3. 资本成本率的确定

（1）中央公司资本成本率原则上定为5.5%；

（2）对于军工等资产流动性差的公司，资本成本率定为4.1%；

（3）资产负债率在75%以上的工业公司和80%以上的非工业公司：资本成本率上浮0.5个百分点。

4. 其他重大调整事项

发生以下情况之一，对于公司经济增加值考核产生重大影响的，国资委酌情予以调整：

(1) 重大政策变化；
(2) 严重自然灾害等不可抗力因素；
(3) 公司重组、上市及会计准则调整等不可比因素；
(4) 国资委认可的公司结构调整等其他事项。

> 【例题 20-1·计算题】A 公司是一家中央企业上市公司，采用经济增加值（EVA）业绩考核办法进行业绩计量和评价，有关资料如下：
>
> （1）2018 年 A 公司的净利润为 9.6 亿元，利息支出为 26 亿元，研究与开发费用为 1.8 亿元，当期确认为无形资产的研究与开发支出为 1.2 亿元，变卖优质资产取得的非经常性收益为 6.4 亿元。
>
> （2）2018 年 A 公司的年末所有者权益为 600 亿元，年初所有者权益为 550 亿元，年末负债为 850 亿元，年初负债为 780 亿元，年末无息流动负债为 250 亿元，年初无息流动负债为 150 亿元，年末在建工程 180 亿元，年初在建工程 200 亿元。
>
> （3）A 公司的平均资本成本率为 5.5%。
>
> 计算 A 公司 2018 年的经济增加值（EVA）。
>
> 【答案】根据上述资料：
>
> （1）计算税后净营业利润。
>
> 税后净营业利润 = 净利润 +（利息支出 + 研究开发费用调整项）×（1-25%）
>
> 研究开发费用调整项 = 研究与开发费用 + 当期确认为无形资产的研究与开发支出 = 1.8 + 1.2 = 3（亿元）
>
> 非经常性损益调整项 = 6.4 亿元
>
> 税后净营业利润 = 9.6 +（26 + 3 - 6.4）×（1-25%）= 26.55（亿元）
>
> （2）计算资本调整。
>
> 调整后的资本 = 平均所有者权益 + 平均负债合计 - 平均无息流动负债 - 平均在建工程
>
> 平均所有者权益 =（600 + 550）÷ 2 = 575（亿元）
>
> 平均负债合计 =（850 + 780）÷ 2 = 815（亿元）
>
> 平均无息流动负债 =（150 + 250）÷ 2 = 200（亿元）
>
> 平均在建工程 =（180 + 200）÷ 2 = 190（亿元）
>
> 调整后的资本成本 = 575 + 815 - 200 - 190 = 1 000（亿元）
>
> （3）经济增加值计算。
>
> EVA = 税后净营业利润 - 调整后资本 × 平均资本成本率 = 26.55 - 1 000 × 5.5% = -28.45（亿元）

三、经济增加值的优缺点

经济增加值的优缺点如表 20-6 所示。

表 20-6　经济增加值的优缺点

优点	缺点
（1）经济增加值考虑了所有资本的成本，更真实地反映了企业的价值创造能力；实现了企业利益、经营者利益和员工利益的统一，能有效遏制企业盲目扩张规模以追求利润总量和增长率的倾向，引导企业注重价值创造。 （2）经济增加值不仅是一种业绩评价指标，它还是一种全面财务管理和薪金激励的框架。经济增加值的吸引力主要在于它把资本预算、业绩评价和激励报酬结合起来了。 （3）在经济增加值的框架下，公司可以向投资人宣传他们的目标和成就，投资人也可以用经济增加值选择最有前景的公司。经济增加值还是股票分析家手中的一个强有力的工具	（1）EVA 仅对企业当期或未来 1~3 年价值创造情况进行衡量和预判，无法衡量企业长远发展战略的价值创造情况。 （2）EVA 计算主要基于财务指标，无法对企业的营运效率与效果进行综合评价。 （3）不同行业、不同发展阶段、不同规模等的企业，其会计调整项和加权平均资本成本各不相同，计算比较复杂，影响指标的可比性。 （4）由于经济增加值是绝对数指标，不便于比较不同规模公司的业绩。 （5）经济增加值也有许多和投资报酬率一样误导使用人的缺点，例如处于成长阶段的公司经济增加值较少，而处于衰退阶段的公司经济增加值可能较高

第四节　平衡计分卡

平衡计分卡是指基于企业战略，从财务、客户、内部业务流程、学习与成长四个维度，将战略目标逐层分解转化为具体的、相互平衡的绩效指标体系，并据此进行绩效管理的方法。

一、平衡计分卡框架

（一）平衡计分卡的四个维度

平衡计分卡的目标和指标来源于公司的愿景和战略，这些目标和指标从四个维度来考察公司的业绩，即财务、顾客、内部业务流程、学习与成长，这四个维度组成了平衡计分卡的框架（见图 20-2、表 20-7）。

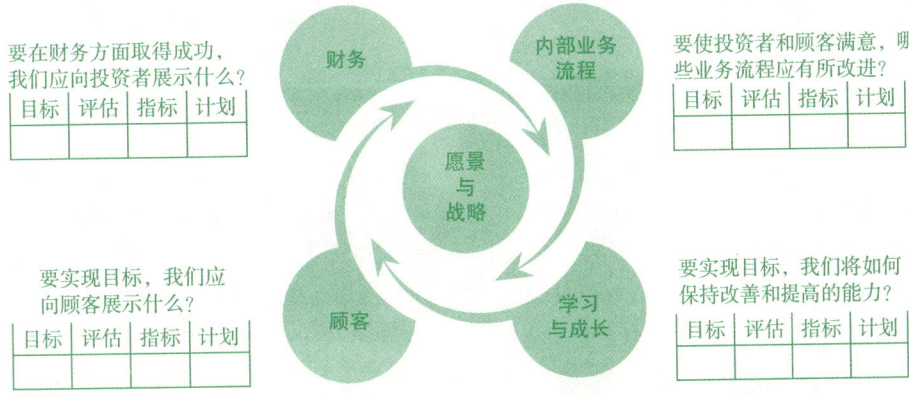

图 20-2　化战略为行动的平衡计分卡框架

表 20－7　　　　　　　　　　平衡计分卡的四个维度

维度	目标	指标
财务维度	解决"股东如何看待我们"这一类问题	投资报酬率、权益净利率、经济增加值、息税前利润、自由现金流量、资产负债率、总资产周转率等
顾客维度	回答"顾客如何看待我们"的问题	市场份额、客户满意度、客户获得率、客户保持率、客户获利率、战略客户数量等
内部业务流程维度	着眼于公司的核心竞争力，解决"我们的优势是什么"的问题	交货及时率、生产负荷率、产品合格率、存货周转率、单位生产成本等
学习和成长维度	是解决"我们是否能继续提高并创造价值"的问题	新产品开发周期、员工满意度、员工保持率、员工生产率、培训计划完成率等

（二）平衡计分卡的四个平衡

平衡计分卡的四个平衡如图 20－3 所示。

外部	评价指标：如股东和客户对公司的评价		评价指标：内部经营过程、新技术学习等	内部
成果	评价指标：利润、市场占有率等		评价指标：新产品投资开发等	驱动因素
财务	评价指标：利润等		评价指标：员工忠诚度、客户满意程度等	非财务
短期	评价指标：利润指标等		评价指标：员工培训成本、研发费用等	长期

图 20－3　平衡计分卡的四个平衡

【例题 20－2·多选题】在使用平衡计分卡进行公司业绩评价时，需要处理几个平衡，下列各项中，正确的有（　　）。(2015 年)
A. 财务评价指标与非财务评价指标的平衡
B. 外部评价指标与内部评价指标的平衡
C. 定期评价指标与非定期评价指标的平衡
D. 成果评价指标与驱动因素评价指标的平衡
【答案】ABD
【解析】平衡计分卡中的"平衡"包括外部评价指标（如股东和客户对公司的评价）和内部评价指标（如内部经营过程、新技术学习等）的平衡；成果评价指标（如利润、市场占有率等）和导致成果出现的驱动因素评价指标（如新产品投资开发等）的平衡；财务评价指标（如利润等）和非财务评价指标（如员工忠诚度、客户满意程度等）的平衡；短期评价指标（如利润指标等）和长期评价指标（如员工培训成本、研发费用等）的平衡。所以，选项 C 不正确。

二、平衡计分卡与公司战略管理

(一) 平衡计分卡和战略管理的关系

平衡计分卡与战略管理之间的关系如图 20-4 所示。

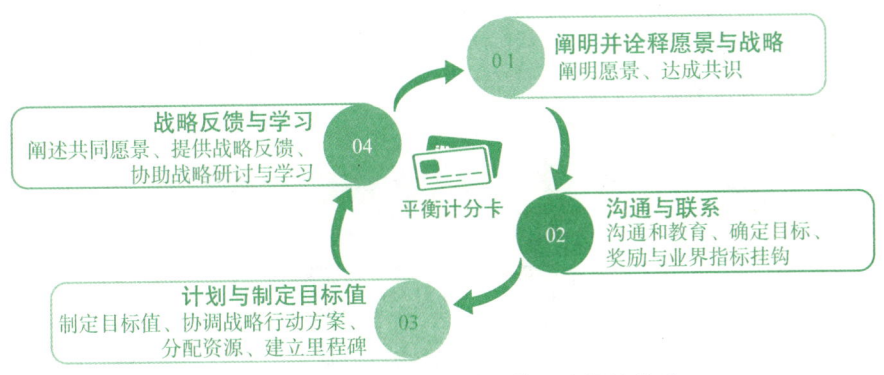

图 20-4 平衡计分卡与战略管理之间的关系

一方面,战略规划中所制定的目标是平衡计分卡考核的一个基准;另一方面,平衡计分卡又是一个有效的战略执行系统,它通过引入四个程序,使得管理者能够把长期行为与短期行为联系在一起。具体的程序包括:

(1) 阐释并诠释愿景与战略。愿景就是公司要达到的远期目标。有效地说明愿景,可以使其成为公司所有成员的理想和目标。

(2) 沟通与联系。它使得管理人员在公司中对战略上下沟通,并将它与部门及个人目标联系起来。

(3) 计划与制定目标值。它使得公司能够实现业务计划与财务计划的一体化。

(4) 战略反馈与学习。它使得公司以一个组织的形式获得战略型学习与改进的能力。

(二) 平衡计分卡的要求

(1) 平衡计分卡的四个方面应互为因果,最终结果是实现公司的战略。

(2) 平衡计分卡中不能只有具体的业绩衡量指标,还应包括这些具体衡量指标的驱动因素。

(3) 平衡计分卡应该最终和财务指标联系起来,因为公司的最终目标是实现良好的经济利润。

三、战略地图架构 (了解)

组织的战略主要说明如何为股东、顾客创造出价值。如果组织的无形资产代表了75%以上的价值,就必须明确对无形资产的动员与整合问题有所交代。战略地图为战略如何连接无形资产与价值创造的流程提供了框架(见图 20-5、表 20-8)。

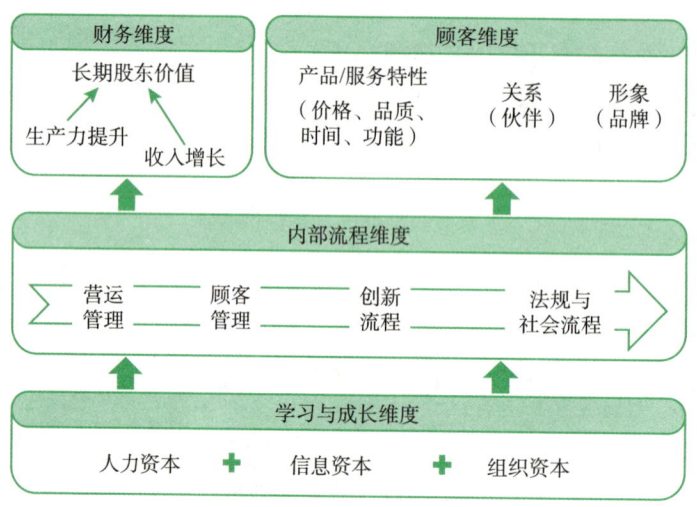

图 20-5 战略地图架构

表 20-8　　　　　　　　　　　战略地图构架的四个层面

层面	战略要点	解释
财务维度	长短期对立力量的战略平衡	战略地图之所以保留了财务层面,是因为它们是企业的最终目标
顾客维度	战略本是基于差异化的价值主张	企业采取追求收入增长的战略,必须在顾客层面中选定价值主张。此价值主张说明了企业如何针对其目标顾客群创造出具有差异化而又可持续长久的价值
内部流程维度	价值是由内部流程创造的	内部流程完成了组织战略的两个重要部分:针对顾客的价值主张加以生产与交货;为财务层面中的生产力要件进行流程改善与成本降低的作业
学习与成长维度	无形资产的战略性整合	战略地图的学习与成长层面,主要说明组织的无形资产及它们在战略中扮演的角色。我们将无形资产归纳为人力资本、信息资本和组织资本三类

【例题20-3·多选题】为了使平衡计分卡同公司战略更好地结合,必须做到(　　)。

A. 平衡计分卡的四个方面应互为因果,最终结果是实现公司的战略

B. 平衡计分卡中不能只有具体的业绩衡量指标,还应包括这些具体衡量指标的驱动因素

C. 平衡计分卡应该最终和非财务指标联系起来,因为公司的最终目标是顾客满意

D. 有效的平衡计分卡,要以学习成长能力衡量指标为核心

【答案】AB

【解析】平衡计分卡应该最终和财务指标联系起来,因为公司的最终目标是实现良好的经济利润,选项C错误;一个有效的平衡计分卡,绝对不仅仅是业绩衡量指标的结合,而且各个指标之间应该互相联系、互相补充,围绕公司战略所建立的因果关系链,应当贯穿于平衡计分卡的四个方面,选项D错误。

四、平衡计分卡与传统业绩评价系统的区别

（1）传统的目标管理系统是从"制定目标——执行目标——实际业绩与目标值差异的计算与分析——采取纠正措施"，可见传统的业绩考核注重对员工执行过程的控制。平衡计分卡则强调目标制订的环节。设定业绩目标的目的不在于控制员工的行为，而在于使员工理解公司的战略使命并为之付出努力。

（2）传统的业绩评价与公司的战略执行脱节。平衡计分卡把公司战略和业绩管理系统联系起来，是公司战略执行的基础架构。

（3）平衡计分卡在财务、客户、内部流程以及学习与成长四个方面建立公司的战略目标。用来表达公司在生产能力竞争和技术革新竞争环境中所必须达到的、多样的、相互联系的目标。

（4）平衡计分卡帮助公司及时考评战略执行的情况，根据需要（每月或每季度）适时调整战略、目标和考核指标。

（5）平衡计分卡能够帮助公司有效地建立跨部门团队合作，促进内部管理过程的顺利进行。

【例题20-4·多选题】平衡计分卡与传统业绩评价系统的区别体现在（　　）。
A. 传统的业绩考核注重对员工执行过程的控制，平衡计分卡则强调采纳纠正措施
B. 传统的业绩评价只是公司战略执行的基础架构，而平衡计分卡把公司战略和业绩管理系统联系起来
C. 平衡计分卡在财务、客户、内部流程以及学习与成长四个方面建立公司的战略目标
D. 平衡计分卡能够帮助公司有效地建立跨部门团队合作，促进内部管理过程的顺利进行

【答案】CD

【解析】从"制定目标—执行目标—实际业绩与目标值差异的计算与分析—采纳纠正措施"的目标管理系统来看，传统的业绩考核注重对员工执行过程的控制，平衡计分卡则强调目标制订的环节，选项A错误；传统的业绩评价与公司的战略执行脱节。平衡计分卡把公司战略和业绩管理系统联系起来，是公司战略执行的基础架构，选项B错误。

五、平衡计分卡的优点和缺点

平衡计分卡的优缺点如表20-9所示。

表20-9　　　　　　　　　　平衡计分卡的优缺点

优点	缺点
（1）战略目标逐层分解并转化为被评价对象的绩效指标和行动方案，使整个组织行动协调一致； （2）从财务、客户、内部业务流程、学习与成长四个维度确定绩效指标，使绩效评价更为全面完整； （3）将学习与成长作为一个维度，注重员工的发展要求和组织资本、信息资本等无形资产的开发利用，有利于增强企业可持续发展的动力	（1）专业技术要求高，工作量比较大，操作难度也较大，需要持续地沟通和反馈，实施比较复杂，实施成本高； （2）各指标权重在不同层级及各层级不同指标之间的分配比较困难，且部分非财务指标的量化工作难以落实； （3）系统性强，涉及面广，需要专业人员的指导、企业全员参与和长期持续地修正完善，对信息系统、管理能力的要求较高

第二十章 业绩评价

彬哥跟你说：

没什么话可说！
没什么分值，内容也很简单！所以快速跨过！

今日复习步骤：

第一遍：回忆 & 重新复习一遍框架（10 分钟）
学习要求：这一遍的目的是自己重新梳理一遍框架，不需要掌握所有细节，但求框架了然于心。
（1）业绩评价怎么评价——关键绩效指标法、经济增加值、平衡计分卡。
（2）关键绩效指标法有哪些内容？
（3）经济增加值有哪些内容？怎么计算？
（4）平衡计分卡有哪些内容？
第二遍：对细节进一步掌握（25 分钟）
第三遍：重新复习一遍框架（5 分钟）

我问你答：

（1）在进行业绩评价时采用财务业绩评价或非财务业绩评价各有什么优缺点？
（2）关键绩效指标评价业绩有什么优缺点？
（3）经济增加值法评价业绩有什么优缺点？披露的经济增加值是在基本经济增加值的基础上对哪些项目进行调整后得出的？怎么计算简化的经济增加值？
（4）平衡计分卡从哪四个维度进行业绩评价，分别包括哪些指标？平衡计分卡进行公司业绩评价时，需要处理哪四个平衡？平衡计分卡有什么优缺点？

本章作业：

（1）请把讲义例题做三遍（做错的题目，请分析错误原因并记录到改错本）。
（2）请复习完口述一遍框架，睡前请再回忆一遍框架。
（3）第二天早上，请再回忆一遍框架，对于回忆不起来的内容，请翻书看一遍。

第二十一章 管理会计报告

本章框架如图 21-1 所示。

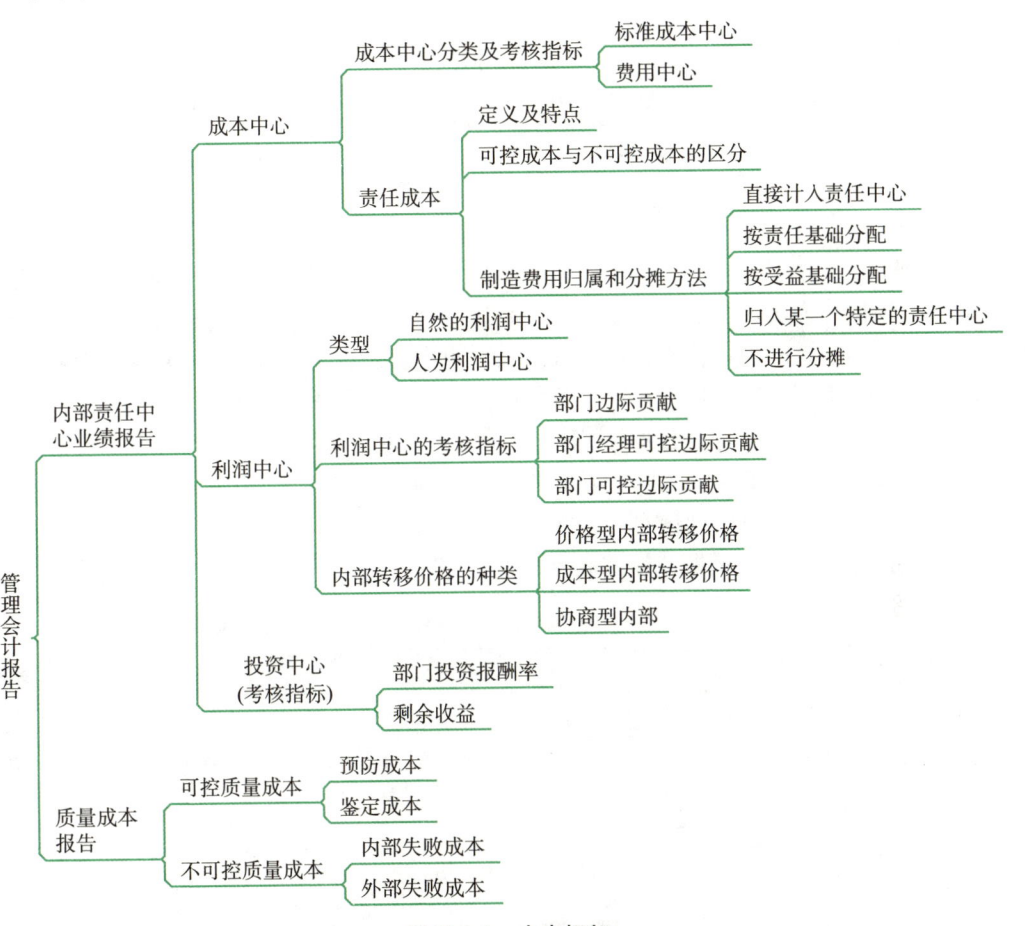

图 21-1 本章框架

管理会计报告的含义、特征与分类如表 21-1 所示。

表21-1　　　　　　　　管理会计报告的含义、特征与分类

含义	管理会计报告是运用管理会计方法，根据财务和业务的基础信息加工整理形成的，满足企业价值管理需要或非营利组织目标管理需要的对内报告
特征	与一般对外财务报告相比，有四个特征： （1）没有统一的格式和规范，根据企业内部的管理需要来提供。 （2）管理会计报告遵循问题导向。 （3）不仅提供财务信息，还提供非财务信息；不仅提供内部信息，还提供外部信息；不仅包括结果信息，还包括过程信息；更应包括剖析原因、提出改进意见和建议的信息。 （4）如果涉及会计业绩的报告，主要报告格式应该是边际贡献格式，而不是财务会计准则中规范的对外财务报告格式
分类	包括但不限于： （1）按照使用者所处层级：战略层管理会计报告、经营层管理会计报告和业务层管理会计报告。 （2）按照报告内容（整体性程度）：综合（整体）企业管理会计报告、专项（分部）管理会计报告。 （3）按照管理会计功能：管理规划报告、管理决策报告、管理控制报告和管理评价报告。 （4）按照责任中心：成本中心报告、利润中心报告和投资中心报告

第一节　内部责任中心业绩报告

业绩报告也称为责任报告、绩效报告，它反映责任预算实际执行情况，揭示责任预算与实际结果之间差异的内部管理会计报告。它着重于对责任中心管理者的业绩评价，其本质要得到一个结论：与预期目标相比，责任中心管理者干得怎样（见表21-2）。

业绩报告的目的在于将责任中心实际业绩与其在特定环境下本应取得的业绩进行比较，因此实际业绩与预期业绩之间差异的原因应得到分析，并且尽可能量化。

业绩报告应当传递出三种信息：（1）关于实际业绩的信息；（2）关于预期业绩的信息；（3）关于实际业绩与预期业绩之间差异的信息。

表21-2　　　　　　　　三种责任中心业绩报告

责任中心类型	相应的业绩报告
成本中心业绩报告	成本中心的业绩考核指标通常为该成本中心所有可控成本，即责任成本。 成本中心的业绩报告，通常是按成本中心可控成本的各明细项目列示其预算数、实际数和成本差异数三栏式表格。由于各成本中心是逐级设置的，所以其业绩报告也应自下而上，从最基层的成本中心逐级向上编制，直至最高层次的成本中心
利润中心业绩报告	利润中心考核指标通常为该利润中心的部门边际贡献、分部经理可控边际贡献和部门可控边际贡献。 利润中心的业绩报告，分别列出其可控的销售收入、变动成本、边际贡献、分部经理人员可控的可追溯固定成本、分部经理可控边际贡献、分部经理不可控但高层管理人员可控的可追溯固定成本、部门边际贡献的预算数和实际数；并通过实际与预算的对比，分别计算差异，据此进行差异的调查、分析产生差异的原因
投资中心业绩报告	投资中心的主要考核指标是投资报酬率和剩余收益，补充的指标是现金回收率和剩余现金流量。投资中心不仅需要对成本、收入和利润负责，而且还要对所占的全部资产（包括固定资产和营运资金）的经营效益承担责任。投资中心的业绩评价指标除了成本、收入和利润外，还包括投资报酬率、剩余收益等指标

第二节 质量成本报告

一、质量成本及其分类

质量成本是指企业为了保证产品达到一定质量标准而发生的成本（见表21-3）。

表 21-3　　　　　　　　　　　质量成本及其分类

类别	含义	内容
预防成本	预防成本是为了防止产品质量达不到预定标准而发生的成本，是为了防止质量事故的发生，为了最大限度地降低质量事故所造成的损失而发生的费用	（1）质量工作费用。 （2）标准制定费用。 （3）教育培训费用。 （4）质量奖励费用
鉴定成本	鉴定成本是为了保证产品质量达到预定标准而对产品进行检测所发生的成本	（1）检测工作的费用。 （2）检测设备的折旧。 （3）检测人员的费用
内部失败成本	内部失败成本是指产品进入市场之前由于产品不符合质量标准而发生的成本	废料、返工、修复、重新检测、停工整修或变更设计等。 鉴定成本和内部失败成本都是发生在产品未到达顾客之前的所有阶段
外部失败成本	外部失败成本是指存在缺陷的产品流入市场之后发生的成本	因产品存在缺陷而错失的销售机会，问题产品的退还、返修，处理顾客的不满和投诉发生的成本。 外部失败成本一般发生在产品被消费者接收以后的阶段

【提示】一般来说，预防成本和鉴定成本属于可控质量成本，而内部失败成本和外部失败成本属于不可控质量成本。

【例题21-1·多选题】下列各项质量成本中，不属于内部失败成本的有（　　）。（2017年）
A. 产品返工费用　　　　　　　　B. 产品检测费用
C. 产品质量认证费用　　　　　　D. 处理顾客不满和投诉发生的费用
【答案】BCD
【解析】内部失败成本是指产品进入市场之前由于产品不符合质量标准而发生的成本，这部分成本包括：废料、返工、修复、重新检测、停工整顿或变更设计等。

二、质量成本报告

质量成本报告是企业组织完善质量成本控制的必要措施。通过质量成本报告，企业管理者可以全面评价企业组织当前的质量成本情况。

质量成本报告按质量成本的分类详细列示实际质量成本，并向企业组织的经理人提供以下两个方面的重要信息：

（1）显示各质量成本的支出情况及财务影响。

（2）显示各质量成本的分布情况，以便企业管理者判断各类质量成本的重要性。

三、质量绩效报告

为了反映企业在质量管理方面所取得的进展及其绩效，企业需要编制质量绩效报告。质量绩效报告包括：

（1）中期报告。中期报告根据当期的质量目标列示质量管理的成效。

（2）长期报告。长期报告根据长期质量目标列示企业质量管理成效。

（3）多期质量趋势报告。多期质量趋势报告列示企业实施质量管理以来所取得的成效。

第二十一章 管理会计报告

彬哥跟你说：

到这里，内容算是没有了，但是接下来的任务却是很重的：

（1）如何将书读薄？只有把讲义或者教材读薄才是消化，我们要具备把教材读薄的能力！

（2）如何具备做题能力？对每一道题目重新思考一遍，考点在哪里？坑在哪里？会错在哪里？并且去找整套真题进行练笔。

（3）财管考试的时候机考是比较痛苦的，那么考前半个月要针对机考进行一定训练，这也是必须的！

学习在于重复，还望各位不断地去重复！

今日复习步骤：

第一遍：回忆 & 重新复习一遍框架（10 分钟）

学习要求：这一遍的目的是自己重新梳理一遍框架，不需要掌握所有细节，但求框架了然于心。

管理会计报告是做什么的？

第二遍：对细节进一步掌握（25 分钟）

第三遍：重新复习一遍框架（5 分钟）

我问你答：

（1）预防成本是什么？鉴定成本是什么？

（2）内部失败成本是什么？外部失败成本是什么？

第 21 天　复习日

复习旧内容：

第十三章~第二十一章

后面的章节分值不多，同学们以题带学，抓出重点知识点反复练习！

学习新内容：

无

学习方法：

最后，我要特别强调财务管理的学习方法：

（1）财务管理的考试不难，但前提是我们平时要不断地去做真题，而不是去看真题。特别是大题目，你们都懂原理，但是不去动笔重新做几遍，其实是没有用的。

（2）财管我认为应该"背"，但是这个"背"不是死记硬背，而是去记忆全书有什么内容，每章大概有哪些知识，每个知识点大概怎么处理。这样做的目的是为了让整本书深深地印入脑海。

（3）适当的时候学着用电脑去作答，就在 Word 中去作答几次，感受一下机考。因为六门中只有财管的机考会有一点影响，其他科目影响不大。

建议学习时间：

复习是常态，不断地、反复地去复习！

BT学院
btclass.cn
陪伴奋斗年华

明星讲师

李彬

BT学院（www.btclass.cn）明星老师，注册会计师全国统一考试辅导教材「21天突破注会」系列丛书作者

2019年一人带出15个一次过六科学员，92个一次性过五科学员，346个过四科学员；累计带出一次过6科学员80名。

零基础开始考证之路，自创框架学习法！2012年一次性极高分通过注册会计师专业阶段考试（459分），2013年6月一次性通过注册税务师考试（5门），2013年9月高分通过司法考试（400+）。

↑备考CPA的同学，可以扫码添加彬哥的微信

向艳老师
主讲：会计
16年CPA全国状元（478.25）
BT学院教研组负责人，多年财会教学经验
极致耐心细致教学，上课传授高效学神备考方法

七喜老师
主讲：财管
自学半个月过财管，2年过CPA
曾在世界500强、央企等担任管理会计工作
擅长框架法教学，自带圈粉属性的声音，课堂超高互动率

叶子老师
主讲：税法
注册会计师、中国人民大学会计学毕业
担任多年上市公司会计主管，具有多年财会教学经验
以班主任风格授课，条理清晰，生动形象，重点极其突出！

颖儿老师
主讲：经济法
在职宝妈均分80+过CPA
擅长多线备考，手握数十本证书的考证狂魔
擅长以图说"法"，自创高效抗遗忘法，帮助学员牢记知识点！

丽丽老师
主讲：审计、战略
注册会计师，2年过CPA
曾在立信事务所担任审计、担任多年高校财会老师
被誉为最温柔耐心的CPA老师，立志打造最快乐的CPA课堂

题库领取

Step 1

扫描二维码

Step 2

扫码后弹出【BT研习社】,点击"关注公众号",如已关注请忽略此步

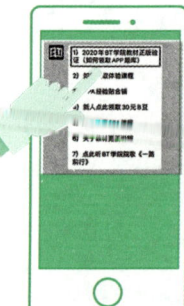

Step 3

关注后自动领取7天导学课+精品课
点击弹出消息中的"2020年BT学院教材正版验证"(如何领取APP题库)

Step 4

刮开封面题库码刮银,获取题库码

Step 5

在领取BT学院APP题库页面中填写题库优惠码,填写完毕后点击"兑换"

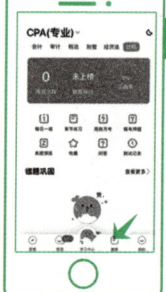

Step 6

领取成功后,下载【BT学院】APP,点击【题库】即可做题

下载BT学院APP

联系官方客服

BT学院——陪伴奋斗年华

致敬这个时代最有梦想的人

有时候会觉得自己很孤单,哪怕并不缺少亲人朋友关切的眼神。因为没有处在相同的境地,没有面临等同的压力,没有殊途同归的共同目标,所以有口难言,情绪都烂在心里。想要与志同道合的朋友喝酒聊天,想要在他们眼里找回激情和梦想,想要与保持着同一份初心的人一路前行。

陪伴,是最温暖的情怀,是最长情的告白,而BT学院就想要送你这一份温暖,陪伴奋斗年华。

学习知识固然重要,可是陪伴或许才是教育的本质。有"效率"的陪伴,应该是"双向沟通",就像高效的学习不应当只是"单向传输"一样。老师懂你的困惑,你也能跟上老师的节奏,及时的互通和反馈才是陪伴的真谛!信息时代里,我们缺少的绝对不是那堆冷冰冰的知识,而是能有良师在授业解惑之余不断引导你培养终身受益的学习方法,有益友持续鼓励你坚定不渝地前行,这或许就是教育的本质。这样的经历在我们学生时代也许并不陌生,只是多年之后再回首,那些坚定又充实的学习时光竟然是那般遥远。在BT学院里,我们想要给你陪伴,带你再回那段时光。

纵然无线WiFi不能传递热能,可是陪伴却可以带来无限温情。直播间里,老师说"懂得了就扣1",一连串的1111让我们透过屏幕感受到你们的欣喜和雀跃;班级群里,助教说"复习完了要打卡",同学们较着劲儿地报进度,互相鼓励着去坚持,真切地觉得在奋斗的不只是自己。

纵使我们来自全国各地,可是有着相同的奋斗心情。我们在一群素未谋面的陌生人中嗅到了至真至纯的人情味儿,让早读成为了习惯,拼搏至凌晨成为了常态。助教的督促,老师的答疑,同学的鼓励,让汗水终将换来理想成绩的感动。正是对这份温暖的向往,对目标的矢志不渝,让你在最美的年华,选择了奋斗在BT学院。一个人走得很快,但一群人相伴可以走得更远。

熹微晨光中,鸟鸣和BT学院陪你;静谧的夜里,咖啡和BT学院陪你;没有休息的周六日,没有旅行的假期,BT学院一直陪你,陪你!陪你遥望真理无穷,陪你感受每进一寸的欢喜,陪你平缓坎坷心情,陪你度过奋斗年华!

BT学院—陪伴奋斗年华。BestTime,最美的年华,奋斗在BT学院!

目 录
CONTENTS

第一章 财务管理基本原理 1
第二章 财务报表分析 3
第三章 价值评估基础 7
第四章 资本成本 9
第五章 投资项目资本预算 11
第六章 债券、股票价值评估 13
第七章 期权价值评估 14
第八章 企业价值评估 16
第九章 资本结构 18
第十章 长期筹资 19
第十一章 股利分配、股票分割与股票回购 21
第十二章 营运资本管理 22
第十三章 产品成本计算 25
第十四章 标准成本法 27
第十五章 作业成本法 28
第十六章 本量利分析 29
第十七章 短期经营决策 30
第十八章 全面预算 31
第十九章 责任会计 32
第二十章 业绩评价 34
第二十一章 管理会计报告 36

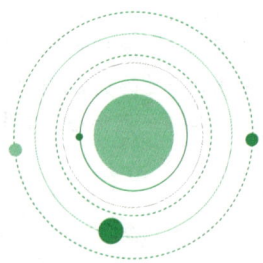

第一章 财务管理基本原理

财务管理基本原理

- **财务管理的组织形式**
  - 个人独资企业
    1. 创立便捷，维持成本低，无需缴纳企税
    2. 承担无限责任，存续时间受限制
    3. 难以从外部获得大量资本用于经营，所有权转让较困难
  - 合伙企业　与个人独资企业类似的特点和约束条件；合伙企业责任的承担
  - 公司制企业
    1. 无限存续、股权可以转让、承担有限责任
    2. 双重课税（企税和个税）
    3. 组建成本高、存在代理问题

- **财务管理的主要内容**
  - 长期投资　投资主体是公司；投资对象是经营性长期资产；投资目的是获取经营活动所需的实物资源
  - 长期筹资　筹资主体是公司；筹资对象是长期资本；筹资目的是满足公司长期资本需求
  - 营运资本管理　流动资产和流动负债的差额；分为营运资本投资、营运资本筹资

- **财务管理的基本目标**
  - 利润最大化
    1) 没有考虑利润的取得时间
    2) 没有考虑所获利润与投入资本额的关系
    3) 没有考虑获得利润和所承担风险的关系
  - 每股收益最大化
    1) 没有考虑每股收益的取得时间
    2) 没有考虑每股收益的风险
    【注意】如果每股收益的时间、风险相同，则每股收益最大化也是一个可以接受的观念
  - 股东财富最大化（本书采纳的观点）
    若股东投资资本不变，股价最大化=增加股东财富
    若股东投资资本和债务价值不变，企业价值最大化=增加股东财富

- **利益相关者的要求**
  - 主要关系人
    - 股东　股东财富最大化
    - 经营者
      - 要求：增加报酬、增加闲暇时间、避免风险
      - 与股东利益的背离：道德风险、逆向选择
      - 解决措施：监督、激励
    - 债权人
      - 要求：到期收回本金、获得约定的利息收入
      - 与股东利益的背离：不经债权人同意，投资高风险项目或借入新债务
      - 解决措施：借款合同中增加限制性条款、提前收回贷款或不再提供新的贷款
  - 其他利益相关者
    - 合同利益相关者
    - 非合同利益相关者

- **财务管理的核心概念和基本理论**
  - 核心概念
    - 货币的时间价值
      - 现值概念
      - "早收晚付"观念
    - 风险与报酬
      - 风险厌恶
      - 风险与报酬的权衡关系：高收益的投资机会必然伴随巨大风险，风险小的投资机会必然只有较低的收益
  - 基本理论
    - 现金流量理论（最基础）　现金流入量、现金流出量和现金净流量
    - 价值评估理论（核心）　关注内在价值、净增加值和价值评估模型
    - 风险评估理论　风险导致财务收益的不确定性。投资、筹资和经营活动都存在风险，需要进行风险评估
    - 投资组合理论　收益=加权平均收益，但风险≠加权平均风险；投资组合能降低非系统性风险
    - 资本结构理论　资本结构与财务风险、资本成本以及公司价值之间的关系
      MM理论、权衡理论、代理理论和优序融资理论

……（接下页）

...（接上页）

财务管理基本原理

金融工具与金融市场

- **金融工具类型** 固定收益证券（浮动利率债券）、权益证券、衍生证券（期权、期货、利率互换）

- **金融市场类型**
  - 按交易工具的期限
    - 货币市场工具——不超过1年，短期国债、可转让存单、商业票据、银行承兑汇票
    - 资本市场工具——1年以上的金融资产
  - 按证券属性划分 债务市场、股权市场
  - 按是否初次发行 一级市场（初次发行）、二级市场
  - 按交易程序 场内市场、场外市场

- **金融市场的参与者** 居民（最主要的资本提供者）、公司（最大的资本需求者）、政府

- **金融中介机构** 银行和非银行金融机构（保险、投资基金、证券公司）

- **金融市场的功能**
  - 基本功能：资本融通功能、风险分配功能
  - 附带功能：价格发现功能、调节经济功能、节约信息成本

资本市场效率

- **资本市场有效的基础条件（满足一个就可以）**
  - 理性的投资人
  - 独立的理性偏差
  - 套利行为

- **有效资本市场对财务管理的意义**
  - 管理者不能通过改变会计方法提升股票价值
  - 管理者不能通过金融投机获利
  - 关注自己公司的股价是有益的

- **资本市场效率的程度**
  - **弱式**
    - 股价只反映历史信息的市场
    - 验证方法：随机游走模型、过滤检验模型
    - 弱式市场下技术分析无用
  - **半强式**
    - 价格不仅反映历史信息，还能反映所有公开信息的市场
    - 验证方法：事件研究、投资基金表现研究法
    - 技术分析、基本面分析和各种估价模型都是无效的
    - 各种投资基金不能取得超额收益
  - **强式**
    - 价格不仅反映历史信息和公开信息，还能反映内部信息的市场
    - 验证方法：内幕者能否获得超额收益
    - 内幕消息无用

第二章 财务报表分析

- **财务报表分析**
  - **方法和局限性**
    - 比较分析法
      - 按比较对象分（和谁比）：趋势分析、横向比较、预算差异分析
      - 按比较内容分（比什么）：比较会计要素的总量、比较结构百分比、比较财务比率
    - 因素分析法
      - 连环替代法
      - 差额分析法
    - 局限性
      1) 财务报表信息的披露问题
      2) 财务报表的可靠性问题
      3) 比较基础问题：横向比较用同业、趋势分析用历史数据、实际与预算的差异分析用预算数
  - **财务比率分析**
    - **短期偿债能力**
      - 营运资本
        - 营运资本＝流动资产-流动负债＝长期资本-长期资产
        - 1) 绝对数，不便于企业之间比较
        - 2) 营运资本配置比率＝营运资本/流动资产
      - 流动比率
        - 流动比率＝流动资产/流动负债
        - (1) 流动比率＝1÷(1-营运资本÷流动资产)
        - (2) 营业周期越短的行业，合理的流动比率越低
        - 局限性：假设全部流动资产都可以变为现金并用于清偿，全部流动负债都需要还清
      - 速动比率
        - 速动比率＝速动资产/流动负债
        - (1) 速动资产＝货币资金+交易性金融资产+各种应收账款
          ＝流动资产 - 存货 - 预付账款-1年内到期的非流动资产-其他流动资产
        - (2) 可信性的主要影响因素：应收款项的变现能力
        - (3) 速动比率越高，公司短期偿债能力越强
      - 现金比率
        - 现金比率＝货币资金/流动负债
      - 现金流量比率
        - 现金流量比率＝经营活动现金流量净额/流动负债
        - 该比率中的流动负债采用期末数而非平均数
      - 表外因素
        - 增强因素：可动用的银行授信额度、可快速变现的非流动资产、偿债能力的声誉
        - 降低因素：与担保有关的或有负债事项
    - **长期偿债能力**
      - 总债务存量比率
        - 资产负债率
          - 资产负债率＝负债总额/资产总额
        - 产权比率和权益乘数
          - 产权比率＝负债总额/股东权益
          - 权益乘数＝总资产/股东权益＝1+产权比率＝1/（1-资产负债率）
        - 长期资本负债率
          - 长期资本负债率＝非流动负债/（非流动负债+股东权益）
      - 总债务流量比率
        - 利息保障倍数
          - 利息保障倍数＝息税前利润/利息费用
          - ＝（净利润+利息费用+所得税费用）/利息费用
          - 公式分母中的利息费用包括计入财务费用中的利息费用和资本化利息
        - 现金流量利息保障倍数
          - 现金流量利息保障倍数＝经营活动现金流量净额/利息费用
        - 现金流量与负债比
          - 现金流量与负债比率＝经营活动现金流量净额/负债总额×100%
      - 表外因素
        - 债务担保、未决诉讼

……（接下页）

财务报表分析

财务比率分析

营运能力比率

通用公式
- ABC周转次数=营业收入/ABC
- ABC周转天数=365/ABC周转次数=（365×ABC）/营业收入
- ABC与收入比=ABC/营业收入

应收账款周转率
理论上用赊销额、应收账款用平均数、应收账款用减值前数据、应收票据应该计入、周转天数并非越少越好

存货周转率
根据分析的目的，决定用营业收入/成本（评价存货管理，用营业成本）
存货周转天数不是越低越好

其他营运能力指标
- 流动资产周转率、营运资本周转率、非流动资产周转率
- 总资产周转率
  - 总资产周转天数=∑各单项资产周转天数
  - 总资产与收入比=∑各单项资产与收入比
  - 总资产周转次数无此关系

盈利能力比率

营业净利率 营业净利率=净利润/营业收入

总资产净利率
- 总资产净利率=净利润/总资产=营业净利率×总资产周转次数
- 总资产净利率是企业盈利能力的关键

权益净利率 权益净利率=净利润/股东权益

市价比率

市盈率 = 每股市价/每股收益
1) 仅有普通股：每股收益=普通股股东净利润/流通在外普通股加权平均数
2) 有优先股：每股收益=（净利润-优先股股利）/流通在外普通股加权平均股数

市净率 = 每股市价/每股净资产
每股净资产=（股东权益总额-优先股权益）/流通在外普通股股数
优先股权益=优先股清算价值+拖欠的股利

市销率 = 每股市价/每股营业收入

杜邦分析体系

权益净利率=净利润/股东权益=营业净利率×总资产周转率×权益乘数

$$权益净利率=\frac{净利润}{营业收入}\times\frac{营业收入}{总资产}\times\frac{总资产}{股东权益}$$

局限性
(1) 总资产净利率的"总资产"与"净利润"不匹配，不能反映实际的报酬率
(2) 没有区分经营活动损益和金融活动损益
(3) 没有区分金融资产与经营资产
(4) 没有区分金融负债与经营负债

...（接上页）

财务报表分析

管理用财务报表分析

管理用财务报表

资产负债表

基本公式：净经营资产=净负债+股东权益

左边	右边
经营性流动资产	金融负债
-	-
经营性流动负债	金融资产
=	=
经营营运资本	净负债
经营性长期资产	
-	
经营性长期负债	
=	
净经营长期资产	股东权益合计
净经营资产合计	净负债 + 股东权益合计

利润表

基本公式：
净利润=经营损益+金融损益
　　　=税后经营净利润-税后利息费用
　　　=税前经营利润×（1-税率）-利息费用×（1-税率）

【注意】这里的利息费用不仅仅指财务费用，而是将所有涉及的金融损益合并称为利息费用

现金流量表

营业现金毛流量=税后经营净利润+折旧和摊销
营业现金净流量=营业现金毛流量-经营营运资本净增加
实体现金流量=营业现金净流量-资本支出
其中：资本支出=净经营长期资产增加+折旧与摊销

实体现金流量=税后经营净利润+折旧和摊销-经营营运资本净增加-净经营长期资产增加-折旧与摊销
　　　　　　=税后经营净利润-（经营营运资本净增加+净经营长期资产增加）

实体现金流量=税后经营净利润-净经营资产增加

实体现金流量=融资现金流量=债务现金流量+股权现金流量
　　　　　　=（税后利息费用-净负债的增加）+（股利分配-股权资本增加）

管理用财务报表分析体系

权益净利率=净利润/股东权益=（税后经营净利润-税后利息费用）/股东权益

$$权益净利率=\frac{税后经营净利率}{股东权益}-\frac{税后利息费用}{股东权益}=\frac{税后经营净利率}{净经营资产}×\frac{净经营资产}{股东权益}-\frac{税后利息费用}{净负债}×\frac{净负债}{股东权益}$$

$$=\frac{税后经营净利率}{净经营资产}×\left(1+\frac{净负债}{股东权益}\right)-\frac{税后利息费用}{净负债}×\frac{净负债}{股东权益}$$

= 净经营资产净利率 +（净经营资产净利率 − 税后利息率）× 净财务杠杆

影响权益净利率驱动因素：净经营资产净利率、税后利息率、净财务杠杆
权益净利率 = 净经营资产净利率 + 经营差异率 × 净财产杠杆 = 净经营资产净利率 + 杠杆贡献率

...（接下页）

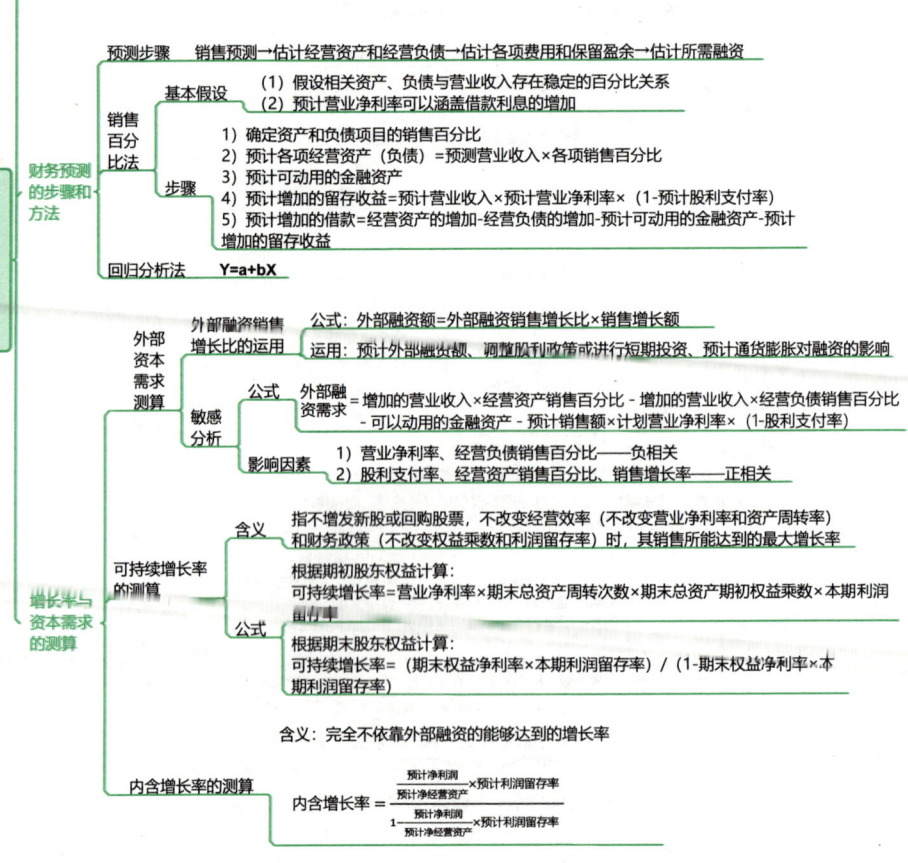

第三章 价值评估基础

- 价值评估基础
  - 利率（了解）
    - 基准利率及其特征
    - 利率的期限结构　无偏预期理论、市场分割理论、流动性溢价理论
    - 市场利率的影响因素　风险、通货膨胀、违约风险、流动性风险、期限风险
  - 货币的时间价值
    - 复利终值系数（F/P, i, n）和复利现值系数（P/F, i, n）
    - 报价利率、计息期利率和有效年利率
      - 计息期利率 = 报价利率 / 每年复利次数
      - 有效年利率 = $\left(1+\dfrac{报价利率}{m}\right)^m - 1$
      - 连续复利的有效年利率 = $e^{报价利率} - 1$
    - 年金终值与现值
      - 普通年金
        - 普通年金终值　$F = A \times (F/A, i, n) = A \times \dfrac{(1+i)^n - 1}{i}$
        - 偿债基金　$A = F \times (A/F, i, n) = F \times \dfrac{i}{(1+i)^n - 1}$
        - 普通年金现值　$P = A \times (P/A, i, n) = A \times \dfrac{1 - (1+i)^{-n}}{i}$
        - 投资回收系数　$(A/P, i, n) = \dfrac{i}{1 - (1+i)^{-n}}$
      - 预付年金终值和现值
        - 预付年金终值
          $F = A \times [(F/A, i, n+1) - 1] = A \times \left[\dfrac{(1+i)^{n+1} - 1}{i} - 1\right]$
        - 预付年金现值
          $P = A \times [(P/A, i, n-1) + 1] = A \times \left[\dfrac{1 - (1+i)^{-(n-1)}}{i} + 1\right]$
      - 递延年金与永续年金的现值
  - …（接下页）

价值评估基础

…（接上页）

风险和报酬

风险的含义
(1) 风险是发生财务损失的可能性
(2) 风险是预期结果的不确定性

单项资产

- 概率、离散性分布和连续性分布、预期值
- 离散程度
  - 方差：期望相同时，方差越大，风险越大
  - 标准差：期望相同时，标准差越大，风险越大
  - 变异系数 = 标准差 / 均值
    - 变异系数越大，风险越大

投资组合

- 证券组合的预期报酬率和标准差
  - 期望报酬率，组合中各证券期望报酬率的加权平均数
    $$r_p = \sum_{j=1}^{m} r_j A_j$$
  - 标准差，取决于组合内的各证券的风险和各个证券之间的关系
    $$\sigma_p = \sqrt{\sum_{j=1}^{m}\sum_{k=1}^{m} A_j A_k \sigma_{jk}}$$

- 投资组合的风险计量
  - $\sigma_{jk} = r_{jk}\sigma_j\sigma_k$
  - 协方差与相关系数
    1) 相关系数 (r) 的值总是在 -1 至 +1 之间
    2) r 值越靠近 1，二者正相关程度越高
    3) r 值越靠近 -1，二者负相关程度越高
    4) r 值为 0 时，二者不相关
  - 风险衡量：只要两种证券期望报酬率的相关系数小于 1，证券组合期望报酬率的标准差就小于各证券期望报酬率标准差的加权平均数

- 两种证券组合的投资比例与有效集
  1) 相关系数越小，机会集曲线越弯曲，分散化应越强
  2) 最小方差组合
  3) 投资组合的有效集合

- 多种证券组合的风险和报酬
  两种证券组合的有效集是一条曲线，而多种证券组合的机会集是平面

- 资本市场线
  总期望报酬率 = Q × 风险组合的期望报酬率 + (1 - Q) × 无风险利率
  总标准差 = Q × 风险组合标准差
  只适用于有效证券组合

- 系统风险和非系统风险　无法分散掉的是系统风险，可以分散掉的风险是非系统风险

资本资产定价模型 (CAPM 模型)

- 系统风险的度量
  $$\beta_J = \frac{COV(K_J, K_M)}{\sigma_M^2} = \frac{r_{JM}\sigma_J\sigma_M}{\sigma_M^2} = r_{JM}\left(\frac{\sigma_J}{\sigma_M}\right)$$

- 投资组合的贝塔系数　投资组合的贝塔系数就是各证券 β 值的加权平均值

- 证券市场线　$R_i = R_f + \beta(R_m - R_f)$

- 适用范围
  1) 适用于单个证券，也适用于投资组合
  2) 适用于有效组合、也适用于无效组合

第四章 资本成本

资本成本

资本成本的概念和用途

- 公司的资本成本
  - 是公司取得资本使用权的代价，是公司投资人要求的最低报酬率
  - 决定因素：无风险报酬率、经营风险溢价、财务风险溢价
- 投资项目的资本成本
  - 指项目本身所需投资资本的机会成本
  - 不同项目风险不同，要求的最低报酬率不同
- 公司资本成本与项目资本成本的联系
  - 新投资项目风险＝企业现有资产平均风险　项目资本成本＝公司资本成本
  - 新投资项目风险＞企业现有资产平均风险　项目资本成本＞公司资本成本
  - 新投资项目风险＜企业现有资产平均风险　项目资本成本＜公司资本成本
- 资本成本的用途：投资决策、筹资决策、营运资本的管理、评估企业价值、企业业绩评价

债务资本成本估计

- 债务资本成本
  1) 未来借入新债务的成本
  2) 是期望收益而非承诺收益
  3) 只考虑长期债务，而忽略短期债务

- 税前债务资本成本估计
  - 到期收益率法
    - 上市的长期债券可用此法计算债务的税前成本
    $$P_0 = \sum_{t=1}^{n} \frac{\text{利息}}{(1+r_d)^t} + \frac{\text{本金}}{(1+r_d)^t}$$
    - 不是按年付息，而是每年付息 m 次时
    $$P_0 = \sum_{t=1}^{mn} \frac{\text{利息} \div m}{(1-r_d)^t} + \frac{\text{本金}}{(1+r_d)^{mn}}$$
    - 债务税前资本成本 = 有效年利率 = $(1+r_d)^m - 1$
  - 可比公司法
    - 使用前提：公司目前没有上市债券，但拥有可交易债券的可比公司作为参照物
    - 方法：找一个拥有可交易债券的可比公司作为参照物，计算可比公司长期债务的到期收益率，作为本公司的长期债务成本
    - 可比公司选择：处于同一行业、具有类似的商业模式；最好规模、负债比率和财务状况也比较类似
  - 风险调整法
    - 使用前提：公司目前没有上市债券，也找不到可比公司，但是有信用评级
    - 基本公式：税前债务成本＝政府债券的市场回报率＋企业信用风险补偿率
    - 企业信用风险补偿率的确定：与本公司信用级别相同的上市公司债券的到期收益率与同期（到期日相近）的政府债券到期收益率（无风险利率）之差的平均值
  - 财务比率法
    - 使用前提：公司目前没有上市的长期债务，也找不到可比公司，并且没有信用评级资料
    - 方法：根据目标公司的关键财务比率，判断公司信用级别之后，使用风险调整法

- 有发行费用时债券资本成本
  $$\text{债券的税前成本} \quad P_0 \times (1-F) = \sum_{t=1}^{n} \frac{\text{利息}}{(1+r_d)^t} + \frac{\text{本金}}{(1+r_d)^t}$$

- 税后债务成本＝税前债务成本×（1-所得税税率）

...（接下页）

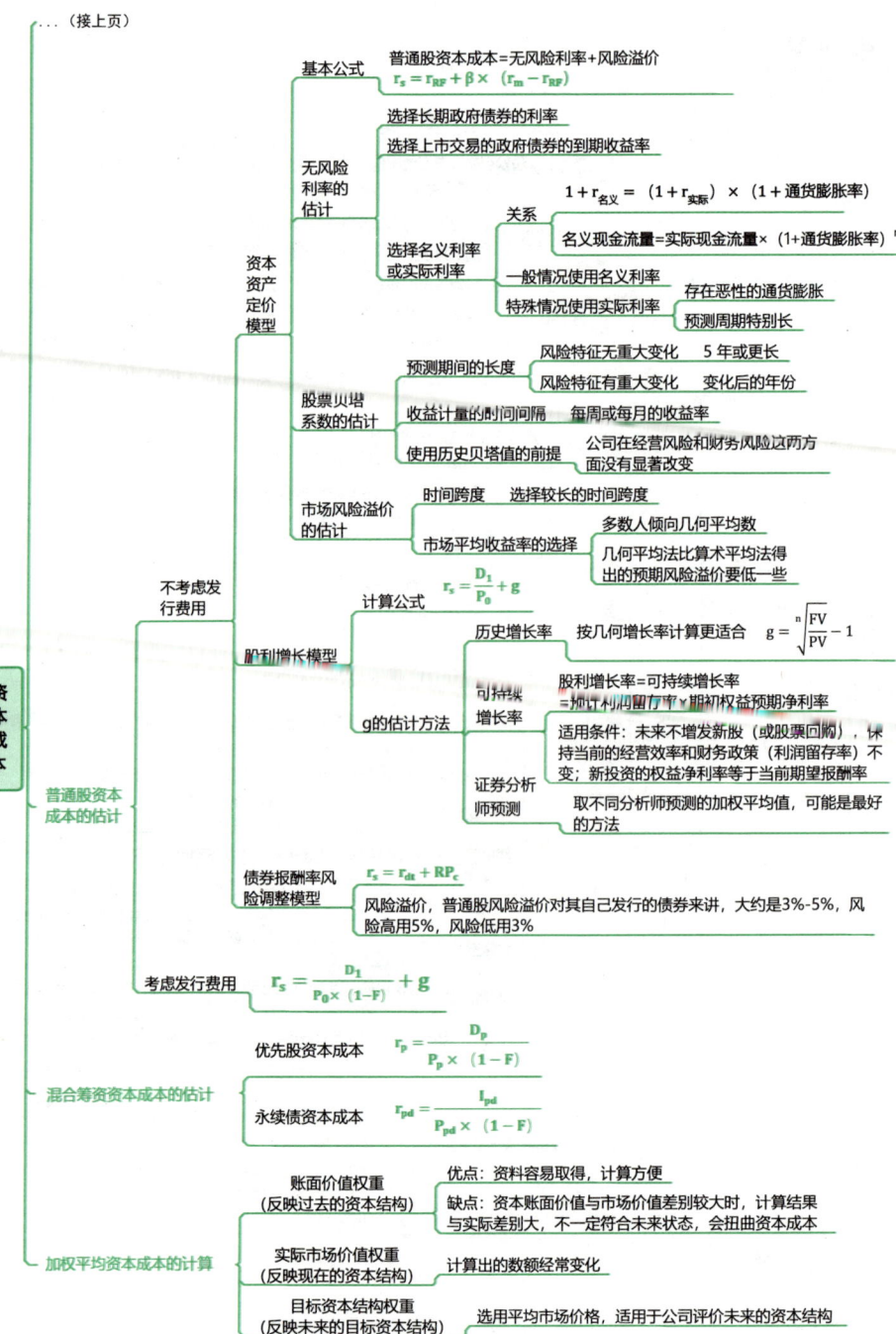

第五章 投资项目资本预算

- 投资项目资本预算
  - 投资项目评价方法
    - 独立项目评价方法
      - 净现值
        - 净现值 = 未来现金净流量现值 - 原始投资额现值
        - 当净现值大于0,投资项目可行
        - 反映一个项目按现金流量计算的净收益现值,是金额的绝对值,在比较投资额不同的项目时有一定的局限性
      - 现值指数
        - 现值指数 = 未来现金净流量现值 ÷ 原始投资额现值
        - 现值指数大于1,项目可行
        - 相对指标,能够比较初始投资额不相等的项目,但没有消除项目期限的差异
      - 内含报酬率法(IRR)
        - 净现值为零的报酬率
        - 内含报酬率高于资本成本时,投资项目可行
      - 评价单一方案可行时,净现值法、现值指数法、内含报酬率法的结论一致
      - 回收期法
        - 静态回收期
          - 静态回收期 = 原始投资额/每年现金净流入量
          - 回收年限越短,项目越有利
          - 优点:计算简便、容易理解、大体上衡量项目流动性和风险
          - 缺点:忽视时间价值;没有考虑回收期以后的收益;促使公司接受短期项目,而放弃有战略意义的长期项目
        - 折现回收期
          - 考虑资金的时间价值
          - 没有考虑回收期以后的收益
      - 会计报酬率法
        - 会计报酬率 = 年平均净收益/原始投资额
        - 会计报酬率高于可接受的报酬率,项目可行
        - 优点:易于理解;使用财务报告数据,容易取得;考虑了项目寿命期的全部利润
        - 缺点:使用账面收益而非现金流量,忽视了折旧对现金流量的影响;忽视了净收益的时间分步对于项目经济价值的影响
    - 互斥项目的排序问题
      - 项目寿命相同,投资额不同　净现值法结论优先
      - 项目寿命不同,投资额也不同
        - 共同年限法　重置项目使其达到相同的年限,然后比较净现值
        - 等额年金法　等额年金额
        - 共同缺点:
          1) 有的领域技术进步快,不能原样复制
          2) 通胀严重时,均未考虑重置成本的上升
          3) 长远看来,均未考虑竞争会使项目净利润下降,甚至被淘汰
    - 独立项目的资本分配
      - 资本总量不受限　凡是净现值为正数的项目都可以投资
      - 资本总量受限　按现值指数排序,并寻找净现值最大的组合
  - ...（接下页）

投资项目资本预算

投资项目现金流量估计

投资项目现金流量估计方法

- **投资项目现金流量的构成**：项目初始现金流量、项目寿命期内现金流量、项目寿命期末现金流量
- **影响因素**
  - 只考虑相关成本
  - 不要忽视机会成本
  - 要考虑投资方案对公司其他项目的影响
  - 对营运资本的影响

估计举例

- **更新决策的现金流量分析**
  - 主要是现金流出
  - 比较继续使用和更新的年成本，以较低者作为好方案

- **固定资产的平均年成本**
  - 固定资产的平均年成本 = 现金流出总现值 / (P/A, i, n)
  - 注意：
    - 假设前提：将来设备更换时，可以按原来的平均年成本找到可代替的设备
    - 继续使用和购置新设备看成两个互斥项目，故不能将旧设备的变现价值作为购置新设备的一项现金流入
    - 最经济的使用年限，是使固定资产的平均年成本最小的那一使用年限

- **所得税和折旧对现金流量的影响**
  - 税后成本与税后收入　税后 = 金额 × (1 - 税率)
  - 折旧抵税　税负减少额 = 折旧额 × 税率
  - 税后现金流量　直接法、间接法、折旧抵税法

总结

- **初始现金流量**
  - 购置支出
  - 垫支营运资金
  - 若是原有资产变现，净损益会影响初始现金流量

- **营运期现金流量**
  - 原则：使用税后收入和成本
  - 运营期现金流量 = 营业收入 - 付现成本 - 所得税
  - 运营期现金流量 = 税后利润 + 非付现成本
  - 运营期现金流量 = 营业收入 × (1 - 税率) - 付现成本 × (1 - 税率) + 折旧 × 税率
  - （注意：折旧等项目并不影响现金流，所以只能计算付现成本。但是折旧可以记入费用，进而减少利润，进而折旧可以抵税）

- **回收期现金流量**
  - 回收垫支的营运资金
  - 回收固定资产的净残值
  - 固定资产的净残值和账面价值的差额影响所得税

投资项目折现率的估计

- **使用企业当前加权平均资本成本作为投资项目的资本成本**
  1) 项目的经营风险与公司当前资产的平均经营风险相同
  2) 公司继续采用相同的资本结构为新项目筹资

- **运用可比公司法估计投资项目的资本成本**
  - 适用范围：新项目的风险与现有资产的平均风险显著不同
  - 原理：寻找一个经营业务与待评价项目类似的上市公司，以该上市公司的β值作为待评价项目的β值
  - 计算步骤：
    - (1) 卸载可比公司财务杠杆
      $\beta_{资产}$ = 可比上市公司的 $\beta_{权益}$ / [1 + (1 - 可比上市公司适用所得税税率) × 可比上市公司的产权比率]
    - (2) 加载目标公司财务杠杆
      目标公司的 $\beta_{权益}$ = $\beta_{资产}$ × [1 + (1 - 目标公司适用所得税税率) × 目标公司的产权比率]
    - (3) 根据目标企业的 $\beta_{权益}$ 计算股东要求的报酬率
      股东要求的报酬率 = 股东权益成本 = 无风险利率 + 目标公司 $\beta_{权益}$ × 市场风险溢价
    - (4) 计算目标企业的加权平均成本
      加权平均资本成本 = 负债成本 × (1 - 所得税税率) × 负债/资本 + 权益成本 × 权益/资本
  - 【注意】$\beta_{资产}$ 不含财务风险，$\beta_{权益}$ 既含有经营风险，也包含财务风险

投资项目的敏感分析

- 最大最小法
- 敏感程度法

第六章
债券、股票价值评估

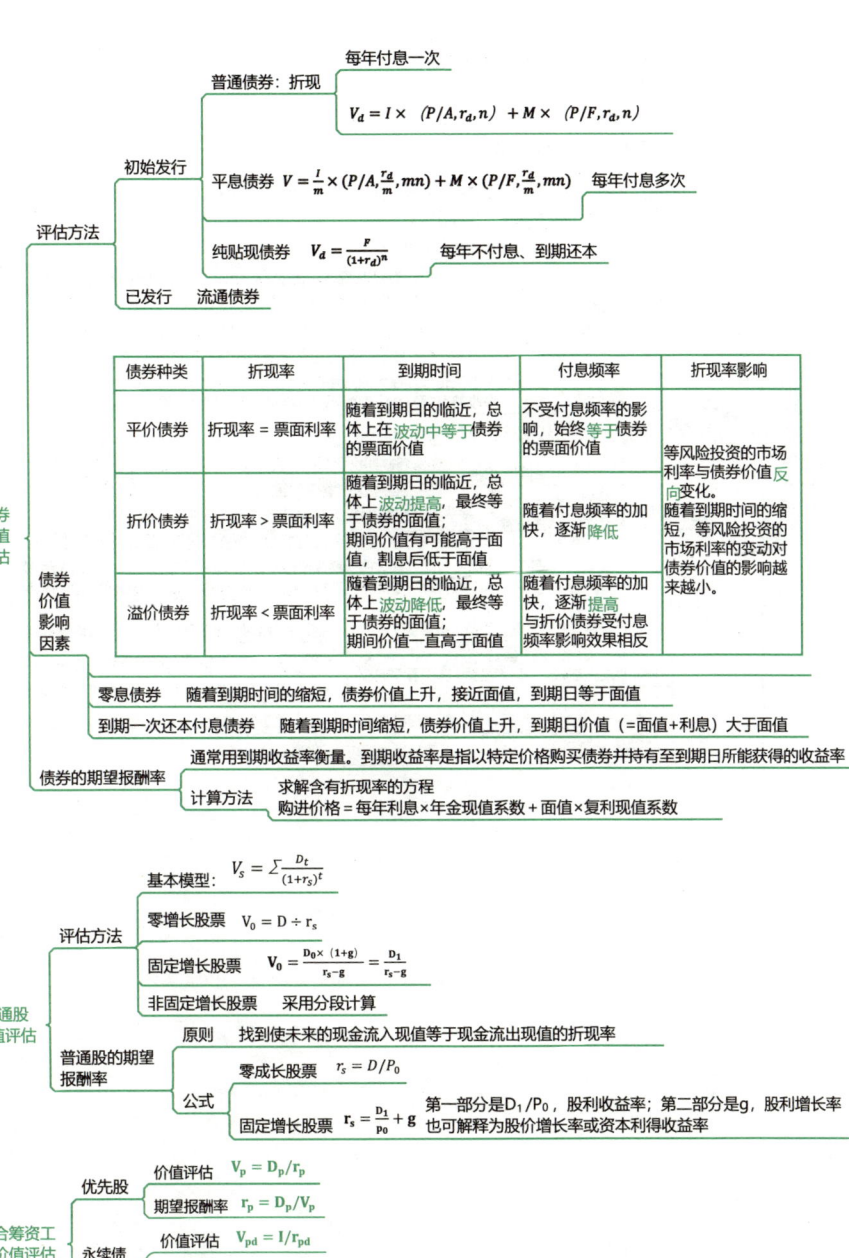

第七章 期权价值评估

期权价值评估

期权的概念
- 是一种买或者卖资产的权利
- 标的一般是金融工具
- 到期日
- 执行：行使权利即为执行

期权的类型

按合约执行时间
- 美式期权——在到期日或到期日之前的任何时间执行
- 欧式期权——只能在到期日执行

按合约赋予的权利

看涨期权——以固定价格买入的权利
- 到期日价值
  - 多头看涨期权到期日价值 = Max（股票市价 - 执行价格，0）
  - 空头看涨期权到期日价值 = - Max（股票市价 - 执行价格，0）
- 净损益
  - 多头看涨期权净损益 = 多头看涨期权到期日价值 - 期权价格
  - 空头看涨期权净损益 = 空头看涨期权到期日价值 + 期权价格
- 多头：净损失有限（最大值为期权价格），而净收益却潜力巨大
- 空头：净收益有限（最大值为期权价格），而净损失不确定；

看跌期权——以固定价格卖出的权利
- 到期日价值
  - 多头看跌期权到期日价值 = Max（执行价格 - 股票市价，0）
  - 空头看跌期权到期日价值 = - Max（执行价格 - 股票市价，0）
- 净损益
  - 多头看跌期权净损益 = 多头看跌期权到期日价值 - 期权价格
  - 空头看跌期权净损益 = 空头看跌期权到期日价值 + 期权价格
- 多头：净损失有限（最大值为期权价格），净收益不确定，最大值为执行价格-期权价格
- 空头：净收益有限（最大值为期权价格），净损失不确定，最大值为执行价格-期权价格

期权的投资策略

- 保护性看跌期权：购买股票+购买看跌期权——在股价下跌时，锁定最低净收入和最低净损益
- 抛补性看涨期权：购买股票+卖出看涨期权
  - 在股价上升时，锁定最高净收入和最高净损益
  - 出售抛补性看涨期权是机构投资者常用的投资策略
- 对敲
  - 多头对敲：同时买入看涨和看跌期权——越大波动盈利越多
  - 空头对敲：同时卖出看涨和看跌期权——越稳定盈利越多

…（接下页）

期权价值评估

金融期权价值影响因素

期权价值
- 期权价值=内在价值+时间溢价
- **内在价值**：立即执行的价值
- **时间溢价**：时间带来的"波动价值"，取决于波动性，并不是等待期越长，期权价值就越大

主要因素

变量	欧式看涨期权	欧式看跌期权	美式看涨期权	美式看跌期权
股票价格	+	-	+	-
无风险利率	+	-	+	-
执行价格	-	+	-	+
红利	-	+	-	+
到期期限	不一定	不一定	+	+
股价波动率	+	+	+	+

金融期权价值评估

评估方法

期权估值原理
- **复制原理**：股票+债券=期权
- **套期保值原理**：用于计算复制原理中股票和债券的数量
  - 套期保值比率 $H = \dfrac{C_u - C_d}{S_u - S_d} = \dfrac{C_u - C_d}{S_0 \times (u - d)}$
  - 借款数额 B = (到期日下行股价×套期保值比率−股价下行时期权到期日价值)÷(1+r)
- **风险中性原理**：期权价值=(上行概率×上行期权价值+下行概率×下行期权价值)/(1+持有期无风险利率) =(上行概率×Cu+下行概率×Cd)/(1+r)

二叉树期权定价模型
- **假设**：略
- **模型**
  - 单期二叉树

  $$C_0 = \left(\dfrac{1+r-d}{u-d}\right) \times \dfrac{C_u}{1+r} + \left(\dfrac{u-1-r}{u-d}\right) \times \dfrac{C_d}{1+r}$$

  - 两期二叉树

  $$C_u = \left(\dfrac{1+r-d}{u-d}\right) \times \dfrac{C_{uu}}{1+r} + \left(\dfrac{u-1-r}{u-d}\right) \times \dfrac{C_{ud}}{1+r}$$

  $$C_d = \left(\dfrac{1+r-d}{u-d}\right) \times \dfrac{C_{ud}}{1+r} + \left(\dfrac{u-1-r}{u-d}\right) \times \dfrac{C_{dd}}{1+r}$$

  再根据单期定价模型计算出 C_0

布莱克-斯科尔斯模型
- **欧式期权**：看涨期权价格C-看跌期权价格P=标的资产价格S-执行价格现值PV(X)
- **美式期权**：由于不受到期日才能执行的制约，所以价值一般比欧式期权高

第八章 企业价值评估

- **企业价值评估**
  - **企业价值评估的目的和对象**
    - 目的：投资分析、战略分析、以价值为基础的管理
    - 对象：企业整体的经济价值
      - 整体价值
        1) 整体不是各部分的简单相加
        2) 整体价值来源于要素的结合方式
        3) 部分只有在整体中才能体现出其价值
      - 经济价值：企业的公平市场价值、未来现金流量的现值
      - 整体经济价值的类别
        - 实体价值和股权价值　实体价值=股权价值+净债务价值
        - 持续经营价值与清算价值　公平市场价值，是前述两者中较高的一个
        - 少数股权价值和控股权价值　股权价值≠少数股权价值+控股权价值

  - **企业价值评估方法**
    - **现金流量折现模型**
      - 使用最广泛、理论上最健全
      - 公式：$价值 = \sum_{t=1}^{n} \dfrac{现金流量_t}{(1+资本成本)^t}$
      - 种类
        - 股利现金流量模型　企业分配给股权投资人的现金流量
        - 股权现金流量模型　一定期间企业可以提供给股权投资人的现金流量
        - 实体现金流量模型　全部现金流入扣除成本费用和必要投资后的剩余部分
      - 现金流量折现模型参数估计
        - 财务预测（与第三章结合）得出每期现金流量
        - 确定预测时间：预测基期、详细预测期和后续期
        - 折现率即资本成本：要与现金流量相匹配
      - 应用
        - 股权现金流量模型
          - 永续增长：$股权价值 = \dfrac{下期股权现金流量}{股权资本成本 - 永续增长率}$
          - 两阶段增长：$股权价值 = \sum_{t=1}^{n} \dfrac{股权现金流量_t}{(1+股权资本成本)^t} + \dfrac{股权现金流量_{n+1}/(股权资本成本-永续增长率)}{(1+股权资本成本)^n}$
        - 实体现金流量模型
          - 永续增长：$实体价值 = \dfrac{下期实体现金流量}{加权平均资本成本 - 永续增长率}$
          - 两阶段增长：$实体价值 = \sum_{t=1}^{n} \dfrac{实体现金流量_t}{(1+加权平均资本成本)^t} + \dfrac{实体现金流量_{n+1}/(加权平均资本成本-永续增长率)}{(1+加权平均资本成本)^n}$

    - **相对价值评估模型**
      - 市盈率模型
        - 本期市盈率 = $\dfrac{股利支付率 \times (1+增长率)}{股权成本 - 增长率}$
        - 内在（预期）市盈率 = $\dfrac{股利支付率}{股权成本 - 增长率}$
        - 公式：目标企业每股价值 = 可比企业市盈率 × 目标企业每股收益
        - 优点：
          ①计算市盈率的数据容易取得，并且计算简单
          ②市盈率把价格和收益联系起来，直观地反映投入和产出的关系
          ③市盈率涵盖了风险、增长率、股利支付率的影响，具有很高的综合性
        - 局限性：如果收益是负值，市盈率就失去了意义
        - 适用情况：市盈率模型最适合连续盈利的企业
      - ……（接下页）

...（接上页）

- **市净率模型**
  - 公式
    - 本期市净率 = $\dfrac{\text{股利支付率} \times \text{权益净利率}_0 \times (1+\text{增长率})}{\text{股权成本} - \text{增长率}}$
    - 内在（预期）市净率 = $\dfrac{\text{股利支付率} \times \text{权益净利率}_1}{\text{股权成本} - \text{增长率}}$
    - 目标企业每股价值 = 可比企业市净率 × 目标企业每股净资产
  - 优点
    - ①市净率极少为负值，可用于大多数企业
    - ②净资产账面价值的数据容易取得，并且容易理解
    - ③净资产账面价值比利润稳定，也不像利润那样经常被人为操纵
    - ④如果会计标准合理并且各企业会计政策一致，市净率的变化可以反映企业价值的变化
  - 局限性
    - ①账面价值受会计政策选择的影响，如果各企业执行不同的会计标准或会计政策，市净率会失去可比性
    - ②固定资产很少的服务性企业和高科技企业，净资产与企业价值的关系不大，其市净率比较没有实际意义
    - ③少数企业的净资产是负值，市净率没有意义，无法用于比较
  - 适用情况：主要适用于需要拥有大量资产、净资产为正值的企业

- **市销率模型**
  - 公式
    - 本期市销率 = $\dfrac{\text{股利支付率} \times \text{营业净利率}_0 \times (1+\text{增长率})}{\text{股权成本} - \text{增长率}}$
    - 内在（预期）市销率 = $\dfrac{\text{股利支付率} \times \text{营业净利率}_1}{\text{股权成本} - \text{增长率}}$
    - 目标企业每股价值 = 可比企业平均市销率 × 目标企业每股营业收入
  - 优点
    - ①它不会出现负值，对于亏损企业和资不抵债的企业，也可以计算出一个有意义的市销率
    - ②它比较稳定、可靠，不容易被操纵
    - ③市销率对价格政策和企业战略变化敏感，可以反映这种变化的后果
  - 局限性：不能反映成本的变化，而成本是影响企业现金流量和价值的重要因素之一
  - 适用：主要适用于销售成本率较低的服务类企业，或者销售成本率趋同的传统行业的企业

- **模型的应用**
  - 市盈率模型的修正
    - 修正平均市盈率法
      - 先平均后修正
      - 1) 可比企业平均市盈率
      - 2) 可比企业平均增长率
      - 3) 可比企业修正平均市盈率 = 可比企业平均市盈率/（可比企业平均预期增长率×100）
      - 4) 目标企业每股股权价值 = 可比企业修正平均市盈率×目标企业预期增长率×100×目标企业每股收益
    - 股价平均法
      - 先修正后平均
      - 1) 可比企业修正市盈率
      - 2) 目标企业每股股权价值 = 修正市盈率×目标公司预期增长率×100×目标公司每股收益
      - 3) 得出的股票估值进行平均
  - 市净率模型的修正
    - 修正市净率 = 可比企业市净率÷（可比企业预期权益净利率×100）
    - 目标企业每股价值 = 修正市净率×目标企业预期权益净利率×100×目标企业每股净资产
  - 市销率模型的修正
    - 修正市销率 = 可比企业市销率÷（可比企业预期销售净利率×100）
    - 目标企业每股价值 = 修正市销率×目标企业预期销售净利率×100×目标企业每股销售收入

第九章 资本结构

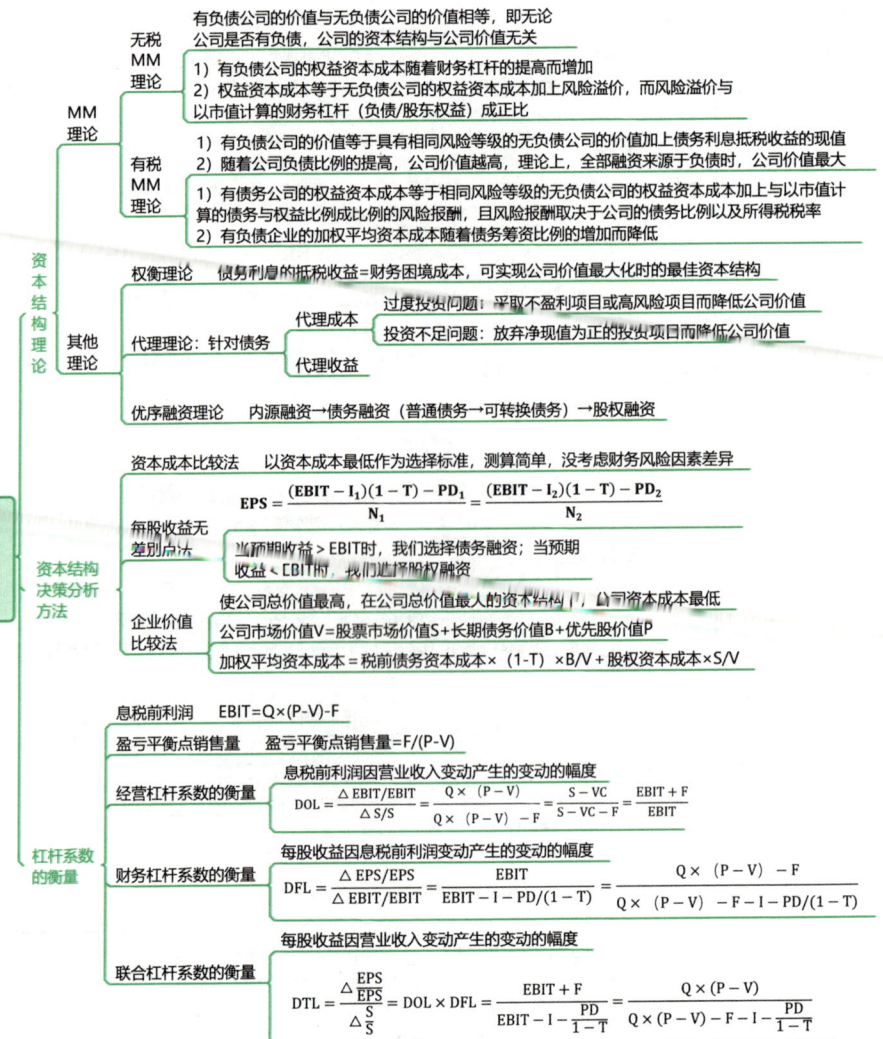

第十章 长期筹资

- **长期筹资**
  - **长期债务筹资**
    - **特点**
      - 债务筹资与普通股筹资相比：需要到期偿还；需要固定支付利息；资本成本较低；不会分散企业控制权
      - 长期债务与短期负债相比：可以解决长期资金不足问题；还债压力和风险减小；利率较高；限制较多
      - 债券筹资与银行借款相比：资本成本高；筹资速度慢，弹性小；筹资对象广，范围大
    - **长期借款筹资**
      - **保护性条款**
        - 一般性保护条款
        - 特殊性保护条款
          1）贷款专用
          2）不准投资短期内不能收回资金的项目
          3）限制高级职员的薪金和奖金总和
          4）主要领导人合同有效期内任职
          5）主要领导人购买人身保险
      - **成本**：高于短期借款
      - **优点**：筹资速度快、借款弹性好
      - **缺点**：财务风险较大、限制条款较多
    - **长期债券筹资**
      - **债券发行价格**：债券发行价格=未来支付的利息现值+到期本金的现值
      - **优点**：筹资规模较大、具有长期性和稳定性、有利于资源优化配置
      - **缺点**：发行成本高、信息披露成本高、限制条件多
  - **普通股筹资**
    - **特点**
      - **优点**：没有固定利息负担；没有固定到期日；财务风险小；能增强公司信誉；筹资限制少；在一定程度上可以抵御通货膨胀的影响
      - **缺点**：普通股资本成本较高；可能会分散公司的控制权；信息披露成本大，也增加了公司保护商业秘密的难度；股票上市会增加公司被收购的风险
    - **普通股的发行方式**
      - 公开发行与非公开发行
      - 直接发行与间接发行
        - 直接发行发行公司自担风险，直接控制发行过程
        - 间接发行分为包销和承销
      - 有偿增资发行、无偿增资发行和搭配增资发行
    - **普通股的发行条件**
      - 公开发行普通股：盈利能力具有可持续性、财务状况良好
      - 非公开发行普通股
    - **普通股的发行定价**
      - 股票发行价格可按面值，也可超过面值，但不得低于面值
      - 公开增发应不低于公告招股意向书前20个交易日均价或前1个交易日的均价；非公开增发应不低于定价基准日前20个交易日公司股票均价的80%
    - **股权再融资**
      - **配股**
        - **配股价格**：网上定价发行的方式。配股价格由主承销商和发行人协商确定
        - **配股条件**
          （1）拟配售股份数量不超过本次配股前股本总额的30%
          （2）控股股东应当在股东大会召开前公开承诺认配股份的数量
          （3）采用证券法规定的代销方式发行
          （4）控股股东不履行认配股份的承诺，或代销期限届满，原股东认购数量未达到拟配售数量70%的，发行失败
        - **配股除权参考价** $= \dfrac{\text{配股前股票市值} + \text{配股价格} \times \text{配股数量}}{\text{配股前股数} + \text{配股数量}}$
        - **配股除权价格** $= \dfrac{\text{配股前每股价格} + \text{配股价格} \times \text{股份变动比例}}{1 + \text{股份变动比例}}$
        - **每股股票配股权价值** $= \dfrac{\text{配股除权参考价} - \text{配股价格}}{\text{购买一股新配股所需的原股数}}$
      - **增发新股**
        - **公开增发**
          - 没有特定的发行对象
          - 通常以现金方式认购
        - **非公开增发**
          - 增发对象：机构投资者（财务投资者和战略投资者）、大股东及关联方
          - 不限于现金方式，还包括股权、债权、无形资产、固定资产等非现金资产

...（接下页）

…（接上页）

- **长期筹资**
  - **混合筹资**
    - **优先股筹资**
      - 上市公司公开发行优先股的特别规定
        1）固定股息率
        2）有可分配利润必须向优先股东分配股息
        3）未向优先股股东足额派发股息的差额部分应当累积
        4）优先股股东分配股息以后，不再同普通股股东一起参加剩余利润分配
      - 优先股的筹资成本：债券筹资成本＜优先股筹资成本＜普通股筹资成本
      - 特点
        - 优点
          - 与债券相比，不支付股利不会导致公司破产；没有到期日，不需要偿还本金
          - 与普通股相比，发行优先股一般不会稀释股东权益
        - 缺点
          - 优先股股利不可以税前扣除，但购买优先股所获股利免税
          - 优先股的股利通常被视为固定成本，会增加公司的财务风险
    - **附认股权证债券筹资**
      - 认股权证与看涨期权的异同
        - 相同点
          - 都以股票为标的资产，其价值随股票价格变动
          - 到期前都具有选择权
          - 都有固定的执行价格
        - 不同点
          - 行权时股票来源，稀释问题
          - 持有时间长短
          - 是否适用B-S模型
      - 特点
        - 优点：可以降低相应债券的利率
        - 缺点
          - 灵活性较差
          - 附带认股权证债券的承销费用高于债务融资
    - **可转换债券筹资**
      - 可转换债券的成本（计算）
        - 纯债券价值＝利息的现值＋本金的现值
        - 转换价值＝股价×转换比率
        - 转换比率＝债券面值÷转换价格
        - 底线价值＝纯债券价值和转换价值中较高者
        - 若赎回价格＜底线价值，则选择转股
        - 买价＝每年利息的现值＋底线价值的现值＝$\sum_{t=1}^{n}\dfrac{每年利息}{(1+i)^{t}}+\dfrac{底线价值}{(1+i)^{n}}$
        - 可转换债券的税前筹资成本应在普通债券利率与税前股权成本之间
      - 特点
        - 优点
          1）可转换债券的票面利率较低，因此其筹资成本较低，但转股后低利息优势将不复存在
          2）存在以高于当前股价出售普通股的可能性，因此有利于稳定公司股价
        - 缺点
          1）股价上涨风险
          2）股价低迷风险
          3）加入转股成本后的总筹资成本高于纯债券
  - **租赁筹资**
    - 租赁的原因及概念
      - 租赁的分类
        - 按照当事人之间的关系　直接租赁、杠杆租赁、售后租回
        - 按租赁期的长短　短期租赁、长期租赁
        - 按全部租赁费是否超过资产的成本　不完全补偿租赁、完全补偿租赁
        - 按租赁是否可以随时解除　可以撤销租赁、不可撤销租赁
        - 按出租人是否负责资产的维护　毛租赁、净租赁
      - 租赁存在的原因
        - 节税（长期租赁）
        - 降低交易成本（短期租赁）
        - 减少不确定性
    - 租赁的会计处理和税务处理
      - 会计处理
        - 采用简化处理的短期租赁和低价值资产租赁：租赁付款额按直线法等分摊计入成本费用
        - 其他租赁：确认使用权资产和租赁负债
      - 税务处理
        - 经营租赁：按照租赁期均匀扣除
        - 融资租赁
          - 计税基础
            - 合同约定的付款总额＋相关费用
            - 资产公允价值＋相关费用
          - 构成融资租入固定资产价值的部分应提取折旧费用，分期扣除
    - 租赁的决策分析　按计算题标准准备
    - 售后租回

第十一章 股利分配、股票分割与股票回购

- 股利分配、股票分割与股票回购
  - 股利理论与股利政策
    - 股利理论
      - 股利无关论（完全市场理论）
        - 投资者并不关心公司股利的分配
        - 股利政策与股价无关，不影响公司的价值
      - 股利相关论
        - 税差理论
          - 如果不考虑股票交易成本，因为股利收益的税率高于资本利得税率，企业应采取低现金股利比率的分配政策
          - 如果存在股票的交易成本，甚至当资本利得税与交易成本之和大于股利收益税时，偏好取得定期现金股利收益的股东自然会倾向于企业采用高现金股利支付率政策
        - 客户效应理论
          - 边际税率较高的投资者（高收入阶层和风险偏好投资人）偏好低股利支付率的股票，少分现金股利、多留存
          - 边际税率较低的投资者（低收入阶层和风险厌恶投资人）偏好高股利支付率的股票
        - "一鸟在手"理论：投资者更偏好于现金股利
        - 代理理论：诸多利益相关者的目标并非完全一致
        - 信号理论
          - 外部投资者与经理人员对企业信息的把握是不对称的。
          - 通过多分配股利，可以向外界传递利好信息，引起股票价格上涨，公司价值增加
    - 股利政策类型
      - 剩余股利政策
        - 保持理想资本结构，使加权平均资本成本最低
        - 注意：分配的基数是当年的税后利润，这里不考虑以前的未分配利润和需要提取的盈余公积
      - 固定股利或稳定增长股利政策
        - 优点：（1）可以消除投资者内心的不确定性（2）有利于投资者安排股利收入与支出
        - 缺点：股利支付与盈余相脱节。也不能保持较低的资本成本
        - 适用范围：适用于成熟的、盈利充分且获利能力比较稳定的、扩张需求减少的公司
      - 固定股利支付率政策
        - 优点：使股利与公司盈余紧密结合，以体现多盈多分、少盈少分、无盈不分的原则
        - 缺点：各年股利变动较大，极易造成公司不稳定的感觉，不利于稳定股价
      - 低正常股利加额外股利政策
        - （1）使公司具有较大的灵活性。增强股东信心，利于稳定股价
        - （2）使依靠股利度日的股东每年可以得到稳定的股利，从而吸引这部分股东
    - 股利政策的影响因素：法律限制、股东因素、公司因素、其他因素
  - 股票股利、股票分割和股票回购
    - 股利的种类：现金股利、股票股利、财产股利、负债股利
    - 股票股利
      - 影响
        - 有影响的项目
          - 1）所有者权益的内部结构
          - 2）股数增加，每股收益和每股市价下降
        - 无影响的项目
          - 1）每股面值
          - 2）每位股东享有财富不变
          - 3）资产、负债和股东权益总额不变
      - 意义
        - 1）使股票的交易价格保持在合理的范围内
        - 2）以较低的成本向市场传达利好信号
        - 3）有利于保持公司的流动性
    - 股票分割
      - 影响
        - 有影响的项目
          - 1）股数增加，每股收益、每股净资产和每股价格降低
          - 2）每股面值变化
        - 无影响的项目
          - 1）资产、负债和股东权益总额不变
          - 2）股东权益内部结构不变
          - 3）每位股东享有的股东财富不变
      - 意义
        - 1）股价暴涨时控制股价
        - 2）传递出公司正在成长的信息
    - 股票回购
      - 有影响
        - 1）资产和股东权益同时减少
        - 2）引起现金流出
        - 3）股数减少，每股收益和每股价格提高
      - 意义
        - 对股东：股东得到资本利得，当资本利得税率小于现金股利税率时，股东将得到纳税上的好处
        - 对公司
          - 1）向市场传递了股价被低估的信号
          - 2）用自由现金流进行股票回购，有助于增加每股盈利水平
          - 3）避免股利波动带来的负面影响
          - 4）发挥财务杠杆的作用
          - 5）在一定程度上降低了公司被收购的风险
          - 6）调节所有权结构

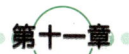

第十二章 营运资本管理

营运资本管理

- **与流动资产投资有关的成本**
  - 短缺成本：指流动资产投资水平降低而增加的成本
  - 持有成本：指流动资产投资水平上升而增加的成本，主要是丧失其他投资机会的收益

- **营运资本投资策略**
  - 适中型投资策略：持有成本和短缺成本之和最小（持有成本=短缺成本）
  - 保守型投资策略：
    - 表现为安排较高的流动资产/收入比率
    - 持有成本较高，短缺成本较小
  - 激进型投资策略：
    - 表现为安排较低的流动资产/收入比率
    - 持有成本较低，短缺成本较高

- **营运资本筹资策略**
  - 易变现率 = $\dfrac{(股东权益+长期债务+经营性流动负债)-长期资产}{经营性流动资产}$
  - 易变现率：易变现率越高，偿债压力越小
  - 类型
    - 适中型筹资策略
      - （1）波动性流动资产 = 短期金融负债
      - （2）长期资产 + 稳定性流动资产 = 股东权益 + 长期债务 + 自发性流动负债
      - （3）经营低谷时，易变现率 = 1；经营高峰时，易变现率 < 1
    - 激进型筹资策略
      - （1）波动性流动资产 < 临时性流动负债
      - （2）长期资产 + 稳定性流动资产 > 股东权益 + 长期负债 + 自发性流动负债
      - （3）经营低谷时，易变现率 < 1；经营高峰时，易变现率 < 1
    - 保守型筹资策略
      - （1）波动性流动资产 > 临时性流动负债
      - （2）长期资产 + 稳定性流动资产 < 所有者权益 + 长期负债 + 自发性流动负债
      - （3）经营低谷时，易变现率 > 1；经营高峰时，易变现率 < 1

- **现金管理**
  - 现金管理的目标：交易性需要、预防性需要、投机性需要
  - 最佳现金持有量的分析
    - 成本分析模式
      - 持有现金的成本
        - 机会成本：与现金持有量成正比例变化
        - 管理成本：是一种固定成本，与现金持有量之间无明显的比例关系
        - 短缺成本：随现金持有量的增加而下降，随现金持有量的减少而上升
      - 决策原则：上述三项成本之和最小的现金持有量，就是最佳现金持有量
    - 存货模式
      - 相关成本
        - 机会成本：机会成本 = (C/2)×K，与现金持有量成正比例变化
        - 交易成本：交易成本 = (T/C)×F，与现金持有量成反比例变化
      - 公式：最佳现金持有量 $C^* = \sqrt{\dfrac{2T\times F}{K}}$
      - 最小相关总成本 $\sqrt{2TFK}$
    - 随机模式
      - 调整方式
        - 现金持有量在上限和下限之间波动：无需调整
        - 现金量 > 控制上限：购入有价证券，使现金持有量回落到现金返还线
        - 现金量 < 控制下限：抛售有价证券，使现金持有量回升到现金返还线
      - 公式
        - 上限 H = 3R − 2L
        - 下限：受到企业每日的最低现金需要量、管理人员的风险承受倾向等因素的影响
        - 现金返回线 $R = \sqrt[3]{\dfrac{3b\delta^2}{4i}} + L$

……（接下页）

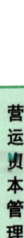

...（接上页）

营运资本管理

应收款项管理

- "5C"系统评估顾客信用品质：品种、能力、资本、抵押、条件

- **信用政策决策思路**
  - （1）收益的增加　　收益增加＝销售量的增加×单位边际贡献
  - （2）应收账款占用资金的增加　　应收账款应计利息＝日销售额×平均收现期×变动成本率×资本成本
  - （3）存货增加而多占用资金的利息　　存货占用资金利息＝存货增加量×存货变动成本×资本成本
  - （4）收账费用和坏账损失增加
  - （5）现金折扣成本的增加　　现金折扣成本增加＝新的销售额×新的现金折扣率×新的享受现金折扣的顾客比例－旧的销售额×旧的现金折扣率×旧的享受现金折扣的顾客比例
  - （6）改变信用期的税前损益　　税前损益＝收益增加－成本费用增加

- 计算各个方案的收益额　　收益＝销售收入－变动成本＝边际贡献＝销售量×单位边际贡献

- **计算各个方案的信用成本**
  - 应收账款占用资金的应计利息
    - ①应收账款应计利息＝应收账款占用资金×资本成本
    - ②应收账款占用资金＝应收账款平均余额×变动成本率
    - ③应收账款平均余额＝平均每日销售额×应收账款的平均收账天数
    - ④平均每日销售额＝计划期销售额/计划期天数
  - 存货占用资金的应计利息＝存货占用资金×资本成本
  - 应付账款占用资金应计利息＝应付账款平均余额×资本成本
  - 收账费用和坏账损失
  - 现金折扣成本　　折扣成本＝赊销额×折扣率×享受折扣的客户比例

- 计算各方案税前损益　　各方案税前损益＝收益－成本费用

- 决策原则　　选择信用成本后收益（税前损益）最大的方案为优

存货管理

- **储备存货的成本**
  - 取得成本　　取得成本＝订货成本＋购置成本＝订货固定成本＋订货变动成本＋购置成本 ＝ $F_1 + \dfrac{D}{Q} \times K + DU$
  - 储存成本　　储存成本＝储存固定成本＋储存变动成本＝ $F_2 + \dfrac{Q}{2} \times K_c$
  - 缺货成本

- **存货决策**
  - 经济订货量基本模型
    - （1）经济订货量（Q^*）基本模型：$Q^* = \sqrt{\dfrac{2KD}{K_c}}$
    - （2）基本模型演变形式
      - 每年最佳订货次数(N^*) ＝ $\dfrac{D}{Q^*}$
      - 与批量相关的存货总成本 $TC(Q^*) = \sqrt{2KDK_c}$
      - 最佳订货周期(t^*) ＝ $\dfrac{1}{N^*}$
      - 经济订货量占用资金(I^*)＝年平均库存×单位购置成本＝ $\dfrac{Q^*}{2} \times U$
  - **基本模型的扩展**
    - 订货提前期　　再订货点 R＝交货时间 L×每日需求量 d
    - 存货陆续供应和使用
      - 存货陆续供应和使用的经济订货量公式　　$Q^* = \sqrt{\dfrac{2KD}{K_c} \times \dfrac{P}{P-d}}$
      - 经济订货量总成本公式　　$TC(Q^*) = \sqrt{2KDK_c \times \dfrac{P-d}{P}}$
    - **保险储备**
      - 考虑保险储备的相关成本
        - 再订货点　　R＝平均交货时间×平均日需求量＋保险储备＝L×d＋B
        - 相关总成本　　$TC(S, B) = C_S + C_B = K_U \times S \times N + B \times K_C$
      - 决策方法　　使保险储备的储存成本及缺货成本之和最小

...（接下页）

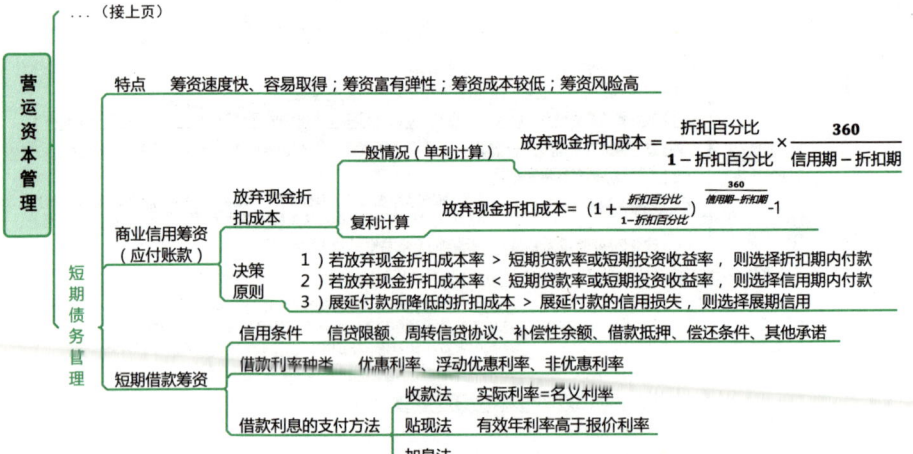

第十三章 产品成本计算

- 产品成本计算
  - 产品成本的归集和分配
    - 生产费用的归集和分配
      - 1) 分配率 = 待分配的间接成本 / 各个分配对象的分配标准合计
      - 2) 某分配对象应分配的间接费用 = 间接成本费用分配率 × 某分配对象的分配标准
    - 辅助生产费用的归集和分配
      - 直接分配法
        - 优点：计算工作简便
        - 缺点：辅助生产车间相互提供产品或劳务量差异较大时，分配结果往往与实际不符
        - 适用：对辅助生产成本和产品制造成本影响不大
      - 交互分配法
        - 要点：两次分配
        - 优点：提高分配结果的准确性
        - 缺点：增加了计算工作量
    - 完工产品和在产品的成本分配
      - 分配原理：月初在产品成本 + 本月发生生产费用 = 本月完工产品成本 + 月末在产品成本
      - 分配方法
        - 不计算在产品成本
          - 公式：本月完工产品成本 = 本月发生的生产费用
          - 适用：月末在产品数量很少的情况
        - 在产品成本按年初数固定计算
          - 公式：月末在产品成本 = 年初在产品成本
          - 适用：适用于月末在产品数量很少，或者在产品数量虽多，但各月变动不大
        - 在产品成本按其所耗用的原材料费用计算
          - 月末在产品只计算应该负担的原材料费用，其他费用全部由完工产品负担
          - 适用：适用于原材料费用在产品成本中占比重较大，而且原材料在生产开始时一次投入
        - 约当产量法
          - 加权平均法
            - ①在产品约当产量 = 在产品数量 × 完工程度
            - ②单位成本 = (月初在产品成本 + 本月发生的生产费用) / (产成品产量 + 月末在产品约当产量)
            - ③完工产品成本 = 单位成本 × 产成品产量
            - ④月末在产品成本 = 单位成本 × 月末在产品约当产量
          - 先进先出法
            - 假设先开始生产的产品先完工
            - ①月初在产品约当产量 (直接材料) = 月初在产品数量 × (1 - 已投料比例)
            - ②月初在产品约当产量 (直接人工、制造费用即转换成本) = 月初在产品数量 × (1 - 月初在产品完工程度)
            - ③本月投入本月完工产品数量 = 本月全部完工产品数量 - 月初在产品数量
            - ④月末在产品约当产量 (直接材料) = 月末在产品数量 × 本月投料比例
            - ⑤月末在产品约当产量 (转换成本) = 月末在产品数量 × 月末在产品完工程度
            - ⑥单位成本 (分配率) = 本月发生生产费用 / (月初在产品约当产量 + 本月投入本月完工产品数量 + 月末在产品约当产量)
            - ⑦完工产品成本 = 月初在产品成本 + 月初在产品本月加工成本 + 本月投入本月完工产品数量 × 分配率 = 月初在产品成本 + 月初在产品约当产量 × 分配率 + 本月投入本月完工产品数量 × 分配率
            - ⑧月末在产品成本 = 月末在产品约当产量 × 分配率
          - 适用：各月末在产品数量变化较大，产品成本中原材料费用和工资等其他费用比重相差不多的产品
          - 原材料投入方式
            - 在生产开始时一次投入　不用计算在产品约当产量
            - 在加工进度中陆续投入　计算在产品约当产量
        - 在产品成本按定额成本计算
          - 公式：月末在产品成本 = 月末在产品数量 × 在产品定额单位成本
          - 产成品总成本 = 月初在产品成本 + 本月生产费用 - 月末在产品成本
          - 适用：在产品数量稳定或者数量较少，并且制定了比较准确的定额成本的情况
        - 定额比例法
          - 适用：定额管理基础较好，各月末在产品数量变化较大的情况
          - 公式
            - ①费用分配率 = (月初在产品成本 + 本月生产费用) / (完工产品定额 + 月末在产品定额)
            - ②完工产品应分配的成本 = 完工产品定额 × 费用分配率
            - ③月末在产品成本 = 月末在产品定额 × 费用分配率
  - 联产品和副产品的成本分配
    - 联产品加工成本的分配：分离点售价法、可变现净值法、实物数量法
    - 副产品加工成本的分配：确定副产品成本，再从总成本中扣除，余额为主产品的成本

...（接下页）

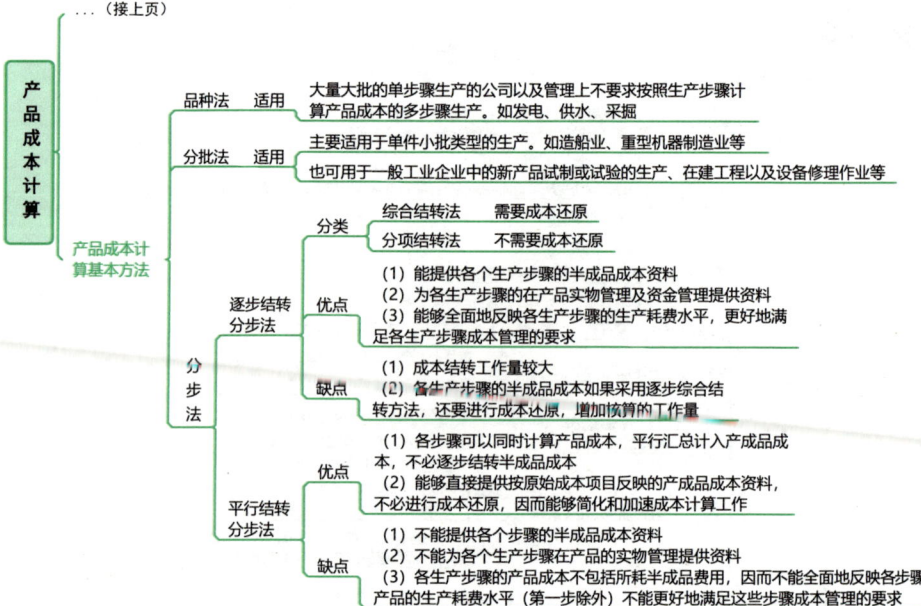

第十四章 标准成本法

标准成本法

- **标准成本及其制定**
  - **概念**
    - 单位产品的标准成本　成本标准=单位产品标准成本=单位产品标准消耗量×标准单价
    - 实际产量的标准成本　标准成本（总额）=实际产量×单位产品标准成本
  - **种类**
    - 按其制定所根据的生产技术和经营管理水平分类　理想标准成本、正常标准成本
    - 按其适用期分类
      - 现行标准成本　根据其适用期间应该发生的价格、效率和生产经营能力利用程度等预计的标准成本
      - 基本标准成本
        - 指一经制定，只要生产的基本条件无重大变化，就不予变动的一种标准成本
        - 所谓生产的基本条件的重大变化是指：
          1) 产品的物理结构变化
          2) 重要原材料和劳动力价格的重要变化
          3) 生产技术和工艺的根本变化等，只有这些条件发生变化，基本标准成本才需要修订
  - **制定**
    - 直接材料标准成本
    - 直接人工标准成本　包括必要的间歇和停工（如工间休息、设备调整准备时间）、不可避免的废品耗用工时等
    - 制造费用标准成本
      - 变动制造费用标准成本
        - 变动制造费用标准分配率 = 变动制造费用预算总数 / 直接人工标准总工时
        - 变动制造费用标准成本 = 单位产品直接人工的标准工时×变动制造费用的标准分配率
      - 固定制造费用标准成本
        - 固定制造费用标准分配率 = 固定制造费用预算总额 / 直接人工标准总工时
        - 固定制造费用标准成本 = 单位产品直接人工标准工时 × 固定制造费用的标准分配率

- **标准成本的差异分析**
  - **变动成本的差异分析**
    - **计算**
      - 直接材料成本差异分析
        - 价差：直接材料价格差异=实际数量×（实际价格-标准价格）
        - 量差：直接材料数量差异=(实际数量-标准数量)×标准价格
      - 直接人工成本差异分析
        - 价差：工资率差异=实际工时×(实际工资率-标准工资率)
        - 量差：人工效率差异=(实际工时-标准工时)×标准工资率
      - 变动制造费用的差异分析
        - 价差：变动制造费用耗费差异=实际工时×(变动制造费用实际分配率-变动制造费用标准分配率)
        - 量差：变动制造费用效率差异=(实际工时-标准工时)×变动制造费用标准分配率
    - **差异原因**
      - 用量差异
        - 材料数量差异　主要由生产部门负责
        - 人工效率差异　主要由生产部门负责
        - 变动制造费用效率差异　主要由生产部门负责
      - 价格差异
        - 材料价格差异　采购部门
        - 人工工资率差异　人事劳动部门
        - 变动制造费用耗费差异　部门经理负责
  - **固定制造费用差异分析**
    - 二因素分析法
      - 耗费差异=固定制造费用实际数-固定制造费用预算数
      - 能量差异=固定制造费用预算数-固定制造费用标准成本
        =固定制造费用标准分配率×生产能量-固定制造费用标准分配率×实际产量标准工时
        =(生产能量 - 实际产量标准工时)×固定制造费用标准分配率
    - 三因素分析法
      - 耗费差异=固定制造费用实际数-固定制造费用预算数
      - 闲置能量差异=固定制造费用预算数-实际工时×固定制造费用标准分配率
        =（生产能量-实际工时）×固定制造费用标准分配率
      - 效率差异=实际工时×固定制造费用标准分配率-实际产量标准工时×固定制造费用标准分配率
        =（实际工时-实际产量标准工时）×固定制造费用标准分配率

第十五章 作业成本法

作业成本法

作业成本法的概念与特点

- **核心概念**
  - 作业　作业是指企业中特定组织（成本中心、部门或产品线）重复执行的任务或活动
  - 成本动因
    - 资源成本动因　是引起作业成本变动的因素
    - 作业成本动因　是引起产品成本变动的因素

- **主要特点**
  - 成本计算分为两个阶段　"产品消耗作业，作业消耗资源"
  - 成本分配强调因果关系
    - 成本追溯
    - 动因分配
    - 分摊
  - 成本分配使用众多不同层面的成本动因

作业成本的计算方法

- 作业成本库的设计
  - 单位级作业库　作业成本与产量呈比例变动
  - 批次级作业库　作业成本与产品批次呈比例变动
  - 品种级（产品级）作业库　作业成本与产品品种呈比例变动
  - 生产维持级作业库　作业成本为全部产品的共同作业成本
- 资源成本分配到作业
- 作业成本分配到成本对象（作业动因的种类）
  - 业务动因　通常以执行的次数作为作业动因
  - 持续动因　通常以执行一项作业所需的时间作为作业动因
  - 强度动因　将作业执行中实际耗用的全部资源单独归集　一般适用于某一特殊订单或某种新产品试制等

作业成本管理

- **优点**
  1) 成本计算更准确
  2) 成本控制与成本管理更有效
  3) 为战略管理提供信息支持

- **局限性**
  1) 开发和维护费用较高
  2) 作业成本法不符合对外财务报告的需要
  3) 确定成本动因比较困难
  4) 不利于通过组织控制进行管理控制

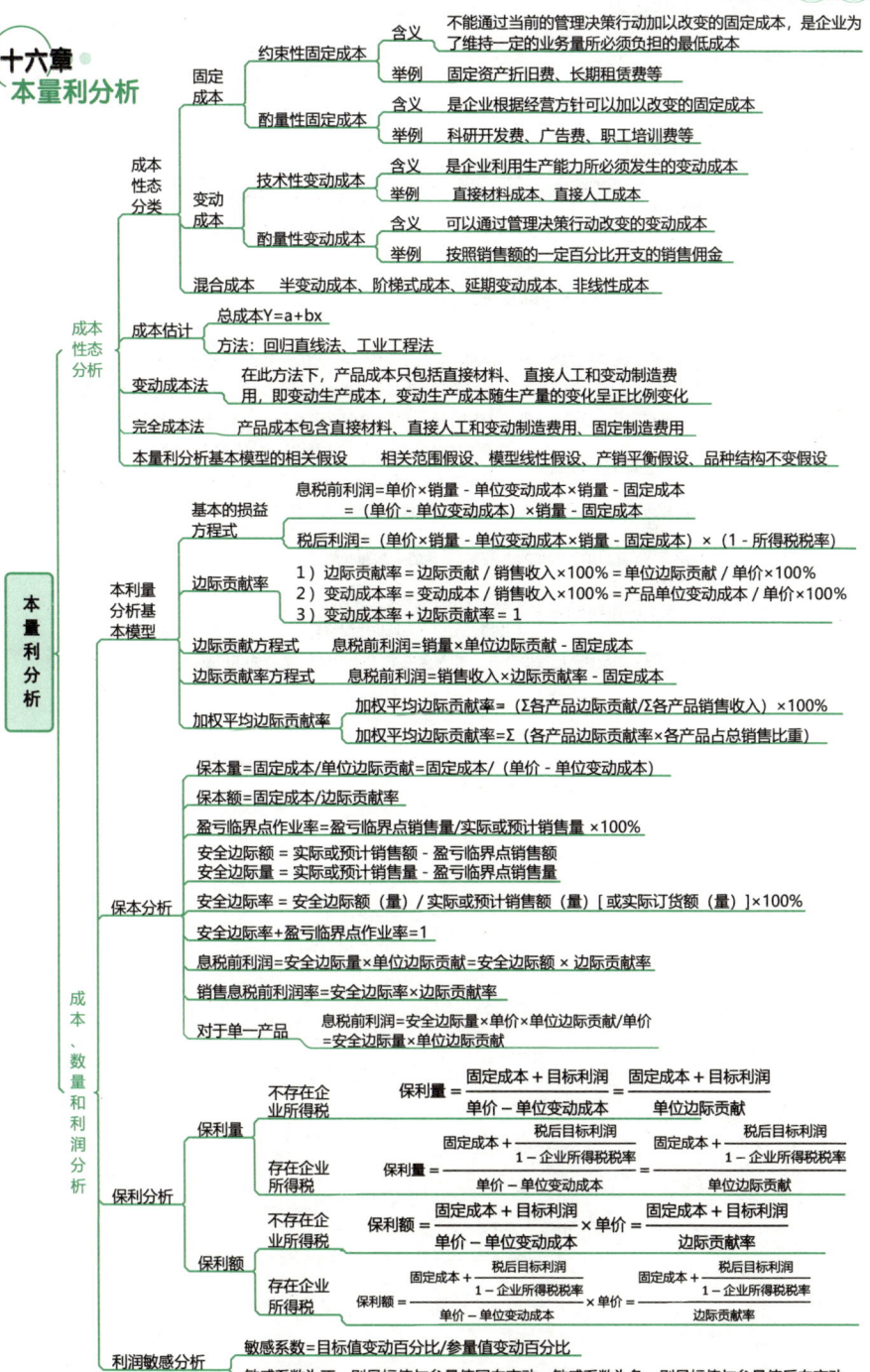

第十七章 短期经营决策

- 短期经营决策
  - 短期经营决策概述
    - 相关成本：边际成本、机会成本、重置成本、付现成本、可避免成本、可延缓成本、专属成本、差量成本
    - 不相关成本：沉没成本、不可避免成本、不可延缓成本、共同成本
  - 生产决策
    - 生产决策主要方法
      - 差量分析法
      - 边际贡献分析法
      - 本量利分析法
    - 亏损产品是否停产的决策：关键看该产品或部门能否给企业带来正的边际贡献
    - 零部件自制与外购的决策：进行差额成本分析，即比较两种方案的相关成本，选择成本低的方案
    - 特殊订单是否接受的决策：比较订单所提供的边际贡献是否大于该订单所引起的相关成本
    - 约束资源最优利用决策
      - 主要考虑如何安排生产才能最大化企业总的边际贡献
      - 单位限制资源边际贡献 = 单位产品边际贡献 / 该单位产品所需限制资源量
    - 产品是否应进一步加工的决策：采用差量分析法，即比较两种方案的利润，选择利润高的方案
  - 定价决策
    - 成本加成定价法：完全成本加成法、变动成本加成法
    - 市场定价法
    - 新产品的销售定价方法
      - 撇脂性定价（先高价后低价）
      - 渗透性定价（先低价后高价）
    - 有闲置能力条件下的定价方法：以增量成本（即变动成本）作为定价基础，定一个较低的价格

第十八章 全面预算

- 全面预算
  - 全面预算概述
    - 全面预算的内容：由资本预算、经营预算和财务预算等类别的一系列预算构成
    - 全面预算的分类
      - 长期预算和短期预算
      - 综合预算和专门预算
      - 投资预算、营业预算和财务预算
    - 全面预算的作用和编制程序
  - 全面预算的编制方法
    - 按其出发点的特征不同分类
      - 增量预算法
        - 优点：编制简单
        - 缺点：①若预算期情况发生变化，预算数额会受到基期不合理因素的干扰，可能导致预算的不准确；②不利于调动各部门达成预算目标的积极性
      - 零基预算法
        - 优点：①不受前期费用项目和费用水平的限制；②能调动各部门降低费用的积极性
        - 缺点：工作量大
    - 按业务量基础的数量特征不同分类
      - 固定预算法
        - 特点：适应性差、可比性差
        - 适用范围：经营业务稳定、产销量稳定、能准确预测产品需求及产品成本的公司
      - 弹性预算法
        - 特点：预算适用范围宽、便于预算执行的评价和考核
        - 分类：公式法、列表法
        - 适用范围：理论上，编制全面预算中所有与业务量有关的各种预算；实务中，编制成本费用预算和利润预算，尤其是编制成本费用预算
    - 按其预算期的特征不同分类
      - 定期预算法
        - 优点：预算期间与会计期间配比，有利于预算的考核
        - 缺点：不利于前后各个期间的预算衔接，不能适应连续不断的业务活动过程的预算管理
      - 滚动预算法
        - 分类：逐月滚动、逐季滚动、混合滚动
        - 优点：能够保持预算的持续性，有利于考虑未来业务活动；有利于使预算随时间的推进不断加以调整和修订，能使预算与实际情况更相适应
  - 营业预算的编制
    - 销售预算：编制全面预算的关键和起点
    - 生产预算编制：在销售预算的基础上编制的，其主要内容有销售量、期初和期末产成品存货、生产量
    - 直接材料预算编制：以生产预算为基础编制的，同时要考虑材料存货水平
    - 直接人工预算
    - 制造费用预算
    - 产品成本预算
    - 销售费用和管理费用预算编制
  - 财务预算的编制
    - 现金预算、利润表预算、资产负债表预算

第十九章 责任会计

- 责任会计
  - 企业组织结构与责任中心划分
    - 集权
      - 优点
        - （1）提高决策效率，对市场作出迅速反应
        - （2）容易实现目标的一致性
        - （3）可以避免重复和资源浪费
      - 缺点：容易形成对高层管理者的个人崇拜，形成独裁，导致将来企业高管更替困难，影响企业长远发展
    - 分权
      - 优点
        - （1）可以让高层管理者将主要精力集中于重要事务
        - （2）权力下放，可以充分发挥下属的积极性和主动性，增加下属工作满足感，便于发现和培养人才
        - （3）下属拥有一定的决策权，可以减少不必要的上下沟通，并可以对下属权限内的事情作出迅速反应
      - 缺点：可能产生与企业整体目标不一致的委托—代理问题
    - 科层组织结构、事业部制组织结构和网络组织结构
  - 成本中心
    - 考核指标
      - 标准成本中心
        - 1）标准成本中心不需要作出价格决策、产量决策、产品结构决策以及设备技术决策
        - 2）由于不作出价格决策，因此不对收入负责
        - 3）不对产量、质量作出决策，必须按规定的质量、产量生产
        - 4）由于不对设备技术作出决策，因此不对生产能力的利用程度负责，而只对既定产量的投入量承担责任
      - 费用中心：通常使用费用预算来评价其成本控制业绩
    - 责任成本
      - 含义：特定责任中心的全部可控成本
      - 可控成本及其确定
        - 对生产单位来说，大多数变动成本是可控的，但也有部分不可控
        - 1）通过自己的行动能有效地影响一项成本的数额
        - 2）有权决定是否使用某种资产或劳务
        - 3）某管理人员虽然不直接决定某项成本，但是上级要求他参与有关事项，从而对该项成本的支出施加了重要影响
      - 制造费用归属和分摊方法
        - 直接计入责任中心　机物料消耗、低值易耗品的领用等
        - 按责任基础分配　动力费、维修费等
        - 按受益基础分配　按装机功率分配电费
        - 归入某一个特定的责任中心　车间的运输费用、试验检验费用
        - 不进行分摊　车间厂房的折旧
  - …（接下页）

责任会计

...（接上页）

利润中心

- **类型**
  - 自然的利润中心　直接向公司外部出售产品
  - 人为利润中心　在公司内部按内部转移价格出售产品

- **考核指标**
  - 部门边际贡献　　　部门边际贡献 = 部门销售收入 - 部门变动成本总额
  - 部门可控边际贡献　部门可控边际贡献 = 部门边际贡献 - 部门可控固定成本
  - 部门税前经营利润　部门税前经营利润 = 部门可控边际贡献 - 部门不可控固定成本

- **内部转移价格**
  - 订制目的
    1) 防止成本转移带来的部门间责任转嫁
    2) 作为一种价格机制引导下级部门采取明智的决策
  - 种类
    - 价格型内部转移价格　一般适用于内部利润中心
    - 成本型内部转移价格　一般适用于内部成本中心
    - 协商型内部转移价格　主要适用于分权程度较高的企业

投资中心（考核指标）

- **部门投资报酬率**
  - 部门投资报酬率 = 部门税前经营利润 ÷ 部门平均净经营资产
  - 优点
    1) 它是根据现有的会计资料计算的，比较客观；
    2) 相对数指标，可用于部门之间以及不同行业之间的比较；
    3) 部门投资报酬率可以分解为投资周转率和部门营业利润率两者的乘积，并可进一步分解为资产的明细项目和收支的明细项目，从而对整个部门的经营状况作出评价
  - 局限性　部门会放弃高于公司要求的报酬率而低于目前部门投资报酬率的机会，或者减少现有的投资报酬率较低但高于公司要求的报酬率的某些资产，使部门的业绩获得较好评价，但却伤害了公司整体的利益

- **剩余收益**
  - 部门剩余收益 = 部门税前经营利润 - 部门平均净经营资产应计报酬
  - = 部门税前经营利润 - 部门平均净经营资产 × 要求的税前投资报酬率
  - 优点
    1) 可以使业绩评价与公司的目标协调一致，引导部门经理采纳高于公司资本成本的决策
    2) 允许使用不同的风险调整资本成本
  - 局限性
    1) 该指标是绝对数指标，不便于不同规模的公司和部门之间的比较
    2) 它依赖于会计数据的质量

第二十章 业绩评价

业绩评价

关键绩效指标法

- **含义**：是指基于企业战略目标，通过建立关键绩效指标体系，将价值创造活动与战略规划目标有效联系，并据此进行绩效管理的方法

- **制定绩效计划**
  - **构建关键绩效指标体系**
    - 层次：企业级、所属单位（部门）级、岗位（员工）级
    - 指标分类
      - 结果类（反映企业绩效）：投资报酬率、权益净利率、经济增加值、息税前利润、自由现金流量等
      - 动因类（反映企业价值）：资本性支出、单位生产成本、产量、销量、客户满意度、员工满意度等
  - **设定关键绩效指标权重**
    - 单项关键绩效指标权重：5%-30%
    - 特别重要、影响企业整体价值的指标："一票否决"制度
  - **设定关键绩效指标目标值**
    - 参考标准：
      - (1) 国家有关部门或权威机构发布的行业标准或参考竞争对手标准
      - (2) 参照企业内部标准
      - (3) 企业历史经验（如果前两种不能确定）

- **优点**
  1. 使企业业绩评价与企业战略目标密切相关，有利于企业战略目标的实现
  2. 通过识别价值创造模式把握关键价值驱动因素，能够有效地实现企业价值增值目标
  3. 评价指标数量相对较少，易于理解和使用，实施成本相对较低，有利于推广实施

- **缺点**：关键绩效指标的选取需要透彻理解企业价值创造模式和战略目标，有效识别企业核心业务流程和关键价值驱动因素，指标体系设计不当将导致错误的价值导向与管理缺失

经济增加值

- **概念**：指从税后净营业利润中扣除全部投入资本的成本后的剩余收益

- **类型**
  - **基本经济增加值**
    - 含义：根据未经调整的税后净营业利润和总资产计算的经济增加值
    - 公式：基本经济增加值=税后净营业利润-加权平均资本成本×报表总资产
  - **披露的经济增加值**
    - 含义：利用会计数据进行调整计算出来的经济增加值
    - 公式：披露的经济增加值=调整后税后净营业利润-加权平均资本成本×调整后的净投资资本
    - 典型的调整项目
      - 研究与开发费用
      - 战略性投资
      - 为建立品牌、进入新市场或扩大市场份额发生的费用
      - 折旧费用
  - **特殊的经济增加值**
    - 根据自身情况定义的经济增加值
    - 调整结果使得经济增加值更接近公司的内在价值
  - **真实的经济增加值**
    - 是公司经济利润最正确和最准确的度量指标
    - 对会计数据做出所有必要的调整，并对公司中每一个经营单位都使用不同的更准确的资本成本
  - **简化的经济增加值**
    - 含义：是企业税后净营业利润减去资本成本后的余额
    - 公式：
      - 经济增加值=税后净营业利润-资本成本
        =税后净营业利润-调整后资本×平均资本成本率
      - 税后净营业利润 = 净利润 +（利息支出 + 研究开发费用调整项）×（1-25%）
        企业通过变卖主业优质资产等取得的非经常性收益在税后净营业利润中全额扣除
      - 调整后资本=平均所有者权益+平均负债合计-平均无息流动负债-平均在建工程

…（接下页）

业绩评价

经济增加值

...（接上页）

优点

(1) 经济增加值考虑了所有资本的成本，更真实地反映了企业的价值创造能力；实现了企业利益，经营者利益和员工利益的统一，能有效遏制企业盲目扩张规模以追求利润总量和增长率的倾向，引导企业注重价值创造

(2) 经济增加值不仅仅是一种业绩评价指标，它还是一种全面财务管理和薪金激励框架。经济增加值的吸引力主要在于它把资本预算、业绩评价和激励报酬结合起来了

(3) 在经济增加值的框架下，公司可以向投资人宣传他们的目标和成就，投资人也可以用经济增加值选择最有前景的公司。经济增加值还是股票分析家手中的一个强有力的工具

缺点

(1) EVA仅对企业当期或未来1-3年价值创造情况进行衡量和预判，无法衡量企业长远发展战略的价值创造情况

(2) EVA计算主要基于财务指标，无法对企业的营运效率与效果进行综合评价

(3) 不同行业、不同发展阶段、不同规模等的企业，其会计调整项和加权平均资本成本各不相同，计算比较复杂，影响指标的可比性

(4) 由于经济增加值是绝对数指标，不便于比较不同规模公司的业绩

(5) 经济增加值也有许多和投资报酬一样误导使用人的缺点，例如处于成长阶段的公司经济增加值较少，而处于衰退阶段的公司经济增加值可能较高

平衡计分卡

四维度
财务维度、顾客维度、内部业务流程维度、学习和成长维度

四平衡
- 外部与内部的平衡
- 成果与驱动因素的平衡
- 财务和非财务的平衡
- 短期和长期的平衡

要求

1）平衡计分卡的四个方面应互为因果，最终结果是实现公司的战略

2）平衡计分卡中不能只有具体的业绩衡量指标，还应包括这些具体衡量指标的驱动因素

3）平衡计分卡应该最终和财务指标联系起来，因为公司的最终目标是实现良好的经济利润

与传统业绩评价系统区别

1）平衡计分卡强调目标制订环节，传统的注重对员工执行过程的控制。

2）传统业绩评价与公司的战略执行脱节。平衡计分卡把公司战略和业绩管理联系起来。

3）平衡计分卡表达公司在生产能力竞争和技术革新竞争环境中所必需达到的、多样的、相互联系的目标

4）平衡记分卡帮助公司及时考评战略执行情况，根据需要适当调整战略、目标和考核指标

5）帮助公司有效地建立跨部门团队合作，促进内部管理过程的顺利进行

第二十一章 管理会计报告

管理会计报告

内部责任中心业绩报告

成本中心

- **成本中心概述**
  - 指不形成或者不考核其收入，而着重考核其所发生的成本和费用的责任中心
  - 分类
    - 标准成本中心
    - 费用中心　如会计、人事、劳资、计划
- **成本中心的考核指标**
  - 标准成本中心　既定产品质量和数量条件下的标准成本
  - 费用中心　费用预算
- **责任成本**
  - 定义及特点　是特定责任中心的全部可控成本
  - 可控成本与不可控成本的区分
    - 可控成本是指在特定时期内、特定责任中心能够直接控制其发生的成本
    - 对生产单位来说，大多数变动成本是可控的
  - 制造费用归属和分摊方法
    - 直接计入责任中心　机物料消耗、低值易耗品的领用
    - 按责任基础分配　动力费、维修费
    - 按受益基础分配　按装机功率分配电费
    - 归入某一个特定的责任中心　车间的运输费用、试验检验费用
    - 不进行分摊　车间厂房的折旧

利润中心

- **类型**
  - 自然的利润中心　向公司外部出售产品
  - 人为利润中心　在企业内部按内部转移价格出售产品
- **利润中心的考核指标**
  - 部门边际贡献
  - 分部经理可控边际贡献
  - 部门可控边际贡献
- **内部转移价格的种类**
  - 价格型内部转移价格
  - 成本型内部转移价格
  - 协商型内部转移价格

投资中心（考核指标）

- 部门投资报酬率　部门投资报酬率=部门税前经营利润÷部门平均净经营资产
- 剩余收益　部门剩余收益=部门税前经营利润-部门平均净经营资产应计报酬
  =部门税前经营利润-部门平均净经营资产×要求的税前投资报酬率

质量成本报告

- **可控质量成本**
  - 预防成本　防止产品达不到预定标准或防止质量事故而发生成本费用
  - 鉴定成本　是为了保证产品质量达到预定标准而对产品进行检测所发生的成本
- **不可控质量成本**
  - 内部失败成本　是指成品进入市场之前由于产品不符合质量标准而发生的成本
  - 外部失败成本　是指存在缺陷的产品进入市场之后发生的成本

21天突破 财务成本管理 2020

Financial Management and Cost Management

考点通

李彬 编著　BT学院 组编

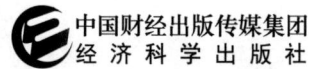

中国财经出版传媒集团
经济科学出版社

目录

第一编　财务管理基础 ... 1

第一章　财务管理基本原理 ... 3
- 第一节　财务管理的目标与利益相关者的要求 ... 3
- 第二节　金融工具与金融市场 ... 4

第二章　财务报表分析和财务预测 ... 8
- 第一节　财务报表分析的方法 ... 8
- 第二节　财务比率分析 ... 8
- 第三节　财务预测的步骤和方法 ... 16
- 第四节　增长率与资本需求的测算 ... 17

第三章　价值评估基础 ... 29
- 第一节　利率 ... 29
- 第二节　货币时间价值 ... 30
- 第三节　风险和报酬 ... 31

第二编　长期投资决策 ... 37

第四章　资本成本 ... 39
- 第一节　资本成本的概念和用途 ... 39
- 第二节　债务资本成本的估计 ... 39
- 第三节　普通股资本成本的估计 ... 42
- 第四节　混合筹资本成本的估计 ... 45
- 第五节　加权平均资本成本的计算 ... 45

第五章　投资项目资本预算 ... 47
- 第一节　投资项目的评价方法 ... 47

第二节　投资项目现金流量的估计 ... 53
　　第三节　投资项目折现率的估计 ... 57
　　第四节　投资项目折现率的敏感分析 ... 59
第六章　债券、股票价值评估 ... 65
　　第一节　债券价值评估 ... 65
　　第二节　普通股价值评估 ... 67
　　第三节　混合筹资工具价值评估 ... 70
第七章　期权价值评估 ... 72
　　第一节　期权的概念、类型和投资策略 ... 72
　　第二节　金融期权价值评估 ... 75
第八章　企业价值评估 ... 80
　　第一节　企业价值评估的目的和对象 ... 80
　　第二节　企业价值评估方法 ... 81

第三编　长期筹资决策 ... 93

第九章　资本结构 ... 95
　　第一节　资本结构理论 ... 95
　　第二节　资本结构决策分析 ... 97
　　第三节　杠杆系数的衡量 ... 98
第十章　长期筹资 ... 101
　　第一节　长期债务筹资 ... 101
　　第二节　普通股筹资 ... 103
　　第三节　混合筹资 ... 105
　　第四节　租赁筹资 ... 111
第十一章　股利分配、股票分割与股票回购 ... 116
　　第一节　股利理论与股利政策 ... 116
　　第二节　股利的种类、支付程序与分配方案 ... 119
　　第三节　股票分割和股票回购 ... 119

第四编　营运资本管理 ... 123

第十二章　营运资本管理 ... 125
　　第一节　营运资本管理策略 ... 125
　　第二节　现金管理 ... 127
　　第三节　应收款项管理 ... 130
　　第四节　存货管理 ... 131
　　第五节　短期债务管理 ... 134

第五编　成本计算

第十三章　产品成本计算 ... 139
第一节　产品成本的归集和分配 ... 139
第二节　产品成本计算的基本方法 ... 144

第十四章　标准成本法 ... 155
第一节　标准成本及其制定 ... 155
第二节　标准成本的差异分析 ... 157

第十五章　作业成本法 ... 161

第六编　管理会计 ... 167

第十六章　本量利分析 ... 169
第一节　本量利的一般关系 ... 169
第二节　保本分析 ... 171
第三节　保利分析 ... 173
第四节　利润敏感分析 ... 174

第十七章　短期经营决策 ... 178

第十八章　全面预算 ... 183
第一节　全面预算概述及编制方法 ... 183
第二节　营业预算的编制 ... 184
第三节　财务预算的编制 ... 186

第十九章　责任会计 ... 189

第二十章　业绩评价 ... 194

第二十一章　管理会计报告 ... 200

第一编
财务管理基础

第一章 财务管理基本原理

第一节 财务管理的目标与利益相关者的要求

考点一：财务管理的目标

观点	理由及解释	存在问题
利润最大化	利润代表公司新创造的财富，利润越多则说明公司财富增加得越多，越接近公司的目标	（1）没有考虑利润的取得时间； （2）没有考虑所获利润与投入资本额的关系； （3）没有考虑获得利润和所承担风险的关系。 【注】如果投入资本相同、利润取得的时间相同、相关的风险也相同，利润最大化是一个可以接受的观念
每股收益最大化	把公司的利润和股东投入的资本联系起来考察，用每股收益（或权益净利率）来概括公司的财务管理目标。与利润最大化观点相比较，唯一的进步在于考虑了投入资本与获得利润之间的配比关系	（1）没有考虑每股收益的取得时间； （2）没有考虑每股收益的风险。 【注】如果每股收益的时间、风险相同，则每股收益最大化也是一个可以接受的观念
股东财富最大化（本书观点）	增加股东财富是财务管理的基本目标。 （1）股东财富可以用股东权益的市场价值来衡量； （2）股东财富的增加可以用股东权益的市场价值与股东投资资本的差额来衡量（又被称为"股东权益的市场增加值"）	股价最大化：在股东投资资本不变的情况下，股价最大化与增加股东财富具有同等意义
	其他表述	企业价值最大化：（1）公司价值的增加，是由于股东权益价值增加和债务价值增加引起的。 （2）假设债务价值不变，增加公司价值与增加股东权益价值具有相同意义。 （3）假设股东投资资本和债务价值不变，公司价值最大化与增加股东财富具有相同意义

【例题1-1·单选题】在股东投资资本不变的情况下，下列各项中能够体现股东财富最大化这一财务管理目标的是（　　）。(2014年)

A. 利润最大化　　　　　　　　B. 每股收益最大化

C. 每股股价最大化　　　　　　D. 公司价值最大化

【答案】C

【解析】在股东投资资本不变的情况下，股价上升可以反映股东财富的增加，股价下跌可以反映股东财富的减损。股价的升降，代表了投资大众对公司股权价值的客观评价。

考点二：利益相关者的要求

项目	经营者	债权人
要求	（1）增加报酬； （2）增加闲暇时间； （3）避免风险	（1）到期收回本金； （2）获得约定的利息收入
与股东的冲突	（1）道德风险：经营者为了自己的目标不去尽最大努力实现公司的目标； （2）逆向选择：经营者为了自己的目标而背离股东的目标	（1）股东不经债权人同意，投资于比债权人预期风险更高的项目； （2）股东为了提高公司利润，不征得债权人同意而发行新债，致使旧债券的价值下降，导致旧债权人受到损失
解决措施	监督、激励。 最佳的办法：监督成本、激励成本与偏离股东目标的损失之和为最小	（1）在借款合同中加入限制性条款，如限制贷款用途，不允许发行新债或限制新债的规模； （2）发现公司有损害债权利益的意图时，拒绝进一步合作，不再提供新的贷款或提前收回贷款

【例题1-2·多选题】公司的下列行为中，可能损害债权人利益的有（　　）。(2016年)

A．提高股利支付率　　　　　　B．加大为其他企业提供的担保

C．提高资产负债率　　　　　　D．加大高风险投资比例

【答案】ABCD

【解析】选项A，提高股利支付率，减少了可以用来归还借款和利息的现金流；选项BCD，加大为其他企业提供的担保、提高资产负债率、加大高风险投资比例，增加了企业的财务风险或经营风险，可能损害债权人的利益。

第二节　金融工具与金融市场

考点一：金融工具的分类

项目	含义	与发行人的财务状况相关程度
固定收益证券 （重要形式）	指能够提供固定或根据固定公式计算出来的现金流的证券。 包括固定利率、浮动利率债券以及优先股	相关程度低 除非发行人破产或违约，证券持有人将按规定数额取得收益
权益证券 （最基本形式）	权益证券代表特定公司所有权的份额。发行人事先不对持有者作出支付承诺，收益的多少不确定，风险高于固定收益证券	相关程度高，其持有人非常关心公司的经营状况
衍生证券	种类繁多，包括期权、期货和利率互换合约等。 衍生证券是公司进行套期保值或者转移风险的工具	—

【例题1-3·多选题】下列金融工具中，属于固定收益证券的有（　　）。(2014年)

A．固定利率债券　　　　　　B．浮动利率债券

C．可转换债券　　　　　　　D．优先股

【答案】ABD

【解析】固定收益证券是指能够提供固定或根据固定公式计算出来的现金流的证券，包括固

定利率、浮动利率债券,以及优先股。浮动利率债券虽然利率是浮动的,但是它能够以未来利率为基准计算出准确的现金流,因此它仍然属于固定收益债券。可转换债券和附认股权证债券(该题未出现附认股权证债券)这种需要带有预测性的组合型证券(如附认股权证债券可看作一份债券和一份期权)一定不是固定收益债券。而优先股,它可以近似看作永续债券,具有固定的现金流,也属于固定收益证券。

考点二:金融市场的分类

依据	分类	说明		
按交易工具的期限	货币市场	交易的证券期限不超过1年。短期利率绝大多数情况下低于长期债务利率	主要功能:保持金融资产流通性	工具:短期国债(英美称为国库券)、可转让存单、商业票据、银行承兑汇票
	资本市场	期限在1年以上的金融资产交易市场。利率或要求的报酬率较高。它包括:银行中长期存贷市场和有价证券市场	主要功能:长期资本的融通	工具:股票、公司债券、长期政府债券和银行长期贷款
按证券属性划分	债务市场	交易对象是债务凭证:公司债券和抵押票据。按期限可分为短期债务工具、中期债务工具、长期债务工具		
	股权市场	交易对象是股票。股票的持有者拥有持有股票的份额,但没有确定金额。股票持有人可以收取股利,但是只要没有转让股权,就没有到期期限		
按是否初次发行	一级市场	初次发行。新闻报道中所说的IPO(初次发行上市)就属于一级市场		
	二级市场	已经发行。我们能在A股市场中,每天交易时间内买卖交易到的股票都是在二级市场上交易的		
按交易程序	场内市场	指各种证券交易所,有固定的交易场所、交易时间和规范的交易规则		
	场外市场	没有固定场所,而由持有证券的交易商分别进行,又叫柜台交易。场外交易的往往是非上市的证券。交易对象包括股票、债券、可转让存单、银行承兑汇票等		

【例题1-4·单选题】下列各项中,属于货币市场工具的是( )。(2015年)
A. 优先股　　　　　　　　　　B. 可转债券
C. 银行长期贷款　　　　　　　D. 银行承兑汇票
【答案】D
【解析】货币市场工具包括短期国债(在英美称国库券)、可转让存单、商业票据、银行承兑汇票等,所以选项D正确。

考点三:有效市场效率的意义

1. 资本市场有效的外部标志和基础条件如下表所示。

资本市场有效的外部标志	等质量信息	证券的有关信息能够充分地披露和均匀地分布,使每个投资者在同一时间内得到等质等量的信息
	价格变动	价格能迅速地根据有关信息变动,而不是没有反应或反应迟钝

续表

资本市场有效的基础条件（只要有一个存在即有效）	理性的投资人	假设所有投资人都是理性的，当市场发布新信息时所有投资者都会以理性的方式调整自己对股价的估计
	独立的理性偏差	市场有效性并不要求所有投资者都是理性的，总有一些非理性的人存在。如果假设乐观的投资者和悲观的投资者人数大体相同，他们的非理性行为就可以互相抵消，使得股价变动与理性预期一致，市场仍然是有效的
	套利行为	当非理性的投资人的偏差不能相互抵消时，专业投资者会进行套利交易。专业投资者的套利活动，能够控制业余投资者的投机，使市场保持有效

2. 有效资本市场对财务管理的意义。
（1）管理者不能通过改变会计方法提升股票价值；
（2）管理者不能通过金融投机获利；
（3）关注自己公司的股价是有益的。

【例题1-5·多选题】在有效资本市场，管理者可以通过（　　）。（2016年）
A. 财务决策增加公司价值从而提升股票价格
B. 从事利率、外汇等金融产品的投机交易获取超额利润
C. 改变会计方法增加会计盈利从而提升股票价格
D. 关注公司股价对公司决策的反应而获得有益信息
【答案】AD
【解析】有效资本市场对财务管理的意义主要有三点：管理者不能通过改变会计方法提升股票价值；管理者不能通过金融投机获利；关注自己公司的股价是有益的。所以选项BC不正确。

考点四：资本市场有效程度

项目	反映信息	判断标志	验证方法	说明
无效市场	—	有关证券的历史资料对证券的价格变动仍有影响	使用过滤原则买卖证券的收益率将超过"简单购买/持有"策略的收益率，赚取超额收益	—
弱式有效市场	历史信息	有关证券的历史资料（如价格、交易量等）对证券的现在和未来价格变动没有任何影响	（1）"随机游走模型"，即股价是随机游走的。 （2）"过滤检验模型"，任何利用历史信息的投资策略所获取的平均收益，都不会超过"简单的购买/持有"策略所获取的平均收益	技术分析无用
半强式有效市场	历史信息 公开信息	不能通过对公开信息的分析获得超额利润。公开信息已反映于股票价格，所以基本面分析是无用的	（1）事件研究。超常收益只与当天披露的事件相关。 （2）投资基金表现研究。各种投资基金不能取得超额收益	技术分析、基本面分析是无用的
强式有效市场	历史信息 公开信息 内部信息	无论可用信息是否公开，价格都可以完全地、同步地反映所有信息	对强式有效资本市场的检验，主要考察"内幕者"参与交易时能否获得超额盈利	技术分析、基本面分析、内幕消息无用

【例题1-6·多选题】如果资本市场半强式有效，投资者（　　）。（2014年）
A. 通过技术分析不能获得超额收益　　B. 运用估价模型不能获得超额收益

C. 通过基本面分析不能获得超额收益　　D. 利用非公开信息不能获得超额收益

【答案】ABC

【解析】如果市场半强式有效，技术分析、基本面分析和各种估价模型都是无效的，各种投资基金就不能取得超额收益。并且半强式有效市场没有反映内部信息，所以可以利用非公开信息获取超额收益。

【例题1-7·单选题】如果投资基金经理根据公开信息选择股票，投资基金的平均业绩与市场整体收益率大体一致，说明该资本市场至少是（　　）。(2018年)

A. 完全无效　　　B. 弱式有效　　　C. 半强式有效　　　D. 强式有效

【答案】C

【解析】弱式有效市场反映了历史信息，半强式有效市场反映了历史信息和公开信息，强式有效市场反映了历史信息、公开信息和内部信息。投资基金经理根据公开信息选择股票不能获得超额收益，说明该资本市场反映了公开信息，所以至少是半强式有效的。

第二章 财务报表分析和财务预测

第一节 财务报表分析的方法

考点：因素分析法

01	确定分析对象	$R_{实际} - R_{计划}$
02	确定该财务指标的驱动因素	报告期（实际）指标 $R_1 = A_1 \times B_1 \times C_1$ 基期（计划）指标 $R_0 = A_0 \times B_0 \times C_0$ （1）
03	确定驱动因素的替代顺序（实际替代计划）	替代因素A $\quad A_1 \times B_0 \times C_0$ （2） 替代因素B $\quad A_1 \times B_1 \times C_0$ （3） 替代因素C $\quad A_1 \times B_1 \times C_1$ （4）
04	按顺序计算各驱动因素脱离实际标准的差异对财务指标的影响	（2）－（1）→A变动对R的影响 （3）－（2）→B变动对R的影响 （4）－（3）→C变动对R的影响 （4）－（1）→全部因素的影响

第二节 财务比率分析

考点一：短期偿债能力比率

营运资本	营运资本＝流动资产－流动负债 ＝（总资产－非流动资产）－（总资产－股东权益－非流动负债） ＝（股东权益＋非流动负债）－非流动资产＝长期资本－长期资产 （1）实务中一般不用这种方式来评判短期偿债能力。 （2）营运资本为正数，表明长期资本的数额大于长期资产，超出部分被用于流动资产。营运资本的数额越大，财务状况越稳定。 （3）营运资本是绝对数，不便于不同历史时期及不同公司之间比较。 （4）营运资本配置比率＝营运资本÷流动资产，显然，该比率越高，公司的财务状况越稳定
流动比率	流动比率＝流动资产÷流动负债（该指标越大，短期偿债能力越强） 流动比率＝1÷（1－营运资本配置比率） （1）是相对数，更适合同业比较以及本企业不同历史时期比较。 （2）不同行业的流动比率，通常有明显差异，营业周期越短的行业，合理的流动比率越低。 （3）流动比率有其局限性，流动比率指标假设全部流动资产都可以变为现金并用于偿债，全部流动负债都需要偿还

续表

速动比率	速动比率＝速动资产÷流动负债	
	（1）速动资产指可以在较短时期内变现的资产，包括货币资金、交易性金融资产和应收款项等。非速动资产包括存货、预付账款、一年内到期的非流动资产和其他流动资产等。 ①速动资产＝货币资金＋交易性金融资产＋各种应收款项 ②速动资产＝流动资产－存货－预付账款－1年内到期的非流动资产－其他流动资产 （2）非速动资产的变现时间和数量具有较大的不确定性。 （3）一般情况下，速动比率越高，表明公司短期偿债能力越强。 （4）影响速动比率可信性的重要因素是应收账款的变现能力	
现金比率	现金比率＝货币资金÷流动负债	
现金流量比率	现金流量比率＝经营活动现金流量净额÷流动负债	
	（1）流动负债采用期末数而非平均数，因为实际需要偿还的是期末金额，而非平均金额； （2）该指标比用可偿债资产计算的比率更具说服力	
表外因素	增强短期偿债能力的其他因素	（1）可动用的银行授信指标；（2）可快速变现的非流动资产；（3）偿债能力的声誉
	降低短期偿债能力的其他因素	与担保有关的或有负债事项

【例题2-1·单选题】 下列关于营运资本的说法中，正确的是（　　）。（2016年）

A. 营运资本越多的企业，流动比率越大

B. 营运资本越多，长期资本用于流动资产的金额越大

C. 营运资本增加，说明企业短期偿债能力提高

D. 营运资本越多的企业，短期偿债能力越强

【答案】 B

【解析】 营运资本＝流动资产－流动负债＝长期资本－长期资产。营运资本为正数，说明长期资本的数额大于长期资产，营运资本数额越大，财务状况越稳定，所以选项B正确。营运资本是绝对数，不便于直接评价企业短期偿债能力，而用营运资本的配置比率（营运资本÷流动资产）更加合理。

考点二：长期偿债能力比率

资产负债率	公式	资产负债率＝总负债÷总资产　总资产＝流动资产＋非流动资产＝总负债＋股东权益
	说明	（1）资产负债率越低，公司偿债能力越强。 （2）该指标越高，表明举债越困难
产权比率和权益乘数	公式	产权比率＝总负债÷股东权益 权益乘数＝总资产÷股东权益＝1＋产权比率＝1÷（1－资产负债率）
	说明	（1）产权比率表明1元股东权益配套的总负债的金额。 （2）权益乘数表明1元股东权益启动的总资产的金额
长期资本负债率	公式	长期资本负债率＝非流动负债÷（非流动负债＋股东权益）
	说明	长期资本负债率是反映公司资本结构的一种形式。 资本结构管理通常使用长期资本结构来衡量

续表

利息保障倍数	公式	利息保障倍数＝息税前利润÷利息费用＝(净利润＋利息费用＋所得税费用)÷利息费用
	说明	(1) 公式分母中的利息费用包括计入财务费用中的利息费用和资本化利息。 (2) 利息保障倍数越大，利息支付越有保障
现金流量利息保障倍数	公式	现金流量利息保障倍数＝经营活动现金流量净额÷利息费用
	说明	(1) 该比率表明1元的利息费用有多少倍的经营活动现金流量净额作为支付保障。 (2) 该比率比以利润为基础的利息保障倍数更可靠。因为实际用以支付利息的是现金，而不是利润
现金流量与负债比率	公式	现金流量与负债比率＝经营活动现金流量净额÷负债总额×100%
	说明	该比率表明公司用经营活动现金流量净额偿付全部债务的能力。该比率越高，偿还债务总额的能力越强。 该比率中的负债总额采用期末数而非平均数，因为实际需要偿还的是期末金额，而非平均金额
表外因素		影响长期偿债能力的其他因素有： (1) 债务担保。 (2) 未决诉讼

【例题 2-2·单选题】 在"利息保障倍数＝(净利润＋利息费用＋所得税费用)÷利息费用"计算式中，分子的"利息费用"是（　　）。(2018 年)

A. 计入本期利润表的费用化利息
B. 计入本期现金流量表的利息支出
C. 计入本期资产负债表的资本化利息
D. 计入本期利润表的费用化利息和资产负债表的资本化利息

【答案】 A

【解析】 利息保障倍数＝息税前利润÷利息费用＝(净利润＋利息费用＋所得税费用)÷利息费用。分子的"利息费用"是指计入本期利润表中财务费用的利息费用；分母的"利息费用"是指本期的全部应付利息，不仅包括计入利润表中财务费用的利息费用，还包括计入资产负债表固定资产等成本的资本化利息。

考点三：营运能力比率

通用公式	ABC 周转次数＝营业收入÷ABC ABC 周转天数＝365÷ABC 周转次数＝(365×ABC)÷营业收入 ABC 与收入比＝ABC÷营业收入 ABC 代指应收账款、存货、流动资产等
应收账款周转率	(1) 应使用赊销额取代营业收入。 (2) 在应收账款周转率用于业绩评价时，最好使用多个时点的平均数，以减少季节性、偶然性和人为因素的影响。 (3) 如果坏账准备的数额较大，就应进行调整，使用未提取坏账准备的应收账款计算周转天数。 (4) 大部分应收票据是销售形成的，应将其纳入应收账款周转次数的计算。 (5) 周转天数不一定是越少越好。 (6) 应收账款分析应与赊账分析、现金分析联系起来

续表

存货周转率	（1）计算存货周转率时，使用"营业收入"还是"营业成本"作为周转额，要看分析的目的。 ①在短期偿债能力分析中，为评估资产的变现能力，应采用"营业收入"； ②在分解总资产周转率时，为系统分析各项资产的周转情况，也应使用"营业收入"； ③如果是为了评估存货管理的业绩，应当使用"营业成本"。 （2）存货周转天数不是越低越好。 （3）应注意应付款项、存货和应收账款（或营业收入）之间的关系。 （4）应关注构成存货的产成品、自制半成品、原材料、在产品和低值易耗品之间的比例关系	
其他营运能力指标	流动资产周转率、营运资本周转率、非流动资产周转率	
	总资产周转率	【提示】总资产周转率的驱动因素分析，通常使用的是"资产周转天数"或"资产与收入比"，因为各项资产周转次数之和不等于总资产周转次数，不便于分析各项目变动对总资产周转率的影响

【**例题2-3·单选题**】甲公司是一家电器销售企业，每年6~10月是销售旺季，管理层拟用存货周转率评价全年存货管理业绩，适合使用的公式是（　　）。（2015年）

A. 存货周转率＝销售收入÷（$\sum$各月末存货÷12）

B. 存货周转率＝销售收入÷[（年初存货＋年末存货）÷2]

C. 存货周转率＝销售成本÷[（年初存货＋年末存货）÷2]

D. 存货周转率＝销售成本÷（$\sum$各月末存货÷12）

【**答案**】D

【**解析**】用存货周转率评价全年存货管理业绩时，应当使用"销售成本"计算，即选项AB不是答案；由于本题中存货项目的数据受季节性因素影响较大，因此，采用12个月的平均数比采用年初和年末的平均数计算的结果更真实可靠，所以选项C不是答案，选项D是答案。

【**本题套路**】计算存货周转率时，使用"营业收入"还是"营业成本"作为周转额，要看分析的目的：（1）在短期偿债能力分析中，为评估资产的变现能力，应采用"营业收入"；（2）如果是为了评估存货管理的业绩，应当使用"营业成本"；（3）在分解总资产周转率时，为系统分析各项资产的周转情况，也应使用"营业收入"。

【**例题2-4·多选题**】下列各项措施中，可降低应收账款周转天数的有（　　）。（2018年）

A. 延长信用期限　　　　　　　　B. 提高信用标准

C. 提高现金折扣率　　　　　　　D. 提高坏账准备计提比率

【**答案**】BC

【**解析**】应收账款周转天数＝365÷（营业收入÷应收账款）。选项A，延长信用期限，会导致本要付款的客户拖延至信用期到期，会增加应收账款，导致应收账款周转天数增加；选项B，提高信用标准，会提高客户的平均信誉度，减少赊销额，从而减少应收账款，导致应收账款周转天数减少；选项C，提高现金折扣率，会吸引更多客户在折扣期内付款，从而减少应收账款，导致应收账款周转天数减少；选项D，在计算应收账款周转率时，需要将原计提的坏账准备加回来，所以坏账准备是不会影响应收账款，故也不会影响应收账款周转天数的。

考点四：盈利能力比率

营业净利率	营业净利率 = 净利润÷营业收入
总资产净利率	总资产净利率 = 净利润÷总资产 = 净利润÷营业收入×营业收入÷总资产 = 营业净利率×总资产周转次数
	（1）总资产净利率是公司盈利能力的关键。 （2）总资产净利率的驱动因素是营业净利率和总资产周转次数
权益净利率	权益净利率 = 净利润÷股东权益

考点五：市价比率

	公式	市盈率 = 每股市价÷每股收益
市盈率	说明	（1）对仅有普通股的公司而言，每股收益的计算如下： 每股收益 = 普通股股东净利润÷流通在外普通股加权平均股数 （2）如果公司还有优先股，则计算公式为： 每股收益 =（净利润 − 优先股股利）÷流通在外普通股加权平均股数
市净率	公式	市净率 = 每股市价÷每股净资产
	说明	既有优先股又有普通股的公司，通常只为普通股计算每股净资产。在这种情况下，普通股每股净资产的计算如下： 每股净资产 =（股东权益总额 − 优先股权益）÷流通在外普通股股数 其中，优先股权益 = 优先股清算价值 + 拖欠的股利
市销率	公式	市销率 = 每股市价÷每股营业收入
	说明	每股营业收入 = 营业收入÷流通在外普通股加权平均股数

【例题 2-5·单选题】 甲公司上年净利润为 250 万元，流通在外的普通股的加权平均股数为 100 万股，优先股为 50 万股，优先股股息为每股 1 元。如果上年末普通股的每股市价为 30 元，甲公司的市盈率为（   ）。（2012 年）

A. 12   B. 15
C. 18   D. 22.5

【答案】 B

【解析】 每股收益 = 普通股股东净利润÷流通在外普通股加权平均股数 =（250 − 50）÷100 = 2（元），市盈率 = 每股市价÷每股收益 = 30÷2 = 15。

【本题套路】 在计算市价比率时需要注意公司是否有优先股。

考点六：杜邦分析体系——权益净利率

熟悉推倒公式，掌握每个指标的意义。

① 基本公式　　　　　　　权益净利率 = $\dfrac{\text{净利润}}{\text{股东权益}}$

② 同时增加"营业收入"　权益净利率 = $\dfrac{\text{净利润}}{\text{营业收入}} \times \dfrac{\text{营业收入}}{\text{股东权益}}$

③ 同时增加"总资产"　　权益净利率 = $\dfrac{\text{净利润}}{\text{营业收入}} \times \dfrac{\text{营业收入}}{\text{总资产}} \times \dfrac{\text{总资产}}{\text{股东权益}}$

④ 推导公式　　　　　　权益净利率 = 营业净利率 × 总资产周转率 × 权益乘数
　　　　　　　　　　　　　　　　　（盈利能力）　（营运能力）　（财务杠杆）

考点七：管理用财务报表常见指标的计算和意义

【计算分析题常考点】

掌握管理用财务报表的基本结构。

熟练掌握管理用财务报表下的杜邦分析式。

1. 区分经营损益和金融损益。

金融损益和经营损益的划分，应与资产负债表上经营资产和金融资产的划分相对应。金融损益是指金融负债利息与金融资产收益的差额，即扣除利息收入、金融资产公允价值变动收益等以后的利息费用。

2. 管理用现金流量表。

实体现金流量 = 税后经营净利润 + 折旧和摊销 − 经营营运资本净增加 − 资本支出

　　　　　　营业现金毛流量

　　　　　　　　　　营业现金净流量

　　　　　　　　　　　　　　实体现金流量

　　　　　　　　　　　　　　　　净经营长期资产增加 + 折旧与摊销

实体现金流量 = 税后经营净利润 + 折旧和摊销 − 经营营运资本净增加
　　　　　　　− 净经营长期资产增加 − 折旧与摊销
　　　　　　＝税后经营净利润 − (经营营运资本净增加 + 净经营长期资产增加)
　　　　　　＝税后经营净利润 − 净经营资产增加

3. 权益净利率。

权益净利率 = 净利润 ÷ 股东权益 = (税后经营净利润 − 税后利息费用) ÷ 股东权益

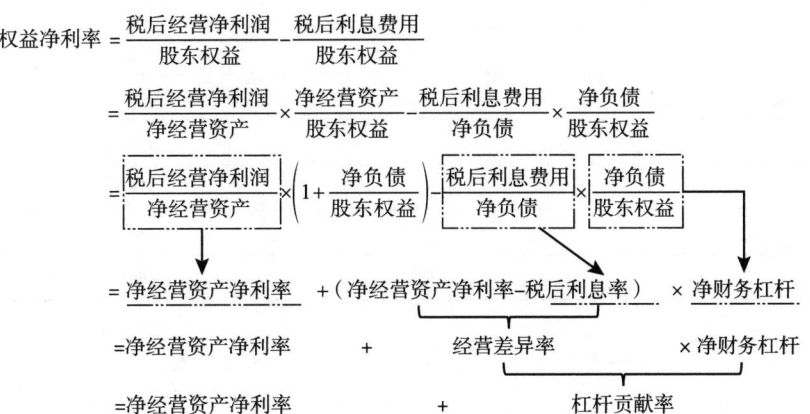

【例题2-6·多选题】下列关于实体现金流量的说法中,正确的有( )。(2018年)
A. 实体现金流量是企业经营现金流量
B. 实体现金流量是可以提供给债权人和股东的税后现金流量
C. 实体现金流量是营业现金净流量扣除资本支出后的剩余部分
D. 实体现金流量是税后经营净利润扣除净经营资产增加后的剩余部分

【答案】ABCD

【解析】实体现金流量是企业全部现金流入扣除成本费用和必要的投资后的剩余部分,它是企业一定期间可以提供给所有投资人(包括股权投资人和债权投资人)的税后现金流量,选项B正确。经营现金流量,代表了企业经营活动的全部成果,是"企业生产的现金",因此又称为实体经营现金流量,简称实体现金流量,选项A正确。实体现金流量=税后经营净利润－净经营资产增加=营业现金毛流量－经营营运资本增加－资本支出=营业现金净流量－资本支出,选项CD正确。

【例题2-7·计算分析题】甲公司是一家动力电池生产企业,拟采用管理用财务报表进行财务分析。相关资料如下:

(1) 甲公司2018年主要财务报表数据如表1所示。

表1 单位:万元

资产负债表项目	2018年末
货币资金	200
应收账款	800
存货	1 500
固定资产	5 500
资产总计	8 000
应付账款	2 000
长期借款	2 000
股东权益	4 000
负债及股东权益总计	8 000
营业收入	10 000
减:营业成本	6 000
税金及附加	320
销售和管理费用	2 000
财务费用	160
利润总额	1 520
减:所得税费用	380
净利润	1 140

(2) 甲公司货币资金全部为经营活动所需,财务费用全部为利息支出。甲公司的企业所得税税率25%。

(3) 乙公司是甲公司的竞争对手，2018年相关财务比率如表2所示。

表2

项目	净经营资产净利率	税后利息率	净财务杠杆（净负债/股东权益）	权益净利率
乙公司	22%	8%	60%	30.4%

要求：

（1）编制甲公司2018年管理用财务报表（结果填入下方表格中，不用列出计算过程）。

表3   单位：万元

管理用财务报表项目	2018年
经营性资产	
经营性负债	
净经营资产	
金融负债	
金融资产	
净负债	
股东权益	
净负债及股东权益总计	
税前经营利润	
减：经营利润所得税	
税后经营净利润	
利息费用	
减：利息费用抵税	
税后利息费用	
净利润	

（2）基于甲公司管理用财务报表，计算甲公司的净经营资产净利率、税后利息率、净财务杠杆和权益净利率（注：资产负债表相关数据用年末数计算）。

（3）计算甲公司与乙公司权益净利率的差异，并使用因素分析法，按照净经营资产净利率、税后利息率和净财务杠杆的顺序，对该差异进行定量分析。(2018年）

【答案】

（1）

表4   单位：万元

管理用财务报表项目	2018年
经营性资产	8 000（200+800+1 500+5 500）
经营性负债	2 000
净经营资产	6 000

续表

管理用财务报表项目	2018年
金融负债	2 000
金融资产	0
净负债	2 000
股东权益	4 000
净负债及股东权益总计	6 000
税前经营利润	1 680（10 000 – 6 000 – 320 – 2 000）
减：经营利润所得税	420（1 680 × 25%）
税后经营净利润	1 260
利息费用	160
减：利息费用抵税	40
税后利息费用	120
净利润	1 140（1 260 – 120）

（2）净经营资产净利率 = 税后经营净利润 ÷ 净经营资产 = 1 260 ÷ 6 000 = 21%

税后利息率 = 税后利息费用 ÷ 净负债 = 120 ÷ 2 000 = 6%

净财务杠杆 = 净负债 ÷ 股东权益 = 2 000 ÷ 4 000 = 50%

权益净利率 = 净利润 ÷ 股东权益 = 1 140 ÷ 4 000 = 28.5%

（3）权益净利率的差异 = 28.5% – 30.4% = –1.9%

净经营资产净利率差异引起的权益净利率差异 = 21% +（21% – 8%）× 60% – 30.4% = 28.8% – 30.4% = –1.6%

税后利息率差异引起的权益净利率差异 = 21% +（21% – 6%）× 60% – 28.8% = 30% – 28.8% = 1.2%

净财务杠杆差异引起的权益净利率差异 = 21% +（21% – 6%）× 50% – 30% = 28.5% – 30% = –1.5%

第三节　财务预测的步骤和方法

考点：财务预测方法（销售百分比法）

1. 销售百分比法的前提。

该方法假设各项经营资产和经营负债与营业收入保持稳定的百分比。

该方法假设预计营业净利率可以涵盖借款利息的增加。

【注意】金融资产与金融负债并不与营业收入保持稳定的百分比！考试的时候要区分开来考虑。

2. 在企业的融资需求中，融资的优先顺序是：先内部融资再外部融资，先债务筹资再股权筹资。

（1）动用现存的金融资产（内部融资）；

(2) 增加的留存收益（内部融资）；

(3) 增加金融负债（外部融资）；

(4) 增发股票（外部融资）。

3. 方法如下表所示。

(1) 确定资产和负债项目的销售百分比	销售百分比＝基期经营资产（或负债）÷基期营业收入
(2) 预计各项经营资产和经营负债	各项经营资产（负债）＝预计营业收入×各项目销售百分比
(3) 确定融资总需求	融资总需求＝（预计经营资产合计－基期经营资产合计）－（预计经营负债合计－基期经营负债合计）＝预计净经营资产合计－基期净经营资产合计
(4) 预计可动用的金融资产	一般题目告知
(5) 预计增加的留存收益	留存收益增加＝预计营业收入×预计营业净利率×（1－预计股利支付率）
(6) 预计增加的借款	预计增加的借款＝融资总需求－预计可动用的金融资产－预计增加的留存收益

第四节 增长率与资本需求的测算

考点一：外部资本需求测试

1. 外部融资销售增长比。

外部融资销售增长比＝经营资产销售百分比－经营负债销售百分比
－[（1＋增长率）÷增长率]×预计营业净利率×（1－预计股利支付率）

外部融资额＝销售增长额×外部融资销售增长比

2. 外部融资需求的敏感分析。

外部融资需求＝增加的营业收入×经营资产销售百分比－增加的营业收入
×经营负债销售百分比－可以动用的金融资产－预计销售额
×计划营业净利率×（1－股利支付率）

外部融资需求的影响因素如下表所示。

影响因素	营业净利率	股利支付率	经营资产销售百分比	经营负债销售百分比	销售增长率
外部融资需求	负相关	正相关	正相关	负相关	正相关

【例题2-8·多选题】假设其他因素不变，下列变动中有利于减少公司外部融资额的有（　　）。（2014）

A. 提高存货周转率　　　　　　　　B. 提高产品毛利率

C. 提高权益乘数　　　　　　　　　D. 提高股利支付率

【答案】AB

【解析】外部融资额＝（经营资产销售百分比×营业收入增加）－（经营负债销售百分比×营业收入增加）－预计营业收入×营业净利率×（1－预计股利支付率），提高产品毛利率会提高营业净利率，从而减少外部融资额；提高存货周转率，则会减少存货占用资金，即减少经营资产占用资金，从而减少外部融资额。

考点二：内含增长率测算

内含增长率就是完全不利用外部融资时的增长率。

$$内含增长率 = \frac{\frac{预计净利润}{预计净经营资产} \times 预计利润留存率}{1 - \frac{预计净利润}{预计净经营资产} \times 预计利润留存率}$$

【例题2-9·单选题】 甲公司2015年经营资产销售百分比为70%，经营负债销售百分比为15%，销售净利率为8%，假设公司2016年上述比率保持不变，没有可动用的金融资产，不打算进行股票回购，并采用内含增长方式支持销售增长，为实现10%的销售增长目标，预计2016年股利支付率为（   ）。(2016)

A. 37.5% B. 62.5%
C. 42.5% D. 57.5%

【答案】 A

【解析】 采用内含增长方式支持销售增长，即外部融资额等于0。外部融资额 = 经营资产销售百分比 - 经营负债销售百分比 - [(1+增长率)÷增长率]×预计销售净利率×(1-预计股利支付率)，即 0 = 70% - 15% - [(1+10%)÷10%]×8%×(1-预计股利支付率)，则股利支付率 = 37.5%。

【例题2-10·单选题】 由于通货紧缩，某公司不打算从外部融资，而主要靠调整股利分配政策，扩大留存收益来满足销售增长的资本需求。历史资料表明，该公司经营资产、经营负债与销售总额之间存在着稳定的百分比关系，且不存在可动用金融资产。现已知经营资产销售百分比为75%，经营负债销售百分比为15%，计划下年营业净利率为10%，股利支付率为20%，若预计下一年单价会下降为2%，则据此可以预计下年销量增长率为（   ）。

A. 23.53% B. 26.05%
C. 17.73% D. 15.38%

【答案】 C

【解析】 由于不打算从外部融资，此时的销售增长率为内含增长率，设为x，0 = 75% - 15% - (1+x)÷x×10%×(1-20%)，所以 x = 15.38%。即 (1-2%)×(1+销量增长率) - 1 = 15.38%，所以销量增长率 = 17.73%。

考点三：可持续增长率测算

可持续增长率是指不增发新股或回购股票，不改变经营效率（不改变营业净利率和资产周转率）和财务政策（不改变权益乘数和利润留存率）时，其销售所能达到的增长率。

【提示】 注意可持续增长率和内含增长率的区别：所谓内含增长率是指不依靠外部筹资的增长率；而可持续增长率是指不改变资本结构以及经营效率的增长率。

在下列假设条件成立的情况下，销售增长率与可持续增长率相等。这种状态下，其资产、负债和股东权益同比例增长。

假设条件	对应指标或等式
（1）公司营业净利率将维持当前水平，并且可以涵盖新增债务增加的利息	营业净利率不变
（2）公司总资产周转率将维持当前水平	总资产周转率不变
（3）公司目前的资本结构是目标资本结构，并且打算继续维持下去	权益乘数不变或资产负债率不变
（4）公司目前的利润留存率是目标利润留存率，并且打算继续维持下去	利润留存率不变
（5）不愿意或者不打算增发新股（包括股份回购，下同）	增加的所有者权益＝增加的留存收益

可持续增长率＝营业净利率×期末总资产周转次数×期末总资产期初权益乘数×本期利润留存率

$$可持续增长率 = \frac{营业净利率 \times 期末总资产周转次数 \times 期末权益乘数 \times 本期利润留存率}{1 - 营业净利率 \times 期末总资产周转次数 \times 期末权益乘数 \times 本期利润留存率}$$

【例题2-11·多选题】 下列关于可持续增长率的说法中，错误的有（   ）。

A. 可持续增长率是指企业仅依靠内部筹资时，可实现的最大销售增长率

B. 可持续增长率是指不改变经营效率和财务政策时，可实现的最大销售增长率

C. 在经营效率和财务政策不变时，可持续增长率等于实际增长率

D. 在可持续增长状态下，企业的资产、负债和权益保持同比例增长

【答案】 ABC

【解析】 可持续增长率是指不发行新股，不改变经营效率（不改变营业净利率和资产周转率）和财务政策（不改变负债/权益比和利润留存率）时，其销售所能达到的最大增长率。可持续增长率必须同时满足不发行新股以及不改变经营效率和财务政策，所以选项ABC的说法不正确。在可持续增长状态下，企业的资产、负债和权益保持同比例增长，所以选项D的说法正确。

【例题2-12·单选题】 甲公司处于可持续增长状态。2019年初总资产为1 000万元，总负债为200万元，预计2019年净利润达到100万元，股利支付率为20%。甲公司2019年的可持续增长率是（   ）。（2019年）

A. 2.5%   B. 8%   C. 10%   D. 11.1%

【答案】 C

【解析】 可持续增长率＝营业净利率×期末总资产周转次数×期末总资产期初权益乘数×利润留存率＝本期净利润÷期初股东权益×（1－股利支付率）＝100÷（1 000－200）×（1－20%）＝10%

【例题2-13·计算分析题】 甲公司是一家新型建筑材料生产企业，为做好2017年财务计划，拟进行财务报表分析和预测。相关资料如下：

（1）甲公司2016年主要财务数据如表1所示。

表1   单位：万元

资产负债表项目	2016年末
货币资金	600
应收账款	1 600
存货	1 500

续表

利润表项目	2016 年度
固定资产	8 300
资产总计	12 000
应付账款	1 000
其他流动负债	2 000
长期借款	3 000
股东权益	6 000
负债及股东权益总计	12 000
营业收入	16 000
减：营业成本	10 000
税金及附加	560
销售费用	1 000
管理费用	2 000
财务费用	240
利润总额	2 200
减：所得税费用	550
净利润	1 650

（2）公司没有优先股且没有外部股权融资计划，股东权益变动均来自留存收益，公司采用固定股利支付率政策，股利支付率为60%。

（3）销售部门预测2017年公司营业收入增长率为10%。

（4）甲公司的企业所得税税率为25%。

要求：

（1）假设2017年甲公司除长期借款外所有资产和负债与营业收入保持2016年的百分比关系，所有成本费用与营业收入的占比关系维持2016年水平，用销售百分比法初步测算公司2017年融资总需求和外部融资需求。

（2）假设2017年度甲公司除货币资金、长期借款外所有资产和负债与营业收入保持2016年的百分比关系，除财务费用和所得税费用外所有成本费用与营业收入的占比关系维持2016年水平，2017年新增财务费用按新增长期借款期初借入计算，所得税费用按当年利润总额计算。为满足资金需求，甲公司根据要求（1）的初步测算结果，以百万元为单位向银行申请贷款，贷款利率8%，贷款金额超出融资需求的部分计入货币资金。预测公司2017年末资产负债表和2017年度利润表（结果填入下方表格中，不用列出计算过程）。（2017年）

表2

单位：万元

资产负债表项目	2017 年末
货币资金	
应收账款	
存货	

续表

利润表项目	2017 年度
固定资产	
资产总计	
应付账款	
其他流动负债	
长期借款	
股东权益	
负债及股东权益总计	
营业收入	
减：营业成本	
税金及附加	
销售费用	
管理费用	
财务费用	
利润总额	
减：所得税费用	
净利润	

【答案】

(1) 融资总需求=净经营资产增加=净经营资产×增长率=(12 000-1 000-2 000)×10%=900(万元)

注意：题目提示"2017年甲公司除长期借款外所有资产和负债与营业收入保持2016年的百分比关系"，说明2016年资产负债表中的资产与负债除长期借款外所有的均是经营性的，因为金融资产和负债不能与营业收入保持稳定的百分比，所以2016年净经营资产=经营资产-经营负债=12 000-1 000-2 000=9 000(万元)。

外部融资需求=900-1 650×(1+10%)×(1-60%)=174(万元)

(2)

表3　　　　　　　　　　　　　　　　　　　　　　　　　　　　　　　　　　　单位：万元

资产负债表项目	2017 年末
货币资金	688.4(13 228.4-1 760-1 650-9 130)
应收账款	1 760(1 600+1 600×10%)
存货	1 650(1 500+1 500×10%)
固定资产	9 130(8 300+8 300×10%)
资产总计	13 228.4(注：这是根据资产总计=负债及股东权益总计得出的)
应付账款	1 100(1 000+1 000×10%)
其他流动负债	2 200(2 000+2 000×10%)

续表

资产负债表项目	2017年末
长期借款	3 200(注:3 000+200,外部融资需求为174,因贷款以百万元为单位,故新增贷款为200万元)
股东权益	6 728.4(注:6 000+1 821×40%)
负债及股东权益总计	13 228.4(1 100+2 200+3 200+6 728.4)
利润表项目	2017年度
营业收入	17 600(16 000+16 000×10%)
减:营业成本	11 000(10 000+10 000×10%)
税金及附加	616(560+560×10%)
销售费用	1 100(1 000+1 000×10%)
管理费用	2 200(2 000+2 000×10%)
财务费用	256(注:240+200×8%,新增贷款200万元,利率8%)
利润总额	2 428(17 600−11 000−616−1 100−2 200−256)
减:所得税费用	607(2 428×25%)
净利润	1 821(2 428−607)

【例题2-14·计算分析题】甲公司是一家汽车销售企业,现对公司财务状况和经营成果进行分析,以发现与主要竞争对手乙公司的差异,相关资料如下:

(1) 甲公司2015年的主要财务报表数据如表1所示。

表1   单位:万元

资产负债表项目	2015年末
货币资金	1 050
应收账款	1 750
预付账款	300
存货	1 200
固定资产	3 700
资产总计	8 000
流动负债	3 500
非流动负债	500
股东权益	4 000
负债和股东权益总计	8 000
利润表项目	2015年度
营业收入	10 000
减:营业成本	6 500
税金及附加	300
销售费用	1 400

续表

利润表项目	2015 年度
管理费用	160
财务费用	40
利润总额	1 600
减：所得税费用	400
净利润	1 200

假设资产负债表项目年末余额可代表全年平均水平。

(2) 乙公司相关财务比率如表 2 所示。

表 2

销售净利率	总资产周转次数	权益乘数
24%	0.6	1.5

要求：

(1) 使用因素分析法，按照销售净利率、总资产周转次数、权益乘数的顺序，对 2015 年甲公司相对乙公司权益净利率的差异进行定量分析。

(2) 说明销售净利率、总资产周转次数、权益乘数 3 个指标各自的经济含义及各评价企业哪方面能力，并指出甲公司与乙公司在经营战略和财务政策上的差别。(2016 年)

【答案】

(1)

甲公司销售净利率 = 1 200 ÷ 10 000 = 12%

甲公司总资产周转次数 = 10 000 ÷ 8 000 = 1.25

甲公司权益乘数 = 8 000 ÷ 4 000 = 2

甲公司权益净利率 = 12% × 1.25 × 2 = 30%

乙公司权益净利率 = 24% × 0.6 × 1.5 = 21.6%

甲公司相对于乙公司权益净利率的差异 = 30% - 21.6% = 8.4%

销售净利率差异的影响 = 12% × 0.6 × 1.5 - 21.6% = 10.8% - 21.6% = -10.8%

总资产周转次数差异的影响 = 12% × 1.25 × 1.5 - 10.8% = 22.5% - 10.8% = 11.7%

权益乘数差异的影响 = 12% × 1.25 × 2 - 22.5% = 30% - 22.5% = 7.5%

(2)

销售净利率是净利润与销售收入的比值，它的经济含义是每 1 元销售收入带来的净利润是多少，反映的是企业的盈利能力；

总资产周转次数是销售收入与平均总资产的比值，它的经济含义是 1 年中总资产的周转次数，反映的是企业的营运能力；

权益乘数是总资产与股东权益的比值，它的经济含义是每 1 元股东权益拥有的资产总额，反映的是企业的长期偿债能力。

两公司在经营战略上存在较大差别：甲公司采取的是"低盈利、高周转"的策略；乙公司采取的是"高盈利、低周转"的策略。在财务政策上,两公司也有很大不同:甲公司采取的是相对高风险的财务政策,财务杠杆较大;乙公司采取的是相对低风险的财务政策,财务杠杆较小。

【例题 2-15·计算分析题】 甲公司是一家制造业企业,为做好财务计划,甲公司管理层拟采用管理用财务报表进行分析,相关资料如下:

(1) 甲公司 2014 年的主要财务报表数据如表 1 所示。

表 1　　　　　　　　　　　　　　　　　　　　　　　　　　　　　　　　　　　单位:万元

资产负债表项目	2014 年末
货币资金	300
应收账款	800
存货	750
长期股权投资	500
固定资产	3 650
资产总计	6 000
应付账款	1 500
长期借款	1 500
股东权益	3 000
负债及股东权益总计	6 000
利润表项目	2014 年度
营业收入	10 000
减:营业成本	6 000
税金及附加	320
管理费用	2 000
财务费用	80
加:投资收益	50
利润总额	1 650
减:所得税费用	400
净利润	1 250

(2) 甲公司没有优先股,股东权益变动均来自利润留存,经营活动所需的货币资金是当年销售收入的2%,投资收益均来自长期股权投资。

(3) 根据税法相关规定,甲公司长期股权投资收益不缴所得税,其他损益的所得税税率为25%。

(4) 甲公司采用固定股利支付率政策,股利支付率60%,经营性资产、经营性负债与销售收入保持稳定的百分比关系。

要求:

(1) 编制甲公司2014年的管理用财务报表(提示:按照各种损益的适用税率计算应分担的所得税,结果填入下方表格中,不用列出计算过程)。

表2 单位：万元

管理用财务报表项目	2014年
经营性资产总计	
经营性负债总计	
净经营资产总计	
金融负债	
金融资产	
净负债	
股东权益	
净负债及股东权益总计	
税前经营利润	
减：经营利润所得税	
税后经营净利润	
利息费用	
减：利息费用抵税	
税后利息费用	
净利润	

（2）假设甲公司目前已达到稳定状态，经营效率和财务政策保持不变且不增发新股和回购股票，可以按照目前的利率水平在需要的时候取得借款，不变的销售净利率可以涵盖新增债务增加的负债利息。计算甲公司2015年的可持续增长率。

（3）假设甲公司2015年销售增长率为25%，销售净利率与2014年相同，在2014年末金融资产都可动用的情况下，用销售百分比法预测2015年的外部融资额。

（4）从经营效率和财务政策是否变化角度，回答上年可持续增长率、本年可持续增长率和本年实际增长率之间的联系。（2015年）

【答案】

（1）编制甲公司2014年的管理用财务报表。

表3

管理用财务报表项目	2014年
经营性资产总计	5 900
经营性负债总计	1 500
净经营资产总计	4 400
金融负债	1 500
金融资产	100
净负债	1 400
股东权益	3 000

续表

管理用财务报表项目	2014 年
净负债与股东权益合计	4 400
税前经营利润	1 730
减：经营利润所得税	420
税后经营净利润	1 310
利息费用	80
减：利息费用抵税	20
税后利息费用	60
净利润	1 250

计算说明：

金融资产 = 300 − 10 000 × 2% = 100（万元）（经营活动所需的货币资金是当年销售收入的2%）

经营性资产 = 10 000 × 2% + 800 + 750 + 500 + 3 650 = 5 900（万元）

[或：经营性资产 = 6 000 − 100 = 5 900（万元）]

税前经营利润 = 10 000 − 6 000 − 320 − 2 000 + 50 = 1 730（万元）

经营利润所得税 = (1 730 − 50) × 25% = 420（万元）

利息费用抵税 = 80 × 25% = 20（万元）

(2) 2015 年可持续增长率 = 当年权益增长率 = $\dfrac{1\,250 \times (1-60\%)}{3\,000 - 1\,250 \times (1-60\%)}$ = 20%

或：= $\dfrac{\dfrac{销售收入}{期末净经营资产} \times \dfrac{净利润}{销售收入} \times \dfrac{利润留存}{净利润} \times \dfrac{期末净经营资产}{期末股东权益}}{1 - \dfrac{销售收入}{期末净经营资产} \times \dfrac{净利润}{销售收入} \times \dfrac{利润留存}{净利润} \times \dfrac{期末净经营资产}{期末股东权益}}$

= $\dfrac{\dfrac{10\,000}{4\,400} \times \dfrac{1\,250}{10\,000} \times (1-60\%) \times \dfrac{4\,400}{3\,000}}{1 - \dfrac{10\,000}{4\,400} \times \dfrac{1\,250}{10\,000} \times (1-60\%) \times \dfrac{4\,400}{3\,000}}$

或：= $\dfrac{\dfrac{销售收入}{期末总资产} \times \dfrac{净利润}{销售收入} \times \dfrac{利润留存}{净利润} \times \dfrac{期末总资产}{期末股东权益}}{1 - \dfrac{销售收入}{期末总资产} \times \dfrac{净利润}{销售收入} \times \dfrac{利润留存}{净利润} \times \dfrac{期末总资产}{期末股东权益}}$

= $\dfrac{\dfrac{10\,000}{6\,000} \times \dfrac{1\,250}{10\,000} \times (1-60\%) \times \dfrac{6\,000}{3\,000}}{1 - \dfrac{10\,000}{6\,000} \times \dfrac{1\,250}{10\,000} \times (1-60\%) \times \dfrac{6\,000}{3\,000}}$

= 20%

(3) 可动用的金融资产 = 300 − 10 000 × 2% = 100（万元）

外部融资额 = 4 400 × 25% − 1 250 × (1 + 25%) × (1 − 60%) − 100 = 375（万元）

(4) 如果某一年的经营效率和财务政策与上年相同，在不增发新股和回购股票的情况下，实际增长率、上年的可持续增长率以及本年的可持续增长率三者相等；如果某一年的销售净利率、总资产周转率、权益乘数和利润留存率4个财务比率中的一个或多个升高,在不增发新股和回购股票的情况下,实际增长率就会超过上年的可持续增长率,本年的可持续增长率也会超过上年的可持续增长率;如果某一年的销售净利率、总资产周转率、权益乘数和利润留存率4个财务比率中的一个或多个下降,在不增发新股和回购股票的情况下,实际增长率就会低于上年的可持续增长率,本年的可持续增长率也会低于上年的可持续增长率;如果上述4个财务比率已经达到企业极限,只有通过发行新股增加资金,才能提高实际的销售增长率。

【例题2-16·计算分析题】 甲公司是一家机械加工企业,采用管理用财务报表分析体系进行权益净利率的行业平均水平差异分析。该公司2012年主要的管理用财务报表数据如表1所示。

表1　　　　　　　　　　　　　　　　　　　　　　　　　　　　　　　　　　　　　　　单位:万元

项目	2012年
资产负债表项目(年末)	
净经营资产	1 000
净负债	200
股东权益	800
利润表项目(年度)	
销售收入	3 000
税后经营净利润	180
减:税后利息费用	12
净利润	168

为了与行业情况进行比较,甲公司收集了2012年的行业平均财务比率数据(见表2):

表2　　单位:%

财务比率	净经营资产净利率	税后利息率	净财务杠杆	权益净利率
行业平均数据	19.50	5.25	40.00	25.20

要求:

(1) 基于甲公司管理用财务报表有关数据,计算表3列出的财务比率(结果填入下方表格中,不用列出计算过程)。

表3

财务比率	2012年
税后经营净利率	
净经营资产周转次数	
净经营资产净利率	
税后利息率	
经营差异率	

续表

财务比率	2012 年
净财务杠杆	
杠杆贡献率	
权益净利率	

(2) 计算甲公司权益净利率与行业平均权益净利率的差异,并使用因素分析法,按照净经营资产净利率、税后利息率和净财务杠杆的顺序,对该差异进行定量分析。(2013 年)

【答案】

(1)

表 4

财务比率	2012 年	解析
税后经营净利率	6%	=税后经营净利润÷销售收入=180÷3 000
净经营资产周转次数	3	=销售收入÷净经营资产=3 000÷1 000
净经营资产净利率	18%	=税后经营净利润÷净经营资产=180÷1 000
税后利息率	6%	=税后利息÷净负债=12÷200
经营差异率	12%	=净经营资产净利率−税后利息率=18%−6%
净财务杠杆	25%	=净负债÷所有者权益=200÷800
杠杆贡献率	3%	=经营差异率×净财务杠杆=12%×25%
权益净利率	21%	=净经营资产净利率+杠杆贡献率=18%+3%

(2) 权益净利率=净经营资产净利率+(净经营资产净利率−税后利息率)×净财务杠杆

甲公司权益净利率与行业平均权益净利率的差异=21%−25.2%=−4.2%

净经营资产净利率差异引起的权益净利率差异=18%+(18%−5.25%)×40%−25.2%=23.1%−25.2%=−2.10%

税后利息率差异引起的权益净利率差异=18%+(18%−6%)×40%−23.1%=22.8%−23.1%=−0.3%

净财务杠杆差异引起的权益净利率差异=18%+(18%−6%)×25%−22.8%=−1.8%

第三章 价值评估基础

第一节 利 率

考点：利率期限结构

项目	基本含义	关键假定
无偏预期理论	利率期限结构完全取决于市场对未来利率的预期，即长期债券即期利率是短期债券预期利率的函数。也就是说长期即期利率是短期预期利率的无偏估计	对未来短期利率具有确定的预期，资金在长期资金市场和短期资金市场之间的流动完全自由（过于理想化）
市场分割理论	由于法律制度、文化心理、投资偏好等不同，投资者会比较固定地投资于某一期限的债券，即每类投资者固定偏好于收益率曲线的特定部分	不同期限的债券市场互不相关
流动性溢价理论	流动性溢价理论综合了预期理论和市场分割理论的特点。它认为短期债券的流动性比长期债券高，因为债券到期期限越长，利率变动的可能性越大，利率风险就越高。因此，长期债券要给予投资者一定的流动性溢价，即长期即期利率是未来短期预期利率平均值加上一定的流动性风险溢价	不同期限的债券不是完全替代品，也不是完全不可替代

【例题3-1·单选题】下列各项说法中，符合流动性溢价理论的是（　　）。（2018年）

A. 不同期限的债券市场互不相关

B. 长期即期利率是短期预期利率的无偏估计

C. 即期利率水平由各个期限债券市场上的供求关系决定

D. 债券期限越长，利率变动可能性越大，利率风险越高

【答案】D

【解析】选项B符合无偏预期理论；选项AC符合市场分割理论；选项D符合流动性溢价理论。

第二节　货币时间价值

考点一：报价利率、计息期利率和有效年利率

项目	含义	关系
报价利率	指一年复利若干次时给出的年利率，也叫名义利率，用r表示	计息期利率＝报价利率÷每年复利次数 假设每年计息m次，则 有效年利率＝$\left(1+\dfrac{报价利率}{m}\right)^m -1$
计息期利率	计息期利率是指借款人对每1元本金每期支付的利息。它可以是年利率，也可以是半年利率、季度利率、每月或每日利率等	
有效年利率	在按给定的计息期利率和每年复利次数计算利息时，能够产生相同结果的每年复利一次的年利率被称为有效年利率，也称等价年利率	
	当复利次数m趋于无穷大时，利息支付的频率比每秒1次还频繁，所得到的利率为连续复利	连续复利的有效年利率＝$e^{报价利率}-1$ e为自然常数

【例题 3-2·单选题】甲公司平价发行 5 年期的公司债券，债券票面利率为 10%，每半年付息一次，到期一次偿还本金。该债券的有效年利率是（　　）。(2013 年)

A. 10%　　　B. 10.25%　　　C. 10.5%　　　D. 9.5%

【答案】B

【解析】有效年利率＝$(1+10\%÷2)^2 -1 = 10.25\%$

考点二：系数表和关系

系数名称	系数符号	说明
复利终值系数	$(F/P, i, n) = (1+i)^n$	互为倒数
复利现值系数	$(P/F, i, n) = (1+i)^{-n}$	
普通年金终值系数	$(F/A, i, n) = \dfrac{(1+i)^n - 1}{i}$	互为倒数
偿债基金系数	$(A/F, i, n) = \dfrac{i}{(1+i)^n - 1}$	
普通年金现值系数	$(P/A, i, n) = \dfrac{1-(1+i)^{-n}}{i}$	互为倒数
投资回收系数	$(A/P, i, n) = \dfrac{i}{1-(1+i)^{-n}}$	
预付年金终值系数	$[(F/A, i, n+1) - 1] = \dfrac{(1+i)^{n+1} - 1}{i} - 1$	普通年金终值系数期数加1，系数减1
预付年金现值系数	$[(P/A, i, n-1) + 1] = \dfrac{1-(1+i)^{-(n-1)}}{i} + 1$	普通年金现值系数期数减1，系数加1
递延年金终值	$F = A \cdot (F/A, i, n)$	—
递延年金现值	$P_{(n)} = P_{(m+n)} - P_{(m)}$	n 表示连续收支期数，m 表示递延期数
永续年金现值	$P = A/i$	—

【例题 3-3·单选题】甲商场进行分期付款销售活动,某款手机可在半年内分 6 期付款,每期期初付款 600 元。假设年利率为 12%。该手机价款如果购买时一次性付清,下列各项金额中最接近的是( )元。(2019 年)

A. 2 912　　　　　　　　　　　B. 3 437

C. 3 477　　　　　　　　　　　D. 3 512

【答案】 D

【解析】 月利率 = 12% ÷ 12 = 1%。购买时一次性付清的金额 = 600 × [(P/A,1%,6-1) + 1] = 600 × (4.8534 + 1) = 3 512.04(元)。

第三节　风险和报酬

考点一:风险评价指标

指标	计算公式	说明
方差	总体方差 = $\dfrac{\sum_{i=1}^{n}(K_i - \overline{K})^2}{N}$ 样本方差 = $\dfrac{\sum_{i=1}^{n}(K_i - \overline{K})^2}{n-1}$	预期值相同时,方差越大,风险越大
标准差	总体标准差 = $\sqrt{\dfrac{\sum_{i=1}^{n}(K_i - \overline{K})^2}{N}}$ 样本标准差 = $\sqrt{\dfrac{\sum_{i=1}^{n}(K_i - \overline{K})^2}{n-1}}$	预期值相同时,标准差越大,风险越大
变异系数	变异系数 = 标准差 ÷ 均值	变异系数越大,风险越大

考点二:相关系数

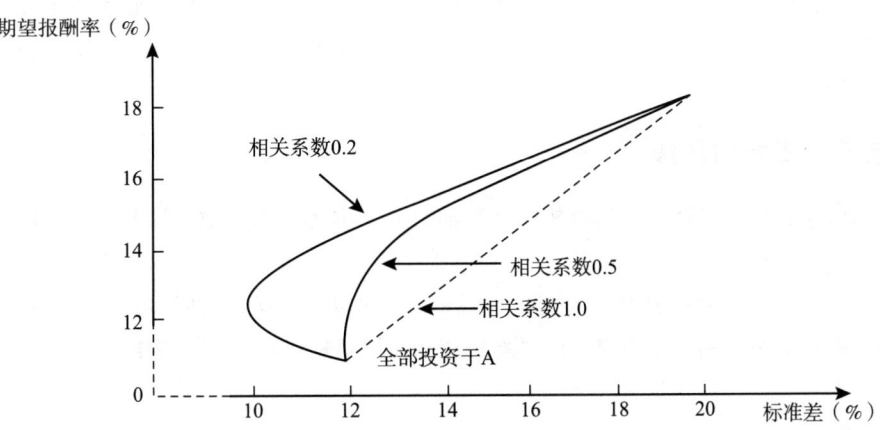

项目	r = 0.2	r = 0.5
拐点（左侧凸出的点）	有	无
无效集	有 拐点至全部投资于 A 的点的曲线	无 整条机会集曲线都是有效集
最小方差组合	拐点的投资组合	全部投资于 A 的组合
分散化效应	相关系数越小，曲线弯曲程度越大，分散化效应越强	相关系数越大，曲线弯曲程度越小，分散化效应越弱

【例题3-4·单选题】下列关于两种证券组合的机会集曲线的说法中，正确的是（　　）。（2013年）

A. 曲线上报酬率最低点是最小方差组合点

B. 两种证券报酬率的相关系数越大，曲线弯曲程度越小

C. 两种证券报酬率的标准差越接近，曲线弯曲程度越小

D. 曲线上的点均为有效组合

【答案】B

【解析】选项A：如果相关系数很小，曲线存在拐点，曲线上最左端的拐点才是最小方差组合，选项A描述错误；选项C：曲线弯曲程度与两种证券的相关系数有关，与标准差无关，选项C错误；选项D：如果相关系数很小，曲线存在拐点，在拐点下方的投资组合是无效组合，选项D错误。

【例题3-5·多选题】市场上有两种有风险证券X和Y，下列情况下，两种证券组成的投资组合风险低于二者加权平均风险的有（　　）。（2016年）

A. X和Y期望报酬率的相关系数是0

B. X和Y期望报酬率的相关系数是-1

C. X和Y期望报酬率的相关系数是0.5

D. X和Y期望报酬率的相关系数是1

【答案】ABC

【解析】相关系数的值总是在-1～+1，只要两种证券期望报酬率的相关系数小于1，证券组合风险就小于各证券风险的加权平均数。当相关系数为1时，两种证券的投资组合的风险等于二者的加权平均数。

考点三：资本市场线

如下图所示，从无风险资产的报酬率（Y轴的 R_f）开始，做有效边界的切线，切点为M，该直线被称为资本市场线。

资本市场线是指表明有效组合的期望报酬率和标准差之间的一种简单的线性关系的一条射线。它是沿着投资组合的有效边界，由风险资产和无风险资产构成的投资组合。

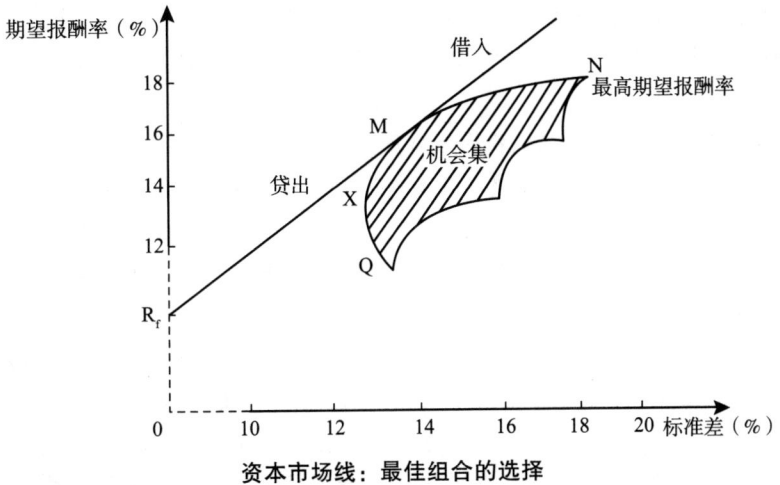

资本市场线：最佳组合的选择

总期望报酬率 = Q × 风险组合的期望报酬率 + (1 - Q) × 无风险利率

总标准差 = Q × 风险组合标准差

其中：Q 代表投资者投资于风险组合 M 的资金占自有资本总额的比例；1 - Q 代表投资于无风险资产的比例。

（1）切点 M 是市场均衡点，它代表唯一最有效的风险资产组合，它是所有证券以各自的总市场价值为权数的加权平均组合。

（2）资本市场线揭示出持有不同比例的无风险资产和市场组合情况下风险与期望报酬率的权衡关系。直线截距表示无风险利率，斜率代表风险的市场价值。

（3）个人的效用偏好与最佳风险资产组合相独立（或相分离）。投资者个人对风险的态度只影响借入或贷出的资金量，而不影响最佳风险资产组合。因为存在无风险资产并可按无风险利率自由借贷时，市场组合优于所有其他组合。

【例题3-6·单选题】证券市场组合的期望报酬率是16%，甲投资人以自有资金100万元和按6%的无风险利率借入的资金40万元进行证券投资，甲投资人的期望报酬率是（　　）。（2014年）

A. 20%　　　　　　　　　　　B. 18%

C. 19%　　　　　　　　　　　D. 22.4%

【答案】A

【解析】总期望报酬率 = 16% × 140 ÷ 100 + (1 - 140 ÷ 100) × 6% = 20%

【例题3-7·单选题】当存在无风险资产并可按无风险报酬率借贷时，下列关于最有效风险资产组合的说法中正确的是（　　）。（2017年）

A. 最有效风险资产组合是投资者根据自己风险偏好确定的组合

B. 最有效风险资产组合是风险资产机会集上最小方差点对应的组合

C. 最有效风险资产组合是风险资产机会集上最高期望报酬率点对应的组合

D. 最有效风险资产组合是所有风险资产以各自的总市场价值为权数的组合

【答案】D

【解析】当存在无风险资产并可按无风险报酬率借贷时，最有效的风险资产组合是从无风险资产的报酬率开始，做有效边界的切线得到的切点 M 所代表的组合，它是所有证券以各自的总市场价值为权数的加权平均组合,我们将其定义为"市场组合"。

【例题 3－8·多选题】 下列关于投资者对风险的态度的说法中,符合投资组合理论的有( )。(2018 年)

A. 投资者在决策时不必考虑其他投资者对风险的态度
B. 不同风险偏好投资者的投资都是无风险资产和最佳风险资产组合的组合
C. 投资者对风险的态度不仅影响其借入或贷出的资金量,还影响最佳风险资产组合
D. 当存在无风险资产并可按无风险利率自由借贷时,市场组合优于其他风险资产组合

【答案】ABD

【解析】选项 A 符合题意,个人的效用偏好与最佳风险资产组合相独立(或相分离),所以投资者在决策时,不需要考虑其他投资者对风险的态度;选项 B 符合题意,个人的投资行为可分为两个阶段:先确定最佳风险资产组合,后考虑无风险资产和最佳风险资产组合的理想组合;选项 C 不符合题意,个人对风险的态度仅影响借入或贷出的资金量,而不影响最佳风险资产组合,因为最佳市场组合只有 M;选项 D 符合题意,当存在无风险资产并可按无风险利率自由借贷时,市场组合优于所有其他组合。

考点四:风险类别

风险分为系统风险和非系统风险。

(1) 无法分散掉的是系统风险,可以分散掉的风险是非系统风险(可以通过投资多样化分散掉)。

(2) 资产的风险可以用标准差计量。标准差衡量的是整体风险。

(3) 投资组合不能消除系统风险。

考点五:证券市场线(资本资产定价模型)

单一证券的系统风险可由 β 系数来度量,而其风险与收益之间的关系由证券市场线来描述。

$$证券市场线:R_i = R_f + \beta(R_m - R_f)$$

1. 证券市场线的主要含义。

(1) 纵轴为必要报酬率,横轴是以 β 值表示的风险。

(2) 证券市场线的斜率表示经济系统中风险厌恶感的程度。投资者对风险厌恶感越强,证券市场线的斜率越大(斜率上升),风险资产的必要报酬率越高。

(3) 投资者必要报酬率不仅取决于市场风险,还取决于无风险利率(证券市场线的截距)和市场风险补偿程度(证券市场线的斜率)。预计通货膨胀提高时,无风险利率会提高,导致证券市场线的向上平移。风险厌恶感的加强,会提高证券市场线的斜率。

(4) 证券市场线斜率取决于全体投资者的风险回避态度,如果大家都愿意冒险,风险就得到很好的分散,风险程度就小,风险报酬率就低,证券市场线斜率就小,证券市场线就越平缓;如果大家都不愿意冒险,风险就得不到很好的分散,风险程度就大,风险报酬率就高,证券市场线斜率就大,证券市场线就越陡。

2. 资本市场线和证券市场线的比较如下表所示。

项目	资本市场线	证券市场线
含义	由风险资产和无风险资产构成的投资组合的有效边界。表明有效组合的期望报酬率和风险（标准差，即整体风险）之间的一种简单的线性关系	在市场均衡条件下，单项资产或资产组合的必要报酬率与风险之间（β值，即系统性风险）的线性关系
适用范围	只适用于有效证券组合	（1）单项资产或投资组合； （2）有效组合或无效组合
直线方程	$R_i = R_f + \dfrac{R_m - R_f}{\sigma_m} \times \sigma_i$	$R_i = R_f + \beta(R_m - R_f)$
直线斜率	它的斜率反映每单位整体风险的超额报酬（组合的报酬率超出无风险利率的部分），即风险的"价格"。 即：$\dfrac{R_m - R_f}{\sigma_m}$	它的斜率反映单个证券或证券组合每单位系统风险（贝塔系数）的超额收益。 即：$R_m - R_f$

【例题 3-9·多选题】下列关于证券市场线的说法中，正确的有（　　）。(2016年)

A. 无风险报酬率越大，证券市场线在纵轴的截距越大

B. 证券市场线描述了由风险资产和无风险资产构成的投资组合的有效边界

C. 投资者对风险的厌恶感越强，证券市场线的斜率越大

D. 预计通货率提高时，证券市场线向上平移

【答案】ACD

【解析】单一证券风险与收益之间的关系可以由证券市场线来描述，证券市场线：$R_i = R_f + \beta(R_m - R_f)$。证券市场线的斜率是市场风险溢价，受投资者对风险态度的影响，投资者对风险的厌恶感越强，证券市场线的斜率越大，选项C正确；截距是无风险报酬率，受通货膨胀和纯粹利率的影响，因此选项AD正确；资本市场线描述了由风险资产和无风险资产构成的投资组合的有效边界，选项B错误。

【例题 3-10·单选题】下列关于投资组合的说法中，错误的是（　　）。(2011年)

A. 有效投资组合的期望收益与风险之间的关系，既可以用资本市场线描述，也可以用证券市场线描述

B. 用证券市场线描述投资组合（无论是否有效地分散风险）的必要报酬率与风险之间的关系的前提条件是市场处于均衡状态

C. 当投资组合只有两种证券时，该组合收益率的标准差等于这两种证券收益率标准差的加权平均值

D. 当投资组合包含所有证券时，该组合收益率的标准差主要取决于证券收益率之间的协方差

【答案】C

【解析】如果两种证券报酬率之间的相关系数等于1，则该组合报酬率的标准差等于这两种证券报酬率标准差的加权平均值；如果两种证券报酬率之间的相关系数小于1，则该组合报酬率的标准差小于这两种证券报酬率标准差的加权平均值，所以选项C错误。

【例题 3-11·多选题】甲投资组合由证券X和证券Y各占50%组成。下列说法中，正确的有（　　）。(2019年)

A. 甲的β系数＝X的β系数×50%＋Y的β系数×50%
B. 甲的期望报酬率＝X的期望报酬率×50%＋Y的期望报酬率×50%
C. 甲期望报酬率的标准差＝X期望报酬率的标准差×50%＋Y期望报酬率的标准差×50%
D. 甲期望报酬率的变异系数＝X期望报酬率的变异系数×50%＋Y期望报酬率的变异系数×50%

【答案】AB

【解析】β系数衡量的是系统风险，通过投资组合无法分散，所以组合的贝塔系数等于组合内单项资产的贝塔系数的加权平均数，选项A正确；组合的期望报酬率等于组合内资产期望报酬率的加权平均数，选项B正确；组合标准差受相关系数影响，不等于组合内各单项资产标准差的加权平均数，而变异系数＝标准差÷期望值，所以选项CD错误。

【例题3-12·计算分析题】小W因购买个人住房向甲银行借款300 000元，年利率6%，每半年计息一次；期限5年，自2014年1月1日起至2019年1月1日止。小W选择等额本息还款方式偿还贷款本息，还款日在每年的7月1日和1月1日。

2015年12月末，小W收到单位发放的一次性年终奖60 000元，正在考虑这笔奖金的两种使用方案：

（1）2016年1月1日提前偿还银行借款60 000元（当日仍需偿还原定的每期还款额）。

（2）购买乙国债并持有至到期，乙国债为5年期债券，每份债券面值1 000元，票面利率4%，单利计息，到期一次还本付息。乙国债还有3年到期，当前价格1 020元。

要求：

（1）计算投资乙国债的到期收益率。小W应选择提前偿还银行借款还是投资国债，为什么？

（2）计算当前每期还款额；如果小W选择提前偿还银行借款，计算提前还款后的每期还款额。(2016年)

【答案】

（1）乙国债的到期本息额＝1 000×(1＋4%×5)＝1 200（元）

假设乙国债的到期收益率为I，

1 020＝1 200×(P/F，I，3)

当I＝5%时，1 200×(P/F，5%，3)＝1 200×0.8638＝1 036.56（元）；

当I＝6%时，1 200×(P/F，6%，3)＝1 200×0.8396＝1 007.52（元）。

内插法：

投资乙国债的到期收益率＝5%＋(1 036.56－1 020)÷(1 036.56－1 007.52)×1%＝5%＋0.57%＝5.57%

银行借款有效年利率＝$(1+6\%\div2)^2-1=6.09\%$

投资乙国债的到期收益率小于银行借款的有效年利率，小W应选择提前还款。

（2）当前每期还款额＝300 000÷(P/A，3%，10)＝300 000÷8.5302＝35 169.16（元）

提前还款时剩余本金＝35 169.16×(P/A，3%，6)＝35 169.16×5.4172＝190 518.37（元）

提前还款后剩余本金＝190 518.37－60 000＝130 518.37（元）

提前还款后每期还款额＝130 518.37÷(P/A，3%，6)＝130 518.37÷5.4172＝24 093.33（元）

第二编
长期投资决策

第四章 资本成本

第一节 资本成本的概念和用途

考点：资本成本的概念

资本成本是指投资资本的机会成本。这种成本不是实际支付的成本，而是一种失去的收益，是将资本用于本项投资所放弃的其他投资机会的收益，因此被称作机会成本。

资本成本有时也被称为取舍率、最低可接受的报酬率（必要报酬率），具体如下图所示。

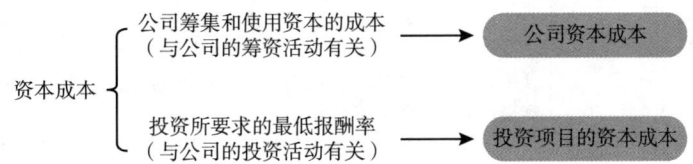

公司资本成本是投资人针对整个公司要求的报酬率，或者说是投资人对于企业全部资产要求的报酬率；项目资本成本是公司投资于资本支出项目所要求的报酬率。

【例题4-1·多选题】下列关于投资项目资本成本的说法中，正确的有（　　）。（2016年）
A. 资本成本是投资项目的取舍率
B. 资本成本是投资项目的必要报酬率
C. 资本成本是投资项目的机会成本
D. 资本成本是投资项目的内含报酬率
【答案】ABC
【解析】项目资本成本是公司投资于资本支出项目所要求的机会成本。资本成本又称为取舍率、必要报酬率。项目的内含报酬率是真实的报酬率，不是资本成本，选项D错误。

第二节 债务资本成本的估计

考点一：债务资本成本

理解要点	注意区分	说明
是未来成本	区分历史成本和未来成本	作为投资决策和公司价值评估依据的资本成本，是未来借入新债务的成本。现有债务的历史成本，对于未来的决策是不相关的沉没成本
是期望收益	区分承诺收益与期望收益	债权人只能获得合同规定的本金和利息，即"承诺收益"。但如果筹资公司因特有风险而失败，债权人可能无法得到承诺的本息。因此，若存在违约风险时，债务投资的期望收益低于合同规定的承诺收益。 当公司不存在违约风险时，则债务成本等于承诺收益

续表

理解要点	注意区分	说明
考虑长期债务	区分长期债务和短期债务	不同期限的债务利率不同,由于加权平均资本成本主要用于资本预算,涉及的债务是长期债务,因此通常只考虑长期债务,而忽略各种短期债务

【例题4-2·单选题】在进行投资决策时,需要估计的债务成本是(   )。(2016年)

A. 现有债务的承诺收益　　　　B. 未来债务的期望收益
C. 未来债务的承诺收益　　　　D. 现有债务的期望收益

【答案】B

【解析】对筹资人来说,债权人的期望收益是其债务的真实成本。

考点二:债务成本估计方法

1. 四种税前债务成本的估计方法如下表所示。

	适用条件	使用方法
到期收益率法	拥有上市的长期债券	已知其他数据,求 r_d。 $$P_0 = \sum_{t=1}^{n} \frac{利息}{(1+r_d)^t} + \frac{本金}{(1+r_d)^t}$$ 式中:P_0——债券的市价;r_d——到期收益率,即税前债务成本;n——债务的剩余期限,通常以年表示。 如果债券不是按年付息,而是每年付息m次,则上述公式将调整为: $$P_0 = \sum_{t=1}^{mn} \frac{利息 \div m}{(1 - r_d)^t} + \frac{本金}{(1+r_d)^{mn}}$$ 债务税前资本成本 = 有效年利率 = $(1+r_d)^m - 1$ 式中:r_d——计息期折现率;m——每年计息次数;n——债务的剩余期限,通常以年表示
可比公司法	没有上市的长期债券;但有合适的可比公司;	计算可比公司长期债券的到期收益率,作为本公司的长期债务成本	【注意】可比公司的选择: 可比公司应当与目标公司处于同一行业,具有类似的商业模式。两者的规模、负债比率和财务状况也比较类似
风险调整法	没有上市的长期债券;没有合适的可比公司;但有信用评级	税前债务成本 = 政府债券的市场回报率 + 公司信用风险补偿率	【注意】公司信用风险补偿率的确定: (1)选择若干信用级别与本公司相同的上市公司的债券(不一定符合可比公司条件); (2)计算这些债券的到期收益率; (3)计算与这些上市公司债券同期(到期日相同或相近)的长期政府债券到期收益率
财务比率法	没有上市的长期债券;没有合适的可比公司;没有信用评级	计算出目标公司的关键财务比率,大致判断信用级别,然后同风险调整法步骤一致	

2. 考虑发行费用的税前债务资本成本的估计。

$$P_0 \times (1-F) = \sum_{t=1}^{n} \frac{利息}{(1+r_d)^t} + \frac{本金}{(1+r_d)^t}$$

式中:F——发行费用率。

3. 税后债务资本成本的估计。

$$税后债务成本 = 税前债务成本 \times (1 - 所得税税率)$$

因为利息抵税,所以公司债务成本小于债权人要求的报酬率。

【例题 4-3·单选题】 甲公司采用风险调整法估计债务成本,在选择若干已上市公司债券以确定本公司的信用风险补偿率时,应当选择( )。(2013 年)

A. 与本公司债券期限相同的债券　　B. 与本公司信用级别相同的债券
C. 与本公司所处行业相同的公司的债券　　D. 与本公司商业模式相同的公司的债券

【答案】 B

【解析】 信用风险的大小可以用信用级别来表示,因此应选择若干信用级别与本公司相同的上市的公司债券。

【例题 4-4·计算分析题】 甲公司拟于 2014 年 10 月发行 3 年期的公司债券,债券面值为 1 000 元,每半年付息一次,2017 年 10 月到期还本。甲公司目前没有已上市债券,为了确定拟发行债券的票面利率,公司决定采用风险调整法估计债务成本。财务部新入职的小 w 进行了以下分析及计算:

(1) 收集同行业 3 家公司发行的已上市债券,并分别与各自发行期限相同的已上市政府债券进行比较,结果如下表所示。

	公司债券			政府债券			票面利率差额
公司	期限	到期日	票面利率	期限	到期日	票面利率	
A 公司	3 年期	2015 年 5 月 6 日	7.7%	3 年期	2016 年 6 月 8 日	4%	3.7%
B 公司	5 年期	2016 年 1 月 5 日	8.6%	5 年期	2017 年 10 月 10 日	4.3%	4.3%
C 公司	7 年期	2017 年 8 月 5 日	9.2%	7 年期	2018 年 10 月 10 日	5.2%	4%

(2) 公司债券的平均风险补偿率 = (3.7% + 4.3% + 4%) ÷ 3 = 4%
(3) 使用 3 年期政府债券的票面利率估计无风险利率,无风险利率 = 4%
(4) 税前债务成本 = 无风险利率 + 公司债券的平均风险补偿率 = 4% + 4% = 8%
(5) 拟发行债券的票面利率 = 税后债务成本 = 8% × (1 - 25%) = 6%

要求:
(1) 请指出小 w 在确定公司拟发行债券票面利率过程中的错误之处,并给出正确的做法(无须计算)。
(2) 如果对所有错误进行修正后等风险债券的税前债务成本为 8.16%,请计算拟发行债券的票面利率和每期(半年)付息额。

【答案】

(1) ①使用风险调整法估计债务成本时,应选择若干信用级别与本公司相同的已上市公司债券;小 w 选择的是同行业公司发行的已上市债券。

②计算债券平均风险补偿率时,应选择到期日与已上市公司债券相同或相近的政府债券;小 w 选择的是发行期限相同的政府债券。

③计算债券平均风险补偿率时,应使用已上市公司债券的到期收益率和同期政府债券的到期收益率;小 w 使用的是票面利率。

④估计无风险利率时,应按与拟发行债券到期日相同或相近的政府债券(即5年期政府债券)的到期收益率估计;小w使用的是与拟发行债券发行期限相同的政府债券的票面利率。

⑤确定票面利率时应使用税前债务成本;小w使用的是税后债务成本。

⑥拟发行债券每半年付息一次,应首先计算出半年的有效利率,与计息期次数相乘后得出票面利率;小w直接使用了年利率。

(2) 票面利率 = ($\sqrt{1+8.16\%} - 1$) × 2 = 8%(注意!题目这里给的8.16%,指的是有效年利率!半年利率题目会说明的)。

每期(半年)付息额 = 1 000 × 8% ÷ 2 = 40(元)

第三节 普通股资本成本的估计

考点:普通股资本成本的估计

【计算分析题常考点】

当需要计算普通股成本时,主要考虑三种方法。资本资产定价模型、股利增长模型和债券收益率风险调整模型。

当题目给出无风险利率、贝塔值和市场平均收益率等时,首先考虑使用资本资产定价模型。

当题目给出股利、增长率、市价等时,首先考虑使用股利增长模型。

当题目给出自己发行债券的收益率时,考虑使用债券收益率风险调整模型。

注意每个指标选取时的注意事项。

注意发行费用的影响。

(一) 资本资产定价模型(CAPM模型)

基本公式:$r_s = r_{RF} + \beta \times (r_m - r_{RF})$

式中:r_{RF}——无风险利率;β——该股票的贝塔系数;r_m——平均风险股票报酬率;($r_m - r_{RF}$)——市场风险溢价、市场风险补偿率、市场风险收益率;$\beta \times (r_m - r_{RF})$——该股票的风险溢价。

资本资产定价模型计算资本成本时注意要点如下表所示。

项目	主要要点	说明
无风险利率估计	债券期限	选择长期政府债券的利率比较适宜
	债券利率	应当选择上市交易的长期政府债券的到期收益率作为无风险收益率的代表
	名义利率或实际利率	1 + 名义利率 = (1 + 实际利率) × (1 + 通货膨胀率) 决策原则:折现率要与现金流一致,即含有通胀的现金流量要使用含有通胀的折现率进行折现,实际的现金流量要使用实际的折现率进行折现
股票β值的估计	预测期间的长度	风险特征无重大变化时,可以采用5年或更长的预测期长度; 风险特征发生重大变化时,应当使用变化后的年份作为预测期长度
	收益计量的时间间隔	一般被广泛应用的是使用每周或每月的报酬率
	其他	影响β值的关键驱动因素只有两个:经营风险和财务风险。如果公司在这两方面没有显著改变,则可以用历史的β值估计股权成本

续表

项目	主要要点	说明
市场风险溢价的估计	时间跨度	选择较长的时间跨度,既包括经济繁荣时期,也包括经济衰退时期
	市场平均收益率算法	几何平均法或算术平均法,多数人倾向于采用几何平均法

【例题4-5·多选题】 资本资产定价模型是估计权益成本的一种方法。下列关于资本资产定价模型参数估计的说法中,正确的有( )。(2012年)

A. 估计无风险利率时,通常可以使用上市交易的政府长期债券的票面利率

B. 估计贝塔值时,使用较长年限数据计算出的结果比使用较短年限数据计算出的结果更可靠

C. 估计市场风险溢价时,使用较长年限数据计算出的结果比使用较短年限数据计算出的结果更可靠

D. 预测未来资本成本时,如果公司未来的业务将发生重大变化,则不能用公司自身的历史数据估计贝塔值

【答案】 CD

【解析】 估计无风险利率时,通常可以使用上市交易的政府长期债券的到期收益率而不是票面利率,选项A错误;估计贝塔值时,公司风险特征无重大变化时,可以采用5年或更长的预测期长度;如果公司风险特征发生重大变化,应当使用变化后的年份作为预测期长度。选项B错误,选项D正确。估计市场风险溢价时,使用较长年限数据计算出的结果比使用较短年限数据计算出的结果更可靠,选项C正确。

【例题4-6·多选题】 采用实体现金流量模型进行企业价值评估时,为了计算资本成本,无风险利率需要使用实际利率的情况有( )。(2018年)

A. β系数较大 B. 预测周期特别长

C. 市场风险溢价较高 D. 存在恶性通货膨胀

【答案】 BD

【解析】 实务中,一般情况下使用含通胀的名义货币编制预计财务报表并确定现金流量,与此同时,使用含通胀的无风险报酬率计算资本成本。只有在以下两种情况下,才使用实际的利率计算资本成本:(1) 存在恶性的通货膨胀(通货膨胀率已经达到两位数)时,最好使用排除通货膨胀的实际现金流量和实际利率。选项D正确。(2) 预测周期特别长。选项B正确。

(二)股利增长模型

股利增长模型假设收益(即股利)是以固定的年增长率递增的,所以股权资本成本的计算公式:

$$r_s = \frac{D_1}{P_0} + g$$

其中:r_s——普通股成本(无特别说明的情况下,是税后的资本成本);D_1——预期下年现金股利额;P_0——普通股当前市价;g——股利增长率。

增长率 g 的估计方法如下表所示。

历史增长率	根据过去的股利支付数据估计未来的股利增长率
可持续增长率	适用条件：未来不增发新股（或回购股票），保持当前的经营效率和财务政策（利润留存率）不变；新投资的权益净利率等于当前期望报酬率。 股利增长率＝可持续增长率＝期初权益预期净利率×预计利润留存率
采用证券分析师的预测	证券服务机构的分析师会经常发布大多数上市公司的增长率预测值

【例题4-7·多选题】甲公司是一家稳定发展的制造业企业，经营效率和财务政策在过去10年保持稳定且预计未来继续保持不变，未来不打算增发或回购股票，公司现拟用股利增长模型估计普通股资本成本。下列各项中，可作为股利增长率的有（　　　）。(2017年)

A. 甲公司可持续增长率　　　　　　　B. 甲公司历史股价增长率

C. 甲公司内含增长率　　　　　　　　D. 甲公司历史股利增长率

【答案】AD

【解析】股利增长模型下，股利增长率的估计方法有历史增长率、可持续增长率与采用证券分析师的预测。甲公司经营效率和财务政策预计未来继续保持不变，未来不打算增发或回购股票，因此可以采用可持续增长率估计股利增长率；经营效率和财务政策过去10年保持稳定且预计未来继续保持不变，未来不打算增发或回购股票，所以，未来的可持续增长率＝历史的可持续增长率＝历史的股利增长率，因此可以采用历史股利增长率估计股利增长率。

（三）债券收益率风险调整模型

基本公式：

$$r_s = r_{dt} + RP_c = 税后债务成本 + 股东比债权人承担更大风险所要求的风险溢价$$

【注意】区分债券收益率风险调整模型和风险调整法估计债务成本。

（1）债券收益率风险调整模型是估计股权成本的。其中债券收益指自己公司长期债券的税后债务成本。

（2）风险调整法估计债务成本是估计债务成本。

基本公式：

$$税前债务成本 = 政府债券的市场回报率 + 公司信用风险补偿率$$

其中，公司信用风险补偿率的确定，要选择信用级别相同的上市公司长期债券的到期收益率；计算无风险利率，要选择同这些上市公司长期债券到期日相近的政府长期债券到期收益率。

【例题4-8·单选题】在采用债券收益率风险调整模型估计普通股资本成本时，风险溢价是（　　　）。(2018年)

A. 目标公司普通股相对短期国债的风险溢价

B. 目标公司普通股相对长期国债的风险溢价

C. 目标公司普通股相对目标公司债券的风险溢价

D. 目标公司普通股相对可比公司长期债券的风险溢价

【答案】C

【解析】根据"风险越大，要求的报酬率越高"原理，普通股股东对公司的投资风险大于债券投资者，因而会在债券投资者要求的收益率上再要求一定的风险溢价。风险溢价是凭借经验估计的。一般认为，某企业普通股风险溢价对其自己发行的债券来讲，在3%～5%。

（四）考虑发行费用的普通股资本成本的估计

$$r_s = \frac{D_1}{P_0 \times (1-F)} + g$$

式中：F——发行费用率。

第四节 混合筹资成本的估计

考点：混合筹资资本成本的估计

1. 优先股资本成本。

$$r_p = \frac{D_p}{P_p \times (1-F)}$$

式中：r_p——优先股资本成本；D_p——优先股每股年股息。

2. 永续债资本成本的估计与优先股类似，公式如下：

$$r_{pd} = \frac{I_{pd}}{P_{pd} \times (1-F)}$$

式中，r_{pd}——永续债的资本成本；I_{pd}——永续债每年利息；P_{pd}——永续债发行价格；F——永续债的发行费用率。

第五节 加权平均资本成本的计算

考点：加权平均资本成本的计算

加权平均资本成本是公司全部长期资本的平均成本，一般按照各种长期资本的比例加权计算，故称加权平均资本成本。

其中，债务成本是发行新债务的成本，而不是已有债务的利率；股权成本是新筹集权益资本的成本，而不是过去的股权成本。

加权平均资本成本的计算方法如下表所示。

计算方法	特征	特点
账面价值权重	根据公司资产负债表上显示的会计价值来衡量每种资本的比例	优点：资料容易取得，计算方便。 缺点：当资本的账面价值与市场价值差别较大时，计算结果与实际差别大，不一定符合未来状态，会扭曲资本成本
实际市场价值权重	根据当前负债和权益的市场价值比例衡量每种资本的比例	由于证券市场价值变动频繁，由此计算出的资本成本数额也是经常变化的
目标资本结构权重	根据按市场价值计量的目标资本结构衡量每种资本要素的比例	选用平均市场价格，回避证券市场价格变动频繁的不便；适用于公司评价未来的资本结构

【例题4-9·计算分析题】甲公司是一家上市公司，主营保健品生产和销售。2017年7月1日，为对公司业绩进行评价，需估算其资本成本，相关资料如下：

（1）甲公司目前长期资本中有长期债券1万份，普通股600万股，没有其他长期债务和优先股。长期债券发行于 2016 年 7 月 1 日，期限 5 年，票面价值 1 000 元，票面利率 8%，每年 6 月 30 日和 12 月 31 日付息。公司目前长期债券每份市价 935.33 元，普通股每股市价 10 元。

（2）目前无风险利率 6%，股票市场平均收益率 11%，甲公司普通股贝塔系数 1.4。

（3）企业的所得税税率 25%。

要求：

（1）计算甲公司长期债券税前资本成本。

（2）用资本资产定价模型计算甲公司普通股资本成本。

（3）以公司目前的实际市场价值为权重，计算甲公司加权平均资本成本。

（4）在计算公司加权平均资本成本时，有哪几种权重计算方法？简要说明各种权重计算方法并比较优缺点。（2017 年）

【答案】

（1）令甲公司长期债券半年期税前资本成本为 i，

$935.33 = 1\,000 \times 8\% \div 2 \times (P/A, i, 8) + 1\,000 \times (P/F, i, 8)$

i = 5% 时，等式右边 = $1\,000 \times 4\% \times 6.4632 + 1\,000 \times 0.6768 = 935.33$

刚好等于等式左边，所以：i = 5%。

长期债券税前资本成本 = $(1 + 5\%)^2 - 1 = 10.25\%$

注意：甲公司发行的该债券计息期为半年，债券票面利率无特别说明指的就是票面年利率。这里还有一个坑，就是时间，现在是 2017 年 7 月 1 日，但是债券的发行时间为 2016 年 7 月 1 日，半年计息一次，所以只有 8 个计息期。

（2）根据资料（2）套用资本资产定价模型：

普通股资本成本 = $6\% + 1.4 \times (11\% - 6\%) = 13\%$

（3）总资本的市场价值 = 股权价值 + 净债务价值 = $10\,000 \times 935.33 + 6\,000\,000 \times 10 = 69\,353\,300$（元）

加权平均资本成本 = $13\% \times (6\,000\,000 \times 10 \div 69\,353\,300) + 10.25\% \times (1 - 25\%) \times (10\,000 \times 935.33 \div 69\,353\,300) = 12.28\%$

（4）加权平均资本成本是公司全部长期资本的平均成本，有三种权重依据可供选择，即账面价值权重、实际市场价值权重和目标资本结构权重。

①账面价值权重。

含义：根据企业资产负债表上显示的会计价值来衡量每种资本的比例。

优点：计算方便。

缺点：第一，账面结构反映的是历史的结构，不一定符合未来的状态；第二，账面价值与市场价值有极大的差异，会歪曲资本成本。

②实际市场价值权重。

含义：根据当前负债和权益的市场价值比例衡量每种资本的比例。

优点：计算结果反映企业目前的实际状况。

缺点：计算结果随着市场价值的变动而变动，是转瞬即逝的。

③目标资本结构权重。

含义：根据按市场价值计量的目标资本结构衡量每种资本要素的比例。

优点：能体现期望的资本结构，计算结果更适用于企业筹措新资金。

第五章 投资项目资本预算

第一节 投资项目的评价方法

考点一：独立项目评价方法

净现值法	净现值 = 未来现金净流量现值 − 原始投资额现值 决策原则：净现值 > 0，投资项目可行；净现值 = 0，可选择采纳或不采纳；净现值 < 0，投资项目不可行。 净现值反映一个项目按现金流量计算的净收益现值，它是金额的绝对值，在比较投资额不同的项目时有一定的局限性
现值指数	现值指数 = 未来现金净流量现值 ÷ 原始投资额现值 适用：能够比较投资额不相等的项目。 决策原则：PI > 1，项目可行；PI = 1，可选择采纳或不采纳；PI < 1，项目不可行。 特点：现值指数消除了投资额的差异，但还没有消除项目期限的差异
内含报酬率法（IRR）	指能够使未来现金净流量现值等于原始投资额现值的折现率，或者说是使投资项目净现值为零的折现率。不会随着预期折现率的变化而变化。 当净现值 = 0 时，即当未来现金净流量现值 = 原始投资额现值时，i = 内含报酬率。 决策原则：当内含报酬率高于资本成本时，投资项目可行
回收期法	静态回收期	回收期 = 原始投资额 ÷ 每年现金净流量。回收年限越短，项目越有利
	折现回收期（动态回收期）	在考虑资金时间价值的情况下以项目现金流量流入抵偿全部投资所需要的时间。 折现回收期 = M + 第 M 年的尚未回收额的现值 ÷ 第（M + 1）年的现金净流量的现值
	决策原则：项目的回收期短于可接受的回收期，项目可行，反之项目不可行。 缺点：（1）静态回收期忽视了时间价值，而且静态和动态回收期都没有考虑回收期以后的现金流量，也就是没有衡量盈利性。 （2）促使公司接受短期项目，放弃有战略意义的长期投资项目	
会计报酬率法	会计报酬率 = 年平均净利润 ÷ 原始投资额 × 100% 决策原则：项目的会计报酬率高于可接受的报酬率，项目可行，反之项目不可行	

【小结】净现值、现值指数、内含报酬率指标间的比较如下表所示。

	净现值	现值指数	内含报酬率
含义	未来现金净流量现值－原始投资额现值	未来现金净流量现值÷原始投资额现值	投资项目净现值为零的折现率
相同点	(1) 都考虑了时间价值； (2) 都考虑了项目期内的全部现金流量； (3) 在评价单一方案可行与否的时候，结论一致。 当净现值＞0时，现值指数＞1，内含报酬率＞资本成本率； 当净现值＝0时，现值指数＝1，内含报酬率＝资本成本率； 当净现值＜0时，现值指数＜1，内含报酬率＜资本成本率		
不同点	绝对数指标，反映投资效益	相对数指标，反映投资效率	
	指标大小受折现率影响，折现率的选择，会影响方案的优先次序		指标大小不受折现率影响

【例题5－1·多选题】甲公司拟投资一条生产线。该项目投资期限5年，资本成本12%，净现值200万元。下列说法中，正确的有（　　）。(2017年)

A．项目现值指数大于1　　　　　　B．项目折现回收期大于5年

C．项目会计报酬率大于12%　　　　D．项目内含报酬率大于12%

【答案】AD

【解析】在单一投资项目中净现值大于0，说明现值指数大于1，内含报酬率大于资本成本，投资项目是可行的，选项AD正确；在项目投资期限内，甲公司收回了全部投资（净现值大于0），所以该项目的折现回收期要小于5年，选项B错误；会计报酬率不考虑货币时间价值，用的是平均净收益而不是现金流量，忽视了现金净流量的时间分布对项目经济的影响，所以不适宜与资本成本进行比较，选项C错误。

【例题5－2·单选题】甲公司有X、Y两个项目组，分别承接不同的项目类型。X项目组资本成本10%，Y项目组资本成本14%，甲公司资本成本12%。下列项目中，甲公司可以接受的是（　　）。(2019年)

A．报酬率为9%的X类项目　　　　B．报酬率为11%的X类项目

C．报酬率为12%的Y类项目　　　　D．报酬率为13%的Y类项目

【答案】B

【解析】报酬率为11%的X类项目大于X项目组资本成本10%，甲公司可以接受，选项B正确；报酬率为9%的X类项目小于X项目组资本成本10%，甲公司不可以接受，选项A错误；报酬率为12%的Y类项目和报酬率为13%的Y类项目都小于Y项目组资本成本14%，甲公司不可以接受，选项CD错误。

【例题5－3·多选题】甲公司拟在华东地区建立一家专卖店，经营期限6年，资本成本8%。假设该投资的初始现金流量发生在期初，营业现金流量均发生在投产后各年末。该投资现值指数小于1。下列关于该投资的说法中，正确的有（　　）。(2019年)

A．净现值小于0　　　　　　　　B．内含报酬率小于8%

C．折现回收期小于6年　　　　　D．会计报酬率小于8%

【答案】AB

【解析】在评价单一方案时，净现值、现值指数、内含报酬率的结论一致。现值指数小于1，则净现值小于0，内含报酬率小于8%，所以选项AB正确；未来现金净流量总现值不能补偿原始投资

额现值,即折现回收期大于6年,选项C错误;选项D,没有考虑时间价值的影响不能判断。

考点二:互斥项目的优选问题

在评价互斥项目的时候,评价指标很可能出现矛盾,最常见的是基本指标净现值和内含报酬率出现矛盾。

1. 当净现值和内含报酬率出现矛盾时:

投资额不同,项目寿命相同	净现值优先
投资额不同,项目寿命也不同	(1) 共同年限法(求年限最小公倍数,然后计算现金流量); (2) 等额年金法(求等额年金,比较大小)。 净现值的等额年金额 = 该方案净现值 ÷ (P/A, i, n) 在资本成本相同时,等额年金大的项目永续净现值肯定大

2. 共同年限法和等额年金法的优缺点如下表所示。

	共同年限法	等额年金法
含义	假设投资项目可以在终止时进行重置,通过重置使两个项目达到相同的年限,然后比较其净现值	等额年金法是通过比较多个备选方案的等额年金判断方案孰优孰劣的方法。 计算方法如下: (1) 计算两项目的净现值; (2) 计算净现值的等额年金额,等额年金额 = 该方案净现值 ÷ (P/A, i, n); (3) 永续净现值 = 等额年金额 ÷ 资本成本 i
优点	比较直观、易于理解	应用简单
缺点	预计现金流的工作很困难	不便于理解
	(1) 有的领域技术进步快,不可能原样复制; (2) 如果通货膨胀比较严重,必须考虑重置成本的上升,两种方法均未考虑; (3) 长期来看,竞争会使项目净利润下降,甚至被淘汰,两种方法均未考虑	

注:只有重置概率很高的项目才适宜采用上述分析方法。对于预计项目年限差别不大的项目,可直接比较净现值,不需要做重置现金流的分析。

【例题5-4·多选题】 对于两个期限不同的互斥项目,可采用共同年限法或等额年金法进行项目决策。下列关于两种方法共同缺点的说法中,正确的有( )。(2018年)

A. 未考虑竞争导致的收益下降

B. 未考虑项目收入带来的现金流入

C. 未考虑通货膨胀导致的重置成本上升

D. 未考虑技术更新换代导致的投入产出变化

【答案】 ACD

【例题5-5·计算分析题】 甲公司是一家传统制造业上市公司,只生产A产品。2018年末公司准备新上一条生产线,经营周期4年,正在进行项目的可行性研究。相关资料如下:

(1) 预计A产品每年销售1 000万只,单位售价60元,单位变动制造成本40元;每年付现固定制造费用2 000万元,付现销售和管理费用800万元。

(2) 项目需要一栋厂房、一套设备和一项专利技术。目前,公司有一栋厂房正好适合新项目使用。该厂房正在对外出租,每年末收取租金100万元,2018年末租期到期,可续租也可收回自用。设备购置成本10 000万元,无须安装,于2018年末一次性支付,4年后变现价值1 600万元。税法规定,设备采用直线法计提折旧,折旧年限5年。折旧期满后无残值。专利技术使用费8 000万元,于2018年末一次性支付,期限4年。税法规定,专利技术使用费可按合同约定使用年限平均摊销,所得税前扣除。

(3) 项目需增加营运资本200万元,于2018年末投入,项目结束时收回。

(4) 项目投资的必要报酬率12%,公司的企业所得税税率25%。假设项目每年销售收入和付现费用均发生在当年年末。

要求:

(1) 计算该项目2018年末~2022年末的相关现金净流量、净现值和现值指数(计算过程和结果填入下方表格中)。

表1 单位:万元

项目	2018年末	2019年末	2020年末	2021年末	2022年末
现金净流量					
折现系数					
现值	—				
净现值					
现值指数					

(2) 根据净现值和现值指数,判断该项目是否可行,并简要说明理由。

(3) 简要回答净现值和现值指数之间的相同点和不同点。(2018年)

【答案】
(1)

表 2   单位：万元

项目	2018 年末	2019 年末	2020 年末	2021 年末	2022 年末
税后销售收入		45 000	45 000	45 000	45 000
税后变动制造成本		30 000	30 000	30 000	30 000
税后付现固定制造费用		1 500	1 500	1 500	1 500
税后付现销售和管理费用		600	600	600	600
减少的税后租金收入		75	75	75	75
设备购置	−10 000				
设备折旧抵税		500	500	500	500
设备变现收入					1 600
设备变现损失抵税					100
专利技术使用费	−8 000				
专利技术使用费摊销抵税		500	500	500	500
营运资本垫支与收回	−200				200
现金净流量	−182 00	13 825	13 825	13 825	15 725
折现系数（折现率12%）	1	0.8929	0.7972	0.7118	0.6355
现值	−18 200	12 344.34	11 021.29	9 840.64	9 993.24
净现值	24 999.51（答案在 24 997 万～25 002 万元之间，均正确）				
现值指数	2.37				

计算说明（以 2022 年末为例）：

税后销售收入 = 60 × 1 000 × (1 − 25%) = 45 000（万元）

税后变动制造成本 = 40 × 1 000 × (1 − 25%) = 30 000（万元）

税后付现固定制造费用 = 2 000 × (1 − 25%) = 1 500（万元）

税后付现销售和管理费用 = 800 × (1 − 25%) = 600（万元）

减少的税后租金收入 = 100 × (1 − 25%) = 75（万元）

设备折旧抵税 = 10 000 ÷ 5 × 25% = 500（万元）

设备变现损失抵税 = [(10 000 − 10 000 ÷ 5 × 4) − 1 600] × 25% = 100（万元）

专利技术使用费摊销抵税 = 8 000 ÷ 4 × 25% = 500（万元）

净现值 = 12 344.34 + 11 021.29 + 9 840.64 + 9 993.24 − 18 200 = 24 999.51（万元）

现值指数 =（12 344.34 + 11 021.29 + 9 840.64 + 9 993.24）÷ 18 200 = 2.37（或，1 + 24 999.51 ÷ 18 200 = 2.37）

（2）净现值大于0的项目可以为股东创造价值，净现值小于0的项目会减损股东财富。在本题中，现值指数大于0，故该项目可行。

根据现值指数判断，现值指数是指投资项目未来现金净流量现值与原始投资额总现值的比值，在本题中，现值指数大于1，故该项目可行。

（3）相同点：净现值和现值指数都考虑了货币时间价值，都能反映项目投资报酬率高于或低于资本成本，但都没有揭示项目本身可以达到的报酬率是多少，都没有消除项目期限差异的影响。

不同点：净现值是绝对数，反映投资的效益；现值指数是相对数，反映投资的效率。净现值没有消除项目规模差异的影响；现值指数消除项目规模差异的影响。对于独立项目，净现值>0，项目可行；现值指数>1，项目可行。对于互斥项目，按净现值最大选择投资项目，与股东财富最大化目标一致；按现值指数最高选择投资项目，不一定与股东财富最大化目标一致。

【例题5-6·计算题】 甲汽车租赁公司拟购置一批新车用于出租。现有两种投资方案，相关信息如下：

方案一：购买中档轿车100辆，每辆车价格10万元，另需支付车辆价格10%的购置相关税费。每年平均出租300天，日均租金150元/辆。车辆可使用年限8年，8年后变现价值为0，前5年每年维护费2 000元/辆，后3年每年维护费3 000元/辆。车辆使用期间每年保险费3 500元/辆，其他税费500元/辆。每年增加付现固定运营成本20.5万元。

方案二：购买大型客车20辆，每辆车价格50万元，另需支付车辆价格10%的购置相关税费。每年平均出租250天，日均租金840元/辆。车辆可使用年限10年，10年后变现价值为0，前6年每年维护费5 000元/辆，后4年每年维护费10 000元/辆。车辆使用期间每年保险费30 000元/辆，其他税费5 000元/辆。每年增加付现固定运营成本10万元。

根据税法相关规定，车辆购置相关税费计入车辆原值，采用直线法计提折旧，无残值。

等风险投资必要报酬率为12%，企业所得税税率为25%。

假设购车相关支出发生在期初，每年现金流入、现金流出均发生在年末。

要求：

（1）分别估计两个方案的现金流量。

（2）分别计算两个方案的净现值。

（3）分别计算两个方案净现值的等额年金。

（4）假设两个方案都可以无限重置，且是互斥项目，用等额年金法判断甲公司应采用哪个投资方案。（2019年）

【答案】

（1）方案一的现金流量：

$T=0$：$-100 \times 10 \times (1+10\%) = -1\,100$（万元）

$T=1 \sim 8$：每年收入 $= 0.015 \times 300 \times 100 = 450$（万元）

每年折旧 $= 1\,100 \div 8 = 137.5$（万元）

$T=1 \sim 5$：每年付现成本 $= (0.2 + 0.35 + 0.05) \times 100 + 20.5 = 80.5$（万元）

每年现金流量 $= (450 - 137.5 - 80.5) \times (1 - 25\%) + 137.5 = 311.5$（万元）

$T=6 \sim 8$：每年现金流量 $= 311.5 - (0.3 - 0.2) \times 100 \times (1 - 25\%) = 304$（万元）

【解析】 $(0.3 - 0.2)$ 万元，是第6~8年相对于前5年每辆车每年增加的维护费。

方案二的现金流量：

T=0：$-20 \times 50 \times (1+10\%) = -1\,100$（万元）

T=1~10：每年收入 $= 0.084 \times 250 \times 20 = 420$（万元）

每年折旧 $= 1\,100 \div 10 = 110$（万元）

T=1~6：每年付现成本 $= (0.5+3+0.5) \times 20 + 10 = 90$（万元）

每年现金流量 $= (420-110-90) \times (1-25\%) + 110 = 275$（万元）

T=7~10：每年现金流量 $= 275 - (1-0.5) \times 20 \times (1-25\%) = 267.5$（万元）

(2) 方案一的净现值 $= -1\,100 + 311.5 \times (P/A, 12\%, 5) + 304 \times (P/A, 12\%, 3) \times (P/F, 12\%, 5) = -1\,100 + 311.5 \times 3.6048 + 304 \times 2.4018 \times 0.5674 = 437.19$（万元）

方案二的净现值 $= -1\,100 + 275 \times (P/A, 12\%, 6) + 267.5 \times (P/A, 12\%, 4) \times (P/F, 12\%, 6) = -1\,100 + 275 \times 4.1114 + 267.5 \times 3.0373 \times 0.5066 = 442.24$（万元）

(3) 方案一的等额年金 $= 437.19 \div (P/A, 12\%, 8) = 437.19 \div 4.9676 = 88.01$（万元）

方案二的等额年金 $= 442.24 \div (P/A, 12\%, 10) = 442.24 \div 5.6502 = 78.27$（万元）

(4) 甲公司应采用投资方案一。

考点三：独立投资项目的资本分配（独立投资项目的排序）

(1) 在资本总量不受限制的情况下：凡是净现值为正数的项目或者内含报酬率大于资本成本的项目，都可以增加股东财富，都应当被采用。

(2) 在资本总量受到限制时（效率优先）：现值指数排序并寻找净现值最大的组合。

第二节　投资项目现金流量的估计

考点：投资项目现金流量的估计

【计算分析题常考点】

描述一个项目，估计其现金流量，算出净现值，判断是否值得投资。

设备更新、租赁决策。

(一) 投资项目现金流量的影响因素

(1) 只考虑相关成本。

(2) 不要忽视机会成本。

(3) 要考虑投资方案对公司其他项目的影响。

(4) 要考虑对营运资本的影响。

(二) 新建决策现金流（不考虑所得税）

建设期现金流量	(1) 长期资产投资
	(2) 垫支营运资本
营业期现金流量	营业收入 − 付现成本 = 利润 + 非付现成本

续表

终结期现金流量	（1）回收长期资产余值（或变现收入）
	（2）收回垫支营运资本

（三）更新决策现金流

（1）更新决策不同于一般的投资决策，不改变生产能力，不增加现金流入。我们选择比较继续使用和更新的年成本，以较低者作为好方案。

（2）固定资产平均年成本。

不考虑货币的时间价值：固定资产的平均年成本＝现金流出总额÷使用年限

考虑货币的时间价值：

$$固定资产的平均年成本 = \frac{现金流出总现值}{(P/A, i, n)}$$

（3）使用平均年成本法需要注意的问题如下表所示。

假设前提	将来设备再更换时，可以按原来的平均年成本找到可代替的设备
互斥方案	平均年成本法是把继续使用旧设备和购置新设备看成是两个互斥的方案，而不是一个更换设备的特定方案。因此，不能将旧设备的变现价值作为购置新设备的一项现金流入。对于更新决策来说，除非未来使用年限相同，否则，不能根据实际现金流动分析的净现值法或内含报酬率法解决问题
固定资产的经济寿命	固定资产的运行成本随着设备的陈旧会逐年提高，同时随着资产的价值逐渐减少，资产占用的资金应计利息也将持有成本也会逐步减少。因此最经济的使用年限，是固定资产的平均年成本最小的那一使用年限

（4）所得税和折旧对现金流量的影响如下表所示。

①使用税后成本与税后收入	所谓税后收入和税后成本，就是扣除所得税的影响以后的收入和成本。 税后成本＝支出金额×（1－税率） 税后收入＝收入金额×（1－税率） 【注意】这里所说的"收入金额"是指根据税法规定需要纳税的收入，不包括项目结束时收回垫支资金
②折旧抵税	加大成本会减少利润，从而使所得税减少，如果不计提折旧，企业的所得税将会增加许多。折旧可以起到减少税负的作用，称为"折旧抵税"。 税负减少额＝折旧额×税率
③计算税后现金流量	直接法	营业现金毛流量＝营业收入－付现营业费用－所得税
	间接法	营业现金毛流量＝税后经营净利润＋折旧
	折旧抵税法（最常用）	营业现金毛流量＝税后营业收入－税后付现营业费用＋折旧抵税 ＝营业收入×（1－税率）－付现营业费用×（1－税率）＋折旧×税率

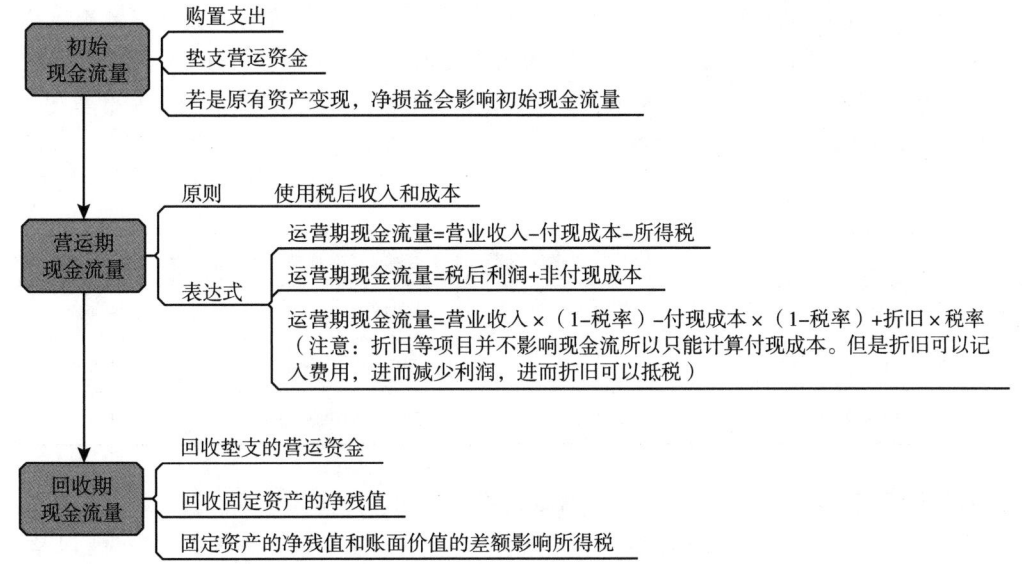

【例题5-7·单选题】在设备更换不改变生产能力且新旧设备未来使用年限不同的情况下，固定资产更新决策应选择的方法是（　　）。

A. 净现值法 B. 折现回收期法
C. 平均年成本法 D. 内含报酬率法

【答案】C

【解析】由于设备更换不改变生产能力，所以不会增加企业的现金流入，同时新旧设备未来使用年限不同，所以应该使用平均年成本法。

【例题5-8·计算分析题】甲公司是一家建设投资公司，业务涵盖市政工程绿化、旅游景点开发等领域。近年来，夏日纳凉休闲项目受到青睐，甲公司计划在位于市郊的A公园开发W峡谷漂流项目（简称"W项目"），目前正在进行项目评价，有关资料如下：

(1) 甲公司与A公园进行洽谈并初步约定，甲公司一次性支付给A公园经营许可费700万元（税法规定在5年内摊销，期满无残值），取得W项目5年的开发与经营权；此外，甲公司还需每年按营业收入的5%向A公园支付景区管理费。

(2) W项目前期投资包括：修建一座蓄水池，预计支出100万元；漂流景区场地、设施等固定资产投资200万元；购入橡皮艇200艘，每艘市价5 000元。按税法规定，以上固定资产可在10年内按直线法计提折旧，期满无残值。5年后，A公园以600万元买断W项目，甲公司退出W项目的经营。

(3) 为宣传推广W项目，前期需投入广告费50万元。按税法规定，广告费在项目运营后第1年年末税前扣除。甲公司经调研预计W项目的游客服务价格为200元/人次，预计第1年可接待游客30 000人次；第2年及以后年度项目将满负荷运营，预计每年可接待游客40 000人次。

(4) 预计W项目第1年的人工成本支出为60万元，第2年增加12万元，以后各年人工成本保持不变。

(5) 漂流河道、橡皮艇等设施的年维护成本及其他营业开支预计为100万元。

(6) 为维持W项目正常运营，预计需按照营业收入的20%垫支营运资金。

(7) 甲公司计划以2/3（负债/权益）的资本结构为W项目筹资。如果决定投资该项目，甲公司将于 2014 年 10 月发行 5 年期债券。由于甲公司目前没有已上市债券，拟采用风险调整法确定债务资本成本。W 项目的权益资本相对其税后债务资本成本的风险溢价为 5%。

甲公司的信用级别为 BB 级，目前国内上市交易的 BB 级公司债有 3 种，这 3 种债券及与其到期日接近的政府债券的到期收益率如表 1 所示。

表 1

发债公司	上市债券到期日	上市债券到期收益率	政府债券到期日	政府债券到期收益率
H	2015 年 1 月 28 日	6.5%	2015 年 2 月 1 日	3.4%
M	2016 年 9 月 26 日	7.6%	2016 年 10 月 1 日	3.6%
L	2019 年 10 月 15 日	8.3%	2019 年 10 月 10 日	4.3%

（8）预计 W 项目短时间可建成，可以假设没有建设期。为简化计算，假设经营许可费、项目初始投资、广告费均发生在第 1 年年初（零时点），项目营业收入、付现成本等均发生在以后各年年末，垫支的营运资金于各年年初投入，在项目结束时全部收回。

（9）甲公司适用的企业所得税税率为 25%。（2014 年）

要求：

（1）根据所给资料，估计无风险利率，计算 W 项目的加权平均资本成本，其中债务资本成本采用风险调整法计算，权益资本成本采用债券收益加风险溢价法计算。

（2）计算 W 项目的初始（零时点）现金流量、每年的现金净流量及项目的净现值（计算过程及结果填入下方表格中），判断项目是否可行并说明原因。

表 2 单位：万元

项目	零时点	第 1 年	第 2 年	第 3 年	第 4 年	第 5 年
现金净流量						
折现系数						
现金净流量的现值						
净现值						

【答案】

（1）无风险利率为 5 年后到期的政府债券的到期收益率，即 4.3%。

企业信用风险补偿率 = [(6.5% − 3.4%) + (7.6% − 3.6%) + (8.3% − 4.3%)] ÷ 3 = 3.7%

税前债务资本成本 = 4.3% + 3.7% = 8%

股权资本成本 = 8% × (1 − 25%) + 5% = 11%

加权平均资本成本 = 8% × (1 − 25%) × (2/5) + 11% × (3/5) = 9%

(2)

表3　　　　　　　　　　　　　　　　　　　　　　　　　　　　　　　　　　　　　单位：万元

项目	零时点	第1年	第2年	第3年	第4年	第5年
经营许可费	-700					
固定资产投资	-400					
广告费支出	-50					
许可费摊销抵税		35(700÷5×0.25)	35	35	35	35
固定资产折旧抵税		10(400÷10×0.25)	10	10	10	10
广告费抵税		12.5(50×0.25)				
税后营业收入		450(200×3×0.75)	600(200×4×0.75)	600	600	600
税后人工成本		-45(-60×0.75)	-54[-(60+12)×0.75]	-54	-54	-54
税后营运及维护成本		-75(-100×0.75)	-75	-75	-75	-75
税后景区管理费		-22.5(-450×5%)	-30(-600×5%)	-30	-30	-30
项目残值收入						600
残值净收入纳税						-100
垫支营运资金	-120	-40				160
现金净流量	-1 270	325	486	486	486	1 146
折现系数（9%）	1	0.9174	0.8417	0.7722	0.7084	0.6499
现金净流量的现值	-1 270	298.16	409.07	375.29	344.28	744.79
净现值	901.59					

W项目净现值大于0，项目可行。

项目5年后固定资产账面价值 = 400 - 400÷10×5 = 200（万元）

项目5年后买断价格为600万元，故残值净收入纳税 = (600 - 200)×0.25 = 100（万元）。

第三节　投资项目折现率的估计

考点：投资项目折现率的估计

（一）使用企业当前加权平均资本成本作为投资项目的资本成本

同时具备条件：一是项目的经营风险与公司当前资产的平均经营风险相同；二是公司继续采用相同的资本结构为新项目筹资。

（二）运用可比公司法估计投资项目的资本成本

可比公司法是寻找一个经营业务与待评价项目类似的上市公司，以该上市公司的β值作为待评价项目的β值。

运用可比公司法的步骤如下表所示。

①卸载可比公司财务杠杆	$\beta_{资产} = \dfrac{可比公司\beta_{权益}}{1+(1-可比公司税率)\times 可比公司\dfrac{负债}{权益}}$ 【提示】$\beta_{资产}$ 不含财务风险，$\beta_{权益}$ 既包含了项目的经营风险，也包含了财务风险
②加载目标公司财务杠杆	目标公司 $\beta_{权益} = \beta_{资产}\times\left[1+(1-目标公司税率)\times 目标公司\dfrac{负债}{权益}\right]$
③根据目标公司的β权益计算股东要求的报酬率	股东要求的报酬率 = 股东权益成本 = 无风险利率 + 目标公司 $\beta_{权益}$ × 市场风险溢价
④计算目标公司的加权平均资本成本	加权平均成本 = 负债成本 × (1 - 所得税税率) × $\dfrac{负债}{资本}$ + 权益成本 × $\dfrac{股东权益}{资本}$

【例题 5-9·计算分析题】甲公司主营电池生产业务，现已研发出一种新型锂电池产品，准备投向市场。为了评价该锂电池项目，需要对其资本成本进行估计。有关资料如下：

（1）该锂电池项目拟按照资本结构（负债/权益）30/70 进行筹资，税前债务资本成本预计为 9%。

（2）目前市场上有一种还有 10 年到期的已上市政府债券。该债券面值为 1 000 元，票面利率 6%，每年付息一次，到期一次归还本金，当前市价为 1 120 元，刚过付息日。

（3）锂电池行业的代表公司是乙、丙公司，乙公司的资本结构（负债/权益）为 40/60，股东权益的 β 系数为 1.5；丙公司的资本结构（负债/权益）为 50/50，股东权益的 β 系数为 1.54。权益市场风险溢价为 7%。

（4）甲、乙、丙三个公司适用的公司所得税税率均为 25%。

要求：

（1）计算无风险利率。

（2）使用可比公司法计算锂电池行业代表公司的平均 $\beta_{资产}$、该锂电池项目的 $\beta_{权益}$ 与权益资本成本。

（3）计算该锂电池项目的加权平均资本成本。

【答案】

（1）设无风险利率为 i，NPV = 1 000 × 6% × (P/A, i, 10) + 1 000(P/F, i, 10) - 1 120。

当 i = 5% 时，NPV = 60 × 7.7217 + 1 000 × 0.6139 - 1 120 = -42.80。

当 i = 4% 时，NPV = 60 × 8.1109 + 1 000 × 0.6756 - 1 120 = 42.25。

采用内插法，无风险利率 = 4% + 42.25 × 1% ÷ (42.25 + 42.80) = 40% + 0.497% = 4.5%。

（2）乙公司的 $\beta_{资产}$ = 1.5 ÷ [1 + (1 - 25%) × (4/6)] = 1

丙公司的 $\beta_{资产}$ = 1.54 ÷ [1 + (1 - 25%) × (5/5)] = 0.88

行业平均 $\beta_{资产}$ = (1 + 0.88) ÷ 2 = 0.94

锂电池项目的 $\beta_{权益}$ = 0.94 × [1 + (1 - 25%) × (3/7)] = 1.24

锂电池项目的权益资本成本 = 4.5% + 1.24 × 7% = 13.18%

（3）锂电池项目的加权平均资本成本 = 9% × (1 - 25%) × 30% + 13.18% × 70% = 11.25%

第四节 投资项目折现率的敏感分析

考点：投资项目折现率的敏感分析

投资项目的敏感分析，通常是假定其他变量不变的情况下，测定某一个变量发生特定变化对净现值（或内含报酬率）的影响。

（一）最大最小法

主要步骤：
（1）给定计算净现值的每个变量的预期值。
（2）根据变量的预期值计算净现值，由此得出的净现值叫作基准净现值。
（3）选择一个变量并假设其他变量不变，令净现值为零，计算选定变量的临界值。
（4）选择第二个变量，并重复（3）的过程。

通过上述步骤，可以得出基准净现值由正变负（或相反）的各变量最大最小值，从而帮助决策者认识项目的特有风险。

（二）敏感程度法

主要步骤：
（1）计算项目的基准净现值。
（2）选择一个变量，假设其发生一定幅度的变化，而其他因素不变，重新计算净现值。
（3）计算选定变量的敏感系数。

敏感系数 = 目标值变动百分比 ÷ 选定变量变动百分比

它表示选定变量变化1%时导致目标值变动的百分数，可以反映目标值对于选定变量变化的敏感程度。

（4）根据上述分析结果，对项目敏感性作出判断。

【例题5－10·计算分析题】甲公司是一家制造业上市公司，主营业务是易拉罐的生产和销售。为进一步满足市场需求，公司准备新增一条智能化易拉罐生产线。目前，正在进行该项目的可行性研究。

相关资料如下：

（1）该项目如果可行，拟在2016年12月31日开始投资建设生产线，预计建设期1年，即项目将在2017年12月31日建设完成，2018年1月1日投产使用，该生产线预计购置成本4 000万元，项目预期持续3年。按税法规定，该生产线折旧年限4年，残值率5%，按直线法计提折旧，预计2020年12月31日项目结束时该生产线变现价值1 800万元。

（2）公司有一闲置厂房拟对外出租，每年租金60万元，在出租年度的上年年末收取。该厂房可用于安装该生产线，安装期间及投产后，该厂房均无法对外出租。

（3）该项目预计2018年生产并销售12 000万罐，产销量以后每年按5%增长，预计易拉罐单位售价0.5元，单位变动制造成本0.3元；每年付现销售和管理费用占销售收入的10%；2018年、2019年、2020年每年固定付现成本分别为200万元、250万元、300万元。

(4) 该项目预计营运资本占销售收入的20%，垫支的营运资本在运营年度的上年年末投入，在项目结束时全部收回。

(5) 为筹资所需资金，该项目拟通过发行债券和留存收益进行筹资：发行期限5年、面值1 000元，票面利率6%的债券，每年年末付息一次，发行价格960元，发行费用率为发行价格的2%；公司普通股β系数1.5，无风险报酬率3.4%，市场组合必要报酬率7.4%。当前公司资本结构（负债/权益）为2/3，目标资本结构（负债/权益）为1/1。

(6) 公司所得税税率25%。

假设该项目的初始现金流量发生在2016年末，营业现金流量均发生在投产后各年年末。

要求：

(1) 计算债务税后资本成本、股权资本成本和项目加权平均资本成本。

(2) 计算项目2016年及以后各年年末现金净流量及项目的净现值，并判断该项目是否可行（计算过程和结果填入下方表格中）。(2016年)

表1 单位：万元

项目	2016年末	2017年末	2018年末	2019年末	2020年末
现金净流量					
折现系数					
折现值					
净现值					

(3) 假设其他条件不变，利用最大最小法，计算生产线可接受的最高购置价格。

【答案】

(1) 到期收益率法：$960 \times (1 - 2\%) = 1\,000 \times 6\% \times (P/A, i, 5) + 1\,000 \times (P/F, i, 5)$。

内插法求利率：

当利率 $= 7\%$ 时，净现值 $= 959.01$ 元。

当利率 $= 8\%$ 时，净现值 $= 920.16$ 元。

$(i-7\%) \div (8\% - 7\%) = (940.8 - 959.01) \div (920.16 - 959.01)$

$i = 7.47\%$

税后债务资本成本 $= 7.47\% \times (1 - 25\%) = 5.60\%$

$\beta_{资产} = 1.5 \div [1 + (1 - 25\%) \times 2/3] = 1$，$\beta_{权益} = 1 \times [1 + (1 - 25\%) \times 1/1] = 1.75$

股权资本成本 $= 3.4\% + 1.75 \times (7.4\% - 3.4\%) = 10.40\%$

加权资本成本 $= 5.6\% \times 50\% + 10.4\% \times 50\% = 8\%$

(2)

表2 单位：万元

项目	2016年末	2017年末	2018年末	2019年末	2020年末
产品销量（万罐）			12 000	12 600	13 230
税后销售收入			4 500	4 725	4 961.25
税后变动制造成本			-2 700	-2 835	-2 976.75
税后付现固定制造费用			-150	-187.5	-225
税后销售和管理费用			-450	-472.5	-496.13
减少的税后租金收入		-45	-45	-45	-45
生产线折旧			950	950	950
生产线折旧抵税			237.5	237.5	237.5
占用的营运资本		-1 200	-60	-63	1 323
生产线购置支出	-4 000				
生产线变现收入					1 800
生产线变现收益缴税					-162.5
现金净流量	-4 045	-1 245	1 332.5	1 359.5	4 461.38
折现系数（8%）	1	0.9259	0.8573	0.7938	0.7350
折现值	-4 045.00	-1 152.75	1 142.35	1 079.17	3 279.11
净现值	303.88				

净现值 = 303.08 万元 > 0，该项目可行。

计算说明（以2018年末为例）：

税后销售收入 $= 12\,000 \times 0.5 \times (1 - 25\%) = 4\,500$（万元）

税后变动制造成本 $= 12\,000 \times 0.3 \times (1 - 25\%) = 2\,700$（万元）

税后付现固定制造费用 $= 200 \times (1 - 25\%) = 150$（万元）

税后销售和管理费用 $= 12\,000 \times 0.5 \times 10\% \times (1 - 25\%) = 450$（万元）

减少的税后租金收入 $= 60 \times (1 - 25\%) = 45$（万元）

生产线折旧抵税 $= [4\,000 \times (1 - 5\%) \div 4] \times 25\% = 237.5$（万元）

占用的营运资本 $= 12\,000 \times 0.5 \times 5\% \times 20\% = 60$（万元）

(3) 设增加的购置成本为 X 万元。

折旧：$(4\,000 + X) \times (1 - 5\%) \div 4 = 950 + X \times (1 - 5\%) \div 4 = 950 + 0.2375X$

折旧抵税 = 237.5 + 0.059375X

增加的折旧抵税 = 0.059375X

账面价值 = (4 000 + X) - (950 + 0.2375X) × 3 = 1 150 + 0.2875X

变现价值 = 1 800 万元

变现相关现金流量 = 1 800 - (1 800 - 1 150 - 0.2875X) × 25% = 1 637.5 + 0.071875X

增加的变现相关现金流量 = 0.071875X

- X + 0.059375X × (P/A, 8%, 3) × (P/F, 8%, 1) + 0.071875X × (P/F, 8%, 4) = -303.88

解得 X = 377.26 万元

能够接受的最高购置价格 = 4 000 + 377.26 = 4 377.26（万元）

【例题 5-11·计算分析题】 甲公司是一家电器制造企业，主营业务是厨卫家电的生产和销售。为扩大市场份额，准备投产智能型家电产品（以下简称"智能产品"）。目前，相关技术研发已经完成，正在进行该项目的可行性研究。相关资料如下：

（1）如果可行，该项目拟在2016年初投产；预计该智能产品3年后（即2018年末）停产，即项目预期持续3年。智能产品单位售价1 500元，2016年销售10万台，销量以后每年按10%增长，单位变动制造成本1 000元；每年付现固定制造费用200万元；每年付现销售和管理费用占销售收入的10%。

（2）为生产该智能产品，需要添置一条生产线，预计购置成本6 000万元。该生产线可在2015年末前安装完毕。按税法规定，该生产线折旧年限4年，预计净残值率5%，采用直线法计提折旧。拟计2018年末该生产线的变现价值为1 200万元。

（3）公司现有一闲置厂房对外出租，每年年末收取租金40万元，该厂房可用于生产该智能产品，因生产线安装期较短，安装期间租金不受影响，由于智能产品对当前产品的替代效应，当前产品2016年销量下降1.5万台，下降的销量以后每年按10%增长；2018年末智能产品停产，替代效应消失，2019年当前产品销量恢复至智能产品项目投产前的水平。当前产品的单位售价800元，单位变动成本600元。

（4）营运资本为销售收入的20%。智能产品项目垫支的营运资本在各年年初投入，在项目结束时全部收回；减少的当前产品垫支的营运资本在各年年初收回，在智能产品项目结束时重新投入。

（5）项目加权平均资本成本9%，公司所得税税率25%。假设该项目的初始现金流量发生在2015年末，营业现金流量均发生在以后各年年末。

要求：

（1）计算项目的初始现金净流量（2015年末增量现金净流量），2016~2018年的增量现金净流量及项目的净现值、折现回收期和现值指数，并判断项目是否可行（计算过程和结果填入下方表格中）。

表1   单位：万元

项目	2015年末	2016年末	2017年末	2018年末

续表

项目	2015年末	2016年末	2017年末	2018年末
现金净流量				
折现率				
折现值				
净现值				
折现回收期				
现值指数				

（2）为分析未来不确定性对该项目净现值的影响，应用最大最小法计算单位变动制造成本的最大值，应用敏感程度法计算当单位变动制造成本上升5%时净现值对单位变动制造成本的敏感系数。（2015年）

【答案】

（1）计算项目的初始现金净流量，如表2所示。

表2　　　　　　　　　　　　　　　　　　　　　　　　　　　　　　　　　　单位：万元

项目	2015年末	2016年末	2017年末	2018年末
智能产品销量（万台）		10	11	12.1
智能产品税后销售收入		11 250	12 375	13 612.5
智能产品税后变动制造成本		-7 500	-8 250	-9 075
智能产品税后付现固定制造费用		-150	-150	-150
智能产品税后销售和管理费用		-1 125	1 237.5	-1 361.25
减少的税后租金收入		-30	-30	-30
减少的当前产品税后贡献		-225	-247.5	-272.25
智能产品生产线折旧		1 425	1 425	1 425
智能产品生产线折旧抵税		356.25	356.25	356.25
智能产品占用的营运资本	-3 000	-300	-330	3 630
减少的当前产品营运资本占用	240	24	26.4	-290.4
智能产品生产线购置支出	-6 000			
智能产品生产线变现收入				1 200

续表

项目	2015 年末	2016 年末	2017 年末	2018 年末
智能产品生产线变现损失抵税				131.25
现金净流量	-8 760	2 300.25	2 512.65	7 751.10
折现率（9%）	1	0.9174	0.8417	0.7722
折现值	-8 760	2 110.32	2 114.85	5 985.27
净现值	1 450.44			
折现回收期（年）	2.76			
现值指数	1.17			

因净现值 >0（或折现回收期 <3 年；或现值指数 >1），该项目可行。

计算说明（以 1 年为例）：

智能产品税后销售收入 = 1 500 × 10 × (1 - 25%) = 11 250（万元）

智能产品税后变动制造成本 = 1 000 × 10 × (1 - 25%) = 7 500（万元）

智能产品税后付现固定制造费用 = 200 × (1 - 25%) = 150（万元）

智能产品税后销售和管理费用 = 1 500 × 10 × 10% × (1 - 25%) = 1 125（万元）

减少的税后租金收入 = 40 × (1 - 25%) = 30（万元）

减少的当前产品税后贡献 = (800 - 600) × 1.5 × (1 - 25%) = 225（万元）

智能产品生产线折旧抵税 = [6 000 × (1 - 5%) ÷ 4] × 25% = 356.25（万元）

智能产品占用的营运资本 = 1 500 × 10 × 10% × 20% = 300（万元）

减少的当前产品营运资本占用 = 800 × 1.5 × 10% × 20% = 24（万元）

(2)

$$1\ 450.44 = \frac{\Delta VC \times 10 \times (1-25\%)}{(1+9\%)} + \frac{\Delta VC \times 10 \times (1+10\%) \times (1-25\%)}{(1+9\%)^2}$$

$$+ \frac{\Delta VC \times 10 \times (1+10\%)^2 \times (1-25\%)}{(1+9\%)^3}$$

$$1\ 450.44 = \Delta VC \times 20.83$$

$$\Delta VC = 69.63 \text{ 元}$$

单位变动制造成本最大值 = 1 000 + ΔVC = 1 000 + 69.63 = 1 069.63（元）

原来的单位变动制造成本为 1 000 元，单位变动制造成本上升 5%，即单位变动成本增加 50 元。

$$\Delta \text{净现值} = \left[\frac{50 \times 10 \times (1-25\%)}{(1+9\%)} + \frac{50 \times 10 \times (1+10\%) \times (1-25\%)}{(1+9\%)^2}\right.$$

$$\left.+ \frac{50 \times 10 \times (1+10\%)^2 \times (1-25\%)}{(1+9\%)^3}\right]$$

$$\Delta \text{净现值} = -50 \times 20.83 = -1\ 041.50\ (\text{万元})$$

净现值对单位变动制造成本的敏感系数 = $\dfrac{\dfrac{-1\ 041.50}{1\ 450.44}}{5\%} = \dfrac{-71.91\%}{5\%} = -14.36$

第六章 债券、股票价值评估

第一节 债券价值评估

考点一：债券价值评估模型

1. 普通债券（基本模型）。

典型的债券是固定利率、每年计算并支付利息、到期归还本金。债券价值计算的模型是：

$$V_d = \frac{I_1}{(1+r_d)^1} + \frac{I_2}{(1+r_d)^2} + \cdots + \frac{I_n}{(1+r_d)^n} + \frac{M}{(1+r_d)^n} = I \times (P/A, r_d, n) + M \times (P/F, r_d, n)$$

式中：V_d——债券价值；I——每年的利息；M——面值；n——债券到期前的年数；r_d——折现率，一般采用当前等风险投资的市场利率。

2. 平息债券。

平息债券是指利息在到期时间内平均支付的债券。支付频率可能是一年一次、半年一次或者每季度一次。计算公式如下：

$$V_d = \sum_{t=1}^{mn} \frac{I/m}{\left(1+\frac{r_d}{m}\right)^t} + \frac{M}{\left(1+\frac{r_d}{m}\right)^{mn}} = \frac{I}{m} \times \left(P/A, \frac{r_d}{m}, mn\right) + M \times \left(P/F, \frac{r_d}{m}, mn\right)$$

式中：m——年付利息次数。

应当注意，当一年内要复利几次时，报价利率应除以年内付息次数得出计息期利率；年折现率为有效年利率的，应开年计息次数方得出计息期折现率。

3. 纯贴现债券。

纯贴现债券是指承诺在未来某一确定日期按面值支付的债券，在到期日前购买人不能得到任何现金支付，因此也称为"零息债券"。若未标明利息计算规则，通常采用按年计算的复利计算规则。纯贴现债券价值：

$$V_d = \frac{F}{(1+r_d)^n}$$

式中：F——到期日支付额。

4. 流通债券。

流通债券是指已发行并在二级市场上流通的债券，估值需要考虑现在至下一次利息支付的时间因素。

流通债券的特点：到期时间小于债券发行在外的时间、估值的时点不在发行日。

估值方法：
（1）以现在为折算时间点，历年现金流量按非整数计息期折现。
（2）以最近一次付息时间为折算起点，计算历次现金流量现值，然后将其折算到现在时点。

考点二：债券价值影响因素

债券种类	折现率	到期时间	付息频率	折现率影响
平价债券	折现率 = 票面利率	价值随着到期日的临近，总体上在波动中等于债券的票面价值	平价债券的价值，不受付息频率的影响，始终等于债券的票面价值	等风险投资的市场利率与债券价值反向变化。随着到期时间的缩短，等风险投资的市场利率的变动对债券价值的影响越来越小
折价债券	折现率 > 票面利率	价值随着到期日的临近，总体上波动提高，最终等于债券的面值；期间价值有可能高于面值，割息后低于面值	折价债券的价值，随着付息频率的加快，逐渐降低	
溢价债券	折现率 < 票面利率	价值随着到期日的临近，总体上波动降低，最终等于债券的面值；期间价值一直高于面值	溢价债券的价值，随着付息频率的加快，逐渐提高；与折价债券受付息频率影响效果相反	

【例题 6－1·单选题】 假设折现率保持不变，溢价发行的平息债券自发行后债券价值（　　）。（2014 年）

A. 直线下降，至到期日等于债券面值

B. 波动下降，到期日之前一直高于债券面值

C. 波动下降，到期日之前可能等于债券面值

D. 波动下降，到期日之前可能低于债券面值

【答案】B

【解析】溢价发行的平息债券发行后债券价值随着到期日的临近是波动下降的，因为溢价债券在发行日和付息时点债券的价值都是高于面值的，而在两个付息日之间债券的价值又是上升的，所以至到期日之前债券的价值会一直高于债券面值。

【例题 6－2·单选题】 假设其他条件不变，当市场利率低于票面利率时，下列关于拟发行平息债券价值的说法中，错误的是（　　）。（2018 年）

A. 期限延长，价值下降　　B. 市场利率上升，价值下降

C. 计息频率增加，价值上升　　D. 票面利率上升，价值上升

【答案】A

【解析】市场利率低于票面利率，该债券溢价发行，期限延长，价值上升，所以选项 A 错误；市场利率与债券价值反向变动，所以选项 B 正确；对于溢价发行的债券，计息频率增加，价值上升，所以选项 C 正确；票面利率与价值同向变动，所以选项 D 正确。

考点三：债券的期望报酬率

债券的期望报酬率通常用到期收益率来衡量。计算到期收益率的方法是求解含有折现率的方程，即：购进价格 = 每年利息 × 年金现值系数 + 面值 × 复利现值系数。

$$P_0 = I \times (P/A, r_d, n) + M \times (P/F, r_d, n)$$

式中：P_0——债券的价格；I——每年的利息；M——面值；n——到期前的年数；r_d——年折现率。

【例题6-3·多选题】 在其他条件不变的情况下，关于单利计息、到期一次还本付息的可转换债券的内含报酬率，下列各项中正确的有（　　）。(2016年)

A. 债券期限越长，债券内含报酬率越高

B. 转换价格越高，债券内含报酬率越高

C. 转换比率越高，债券内含报酬率越高

D. 票面利率越高，债券内含报酬率越高

【答案】 CD

【解析】 由于是单利计息、到期一次还本付息的可转换债券，如果选择持有至到期日，债券的内含报酬率取决于债券发行价格与面值的关系，对于平价债券，期限长短与内含报酬率无关；如果不是平价发行，期限越长债券投资收益率越偏离票面利率，如果提前转换，发行价格 = 转换比率 × 股价 ÷ $(1+IRR)^t$，所以：$(1+IRR)^t$ = 转换比率 × 股价 ÷ 发行价格，由于其他因素不变，t 越大，IRR 越小，所以选项 A 错误；债券转换价格高，则表明转换比率低，债券内含报酬率越低，选项 B 错误。

【例题6-4·多选题】 甲公司折价发行公司债券，该债券期限5年，面值1 000元，票面利率8%，每半年付息一次。下列说法中，正确的有（　　）。(2018年)

A. 该债券的报价利率等于8%

B. 该债券的期望报酬率等于8%

C. 该债券的有效年利率大于8%

D. 该债券的计息周期利率小于8%

【答案】 ACD

【解析】 甲公司折价发行公司债券，所以期望报酬率（到期收益率）大于票面利率8%，选项 B 错误；该债券的报价利率即票面利率，等于8%，选项 A 正确；该债券的计息周期利率 = 报价利率 ÷ 每年复利次数 = 8% ÷ 2 = 4%，选项 D 正确；该债券的有效年利率 = $\left(1+\dfrac{\text{报价利率}}{m}\right)^m - 1 = \left(1+\dfrac{8\%}{2}\right)^2 - 1 = 8.16\%$，选项 C 正确。

第二节　普通股价值评估

考点一：股票价值评估模型

股票估值的基本模型：

$$V_s = \sum_{t=1}^{\infty} \frac{D_t}{(1+r_s)^t}$$

式中：V_s——普通股价值；D_t——第 t 年的股利；r_s——年折现率，一般采用资本成本或投资的必要报酬率。

不同类型股票的价值如下表所示。

计算类型	含义	公式
零增长股票	假设未来股利不变，其支付过程是永续年金	$V_0 = \dfrac{D}{r_s}$
固定增长股票	股利按固定的增长率增长	$V_0 = \dfrac{D_0 \times (1+g)}{r_s - g} = \dfrac{D_1}{r_s - g}$ 式中：D_0——最近一期支付的股利（当前股利）；g——固定的增长率
非固定增长股票	公司的股利是不固定的，一般前期高速增长，后期固定增长或固定不变	应采用分段计算的方法。 （1）先计算非正常增长期（高速增长期 g'）的股利现值。 $V_0 = \sum \dfrac{D_t}{(1+r_s)^t} = \sum \dfrac{D_0 \times (1+g')^t}{(1+r_s)^t}$ （2）计算第 n 年以后固定增长期的普通股价值的现值。 $V_{0'} = \dfrac{D_{n+1}}{r_s - g} \times (P/F, r_s, n)$ （3）将两段现值相加。 $V = V_0 + V_{0'}$

【例题 6-5·单选题】 甲上市公司 2013 年度的利润分配方案是每 10 股派发现金股利 12 元，预计公司股利以 10% 的速度稳定增长，股东要求的收益率为 12%。于股权登记日，甲公司股票的预期价格为（　　）元。

A. 60　　　　　　　　　　　　　　　B. 61.2
C. 66　　　　　　　　　　　　　　　D. 67.2

【答案】 D

【解析】 每 10 股派发现金股利 12 元，则每股股利 1.2 元。股票的价格 = 1.2 ×（1 + 10%）÷（12% - 10%）+ 1.2 = 67.2（元）。这里注意，为什么价格还要加上派发的现金股利 1.2 元呢？是因为题目问的是股权登记日的价格，所谓股权登记日，是要发放的股利还没有发放，所以计算的时候应该包含在价格内。如果是发放以后计算价格，则不包括已经发放的股利。

【例题 6-6·单选题】 甲公司已进入稳定增长状态，固定股利增长率为 4%，股东必要报酬率为 10%。公司最近一期每股股利为 0.75 元，预计下一年的股票价格是（　　）元。（2017 年）

A. 7.5　　　　　　　　　　　　　　B. 12.5
C. 13　　　　　　　　　　　　　　　D. 13.52

【答案】 D

【解析】 根据股利折现模型，下一年股票价格 = 0.75 ×（1 + 4%）² ÷（10% - 4%）= 13.52（元）。或：目前的股票价格 = 0.75 ×（1 + 4%）÷（10% - 4%）= 13（元），由于在稳定状态下，股价增长率 = 股利增长率，所以，下一年的股票价格 = 13 ×（1 + 4%）= 13.52（元）。

【例题 6-7·计算分析题】 某投资者 2015 年初准备投资购买股票，现有甲、乙、丙三家公司可供选择，甲、乙、丙三家公司的有关资料如下：

（1）2015 年初甲公司发放的每股股利为 5 元，股票每股市价为 18 元；预期甲公司未来 2 年内股利固定增长率为 10%，在此以后转为零增长；

（2）2015 年初乙公司发放的每股股利为 2 元，股票每股市价为 13.5 元；预期乙公司股利将持续增长，年固定增长率为 5%；

（3）2015 年初丙公司发放的每股股利为 2.5 元，股票每股市价为 9.56 元；预期丙公司未来 2

年内股利固定增长率为15%,在此以后转为固定增长,年固定增长率为2%。

假定目前无风险利率为8%,市场上所有股票的平均报酬率为16%,甲、乙、丙三家公司股票的β系数分别为2、1.5和2.5。

要求:

(1) 分别计算甲、乙、丙三家公司股票的必要报酬率;
(2) 分别计算甲、乙、丙三家公司股票的市场价值;
(3) 通过计算股票价值并与股票市价相比较,判断甲、乙、丙三家公司股票是否应当购买;
(4) 假设按照50%、30%和20%的比例投资购买甲、乙、丙三家公司股票构成投资组合,计算该投资组合的综合β系数和组合的必要报酬率。

【答案】

(1) 根据资本资产定价模型,计算甲、乙、丙三家公司股票的必要报酬率:

甲公司股票的必要报酬率 = 8% + 2 × (16% - 8%) = 24%

乙公司股票的必要报酬率 = 8% + 1.5 × (16% - 8%) = 20%

丙公司股票的必要报酬率 = 8% + 2.5 × (16% - 8%) = 28%

(2) 计算甲、乙、丙三家公司股票的市场价值:

甲公司的股票价值 = 5 × (1 + 10%) × (P/F, 24%, 1) + 5 × (1 + 10%)² × (P/F, 24%, 2) + [5 × (1 + 10%)² ÷ 24%] × (P/F, 24%, 2) = 24.77(元)

乙公司的股票价值 = 2 × (1 + 5%) ÷ (20% - 5%) = 14(元)

丙公司的股票价值 = 2.5 × (1 + 15%) × (P/F, 28%, 1) + 2.5 × (1 + 15%)² × (P/F, 28%, 2) + [2.5 × (1 + 15%)² × (1 + 2%) ÷ (28% - 2%)] × (P/F, 28%, 2) = 12.18(元)

(3) 由于甲、乙、丙三家公司股票的价值大于其市价,所以应该购买。

(4) 综合β系数 = 2 × 50% + 1.5 × 30% + 2.5 × 20% = 1.95

组合的必要报酬率 = 8% + 1.95 × (16% - 8%) = 23.6%

考点二:普通股期望报酬率的测算

根据固定增长股利模型,我们知道:

$$P_0 = \frac{D_1}{r - g}$$

普通股期望报酬率公式:

$$r_s = \frac{D_1}{P_0} + g$$

式中:$\frac{D_1}{P_0}$——股利收益率;g——股利增长率、股价增长率、资本利得收益率。

【例题6-8·单选题】假设资本市场有效,在股利稳定增长的情况下,股票的资本利得收益率等于该股票的( )。(2013年)

A. 股利增长率   B. 期望报酬率
C. 风险收益率   D. 股利收益率

【答案】A

【例题 6-9 · 单选题】甲、乙公司已进入稳定增长状态，股票信息如下：

	甲	乙
期望报酬率（%）	10	14
股利稳定增长率（%）	6	10
股票价格（元）	30	40

下列关于甲、乙股票投资的说法中，正确的是（   ）。（2019年）
A. 甲、乙股票预期股利相同
B. 甲、乙股票股利收益率相同
C. 甲、乙股票股价增长率相同
D. 甲、乙股票资本利得收益率相同

【答案】B

【解析】股票的报酬率＝股利收益率＋股利增长率＝$\frac{D_1}{P_0}$＋g。甲股票预期股利＝（10%－6%）×30＝1.2（元），乙股票预期股利＝（14%－10%）×40＝1.6（元），选项A错误；甲股票股利收益率＝1.2÷30＝4%，乙股票股利收益率＝1.6÷40＝4%，选项B正确；甲股票股价增长率＝甲股票资本利得收益率＝6%；乙股票股价增长率＝乙股票资本利得收益率＝10%，选项CD错误。

第三节　混合筹资工具价值评估

考点：混合筹资工具价值评估（优先股、永续债）

1. 优先股的特征如下图所示。

优先分配利润
（1）按照约定的票面股息率，优先于普通股股东分配利润。
（2）公司应当以现金形式向优先股股东支付股息。
（3）在完全支付约定的股息之前，不得向普通股股东分配利润

优先分配剩余财产
公司终止时应当优先向优先股股东支付未派发的股息和公司章程约定的清算金额，不足以支付的按照优先股股东的持股比例分配

表决权限制
除法律规定的特殊情况外，优先股股东不出席股东大会会议，所持股份没有表决权

2. 优先股和永续债的价值评估及期望报酬率公式如下表所示。

	价值评估	期望报酬率
优先股	$V_p = \dfrac{D_p}{r_p}$ r_p——折现率，一般用资本成本或投资的必要报酬率	$r_p = \dfrac{D_p}{V_p}$ r_p——期望报酬率
	V_p——优先股价值；D_p——优先股每期股息	
永续债	$V_{pd} = \dfrac{I}{r_{pd}}$ r_{pd}——折现率，一般用当前等风险投资的市场利率	$r_{pd} = \dfrac{I}{V_{pd}}$ r_{pd}——期望报酬率
	V_{pd}——永续债价值；I——每年的利息	

【例题6-10·多选题】相对普通股而言，下列各项中，属于优先股特殊性的有（　　）。(2015年)

A. 当公司分配利润时，优先股股息优先于普通股股利支付

B. 当公司选举董事会成员时，优先股股东优于普通股股东当选

C. 当公司破产结算时，优先股股东优先于普通股股东求偿

D. 当公司决定合并分立时，优先股股东取决权优于普通股股东

【答案】AC

【解析】相对普通股而言，优先股的特殊性有：（1）优先分配利润；（2）优先分配剩余财产；（3）表决权限制。选项AC正确。

【例题6-11·多选题】优先股股东比普通股股东的优先权体现在（　　）。(2019年)

A. 优先获得股息　　　　　　B. 优先取得剩余财产

C. 优先出席股东大会　　　　D. 公司重大决策的优先表决权

【答案】AB

【解析】优先股股东比普通股股东的优先权体现在优先分配利润、优先分配剩余财产，选项AB正确。除特殊情况外，优先股股东不出席股东大会会议，所持股份没有表决权，选项CD错误。

第七章 期权价值评估

第一节 期权的概念、类型和投资策略

考点：期权投资策略

1. 期权投资策略如下表所示。

投资策略	含义	特点
保护性看跌期权	购进看跌期权＋购进股票	在股价下跌时可以锁定最低净收入（净流量）和最低净损益，同时，净损益的预期也降低了
抛补性看涨期权	售出看涨期权＋购进股票	在股价上升时可以锁定组合最高净收入（净流量）和组合最高净损益；在股价下跌时可以使组合净收入（净流量）和组合净损益波动的区间变小；机构投资者常用的投资策略
多头对敲	买入看涨期权＋买入看跌期权	预期市场价格剧烈波动，但不知道是升高还是降低
空头对敲	卖出看涨期权＋卖出看跌期权	预期市场价格相对平稳

2. 组合净收益和组合净损益如下表所示。

投资策略		组合净收入	组合净损益（组合净收入－初始投资）
保护性看跌期权	股价＜执行价格	执行价格	执行价格－（股票初始投资买价＋期权购买价格）
	股价＞执行价格	股价	股票售价－（股票初始投资买价＋期权购买价格）
抛补看涨期权	股价＜执行价格	股价	股价－股票初始投资买价＋期权出售价格
	股价＞执行价格	执行价格	执行价格－股票初始投资买价＋期权出售价格
多头对敲	股价＜执行价格	执行价格－股价	（执行价格－股票售价）－两种期权（购买）价格
	股价＞执行价格	股价－执行价格	（股票售价－执行价格）－两种期权（购买）价格
空头对敲	股价＜执行价格	股价－执行价格	（股价－执行价格）＋两种期权（卖出）价格
	股价＞执行价格	执行价格－股价	（执行价格－股价）＋两种期权（卖出）价格

【例题7－1·多选题】甲投资人同时买入一只股票的1份看涨期权和1份看跌期权，执行价格均为50元，到期日相同，看涨期权的价格为5元，看跌期权的价格为4元。如果不考虑期权费

的时间价值，下列情形中能够给甲投资人带来净收益的有（　　）。（2014年）

A. 到期日股票价格低于41元
B. 到期日股票价格介于41～50元
C. 到期日股票价格介于50～59元
D. 到期日股票价格高于59元

【答案】AD

【解析】多头对敲，股价偏离执行价格的差额必须超过期权购买成本，才能给投资者带来净收益，本题期权购买成本是4+5=9（元），执行价格是50元，所以股价必须大于59元或者小于41元。

【例题7-2·单选题】同时卖出一只股票的看涨期权和看跌期权，它们的执行价格和到期日均相同。该投资策略适用的情况是（　　）。

A. 预计标的资产的市场价格将会发生剧烈波动
B. 预计标的资产的市场价格将会大幅度上涨
C. 预计标的资产的市场价格将会大幅度下跌
D. 预计标的资产的市场价格稳定

【答案】D

【解析】同时卖出一只股票的看涨期权和看跌期权，它们的执行价格和到期日均相同，是空头对敲策略。空头对敲适用于预计市场价格稳定的情况。

【例题7-3·计算分析题】甲公司是一家制造业上市公司，当前每股市价40元，市场上有两种以该股票为标的资产的期权：欧式看涨期权和欧式看跌期权。每份看涨期权可买入1股股票，每份看跌期权可卖出1股股票；看涨期权每份5元，看跌期权每份3元。两种期权执行价格均为40元，到期时间均为6个月。目前，有四种投资组合方案可供选择：保护性看跌期权、抛补性看涨期权、多头对敲、空头对敲。

要求：

（1）投资者希望将净损益限定在有限区间内，应选择哪种投资组合？该投资组合应如何构建？假设6个月后该股票价格上涨20%，该投资组合的净损益是多少？（注：计算组合净损益时，不考虑期权价格、股权价格的货币时间价值）

（2）投资者预期未来股价大幅波动，应选择哪种投资组合？该投资组合应如何构建？假设6个月后该股票价格下跌50%，该投资组合的净损益是多少？（注：计算组合净损益时，不考虑期权价格、股票价格的货币时间价值）（2016年）

【答案】

（1）投资者希望将净损益限定在有限区间内，应选择抛补性看涨期权。

抛补性看涨期权是指购买1股股票，同时出售该股票的1份看涨期权。

该组合的净损益：

6个月到期时股票价格=40×(1+20%)=48（元）

组合成本=40-5=35（元）

组合收入=48-max(48-40, 0)=48-8=40（元）

组合净损益=40-35=5（元）

（2）投资者预期未来股价大幅波动，应选择多头对敲。

多头对敲是指同时买进同一只股票的1份看涨期权和1份看跌期权。

该组合的净损益：

6个月到期时股票价格 = 40×(1-50%) = 20（元）

组合成本 = 5+3 = 8（元）

组合收入 = max(20-40, 0) + max(40-20, 0) = 0+20 = 20（元）

组合净损益 = 20-8 = 12（元）

【例题7-4·计算分析题】甲公司是一家上市公司，最近刚发放上年现金股利，每股2.2元，目前每股市价50元。证券分析师预测，甲公司未来股利增长率为6%，等风险投资的必要报酬率为10%。市场上有两种以甲公司股票为标的资产的期权：欧式看涨期权和欧式看跌期权。每份看涨期权可买入1股股票，每份看跌期权可卖出1股股票；看涨期权价格每份5元，看跌期权价格每份3元。两种期权的执行价格均为50元，期限均为1年。

投资者小王和小张都认为市场低估了甲公司股票，预测1年后股票价格将回归内在价值，于是每人投资53 000元。小王的投资是买入1 000股甲公司股票，同时买入1 000份甲公司股票的看跌期权。小张的投资是买入甲公司股票的看涨期权10 600份（注：计算投资净损益时不考虑货币时间价值）。

要求：

(1) 采用股利折现模型，估计1年后甲公司股票的内在价值。

(2) 如果预测正确，分别计算小王和小张1年后的投资净损益。

(3) 假如1年后甲公司股票下跌到每股40元，分别计算小王和小张的投资净损益。（2018年）

【答案】

(1) 1年后甲公司股票的内在价值 = $2.2 \times \frac{(1+6\%)^2}{10\% - 6\%}$ = 61.80（元/股）（答案在61.70~61.80元/股之间，均正确）

(2) 小王的投资净损益：

股票净损益 = (61.80-50)×1 000 = 11 800（元）

看跌期权到期日价值 = 0

期权净损益 = 0 - 3×1 000 = -3 000（元）

投资净损益 = 11 800 - 3 000 = 8 800（元）[或，投资净损益 = 61.80×1 000 - 53 000 = 8 800（元）]

小张的投资净损益：

投资净损益 = (61.80-50)×10 600 - 5×10 600 = 72 080（元）[或，投资净损益 = (61.80-50)×10 600 - 53 000 = 72 080（元）]

(3) 小王的投资净损益：

股票净损益 = 1 000×(40-50) = -10 000（元）

期权到期日价值 = 1 000×(50-40) = 10 000（元）

期权净损益 = 10 000 - 1 000×3 = 7 000（元）

投资净损益 = -10 000 + 7 000 = -3 000（元）[或，投资净损益 = 期权成本 = -1 000×3 = -3 000（元）；或，1 000×40 + 1 000×(50-40) - 53 000 = -3 000（元）]

小张的投资净损益：

投资净损益 = 0 - 10 600 × 5 = -53 000（元）[或，投资净损益 = 0 - 53 000 = -53 000（元）]

第二节　金融期权价值评估

考点一：金融期权价值影响因素

期权价值 = 内在价值 + 时间溢价

1. 期权价值状态与执行决策如下表所示。

价值状态	实值期权（实值状态）	虚值期权（虚值状态）	平价期权（平价状态）
含义	执行期权能给持有人带来正回报	执行期权将给持有人带来负回报	资产的现行市价等于执行价格
看涨期权	标的资产现价 > 执行价格	标的资产现价 < 执行价格	标的资产现价 = 执行价格
看跌期权	标的资产现价 < 执行价格	标的资产现价 > 执行价格	标的资产现价 = 执行价格
内在价值	|现价 - 执行价格|	0	0
执行状况	有可能被执行，但也不一定被执行。只有到期日的实值期权才肯定会被执行，此时已不能再等待	不会被执行	不会被执行

【例题7-5·多选题】甲股票当前市价20元，市场上有以该股票为标的资产的看涨期权和看跌期权，执行价格均为18元。下列说法中正确的有（　　）。(2017年)

　　A. 看涨期权处于实值状态　　　　B. 看跌期权处于虚值状态
　　C. 看涨期权时间溢价大于0　　　　D. 看跌期权时间溢价小于0

【答案】ABC

【解析】股价大于执行价格，看涨期权处于实值状态，选项A正确。股价大于执行价格，看跌期权处于虚值状态，选项B正确。时间溢价是股票未来价格波动带来的。期权在到期日前，时间溢价大于零，在无限接近到期日时，时间溢价趋近于0，选项C正确。

【例题7-6·多选题】甲公司股票目前每股20元，市场上有X、Y两种该股票的看涨期权，执行价格分别为15元、25元，到期日相同。下列说法中，正确的有（　　）。(2019年)

　　A. X期权内在价值5元
　　B. Y期权时间溢价0
　　C. X期权价值高于Y期权价值
　　D. 股票价格上涨5元，X、Y期权内在价值均上涨5元

【答案】AC

【解析】X期权内在价值 = 20 - 15 = 5（元），选项A正确；X、Y股票目前均没有到期，因此Y期权时间溢价大于0，选项B错误；X期权内在价值大于Y期权内在价值，X、Y期权到期日相同，标的资产相同，故时间溢价也相同，期权价值 = 内在价值 + 时间溢价，因此X期权价值高于Y期权价值，选项C正确；看涨期权在股价不大于执行价格时内在价值为0，因此Y期权即使股价上涨5元，内在价值仍然是0，选项D错误。

2. 影响期权价值的因素。

一个变量增加（其他变量保持不变）对期权价格的影响如下表所示。

变量	欧式看涨期权	欧式看跌期权	美式看涨期权	美式看跌期权
股票价格	＋	－	＋	－
无风险利率	＋	－	＋	－
执行价格	－	＋	－	＋
红利	－	＋	－	＋
到期期限	不一定	不一定	＋	＋
股价波动率（最重要因素）	＋	＋	＋	＋

口诀：股价利率涨为正，执价红利跌为正，到期期限看美式，股价波动全为正。

【例题 7-7·单选题】 对股票期权价值影响最主要的因素是（　　）。（2014 年）

A. 执行价格　　　　　　　　　　B. 股票价格的波动性

C. 无风险利率　　　　　　　　　D. 股票价格

【答案】B

【解析】在期权估值过程中，价格的变动性是最重要的因素，而股票价格的波动率代表了价格的变动性，如果一种股票的价格变动性很小，其期权也值不了多少钱。

【例题 7-8·多选题】 在其他条件不变的情况下，下列变化中能够引起看涨期权价值上升的有（　　）。（2014 年）

A. 标的资产价格上升　　　　　　B. 期权有效期内预计发放红利增加

C. 无风险利率提高　　　　　　　D. 股价波动加剧

【答案】ACD

【解析】在除息日后，红利的发放引起股票价格降低，看涨期权价格降低。

【例题 7-9·单选题】 假设其他因素不变，期权有效期内预计发放的红利增加时，（　　）。（2013 年）

A. 美式看跌期权价格降低　　　　B. 美式看涨期权价格降低

C. 欧式看跌期权价格降低　　　　D. 欧式看涨期权价格不变

【答案】B

【解析】假设其他因素不变，期权有效期内预计发放的红利增加时，会使看涨期权价格降低，看跌期权价格上涨。

【例题 7-10·单选题】 在其他条件不变的情况下，下列关于股票的欧式看涨期权内在价值的说法中，正确的是（　　）。（2016 年）

A. 股票市价越高，期权的内在价值越大

B. 期权到期期限越长，期权的内在价值越大

C. 股价波动率越大，期权的内在价值越大

D. 期权执行价格越高，期权的内在价值越大

【答案】A

【解析】期权价值＝内在价值＋时间溢价，看涨期权内在价值＝股权－执行价格，所以选项

A 正确，选项 D 错误；内在价值是期权立即行权产生的经济价值，因此不受时间溢价的影响，所以选项 BC 错误。

【例题 7－11·单选题】 假设其他条件不变，下列影响期权价值的各项因素中，会引起期权价值同向变动的是（　　）。（2019 年）

A. 执行价格　　　　　　　　　　　B. 无风险利率
C. 标的股票市价　　　　　　　　　D. 标的股票股价波动率

【答案】 D

【解析】 无风险利率和标的股票市价与看涨期权同向变动，与看跌期权反向变动。执行价格与看涨期权反向变动，与看跌期权同向变动。标的股票价格波动率与期权价值（不管是看涨期权还是看跌期权）同向变动，所以选项 D 正确。

考点二：期权估值原理（复制原理）

复制原理的步骤如下图所示。

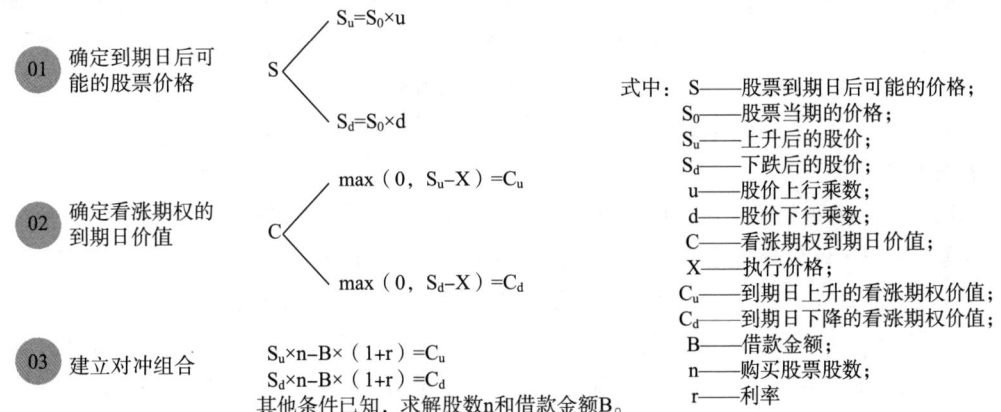

【注】 利率要折合为同等期间的利率，如题目告诉年利率 4%，而期权 6 个月后到期，则这里的利率 = 4% ÷ 2 = 2%。

考点三：期权估值原理（套期保值原理）

套期保值比率（即求需要购买的股票数量）：

$$套期保值比率 H = \frac{C_u - C_d}{S_u - S_d} = \frac{C_u - C_d}{S_0 \times (u - d)}$$

借款数额 = (到期日下行股价 × 套期保值比率 － 股价下行时期权到期日价值) ÷ (1 + r)

运用套期保值原理求看涨期权价格，和复制原理步骤一样，唯一区别就是，求解建立的对冲组合方法不一样。

考点四：期权估值原理（风险中性原理）

风险中性的步骤如下图所示。

01 求上行概率	期望报酬率（无风险利率）=上行概率×上行时报酬率+下行概率×下行时报酬率 假设股票不派发红利,股票价格的上升百分比就是股票投资的报酬率。 期望报酬率（无风险利率）=上行概率×股价上升百分比+下行概率×（-股价下降百分比） 下行概率=1-上行概率	
02 求期权到期后的期望价值	期权到期后的期望价值C=上行概率×C_u+下行概率×C_d C_d通常为0,上式可以写为:C=上行概率×C_u	
03 求期权的现值	$C_0 = \dfrac{C}{1+r}$	

考点五:看涨期权——看跌期权平价定理

对于欧式期权,假定看涨期权和看跌期权有相同的执行价格和到期日,则下述等式成立:

看涨期权价格 C - 看跌期权价格 P = 标的资产的价格 S - 执行价格的现值 PV(X)

【例题 7-12·单选题】某股票的现行价格为 20 元,以该股票为标的资产的欧式看涨期权和欧式看跌期权的执行价格均为 24.96 元,都在 6 个月后到期。年无风险利率为 8%,如果看涨期权的价格为 10 元,看跌期权的价格为(   )元。(2013 年)

A. 6.89   B. 13.11   C. 14   D. 6

【答案】C

【解析】20 + 看跌期权价格 = 10 + 24.96÷(1+4%),所以看跌期权价格 = 14 元。

【例题 7-13·计算分析题】甲公司股票当前每股市价 40 元,6 个月以后股价有两种可能:上升 25% 或下降 20%,市场上有两种以该股票为标的资产的期权:看涨期权和看跌期权。每份看涨期权可买入 1 股股票,每份看跌期权可卖出 1 股股票,两种期权执行价格均为 45 元,到期时间均为 6 个月,期权到期前,甲公司不派发现金股利,半年无风险利率为 2%。

要求:

(1) 利用风险中性原理,计算看涨期权的股价上行时到期日价值、上行概率及期权价值,利用看涨期权-看跌期权平价定理,计算看跌期权的期权价值。

(2) 假设目前市场上每份看涨期权价格 2.5 元,每份看跌期权价格 6.5 元,投资者同时卖出 1 份看涨期权和 1 份看跌期权,计算确保该组合不亏损的股票价格区间,如果 6 个月后,标的股票价格实际上涨 20%,计算该组合的净损益(注:计算股票价格区间和组合净损益时,均不考虑期权价格的货币时间价值)。(2015 年)

【答案】

(1) 看涨期权的股价上行时到期日价值 = 40×(1+25%) - 45 = 5 (元)

2% = 上行概率×25% + (1 - 上行概率)×(-20%)

即:2% = 上行概率×25% - 20% + 上行概率×20%

则:上行概率 = 0.4889

由于股价下行时到期日价值 = 0

所以,看涨期权价值 = (5×0.4889 + 0.5111×0)÷(1+2%) = 2.4 (元)

因为,看涨期权价格 C - 看跌期权价格 P = 标的资产的价格 S - 执行价格的现值 PV(X)

所以,看跌期权价值 = 45÷(1+2%) + 2.4 - 40 = 6.52 (元)

(2) 卖出看涨期权的净损益 = -max(股票市价 - 执行价格, 0) + 期权价格 = -max(股票市价 - 45, 0) + 2.5

卖出看跌期权的净损益 = -max(执行价格 - 股票市价, 0) + 期权价格 = -max(45 - 股票市价, 0) + 6.5

组合净损益 = -max(股票市价 - 45, 0) - max(45 - 股票市价, 0) + 9

因要求组合不亏损,故

当股价 > 执行价格时:组合净损益 = 0 = -(股票市价 - 45) + 9,即股票市价 = 54 元。

当股价 < 执行价格时:组合净损益 = 0 = -(45 - 股票市价) + 9,即股票市价 = 36 元。

所以,确保该组合不亏损的股票价格区间为 36 ~ 54 元。

如果 6 个月后的标的股票价格实际上涨 20%,即股票价格为 40 × (1 + 20%) = 48 (元),则:组合净损益 = -(48 - 45) + 9 = 6 (元)。

第八章 企业价值评估

第一节 企业价值评估的目的和对象

考点：企业整体的经济价值

1. 整体的经济价值，我们要从两方面来理解：一方面是整体价值；另一方面是经济价值，如下图所示。

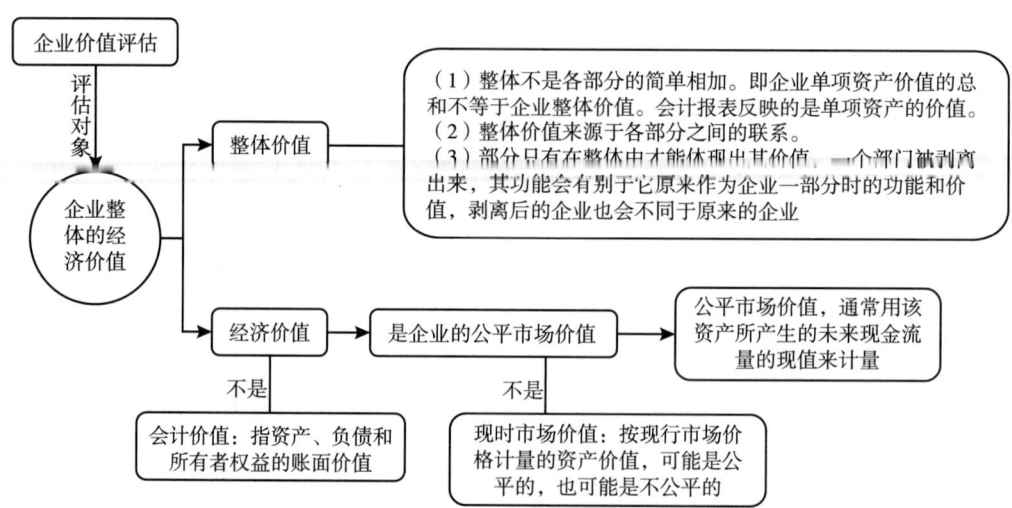

2. 企业整体经济价值的类别如下表所示。

类别	解释	
实体价值与股权价值	实体价值：指企业全部资产的总体价值，是股权价值与净债务价值之和。 股权价值：指股权的公平市场价值。 企业实体价值 = 股权价值 + 净债务价值	
持续经营价值与清算价值	持续经营价值：营业所产生的未来现金流量的现值。 清算价值：停止经营，出售资产产生的现金流	一个企业的公平市场价值：持续经营价值和清算价值中较高的一个
少数股权价值与控股权价值	少数股权价值〔V(当前)〕：是现有管理和战略条件下企业能够给股票投资人带来的现金流量现值。 控股权价值〔V(新的)〕：是企业进行重组、改进管理和经营战略后可以为投资人带来的未来现金流量的现值。 控股权溢价 = V(新的) − V(当前) 【注意】股权价值 ≠ 少数股权价值 + 控股权价值	

【例题 8-1·多选题】 下列关于企业价值的说法中，错误的有（   ）。(2012 年)

A. 企业的实体价值等于各单项资产价值的总和

B. 企业的实体价值等于企业的现时市场价格

C. 企业的实体价值等于股权价值和净债务价值之和

D. 企业的股权价值等于少数股权价值和控股权价值之和

【答案】ABD

【解析】企业虽然是由部分组成的，但是它不是各部分的简单相加，而是有机地结合，选项 A 的说法不正确；企业价值评估的目的是确定一个企业的公平市场价值，而不是现时市场价格，选项 B 的说法不正确；在评估企业价值时，必须明确拟评估的对象是少数股权价值还是控股权价值，两者是不同的概念，选项 D 的说法不正确。

【例题 8-2·多选题】 甲公司 2019 年 9 月 30 日资产负债表显示，总资产 100 亿元，所有者权益 50 亿元，总股数 5 亿股。当日甲公司股票收盘价每股 25 元。下列关于当日甲公司股权价值的说法中，正确的有（   ）。(2019 年)

A. 会计价值是 50 亿元

B. 清算价值是 50 亿元

C. 持续经营价值是 100 亿元

D. 现时市场价值是 125 亿元

【答案】AD

【解析】资产负债表显示的所有者权益 50 亿元是会计价值，选项 A 正确；现时市场价值 = 5 × 25 = 125（亿元），选项 D 正确。

第二节　企业价值评估方法

考点一：三种现金流量折现模型的计算

掌握股权现金流量和实体现金流量的计算。

注意现金流和折现率的匹配，注意判断折现模型的适用，具体如下表所示。

种类	计算公式	现金流量
股利现金流量模型	$股权价值 = \sum_{t=1}^{\infty} \frac{股利现金流量_t}{(1+股权资本成本)^t}$	股利现金流量是企业分配给股权投资人的现金流量
股权现金流量模型	$股权价值 = \sum_{t=1}^{\infty} \frac{股权现金流量_t}{(1+股权资本成本)^t}$	股权现金流量是一定期间企业可以提供给股权投资人的现金流量。 股权现金流量 = 实体现金流量 − 债务现金流量
实体现金流量模型	$实体价值 = \sum_{t=1}^{\infty} \frac{实体自由现金流量_t}{(1+加权平均资本成本)^t}$ 股权价值 = 实体价值 − 净债务价值 $净债务价值 = \sum_{t=1}^{\infty} \frac{偿还债务现金流量_t}{(1+等风险债务成本)^t}$	实体现金流量是企业全部现金流入扣除成本费用和必要的投资后的剩余部分，它是企业一定期间可以提供给所有投资人的税后现金流量
说明：(1) 使用现金流量折现模型时，现金流量的种类要和资本成本的种类相匹配，如用股权现金流量模型，就得用股权资本成本来折现，而不能使用债务资本成本或者加权平均资本成本。 (2) 在数据假设相同的情况下，三种模型的评估结果是相同的。企业价值的评估主要使用实体现金流量模型或股权现金流量模型。		

考点二：现金流量模型的应用

1. 股权现金流量模型的应用。
（1）永续增长模型。

使用条件：企业必须处于永续状态。所谓永续状态是指企业有永续的增长率和净投资资本报酬率。

$$股权价值 = \frac{下期股权现金流量}{股权资本成本 - 永续增长率}$$

（2）两阶段增长模型。

使用条件：适用于增长呈现两个阶段的企业。通常第二阶段具有永续增长的特征。

股权价值 = 预测期价值 + 后续期价值 = 预测期股权现金流量现值 + 后续期股权现金流量现值

$$股权价值 = \sum_{t=1}^{n} \frac{股权现金流量_t}{(1 + 股权资本成本)^t} + \frac{股权现金流量_{n+1} \div (股权资本成本 - 永续增长率)}{(1 + 股权资本成本)^n}$$

2. 实体现金流量模型的应用。
（1）永续增长模型。

$$实体价值 = \frac{下期实体现金流量}{加权平均资本成本 - 永续增长率}$$

（2）两阶段增长模型。

实体价值 = 预测期价值 + 后续期价值 = 预测期实体现金流量现值 + 后续期实体现金流量现值

$$实体价值 = \sum_{t=1}^{n} \frac{实体现金流量_t}{(1 + 加权平均资本成本)^t} + \frac{实体现金流量_{n+1} \div (加权平均资本成本 - 永续增长率)}{(1 + 加权平均资本成本)^n}$$

【例题 8-3·计算分析题】甲企业是一家从事生物制药的上市企业，2012 年 12 月 31 日的股票价格为每股 60 元，为了对当前股价是否偏离价值进行判断，企业拟采用股权现金流量法评估每股股权价值，相关资料如下：

（1）2012 年每股净经营资产 30 元，每股税后经营净利润 6 元，预计未来保持不变。

（2）企业当前的资本结构（净负债/净经营资产）为 60%，为降低财务风险，企业拟调整资本结构并已作出公告，目标资本结构为 50%，资本结构高于 50% 不分配股利，多余现金首先用于归还借款，企业采用剩余股利政策分配股利，未来不打算增发或回购股票。

（3）净负债的税前资本成本为 6%，未来保持不变，财务费用按期初净负债计算。

（4）股权资本成本 2013 年为 12%，2014 年及以后年度为 10%。

（5）企业适用的企业所得税税率为 25%。

要求：

（1）计算 2013 年每股实体现金流量、每股债务现金流量、每股股权现金流量。

（2）计算 2014 年每股实体现金流量、每股债务现金流量、每股股权现金流量。

（3）计算 2012 年 12 月 31 日每股股权价值，判断甲企业的股价是被高估还是低估。（2013 年）

【答案】

（1）2012 年每股净负债 = 30×60% = 18（元）

2012 年每股所有者权益 = 30 - 18 = 12（元）

2013年每股实体现金流量=每股税后经营净利润-每股净经营资产增加=6-0=6（元）

按照目标资本结构，2013年每股净负债=30×50%=15（元），2013年每股所有者权益=15元。

每股债务现金流量=每股税后利息-每股净负债的增加=18×6%×（1-25%）-（15-18）=3.81（元）

每股股权现金流量=每股实体现金流量-每股债务现金流量=6-3.81=2.19（元）

（2）2014年每股实体现金流量=6元

2014年每股债务现金流量=每股税后利息-每股净负债增加=15×6%×（1-25%）-0=0.675（元）

2014年每股股权现金流量=每股实体现金流量-每股债务现金流量=6-0.675=5.325（元）

（3）每股股权价值=2.19×（P/F，12%，1）+（5.325/10%）×（P/F，12%，1）=（2.19+53.25）×0.8929=49.5（元）

每股价值低于每股价格60元，故该股票股价被高估。

【例题8-4·计算题】 甲公司是一家投资公司，拟于2020年初以18 000万元收购乙公司全部股权。为分析收购方案的可行性，收集资料如下：

（1）乙公司是一家传统汽车零部件制造企业，收购前处于稳定增长状态，增长率7.5%，2019年净利润750万元，当年取得的利润在当年分配，股利支付率80%，2019年末（当年利润分配后）净经营资产4 300万元，净负债2 150万元。

（2）收购后，甲公司将通过拓宽销售渠道、提高管理水平、降低成本费用等多种方式，提高乙公司的销售增长率和营业净利率。预计乙公司2020年营业收入6 000万元，2021年营业收入比2020年增长10%，2022年进入稳定增长状态，增长率8%。

（3）收购后，预计乙公司相关财务比率保持稳定，具体如表1所示。

表1

营业成本/营业收入	65%
销售和管理费用/营业收入	15%
净经营资产/营业收入	70%
净负债/营业收入	30%
债务利息率	8%
企业所得税税率	25%

（4）乙公司股票等风险投资必要报酬率收购前11.5%，收购后11%。

（5）假设各年现金流量均发生在年末。

要求：

（1）如果不收购，采用股利现金流量折现模型，估计2020年初乙公司股权价值。

（2）如果收购，采用股权现金流量折现模型，估计2020年初乙公司股权价值（计算过程和结果填入下方表格中）。

表2 单位：万元

	2020年	2021年	2022年
股权现金流量			
股权价值			

(3) 计算该收购产生的控股权溢价、为乙公司原股东带来的净现值、为甲公司带来的净现值。

(4) 判断甲公司收购是否可行，并简要说明理由。(2019年)

【答案】

(1)

2020年初股权价值 = 750 × (1 + 7.5%) × 80% ÷ (11.5% − 7.5%) = 16 125（万元）

(2)

表3 单位：万元

	2020年	2021年	2022年
营业收入	6 000	6 600	7 128
减：营业成本	3 900	4 290	4 633.2
销售和管理费用	900	990	1 069.2
税前经营利润	1 200	1 320	1 425.6
减：经营利润所得税	300	330	356.4
税后经营净利润	900	990	1 069.2
净经营资产	4 200	4 620	4 989.6
减：净经营资产增加	−100	420	369.6

续表

	2020 年	2021 年	2022 年
实体现金流量	1 000	570	699.6
净负债	1 800	1 980	2 138.4
减：税后利息费用	108	118.8	128.3
加：净负债增加	−350	180	158.4
股权现金流量	542	631.2	729.7
股权价值	20 741.95（答案在 20 741.8 万~20 742 万元之间均正确）		

计算说明（以 2020 年为例）：

营业成本 = 6 000×65% = 3 900（万元）

销售和管理费用 = 6 000×15% = 900（万元）

税前经营利润 = 6 000 − 3 900 − 900 = 1 200（万元）

经营利润所得税 = 1 200×25% = 300（万元）

税后经营净利润 = 1 200 − 300 = 900（万元）

[或：6 000×(1 − 65% − 15%)×(1 − 25%) = 900（万元）]

净经营资产 = 6 000×70% = 4 200（万元）

净经营资产增加 = 4 200 − 4 300 = −100（万元）

实体现金流量 = 900 + 100 = 1 000（万元）

税后利息费用 = 6 000×30%×8%×(1 − 25%) = 108（万元）

净负债增加 = 6 000×30% − 2 150 = −350（万元）

股权现金流量 = 1 000 − 108 + (−350) = 542（万元）

2022 年初乙公司股权价值 = 729.7÷(11% − 8%) = 24 323.33（万元）

2020 年初乙公司股权价值 = 542÷(1 + 11%) + (631.2 + 24 323.33)÷(1 + 11%)2 = 20 741.95（万元）

(3) 收购产生的控股权溢价 = 20 741.95 − 16 125 = 4 616.95（万元）（答案在 4 616.8 万~4 617 万元之间均正确）

收购为乙公司原股东带来净现值 = 18 000 − 16 125 = 1 875（万元）

收购为甲公司带来净现值 = 20 741.95 − 18 000 = 2 741.95（万元）（答案在 2 741.8 万~2 742 万元之间均正确）

(4) 该收购可行，因为收购给甲公司和乙公司原股东都带来了正的净现值。

考点三：相对价值评估模型

注意间接模型的计算方法。

分清修正平均法和股价平均法。

注意各个模型的优缺点和适用的情形。

（一）市盈率模型

市盈率是指普通股每股市价与每股收益的比率。市盈率 = 每股市价÷每股收益。

$$目标企业每股价值 = 可比企业市盈率 \times 目标企业每股收益$$

$$本期市盈率 = \frac{股利支付率 \times (1+增长率)}{股权成本 - 增长率}$$

$$内在（预期）市盈率 = \frac{股利支付率}{股权成本 - 增长率}$$

该模型的驱动因素：增长潜力（关键因素）、股利支付率和风险（股权资本成本的高低与其风险有关）。

1. 模型的优缺点及适用性：市盈率模型最适合连续盈利的企业。
2. 优点：
（1）计算市盈率的数据容易取得，并且计算简单；
（2）市盈率把价格和收益联系起来，直观地反映投入和产出的关系；
（3）市盈率涵盖了风险、增长率、股利支付率的影响，具有很高的综合性。
3. 局限性：如果收益是负值，市盈率就失去了意义。
4. 在估值时，目标企业本期净利必须要乘以可比企业本期市盈率，目标企业预期净利必须要乘以可比企业预期市盈率，两者必须匹配（这一原则适用于市盈率、市净率、市销率以及未修正和修正的各种价格乘数）。

【例题 8-5·单选题】甲企业 2012 年每股收益 0.8 元，每股分配现金股利 0.4 元。如果企业每股收益增长率预计为 6%，股权资本成本为 10%。股利支付率不变，企业的预期市盈率是（　）。（2013 年）
A. 11.70　　　　　B. 12.50　　　　　C. 13.25　　　　　D. 8.33

【答案】B

【解析】股利支付率 = 0.4 ÷ 0.8 = 50%，预期市盈率 = 股利支付率 ÷（股权资本成本 - 增长率）= 50% ÷（10% - 6%）= 12.5。

（二）市净率模型

市净率是指每股市价与每股净资产的比率。

$$市净率 = 每股市价 \div 每股净资产$$

$$目标企业每股价值 = 可比企业市净率 \times 目标企业每股净资产$$

$$本期市净率 = \frac{股利支付率 \times 权益净利率_0 \times (1+增长率)}{股权成本 - 增长率}$$

$$内在（预期）市净率 = \frac{股利支付率 \times 权益净利率_1}{股权成本 - 增长率}$$

该模型的驱动因素：权益净利率（关键因素）、股利支付率、增长潜力和风险（股权成本）。

模型的优缺点及适用性：主要适用于需要拥有大量资产、净资产为正值的企业。

优点	局限性
（1）市净率极少为负值，可用于大多数企业； （2）净资产账面价值的数据容易取得，并且容易理解； （3）净资产账面价值比净利稳定，也不像利润那样经常被人为操纵； （4）如果会计标准合理并且各企业会计政策一致，市净率的变化可以反映企业价值的变化	（1）账面价值受会计政策选择的影响，如果各企业执行不同的会计标准或会计政策，市净率会失去可比性； （2）固定资产很少的服务性企业和高科技企业，净资产与企业价值的关系不大，其市净率比较没有实际意义； （3）少数企业的净资产是负值，市净率没有意义，无法用于比较

【例题8-6·单选题】 甲公司进入可持续增长状态,股利支付率50%,权益净利率20%,股利增长率5%,股权资本成本10%。甲公司的内在市净率是(   )。(2016年)

A. 2   B. 10.5   C. 10   D. 2.1

【答案】A

【解析】甲公司进入可持续增长状态,权益净利率保持不变。内在市净率=股份支付率×权益净利率÷(股权成本-增长率)=50%×20%÷(10%-5%)=2。

(三) 市销率模型

1. 市销率是指每股市价与每股营业收入的比率。

$$市销率 = 每股市价 \div 每股营业收入$$

$$目标企业每股价值 = 可比企业市销率 \times 目标企业每股营业收入$$

$$本期市销率 = \frac{股利支付率 \times 营业净利率_0 \times (1+增长率)}{股权成本 - 增长率}$$

$$内在(预期)市销率 = \frac{股利支付率 \times 营业净利率_1}{股权成本 - 增长率}$$

该模型的驱动因素:营业净利率(关键因素)、股利支付率、增长潜力和风险(股权成本)。

2. 模型的优缺点及适用性:主要适用于销售成本率较低的服务类企业,或者销售成本率趋同的传统行业的企业。

(1) 优点:

①它不会出现负值,对于亏损企业和资不抵债的企业,也可以计算出一个有意义的市销率;

②它比较稳定、可靠,不容易被操纵;

③市销率对价格政策和企业战略变化敏感,可以反映这种变化的后果。

(2) 局限性:不能反映成本的变化,而成本是影响企业现金流量和价值的重要因素之一。

【例题8-7·单选题】 甲企业2014年的营业收入为2 000万元,净利润为250万元,利润留存比率为50%,预计以后年度净利润和股利的增长率均为3%。甲企业的β为1.2,国库券利率为5%,市场平均风险股票的收益率为10%,则甲企业的本期市销率为(   )。

A. 0.80   B. 0.63   C. 1.25   D. 1.13

【答案】A

【解析】营业净利率=250÷2 000=12.5%,股利支付率=1-50%=50%,股权资本成本=5%+1.2×(10%-5%)=11%,本期市销率=营业净利率$_0$×股利支付率×(1+增长率)÷(股权成本-增长率)=12.5%×50%×(1+3%)÷(11%-3%)=0.80。

【例题8-8·单选题】 下列关于相对价值估价模型适用性的说法中,错误的是(   )。(2013年)

A. 市净率估价模型不适用于资不抵债的企业

B. 市净率估价模型不适用于固定资产较少的企业

C. 市销率估价模型不适用于销售成本率较低的企业

D. 市盈率估价模型不适用于亏损的企业

【答案】C

【解析】市净率估价模型适用于需要拥有大量资产,净资产为正值的企业,资不抵债说明所有者权益为负值,选项AB表述正确;市销率模型适用于销售成本率较低的服务类企业,或者销售成本率趋同的传统行业的企业,选项C表述错误;市盈率模型最适合连续盈利的企业,选项D正确。

考点四:相对价值模型的应用

(一)市盈率模型的修正

修正市盈率 = 可比企业市盈率 ÷ (可比企业预期增长率 × 100)

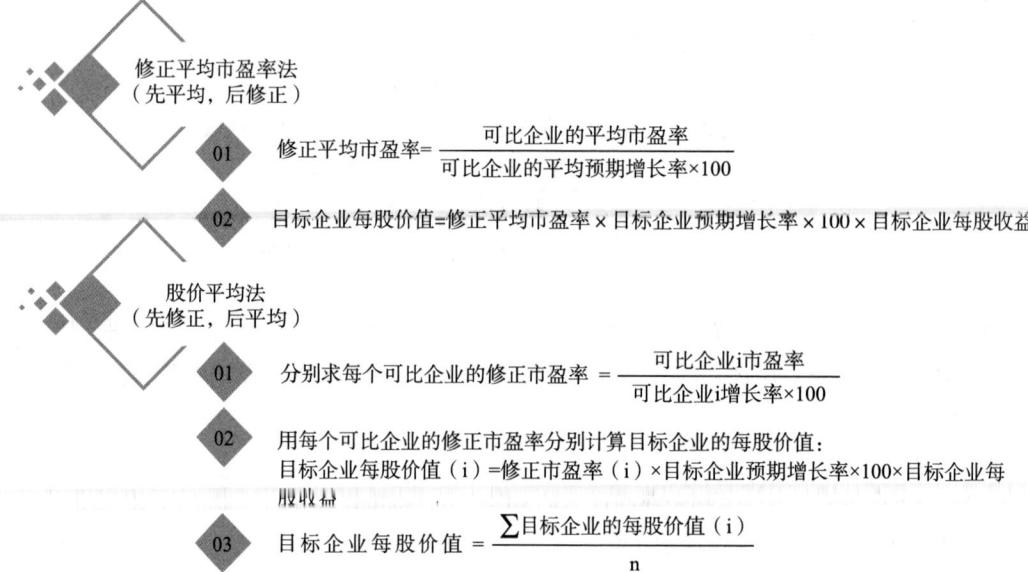

(二)修正市净率

修正市净率 = 可比企业市净率 ÷ (可比企业预期权益净利率 × 100)

目标企业每股价值 = 修正市净率 × 目标企业预期权益净利率 × 100 × 目标企业每股净资产

(三)修正市销率

修正市销率 = 可比企业市销率 ÷ (可比企业预期销售净利率 × 100)

目标企业每股价值 = 修正市销率 × 目标企业预期销售净利率 × 100 × 目标企业每股销售收入

【例题8-9·单选题】甲公司是一家制造业企业,每股营业收入40元,销售净利率5%。与甲公司可比的3家制造业企业的平均市销率是0.8倍,平均销售净利率4%。用修正平均市销率法估计的甲公司每股价值是( )元。(2018年)

A. 25.6　　　　B. 32　　　　C. 33.6　　　　D. 40

【答案】D

【解析】修正平均市销率 = 可比企业平均市销率 ÷ (可比企业平均销售净利率 × 100) = 0.8 ÷ (4% × 100) = 0.2,因此甲公司每股价值 = 修正平均市销率 × 目标企业销售净利率 × 100 × 目标企业每股营业收入 = 0.2 × 5% × 100 × 40 = 40(元)。

【例题8-10·计算分析题】甲公司是一家火力发电上市企业,2012年12月31日的股票价

格为每股5元。为了对当前股价是否偏离价值进行判断,公司拟对企业整体价值进行评估,有关资料如下:

(1) 甲公司2012年的主要财务报表数据如表1所示。

表1   单位:万元

项目	2012年
资产负债表项目(年末):	
货币资金	750
应收账款	4 000
存货	2 250
固定资产	41 250
资产总计	48 250
应付账款	3 000
长期借款	36 250
股本(普通股8 000万股)	8 000
留存利润	1 000
负债及股东权益总计	48 250
利润表项目(年度):	
一、销售收入	50 000
减:销售成本	40 000
管理费用	1 000
财务费用(利息费用)	2 892
二、营业利润	6 108
加:营业外收入	220
减:营业外支出	100
三、利润总额	6 228
减:所得税费用	1 557
四、净利润	4 671

(2) 对甲公司2012年度的财务数据进行修正,作为预测基期数据。甲公司货币资金中经营活动所需的货币资金数额为销售收入的1%,应收款项、存货、固定资产均为经营性资产,应付款项均为自发性无息负债。营业外收入和营业外支出均为偶然项目,不具有持续性。

(3) 预计甲公司2013年度的售电量将增长2%,2014年及以后年度售电量将稳定在2013年的水平,不再增长。预计未来电价不变。

(4) 预计甲公司2013年度的销售成本率可降至75%，2014年及以后年度销售成本率维持75%不变。

(5) 管理费用、经营资产、经营负债与销售收入的百分比均可稳定在基期水平。

(6) 甲公司目前的负债率较高，计划将资本结构（净负债/净投资资本）逐步调整到65%，资本结构高于65%之前不分配股利，多余现金首先用于归还借款。企业采用剩余股利政策分配股利，未来不打算增发或回购股票。净负债的税前资本成本平均预计为8%，以后年度将保持不变。财务费用按照期初净负债计算。

(7) 甲公司适用的企业所得税税率为25%，加权平均资本成本为10%。

(8) 采用实体现金流量折现模型估计企业价值，债务价值按账面价值估计。

要求：

(1) 编制修正后基期及2013年度、2014年度的预计资产负债表和预计利润表（结果填入下方表格中，不用列出计算过程），并计算甲公司2013年度及2014年度的实体现金流量。

表2

单位：万元

项目	基期（修正）	2013年度	2014年度
资产负债表项目（年末）：			
经营营运资本			
净经营性长期资产			
净经营资产总计			
净负债			
股东权益总计			
净负债及股东权益总计			
利润表项目（年度）：			
一、销售收入			
减：销售成本			
管理费用			
二、税前营业利润			
减：经营利润所得税			
三、税后经营净利润			
利息费用			
减：利息费用抵税			
四、税后利息费用			
五、净利润合计			

(2) 计算甲公司2012年12月31日的实体价值和每股股权价值，判断甲公司的股价是被高估还是低估。（2013年）

【答案】

(1)

表3　　单位：万元

项目	基期（修正）	2013年度	2014年度
资产负债表项目（年末）：			
经营营运资本	3 750	3 825.00	3 825.00
净经营性长期资产	41 250	42 075.00	42 075.00
净经营资产总计	45 000	45 900.00	45 900.00
净负债	36 000	30 262.50	29 835.00
股东权益总计	9 000	15 637.50	16 065.00
净负债及股东权益总计	45 000	45 900.00	45 900.00
利润表项目（年度）：			
一、销售收入	50 000	51 000.00	51 000.00
减：销售成本	40 000	38 250.00	38 250.00
管理费用	1 000	1 020.00	1 020.00
二、税前营业利润	9 000	11 730.00	11 730.00
减：经营利润所得税	2 250	2 932.50	2 932.50
三、税后经营净利润	6 750	8 797.50	8 797.50
利息费用	2 892	2 880.00	2 421.00
减：利息费用抵税	723	720.00	605.25
四、税后利息费用	2 169	2 160.00	1 815.75
五、净利润合计	4 581	6 637.50	6 981.75

2013年的实体现金流量 = 税后经营净利润 − 净经营资产增加 = 8 797.5 − (45 900 − 45 000) = 7 897.5（万元）

2014年的实体现金流量 = 税后经营净利润 − 净经营资产增加 = 8 797.5 − (45 900 − 45 900) = 8 797.5（万元）

(2) 实体价值 = 7 897.5 × (P/F，10%，1) + 8 797.5 ÷ 10% × (P/F，10%，1) = (7 897.5 + 8 797.5 ÷ 10%) ÷ 1.10 = 87 156.82（万元）

债务价值 = 36 000万元

股权价值 = 实体价值 − 债务价值 = 87 156.82 − 36 000 = 51 156.82（万元）

每股股权价值 = 51 156.82 ÷ 8 000 = 6.39（元）

每股股权价值大于每股市价，股价被低估。

【解析】

2013年末净经营资产 = 45 000 × (1 + 2%) = 45 900（万元）

2013年的净利润6 637.50万元全部留存，其中900万元增加净经营资产，另外5 737.50万元用于偿还借款。

2013年末股东权益=9 000+6 637.50=15 637.50（万元）
2013年末净负债=36 000-5 737.5=30 262.50（万元）
2014年末净经营资产=45 900×1=45 900（万元）
2014年末净负债=45 900×65%=29 835（万元）
2014年偿还借款=30 262.5-29 835=427.5（万元）
2014年的净利润留存427.50万元用于还款，其余分配。
2014年末股东权益=15 637.50+427.5=16 065（万元）

第三编
长期筹资决策

第九章　资本结构

第一节　资本结构理论

考点一：无企业所得税的MM理论

命题Ⅰ：有负债企业的价值与无负债企业的价值相等，即无论企业是否有负债，企业的资本结构与企业价值无关	
相关结论	（1）有负债企业的价值 V_L = 无负债企业的价值 V_U （2）有负债企业的加权平均资本成本 = 风险等级相同的无负债企业的权益资本成本 （3）企业加权资本成本与其资本结构无关，仅取决于企业的经营风险
命题Ⅱ：有负债企业的权益资本成本随着财务杠杆的提高而增加	
相关结论	（1）有负债企业权益资本成本 = 无负债企业的权益资本成本 + 风险溢价 （2）风险溢价与以市值计算的财务杠杆（负债÷股东权益）成正比 （3）有负债企业的股权资本成本随着负债程度增大而增加

考点二：有企业所得税的MM理论

命题Ⅰ：有负债企业的价值等于具有相同风险等级的无负债企业的价值加上债务利息抵税收益的现值	
相关结论	随着企业负债比例的提高，企业价值也随之提高，在理论上全部融资来源于负债时，企业价值达到最大
命题Ⅱ：有债务企业的权益资本成本等于相同风险等级的无负债企业的权益资本成本加上以市值计算的债务与权益比例成比例的风险报酬，且风险报酬取决于企业的债务比例以及所得税税率	
相关结论	有负债企业的加权平均资本成本随着债务筹资比例的增加而降低

有税条件下MM命题Ⅱ与无税条件下命题Ⅱ所表述的有负债企业权益资本成本的基本含义是一致的，其仅有的差异是由（1−T）引起的。由于（1−T）<1，使有税时有负债企业的权益资本成本比无税时的要小。

【例题9−1·单选题】根据有税的MM理论，下列各项中会影响企业价值的是（　　）。（2016年）

A. 债务利息抵税　　B. 债务代理成本　　C. 债务代理收益　　D. 财务困境成本

【答案】A

【解析】有税MM理论下，有负债企业的价值等于具有相同风险等级的无负债企业的价值加上债务利息抵税收益的现值，所以选项A正确。

【例题9−2·单选题】根据有税的MM理论，当公司负债比例提高时，（　　）。（2013年）

A. 债务资本成本上升　　　　　　　　　B. 加权平均资本成本上升

C. 加权平均资本成本不变　　　　D. 股权资本成本上升

【答案】D

【解析】根据有税的MM理论，当公司负债比例提高时，债务资本成本不变，加权平均资本成本下降，但股权资本成本会上升。有债务公司的权益成本等于相同风险等级的无负债公司的权益资本成本加上以市值计算的债务与权益比例成比例的风险报酬。

【例题9-3·多选题】下列关于有企业所得税情况下MM理论的说法中，正确的有（　　）。（2019年）

A. 高杠杆企业的价值大于低杠杆企业的价值
B. 高杠杆企业的债务资本成本大于低杠杆企业的债务资本成本
C. 高杠杆企业的权益资本成本大于低杠杆企业的权益资本成本
D. 高杠杆企业的加权平均资本成本大于低杠杆企业的加权平均资本成本

【答案】AC

【解析】有税MM理论下，随着债务比例的提高，债务资本成本不变，选项B错误；企业价值和权益资本成本随负债比例的提高而提高，加权平均资本成本随负债比例的提高而下降，所以选项AC正确，选项D错误。

考点三：资本结构其他理论

理论	说明
权衡理论	$V_L = V_U + PV(利息抵税) - PV(财务困境成本)$ 强调在平衡债务利息的抵税收益与财务困境成本的基础上，实现企业价值最大化时的最佳资本结构。此时债务比率是债务抵税收益的边际价值等于增加的财务困境成本的现值
代理理论	代理理论是指债务代理成本与收益的权衡。 $V_L = V_U + PV(利息抵税) - PV(财务困境成本) - PV(债务的代理成本) + PV(债务的代理收益)$ (1) 过度投资：因企业采用不盈利项目或高风险项目而产生的损害股东以及债权人的利益并降低企业价值的现象发生的情形：①当企业经理与股东之间存在利益冲突时，经理的自利行为产生的过度投资问题；②当企业股东与债权人之间存在利益冲突时，经理代表股东利益采纳成功率低甚至净现值为负的高风险项目产生的过度投资问题。 (2) 投资不足：指因企业放弃净现值为正的投资项目而使债权人利益受损并进而降低企业价值的现象。发生情形：发生在企业陷入财务困境且有比例较高的债务时，股东如果预见采纳新投资项目会以牺牲自身利益为代价补偿了债权人，股东就缺乏积极性选择该项目进行投资。 (3) 代理收益：债权人保护条款引入、对经理提升企业业绩的激励措施以及对经理随意支配现金流浪费企业资源的约束等
优序融资理论	内源融资＞普通债券＞可转换债券＞股权融资

【例题9-4·单选题】在信息不对称和逆向选择的情况下，根据优序融资理论，选择融资方式的先后顺序应该是（　　）。（2015年）

A. 普通股、优先股、可转换债券、公司债券
B. 普通股、可转换债券、优先股、公司债券
C. 公司债券、优先股、可转换债券、普通股
D. 公司债券、可转换债券、优先股、普通股

【答案】D

【解析】优序融资理论认为，在信息不对称和逆向选择的情况下，企业在筹集资本的过程中，

遵循着先内源融资后外源融资的基本顺序。在需要外源融资时，按照风险程度的差异，优先考虑债务融资（先普通债券后可转换债券），不足时再考虑权益融资。

第二节 资本结构决策分析

考点：资本结构决策分析

企业应该确定最佳的债务比率（资本结构），使加权平均资本成本最低，企业价值最大。

资本成本比较法	通过计算各种基于市场价值的长期融资组合方案的加权平均资本成本，并根据计算结果选择加权平均资本成本最小的融资方案，确定相对最优的资本结构
每股收益无差别点法	$EPS = \dfrac{(EBIT - I_1)(1-T) - PD_1}{N_1} = \dfrac{(EBIT - I_2)(1-T) - PD_2}{N_2}$ 当预期收益 > EBIT 时，我们选择债务融资；当预期收益 < EBIT 时，我们选择股权融资
企业价值比较法	最佳资本结构应当是使公司的总价值最高，即市净率最高，而不一定是使每股收益最大的资本结构。同时，在该资本结构下，公司的资本成本也是最低的

【例题 9-5·单选题】甲公司因扩大经营规模需要筹集长期资本，有发行长期债券、发行优先股、发行普通股三种筹资方式可供选择。经过测算，发行长期债券与发行普通股的每股收益无差别点为 120 万元，发行优先股与发行普通股的每股收益无差别点为 180 万元。如果采用每股收益无差别点法进行筹资方式决策，下列说法中，正确的是（ ）。（2012 年）

A. 当预期的息税前利润为 100 万元时，甲公司应当选择发行长期债券
B. 当预期的息税前利润为 150 万元时，甲公司应当选择发行普通股
C. 当预期的息税前利润为 180 万元时，甲公司可以选择发行普通股或发行优先股
D. 当预期的息税前利润为 200 万元时，甲公司应当选择发行长期债券

【答案】D

【解析】当存在三种筹资方式时，最好是画图来分析。画图时要注意普通股筹资方式的斜率要比另外两种筹资方式的斜率小，而发行债券和发行优先股的直线是平行的。本题图示如下：

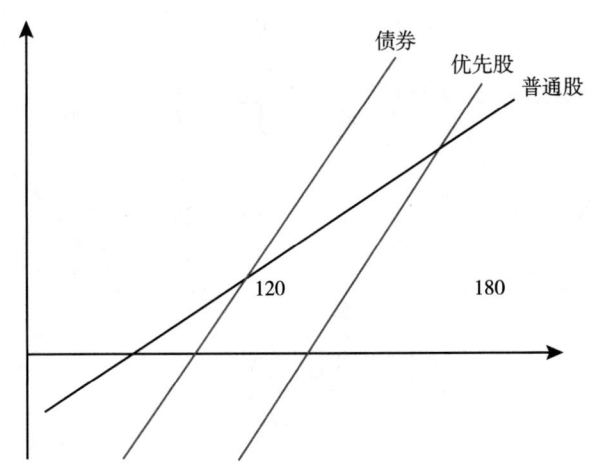

从上图可以看出，当预计息税前利润小于 120 万元时，发行普通股筹资的每股收益最大；当预计息税前利润大于 120 万元时，发行长期债券筹资的每股收益最大。

【本题套路】 在决策时，如果有债务融资，则不考虑优先股。用每股收益无差别点法进行资本结构决策时熟记：当预期收益 > EBIT 时，我们选择债务融资；当预期收益 < EBIT 时，我们选择股权融资。

第三节 杠杆系数的衡量

考点：杠杆系数

经营杠杆系数	表示息税前利润变动率与营业收入（销售量）变动率之间的比率。 $$DOL = \frac{息税前利润变化的百分比}{营业收入变化的百分比} = \frac{\Delta EBIT/EBIT}{\Delta S/S}$$ $$DOL = \frac{Q(P-V)}{Q(P-V)-F} = \frac{S-VC}{S-VC-F} = \frac{EBIT+F}{EBIT}$$ 式中，P 为单价、V 为单位变动成本、Q 为销售量、S 为营业收入、VC 为变动成本总额、F 为总固定成本。 (1) 固定成本引起了经营杠杆效应。 (2) 固定成本不变的情况下，经营杠杆系数说明了营业收入变动所引起息税前利润的变动幅度。 (3) 固定成本不变的情况下，营业收入越大，经营杠杆系数越小，经营风险也就越小
财务杠杆系数	表示每股收益变动率与息税前利润变动率之间的比率。 $$DFL = \frac{每股收益变化的百分比}{息税前利润变化的百分比} = \frac{\Delta EPS/EPS}{\Delta EBIT/EBIT}$$ $$DFL = \frac{Q(P-V)-F}{Q(P-V)-F-I-PD/(1-T)} = \frac{EBIT}{EBIT-I-PD/(1-T)}$$ 式中，PD 为优先股股利、I 为债务利息、T 为所得税税率。 财务杠杆的大小是由固定融资成本和息税前利润共同决定的
联合杠杆效应	表示普通股每股收益变动率与营业收入（销售量）变动率之间的比率。 $$DTL = DOL \times DFL = \frac{每股收益变化的百分比}{营业收入变化的百分比} = \frac{\Delta EPS/EPS}{\Delta S/S}$$ $$DTL = \frac{Q(P-V)}{Q(P-V)-F-I-PD/(1-T)} = \frac{EBIT+F}{EBIT-I-PD/(1-T)}$$ 联合杠杆放大了销售收入变动对普通股收益的影响，联合杠杆系数越高，表明普通股收益的波动程度越大，整体风险也就越大

经营杠杆、财务杠杆、联合杠杆的关系如下图所示。

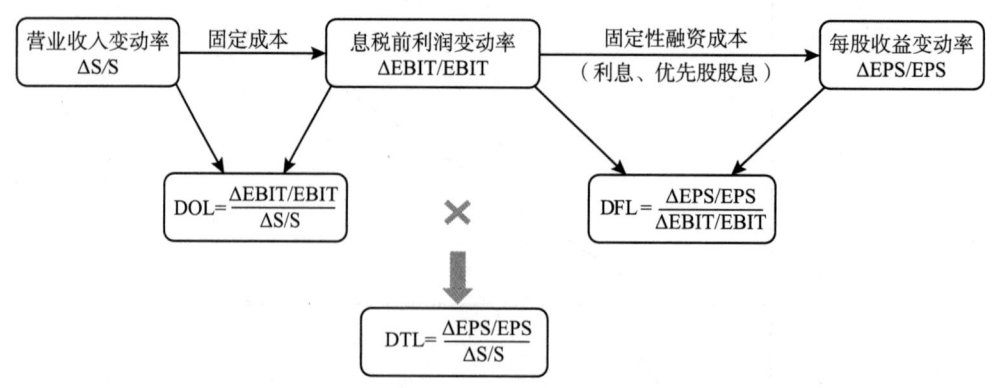

【例题9-6·单选题】联合杠杆可以反映（　　）。(2013年)

A. 营业收入变化对息税前利润的影响程度

B. 营业收入变化对每股收益的影响程度

C. 息税前利润变化对每股收益的影响程度

D. 营业收入变化对边际贡献的影响程度

【答案】B

【解析】选项A反映的是经营杠杆，选项C反映的是财务杠杆。联合杠杆系数＝每股收益变动率÷营业收入变动率，所以选项B正确。

【例题9-7·单选题】某公司的经营杠杆系数为1.8，财务杠杆系数为1.5，则该公司销售额每增长1倍，就会造成每股收益增加（　　）倍。

A. 1.2　　　　B. 1.5　　　　C. 0.3　　　　D. 2.7

【答案】D

【解析】销售额的变动引起每股收益的变动为联合杠杆系数。DTL＝DOL×DFL＝1.8×1.5＝2.7。

【例题9-8·单选题】甲公司2015年每股收益1元，经营杠杆系数1.2，财务杠杆系数1.5，假设公司不进行股票分割。如果2016年每股收益达到1.9元，根据杠杆效应，其营业收入应比2015年增加（　　）。(2016年)

A. 50%　　　　B. 90%　　　　C. 75%　　　　D. 60%

【答案】A

【解析】联合杠杆系数＝每股收益变动百分比÷营业收入变动百分比＝经营杠杆系数×财务杠杆系数＝1.2×1.5＝1.8。2016年每股收益增长率＝(1.9－1)÷1＝0.9，则，营业收入增长比＝0.9÷1.8＝50%。

【例题9-9·计算分析题】甲公司是一家上市公司，目前的长期资本资金来源包括：长期借款7 500万元，年利率5%，每年付息一次，5年后还本；优先股30万股，每股面值100元，票面股息利率8%；普通股500万股，每股面值1元。为扩大生产规模，公司现需筹资4 000万元，有两种筹资方案可供选择：

方案一：平价发行长期债券，债券面值1 000元，期限10年，票面利率6%，每年付息一次；

方案二：按当前每股市价16元增发普通股，假设不考虑发行费用。目前公司年销售收入1亿元，变动成本率为60%，除财务费用外的固定成本为2 000万元。

预计扩大规模后，每年新增销售收入3 000万元，变动成本率不变，除财务费用外的固定成本新增500万元，公司的所得税税率为25%。

要求：

(1) 计算追加筹资前的经营杠杆系数、财务杠杆系数、联合杠杆系数。

(2) 计算方案一和方案二的每股收益无差别点的销售收入，并据此对方案一和方案二作出选择。

(3) 基于要求(2)的结果，计算追加筹资后的经营杠杆系数、财务杠杆系数、联合杠杆系数。(2017年)

【答案】

(1) 筹资前的边际贡献＝10 000×(1－60%)＝4 000（万元）

息税前利润 = 4 000 - 2 000 = 2 000（万元）

年利息 = 7 500 × 5% = 375（万元）

优先股股利 = 30 × 100 × 8% = 240（万元）

筹资前的经营杠杆系数 = $\dfrac{EBIT + F}{EBIT}$ =（2 000 + 2 000）÷ 2 000 = 2

筹资前的财务杠杆系数 = $\dfrac{EBIT}{EBIT - I - \dfrac{PD}{1-T}}$ = 2 000 ÷（2 000 - 375 - 240 ÷ 0.75）= 1.53

筹资前的联合杠杆系数 = 2 × 1.53 = 3.06

(2) 假设每股收益无差别点的销售收入为 S，则：

$$\dfrac{[S \times (1-60\%) - 2\,500 - 375 - 4\,000 \times 6\%] \times (1-25\%) - 240}{500}$$

$$= \dfrac{[S \times (1-60\%) - 2\,500 - 375] \times (1-25\%) - 240}{500 + 4\,000 \div 16}$$

求得：S = 9 787.5 万元。

扩大规模后，公司销售收入为 13 000 万元，大于每股收益无差别点的销售收入，应该选择方案一。

(3) 筹资后的边际贡献 = 13 000 ×（1 - 60%）= 5 200（万元）

息税前利润 = 5 200 -（2 000 + 500）= 2 700（万元）

增发债券的年利息 = 4 000 × 6% = 240（万元）

筹资后的经营杠杆系数 = $\dfrac{EBIT + F}{EBIT}$ =（2 700 + 2 000 + 500）÷ 2 700 = 1.93

筹资后的财务杠杆系数 = $\dfrac{EBIT}{EBIT - I - \dfrac{PD}{1-T}}$ = 2 700 ÷ [2 700 - 375 - 240 - 240 ÷（1 - 25%）] = 1.53

筹资后的联合杠杆系数 = 1.53 × 1.93 = 2.95

第十章 长期筹资

第一节 长期债务筹资

考点一：长期债务筹资的特点

1. 债务筹资与普通股筹资相比的特点如下表所示。

区别点	债务筹资	普通股筹资
资本成本	低（利息可抵税；投资人风险小，要求回报低）	高（股利不能抵税；股票投资人风险大，要求回报高）
公司控制权	不分散控制权	会分散控制权
筹资风险	高（到期偿还；支付固定利息）	低（无到期日，没有固定的股利负担）
资金使用的限制	限制条款多	限制少

2. 长期债务与短期负债相比的特点如下表所示。

区别点	短期负债	长期债务
资本成本	低	高
筹资风险	高（期限短，还本付息压力大）	低
资金使用的限制	限制相对宽松	限制条款多
筹资速度	快（容易取得）	慢

3. 银行借款与债券筹资相比的特点如下表所示。

区别点	银行借款	债券筹资
资本成本	低（利息率低，筹资费低）	高
筹资速度	快（手续比发行债券简单）	慢
筹资弹性	大（可协商，可变更性比债券好）	小
筹资对象及范围	对象窄，范围小	对象广，范围大

考点二：长期借款筹资

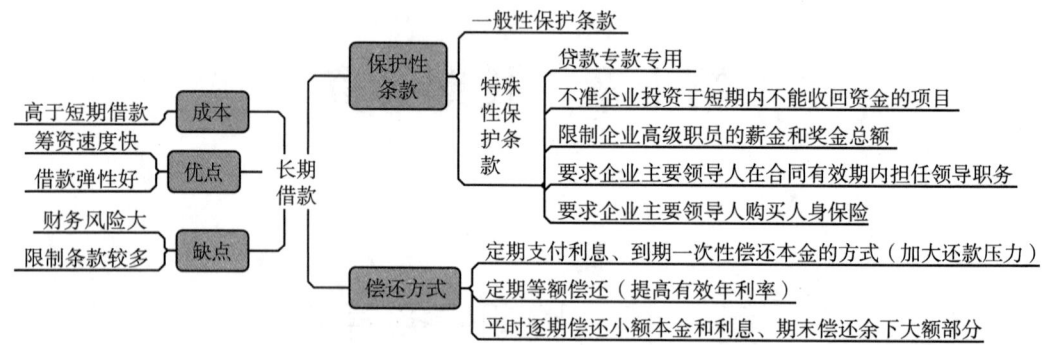

【例题 10-1·多选题】 下列各项中，属于企业长期借款合同一般性保护条款的有（　　）。（2015 年）

A. 限制企业租入固定资产的规模
B. 限制企业股权再融资
C. 限制企业高级职员的薪金和奖金总额
D. 限制企业增加具有优先求偿权的其他长期债务

【答案】 AD

【解析】 1. 一般性保护条款主要包括：
（1）对借款企业流动资金保持量的规定，其目的在于保持借款企业资金的流动性和偿债能力；
（2）对支付现金股利和再购入股票的限制，其目的在于限制现金外流；
（3）对净经营性长期资产总投资规模的限制，其目的在于减少企业日后不得不变卖固定资产以偿还贷款的可能性，仍着眼于保持借款企业资金的流动性；
（4）限制其他长期债务，其目的在于防止其他贷款人取得对企业资产的优先求偿权；
（5）借款企业定期向银行提交财务报表，其目的在于及时掌握企业的财务情况；
（6）不准在正常情况下出售较多资产，以保持企业正常的生产经营能力；
（7）如期清偿缴纳的税金和其他到期债务，以防被罚款而造成现金流失；
（8）不准以任何资产作为其他承诺的担保或抵押，以避免企业负担过重；
（9）不准贴现应收票据或出售应收账款，以避免或有负债；
（10）限制租赁固定资产的规模，其目的在于防止企业负担巨额租金以致削弱其偿债能力，还在于防止企业以租赁固定资产的办法摆脱对其净经营性长期资产总投资和负债的约束。

2. 特殊性保护条款主要包括：
（1）贷款专款专用；
（2）不准企业投资于短期内不能收回资金的项目；
（3）限制企业高级职员的薪金和奖金总额；
（4）要求企业主要领导人在合同有效期间担任领导职务；
（5）要求企业主要领导人购买人身保险等。

3. 本题有两个陷阱：第一个是股权再融资实际上是增加股东权益，降低财务风险，对债权人有益，所以不属于保护性条款，选项 B 错误；第二个是长期借款的保护性条款分一般条款和特殊条款，内容繁杂，不好记忆，在这里我们应该着重记忆一下特殊条款，就可以排除掉选项 C 了。

第二节 普通股筹资

考点一：普通股筹资的特点

普通股是最基本的一种股票形式，指股份公司依法发行的具有表决权和剩余索取权的一类股票，如下表所示。

优点	缺点
(1) 没有固定利息负担； (2) 没有固定到期日； (3) 财务风险小； (4) 能增加公司的信誉； (5) 筹资限制较少； (6) 在通货膨胀时普通股筹资容易吸收资金	(1) 普通股资本成本较高； (2) 会增加新股东，可能会分散公司的控制权； (3) 信息披露成本大，也增加了公司保护商业秘密的难度； (4) 股票上市会增加公司被收购的风险

考点二：普通股的发行方式

1. 公开发行与非公开发行，如下表所示。

	公开发行	非公开发行
发行方式	向不特定对象公开募集股份	向特定对象发行股票的行为。非公开发行证券，不得采用广告、公开劝诱和变相公开等方式
优点	(1) 发行范围广，发行对象多，易于足额募集资本； (2) 股票的变现性强，流通性好； (3) 有助于提高发行公司的知名度和影响力	灵活性较大，发行成本低
缺点	手续繁杂，发行成本高	发行范围小，股票变现性差

2. 直接发行与间接发行，如下表所示。

	直接发行	间接发行（委托发行）	
		包销	代销
含义	发行公司自己承担股票发行的一切事务和发行风险，直接向认购者推销出售股票的方式	根据承销协议商定价格，证券经营机构一次性购进全部发行股份，然后以较高价格出售给社会上的认购者	证券经营机构为发行公司代售股票，并取得一定的佣金，在承销期结束时，将未售出的股票全部退还给发行人
优点	发行公司可直接控制发行过程，并节省发行费用	可及时筹足资本，不承担发行风险，股款未募足的风险由承销商承担	可获得部分溢价收入
缺点	筹资时间较长，发行公司要承担全部发行风险，并需要发行公司有较高的知名度、信誉和实力	损失部分溢价	发行公司需承担股款未募足的风险

3. 有偿增资发行、无偿增资发行和搭配增资发行，如下表所示。

	有偿增资发行	无偿增资发行	搭配增资发行
发行方式	认购者必须按股票的某种发行价格支付现款	认购者不必向公司缴纳现金就可获得股票的发行方式，发行对象只限于原股东	股东支付发行价格的一部分就可获得一定数额股票，其余部分由资本公积或留存收益转增
特点	可以直接从外界募集股本，增加公司的资本金	依靠减少公司的资本公积或留存收益来增加资本金。目的主要是增强股东信心和公司信誉	通常是对原股东的一种优惠

【例题10-2·单选题】 与非公开发行股票方式相比，公开发行股票方式（   ）。（2013年）
A. 发行范围小　　　　　　　　B. 发行成本高
C. 股票变现性差　　　　　　　D. 发行条件低
【答案】 B
【解析】 公开方式发行股票的发行范围广，发行对象多，易于足额募集资本；股票的变现性强，流通性好。但这种发行方式也有不足，主要是手续繁杂，发行成本高。

考点三：普通股的发行条件

	条件
公开发行普通股	1. 盈利能力具有可持续性。 (1) 最近3个会计年度连续盈利；(2) 业务和盈利来源相对稳定；(3) 拥有主营业务或投资方向能够可持续发展；(4) 高级管理人员和核心技术人员稳定，最近12个月内未发生重大不利变化；(5) 公司重要资产、核心技术或其他重大权益的取得合法，能够持续使用；(6) 不存在可能严重影响公司持续经营的担保、诉讼、仲裁或其他重大事项；(7) 最近24个月内曾公开发行证券的，不存在发行当年营业利润比上年下降50%以上的情形。 2. 财务状况良好。 (1) 会计基础工作规范；(2) 最近3年及一期财务报表未被注册会计师出具保留意见、否定意见或无法表示意见的审计报告；(3) 资产质量良好；(4) 经营成果真实，现金流量正常；(5) 最近3年以现金方式累计分配的利润不少于最近3年实现的年均可分配利润的30%
非公开发行普通股	(1) 发行价格不低于定价基准日前20个交易日公司股票均价的80%；(2) 本次发行的股份自发行结束之日起，6个月内不得转让；控股股东、实际控制人及其控制的企业认购的股份，18个月内不得转让；(3) 资金使用符合相关规定；(4) 发行导致控制权变化的，应符合相关规定

考点四：配股除权价、配股权价值

$$配股除权参考价 = \frac{配股前股票市值 + 配股价格 \times 配股数量}{配股前股数 + 配股数量}$$

$$= \frac{配股前每股价格 + 配股价格 \times 股份变动比例}{1 + 股份变动比例}$$

$$每股股票配股权价值 = \frac{配股除权参考价 - 配股价格}{购买一股新配股所需的原股数}$$

【例题10-3·单选题】 配股是上市公司股权再融资的一种方式。下列关于配股的说法中，正确的是（   ）。（2012年）
A. 配股价格一般采取网上竞价方式确定
B. 配股价格低于市场价格，会减少老股东的财富

C. 配股权是一种看涨期权，其执行价格等于配股价格

D. 配股权价值等于配股后股票价格减配股价格

【答案】C

【解析】配股一般采取网上定价的方式，配股价格由主承销商和发行人协商确定，选项A错误；配股权是一种看涨期权，执行价格等于配股价格，若配股价格低于市场价格，则配股权是实值期权，对股东有利，所以选项B错误；每股股票配股权价值=（配股除权参考价－配股价格）÷购买一股新股所需的原股数，所以选项D错误。

【例题10-4·单选题】甲公司有普通股20 000股，拟采用配股的方式进行融资。每10股配3股，配股价为16元/股，股权登记日收盘市价20元/股。假设共有1 000股普通股的原股东放弃配股权，其他股东全部参与配股，配股后除权参考价是（　　）元。（2018年）

A. 18　　　　　　　　　　　B. 19.11

C. 19.2　　　　　　　　　　D. 20

【答案】B

【解析】普通股20 000股中有1 000股普通股的股东放弃配股权，且每10股配3股，因此配股数量=（20 000－1 000）÷10×3=5 700。配股后除权参考价=$\dfrac{\text{配股前股票市值}+\text{配股价格}\times\text{配股数量}}{\text{配股前股数}+\text{配股数量}}$=（20 000×20＋16×5 700）÷（20 000＋5 700）=19.11（元）。

【例题10-5·单选题】甲公司股票每股10元，以配股价格每股8元向全体股东每10股配售10股。拥有甲公司80%股权的投资者行使了配股权。乙持有甲公司股票1 000股，未行使配股权，配股除权使乙的财富（　　）。（2019年）

A. 增加220元　　　　　　　B. 减少890元

C. 减少1 000元　　　　　　D. 不发生变化

【答案】B

【解析】配股除权参考价=（10×10＋8×10×80%）÷（10＋10×80%）=9.11（元/股），乙的财富变化变动额=（9.11－10）×1 000=－890（元）。

第三节　混合筹资

考点一：优先股筹资

同一公司的优先股股东的必要报酬率比债权人高，同一公司的优先股股东的必要报酬率比普通股股东低。

优点	(1) 与债券相比，不支付股利不会导致公司破产；没有到期期限，不需要偿还本金。 (2) 与普通股相比，发行优先股一般不会稀释股东权益
缺点	(1) 优先股股利不可以税前扣除，是优先股筹资的税收劣势。投资者购买优先股所获股利免税，是优先股筹资的税收优势。两者可以完全抵消，使优先股股息与债券利息趋于一致。 (2) 优先股的股利通常被视为固定成本，与负债筹资的利息没有什么差别，会增加公司的财务风险并进而增加普通股的成本

考点二：认股权证和看涨期权

1. 认股权证和看涨期权的异同如下表所示。

项目		认股权证	股票看涨期权
相同点		（1）都以股票为标的资产，其价值随股票价格变动； （2）到期前都具有选择权； （3）都有固定的执行价格	
不同点	行权时股票来源	是新增股票，存在稀释问题	来自二级市场，不存在稀释问题
	时间	时间长	时间短
	布莱克-斯科尔斯模型	不能假设有效期内不分红，故不适用	适用

2. 附认股权证债券筹资的优缺点。

优点　（1）一次发行、二次融资的作用，有效降低融资成本；
（2）发行人主要是高速增长的小公司，这些公司有较高的风险，直接发行债券需要较高的票面利率。通过发行附有认股权证的债券，是以潜在的股权稀释为代价换取较低的利息

缺点　（1）灵活性较差。发行人一直都有偿还本息的义务，因无赎回和强制转股条款，从而在市场利率大幅降低时，发行人需要承担一定的机会成本；
（2）发行者主要目的是发行债券而不是股票，是为了发债而附带期权；
（3）认股权证的执行价格，一般比发行时的股价高出20%~30%。如果将来公司发展良好，股票价格零入者能以执行价格，原有股东将会蒙受较大损失；
（4）附带认股权证债券的承销费用高于债务融资

【例题10-6·单选题】下列关于认股权证与股票看涨期权共同点的说法中，正确的是（　）。（2015年）

A. 两者均有固定的行权价格
B. 两者行权后均会稀释每股价格
C. 两者行权后均会稀释每股收益
D. 两者行权时买入的股票均来自二级市场

【答案】A

【解析】认股权证与股票看涨期权都有固定的执行价格，选项A的说法正确。看涨期权的持有人行权，其股票来自二级市场。因此，不会引起股数的增加，不会稀释每股价格和每股收益，即选项BC的说法不正确；认股权证的持有人行权时，股票是新发行股票，来自一级市场，所以选项D的说法不正确。

【例题10-7·计算题】甲公司是一家制造业上市公司，目前公司股票每股45元，预计股价未来增长率8%；长期借款合同中保护性条款约定甲公司长期资本负债率不可高于50%、利息保障倍数不可低于5倍。为占领市场并优化资本结构，公司拟于2019年末发行附认股权证债券筹资20 000万元。为确定筹资方案是否可行，收集资料如下：

资料一：甲公司2019年预计财务报表的主要数据如表1所示。

表1　　单位：万元

资产负债表项目	2019 年末
资产总计	105 000
流动负债	5 000
长期借款	40 000
股东权益	60 000
负债和股东权益总计	105 000
利润表项目	2019 年度
营业收入	200 000
财务费用	2 000
利润总额	12 000
所得税费用	3 000
净利润	9 000
甲公司	2019

甲公司 2019 年财务费用均为利息费用，资本化利息 200 万元。

资料二：筹资方案。

甲公司拟平价发行附认股权证债券，面值 1 000 元，票面利率 6%，期限 10 年，每年末付息一次，到期还本。每份债券附送 20 张认股权证，认股权证 5 年后到期，在到期前每张认股权证可按 60 元的价格购买 1 股普通股。不考虑发行成本等其他费用。

资料三：甲公司尚无上市债券，也找不到合适的可比公司。评级机构评定甲公司的信用级别为 AA 级。目前上市交易的同行业其他公司债券及与之到期日相近的政府债券信息如表 2 所示。

表2

	公司债券			政府债券	
发行公司	信用等级	到期日	到期收益率（%）	到期日	到期收益率（%）
乙	AAA	2021 年 2 月 15 日	5.05	2021 年 1 月 31 日	4.17
丙	AA	2022 年 11 月 30 日	5.63	2022 年 12 月 10 日	4.59
丁	AA	2025 年 1 月 1 日	6.58	2024 年 11 月 15 日	5.32
戊	AA	2029 年 11 月 30 日	7.20	2029 年 12 月 1 日	5.75

甲公司股票目前 β 系数 1.5，市场风险溢价 4%，企业所得税税率 25%。假设公司所筹资金全部用于购置资产，资本结构以长期资本账面价值计算权重。

资料四：如果甲公司按筹资方案发债，预计 2020 年营业收入比 2019 年增长 20%，财务费用在 2019 年财务费用基础上增加新发债券利息，资本化利息保持不变，企业应纳税所得额为利润总额，营业净利率保持 2019 年水平不变，不分配现金股利。

要求：

（1）根据资料一，计算筹资前长期资本负债率、利息保障倍数。

(2) 根据资料二，计算发行附认股权证债券的资本成本。

(3) 为判断筹资方案是否可行，根据资料三，利用风险调整法，计算甲公司税前债务资本成本；假设无风险利率参考 10 年期政府债券到期收益率，计算筹资后股权资本成本。

(4) 为判断是否符合借款合同中保护性条款的要求，根据资料四，计算筹资方案执行后 2020 年末长期资本负债率、利息保障倍数。

(5) 基于上述结果，判断筹资方案是否可行，并简要说明理由。(2019 年)

【答案】

(1) 长期资本负债率 = 40 000 ÷ (40 000 + 60 000) = 40%

利息保障倍数 = (9 000 + 3 000 + 2 000) ÷ (2 000 + 200) = 6.36（倍）

(2) 5 年后预期股价 = 45 × (F/P, 8%, 5) = 45 × 1.4693 = 66.12（元）

1 000 = 1 000 × 6% × (P/A, i, 10) + 20 × (66.12 − 60) × (P/F, i, 5) + 1 000 × (P/F, i, 10)

i = 7% 时，60 × (P/A, 7%, 10) + 122.4 × (P/F, 7%, 5) + 1 000 × (P/F, 7%, 10) = 60 × 7.0236 + 122.4 × 0.7130 + 1 000 × 0.5083 = 1 016.99（元）

i = 8% 时，60 × (P/A, 8%, 10) + 122.4 × (P/F, 8%, 5) + 1 000 × (P/F, 8%, 10) = 60 × 6.7101 + 122.4 × 0.6806 + 1 000 × 0.4632 = 949.11（元）

资本成本 = 7% + $\frac{1\,016.99 - 1\,000}{1\,016.99 - 949.11}$ × (8% − 7%) = 7.25%

（答案在 7.24% ~ 7.26% 之间均正确）

(3) 风险补偿率平均值 = [(6.63% − 4.59%) + (6.58% − 5.32%) + (7.20% − 5.75%)] ÷ 3 = 1.25%

税前债务资本成本 = 5.75% + 1.25% = 7%

筹资后 β 系数 = 1.5 ÷ [1 + (1 − 25%) × 40 000 ÷ 60 000] × [1 + (1 − 25%) × (40 000 + 20 000) ÷ 60 000] = 1.5 ÷ 1.5 × 1.75 = 1.75

筹资后股权资本成本 = 5.75% + 1.75 × 4% = 12.75%（答案在 12.74% ~ 12.76% 之间均正确）

(4) 长期资本负债率 = (40 000 + 20 000) ÷ [60 000 + 40 000 + 20 000 + 9 000 × (1 + 20%)] = 45.87%

（或，= (40 000 + 20 000) ÷ [105 000 − 5 000 + 20 000 + 9 000 × (1 + 20%)] = 45.87%）

利息保障倍数 = $\frac{9\,000 × (1 + 20\%) ÷ (1 − 25\%) + 2\,000 + 20\,000 × 6\%}{2\,000 + 200 + 20\,000 × 6\%}$ = 5.18（倍）

(5) 附认股权证债券属于混合筹资，资本成本应介于税前债务资本成本和税前股权资本成本之间。此方案税前资本成本（7.25%）大于税前债务资本成本（7%），小于税前股权资本成本 [17% = 12.75% ÷ (1 − 25%)]｛或，此方案税后资本成本 [5.44% = 7.25% × (1 − 75%)] 大于税后债务资本成本 [5.25% = 7% × (1 − 25%)]，小于股权资本成本（12.75%）｝。

与长期借款合同中保护性条款的要求相比，长期资本负债率（45.87%）低于 50%，利息保障倍数（5.18 倍）高于 5 倍。

筹资方案可行。

考点三：可转换债券筹资

(一) 可转换债券的主要条款

特征	说明
转换比率	转换比率是债权人将一份债券转换成普通股可获得的普通股股数。 转换比率＝债券面值÷转换价格
赎回条款	设置赎回条款的目的：①可以促使债券持有人转换股份；②可以使发行公司避免市场利率下降后，继续向债券持有人按较高的债券票面利率支付利息所承受的损失
回售条款	回售条款指在达到某一条件时，债券投资者可以强制将债券销售给发行债券的公司； 设置回售条款是为了保护债券投资人的利益，使他们能够避免遭受过大损失，降低风险
强制性转换条款	设置强制性转换条款，是为了保证可转换债券顺利地转换为股票，实现发行公司扩大权益筹资的目的

(二) 可转换债券筹资成本的测算

确定纯债券的价值	纯债券的价值是不含看涨期权的普通债券的价值。 纯债券的价值＝利息的现值＋本金的现值
分析期权部分的转换价值	债券转换价值是债券转换成的股票价值。 转换价值＝股价×转换比率 第 i 年股价＝初始股价×(1＋预期增长率)^i
分析可转换债券的底线价值	可转换债券的底线价值，应当是纯债券价值和转换价值两者中的较高者
分析市场价值	市场价值不会低于底线价值
赎回价值	可转换债券设置有赎回保护期，在此之前发行者不可以赎回。 若赎回价格＜底线价值，则选择转股
分析筹资成本	买价＝每年利息的现值＋底线价值的现值＝$\sum_{t=1}^{n} \frac{每年利息}{(1+i)^t} + \frac{底线价值}{(1+i)^n}$ 求出上式中的折现率 (i)，就是可转换债券的税前成本，再乘以 (1－T) 就是税后成本
确定票面利率转换价格与转换比率是否合适	可转换债券的税前筹资成本应在普通债券利率与税前权益成本之间。 【注】若票面利率或者转换价格不合适，我们要修改筹资方案，修改途径包括：提高每年支付的利息、提高转换比率或延长赎回保护期间

【例题10-8·多选题】为确保债券平价发行，假设其他条件不变，下列各项可导致票面利率降低的有（　　）。(2019年)

A. 附认股权证　　　B. 附转换条款　　　C. 附赎回条款　　　D. 附回售条款

【答案】ABD

【解析】附认股权证、附转换条款和附回售条款都是给债券投资人权利，保护投资人的利益，故而能够起到降低利率的作用，选项ABD正确；附赎回条款是可转换债券的发行企业可以在债券到期日之前提前赎回债券的规定，保护的是发行企业的利益，选项C错误。

【例题10-9·计算分析题】 某公司目前因项目扩建急需筹资1亿元,拟按面值发行可转换债券,每张面值1 000元,票面利率5%,每年末付息一次,期限5年,转换价格为25元(可转换债券发行一年后可以转换为普通股),该公司股价目前为22元每股,预期股利0.715元每股,预计未来年增长率8%。公司设定了可赎回条款,若4年后,当股票价格连续20个交易日不低于转换价格的120%时,公司有权以1 050元的价格赎回该债券。市场上类似的普通债券税前资本成本为10%。为方便计算,假定转股必须在年末进行,赎回在达到赎回条件后可立即执行。该公司适用所得税税率为25%。

要求:

(1) 计算发行日每份可转换债券的纯债券价值。

(2) 计算第4年末每份可转换债券的底线价值。

(3) 该可转换债券能否被投资者接受?为什么?

(4) 若要该可转换债券能够被投资者接受,可转换债券票面利率的变动范围(票面利率的变动以1%为单位)。(2012年)

【答案】

(1) 发行日每份纯债券的价值 = 1 000 × 5% × (P/A, 10%, 5) + 1 000 × (P/F, 10%, 5)
= 50 × 3.7908 + 1 000 × 0.6209 = 810.44(元)

(2) 第4年末债券价值 = 1 000 × 5% × (P/A, 10%, 1) + 1 000 × (P/F, 10%, 1)
= 50 × 0.9091 + 1 000 × 0.9091 = 954.56(元)

第4年末股票价格 = 22 × (1 + 8%)^4 = 29.93(元)

转换比率 = 1 000 ÷ 25 = 40

第4年末转换价值 = 股价 × 转换比率 = 29.93 × 40 = 1 197.20(元)

因1 197.2 > 954.56,故可转换债券的底线价值是1 197.20元。

(3) 第4年末的转换价值为1 197.20元,赎回价格为1 050元,投资人应当选择在第4年末转股。

设可转换债券的税前资本成本为r,则有:

1 000 = 1 000 × 5% × (P/A, r, 4) + 1 197.20 × (P/F, r, 4)

当r = 10%时,未来流入现值 = 50 × 3.1699 + 1 197.20 × 0.6830 = 976.18(元)

当r = 9%时,未来流入现值 = 50 × 3.2397 + 1 197.20 × 0.7084 = 1 010.08(元)

(r − 9%) ÷ (10% − 9%) = (1 000 − 1 010.08) ÷ (976.18 − 1 010.08)

利用内插法求得r = 9.30%。

因类似的普通债权的税前资本成本为10%,适合的可转换债券的税前筹资成本应在普通债券利率与税前股权成本之间,而该可转换债券的资本成本为9.3%,小于普通债券利率10%,故该债券不可被投资者接受。

(4) 股票的资本成本 = 0.715 ÷ 22 + 8% = 11.25%

股票的税前资本成本 = 11.25% ÷ (1 − 25%) = 15%

可转换债券的税前资本成本应处于10% ~ 15%之间,设票面利率为R,当税前资本成本为10%时:

1 000 = 1 000 × R × (P/A, 10%, 4) + 1 197.20 × (P/F, 10%, 4) = 1 000 × R × 3.1699 + 1 197.20 × 0.6830

R=5.75%，由于票面利率的变动以1%为单位，故筹资方案可行的最低票面利率为6%。
当税前资本成本为15%时：
1 000 = 1 000 × R × (P/A, 15%, 4) + 1 197.20 × (P/F, 15%, 4) = 1 000 × R × 2.855 + 1 197.20 × 0.5718

R=11.05%，由于票面利率的变动以1%为单位，故筹资方案可行的最高票面利率为11%。
故，可转换债券筹资方案的票面利率应在6%~11%之间。

第四节 租赁筹资

考点：租赁筹资

（一）租赁的会计处理

1. 采用简化处理的短期租赁和低价值资产租赁。
对于短期租赁和低价值资产租赁，承租人可以选择不确认使用权资产和租赁负债。作出该选择的，承租人应当将短期租赁和低价值资产租赁的租赁付款额，在租赁期内各个期间按照直线法或其他系统合理的方法计入相关资产成本或当期损益。

2. 其他租赁。
对除采用简化处理的短期租赁和低价值资产租赁外的租赁，在租赁期开始日，承租人应当对租赁确认使用权资产和租赁负债。
承租人应当按照固定的周期性利率计算租赁负债在租赁期内各期间的利息费用，并计入当期损益或相关资产成本。承租人应当参照固定资产折旧，自租赁期开始日起对使用权资产计提折旧。

（二）租赁的税务处理

（1）以经营租赁方式租入固定资产发生的租赁费支出，按照租赁期均匀扣除。
（2）以融资租赁方式租入固定资产发生的租赁费支出，按照规定构成融资租入固定资产价值的部分应当提取折旧费用，分期扣除；
（3）融资租入的固定资产，以租赁合同约定的付款总额和承租人在签订租赁合同过程中发生的相关费用为计税基础，租赁合同未约定付款总额的，以该资产的公允价值和承租人在签订租赁合同过程中发生的相关费用为计税基础。
（4）企业在生产经营活动中发生的利息支出，准予扣除。

（三）租赁的决策分析

财管主要从承租人的融资角度研究租赁（出租人是从投资角度研究租赁），把租赁视为一种融资方式。如果租赁融资比其他融资方式更有利，则应优先考虑租赁融资。
租赁分析的基本模型如下：

租赁净现值 = 租赁的现金流量总现值 − 借款购买的现金流量总现值

考试中，经常考查的是租赁和购买哪一个更划算。首先我们要对租赁的性质进行判断，看是经营租赁还是融资租赁。

1. 购买和融资租赁的现金流量（计算分析题常考点）如下表所示。

	购买	融资租赁
初始现金流量	购买设备支出	—
营业（租赁期）现金流量	（1）折旧抵税：折旧×税率； （2）税后维修费用：－维修费×（1－税率）	（1）租金：－租金（注意不能税前抵税）； （2）折旧抵税：折旧×税率 按同类固定资产的折旧年限、净残值率计提折旧费用
回收期现金流量	期末资产变现价值＋变现损失抵税（－变现收益纳税）	（1）假设所有权不转移，即是丧失的期末资产变现抵税，即：残余价值×税率。 （2）假设期末所有权转移，现金流量有几个： ①支付购买价款：－买价； ②回收残值变现收益：期末资产变现价值＋变现损失抵税（－变现收益纳税）

2. 经营租赁相对于自己购买的优势：

(1) 避免购置支出，这相当于现金流入：避免购置支出的流入。

(2) 营业期流量：

①丧失了折旧抵税：－折旧×所得税税率；

②税后租金支出：－租金×（1－所得税税率）。

(3) 回收期现金流量：

租赁相比自己购买，丧失了回收期现金流量：－（回收期现金流量）＝－[期末资产变现价值＋变现损失抵税（－变现收益纳税）]。

【例题 10－10·计算分析题】 甲公司是一家制造企业，为扩大产能决定添置一台设备。公司正在研究通过自行购置还是租赁取得该设备，有关资料如下：

（1）如果自行购置，设备购置成本为 1 000 万元。根据税法规定，设备按直线法计提折旧，折旧年限为 8 年，净残值为 40 万元。该设备预计使用 5 年，5 年后的变现价值预计为 500 万元。

（2）如果租赁，乙公司可提供租赁服务，租赁期 5 年，每年年末收取租金 160 万元，设备的维护费用由甲公司自行承担，租赁期内不得撤租，租赁期届满时设备所有权不转让。根据税法规定，甲公司的租赁费可以税前扣除。乙公司因大批量购置该种设备可获得价格优惠，设备购置成本为 960 万元。

（3）甲公司、乙公司的企业所得税税率均为 25%；税前有担保的借款利率为 8%。

要求：

（1）计算租赁方案每年的差额现金流量及租赁净现值（计算过程及结果填入下方表格中），判断甲公司应选择购买方案还是租赁方案并说明原因。

表1

项目	第0年	第1年	第2年	第3年	第4年	第5年

续表

项目	第0年	第1年	第2年	第3年	第4年	第5年
差额现金流量（租赁－购买）						
折现系数[8%×(1－25%)]	1	0.9434	0.8900	0.8396	0.7921	0.7473
差额现金流量的现值						
租赁净现值						

（2）计算乙公司可以接受的最低租金。(P/A,6%,5)=4.2124（2014年）

【答案】

（1）

表2　　　单位：万元

项目	第0年	第1年	第2年	第3年	第4年	第5年
租赁方案：						
租赁费		－160	－160	－160	－160	－160
租赁费抵税（25%）		40	40	40	40	40
税后租赁费		－120	－120	－120	－120	－120
租赁方案各年现金流量		－120	－120	－120	－120	－120
购买方案：						
设备购置支出	－1 000					
(设备折旧)		120	120	120	120	120
设备折旧抵税		30	30	30	30	30
设备余值变现						500
(期末设备账面价值)						400
(期末设备变现损益)						100（500－400）
设备变现收益纳税						25（100×0.25）
购买方案各年现金流量	－1 000	30	30	30	30	505（30+500－25）
差额现金流量（租赁－购买）	1 000	－150	－150	－150	－150	－625
折现系数[8%×(1－25%)]	1	0.9434	0.8900	0.8396	0.7921	0.7473
差额现金流量的现值	1 000.00	－141.51	－133.50	－125.94	－118.82	－467.06
租赁净现值	13.17					

租赁方案净现值大于0，甲公司应选择租赁方案。

（2）乙公司租赁净现值为0时的租金为乙公司可以接受的最低租金。

乙公司年折旧额=(960－40)÷8=115（万元）

乙公司设备变现收益纳税=[500－(960－115×5)]×25%=28.75（万元）

设最低租金为X万元，则：每年税后租金现金流量=(1－25%)×X=0.75X。

每年折旧抵税现金流量=115×0.25=28.75（万元）

设备变现现金流量 = 500 - 28.75 = 471.25（万元）

960 = 0.75X × (P/A, 6%, 5) + 28.75 × (P/A, 6%, 5) + 471.25 × (P/F, 6%, 5)

0.75X × (P/A, 6%, 5) = 960 - 28.75 × 4.2124 - 471.25 × 0.7473 = 960 - 121.1065 - 352.165 = 486.7285

0.75X = 486.7285 ÷ 4.2124 = 115.55

X = 115.55 ÷ 0.75 = 154.06（万元/年）

【例题 10-11·计算分析题】 甲公司是一家制造业企业，产品市场需求处于上升阶段，为增加产能，公司拟于2018年初添置一台设备，有两种方案可供选择：

方案一：自行购置。预计设备购置成本1 600万元。按税法规定，该设备按直线法计提折旧，折旧年限5年，净残值为5%，预计该设备使用4年，每年年末支付维护费用16万元，4年后变现价值400万元。

方案二：租赁。甲公司租用设备进行生产，租赁期4年，设备的维护费用由提供租赁服务的公司承担，租赁期内不得撤租，租赁期满时设备所有权不转让，租赁费总计1 480万元，分4年偿付，每年年初支付370万元。

甲公司的企业所得税税率为25%，税前有担保的借款利率为8%。

要求：

(1) 计算方案一的初始投资额，每年折旧抵税额、每年维护费用税后净额、4年后设备变现税后净额，并计算考虑货币时间价值的平均年成本。

(2) 计算方案二的考虑货币时间价值的平均年成本。

(3) 比较方案一和方案二的平均年成本，判断甲公司应该选择方案一还是方案二。(2017年)

【答案】

(1) 方案一的初始投资额为1 600（万元）

每年折旧额 = 1 600 × (1 - 5%) ÷ 5 = 304（万元）

每年折旧抵税额 = 304 × 25% = 76（万元）

每年维护费税后净额 = 16 × (1 - 25%) = 12（万元）

4年后设备变现收益纳税额 = [400 - (1 600 - 304 × 4)] × 25% = 4（万元）

4年后设备变现现金净流量 = 400 - 4 = 396（万元）

购置方案折现率 = 8% × (1 - 25%) = 6%

购置方案现金流出总现值 = 1 600 + 12 × (P/A, 6%, 4) - 76 × (P/A, 6%, 4) - 396 × (P/F, 6%, 4) = 1 600 + 12 × 3.4651 - 76 × 3.4651 - 396 × 0.7921 = 1 064.56（万元）

考虑货币时间价值的平均年成本 = 1 064.56/(P/A, 6%, 4) = 1 064.56 ÷ 3.4651 = 307.22（万元）

(2) 租赁方案折现率 = 8% × (1 - 25%) = 6%

每年折旧额 = (1 480 - 1 480 × 5%) ÷ 5 = 281.2（万元）

每年折旧抵税额 = 281.2 × 25% = 70.3（万元）

设备租赁期满时设备所有权不转让，期末资产变现流入 = 0。

期末资产账面价值 = 1 480 - 281.2 × 4 = 355.2（万元）

期末资产变现损失抵税 = 355.2 × 25% = 88.8（万元）

租赁方案的现金流出总现值 = 370 + 370 × (P/A, 6%, 3) − 70.3 × (P/A, 6%, 4) − 88.8 × (P/F, 6%, 4) = 370 + 370 × 2.6730 − 70.3 × 3.4651 − 88.8 × 0.7921 = 1 045.07（万元）

考虑货币时间价值的平均年成本 = 1 045.07 ÷ (P/A, 6%, 4) = 1 045.07 ÷ 3.4651 = 301.60（万元）

（3）方案一的平均年成本大于方案二的平均年成本，所以甲公司应选择方案二。

【解析】这里一定要注意的是所得税对现金流量的影响。题目给出的资本成本是税前的，为了与现金流口径一致所以也要考虑所得税的影响。

【例题10 − 12·计算分析题】甲公司因生产经营需要将办公场所由市区搬到了郊区。新办公场所附近正在建一条地铁，可在10个月后开通。为了改善员工通勤条件，甲公司计划在地铁开通之前为员工开设班车，行政部门提出了自己购买和租赁两个方案。有关资料如下：

（1）如果自己购买，甲公司需要购买一辆大客车，购置成本300 000元。根据税法规定，大客车按直线法计提折旧，折旧年限为5年，残值率为5%。10个月后大客车的变现价值预计为210 000元。甲公司需要雇用一名司机，每月预计支出工资5 500元。此外，每月预计还需支出油料费12 000元、停车费1 500元。假设大客车在月末购入并付款，次月初即可投入使用。工资、油料费、停车费均在每个月月末支付。

（2）如果租赁，汽车租赁公司可按甲公司的要求提供车辆及班车服务，甲公司每月需向租赁公司支付租金25 000元，租金在每个月月末支付。

（3）甲公司的企业所得税税率为25%，公司的月资本成本为1%。

要求：

（1）计算购买方案的每月折旧抵税额、每月税后付现费用、10个月后大客车的变现净流入。

（2）计算购买方案的税后平均月成本，判断甲公司应当选择购买方案还是租赁方案并说明理由。(P/A, 1%, 10) = 9.4713

【答案】

（1）大客车每月折旧额 = 300 000 × 95% ÷ (5 × 12) = 4 750（元）

每月折旧抵税额 = 4 750 × 25% = 1 187.5（元）

每月税后付现费用 = (5 500 + 12 000 + 1 500) × (1 − 25%) = 14 250（元）

10个月后大客车账面价值 = 300 000 − 4 750 × 10 = 252 500（元）

10个月后大客车的变现净损失抵税 = (252 500 − 210 000) × 25% = 10 625（元）

10个月后大客车的变现净流入 = 210 000 + 10 625 = 220 625（元）

（2）购买客车和客车10个月后变现净流入的总现值 = 300 000 − 220 625 × (P/F, 1%, 10) = 300 000 − 220 625 × 0.9053 = 100 268.19（元）

税后平均月成本 = 100 268.19 ÷ (P/A, 1%, 10) − 1 187.5 + 14 250 = 100 268.19 ÷ 9.4713 − 1 187.5 + 14 250 = 23 649.03（元）

注意：平均月成本 = 现金流出总现值 ÷ (P/A, 1%, 10)，因为第一问已经算出每个月折旧抵税额和税后付现费用，所以这里只需要算出购买客车和客车变现的月成本，再考虑每个月折旧抵税额和税后付现费用。

租赁方案的税后月租金 = 25 000 × (1 − 25%) = 18 750（元）

由于租赁方案的税后月租金小于购买方案的税后平均月成本，应当选择租赁方案。

第十一章 股利分配、股票分割与股票回购

第一节 股利理论与股利政策

考点一：股利无关论

（1）投资者并不关心公司股利的分配，是否分配股利对股东的财富和公司价值没有影响。
（2）股利政策与股价无关，公司的股利政策不会影响股票的市价（公司价值）。

考点二：股利相关论

理论种类	基本观点
税差理论（交易成本）	现金股利税和资本利得税有差异时，将使股东在继续持有股票以期取得预期资本利得与立即实现股利收益之间进行权衡 （1）不考虑股票交易成本（低现金股利政策）； （2）考虑股票交易成本（高现金股利政策）
客户效应理论（收入）	处于不同税负等级的投资者，对公司股利政策的偏好也不同 （1）收入高的投资者（低现金股利）； （2）收入低的及享有税收优惠的养老基金投资者（高现金股利）
"一鸟在手"理论	该理论强调为了实现股东价值最大化的目标，企业应实行高股利分配率的股利政策
代理理论（代理成本）	债权人希望低股利政策	股东与债权人之间的代理冲突
	股东希望高股利政策	经理人员与股东之间的代理冲突
	中小股东希望高股利政策	控股股东与中小股东之间的代理冲突
信号理论（信号传递）	由于公司管理者与投资者之间存在信息不对称，公司可以通过股利政策向市场传递关于公司未来盈利能力的信息，股利政策会影响公司股价
	公司"提高股利"	是公司管理者向市场传递"盈利好"的信号，引起股票价值上涨
	公司"降低股利"	是公司管理者向市场传递"盈利差"的信号，引起股票价值下降

考点三：股利政策类型

	含义	特点	
剩余股利政策	根据一定的目标资本结构（最佳资本结构），算出投资所需要的权益资本，先从盈余（当年利润）中留用，然后将剩余的盈余作为股利予以分配	保持理想资本结构，使加权平均资本成本最低。注意：分配的基数是当年的税后利润，这里不考虑以前的未分配利润和需要提取的盈余公积	
固定股利或稳定增长股利政策	企业将每年派发的股利固定在某一特定水平或是在此基础上保持某一固定增长率从而逐年稳定增长。其理论依据是"一鸟在手"理论和股利信号理论	优点	（1）可以消除投资者内心的不确定性。（2）有利于投资者安排股利收入和支出，特别是那些对股利有着很高依赖性的股东
		缺点	股利支付与盈余相脱节。当盈余较低时，会导致资金短缺，也不能保持较低的资本成本
固定股利支付率政策	公司确定一个股利占盈余的比率，长期按此比率支付股利	优点	股利与公司盈余紧密配合，体现多盈多分、少盈少分、无盈不分
		缺点	各年股利变动较大，极易造成公司不稳定的感觉，不利于稳定股价
低正常股利加额外股利政策	公司一般情况下每年只支付固定的、数额较低的股利，在盈余多的年份，再根据实际情况向股东发放额外股利	（1）使公司具有较大的灵活性。增强股东信心，利于稳定股价。（2）使依靠股利度日的股东每年可以得到稳定的股利，从而吸引这部分股东	

【例题11-1·单选题】目前，甲公司有累计未分配利润1 000万元，其中上年实现的净利润500万元。公司正在确定上年利润的具体分配方案。按法律规定，净利润要提取10%的盈余公积金。预计今年需增加长期资本800万元。公司的目标资本结构是债务资本占40%、权益资本占60%。公司采用剩余股利政策，应分配的股利是（　　）万元。（2018年）

　　A. 0　　　　　　B. 20　　　　　　C. 480　　　　　　D. 540

【答案】B

【解析】在公司有良好投资机会时，根据一定的目标资本结构（最佳资本结构），测算出投资所需要的权益资本，先从盈余（当年利润）当中留用，然后将剩余的盈余作为股利予以分配。这里要注意：分配的基数是当年的税后利润，这里不考虑以前的未分配利润和需要提取的盈余公积。目标资本结构中股东权益占全部资本的70%，因此应分配的股利=500-800×60%=20（万元）。

【例题11-2·单选题】甲公司2013年实现税后利润1 000万元，2013年初未分配利润200万元。公司按10%提取法定盈余公积。预计2014年需要新增长期资本500万元。目标资本结构（债务/权益）为4/6。公司执行剩余股利分配政策，2013年可分配现金股利（　　）万元。（2014年）

　　A. 700　　　　　B. 800　　　　　C. 900　　　　　D. 600

【答案】A

【解析】2014年目标资本结构中负债与股东权益比例是4∶6，因此股东权益占全部资本的60%，应发放现金股利金额=1 000-500×60%=700（万元）。

【例题 11-3·多选题】 公司基于不同的考虑会采用不同的股利分配政策。采用剩余股利政策的公司更多地关注（　　）。（2014 年）

A. 盈余的稳定性　　　　　　　　B. 公司的流动性

C. 投资机会　　　　　　　　　　D. 资本成本

【答案】CD

【解析】剩余股利政策就是在公司有着良好投资机会时，根据一定的目标资本结构（最佳资本结构，使加权平均资本成本最低），推算出投资所需的权益资本，先从盈余当中留用，然后将剩余的盈余作为股利予以分配。可见，公司更多关注的是投资机会和资本成本。

【例题 11-4·单选题】 下列关于股利分配政策的说法中，错误的是（　　）。（2012 年）

A. 采用剩余股利分配政策，可以保持理想的资本结构，使加权平均资本成本最低

B. 采用固定股利支付率分配政策，可以使股利和公司盈余紧密配合，但不利于稳定股票价格

C. 采用固定股利分配政策，当盈余较低时，容易导致公司资金短缺，增加公司风险

D. 采用低正常股利加额外股利政策，股利和盈余不匹配，不利于增强股东对公司的信心

【答案】D

【解析】采用低正常股利加额外股利政策，当公司可分配利润较少时，可维持设定的较低但正常的股利，股东不会有股利跌落感；而当可分配利润较多时，可适度增发股利，把部分利益分配给股东，使他们增强对公司的信心，这有利于稳定股票价格。

【例题 11-5·计算题】 甲公司是一家能源类上市公司，当年取得的利润在下年分配。2018 年公司净利润为 10 000 万元，2019 年分配现金股利为 3 000 万元。预计 2019 年净利润为 12 000 万元，2020 年只投资一个新项目，总投资额 8 000 万元。

要求：

（1）如果甲公司采用固定股利政策，计算 2019 年净利润的股利支付率。

（2）如果甲公司采用固定股利支付率政策，计算 2019 年净利润的股利支付率。

（3）如果甲公司采用剩余股利政策，目标资本结构是负债/权益等于 2/3，计算 2019 年净利润的股利支付率。

（4）如果甲公司采用低正常股利加额外股利政策，低正常股利为 2 000 万元，额外股利为 2019 年净利润扣除低正常股利后余额的 16%，计算 2019 年净利润的股利支付率。

（5）比较上述各种股利政策的优点和缺点。（2019 年）

【答案】

（1）固定股利 = 3 000 万元

股利支付率 = 3 000 ÷ 12 000 = 25%

（2）股利支付率 = 3 000 ÷ 10 000 = 30%

（3）股利 = 12 000 − 8 000 × 60% = 7 200（万元）

股利支付率 = 7 200 ÷ 12 000 = 60%

（4）股利 = 2 000 + (12 000 − 2 000) × 16% = 3 600（万元）

股利支付率 = 3 600 ÷ 12 000 = 30%

（5）略。

第二节 股利的种类、支付程序与分配方案

考点：股利种类及其特点

01 现金股利：以现金支付的股利，它是股利支付的主要方式。
公司支付现金股利除了要有累计盈余外，还要有足够的现金。

02 股票股利：是公司以增发的股票作为股利的支付方式。

03 财产股利：是以现金以外的资产支付的股利。
主要是以公司所拥有的其他公司的有价证券，如债券、股票，作为股利支付给股东。

04 负债股利：是公司以负债支付的股利。
通常以公司的应付票据支付股东，不得已情况下也有发行公司债券抵付股利的。

在除权（除息）日，上市公司发放现金股利、股票股利以及资本公积转增资本后，

$$股票的除权参考价 = \frac{股权登记日收盘价 - 每股现金股利}{1 + 送股率 + 转增率}$$

【例题 11-6·单选题】如果上市公司以其所拥有的其他公司的股票作为股利支付给股东，则这种股利的方式称为（　　）。

A. 现金股利　　　B. 股票股利　　　C. 财产股利　　　D. 负债股利

【答案】C

【解析】财产股利是指以现金以外的其他资产支付的股利，主要是以公司所拥有的其他公司的有价证券，如债券、股票等，作为股利支付给股东。

【例题 11-7·单选题】甲上市公司 2013 年度的利润分配方案是每 10 股派发现金股利 12 元，预计公司股利可以 10% 的速度稳定增长，股东要求的收益率为 12%。于股权登记日，甲公司股票的预期价格为（　　）元。（2014 年）

A. 60　　　　　B. 61.2　　　　　C. 66　　　　　D. 67.2

【答案】D

【解析】这里一定要注意题目要求的是股权登记日的价格，股权登记日的在册股东有权分取股利。其股票价格包含着股利，会高于除息日的股票价格，股权登记日的股票价格 = 除息日的股票价格 + 股利 = [1.2×(1+10%)÷(12%-10%)] + 1.2 = 67.2（元）。

第三节 股票分割和股票回购

考点一：股票分割

股票分割时，发行在外的股数增加，使得每股面额降低，每股盈余下降；但公司价值不变，股东权益总额，以及股东权益内部各项目相互间的比例也不会改变。

对于股东来讲，股票分割后各股东持有的股数增加，但持股比例不变，持有股票的总价值不变。

股票分割后，如果净利润不变，市盈率也不变，那每股市价下降。

【例题 11-8·单选题】 实施股票分割和股票股利产生的效果相似，它们都会（　　）。(2017 年)

A. 降低股票每股面值　　　　　　　B. 降低股票每股价格

C. 减少股东权益总额　　　　　　　D. 改变股东权益结构

【答案】B

【解析】实施股票股利和股票分割，都会导致普通股股数增加，进而降低股票每股市价。发放股票股利不会降低股票每股面值，实施股票股利和股票分割都不会减少股东权益总额，实施股票分割不会改变股东权益结构。

【例题 11-9·多选题】 甲公司拟按 1 股换 2 股的比例进行股票分割，分割前后其下列项目中保持不变的有（　　）。(2018 年)

A. 净资产　　　　　　　　　　　　B. 每股收益

C. 股权结构　　　　　　　　　　　D. 资本结构

【答案】ACD

【解析】股票分割会导致股数增加，所以每股收益会下降，选项 B 错误；股票分割会导致每股面值下降，但是股本总额不变，净资产、资本结构和股权结构也是不变的，选项 ACD 正确。

考点二：股票回购

股票回购是指公司出资购回自身发行在外的股票。

公司回购股票，使流通在外的股份减少，每股股利增加，从而使股价上升，股东因此能获得资本利得。因此可以将股票回购看作是一种现金股利的替代方式。

总结比较如下表所示。

	财务影响	资本结构是否变化
现金股利	（1）资产和股东权益同时减少； （2）引起现金流出	资产负债率提高，即财务杠杆提高
股票股利	（1）资产、负债和股东权益总额不变； （2）股东权益内部结构变化； （3）由于股数增加，每股收益、每股净资产、每股价格降低； （4）每股面值不变，每位股东的股东财富不变	资产负债率不变，即财务杠杆不变。但权益资本内部构成发生变化
股票分割	（1）资产、负债和股东权益总额不变； （2）股东权益内部结构不变； （3）由于股数增加，每股收益、每股净资产和每股价格降低； （4）每股面值发生变化；但每位股东享有的股东财富不变	资产负债率不变，即财务杠杆不变。同时权益资本内部构成也不发生变化
股票回购	（1）资产和股东权益同时减少； （2）引起现金流出； （3）股数减少，每股收益和每股价格提高	资产负债率提高，即财务杠杆提高

【例题11-10·多选题】下列关于股票股利、股票分割和股票回购的表述中,正确的有( )。(2009年)

A. 发放股票股利会导致股价下降,因此股票股利会使股票总市场价值下降
B. 如果发放股票股利后股票的市盈率增加,则原股东所持股票的市场价值增加
C. 发放股票股利和进行股票分割对公司的所有者权益各项目的影响是相同的
D. 股票回购本质上是现金股利的一种替代选择,但是两者带给股东的净财富效应不同

【答案】BD

【解析】若盈利总额和市盈率不变,股票股利发放不会改变股东持股的市场价值总额,所以选项A错误;发放股票股利会使权益内部结构改变,股票分割不改变权益的内部结构,所以选项C错误。

第四编
营运资本管理

第十二章 营运资本管理

第一节 营运资本管理策略

考点一:营运资本投资策略

种类	特点
适中型投资策略	持有成本和短缺成本总计的最小化,此时短缺成本和持有成本大体相等
保守型(宽松的)	较高的流动资产/收入比率;承担较大的流动资产持有成本,短缺成本较小
激进型(紧缩的)	较低的流动资产/收入比率;节约流动资产的持有成本,但公司要承担较大的短缺成本

【例题12-1·单选题】公司采用保守型流动资产投资策略时,流动资产的(   )。(2013年)

A. 短缺成本较高　　　　　　　　B. 管理成本较低
C. 机会成本较低　　　　　　　　D. 持有成本较高

【答案】D

【解析】保守型流动资产投资策略,表现为安排较高的流动资产/收入比率,承担较大的持有成本,但短缺成本较小。

考点二:营运资本筹资策略

营运资本的筹资政策,通常用经营性流动资产中长期筹资来源的比重来衡量,该比率称为易变现率。

$$易变现率 = \frac{(股东权益 + 长期债务 + 经营性流动负债) - 长期资产}{经营性流动资产}$$

(1)公式中的长期资产不含稳定性流动资产;
(2)经营性流动负债即指自发性流动负债;
(3)"股东权益+长期债务+经营性流动负债"是长期资金来源;
(4)易变现率越高说明流动资产中由长期资本提供的资金越多,偿债压力越小;反之,说明流动资产中由长期资本提供的资金越少,偿债压力越大。

营运资本筹资策略种类如下表所示。

种类	判断方法一（比较短期来源与短期资产）	特点	判断方法二（易变现率）	
			经营低谷	经营高峰
适中型	波动性（临时性）流动资产 = 短期金融负债 长期资产 + 稳定性流动资产 = 股东权益 + 长期债务 + 经营性（自发性）流动负债	风险收益适中	易变现率 = 1	易变现率 < 1 （存在净金融资产），数值越小风险越大
激进型	波动性（临时性）< 短期性金融负债 长期资产 + 稳定性流动资产 > 股东权益 + 长期负债 + 经营性（自发性）流动负债	资本成本低，风险收益均高	易变现率 < 1	
保守型	波动性（临时性）> 短期性金融负债 长期资产 + 稳定性流动资产 < 股东权益 + 长期负债 + 经营性（自发性）流动负债	资本成本高，风险收益均低	易变现率 > 1 （存在净金融资产）	

【例题12-2·多选题】甲公司的生产经营存在季节性，公司的稳定性流动资产为300万元，营业低谷时的易变现率为120%。下列各项说法中，正确的有（　　）。(2013年)

A. 公司采用的是激进型筹资政策
B. 波动性流动资产全部来源于短期资金
C. 稳定性流动资产全部来源于长期资金
D. 营业低谷时，公司有60万元的闲置资金

【答案】CD

【解析】营业低谷时的易变现率为120%，说明公司采取的是保守型筹资政策，所以选项A错误；营业低谷时易变现率大于1，稳定性流动资产全部来源于长期资金，波动性流动资产有一部分也来源于长期资金，所以选项B错误，选项C正确；闲置资金 = 易变现率 × 稳定性流动资产 − 稳定性流动资产 = 300 × 120% − 300 = 60（万元），所以选项D正确。

【例题12-3·单选题】甲公司是一家生产和销售冷饮的企业，冬季是其生产经营淡季，应收账款、存货和应付账款处于正常状态，根据如下甲公司资产负债表，该企业的营运资本筹资策略是（　　）。

甲公司资产负债表　　　　　　　　　　单位：万元

资产	金额	负债及股东权益	金额
货币资金（经营）	20	短期借款	50
应收账款	80	应付账款	100
存货	100	长期借款	150
固定资产	300	股东权益	200
资产总计	500	负债及股东权益总计	500

A. 适中型筹资策略　　　　B. 保守型筹资策略
C. 激进型筹资策略　　　　D. 无法判断

【答案】C

【解析】在三种营运资本筹资策略中，在生产经营的淡季，只有激进型筹资策略的易变现率＜1。本题中，在生产经营的淡季，甲公司易变现率 = $\frac{（股东权益＋长期债务＋经营性流动负债）－长期资产}{经营性流动资产}$ = [（200＋150＋100）－300]÷（20＋80＋100）＝0.75＜1，由此可知，该企业的营运资本筹资策略是激进型筹资策略。

【例题12－4·单选题】甲公司是一家啤酒生产企业，淡季需占用300万元货币资金、200万元应收账款、500万元存货、1 000万元固定资产以及200万元无形资产（除此以外无其他资产），旺季需额外增加300万元季节性存货。经营性流动负债、长期负债和股东权益总额始终保持在2 000万元，其余靠短期借款提供资金。甲公司的营运资本筹资策略是（ ）。(2019年)

A．保守型策略　　　　B．适中型策略　　　　C．激进型策略　　　　D．无法确定

【答案】C

【解析】淡季的长期资产＝1 000＋200＝1 200（万元），稳定性流动资产＝300＋200＋500＝1 000（万元）；股东权益＋长期债务＋经营性流动负债＝2 000（万元）。淡季易变现率＝（2 000－1 200）÷1 000＝0.8＜1，所以甲公司的营运资本筹资策略是激进型策略。

第二节　现金管理

考点一：现金管理的目标

公司置存现金的原因，主要是满足交易性需要、预防性需要和投机性需要。

考点二：最佳现金持有量分析

（一）成本分析模式

所谓最佳现金持有量，就是使下列三项成本之和最小的现金持有量。

（1）机会成本：跟现金持有量呈正比例变动；

（2）管理成本：是一种固定成本，与现金持有量之间无明显的比例关系；

（3）短缺成本：因缺乏必要的现金，不能应付业务开支所需而使企业蒙受损失或为此付出的转换成本等代价。跟现金持有量呈反比例变动。

【例题12－5·多选题】企业采用成本分析模式管理现金，在最佳现金持有量下，下列各项中正确的有（ ）。(2016年)

A．机会成本等于短缺成本　　　　　　B．机会成本与管理成本之和最小
C．机会成本等于管理成本　　　　　　D．机会成本与短缺成本之和最小

【答案】AD

【解析】所谓最佳现金持有量，就是使机会成本、短期成本和管理成本之和最小的现金持有量。管理成本是一种固定成本，与现金持有量之间无明显的比例关系，所以选项BC错误。在最佳现金持有量下，机会成本等于短缺成本，两者之和也是最小的，所以选项AD正确。

【例题12－6·多选题】甲公司采用成本分析模式确定最佳现金持有量。下列说法中，正确的有（ ）。(2019年)

A. 现金机会成本和管理成本相等时的现金持有量是最佳现金持有量
B. 现金机会成本和短缺成本相等时的现金持有量是最佳现金持有量
C. 现金机会成本最小时的现金持有量是最佳现金持有量
D. 现金机会成本、管理成本和短缺成本之和最小时的现金持有量是最佳现金持有量

【答案】BD

【解析】成本分析模式下，管理成本是固定成本，和现金持有量之间无明显的比例关系，因此机会成本和短缺成本相等时的现金持有量即为最佳现金持有量，此时现金机会成本、管理成本和短缺成本之和最小。

（二）存货模式

当现金管理的机会成本＝证券变现的交易成本时，现金管理的相关总成本最低。

（1）机会成本：跟现金持有量呈正比例变动；

（2）交易成本：跟现金持有量呈反比例变动。

> 计算过程：
> （1）确定一定期间内的现金需求量，用 T 表示。
> （2）确定每次出售有价证券以补充现金所需的交易成本，用 F 表示。则，交易成本＝（T/C）×F。
> （3）确定持有现金的机会成本率，用 K 表示。则，机会成本＝$\left(\dfrac{C}{2}\right) \times K$。
> （4）确定最佳现金持有量 C，因最佳现金持有量满足"机会成本＝交易成本"。
>
> 最佳现金持有量 $C^* = \sqrt{\dfrac{2T \times F}{K}}$
>
> （5）确定最小相关总成本。最小相关总成本＝$\sqrt{2TFK}$。

优点：现金持有量的存货模式是一种简单、直观的确定最佳现金持有量的方法。

缺点：（1）该模型假设现金需要量恒定；（2）该模型假定现金的流出量稳定不变，实际上这种情况很少出现。

【注意】要区分成本分析模式和存货模式。

（1）成本分析模式：机会成本、短缺成本、管理成本，最佳现金持有量是机会成本＝短缺成本时的现金持有量。

（2）存货模式：机会成本、交易成本，最佳现金持有量是机会成本＝交易成本时的现金持有量。

【例题12-7·单选题】甲公司采用存货模式确定最佳现金持有量。在现金需求量保持不变的情况下，当有价证券转换为现金的交易费用从每次100元下降至50元，有价证券投资报酬率从4%上涨至8%时，甲公司现金管理应采取的措施是（　　）。（2017年）

A. 最佳现金持有量保持不变
B. 将最佳现金持有量提高50%
C. 将最佳现金持有量降低50%
D. 将最佳现金持有量提高100%

【答案】C

【解析】存货模式下，最佳现金持有量＝$C^* = \sqrt{\dfrac{2T \times F}{K}}$。K 上涨为原来的2倍，F 下降为原来

的 1/2，根据公式可知，根号里面的表达式变为原来的 1/4，开方后变为原来的 1/2，即下降 50%。

(三) 随机模式（机会成本，交易成本）

随机模式是在现金需求量难以预知的情况下进行现金持有量控制的方法。

基本原理：企业根据历史经验和现实需要，测算出一个现金持有量的控制范围，即制定出现金持有量的上限和下限，将现金量控制在上下限之内。

计算过程：

(1) 确定现金持有量下限，用 L 表示。受到公司每日的最低现金需要量、管理人员的风险承受倾向等因素的影响。

(2) 确定现金返回线，用 R 表示。则

$$R = \sqrt[3]{\frac{3b\delta^2}{4i}} + L$$

式中：b——每次有价证券的固定转换成本；i——有价证券的日利息率；δ——预期每日现金余额波动的标准差。

(3) 确定现金持有量上限，用 H 表示。H = 3R − 2L。

决策依据：

(1) 当持有的现金余额处于 H 和 L 之间，不用采取任何措施；

(2) 当持有的现金余额低于 L，应抛售有价证券，使现金持有量回升到现金返还线水平；

(3) 当持有的现金余额高于 H，应购入有价证券，使现金持有量回落到现金返还线水平。

【例题 12−8·多选题】甲公司采用随机模式进行现金管理，确定的最低现金持有量是 10 万元，现金返回线是 40 万元，下列操作中正确的有（　　）。(2018 年)

A. 当现金余额为 8 万元时，应转让有价证券换回现金 2 万元

B. 当现金余额为 50 万元时，应用现金 10 万元买入有价证券

C. 当现金余额为 80 万元时，不用进行有价证券与现金之间的转换操作

D. 当现金余额为 110 万元时，应用现金 70 万元买入有价证券

【答案】CD

【解析】现金持有量上限 H = 3R − 2L = 3 × 40 − 2 × 10 = 100（万元），当现金余额为 50 万元时，在上下限之内，不用进行有价证券与现金之间的转换操作，选项 B 错误；当现金余额为 8 万元时，小于最低现金持有量 10 万元，应转让有价证券换回现金 32 万元（40 − 8），选项 A 错误；当现金余额为 110 万元时，大于现金持有量上限 100 万元，应用现金 70 万元（110 − 40）买入有价证券，选项 D 正确；当现金余额为 80 万元时，在上下限之内，不用进行有价证券与现金之间的转换操作，选项 C 正确。

第三节　应收款项管理

考点一：应收账款信用标准

- **品质（character）**：顾客的信誉，即履行偿债义务的可能性
- **能力（capacity）**：顾客的偿债能力，即其流动资产的数量和质量以及与流动负债的比例
- **资本（capital）**：指顾客的财务实力和财务状况，表明顾客可能偿还债务的背景
- **抵押（collateral）**：顾客拒付款项或无力支付款项时能被用作抵押的资产
- **条件（conditions）**：可能影响顾客付款能力的经济环境

【例题 12-9·单选题】应用"5C"系统评估顾客信用标准时，客户"能力"是指（　　）。（2017 年）

A. 偿债能力　　　　　　　　　B. 营运能力
C. 盈利能力　　　　　　　　　D. 发展能力

【答案】A

【解析】"5C"系统中，"能力"指顾客的偿债能力，即其流动资产的数量和质量以及与流动负债的比例。

考点二：信用政策决策思路

【计算分析题常考点】掌握下列表格中的计算方法。

(1) 收益的增加	收益增加 = 销售量的增加 × 单位边际贡献	单位边际贡献 = 单价 – 单位变动成本
(2) 应收账款占用资金的应计利息增加	应收账款应计利息 = 日销售额 × 平均收现期 × 变动成本率 × 资本成本 应收账款应计利息 = 应收账款占用资金 × 资本成本 应收账款占用资金 = 应收账款平均余额 × 变动成本率 应收账款平均余额 = 日销售额 × 平均收现期	①为什么是变动成本率？因为固定成本是固有存在的，只有变动成本是随着应收账款的增加而变动的。 ②平均收现期。就是回收款项时间的加权平均。比如 10 天收回的占 30%，20 天收回的占 70%，那平均收现期就是"10 × 30% + 20 × 70% = 17 天"
(3) 存货增加而多占用资金的利息	存货占用资金利息 = 存货增加量 × 存货变动成本 × 资本成本	
(4) 收账费用和坏账损失增加	一般题目会告知	
(5) 现金折扣成本的增加	现金折扣成本增加 = 新的销售额 × 新的现金折扣率 × 新的享受现金折扣的顾客比例 – 旧的销售额 × 旧的现金折扣率 × 旧的享受现金折扣的顾客比例	

续表

（6）改变信用期的税前损益	税前损益 = 收益增加 − 成本费用增加（2、3、4、5）

【例题 12-10·单选题】甲公司全年销售额为 30 000 元（一年按 300 天计算），信用政策是 1/20、N/30，平均有 40% 的顾客（按销售额计算）享受现金折扣优惠，没有顾客逾期付款。甲公司应收账款的年平均余额是（　　）元。（2012 年）

A. 2 000　　　　　　　　　　B. 2 400
C. 2 600　　　　　　　　　　D. 3 000

【答案】C

【解析】平均收现期 = 20 × 40% + 30 × 60% = 26（天），应收账款年平均余额 = 日销售额 × 平均收现期 = 30 000 ÷ 300 × 26 = 2 600（元）。

第四节　存货管理

考点一：储备存货成本

取得成本	取得成本 TC_a = 订货成本 + 购置成本 = 订货固定成本 + 订货变动成本 + 购置成本 = $F_1 + \dfrac{D}{Q} \times K + DU$	
	订货成本	指取得订单的成本，包括订货固定成本和订货变动成本。 订货成本 = $F_1 + \dfrac{D}{Q} \times K$ F_1 是订货的固定成本；D 是存货年需要量；Q 是每次进货量；K 是每次订货的变动成本
	购置成本	指存货本身的价值，经常用数量与单价的乘积来确定，常用 DU 表示
储存成本	指为保持存货而发生的成本，主要包括存货占用资金的应计利息、仓库费用、保险费用、存货破损以及损失等费用。 储存成本 TC_c = 储存固定成本 + 储存变动成本 = $F_2 + \dfrac{Q}{2} \times K_c$ F_2 是储存固定成本，K_c 是存货单位储存变动成本	
缺货成本	指由于存货供应中断而造成的损失，用 TC_s 表示	

考点二：存货经济批量分析问题

【计算分析题常考点】

存货有外购（立刻到货、陆续到货）、自制两种，掌握两种方式下的经济批量、最佳订货次数等的计算公式。

1. 经济订货量基本模型及其变形。

$$经济订货量（Q^*）基本模型：Q^* = \sqrt{\dfrac{2KD}{K_c}}$$

$$每年最佳订货次数（N^*）= \dfrac{D}{Q^*}$$

与批量相关的存货总成本 $TC(Q^*) = \sqrt{2KDK_C}$

最佳订货周期 $(t^*) = \dfrac{1}{N^*}$

经济订货量占用资金 $(I^*) = $ 年平均库存 × 单位购置成本 $= \dfrac{Q^*}{2} \times U$

2. 存货陆续供应和使用。

存货陆续供应的经济订货量：$Q^* = \sqrt{\dfrac{2KD}{K_C} \times \dfrac{P}{P-d}}$

存货陆续供应与批量相关的存货总成本 $TC(Q^*) = \sqrt{2KDK_C \times \dfrac{P-d}{P}}$

式中：Q——每批订货数；P——每日送货量；d——每日耗用量。

3. 保险储备。

确定原则：使保险储备的储存成本及缺货成本之和最小。

考虑保险储备的再订货点：

$R = $ 平均交货时间 × 平均日需求量 + 保险储备 $= L \times d + B$

考虑保险储备的相关总成本：

$TC(S, B) = C_S + C_B = K_U \times S \times N + B \times K_C$

式中：K_U——单位缺货成本；S——一次订货缺货量；N——年订货次数；B——保险储备量；K_C——单位储存变动成本。

【例题 12-11·多选题】根据存货经济批量模型，下列各项中导致存货经济订货批量增加的情况有（　　）。(2017 年)

A. 单位储存成本增加　　　　B. 订货固定成本增加
C. 存货年需求量增加　　　　D. 单位订货变动成本增加

【答案】CD

【解析】基本模型中，经济订货批量 $Q^* = \sqrt{\dfrac{2KD}{K_C}}$，单位储存成本增加导致经济订货批量减少，选项 A 不正确；订货固定成本不影响经济订货批量，选项 B 不正确。

【例题 12-12·计算分析题】甲公司是一家设备制造企业，常年大量使用某种零部件。该零部件既可以外购，也可以自制。如果外购，零部件单价为 100 元/件，每次订货的变动成本为 20 元，订货的固定成本较小，可以忽略不计。如果自制，有关资料如下：

(1) 需要购买一套价值为 100 000 元的加工设备，该设备可以使用 5 年，使用期满无残值。

(2) 需要额外聘用 4 名操作设备的工人，工人采用固定年薪制，每个工人的年薪为 25 000 元。

(3) 每次生产准备成本为 400 元，每日产量为 15 件。

(4) 生产该零部件需要使用加工其他产品剩下的一种边角料，每个零部件耗用边角料 0.1 千克。公司每年产生该种边角料 1 000 千克，如果对外销售，单价为 100 元/千克。

(5) 除上述成本外，自制零部件还需发生单位变动成本 50 元。

该零部件的全年需求量为 3 600 件，每年按 360 天计算。公司的资金成本为 10%，除资金成本外，不考虑其他储存成本。

要求：

（1）计算甲公司外购零部件的经济订货量、与批量有关的总成本、外购零部件的全年总成本。

（2）计算甲公司自制零部件的经济生产批量、与批量有关的总成本、自制零部件的全年总成本（提示：加工设备在设备使用期内按平均年成本法分摊设备成本）。

（3）判断甲公司应该选择外购方案还是自制方案，并说明原因。(2014年)

【答案】

（1）外购零部件的单位储存变动成本 = 100 × 10% = 10（元）

外购零部件的经济订货批量 = $\sqrt{2 \times 3\,600 \times 20 \div 10}$ = 120（件）

外购零部件与批量有关的总成本 = $\sqrt{2 \times 3\,600 \times 20 \times 10}$ = 1 200（元）

外购零部件的全年总成本 = 100 × 3 600 + 1 200 = 361 200（元）

（2）自制零部件的单位成本 = 50 + 100 × 0.1 = 60（元）

自制零部件的单位储存变动成本 = 60 × 10% = 6（元）

每日耗用量 = 3 600 ÷ 360 = 10（件）

自制零部件的经济生产批量 = $\sqrt{2 \times 3\,600 \times 400 \div 6 \times 15 \div (15-10)}$ = 1 200（元）

自制零部件与批量有关的总成本 = $\sqrt{2 \times 3\,600 \times 400 \times 6 \times (15-10) \div 15}$ = 2 400（元）

设备使用期内的平均年成本 = 100 000 ÷（P/A，10%，5）= 100 000 ÷ 3.7908 = 26 379.66（元）

自制零部件的全年总成本 = 60 × 3 600 + 2 400 + 25 000 × 4 + 26 379.66 = 344 779.66（元）

（3）由于自制零部件的全年总成本比外购零部件的全年总成本低，甲公司应该选择自制方案。

【例题12-13·计算分析题】 甲公司是一家机械加工企业，产品生产需要某种材料，年需求量为720吨（一年按360天计算）。该公司材料采购实行供应商招标制度，年初选定供应商并确定材料价格，供应商根据甲公司指令发货，运输费由甲公司承担。目前有两个供应商方案可供选择，相关资料如下：

方案一：选择A供应商，材料价格为每吨3 000元，每吨运费100元，每次订货还需支付返空、路桥等固定运费500元。材料集中到货，正常情况下从订货至到货需要10天，正常到货的概率为50%，延迟1天到货的概率为30%，延迟2天到货的概率为20%，当材料缺货时，每吨缺货成本为50元。如果设置保险储备，以一天的材料消耗量为最小单位。材料单位储存成本为200元/年。

方案二：选择当地B供应商，材料价格为每吨3 300元，每吨运费20元，每次订货还需支付固定运费100元。材料在甲公司指令发出当天即可送达，但每日最大送货量为10吨。材料单位储存成本为200元/年。

要求：

（1）计算方案一的经济订货量；分别计算不同保险储备量的相关总成本，并确定最合理的保险储备量；计算方案一的总成本。

（2）计算方案二的经济订货量和总成本。

（3）从成本角度分析，甲公司应选哪个方案？(2013年)

【答案】

（1）购置成本 = 年需求量 ×（单价 + 单位运费）= 720 ×（3 000 + 100）= 2 232 000（元）

经济订货量 = $\sqrt{2 \times 500 \times 720 \div 200} = 60$（吨）

最佳订货次数 = $720 \div 60 = 12$（次）

与批量有关的存货总成本 = $\sqrt{2 \times 500 \times 720 \times 200} = 12\,000$（元）

① 不设置保险储备时：

缺货成本 = $(2 \times 30\% + 4 \times 20\%) \times 12 \times 50 = 840$（元）

TC（S，B）= 缺货成本 + 保险储备成本 = $840 + 0 = 840$（元）

② 设置 2 吨的保险储备时：

缺货成本 = $2 \times 20\% \times 12 \times 50 = 240$（元）

保险储备成本 = $2 \times 200 = 400$（元）

TC（S，B）= 缺货成本 + 保险储备成本 = $240 + 400 = 640$（元）

③ 设置 4 吨的保险储备时：

缺货成本 = 0

保险储备成本 = $4 \times 200 = 800$

TC（S，B）= 缺货成本 + 保险储备成本 = 800（元）

经比较，设置 2 吨保险储备时的缺货成本与保险储备成本之和最低，应设置 2 吨的保险储备。

方案一的总成本 = $2\,232\,000 + 12\,000 + 640 = 2\,244\,640$（元）

(2) 经济订货量 = $\sqrt{2 \times 100 \times 720 \div 200 \times 10 \div (10-8)} = 30$（吨）

与经济批量有关的存货总成本 = $\sqrt{2 \times 100 \times 720 \times 200 \times (10-8) \div 10} = 4\,800$（元）

方案二的总成本 = $720 \times (3\,300 + 20) + 4\,800 = 2\,395\,200$（元）

(3) 方案一的总成本低于方案二的总成本，应当选择方案一。

第五节　短期债务管理

考点一：放弃现金折扣成本的计算

$$\text{放弃现金折扣成本} = \frac{\text{折扣百分比}}{1 - \text{折扣百分比}} \times \frac{360}{\text{信用期} - \text{折扣期}}$$

上述放弃现金折扣的成本是按单利计算的。如果按复利计算，公式为：

$$\text{放弃现金折扣成本} = \left(1 + \frac{\text{折扣百分比}}{1 - \text{折扣百分比}}\right)^{\frac{360}{\text{信用期} - \text{折扣期}}} - 1$$

决策原则：

(1) 若放弃现金折扣成本率 > 短期贷款率或短期投资收益率，则选择折扣期内付款；

(2) 若放弃现金折扣成本率 < 短期贷款率或短期投资收益率，则选择信用期内付款；

(3) 展延付款所降低的折扣成本 > 展延付款的信用损失，则选择展期信用。

【例题 12-14·单选题】甲公司按 2/10、N/40 的信用条件购入货物，一般情况下该公司放弃现金折扣的年成本（一年按 360 天计算）是（　　）。(2013 年)

A. 18%　　　B. 18.37%　　　C. 24%　　　D. 24.49%

【答案】D

【解析】放弃现金折扣的年成本=（2%÷98%）×360÷（40－10）=24.49%

考点二：短期借款筹资

1. 短期借款的信用条件如下表所示。

项目	含义及有效年利率
信贷限额	银行对借款人规定的无担保贷款的最高限额。有效期通常为一年。信贷期内，可随时借款
周转信贷协议	周转信贷协定是银行具有法律义务的、承诺提供不超过某一最高限额的贷款协定。在协定的有效期内，只要公司的借款总额未超过最高限额，银行必须满足公司任何时候提出的借款请求 公司享用周转信贷协定，通常需要对贷款限额的未使用部分付给银行一笔承诺费（就未使用部分，支付承诺费）： 有效年利率=$\dfrac{贷款额×报价利率+（周转信贷限额-贷款额）×承诺费率}{贷款额}$
补偿性余额	银行要求借款公司保持按贷款限额或实际借款额一定百分比计算的最低存款额，对借款公司来讲会提高借款的有效年利率（保有一定比例的银行存款） 有效年利率=$\dfrac{贷款额×报价利率}{贷款额×（1-补偿性余额比率）}$=$\dfrac{报价利率}{1-补偿性余额比率}$
借款抵押	银行向财务风险较大的企业发放贷款时，有时需要有抵押品担保。抵押借款的成本通常高于非抵押借款的成本
偿还条件	贷款的偿还有到期一次偿还和贷款期内定期等额偿还两种方式。 贷款期内定期等额偿还会提高借款的有效年利率
其他承诺	若企业违背所作出的承诺，银行可要求企业立即偿还全部贷款

2. 借款利息的支付方法如下表所示。

	含义	有效年利率
收款法	收款法是在借款到期时向银行支付利息的方法	有效年利率=$\dfrac{贷款额×报价利率}{贷款额}$=报价利率
贴现法	银行向公司发放贷款时，先从本金中扣除利息部分，而到期时借款公司则要偿还贷款全部本金的一种计息方法（先扣利息，到期还本金）	有效年利率=$\dfrac{贷款额×报价利率}{贷款额×（1-报价利率）}$ =报价利率÷（1-报价利率）
加息法	加息法是银行发放分期等额偿还贷款时采用的利息收取方法。 由于贷款分期均衡偿还，借款企业实际上只平均使用了贷款本金的半数，却支付全额利息。这样，企业所负担的有效年利率便高于报价利率大约1倍	有效年利率=2×报价利率

【例题12-15·单选题】甲公司向银行借款900万元，年利率为8%，期限1年，到期还本付息，银行要求按借款金额的15%保持补偿性余额（银行按2%付息）。该借款的有效年利率为（　　）。

A．7.70%　　　　B．9.06%　　　　C．9.41%　　　　D．10.10%

【答案】B

【解析】利息 = 900 × 8% - 900 × 15% × 2% = 72 - 2.7 = 69.3（万元），实际借款额 = 900 × (1 - 15%) = 765（万元），所以有效年利率 = 69.3 ÷ 765 = 9.06%。

【例题 12 - 16·单选题】 甲公司与某银行签订周转信贷协议，银行承诺一年内随时满足甲公司最高 8 000 万元的贷款，承诺费按承诺贷款额度的 0.5% 于签订协议时交付；公司取得贷款部分已支付的承诺费在一年后返还，甲公司在签订协议同时申请一年期贷款 5 000 万元，年利率 8%，按年单利计息，到期一次还本付息，在此期间未使用承诺贷款额度的其他贷款，该笔贷款的实际成本最接近于（　　）。(2016 年)

A. 8.06%　　　　B. 8.80%　　　　C. 8.30%　　　　D. 8.37%

【答案】D

【解析】支付的利息 = 5 000 × 8% = 400（万元），支付的承诺费 = (8 000 - 5 000) × 0.5% = 15（万元），实际资本成本 = (400 + 15) ÷ (5 000 - 8 000 × 0.5%) × 100% = 8.37%。

第五编
成本计算

第十三章 产品成本计算

【计算分析题常考点】
(1) 辅助生产费用分为：直接分配法和交互分配法。重点掌握交互分配法的计算。
(2) 完工产品和在产品的分配常用约当产量法、定额比例法。
(3) 掌握品种法、分步法，产品成本计算单的填制。
(4) 综合结转分步法的成本还原计算。

第一节 产品成本的归集和分配

考点一：产品成本和期间成本的分类

【例题13-1·单选题】 企业在生产中为生产工人发放安全头盔所产生的费用，应计入（　　）。（2016年）

A. 直接材料　　　　　　　　B. 管理费用
C. 直接人工　　　　　　　　D. 制造费用

【答案】 D

【解析】 生产工人发生的费用应该计入制造费用，所以选项D正确。

考点二：辅助生产费用的分配方法

项目	直接分配	交互分配
方法概述	不考虑辅助生产内部相互提供的劳务量，直接将各辅助生产车间发生的费用分配给辅助生产以外的各个受益单位或产品	交互分配法，需要进行两次分配。首先，在各辅助生产车间之间进行一次交互分配；其次，将各辅助生产车间交互分配后的实际费用，对辅助生产车间以外的各受益单位进行分配
计算过程	辅助生产的单位成本=辅助生产费用总额÷（辅助生产的产品或劳务总量－对其他辅助部门提供的产品或劳务量） 各受益车间、产品或各部门应分配的费用=辅助生产的单位成本×该车间、产品或部门的耗用量	对内交互分配率=辅助生产费用总额÷辅助生产提供的总产品或劳务总量 对外分配率=（交互分配前的成本费用＋交互分配转入的成本费用－交互分配转出的成本费用）÷对辅助生产车间以外的其他部门提供的产品或劳务总量
优点	由于各辅助生产费用只是对外分配，计算工作简便	辅助生产内部相互提供产品或劳务全都进行了交互分配，从而提高了分配结果的正确性

续表

项目	直接分配	交互分配
缺点	当辅助生产车间相互提供产品或劳务量差异较大时，分配结果往往与实际不符。只适宜在辅助生产内部相互提供产品或劳务不多，不进行费用的交互分配，对辅助生产成本和产品制造成本影响不大的情况下采用	各辅助生产费用要计算两个单位成本（费用分配率），进行两次分配，因而增加了计算工作量

【例题13-2·多选题】 甲公司有供电、燃气两个辅助生产车间，公司采用交互分配法分配辅助生产成本。本月供电车间供电20万度，成本费用为10万元，其中燃气车间耗用1万度电；燃气车间供气10万吨，成本费用为20万元，其中供电车间耗用0.5万吨燃气。下列计算中，正确的有（　　）。（2012年）

A. 供电车间分配给燃气车间的成本费用为0.5万元
B. 燃气车间分配给供电车间的成本费用为1万元
C. 供电车间对外分配的成本费用为9.5万元
D. 燃气车间对外分配的成本费用为19.5万元

【答案】 ABD

【解析】 供电车间分配给燃气车间的成本 = 10÷20×1 = 0.5（万元），选项A正确；燃气车间分配给供电车间的成本 = 20÷10×0.5 = 1（万元），选项B正确；供电车间对外分配的成本 = 10-0.5+1 = 10.5（万元），选项C不正确；燃气车间对外分配的成本 = 20-1+0.5 = 19.5（万元），选项D正确。

考点三：完工产品和在产品的分类

方法	适用范围	费用的分配
不计算在产品成本法	该方法适用于月末在产品数量很小的情况	采用不计算在产品成本法时，由于期初在产品和期末在产品成本为零，根据：期初在产品成本+本月生产费用 = 本月完工产品成本+期末在产品成本，则某种产品某月发生的生产费用之和，就是该月该种产品的完工产品成本
在产品成本按年初数固定计算法	该方法适用于月末在产品数量很小，或者产品数量虽大，但各月之间在产品数量变动不大，月初、月末在产品成本的差额对完工产品成本影响不大的情况	采用该方法，由于期初在产品成本和期末在产品成本相等，根据：期初在产品成本+本月生产费用 = 本月完工产品成本+期末在产品成本，则某种产品某月发生的生产费用之和，就是该月该种产品的完工产品成本。年终时，根据实地盘点的在产品数量，重新调整计算在产品成本，以避免在产品成本与实际出入过大，影响成本计算的正确性
在产品成本按其所耗用的原材料费用计算法	该方法适用于原材料费用在产品成本中所占比重较大，而且原材料在生产开始时一次全部投入的情况	采用该方法，月末在产品只计算应该负担的原材料费用，其他费用则全部由完工产品负担
约当产量法（最重要）	该方法适用于各月末在产品数量变化较大，产品成本中原材料费用和工资等其他费用比重相差不多的产品	约当产量法就是将月末结存的在产品，按其完工程度折合成约当产量，然后再将产品应负担的全部生产费用，按完工产品产量和在产品约当产量的比例分配的一种方法。约当产量法下具体分为加权平均法和先进先出法，详见约当产量法的应用

续表

方法	适用范围	费用的分配
在产品成本按定额成本计算法	该方法适用于在产品数量稳定或者数量较少，并且制定了比较准确的定额成本的情况	月末在产品成本 = 月末在产品单位定额成本 × 月末在产品数量 产成品总成本 = （月初在产品成本 + 本月生产费用）- 月末在产品成本
定额比例法	该方法适用于各月末在产品数量变化较大，有较为准确的消耗定额资料的情况	费用分配率 = （月初在产品成本 + 本月生产费用）÷（完工产品定额 + 月末在产品定额） 完工产品应分配的成本 = 完工产品定额 × 费用分配率 月末在产品成本 = 月末在产品定额 × 费用分配率

关于约当产量法的应用：

1. 加权平均法。

$$在产品约当产量 = 在产品数量 \times 在产品完工程度$$

$$单位成本 = (月初在产品成本 + 本月发生的生产费用)$$
$$\div (月末在产品约当产量 + 完工产品产量)$$

$$完工产品成本 = 单位成本 \times 完工产品产量$$

$$月末在产品成本 = 单位成本 \times 月末在产品约当产量$$

（1）人工成本和制造费用的分配，必须计算在产品的约当产量：

$$某工序在产品完工率 = (前面各工序工时定额之和 + 本工序工时定额 \times 50\%)$$
$$\div 产品工时总定额$$

【提示】如果告诉了各工序的平均完工程度，则应按其计算，就不应使用50%计算。

（2）分配原材料费用分两种情况：

①原材料在生产开始时一次投入：不需要计算在产品的约当产量，直接计算在产品全部材料成本。

②原材料随着加工进度陆续投入：又要分两种情况，一种是原材料分工序投入，但每道工序是在开始时一次投入；另一种是原材料分工序投入，每道工序也是随加工进度陆续投入。

【例题 13-3·单选题】甲公司生产某种产品，需 2 道工序加工完成，公司不分步计算产品成本。该产品的定额工时为 100 小时，其中第 1 道工序的定额工时为 20 小时，第 2 道工序的定额工时为 80 小时。月末盘点时，第 1 道工序的在产品数量为 100 件，第 2 道工序的在产品数量为 200 件。如果各工序在产品的完工程度均按 50% 计算，月末在产品的约当产量为（　　）件。（2014 年）

A. 90　　　　　　B. 120　　　　　　C. 130　　　　　　D. 150

【答案】C

【解析】月末在产品约当产量 = 100 × (20 × 50% ÷ 100) + 200 × [(20 + 80 × 50%) ÷ 100] = 130（件）

【例题 13-4·单选题】甲企业基本生产车间生产乙产品，依次经过三道工序，工时定额分别为：40 小时、35 小时和 25 小时，月末完工产品和在产品采用约当产量法分配成本。假设制造费用随加工进度在每道工序陆续均匀发生，各工序月末在产品平均完工程度 60%，第三道工序月末在产品数量 6 000 件。分配制造费用时，第三道工序在产品约当产量是（　　）件。（2018 年）

A. 3 450　　　　B. 3 660　　　　C. 5 400　　　　D. 6 000

【答案】C

【解析】该在产品已经完成了第一、第二道工序，第三道工序完工程度为60%。因此第三道工序在产品约当产量 = 6 000 × (40 + 35 + 25 × 60%) ÷ (40 + 35 + 25) = 5 400（件）。

2. 先进先出法。

在先进先出法下，假设先开始生产的产品先完工。

月初在产品约当产量（直接材料）= 月初在产品数量 × (1 − 已投料比例)

月初在产品约当产量（直接人工 + 制造费用即转换成本）= 月初在产品数量 × (1 − 月初在产品完工程度)

本月投入本月完工产品数量 = 本月全部完工产品数量 − 月初在产品数量

月末在产品约当产量（直接材料）= 月末在产品数量 × 本月投料比例

月末在产品约当产量（转换成本）= 月末在产品数量 × 月末在产品完工程度

单位成本（分配率）= 本月发生生产费用 ÷ (月初在产品约当产量 + 本月投入本月完工产品数量 + 月末在产品约当产量)

完工产品成本 = 月初在产品成本 + 月初在产品本月加工成本 + 本月投入本月完工产品数量 × 分配率

= 月初在产品成本 + 月初在产品约当产量 × 分配率 + 本月投入本月完工产品数量 × 分配率

月末在产品成本 = 月末在产品约当产量 × 分配率

【例题13-5·计算题】假设生产使用的原材料在期初一次性投放，直接人工和制造费用随加工进度陆续发生，月初在产品的完工进度是40%，月末在产品的完工进度均为60%，在产品存货发出按照先进先出法进行计价。

本月产量资料如表1所示。

表1　　　　　　　　　　　　　　　　　　　　　　　　　　　　　　　　　　　　　单位：件

月初在产品数量	本月投产	合计	本月完工产品的数量	月末在产品数量
8 000	92 000	100 000	90 000	10 000

月初在产品成本如表2所示。

表2　　　　　　　　　　　　　　　　　　　　　　　　　　　　　　　　　　　　　单位：元

直接材料	直接人工	制造费用	合计
50 000	8 250	5 000	63 250

本月发生成本如表3所示。

表3　　　　　　　　　　　　　　　　　　　　　　　　　　　　　　　　　　　　　单位：元

直接材料	直接人工	制造费用	合计
312 800	69 600	46 400	428 800

要求：用约当产量法计算确定本月完工产品成本和月末在产品成本。

【答案】分配计算如表4所示。

表4　　　　　　　　　　　先进先出法约当产量计算表

单位：件

	实际数量（第1步）	约当产量（第2步）		
		直接材料	直接人工	制造费用
月初在产品数量	8 000			
本月投入生产数量	92 000			
小计	100 000			
本月完工产品数量	90 000			
月末在产品数量	10 000			
小计	100 000			
月初在产品约当产量	8 000	8 000×(1−100%)=0	8 000×(1−40%)=4 800	8 000×(1−40%)=4 800
本月投入本月完工产品数量	82 000	82 000	82 000	82 000
月末在产品约当产量	10 000	10 000×100%=10 000	10 000×60%=6 000	10 000×60%=6 000
小计	100 000	92 000	92 800	92 800

表5　　　　　先进先出法下用约当产量法分配完工产品成本和在产品成本表

单位：元

		直接材料	直接人工	制造费用	合计
月初在产品成本		50 000	8 250	5 000	63 250
本月生产费用		312 800	69 600	46 400	428 800
总约当产量		92 000	92 800	92 800	—
分配率		3.4	0.75	0.5	
完工产品成本	月初在产品成本	50 000	8 250	5 000	63 250
	月初在产品本月加工成本	0	3 600(4 800×0.75)	2 400(4 800×0.5)	6 000
	本月投入本月产品成本	278 800(82 000×3.4)	61 500(82 000×0.75)	41 000(82 000×0.5)	381 300
	合计	328 800	73 350	48 400	450 550
月末在产品成本		34 000(10 000×3.4)	4 500(6 000×0.75)	3 000(6 000×0.5)	41 500
总成本		362 800	77 850	51 400	492 050

分配率的计算：

直接材料分配率：312 800÷92 000=3.4（因为直接材料是一次性投入，今年投入的313 800只用在今年的92 000中分配）。

直接人工分配率：69 600÷(8 000×60%+82 000+10 000×60%)=0.75（期初的在产品完工进度40%，未完工进度是60%，所以约当量为8 000×60%；82 000就属于今年投入今年完工的；10 000是今年投入今年未完工的，完工度是60%）。

制造费用分配率：46 400÷(8 000×60%+82 000+10 000×60%)=0.5。

考点四：联产品加工成本的分配

分离点售价法	采用这种方法，要求每种产品在分离点时的销售价格能够可靠地计量。 联合成本分配率＝待分配联合成本÷（A产品分离点的总售价＋B产品分离点的总售价） A产品应分配联合成本＝联合成本分配率×A产品分离点的总售价 B产品应分配联合成本＝联合成本分配率×B产品分离点的总售价
可变现净值法	联产品需要进一步加工后才可供销售，可采用可变现净值进行分配。 某产品的可变现净值＝该产品最终销售价格总额－分离后的该产品的后续单独加工成本。 联合成本分配率＝待分配联合成本÷（A产品可变现净值＋B产品可变现净值）
实物数量法	即联合成本以产品的实物数量或重量为基础分配。该方法通常适用于所生产的产品的价格很不稳定或无法直接确定

【例题13－6·单选题】甲工厂生产联产品X和Y，9月份产量分别为690件和1 000件，分离点前发生联合成本40 000元，分离点后分别发生深加工成本10 000元和18 000元，X和Y的最终销售总价分别为970 000元和1 458 000元。按照可变现净值法，X和Y的总加工成本分别是（　　）。（2019年）

A. 12 000元和28 000元　　　　　　B. 16 000元和24 000元
C. 22 000元和46 000元　　　　　　D. 26 000元和42 000元

【答案】D

【解析】X产品的可变现净值＝970 000－10 000＝960 000（元），Y产品的可变现净值＝1 458 000－18 000＝1 440 000（元），X产品总加工成本＝40 000÷（960 000＋1 440 000）×960 000＋10 000＝26 000（元），Y产品总加工成本＝40 000÷（960 000＋1 440 000）×1 440 000＋18 000＝42 000（元）。

第二节　产品成本计算的基本方法

考点：产品成本计算的方法

项目	品种法	分批法	分步法
适用范围	大量大批的单步骤生产的公司以及管理上不要求按照生产步骤计算产品成本的多步骤生产。 【举例】发电、供水、采掘	单件小批类型的生产。 【举例】造船、重型机械、精密仪器、新产品试制、设备修理等	它适用于大量大批的多步骤生产。管理上既要求按照产品品种又要求按照生产步骤计算成本
成本计算对象	产品品种	产品批次	各种产品的生产步骤
成本计算期	一般定期计算产品成本，成本计算期与会计核算报告期一致	成本计算期与产品生产周期基本一致，而与核算报告期不一致	一般定期计算产品成本，成本计算期与会计核算报告期一致
完工产品与在产品成本划分	如果月末有在产品，要将生产费用在完工产品和在产品之间进行分配	一般不存在完工产品与在产品之间分配费用的问题	月末需将生产费用在完工产品和在产品之间进行费用分配；除了按品种计算和结转产品成本外，还需要计算和结转产品的各步骤成本

逐步结转分步法和平行结转分步法的比较如下表所示。

项目	逐步结转分步法	平行结转分步法
含义	按照产品加工的顺序，逐步计算并结转半成品成本，直到最后加工步骤才能计算产成品成本的一种方法。也称为计算半成品成本分步法	不计算各步骤所产半成品成本，也不计算各步骤所耗上一步骤的半成品成本，只计算本步骤发生的各项其他费用，以及这些费用中应计入产成品成本的份额，将相同产品的各步骤成本明细账中的这些份额平行结转、汇总，即可计算出该产品的产成品成本
是否需要成本还原	按照半成品成本在下一步骤成本计算单中的反映方式的不同，分为综合结转法和分项结转法。综合结转法需要进行成本还原	不需要
是否计算半成品成本	计算半成品成本。 计算各步骤半成品成本的原因是：便于计算外售半成品成本；便于与同行业半成品成本对比；便于计算各种产品成本提供所耗同一种半成品成本数量；便于考核与分析各生产步骤等内部单位的生产耗费与资金占用水平	不计算半成品成本
上一步成本是否结转到下一步	在逐步结转分步法下，随着半成品实体的流转，上一步骤半成品成本一同结转到下一步骤	随着半成品实体的流转，上一步骤的生产成本不结转到下一步骤
在产品含义的不同	狭义的在产品（仅指本步骤尚未加工完成的在产品）	广义的在产品（包括本步骤在产品，和本步骤已完工但未最终完工的所有后续仍需继续加工的在产品、半成品）
完工产品含义不同	各步骤的完工产品	最终完工的产成品

【注】逐步综合结转法下成本的还原。

一般是按本月所产半成品的成本结构进行还原。即从最后一个步骤起，把各步骤所耗上一步骤半成品的综合成本按照上一步骤所产半成品成本的结构，逐步分解，还原出按原始成本项目反映的产成品成本。成本还原的次数较正常生产步骤少一步。

【例题13-7·单选题】下列成本核算方法中，不利于考察公司各类存货资金占用情况的是（　　）。（2012年）

A. 品种法　　　　　　　　　　B. 分批法
C. 逐步结转分步法　　　　　　D. 平行结转分步法

【答案】D

【解析】平行结转分步法不计算各步骤半成品的成本，因而不利于考察公司各类存货资金占用情况。

【例题13-8·单选题】下列关于平行结转分步法的说法中，正确的是（　　）。（2019年）

A. 平行结转分步法在产品是尚未最终完成的产品
B. 平行结转分步法适用于经常对外销售半成品的企业
C. 平行结转分步法有利于考察在产品存货资金占用情况
D. 平行结转分步法有利于各步骤在产品的实物管理和成本管理

【答案】A

【解析】平行结转分步法不能提供各个步骤半成品的成本资料，选项B错误；平行结转分步法下,产品费用在完工前不随实物转出而转出,不能为各个步骤在产品的实物管理和成本管理提供资料,选项CD错误。平行结转分步法的某步骤在产品是指该步骤尚未加工完成的在产品与该步骤已完工但尚未最终完工的产品,选项A正确。

【例题13-9·计算分析题】 甲公司是一家制造业企业,只生产和销售一种新型保温容器。产品直接消耗的材料分为主要材料和辅助材料。各月在产品结存数量较多,波动较大,公司在分配当月完工产品与月末在产品的成本时,对辅助材料采用约当产量法,对直接人工和制造费用采用定额比例法。

2016年6月有关成本核算、定额资料如下。

(1) 本月生产数量见表1。

表1　　　　　　　　　　　　　　　　　　　　　　　　　　　　　　　　　　　　　单位:只

月初在产品数量	本月投产数量	本月完工产品数量	月末在产品数量
300	3 700	3 500	500

(2) 主要材料在生产开始时一次全部投入,辅助材料陆续均衡投入,月末在产品平均完工程度60%。

(3) 本月月初在产品成本和本月发生生产费用见表2。

表2　　　　　　　　　　　　　　　　　　　　　　　　　　　　　　　　　　　　　单位:元

项目	主要材料	辅助材料	人工费用	制造费用	合计
月初在产品成本	32 000	3 160	9 600	1 400	46 160
本月发生生产费用	508 000	34 840	138 400	28 200	709 440
合计	540 000	38 000	148 000	29 600	755 600

(4) 单位产品工时定额见表3。

表3　　　　　　　　　　　　　　　　　　　　　　　　　　　　　　　　　　　　单位:小时/只

项目	产成品	在产品
人工工时定额	2	0.8
机器工时定额	1	0.4

要求:
(1) 计算本月完工产品和月末在产品的主要材料费用。
(2) 按约当产量法计算本月完工产品和月末在产品的辅助材料费用。
(3) 按定额人工工时比例计算本月完工产品和月末在产品的人工费用。
(4) 按定额机器工时比例计算本月完工产品和月末在产品的制造费用。
(5) 计算本月完工产品总成本和单位成本。(2016年)

【答案】
(1)
本月完工产品的主要材料费用 = 540 000 ÷ (3 500 + 500) × 3 500 = 472 500 (元)

本月在产品的主要材料费用 = 540 000 ÷ (3 500 + 500) × 500 = 67 500 (元)

(2)

在产品的约当产量 = 500 × 60% = 300 (只)

本月完工产品的辅助材料费用 = 38 000 ÷ (3 500 + 300) × 3 500 = 35 000 (元)

本月月末在产品的辅助材料费用 = 38 000 ÷ (3 500 + 300) × 300 = 3 000 (元)

(3)

本月完工产品的人工费用 = 148 000 ÷ (3 500 × 2 + 500 × 0.8) × (3 500 × 2) = 140 000 (元)

本月月末在产品的人工费用 = 148 000 ÷ (3 500 × 2 + 500 × 0.8) × (500 × 0.8) = 8 000 (元)

(4)

本月完工产品的制造费用 = 29 600 ÷ (3 500 × 1 + 500 × 0.4) × (3 500 × 1) = 28 000 (元)

本月月末在产品的制造费用 = 29 600 ÷ (3 500 × 1 + 500 × 0.4) × (500 × 0.4) = 1 600 (元)

(5)

本月完工产品总成本 = 472 500 + 35 000 + 140 000 + 28 000 = 675 500 (元)

本月完工产品单位成本 = 675 500 ÷ 3 500 = 193 (元/只)

【例题 13-10·计算分析题】 甲公司是一家机械制造企业,只生产销售一种产品,生产过程分为两个步骤,第一步骤产出的半成品直接转入第二步骤继续加工,每件半成品加工成一件产成品,产品成本计算采用逐步综合结转分步法,月末完工产品和在产品之间采用约当产量法分配生产成本。

第一步骤耗用的原材料在生产开工时一次投入,其他成本费用陆续发生;第二步骤除耗用第一步骤半成品外,还需要追加其他材料,追加材料及其他成本陆续发生,第一步骤和第二步骤月末在产品完工程度均为本步骤的50%。

2015年6月的成本核算资料如下。

(1) 月初在产品成本见表1。

表1
单位:元

步骤	半成品	直接材料	直接人工	制造费用	合计
第一步骤		3 750	2 800	4 550	11 100
第二步骤	6 000	1 800	780	2 300	10 880

(2) 本月生产量见表2。

表2
单位:件

步骤	月初在产品数量	本月投产数量	本月完工数量	月末在产品数量
第一步骤	60	270	280	50
第二步骤	20	280	270	30

(3) 本月发生的生产费用见表3。

表 3 单位：元

步骤	直接材料	直接人工	制造费用	合计
第一步骤	16 050	24 650	41 200	81 900
第二步骤	40 950	20 595	61 825	123 370

要求：

(1) 编制第一、第二步骤成本计算单（结果填入下方表格中，不用列出计算过程）。

表 4　　　　　　　　　　第一步骤成本计算单

2015 年 6 月　　　　　　　　　　　　　　　单位：元

项目	直接材料	直接人工	制造费用	合计
月初在产品成本				
本月生产费用				
合计				
分配率				
完工半成品转出				
月末在产品				

表 5　　　　　　　　　　第二步骤成本计算单

2015 年 6 月　　　　　　　　　　　　　　　单位：元

项目	半成品	直接材料	直接人工	制造费用	合计
月初在产品成本					
本月生产费用					
合计					
分配率					
完工产成品转出					
月末在产品					

(2) 编制产成品成本还原计算表（结果填入下方表格中，不用列出计算过程）。(2015 年)

表 6　　　　　　　　　　产成品成本还原计算表

2015 年 6 月　　　　　　　　　　　　　　　单位：元

项目	半成品	直接材料	直接人工	制造费用	合计
还原前产成品成本					
本月所产半成品成本					
成本还原					
还原后产成品成本					
还原后产成品单位成本					

【答案】

(1) 编制第一、第二步骤成本计算单。

表7　　　　　　　　　　　　　　第一步骤成本计算单

2015年6月　　　　　　　　　　　　　　　　　　　　单位：元

项目	直接材料	直接人工	制造费用	合计
月初在产品成本	3 750	2 800	4 550	11 100
本月生产费用	16 050	24 650	41 200	81 900
合计	19 800	27 450	45 750	93 000
分配率	60	90	150	
完工半成品转出	16 800	25 200	42 000	84 000
月末在产品	3 000	2 250	3 750	9 000

计算说明：

直接材料一次性投入，故约当产量 = 280 + 50 = 330（件）

直接材料分配率 = 19 800 ÷ 330 = 60（元/件）

完工半成品转出直接材料 = 280 × 60 = 16 800（元）

直接人工约当产量 = 280 + 50 × 0.5 = 305（件）

直接人工分配率 = 27 450 ÷ 305 = 90（元/件）

完工半成品转出直接人工 = 280 × 90 = 25 200（元）

制造费用约当产量 = 280 + 50 × 0.5 = 305（元）

制造费用分配率 = 45 750 ÷ 305 = 150（元/件）

完工半成品转出制造费用 = 280 × 150 = 42 000（元）

表8　　　　　　　　　　　　　　第二步骤成本计算单

2015年6月　　　　　　　　　　　　　　　　　　　　单位：元

项目	半成品	直接材料	直接人工	制造费用	合计
月初在产品成本	6 000	1 800	780	2 300	10 880
本期投入成本	84 000	40 950	20 595	61 825	207 370
合计	90 000	42 750	21 375	64 125	218 250
分配率	300	150	75	225	
完工成品转出	81 000	40 500	20 250	60 750	202 500
月末在产品	9 000	2 250	1 125	3 375	15 750

计算说明：

半成品约当产量 = 270 + 30 = 300（件）

半成品分配率 = 90 000 ÷ 300 = 300（元/件）

完工产成品转出半成品 = 270 × 300 = 81 000（元）

直接材料约当产量 = 270 + 30 × 0.5 = 285（件）

直接材料分配率 = 42 750 ÷ 285 = 150（元/件）

完工产成品转出直接材料 = 270 × 150 = 40 500（元）
直接人工约当产量 = 270 + 30 × 0.5 = 285（件）
直接人工分配率 = 21 375 ÷ 285 = 75（元/件）
完工产成品转出直接人工 = 270 × 75 = 20 250（元）

（2）编制产成品成本还原计算表。

表9　　　　　　　　　　产成品成本还原计算表
2015年6月　　　　　　　　　　　　　　　　　　　单位：元

项目	半成品	直接材料	直接人工	制造费用	合计
还原前产品成本	81 000	40 500	20 250	60 750	202 500
本月所产半成品成本		16 800	25 200	42 000	84 000
成本还原	-81 000	16 200	24 300	40 500	0
还原后产成品成本		56 700	44 550	101 250	202 500
还原后产成品单位成本		210	165	375	750

计算说明：
成本还原直接材料 = 81 000 ÷ 84 000 × 16 800 = 16 200（元）
成本还原直接人工 = 81 000 ÷ 84 000 × 25 200 = 24 300（元）
成本还原制造费用 = 81 000 ÷ 84 000 × 42 000 = 40 500（元）
还原后产品单位成本 = 202 500 ÷ 270 = 750（元/件）

注意：本题要求的是采用逐步结转分步法，注意成本还原的计算。

【例题13-11·计算分析题】 甲公司是一家模具生产企业，只生产一种产品。产品分两个生产步骤在两个基本生产车间进行，第一车间为第二车间提供半成品，第二车间将半成品加工成产成品，每件产成品耗用2件半成品。甲公司采用平行结转分步法计算产品成本，月末对在产品进行盘点，并按约当产量法在完工产品和在产品之间分配生产费用。

第一车间耗用的原材料在生产过程中逐渐投入，其他成本费用陆续发生。第二车间除耗用第一车间生产的半成品外，还需耗用其他材料，耗用的半成品和其他材料均在生产开始时一次投入，其他成本费用陆续发生，第一车间和第二车间在产品相对于本车间的完工程度均为50%。

甲公司还有机修和供电两个辅助生产车间，分别为第一车间、第二车间和行政管理部门提供维修和电力，两个辅助生产车间之间也相互提供产品或服务。甲公司按照交互分配法分配辅助生产费用。

甲公司2014年8月份的成本核算资料如下。

（1）月初在产品成本见表1。

表1　　　　　　　　　　　　　　　　　　　　　　　　　　　单位：元

生产车间	直接材料	直接人工	制造费用	合计
第一车间	8 125	3 500	11 250	22 875
第二车间	5 500	3 500	3 700	12 700

（2）本月生产量见表2。

表2　　　　　　　　　　　　　　　　　　　　　　　　　　　　　　　　　　　　　　单位：件

生产车间	月初在产品	本月投入	本月完工	月末在产品
第一车间	5	75	70	10
第二车间	5	35	30	10

（3）机修车间本月发生生产费用8 250元，提供维修服务150小时；供电车间本月发生生产费用10 500元，提供电力21 000度。各部门耗用辅助生产车间产品或服务情况如表3所示。

表3

耗用部门		机修车间（小时）	供电车间（度）
辅助生产车间	机修车间		1 000
	供电车间	50	
基本生产车间	第一车间	45	9 800
	第二车间	45	9 700
行政管理部门		10	500
合计		150	21 000

（4）基本生产车间本月发生的生产费用见表4。

表4　　　　　　　　　　　　　　　　　　　　　　　　　　　　　　　　　　　　　　单位：元

生产车间	直接材料	直接人工	制造费用
第一车间	42 875	22 000	56 302.50
第二车间	34 500	38 500	39 916.25

注：制造费用中尚未包括本月应分配的辅助生产费用。

要求：

（1）编制辅助生产费用分配表（结果填入下方表格中，不用列出计算过程。单位成本要求保留四位小数）。

表5　　　　　　　　　　　　辅助生产费用分配表（交互分配法）　　　　　　　　　　　单位：元

项目		机修车间			供电车间		
		耗用量（小时）	单位成本	分配金额	耗用量（度）	单位成本	分配金额
待分配项目							
交互分配	机修车间						
	供电车间						
对外分配辅助生产费用							

续表

<table>
<tr><th rowspan="2">项目</th><th></th><th colspan="3">机修车间</th><th colspan="3">供电车间</th></tr>
<tr><th></th><th>耗用量
（小时）</th><th>单位成本</th><th>分配金额</th><th>耗用量
（度）</th><th>单位成本</th><th>分配金额</th></tr>
<tr><td rowspan="4">对外分配</td><td>第一车间</td><td></td><td></td><td></td><td></td><td></td><td></td></tr>
<tr><td>第二车间</td><td></td><td></td><td></td><td></td><td></td><td></td></tr>
<tr><td>行政管理部门</td><td></td><td></td><td></td><td></td><td></td><td></td></tr>
<tr><td>合计</td><td></td><td></td><td></td><td></td><td></td><td></td></tr>
</table>

（2）编制第一车间的成本计算单（结果填入下方表格中，不用列出计算过程）。

表 6   第一车间成本计算单

2014 年 8 月   单位：元

项目	产量（件）	直接材料	直接人工	制造费用	合计
月初在产品	—				
本月生产费用	—				
合计	—				
分配率	—				
产成品中本步骤份额					
月末在产品					

（3）编制第二车间的成本计算单（结果填入下方表格中，不用列出计算过程）。

表 7   第二车间成本计算单

2014 年 8 月   单位：元

项目	产量（件）	直接材料	直接人工	制造费用	合计
月初在产品	—				
本月生产费用	—				
合计	—				
分配率	—				
产成品中本步骤份额					
月末在产品					

（4）编制产品成本汇总计算表（结果填入下方表格中，不必列出计算过程）。（2014 年）

表 8   产品成本汇总计算表   单位：元

生产车间	产成品数量（件）	直接材料	直接人工	制造费用	合计
第一车间	—				
第二车间	—				

续表

生产车间	产成品数量（件）	直接材料	直接人工	制造费用	合计
合计					
单位成本	—				

【答案】

(1)

表9　　　　　　　　　　　辅助生产费用分配表（交互分配法）　　　　　　　　单位：元

项目		机修车间			供电车间		
		耗用量（小时）	单位成本	分配金额	耗用量（度）	单位成本	分配金额
待分配项目		150	55	8 250	21 000	0.5	10 500
交互分配	机修车间			500	−1 000		−500
	供电车间	−50		−2 750			2 750
对外分配辅助生产费用		100	60	6 000	20 000	0.6375	12 750
对外分配	第一车间	45		2 700	9 800		6 247.5
	第二车间	45		2 700	9 700		6 183.75
	行政管理部门	10		600	500		318.75
	合计	100		6 000	20 000		12 750

(2)

表10　　　　　　　　　　　　　第一车间成本计算单

2014年8月　　　　　　　　　　　　　　　　　　　　　　　　　　单位：元

项目	产量（件）	直接材料	直接人工	制造费用	合计
月初在产品	—	8 125	3 500	11 250	22 875
本月生产费用	—	42 875	22 000	65 250	130 125
合计	—	51 000	25 500	76 500	153 000
分配率	—	600	300	900	1 800
产成品中本步骤份额	60	36 000	18 000	54 000	108 000
月末在产品	30	15 000	7 500	22 500	45 000

注意：这道题题目要求的是平行结转分步法，也是专门列出本例题的原因。很多人对本题有一些疑惑，为什么产成品中本步骤的份额是60件？不应该是70件吗？

因为平行结转分步法里面的产成品是指最终的产成品，而本题中第二步骤的最终的产成品是30件，并且题目告诉了"第一车间为第二车间提供半成品，第二车间将半成品加工成产成品，每件产成品耗用2件半成品"，所以总共耗用了60件的第一车间的完工品，所以这里的产成品是60件。

那么为什么月末在产品是30件呢？不是应该是10件吗？平行结转法下面的在产品是指各步骤尚未加工完成的在产品和各步骤已完工但尚未最终完成的产品。所以这里的数量应当是"10×2=10"，也即第二步骤尚未完工的10件所耗用的第一车间的20件完工产品和第一车间本身的10件在产品，所以总共是30件在产品。

即：月末在产品产量=30件，约当量=10×50%+10×2=25（件）

直接材料分配率=51 000÷(60+25)=600（元/件）

直接人工分配率=25 500÷(60+25)=300（元/件）

制造费用分配率=76 500÷(60+25)=900（元/件）

（3）

表11　　　　　　　　　　　第二车间成本计算单

2015年8月　　　　　　　　　　　　　　　　　　单位：元

项目	产量（件）	直接材料	直接人工	制造费用	合计
月初在产品	—	5 500	3 500	3 700	12 700
本月生产费用	—	34 500	38 500	48 800	121 800
合计	—	40 000	42 000	52 500	134 500
分配率	—	1 000	1 200	1 500	3 700
产成品中本步骤份额	30	30 000	36 000	45 000	111 000
月末在产品	10	10 000	6 000	7 500	23 500

第二车间要注意的是，直接材料是一次性投入的，不是分批投入的。

月末在产品是10件，约当产量是5件（10×50%），因此：

直接材料分配率=40 000÷(30+10)=1 000（元/件）

直接人工分配率=42 000÷(30+5)=1 200（元/件）

制造费用分配率=52 500÷(30+5)=1 500（元/件）

（4）

表12　　　　　　　　　　　产品成本汇总计算表

2015年8月　　　　　　　　　　　　　　　　　　单位：元

生产车间	产量（件）	直接材料	直接人工	制造费用	合计
第一车间	—	36 000	18 000	54 000	108 000
第二车间	—	30 000	36 000	45 000	111 000
合计	30	66 000	54 000	99 000	219 000
单位成本	—	2 200	1 800	3 300	7 300

第十四章 标准成本法

第一节 标准成本及其制定

考点一：标准成本

1. "标准成本"一词在实际工作中有两种含义：一种是"成本标准"；另一种是"标准成本"。

成本标准	即单位产品的标准成本，根据单位产品的标准消耗量和标准单价计算。 成本标准＝单位产品标准成本＝单位产品标准消耗量×标准单价
标准成本	根据实际产品产量和单位成本标准计算。 标准成本（总额）＝实际产品产量×单位产品标准成本

2. 按其适用期分类。

成本类型	说明
现行标准成本	（1）现行标准成本是指根据其适用期间应该发生的价格、效率和生产经营能力利用程度等预计的标准成本。 （2）可以作为评价实际成本的依据，也可以用来对存货和销货成本进行计价
基本标准成本	（1）基本标准成本是指一经制定，只要生产的基本条件无重大变化，就不予变动的一种标准成本； （2）基本标准成本与各期实际成本进行对比，可以反映成本变动的趋势； （3）不宜用来直接评价工作效率和成本控制的有效性
	所谓生产的基本条件的重大变化是指： （1）产品的物理结构的变化； （2）重要原材料和劳动力价格的重要变化； （3）生产技术和工艺的根本变化。 只有这些条件发生变化，基本标准成本才需要修订。 由于市场供求变化导致的售价变化和生产经营能力利用程度的变化，以及工作方法改变而引起的效率变化等，不属于生产的基本条件的重大变化

【例题14-1·多选题】下列各项中，需要修订产品基本标准成本的情况有（　　）。(2016年)
A. 产品生产能量利用程度显著提升　　B. 生产工人技术操作水平明显改进
C. 产品物理结构设计出现重大改变　　D. 产品主要材料价格发生重要变化
【答案】CD

【解析】基本标准成本是指一经制定，只要生产的基本条件无重大变化，就不予变动的一种标准成本。所谓生产的基本条件的重大变化是指产品的物理结构变化，重要原材料和劳动力价格的重要变化，生产技术和工艺的根本变化等。只有这些条件发生变化，基本标准成本才需要修订。由于市场供求变化导致的售价变化和生产经营能力利用程度的变化，以及工作方法改变而引起的效率变化等不属于生产的基本条件变化，对此不需要修订基本标准成本。

【例题14-2·多选题】甲公司制定产品标准成本时采用现行标准成本。下列情况中，需要修订现行标准成本的有（　　）。（2014年）

A. 季节原因导致材料价格上升
B. 订单增加导致设备利用率提高
C. 采用新工艺导致生产效率提高
D. 工资调整导致人工成本上升

【答案】ABCD

【解析】现行标准成本指根据其适用期间应该发生的价格、效率和生产经营能力利用程度等预计的标准成本。在这些决定因素变化时，现行标准成本需要按照改变了的情况加以修订。

考点二：标准成本制定

1. 直接材料标准成本。

直接材料的标准消耗量是现有技术条件生产单位产品所需的材料数量，包括必不可少的消耗以及各种难以避免的损失。

直接材料的价格标准，是预计下一年度实际需要支付的进料单位成本，包括发票价格、运费、检验和正常损耗等成本，是取得材料的完全成本。

2. 直接人工标准成本。

直接人工的用量标准是单位产品的标准工时。

标准工时是指现有生产技术条件下，生产单位产品所需要的时间，包括直接加工操作必不可少的时间，必要的间歇和停工（如工间休息、设备调整准备时间），不可避免的废品耗用工时等。

直接人工的价格标准是指标准工资率。它可能是预定的工资率，也可能是正常的工资率。

3. 制造费用标准成本。

制造费用标准成本分为变动制造费用标准成本和固定制造费用标准成本两部分。

(1) 变动制造费用标准成本。

变动制造费用的用量标准通常采用单位产品直接人工工时标准。

变动制造费用的价格标准是单位工时变动制造费用的标准分配率，它根据变动制造费用预算和直接人工总工时的计算求得。

$$变动制造费用标准分配率 = 变动制造费用预算总数 \div 直接人工标准总工时$$

$$变动制造费用标准成本 = 单位产品直接人工的标准工时 \times 每小时变动制造费用的标准分配率$$

(2) 固定制造费用标准成本。

固定制造费用的用量标准与变动制造费用的用量标准相同，包括直接人工工时、机器工时、其他用量标准等，并且两者要保持一致，以便进行差异分析。

固定制造费用的价格标准是其单位工时的标准分配率，它根据固定制造费用预算和直接人工标准总工时来计算求得。

固定制造费用标准分配率＝固定制造费用预算总额÷直接人工标准总工时
固定制造费用标准成本＝单位产品直接人工标准工时×固定制造费用的标准分配率

【小结】成本标准＝用量标准×价格标准

成本项目	用量标准	价格标准
直接材料	单位产品材料消耗量	原材料单价
直接人工	单位产品直接人工工时	小时工资率
制造费用（分变动和固定）	单位产品直接人工工时（或台）	标准分配率

【例题14-3·多选题】制定正常标准成本时，直接材料价格标准应包括（　　）。(2013年)

A. 运输费 　　　　　　　　　　B. 仓储费
C. 入库检验费 　　　　　　　　D. 运输途中的合理损耗

【答案】ACD

【解析】直接材料的价格标准是预计下一年度实际需要支付的进料单位成本，包括发票价格、运费、检验和正常损耗等，是取得材料的完全成本。选项B属于储存环节的成本，不属于进料环节的成本。

【例题14-4·单选题】甲公司是一家模具制造公司，正在制定某模具的标准成本。加工一件该模具需要必不可少的加工操作时间为90小时，设备调整时间为1小时，必要的工间休息为5小时。正常的废品率为4%。该模具的直接人工标准工时是（　　）小时。(2015年)

A. 93.6 　　　　B. 96 　　　　C. 99.84 　　　　D. 100

【答案】D

【解析】该模具的直接人工标准工时＝(90＋1＋5)÷(1－4%)＝100（小时）

第二节　标准成本的差异分析

考点一：变动成本的差异分析

【计算分析题常考点】价差均用实际数量，量差均用标准价格。记清计算方法，可以实际运用即可。

变动成本差异分析如下图所示。

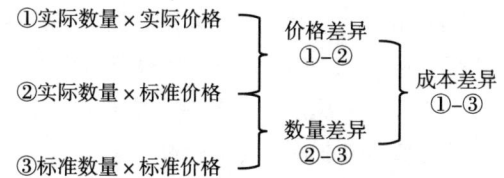

1. 直接材料差异分析。

（1）价差：材料价格差异＝实际数量×(实际价格－标准价格)

（2）量差：材料数量差异=（实际数量－标准数量）×标准价格

2. 直接人工差异分析。

（1）价差：工资率差异=实际工时×（实际工资率－标准工资率）

（2）量差：人工效率差异=（实际工时－标准工时）×标准工资率

3. 变动制造费用的差异分析。

（1）价差：变动制造费用耗费差异=实际工时×（变动制造费用实际分配率－变动制造费用标准分配率）

（2）量差：变动制造费用效率差异=（实际工时－标准工时）×变动制造费用标准分配率

4. 变动成本差异的原因如下表所示。

	用量差异			价格差异		
	材料数量差异	人工效率差异	变动制造费用效率差异	材料价格差异	人工工资率差异	变动制造费用耗费差异
主要责任部门	主要是生产部门的责任，但也不是绝对的（如采购材料质量差导致材料数量差异或工作效率慢是采购部门责任）			采购部门	人事劳动部门管理	部门经理负责

【例题14-5·单选题】甲公司采用标准成本法进行成本控制。某种产品的变动制造费用标准分配率为3元/小时，每件产品的标准工时为2小时。2014年9月，该产品的实际产量为100件，实际工时为250小时，实际发生变动制造费用1 000元，变动制造费用耗费差异为（　　）元。（2014年）

A. 150　　　　　B. 200　　　　　C. 250　　　　　D. 400

【答案】C

【解析】变动制造费用的耗费差异=（变动制造费用实际分配率－变动制造费用标准分配率）×实际工时=（1 000÷250－3）×250=250（元）。

【套路】变动成本差异分析的通用分析思路：价差是价格导致的差异，应该用实际数量才能反映出真实的价格差异。量差是数量导致的差异，用标准价格也能反映真实的差异。耗费差异指的是价差，效率差异、能量差异指的是量差。

【例题14-6·多选题】下列各项中，易造成材料数量差异的情况有（　　）。（2018年）

A. 材料运输保险费提高　　　　　B. 优化操作技术节约材料

C. 机器或工具不合适多耗材料　　D. 工人操作疏忽导致废品增加

【答案】BCD

【解析】材料数量差异=（实际数量－标准数量）×标准价格，材料数量差异是在材料耗用过程中形成的，与价格无关（选项A错误），反映的是生产部门的成本控制业绩。材料数量差异形成的具体原因也有许多，譬如，工人操作疏忽造成废品和废料增加、操作技术改进而节省材料、新工人上岗造成用料增多、机器或工具不合适造成用料增加等。

考点二：固定制造费用差异分析

【计算分析题常考点】掌握二因素法和三因素法的概念和计算方法。

(一) 二因素分析法

（1）固定制造费用耗费差异 = 固定制造费用实际数 − 固定制造费用预算数

（2）固定制造费用能量差异 = 固定制造费用预算数 − 固定制造费用标准成本

= 固定制造费用标准分配率 × 生产能量 − 固定制造费用标准分配率 × 实际产量标准工时

=（生产能量 − 实际产量标准工时）× 固定制造费用标准分配率

(二) 三因素分析法

耗费差异 = 固定制造费用实际数 − 固定制造费用预算数

= 固定制造费用实际数 − 固定制造费用标准分配率 × 生产能量

闲置能量差异 = 固定制造费用预算 − 实际工时 × 固定制造费用标准分配率

=（生产能量 − 实际工时）× 固定制造费用标准分配率

效率差异 =（实际工时 − 实际产量标准工时）× 固定制造费用标准分配率

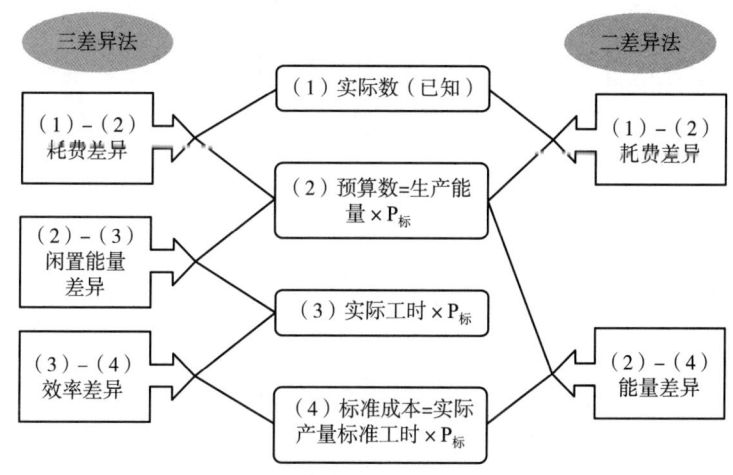

【例题 14 − 7·单选题】 甲公司本月发生固定制造费用 15 800 元，实际产量 1 000 件，实际工时 1 200 小时，企业生产能量 1 500 小时，每件产品标准工时 1 小时，固定制造费用标准分配率 10 元/小时，固定制造费用耗费差异是（　　）。（2015 年）

A. 不利差异 800 元　　　　　　　　B. 不利差异 2 000 元

C. 不利差异 3 000 元　　　　　　　　D. 不利差异 5 000 元

【答案】 A

【解析】 固定制造费用耗费差异是指固定制造费用的实际金额与固定制造费用预算金额之间的差额。由于固定费用不因业务量的改变而改变，因此计算固定制造费用预算金额时，不能按照实际产量计算，应该按照生产能量工时和固定制造费用标准分配率计算，即本题中固定制造费用预算金额 = 1 500 × 10 = 15 000（元），所以，固定制造费用耗费差异 = 15 800 − 15 000 = 800（元），属于不利差异。

【例题 14 − 8·单选题】 使用三因素法分析固定制造费用差异时，固定制造费用闲置能量差

异是（　　）。(2018年)

A. 实际费用与预算费用之间的差异
B. 实际工时偏离生产能量而形成的差异
C. 实际产量标准工时偏离生产能量形成的差异
D. 实际工时脱离实际产量标准工时形成的差异

【答案】B

【解析】固定制造费用闲置能量差异＝固定制造费用预算－实际工时×固定制造费用标准分配率＝(生产能量－实际工时)×固定制造费用标准分配率，所以选项B正确；选项A是固定制造费用耗费差异，耗费差异＝固定制造费用实际数－固定制造费用预算数＝固定制造费用实际数－固定制造费用标准分配率×生产能量；选项D是固定制造费用效率差异，效率差异＝(实际工时－实际产量标准工时)×固定制造费用标准分配率；选项C是固定制造费用能量差异。

第十五章 作业成本法

考点一：作业成本库的设计

种类	含义	特点
单位级作业成本库	单位级作业指每一单位产品至少要执行一次的作业	作业成本与产量成比例变动
	单位级作业成本是直接成本，可以追溯到每个单位产品上，即直接计入成本对象的成本计算单	
批次级作业成本库	批次级作业指同时服务于每批产品或许多产品的作业	作业成本与产品批次成比例变动
	它们的成本取决于批次，而不是每批中单位产品的数量	
品种级（产品级）作业成本库	品种级作业是指服务于某种型号或样式产品的作业	作业成本与产品的品种成比例变动
	品种级作业成本仅仅因为某个特定的品种存在而发生，随产品品种数而变化，不随产量、批次数而变化	
生产维持级作业成本库	生产维持级作业是指服务于整个工厂的作业，它们是为了维护生产能力而进行的作业，不依赖于产品的数量、批次和种类	作业成本为全部生产品的共同作业成本

【例题15-1·多选题】下列各项作业中，属于品种级作业的有（   ）。（2017年）
A. 产品组装　　　　　　　　B. 产品检验
C. 产品生产工艺改造　　　　D. 产品推广方案制定
【答案】CD
【解析】品种级作业是指服务于某种型号或样式产品的作业。例如，产品设计、产品生产工艺规程规定、工艺改造、产品更新等。选项A是单位级作业，选项B是批次级作业。

【例题15-2·多选题】甲公司采用作业成本法，下列选项中，属于生产维持级作业库的有（   ）。（2019年）
A. 机器加工　　　B. 工厂安保　　　C. 行政管理　　　D. 半成品检验
【答案】BC
【解析】生产维持级作业，是指服务于整个工厂的作业，例如，工厂保安、维修、行政管理、保险、财产税等。

考点二：三类动因

类型	含义	精确度	执行成本
业务动因	通常以执行的次数作为作业动因	低	低

续表

类型	含义	精确度	执行成本
持续动因	通常以执行一项作业所需的时间作为作业动因	中	中
强度动因	一般适用于某一特殊订单或某种新产品试制等	高	高

【例题15-3·单选题】下列各项中,应使用强度动因作为作业量计量单位的是（　　）。(2016年)

A. 产品的生产准备　　　　　　　B. 产品的研究开发
C. 产品的机器加工　　　　　　　D. 产品的分批质检

【答案】B

【解析】强度动因是在某些特殊情况下,将作业执行中实际耗用的全部资源单独归集,并将该项单独归集的作业成本直接计入某一特定的产品。强度动因一般适用于某一特殊订单或某种新产品试制等,所以选项B正确。产品的生产准备、产品的分批质检都需要按照批别进行分配,所以选项AD错误。产品的机器加工通常按照工时进行分配,所以选项C错误。

【例题15-4·计算分析题】甲公司是一家制造企业,生产A、B两种产品,按照客户订单分批组织生产,采用分批法核算产品成本。由于产品生产工艺稳定,机械化程度较高,制造费用在总成本中比重较大,公司采用作业成本法按实际分配率分配制造费用。公司设有三个作业成本库：材料切割作业库,以切割次数作为成本动因；机器加工作业库,以机器工时作为成本动因；产品组装作业库,以人工工时作为成本动因。

2018年9月,公司将客户本月订购A产品的18个订单合并成901A批,合计生产2 000件产品；本月订购B产品的6个订单合并成902B批,合计生产8 000件产品。A、B产品各自领用X材料,共同耗用Y材料。X、Y材料在各批次开工时一次领用,依次经材料切割、机器加工、产品组装三个作业完成生产。其中,材料切割在各批次开工时一次完成,机器加工和产品组装随完工进度陆续均匀发生。

9月末,901A批产品全部完工；902B批产品有4 000件完工,4 000件尚未完工。

902B未完工产品机器加工完工进度50%,产品组装尚未开始。902B生产成本采用约当产量法在完工产品和月末在产品之间进行分配。

其他相关资料如下：

(1) 本月直接材料费用。

901A、902B分别领用X材料的成本为160 000元、100 000元；共同耗用Y材料20 000千克,单价5元/千克,本月901A、902B的Y材料单耗相同,按产品产量进行分配。

(2) 本月制造费用。

表1

作业成本库	作业成本（元）	成本动因	作业量		
			901A	902B	合计
材料切割	240 000	切割次数（次）	12 000	12 000	24 000
机器加工	900 000	机器工时（小时）	2 000	1 000	3 000

续表

作业成本库	作业成本（元）	成本动因	作业量		
			901A	902B	合计
产品组装	435 000	人工工时（小时）	1 700	1 200	2 900
合计	1 575 000	—	—	—	—

要求：

（1）编制直接材料费用分配表、作业成本分配表（结果填入下方表格中，不用列出计算过程）。

表2　　　　　　　　　　　　　　　直接材料费用　　　　　　　　　　　　　　　单位：元

产品批次	共同耗用Y材料的分配			X材料费用	直接材料费用总额
	产量（件）	分配率	应分配材料费用		
901A					
902B					
小计					

表3　　　　　　　　　　　　　　　作业成本分配表　　　　　　　　　　　　　　　单位：元

作业成本库	作业成本	成本分配率	901A		902B	
			作业量	分配金额	作业量	分配金额
材料切割						
机器加工						
产品组装						
合计		—	—		—	

（2）编制901A、902B的产品成本计算单（结果填入下方表格中，不用列出计算过程）。（2018年）

表4　　　　　　　　　　　　　　　产品成本计算单

产品批次：901A　　　　　　　　　　　　　　　　　　　　　　　　　　　　　　　单位：元

项目	月初在产品成本	本月生产成本	合计	完工产品成本	完工产品单位成本	月末在产品成本
直接材料						
制造费用						
其中：材料切割						
机器加工						
产品组装						
制造费用小计						
合计						

表 5　　　　　　　　　　　　　　　产品成本计算单

产品批次：902B　　　　　　　　　　　　　　　　　　　　　　　　　　单位：元

项目	月初在产品成本	本月生产成本	合计	完工产品成本	完工产品单位成本	月末在产品成本
直接材料						
制造费用						
其中：材料切割						
机器加工						
产品组装						
制造费用小计						
合计						

【答案】

（1）

表 6　　　　　　　　　　　　　　　直接材料费用分配表　　　　　　　　　　　　　　　单位：元

产品批次	共同耗用 Y 材料的分配			X 材料费用	直接材料费用总额
	产量（件）	分配率	应分配材料费用		
901A	2 000	10	20 000	160 000	180 000
902B	8 000	10	80 000	100 000	180 000
小计	10 000	10	100 000	260 000	360 000

表 7　　　　　　　　　　　　　　　作业成本分配表　　　　　　　　　　　　　　　单位：元

作业成本库	作业成本	成本分配率	901A		902B	
			作业量	分配金额	作业量	分配金额
材料切割	240 000	10	12 000	120 000	12 000	120 000
机器加工	900 000	300	2 000	600 000	1 000	300 000
产品组装	435 000	150	1 700	255 000	1 200	180 000
合计	1 575 000	—	—	975 000	—	600 000

计算说明：

Y 材料分配率 = 100 000 ÷（2 000 + 8 000）= 10（元/千克）

材料切割：成本分配率 = 240 000 ÷ 24 000 = 10（元/次）

机器加工：成本分配率 = 900 000 ÷ 3 000 = 300（元/机器工时）

产品组装：成本分配率 = 435 000 ÷ 2 900 = 150（元/人工工时）

（2）

表8 产品成本计算单

产品批次：901A   单位：元

项目	月初在产品成本	本月生产成本	合计	完工产品成本	完工产品单位成本	月末在产品成本
直接材料	0	180 000	180 000	180 000	90	0
制造费用						
其中：材料切割	0	120 000	120 000	120 000	60	0
机器加工	0	600 000	600 000	600 000	300	0
产品组装	0	255 000	255 000	255 000	127.5	0
制造费用小计	0	975 000	975 000	975 000	487.5	0
合计	0	1 155 000	1 155 000	1 155 000	577.5	0

表9 产品成本计算单

产品批次：902B   单位：元

项目	月初在产品成本	本月生产成本	合计	完工产品成本	完工产品单位成本	月末在产品成本
直接材料	0	180 000	180 000	90 000	22.5	90 000
制造费用						
其中：材料切割	0	120 000	120 000	60 000	15	60 000
机器加工	0	300 000	300 000	200 000	50	100 000
产品组装	0	180 000	180 000	180 000	45	0
制造费用小计	0	600 000	600 000	440 000	110	160 000
合计	0	780 000	780 000	530 000	132.5	250 000

902B产品成本计算说明：

完工产品的直接材料费用=180 000×4 000÷(4 000+4 000)=90 000（元）（X、Y材料在各批次开工时一次领用）

月末在产品的直接材料费用=180 000-90 000=90 000（元）

完工产品材料切制成本=120 000×4 000÷(4 000+4 000)=60 000（元）

月末在产品材料切割成本=120 000-60 000=60 000（元）

完工产品机器加工成本=300 000×4 000÷(4 000+4 000×50%)=200 000（元）

月末在产品机器加工成本=300 000-200 000=100 000（元）

月末在产品尚未组装，所以产品组装成本全部由完工产品负担。

考点三：作业成本法的优缺点

优点	局限性
(1) 成本计算更准确； (2) 成本控制与成本管理更有效； (3) 为战略管理提供信息支持，与价值链分析概念一致	(1) 开发和维护费用较高； (2) 作业成本法不符合对外财务报告的需要； (3) 确定成本动因比较困难； (4) 不利于通过组织控制进行管理控制

【例题 15-5·多选题】某公司生产经营的产品品种较多，间接成本比重较高，成本会计人员试图推动公司采用作业成本法计算产品成本，下列理由中适合用于说服管理层的有（   ）。（2015 年真题）

A. 使用作业成本信息有利于价值链分析
B. 使用作业成本法可提高成本准确性
C. 通过作业管理可以提高成本控制水平
D. 使用作业成本信息可以提高经营决策质量

【答案】ABCD

【解析】作业成本法与价值链分析概念一致，可以为其提供信息支持，所以选项 A 正确。作业成本法可以获得更准确的产品和产品线成本，所以选项 B 正确。作业成本法有助于改进成本控制，所以选项 C 正确。准确的成本信息，可以提高经营决策的质量，包括定价决策、扩大生产规模、放弃产品线等经营决策，所以选项 D 正确。

第六编
管理会计

第十六章 本量利分析

【计算分析题常考点】
（1）掌握边际贡献、盈亏临界点作业率等基本概念，会计算。
（2）计算各种情况下的保本点、保利点（根据已知条件不同选择不同的计算公式）。
（3）多品种下的保本点、保利点。
（4）对影响因素进行敏感性分析。

第一节 本量利的一般关系

考点一：成本性态分析

类别	明细分类	含义及要点阐释
固定成本	约束性固定成本	是企业为维持一定的业务量所必须负担的最低成本，不能通过当前的管理决策加以改变
	酌量性固定成本	是企业根据经营方针可以加以改变的固定成本
变动成本	技术性变动成本	是利用生产能力所必须发生的变动成本
	酌量性变动成本	可以通过管理决策行动加以改变的变动成本
混合成本	半变动成本	通常有一个初始量，类似于固定成本，在这个初始量的基础上随业务量的增长而正比例增长
	阶梯式成本	阶梯式成本又称为半固定成本，这类成本随业务量的变化而呈阶梯式增长，业务量在一定限度内该类成本总额不变，当业务量增长超过一定限度后，这种成本就跳跃到一个新的水平，并在新的限度内保持不变
	延期变动成本	指在一定业务量范围内总额保持稳定，超过特定业务量则开始随业务量同比例增长的成本
	非线性成本	有些成本和业务量有依存关系，但不是直线关系

【例题 16-1·单选题】 甲消费者每月购买的某移动通信公司 58 元套餐，含主叫长市话 450 分钟，超出后主叫国内长市话每分钟 0.15 元。该通信费是（　　）。(2016 年)
　　A. 变动成本　　　　B. 延期变动成本　　　C. 阶梯式成本　　　D. 半变动成本
【答案】 B
【解析】 延期变动成本，是指在一定业务量范围内总额保持稳定，超过特定业务量则开始随业务量成比例增长的成本。该通信费在 450 分钟内总额保持稳定，超过 450 分钟则开始随通话时间正比例增长,所以正确答案为选项 B。

【例题 16-2·单选题】下列各项中,属于酌量性变动成本的是( )。(2013 年)
A. 直接人工成本　　　　　　　B. 直接材料成本
C. 产品销售税金及附加　　　　D. 按销售额一定比例支付的销售代理费
【答案】D
【解析】酌量性变动成本是指通过管理决策行动加以改变的变动成本,如销售佣金、技术转让费等,所以选项 D 正确。

【例题 16-3·单选题】电信运营商推出"手机 10 元保号,可免费接听电话和接收短信,主叫国内通话每分钟 0.2 元"的套餐业务,选用该套餐的消费者每月手机费属于( )。(2019 年)
A. 半变动成本　　B. 固定成本　　C. 阶梯式成本　　D. 延期变动成本
【答案】A
【解析】半变动成本,是指通常有一个初始量,类似于固定成本,在这个初始量的基础上随业务量的增长而正比例增长,选项 A 正确。

考点二:基本的损益方程式

1. 基本的损益方程式:

息税前利润 = 单价 × 销量 − 单位变动成本 × 销量 − 固定成本 = (单价 − 单位变动成本) × 销量 − 固定成本

2. 包含期间成本的损益方程式:

税前利润 = 单价 × 销量 − (单位变动生产成本 + 单位变动销售和管理费用) × 销量 − (固定生产成本 + 固定销售和管理费用)

3. 计算税后利润的损益方程式:

税后利润 = (单价 × 销量 − 单位变动成本 × 销量 − 固定成本) × (1 − 所得税税率)

考点三:边际贡献方程式

1. 边际贡献:
(1) 边际贡献 = 销售收入 − 变动成本 = (单价 − 单位变动成本) × 销量
(2) 单位边际贡献 = 单价 − 单位变动成本
边际贡献具体分为制造边际贡献(生产边际贡献)和产品边际贡献(总营业边际贡献)。
(3) 制造边际贡献 = 销售收入 − 变动生产成本(简称"产品变动成本")
(4) 产品边际贡献 = 制造边际贡献 − 变动销售和管理费用
通常,如果在"边际贡献"前未加任何定语,则是指"产品边际贡献"。

2. 边际贡献率:
(1) 边际贡献率 = 边际贡献 ÷ 销售收入 × 100% = 单位边际贡献 ÷ 单价 × 100%
(2) 变动成本率 = 变动成本 ÷ 销售收入 × 100% = 产品单位变动成本 ÷ 单价 × 100%
(3) 变动成本率 + 边际贡献率 = 1

3. 边际贡献方程式:

息税前利润 = 销售收入 − 变动成本 − 固定成本 = 边际贡献 − 固定成本
　　　　　　= 销量 × 单位边际贡献 − 固定成本

4. 边际贡献率方程式：

$$息税前利润 = 销售收入 \times 边际贡献率 - 固定成本$$

多种产品的边际贡献率要用加权平均数，其公式为：

（1）加权平均边际贡献率 =（$\sum$ 各产品边际贡献 ÷ $\sum$ 各产品销售收入）×100%

（2）加权平均边际贡献率 = $\sum$（各产品边际贡献率 × 各产品占总销售比重）

【例题16－4·单选题】 甲公司销售收入为50万元，边际贡献率为30%。该公司仅设K和W两个部门，其中K部门的变动成本为30万元，边际贡献率为25%。下列说法中，错误的是（　　）。（2019年）

A．K部门变动成本率为70%　　　　　B．K部门边际贡献为10万元

C．W部门边际贡献率为50%　　　　　D．W部门销售收入为10万元

【答案】 A

【解析】 甲公司边际贡献 = 50×30% = 15（万元），K部门变动成本率 = 1－25% = 75%，K部门销售收入 = 30÷（1－25%）= 40（万元），K部门边际贡献 = 40－30 = 10（万元），W部门销售收入 = 50－40 = 10（万元），W部门边际贡献 = 15－10 = 5（万元），W部门边际贡献率 = 5/10×100% = 50%。

第二节　保本分析

考点：保本分析

1. 保本量的计算。

本量利公式：息税前利润 = 单价×销量 － 单位变动成本×销量 － 固定成本

既然是保本分析，那么就要假设"息税前利润 = 0"，

$$0 = 单价×销量 － 单位变动成本×销量 － 固定成本$$

$$保本量 = 固定成本 ÷（单价 － 单位变动成本）$$

$$保本量 = 固定成本 ÷ 单位边际贡献$$

2. 保本额分析。

$$保本额 = 固定成本 ÷ 边际贡献率$$

3. 盈亏临界点作业率。

盈亏临界点作业率是指盈亏临界点销售量占企业实际或预计销售量的比重。

$$盈亏临界点作业率 = 盈亏临界点销售量 ÷ 实际或预计销售量 ×100\%$$

4. 安全边际和安全边际率。

安全边际，是指实际或预计的销售额（量）超过盈亏临界点销售额（量）的差额，表明销售额（量）下降多少企业仍不至于亏损。

（1）安全边际额 = 实际或预计销售额 － 盈亏临界点销售额

安全边际量 = 实际或预计销售量 － 盈亏临界点销售量

（2）安全边际率 = 安全边际额（量）÷ 实际或预计销售额（量）[或实际订货额（量）]×100%

(3) 1 = 安全边际率 + 盈亏临界点作业率

(4) 息税前利润 = 安全边际额 × 边际贡献率

(5) 销售息税前利润率 = 安全边际率 × 边际贡献率

(6) 其中,对于单一产品,

息税前利润 = 安全边际量 × 单价 × $\dfrac{单位边际贡献}{单价}$ = 安全边际量 × 单位边际贡献

5. 多品种情况下的保本分析。

$$加权平均边际贡献率 = \dfrac{\sum 各产品边际贡献}{\sum 各产品销售收入} \times 100\%$$

$$= \sum (各产品边际贡献率 \times 各产品占总销售比重)$$

$$加权平均保本销售额 = \dfrac{固定成本总额}{加权平均边际贡献率}$$

【例题 16 - 5 · 单选题】甲公司只生产一种产品,变动成本率为 40%,盈亏临界点作业率为 70%。甲公司的息税前利润率是（　　）。(2013 年)

A. 12%　　　　　　　　　　B. 18%

C. 28%　　　　　　　　　　D. 42%

【答案】B

【解析】息税前利润率 = 安全边际率 × 边际贡献率 = (1 - 70%) × (1 - 40%) = 18%

【例题 16 - 6 · 单选题】甲公司只生产销售一种产品,变动成本率为 30%,盈亏临界点作业率为 40%,甲公司销售息税前利润率是（　　）。(2018 年)

A. 12%　　　　　　　　　　B. 18%

C. 28%　　　　　　　　　　D. 42%

【答案】D

【解析】销售息税前利润率 = 安全边际率 × 边际贡献率 = (1 - 盈亏临界点作业率) × (1 - 变动成本率) = (1 - 40%) × (1 - 30%) = 42%

【例题 16 - 7 · 多选题】甲公司的经营处于盈亏临界点,下列表述正确的有（　　）。(2018 年)

A. 安全边际等于零

B. 经营杠杆系数等于零

C. 边际贡献等于固定成本

D. 销售额等于销售收入线与总成本线交点处的销售额

【答案】ACD

【解析】甲公司的经营处于盈亏临界点,息税前利润为 0,经营杠杆系数 = 边际贡献 ÷ 息税前利润,分母为 0,经营杠杆系数趋于无穷大,选项 B 错误。甲公司的经营处于盈亏临界点,所以实际销售额 = 盈亏临界点销售额,安全边际等于零,此时息税前利润 = 销售收入 - 总成本 = 销售收入 - 变动成本 - 固定成本 = 边际贡献 - 固定成本 = 0,所以选项 ACD 正确。

【例题 16 - 8 · 计算题】甲公司乙部门只生产一种产品,投资额 25 000 万元,2019 年销售 500 万件。该产品单价 25 元,单位变动成本资料如下:

项目	单位变动成本（元）
直接材料	3
直接人工	4
变动制造费用	2
变动销售费用	1
合计	10

该产品目前盈亏临界点作业率为20%，现有产能已满负荷运转。因产品供不应求，为提高销量，公司经可行性研究，2020年拟增加50 000万元投资。新产能投入运营后，每年增加2 700万元固定成本。假设公司产销平衡，不考虑企业所得税。

要求：

（1）计算乙部门2019年税前投资报酬率；假设产能扩张不影响产品单位边际贡献，为达到2019年税前投资报酬率水平，计算2020年应实现的销量。

（2）计算乙部门2019年经营杠杆系数；假设产能扩张不影响产品单位边际贡献，为达到2019年经营杠杆水平，计算2020年应实现的销量。(2019年)

【答案】

(1) 固定成本 = 500 × 20% × (25 − 10) = 1 500（万元）

2019年税前投资报酬率 = [500 × (25 − 10) − 1 500] ÷ 2 500 = 24%

假设2020年销量 = X，

[X × (25 − 10) − (1 500 + 2 700)] ÷ (25 000 + 50 000) = 24%

得，X = 1 480（万件）

(2) 2019年经营杠杆系数 = [500 × (25 − 10)] ÷ [500 × (25 − 10) − 1 500] = 1.25（或，= 1 ÷ (1 − 20%) = 1.25）

假设2020年销量 = Y，

[Y × (25 − 10)] ÷ [Y × (25 − 10) − (1 500 + 2 700)] = 1.25

X = 1 400万件

第三节 保利分析

考点：保利分析

1. 保利量分析。

$$保利量 = \frac{固定成本 + 目标利润}{单价 - 单位变动成本} = \frac{固定成本 + 目标利润}{单位边际贡献}$$

$$保利量 = \frac{固定成本 + \dfrac{税后目标利润}{1 - 企业所得税税率}}{单价 - 单位变动成本} = \frac{固定成本 + \dfrac{税后目标利润}{1 - 企业所得税税率}}{单位边际贡献}$$

2. 保利额分析。

$$保利额 = \frac{固定成本 + 目标利润}{单价 - 单位变动成本} \times 单价 = \frac{固定成本 + 目标利润}{边际贡献率}$$

$$保利额 = \frac{固定成本 + \dfrac{税后目标利润}{1-企业所得税税率}}{单价-单位变动成本} \times 单价 = \frac{固定成本 + \dfrac{税后目标利润}{1-企业所得税税率}}{边际贡献率}$$

第四节 利润敏感分析

考点：利润敏感分析

$$敏感系数 = \frac{目标值变动百分比}{参量值变动百分比}$$

【提示】敏感系数有正负，若敏感系数为正，则该影响因素与目标值（利润）同向变动；若敏感系数为负，则该影响因素与目标值（利润）反向变动。

【例题16-9·单选题】甲公司只生产一种产品，每件产品的单价为5元，单价敏感系数为5。假定其他条件不变，甲公司盈亏平衡时的产品单价是（　　）元。(2014年)

A. 3　　　　B. 3.5　　　　C. 4　　　　D. 4.5

【答案】C

【解析】甲公司盈亏平衡时，说明利润的变动率为 -100%，单价敏感系数 = 利润变动百分比 ÷ 单价变动百分比 = [(0 - EBIT) ÷ EBIT] ÷ [(单价 - 5) ÷ 5] = -100% ÷ [(单价 - 5) ÷ 5] = 5，单价 = 4 元。

【例题16-10·计算分析题】甲公司拟加盟乙快餐集团，乙集团对加盟企业采取了以下的加盟政策：将已运营2年以上、达到盈亏平衡条件的自营门店整体转让给符合条件的加盟商；加盟经营协议期限15年，加盟时一次性支付450万元加盟费；加盟期内，每年按年营业额的10%向乙集团支付特许经营权使用费和广告费。甲公司预计将于2016年12月31日正式加盟，目前正进行加盟店2017年度的盈亏平衡分析。

其他相关资料如下：

(1) 餐厅面积400平方米，仓库面积100平方米，每平方米年租金2 400元。

(2) 为扩大营业规模，新增一项固定资产，该资产原值300万元，按直线法计提折旧，折旧年限10年（不考虑残值）。

(3) 快餐每份售价40元，变动制造成本率为50%，每年正常销售量15万份。

假设固定成本、变动成本率保持不变。

要求：

(1) 计算加盟店年固定成本总额、单位变动成本、盈亏临界点销售额及正常销售量时的安全边际率。

(2) 如果计划目标税前利润达到100万元，计算快餐销售量；假设其他因素不变，如果快餐销售价格上浮5%，以目标税前利润100万元为基数，计算目标税前利润变动的百分比及目标税前利润对单价的敏感系数。

(3) 如果计划目标税前利润达到100万元且快餐销售量达到20万份，计算加盟店可接受的快餐最低销售价格。

【答案】

(1) 加盟店固定成本总额 = 450 ÷ 15 + (400 + 100) × 2400 ÷ 10 000 + 300 ÷ 10 = 180（万元）

单位变动成本 = 40×50% + 40×10% = 24（元）

盈亏临界点的销售额 = 固定成本÷单位边际贡献率

边际贡献率 = (40 − 24)÷40 = 40%

所以盈亏临界点的销售额 = 180÷40% = 450（万元）

正常销售量的安全边际率 = 1 − 盈亏临界点的销售量÷正常销售量 = 1 − (450÷40)÷15 = 25%

(2) (单价 − 单位变动成本)×销售量 − 固定成本 = 利润，则 (40 − 24)×销售量 − 180 = 100（万元）

销售量 = 17.5 万件

单价上升 5%，息税前利润 = 40×(1 + 5%)×(1 − 50% − 10%)×17.5 − 180 = 114（万元），利润变化率 = (114 − 100)÷100 = 14%，利润对单价的敏感系数 = 14%÷5% = 2.8

(3) 单价×(1 − 50% − 10%)×20 − 180 = 100，可以接受的最低单价 = 35 元。

【例题 16 − 11 · 计算分析题】 甲公司是一家生物制药企业，研发出一种专利产品，该产品投资项目已完成可行性分析，厂房建造和设备购置安装工作也已完成，新产品将于 2016 年开始生产销售。目前，公司正对该项目进行盈亏平衡分析，相关资料如下：

(1) 专利研发支出资本化金额 350 万元，专利有效期 10 年，预计无残值；建造厂房使用的土地使用权，取得成本 300 万元，使用年限 30 年，预计无残值。两种资产均采用直线法计提摊销。

厂房建造成本 500 万元，折旧年限 30 年，预计净残值率 10%，设备购置成本 100 万元，折旧年限 10 年，预计净残值率 5%，两种资产均采用直线法计提折旧。

(2) 新产品销售价格每瓶 100 元，销量每年可达 10 万瓶，每瓶材料成本 20 元，变动制造费用 15 元，包装成本 9 元。

公司管理人员实行固定工资制，生产工人和销售人员实行基本工资加提成制，预计新增管理人员 2 人，每人每年固定工资 5 万元；新增生产工人 15 人，人均月基本工资 1 500 元，生产计件工资每瓶 1 元；新增销售人员 5 人，人均月基本工资 1 500 元，销售提成每瓶 5 元。

每年新增其他费用，财产保险费 6.5 万元，广告费 60 万元，职工培训费 10 万元，其他固定费用 8 万元。

(3) 假设年生产量等于年销售量。

要求：

(1) 计算新产品的年固定成本总额和单位变动成本。

(2) 计算新产品的盈亏平衡点年销售量、安全边际率和年息税前利润。

(3) 计算该项目的经营杠杆系数。(2015 年)

【答案】

(1) 厂房折旧 = 500×(1 − 10%)÷30 = 15（万元）

设备折旧 = 100×(1 − 5%)÷10 = 9.5（万元）

新产品的年固定成本总额 = 专利摊销 + 土地摊销 + 固定资产折旧 + 管理人员工资 + 生产工人固定工资 + 销售人员固定工资 + 财产保险费 + 广告费 + 职工培训费 + 其他固定费用

= 35 + 10 + (15 + 9.5) + 5×2 + 0.15×12×15 + 0.15×12×5 + 6.5 + 60 + 10 + 8 = 35 + 10 + 24.5 + 10 + 27 + 9 + 6.5 + 60 + 10 + 8 = 200（万元）

新产品的单位变动成本 = 材料费用 + 变动制造费用 + 包装费 + 计件工资 + 销售提成 = 20 + 15 + 9 + 1 + 5 = 50（元）

（2）盈亏平衡点年销售量 = $\frac{200}{100-50}$ = 4（万瓶）

安全边际率 = $1 - \frac{4}{10}$ = 60%

年息税前利润 = (100 - 50) × (10 - 4) = 300（万元）

（3）经营杠杆系数 =（息税前利润 + 固定成本）÷ 息税前利润 =（300 + 200）÷ 300 = 1.67

或：经营杠杆系数 = 1 ÷ 安全边际率 = 1 ÷ 60% = 1.67

【例题 16 - 12 · 计算分析题】甲公司生产 A、B、C 三种产品，三种产品共用一条生产线，该生产线每月生产能力为 12 800 机器小时，目前已经满负荷运转。为使公司利润最大化，公司正在研究如何调整三种产品的生产结构，相关资料如下：

（1）公司每月固定制造费用为 400 000 元，每月固定管理费用为 247 500 元，每月固定销售费用为 300 000 元。

（2）三种产品当前的产销数据：

项目	产品 A	产品 B	产品 C
每月产销量（件）	1 400	1 000	1 200
销售单价（元）	600	900	800
单位变动成本（元）	400	600	450
生产单位产品所需机器工时（小时）	2	4	5

（3）公司销售部门预测，产品 A 还有一定的市场空间，按照目前的市场情况，每月销售量可以达到 2 000 件，产品 B 和产品 C 的销量不受限制；生产部门提出，产品 B 受技术工人数量的限制，每月最多可以生产 1 500 件，产品 A 和产品 C 的产量不受限制。

要求：

（1）计算当前 A、B、C 三种产品的边际贡献总额、加权平均边际贡献率、盈亏临界点的销售额。

（2）计算调整生产结构后 A、B、C 三种产品的产量、边际贡献总额、甲公司每月的税前利润增加额。(2014 年)

【答案】

（1）当前产品 A 的边际贡献 = 1 400 ×（600 - 400）= 280 000（元）

当前产品 B 的边际贡献 = 1 000 ×（900 - 600）= 300 000（元）

当前产品 C 的边际贡献 = 1 200 ×（800 - 450）= 420 000（元）

当前边际贡献总额 = 280 000 + 300 000 + 420 000 = 1 000 000（元）

销售收入总额 = 1 400 × 600 + 1 000 × 900 + 1 200 × 800 = 2 700 000（元）

加权平均边际贡献率 =（∑ 各产品边际贡献 ÷ ∑ 各产品销售收入）× 100% = 1 000 000 ÷ 2 700 000 × 100% = 37.04%

盈亏临界点的销售额 =（400 000 + 247 500 + 300 000）÷ 37.04% = 2 558 045.36（元）

（2）计算调整生产结构后 A、B、C 三种产品的产量、边际贡献总额、甲公司每月的税前利润增加额。

产品 A 的单位工时边际贡献 =（600－400）÷2 = 100（元）
产品 B 的单位工时边际贡献 =（900－600）÷4 = 75（元）
产品 C 的单位工时边际贡献 =（800－450）÷5 = 70（元）
按产品 A、产品 B、产品 C 的单位工时边际贡献大小顺序安排生产，产品 A 的产量为 2 000 件，产品 B 的产量为 1 500 件，剩余的生产能力安排产品 C 的生产。
产品 C 的产量 =（12 800－2 000×2－1 500×4）÷5 = 560（件）
产品 A 的边际贡献 =（600－400）×2 000 = 400 000（元）
产品 B 的边际贡献 =（900－600）×1 500 = 450 000（元）
产品 C 的边际贡献 =（800－450）×560 = 196 000（元）
边际贡献总额 = 400 000 + 450 000 + 196 000 = 1 046 000（元）
甲公司每月税前利润增加额 = 1 046 000 － 1 000 000 = 46 000（元）

第十七章 短期经营决策

考点一：相关成本与不相关成本

相关成本		不相关成本	
（1）边际成本	是指业务量变动一个单位时成本的变动部分	（1）沉没成本	是指由于过去已经发生的，现在和未来决策无法改变的成本
（2）机会成本	是指实行本方案的一种代价，即失去所放弃方案的潜在收益		
（3）重置成本	是指目前从市场上购置一项原有资产所需支付的成本，又称为现时成本或现行成本，与之对应的概念是账面成本	（2）不可避免成本	是指通过管理决策行动而不能改变其数额的成本，如约束性固定成本
（4）付现成本	是指需要在将来或最近期间支付现金的成本，是一种未来成本		
（5）可避免成本	当方案或者决策改变时，可避免成本可以避免或其数额发生变化	（3）不可延缓成本	相对于可延缓成本而言，是指必须在企业计划期间发生，否则就会影响企业大局的已选定方案的成本
（6）可延缓成本	是指同已经选定，但可以延缓实施而不会影响大局的某方案相关联的成本		
（7）专属成本	是指可以明确归属于某种、某批或某个部门的固定成本	（4）共同成本	是指需要由几种、几批或有关部门共同分担的固定成本。共同成本具有共享性、基础性和无差别性等特征
（8）差量成本	是指两个备选方案的预期成本之间的差异数		

考点二：生产决策

问题	决策方法
亏损产品是否停产	关键看该产品或部门能否给企业带来正的边际贡献。如果是正的边际贡献，则不应停产，否则，应停产
零部件自制还是外购	进行差额成本分析，即比较两种方案的相关成本，选择成本低的方案即可。注意：比较相关成本时，需要考虑企业是否有剩余生产能力。如果有，则只需考虑变动成本，如果没有，则还需考虑追加设备投资所带来的专属成本。同时要把剩余生产能力的机会成本考虑在内
订货价格有时会低于市场价格，甚至低于平均单位成本，企业是否应该接受	比较订单所提供的边际贡献是否能够大于该订单所引起的相关成本

续表

问题	决策方法
当存在约束（瓶颈）资源时，企业如何确定优先生产哪种产品	主要考虑如何安排生产才能最大化企业总的边际贡献。这里需要运用一个核心指标：单位限制资源边际贡献。 单位限制资源边际贡献 = 单位产品边际贡献/该单位产品所需限制资源量
既可直接对外销售，也可进一步加工后再出售，是否加工后再出售	采用差量分析法，即比较这两种方案的利润，选择利润高的方案即可。 【注意】进一步深加工前的半成品所发生的成本，都是无关的沉没成本。进一步深加工的相关成本只包括进一步深加工所需的追加成本，相关收入则是加工后出售和直接出售的收入之差

【例题17-1·单选题】甲公司生产销售乙、丙、丁三种产品，固定成本50 000元。除乙产品外，其余两种产品均盈利。乙产品销量2 000件，单价105元，单位成本110元（其中：单位直接材料费用20元，单位直接人工费用35元，单位变动制造费用45元，单位固定制造费用10元）。假定生产能力无法转移，在短期经营决策时，决定继续生产乙产品的理由是（　　）。（2018年）

A. 乙产品单价大于20元　　　　B. 乙产品单价大于55元

C. 乙产品单价大于80元　　　　D. 乙产品单价大于100元

【答案】D

【解析】在短期内，如果企业的亏损产品能够提供正的边际贡献，就应该继续生产乙产品。乙产品的单位变动成本 = 单位直接材料成本 + 单位直接人工成本 + 单位变动制造费用 = 20 + 35 + 45 = 100（元），所以乙产品单价大于100元，就应该继续生产乙产品。

【例题17-2·多选题】零部件自制或外购决策中，如果有剩余产能，需要考虑的因素有（　　）。（2018年）

A. 变动成本　　B. 专属成本　　C. 机会成本　　D. 沉没成本

【答案】ABC

【解析】选项ABC，属于自制方案的相关成本；选项D属于不相关成本，所以不需要考虑。

【例题17-3·单选题】甲公司是一家汽车制造企业，每年需要M零部件20 000个，可以自制或外购。自制时直接材料400元/个，直接人工100元/个，变动制造费用200元/个，固定制造费用150元/个。甲公司有足够的生产能力，如不自制，设备出租可获得年租金400 000元。甲公司选择外购的条件是单价小于（　　）元。（2019年）

A. 680　　　B. 720　　　C. 830　　　D. 870

【答案】B

【解析】自制的相关成本 = (400 + 100 + 200) × 20 000 + 400 000 = 14 400 000（元）。如果选择外购，单价 = 14 400 000 ÷ 20 000 = 720（元）。固定制造费用属于沉没成本，无须考虑。

【例题17-4·综合题】甲公司是一家制造业上市公司，生产A、B、C三种产品，最近几年，市场需求旺盛，公司正在考虑通过筹资扩大产能。2018年，公司长期债务10 000万元，年利率6%，流通在外普通股1 000万股，每股面值1元，无优先股。

资料一：A、B、C三种产品都需要通过一台关键设备加工，该设备是公司的关键约束资源。

年加工能力2 500小时。假设A、B、C三种产品当年生产当年销售。年初年末无存货，预计2019年A、B、C三种产品的市场正常销量及相关资料如下：

表1

	A产品	B产品	C产品
市场正常销量（件）	400	600	1 000
单位售价（万元）	2	4	6
单位变动成本（万元）	1.2	1.6	3.5
单位约束资源消耗（小时）	1	2	2.5
固定成本总额（万元）		1 000	

资料二：为满足市场需求，公司2019年初拟新增一台与关键约束资源相同的设备，需要筹集10 000万元。该设备新增年固定成本600万元，原固定成本总额1 000万元照常发生，现有两种筹资方案可供选择。

方案1：平价发行优先股筹资6 000万元，面值100元，票面股息率10%；按每份市价1 250元发行债券筹资4 000万元，期限10年，面值1 000元，票面利率9%。

方案2：平价发行优先股筹资6 000万元，面值100元，票面股息率10%，按每份市价10元发行普通股筹资4 000万元。

资料三：新增关键设备到位后，假设A产品尚有市场空间，其他条件不变，剩余产能不能转移，公司拟花费200万元进行广告宣传，通过扩大A产品的销量实现剩余产能的充分利用。

公司的企业所得税税率为25%。

要求：

(1) 根据资料一，为有效利用现有的一台关键设备，计算公司A、B、C三种产品的生产安排优先顺序和产量。在该生产安排下，公司的经营杠杆和财务杠杆各是多少？

(2) 根据资料二，采用每股收益无差别点法，计算两种筹资方案每股收益无差别点的息税前利润，并判断公司应选择哪一种筹资方案。在该筹资方案下，公司的经营杠杆、财务杠杆、每股收益各是多少？

(3) 结合要求(1)、要求(2)的结果，简要说明经营杠杆、财务杠杆发生变化的主要原因。

(4) 根据资料三，计算并判断公司是否应利用该剩余产能。(2018年)

【答案】

(1) A、B、C三种产品对关键设备加工能力的总需求（400×1+600×2+1 000×2.5=4 100 小时）>加工能力的总供给（2 500小时），需要根据单位约束资源边际贡献进行排产。

表2

	A产品	B产品	C产品
市场正常销量（件）	400	600	1 000
单位售价（万元）	2	4	6
单位变动成本（万元）	1.2	1.6	3.5
单位约束资源消耗（小时）	1	2	2.5
单位边际贡献（万元）	0.8	2.4	2.5
单位约束资源边际贡献（万元/小时）	0.8	1.2	1

续表

	A产品	B产品	C产品
生产安排优先顺序	3	1	2
最优生产安排（件）	0	600	520
最大边际贡献（万元）	0	1 440	1 300

为有效利用关键设备，公司的生产安排优先顺序：首先安排生产B产品；满足B产品市场需求后，安排生产C产品；满足C产品市场需求后，安排生产A产品，直至满足A产品市场需求或充分利用关键约束资源（两者以产量较低者为准）。产量：生产A产品0件，生产B产品600件，生产C产品520件。

边际贡献 = 1 440 + 1 300 = 2 740（万元）

息税前利润 = 2 740 − 1 000 = 1 740（万元）

税前利润 = 1 740 − 10 000 × 6% = 1 140（万元）

经营杠杆 = 边际贡献 ÷ 息税前利润 = 2 740 ÷ 1 740 = 1.57

财务杠杆 = 息税前利润 ÷ 税前利润 = 1 740 ÷ 1 140 = 1.53

（2）A、B、C三种产品对关键设备加工能力的总需求 [400 × 1 + 600 × 2 + 1 000 × 2.5 = 4 100（小时）] < 加工能力的总供给 [2 500 × 2 = 5 000（小时）]，故三种产品分别按400件、600件、1 000件生产。

[（EBIT − 10 000 × 6% − 4 000 ÷ 1 250 × 1 000 × 9%）×（1 − 25%）− 6 000 × 10%] ÷ 1 000 = [（EBIT − 10 000 × 6%）×（1 − 25%）− 6 000 × 10%] ÷（1 000 + 4 000 ÷ 10）

由上述公式，解出每股收益无差别点息税前利润（EBIT）= 2 408（万元）

边际贡献 = 0.8 × 400 + 2.4 × 600 + 2.5 × 1 000 = 4 260（万元）

息税前利润 = 边际贡献 − 固定成本 = 4 260 −（1 000 + 600）= 2 660（万元）

由于2 660万元 > 2 408万元，故选择方案1。

提示：当预期收益 > EBIT时，我们选择债务融资；当预期收益 < EBIT时，我们选择股权融资。

税前利润 = 息税前利润 − 财务费用 = 2 660 − 10 000 × 6% − 4 000 ÷ 1 250 × 1 000 × 9% = 1 772（万元）

净利润 = 税前利润 − 所得税 = 1 772 ×（1 − 25%）= 1 329（万元）

经营杠杆 = 边际贡献 ÷ 息税前利润 = 4 260 ÷ 2 660 = 1.60

财务杠杆 = 息税前利润 ÷ 税前利润 = 2 660 ÷ [1 772 − 6 000 × 10% ÷（1 − 25%）] = 2.74

每股收益 = 净利润 ÷ 总股数 =（1 329 − 6 000 × 10%）÷ 1 000 = 0.729（元/股）（答案为0.73元/股，亦正确）

（3）固定成本是引发经营杠杆效应的根源（或，企业销售量水平与盈亏平衡点的相对位置决定了经营杠杆的大小；或，经营杠杆的大小是由固定经营成本和息税前利润共同决定的），本题中主要是因为固定成本增加，导致经营杠杆变大。

固定融资成本是引发财务杠杆效应的根源（或，息税前利润与固定融资成本的相对水平决定了财务杠杆的大小；或，财务杠杆的大小是由固定融资成本和息税前利润共同决定的），本题中主要是因为财务费用（或，利息费用、优先股股利）增加，导致财务杠杆变大。

（4）剩余产能 = 2 500 × 2 − 4 100 = 900（小时）

Δ 边际贡献 = 0.8 × 900 − 200 = 520（万元）

因为可增加边际贡献，故应利用该剩余产能。

考点三：定价决策

1. 销售定价决策原理。

（1）完全竞争市场，市场价格单个厂商无法左右，只是均衡价格的被动接受者。

（2）垄断竞争和寡头垄断市场，厂商对价格有一定的影响。

（3）完全垄断市场，企业自主决定产品价格。

2. 销售产品定价方法如下表所示。

定价方法		具体阐述
成本加成定价法		成本加成定价法的基本思路是先计算成本基数，在此基础上加上一定的"成数"。成本基数，既可以是完全成本，也可以是变动成本
	完全成本加成法	成本基数是单位产品的制造成本，"加成"内容包括非制造成本及合理利润
	变动成本加成法	成本基数是单位变动成本，"加成"内容包括全部固定成本和预期利润
市场定价法		市场定价法，就是对于有活跃市场的产品，可以根据市场价格或者市场上同类或者相似产品的价格来定价。 市场定价法有利于时刻保持对市场的敏感性，对同行的敏锐性
新产品的销售定价方法	撇脂性定价（先高价后低价）	撇脂性定价是在新产品初期定出较高的价格，然后随着市场扩大降低价格，是一种短期性的策略。 可以使销售初期获得较高的利润，但暴利会引来大量的竞争者，难以维持高价格
	渗透性定价（先低价后高价）	渗透性定价是在新产品试销初期以较低的价格进入市场，迅速获得市场份额，等市场份额稳固后再逐步提高价格。 在初期会减少一部分利润，但可以排除其他企业的竞争，建立长期的市场定位，是一种长期的市场定价策略
有闲置能力条件下的定价方法		有闲置能力条件下的定价方法是指在企业具有闲置生产能力时，为了赢得市场竞争，以增量成本（即变动成本）作为定价基础，定一个较低的价格。 虽然定价较低，但是短期内可以维持企业的正常经营，并维持员工稳定，还可以抵补一部分固定成本

第十八章 全面预算

第一节 全面预算概述及编制方法

考点一：全面预算的分类

分类依据	类别	解释
按其涉及的预算期	长期预算	包括长期销售预算和资本预算，有时还包括长期资本筹措预算和研究与开发预算
	短期预算	指年度预算，或者时间更短的季度或月度预算。 通常，长期和短期的划分以1年为界限，有时把2~3年期的预算称为中期预算
按其涉及的内容	综合预算	指利润表预算和资产负债表预算，反映了公司的总体状况，是各种专门预算的综合
	专门预算	指其他反映公司某一方面经济活动的预算
按其涉及的业务活动领域	投资预算	如资本预算
	营业预算	或称为经营预算，是关于采购、生产、销售业务的预算，包括销售预算、生产预算、成本预算等
	财务预算	是关于利润、现金和财务状况的预算，包括利润表预算、现金预算和资产负债表预算等

考点二：增量预算和零基预算的优缺点

项目	增量预算（调整预算）	零基预算
含义	以历史期实际经济活动及其预算为基础	以零为起点，从实际需要出发分析预算期经济活动的合理性
适用条件	（1）现有业务活动是公司所必需的； （2）原有的各项业务都是合理的	零基预算适用于企业各项预算的编制，特别是不经常发生的预算项目或预算编制基础变化较大的预算项目
优点	编制相对简单	（1）不受前期费用项目和费用水平的限制； （2）能调动各部门降低费用的积极性
缺点	（1）若预算期情况发生变化，预算数额会受到基期不合理因素的干扰，可能导致预算的不准确； （2）不利于调动各部门达成预算目标的积极性	编制工作量大

考点三：固定预算与弹性预算的区别

	固定预算（静态预算）	弹性预算（动态预算）
含义	只根据预算期内正常的、可实现的某一固定业务量（如生产量、销售量等）水平作为唯一基础来编制预算的方法	在成本性态分析的基础上，依据业务量、成本和利润之间的联动关系，按照预算期内相关的业务量（如生产量、工时等）水平计算其相应预算项目所消耗资源
特点	（1）适应性差；（2）可比性差	（1）预算适用范围宽；（2）便于预算执行的评价和考核
适用范围	一般适用于经营业务稳定、产销量稳定、能准确预测产品需求及产品成本的公司，也可以用于编制固定费用预算。	从理论上讲适用于编制全面预算中所有与业务量有关的预算，但实务中主要用于编制成本费用预算和利润预算，尤其是成本费用预算
方法	—	（1）公式法（$y = a + bx$）； （2）列表法

考点四：定期预算与滚动预算的区别

	定期预算	滚动预算
含义	以固定不变的会计期间（如年度、季度、月份）作为预算期间	在上期预算完成情况基础上，将预算期间逐期连续向后滚动推移
优点	保证预算期间与会计期间在时期上配比，便于依据会计报告的数据与预算的比较，考核和评价预算的执行结果	能够保持预算的持续性，有利于结合企业近期目标和长期目标考虑平常业务活动，能使预算与实际情况更相适应，有利于充分发挥预算的指导和控制作用
缺点	不利于前后各个期间的预算衔接，不能适应连续不断的业务活动过程的预算管理	—

第二节　营业预算的编制

考点：营业预算编制方法

销售预算	销售预算是编制全面预算的关键和起点，其他预算的编制都以销售预算为基础
生产预算	在销售预算的基础上编制，其主要内容有销售量、期初和期末产成品存货、生产量 　　预计生产量 =（预计销售量 + 预计期末产成品存货）- 预计期初产成品存货
直接材料预算	以生产预算为基础编制的，同时要考虑材料存货水平 　　预计采购量 = 预计生产需用量 + 预计期末材料存量 - 预计期初材料存量
直接人工预算	以生产预算为基础。不需另外预计现金支出，可直接汇入现金预算。 　　某种产品直接人工工时总数 = 单位产品定额工时 × 该产品预计生产量 　　预计直接人工总成本 = 单位工时工资率 × 该种产品直接人工工时总数
制造费用预算	变动制造费用以生产预算为基础来编制； 固定制造费用，需要逐项进行预计，通常与本期产量无关

续表

产品成本预算	是销售预算、生产预算、直接材料/人工预算、制造费用预算的汇总
销售费用预算	以销售预算为基础
管理费用预算	一般是以过去的实际开支为基础,按预算期的可预见变化来调整

【例题18-1·多选题】编制生产预算中的"预计生产量"项目时,需要考虑的因素有( )。(2015年)

A. 预计销售量　　　　　　　　B. 预计期初产成品存货
C. 预计材料采购量　　　　　　D. 预计期末产成品存货

【答案】ABD

【解析】预计期初产成品存货+预计生产量-预计销售量=预计期末产成品存货,所以:预计生产量=预计期末产成品存货+预计销售量-预计期初产成品存货,因此正确答案是选项ABD。

【例题18-2·单选题】甲企业生产一种产品,每件产品消耗材料10千克。预计本期产量155件,下期产量198件;本期期初材料310千克。期末材料按下期产量用料的20%确定。本期预计材料采购量为( )千克。(2017年)

A. 1 464　　　　　　　　　　B. 1 636
C. 1 860　　　　　　　　　　D. 1 946

【答案】B

【解析】期末材料数量=198×10×20%=396(千克),本期生产需要量=155×10=1 550(千克),本期预计材料采购量=预计生产需要量+预计期末材料数量-预计期初材料数量=1 550+396-310=1 636(千克)。

【例题18-3·单选题】甲公司正在编制直接材料预算,预计单位产成品材料消耗量10千克,材料价格50元/千克;第一季度期初、期末材料存货分别为500千克和550千克;第一季度、第二季度产成品销量分别为200件和250件;期末产成品存货按下季度销量10%安排。预计第一季度材料采购金额是( )元。(2019年)

A. 100 000　　　　　　　　　B. 102 500
C. 105 000　　　　　　　　　D. 130 000

【答案】C

【解析】第一季度期初产成品存货=200×10%=20(件);第一季度期末产成品存货=250×10%=25(件);第一季度生产量=200+25-20=205(件);第一季度材料采购量=205×10+550-500=2 100(千克);预计第一季度材料采购金额=2 100×50=105 000(元)。

【例题18-4·多选题】编制直接人工预算时,影响直接人工总成本的因素有( )。(2019年)

A. 预计产量　　　　　　　　　B. 预计直接人工工资率
C. 预计车间辅助人员工资　　　D. 预计单位产品直接人工工时

【答案】ABD

【解析】直接人工预算是以生产预算为基础编制的。其主要内容有预计产量、单位产品工时、人工总工时、人工工资率和人工总成本。

第三节 财务预算的编制

考点：财务预算编制

现金预算	现金预算以营业预算和资本预算为基础来编制。 (1) 某期现金余缺 = 期初现金余额 + 该期现金收入 - 该期现金支出 (2) 期末现金余额 = 现金余缺 ± 现金的筹措与运用
利润表预算	"所得税费用"是在利润预测时估计的，已列入现金预算。不是根据"利润总额"和所得税税率计算的。
资产负债表预算	"未分配利润"是根据利润表预算的数据填写的

【例题18-5·多选题】下列营业预算中，通常需要预计现金支出的预算有（　　）。(2016年)

A. 生产预算　　　　　　　　　　B. 销售费用预算
C. 直接材料预算　　　　　　　　D. 制造费用预算

【答案】BCD
【解析】选项A，生产预算不涉及现金收支。
【套路】需要预计现金支出的预算就是看预算中是否有金额，生产预算是所有日常业务预算中唯一只使用实物量为计量单位的预算，虽然不直接涉及现金收支，但与其他预算密切相关。

【例题18-6·计算分析题】甲公司是一家制造企业，正在编制2019年第一、第二季度现金预算，年初现金余额52万元。相关资料如下：

(1) 预计第一季度销量30万件，单位售价100元；第二季度销量40万件，单位售价90元；第三季度销量50万件，单位售价85元。每季度销售收入60%当季收现，40%下季收现。2019年初应收账款余额800万元，第一季度收回。

(2) 2019年初产成品存货3万件，每季末产成品存货为下季销量的10%。

(3) 单位产品材料消耗量10千克，单价4元/千克。当季所购材料当季全部耗用，季初季末无材料存货。每季度材料采购货款50%当季付现，50%下季付现。2019年初应付账款余额420万元，第一季度偿付。

(4) 单位产品人工工时2小时，人工成本10元/小时；制造费用按人工工时分配，分配率7.5元/小时。销售和管理费用全年400万元，每季度100万元。假设人工成本、制造费用、销售和管理费用全部当季付现。全年所得税费用100万元，每季度预缴25万元。

(5) 公司计划在上半年安装一条生产线，第一、第二季度分别支付设备购置款450万元、250万元。

(6) 每季末现金余额不能低于50万元。低于50万元时，向银行借入短期借款，借款金额为10万元的整数倍。借款季初取得，每季末支付当季利息，季度利率为2%。高于50万元时，高出部分按10万元的整数倍偿还借款，季末偿还。

第一、第二季度无其他融资和投资计划。

要求：

根据上述资料，编制公司 2019 年第一、第二季度现金预算（结果填入下方表格中，不用列出计算过程）。

表 1　　　　　　　　　　　　　　　现金预算　　　　　　　　　　　　　　单位：万元

项目	第一季度	第二季度
期初现金余额		
加：销货现金收入		
可供使用的现金合计		
减：各项支出		
材料采购		
人工成本		
制造费用		
销售和管理费用		
所得税费用		
购买设备		
现金支出合计		
现金多余或不足		
加：短期借款		
减：归还短期借款		
减：支付短期借款利息		
期末现金余额		

【答案】

表 2　　　　　　　　　　　　　　　现金预算　　　　　　　　　　　　　　单位：万元

项目	第一季度	第二季度
期初现金余额	52	50
加：销货现金收入	2 600	3 360
可供使用的现金合计	2 652	3 410
减：各项支出		
材料采购	1 040	1 440
人工成本	620	820
制造费用	465	615
销售和管理费用	100	100
所得税费用	25	25
购买设备	450	250
现金支出合计	2 700	3 250

续表

项目	第一季度	第二季度
现金多余或不足	-48	160
加：短期借款	100	0
减：归还短期借款	0	100
减：支付短期借款利息	2	2
期末现金余额	50	58

计算说明：

第一季度销货现金收入 $=800+30\times100\times60\%=2\,600$（万元）

第二季度销货现金收入 $=30\times100\times40\%+40\times90\times60\%=3\,360$（万元）

第一季度产量 $=30+40\times10\%-3=31$（万件）

第二季度产量 $=40+50\times10\%-40\times10\%=41$（万件）

第一季度材料采购 $=420+31\times10\times4\times50\%=1\,040$（万元）

第二季度材料采购 $=31\times10\times4\times50\%+41\times10\times4\times50\%=1\,440$（万元）

第一季度人工成本 $=31\times2\times10=620$（万元）

第二季度人工成本 $=41\times2\times10=820$（万元）

第一季度制造费用 $=31\times2\times7.5=465$（万元）

第二季度制造费用 $=41\times2\times7.5=615$（万元）

第一季度支付的短期借款利息 $=100\times2\%=2$（万元）

第二季度支付的短期借款利息 $=100\times2\%=2$（万元）

第十九章 责任会计

考点一：成本中心的考核指标

类型	考核指标
标准成本中心	既定产品质量和数量条件下的标准成本。 (1) 标准成本中心不需要作出价格决策、产量决策、产品结构决策以及设备技术决策。 (2) 由于不作出价格决策，因此不对收入负责。 (3) 由于不对产量、质量作出决策，因此产品质量和数量是既定的。 (4) 由于不对设备技术作出决策，因此不对生产能力的利用程度负责，而只对既定产量的投入量承担责任
费用中心	通常使用费用预算来评价其成本控制业绩

【例题19-1·多选题】甲部门是一个标准成本中心。下列成本差异中，属于甲部门责任的有（   ）。（2015年）

A. 操作失误造成的材料数量差异

B. 生产设备闲置造成的固定制造费用闲置能量差异

C. 作业计划不当造成的人工效率差异

D. 由于采购材料质量缺陷导致工人多用工时造成的变动制造费用效率差异

【答案】AC

【解析】选项AC是在生产过程中造成的，因此属于标准成本中心的责任。产量决策、标准成本中心的设备和技术决策，通常由上级管理部门和职能管理部门做出，而不是由成本中心的管理人员自己决定，因此，标准成本中心不对生产能力的利用程度负责，不对固定制造费用的闲置能量差异负责，所以选项B不能选。选项D是采购部门的责任。

【例题19-2·多选题】下列成本差异中，通常应由标准成本中心负责的差异有（   ）。（2013年）

A. 直接材料价格差异   B. 直接人工数量差异

C. 变动制造费用效率差异   D. 固定制造费用闲置能量差异

【答案】BC

【解析】材料价格差异是在采购过程中形成的，不应由耗用材料的生产部门负责，而应由采购部门对其作出说明，选项A错误；一般来说，标准成本中心应对生产过程中的直接材料数量差异、直接人工数量差异和变动制造费用效率差异负责，所以选项BC正确；成本中心不对固定制造费用的闲置能量差异负责，他们对固定制造费用的其他差异要承担责任，选项D正确。

考点二：责任成本

责任成本是以具体的责任单位（部门、单位或个人）为对象，以其承担的责任为范围所归集的成本，也就是特定责任中心的全部可控成本。

（一）可控成本及其确定

可控成本是指在特定时期内、特定责任中心能够直接控制其发生的成本。在理解可控成本时要把握两个要点：

（1）可控成本总是针对特定责任中心来说的；

（2）区别可控成本和不可控成本，还要考虑成本发生的时间范围。

确定可控成本的三原则：

（1）假如某责任中心通过自己的行动能有效地影响一项成本的数额，那么该中心就要对这项成本负责；

（2）假如某责任中心有权决定是否使用某种资产或劳务，它就应对这些资产或劳务的成本负责；

（3）某管理人员虽然不直接决定某项成本，但是上级要求他参与有关事项，从而对该项成本的支出施加了重要影响，则他对该成本也要承担责任。

【例题19-3·多选题】判别一项成本是否归属责任中心的原则有（　　）。（2013年）

A. 责任中心能否通过行动有效影响该项成本的数额

B. 责任中心是否有权决定使用引起该项成本发生的资产或劳务

C. 责任中心能否参与决策并对该项成本的发生施加重大影响

D. 责任中心是否使用了引起该项成本发生的资产或劳务

【答案】ABC

【解析】确定成本费用支出责任归属的三原则：第一，假如某责任中心通过自己的行动能有效地影响一项成本的数额，那么该中心就要对这项成本负责；第二，假如某责任中心有权决定是否使用某种资产或劳务，它就应对这些资产或劳务的成本负责；第三，某管理人员虽然不直接决定某项成本，但是上级要求他参与有关事项，从而对该项成本的支出施加了重要影响，则他对该成本也要承担责任。

（二）制造费用的归属和分摊方法

将发生的直接材料和直接人工费用归属于不同的责任中心通常比较容易，而制造费用的归属则比较困难。一般依次按下述五个步骤来处理：

步骤	说明	例如
1. 直接计入责任中心	将可以直接判别责任归属的费用项目，直接列入应负责的成本中心	机物料消耗、低值易耗品的领用等
2. 按责任基础分配	有些费用虽然不能直接归属于特定成本中心，但它们的数额受成本中心的控制，能找到合理依据来分配	动力费、维修费等
3. 按受益基础分配	有些费用不是专门属于某个责任中心的，但与各中心的受益多少有关，可按受益基础分配	按装机功率分配电费

续表

步骤	说明	例如
4. 归入某一个特定的责任中心	有些费用既不能用责任基础分配，也不能按受益基础分配，则考虑有无可能将其归属于一个特定的责任中心	车间的运输费用、试验检验费用
5. 不进行分摊	不能归属于任何责任中心的固定成本，不进行分摊，可暂时不加控制，作为不可控费用	车间厂房的折旧

考点三：利润考核指标

利润中心是指对利润负责的责任中心。由于利润等于收入减去成本或费用，所以利润中心是对收入成本或费用都要承担责任的责任中心。

指标	公式	说明
部门边际贡献	部门边际贡献 = 部门销售收入 – 部门变动成本总额	以边际贡献作为业绩评价依据不够全面，因为部门经理至少可以控制某些固定成本，并且在固定成本和变动成本的划分上有一定的选择余地。因此，业绩评价至少应包括可控的固定成本
部门可控边际贡献	部门可控边际贡献 = 部门边际贡献 – 部门可控固定成本	以可控边际贡献作为部门经理业绩评价依据可能是最好的，它反映了部门经理在其权限和控制范围内有效使用资源的能力
部门税前经营利润	部门税前经营利润 = 部门可控边际贡献 – 部门不可控固定成本	以税前经营利润作为业绩评价依据，可能更适合评价该部门对公司利润和管理费用的贡献，而不适合于部门经理的评价

【例题 19 – 4·单选题】 在下列业绩评价指标中，最适合评价利润中心部门经理的是（　　）。(2018 年)

A. 部门边际贡献　　　　　　　　B. 部门可控边际贡献
C. 部门税前经营利润　　　　　　D. 部门税后经营利润

【答案】B

【解析】部门可控边际贡献反映了部门经理在其权限和控制范围内有效使用资源的能力。所以部门可控边际贡献是最适合评价利润中心部门经理的业绩评价指标。

【例题 19 – 5·计算题】 甲公司下属乙部门生产 A 产品，全年生产能量 1 200 000 机器工时，单位产品标准机器工时 120 小时。2018 年实际产量 11 000 件，实际耗用机器工时 1 331 000 小时。

2018 年标准成本资料如下：

（1）直接材料标准消耗 10 千克/件，标准价格 22 元/千克；
（2）变动制造费用预算 3 600 000 元；
（3）固定制造费用预算 2 160 000 元。

2018 年完全成本法下的实际成本资料如下：

（1）直接材料实际耗用 121 000 千克，实际价格 24 元/千克；
（2）变动制造费用实际 4 126 100 元；
（3）固定制造费用实际 2 528 900 元。

该部门作为成本中心，一直采用标准成本法控制成本和考核业绩。最近，新任部门经理提出，按完全成本法下的标准成本考核业绩不合理，建议公司调整组织结构，将销售部门和生产部门合并为事业部，采用部门可控边际贡献考核经理业绩。目前，该产品年销售 10 000 件，每件售价 1 000 元。经分析，40% 的固定制造费用为部门可控成本，60% 的固定制造费用为部门不可控成本。

要求：

（1）计算 A 产品的单位标准成本和单位实际成本。

（2）分别计算 A 产品总成本的直接材料的价格差异和数量差异、变动制造费用的价格差异和数量差异，用三因素分析法计算固定制造费用的耗费差异、闲置能量差异和效率差异，并指出各项差异是有利差异还是不利差异。

（3）计算乙部门实际的部门可控边际贡献。（2019 年）

【答案】

（1）单位标准成本 = 材料标准成本 + 变动制造费用标准成本 + 固定制造费用标准成本 = 10 × 22 + 3 600 000 ÷ 1 200 000 × 120 + 2 160 000 ÷ 1 200 000 × 120 = 796（元/件）

单位实际成本 = 121 000 × 24 ÷ 11 000 + 4 126 100 ÷ 11 000 + 2 528 900 ÷ 11 000 = 869（元/件）

（2）直接材料价格差异 = 实际数量 ×（实际价格 − 标准价格）= 121 000 ×（24 − 22）= 242 000（元）（不利差异）

直接材料数量差异 =（实际数量 − 标准数量）× 标准价格 =（121 000 − 11 000 × 10）× 22 = 242 000（元）（不利差异）

变动制造费用耗费差异 = 实际工时 ×（变动制造费用实际分配率 − 变动制造费用标准分配率）= 133 100 ×（4 126 100 ÷ 1 331 000 − 3 600 000 ÷ 1 200 000）= 133 100（元）（不利差异）

变动制造费用效率差异 =（实际工时 − 标准工时）× 变动制造费用的标准分配率 =（1 331 000 − 120 × 11 000）× 3 600 000 ÷ 1 200 000 = 33 000（元）（不利差异）

固定制造费用耗费差异 = 固定制造费用实际数 − 固定制造费用预算数 = 2 528 900 − 2 160 000 = 368 900（元）（不利差异）

固定制造费用闲置能量差异 =（生产能量 − 实际工时）× 固定制造费用标准分配率 =（1 200 000 − 1 331 000）× 2 160 000 ÷ 1 200 000 = −235 800（元）（有利差异）

固定制造费用效率差异 =（实际工时 − 部门实际产量标准工时）× 固定制造费用标准分配率 =（1 331 000 − 11 000 × 120）× 2 160 000 ÷ 1 200 000 = 19 800（元）（不利差异）

（3）部门可控边际贡献 = 部门边际贡献 − 部门可控固定成本 = 10 000 ×（1 000 − 121 000 ÷ 11 000 × 24 − 4 126 100 ÷ 11 000）− 2 528 900 × 40% = 10 000 ×（1 000 − 264 − 375.1）− 2 528 900 × 40% = 2 597 440（元）

考点四：内部转移价格

价格型内部转移价格	以市场价格为基础、由成本和毛利构成的内部转移价格，一般适用于内部利润中心
	提供的产品（或服务）经常外销且外销比例较大的，或提供的产品（或服务）有外部活跃市场可靠报价的，可以外销价格或活跃市场报价作为内部转移价格。 一般不对外销售且外部市场没有可靠报价的产品（或服务），或企业管理层和有关各方认为不需要频繁变动价格的，可参照外部市场或预测价格制定模拟市场价作为内部转移价格。 没有外部市场但企业出于管理需要设置为模拟利润中心的，可在生产成本基础上加一定比例毛利作为内部转移价格

续表

成本型内部转移价格	以标准成本等相对稳定的成本数据为基础制定的内部转移价格,一般适用于内部成本中心
协商型内部转移价格	企业内部供求双方为使双方利益相对均衡,通过协商机制制定的内部转移价格,主要适用于分权程度较高的企业。协商价格的取值范围通常较宽,一般不高于市场价,不低于变动成本

考点五:投资中心考核指标的优缺点

部门投资报酬率	公式	部门投资报酬率=部门税前经营利润÷部门平均净经营资产
	优点	(1) 它是根据现有的会计资料计算的,比较客观; (2) 相对数指标,可用于部门之间以及不同行业之间的比较; (3) 部门投资报酬率可以分解为投资周转率和部门经营利润率两者的乘积,并可进一步分解为资产的明细项目和收支的明细项目,从而对整个部门的经营状况作出评价
	局限性	部门会放弃高于公司要求的报酬率而低于目前部门投资报酬率的机会,或者减少现有的投资报酬率较低但高于公司要求的报酬率的某些资产,使部门的业绩获得较好评价,但却伤害了公司整体的利益
剩余收益	公式	部门剩余收益=部门税前经营利润-部门平均净经营资产应计报酬 =部门税前经营利润-部门平均净经营资产×要求的税前投资报酬率
	优点	(1) 可以使业绩评价与公司的目标协调一致,引导部门经理采纳高于公司资本成本的决策; (2) 允许使用不同的风险调整资本成本
	局限性	(1) 该指标是绝对数指标,不便于不同规模的公司和部门之间的比较; (2) 它依赖于会计数据的质量

考点六:三大责任中心特征对比表

项目	应用范围	权利	考核范围	考核指标
成本中心	最广	可控成本的控制权	可控成本、费用	标准成本中心:既定产品质量和数量条件下的标准成本 费用中心:费用预算
利润中心	较窄	有权对其供货的来源和市场的选择进行决策(经营决策权)	成本(费用)、收入、利润	部门边际贡献=部门销售收入-部门变动成本总额 部门可控边际贡献=部门边际贡献-部门可控固定成本 部门税前经营利润=部门可控边际贡献-部门不可控固定成本
投资中心	最小	经营决策权、投资决策权	成本(费用)、收入、利润、投资效果(率)	部门投资报酬率=部门税前经营利润÷部门平均净经营资产 部门剩余收益=部门税前经营利润-部门平均净经营资产×要求的税前投资报酬率

第二十章　业绩评价

【计算分析题常考点】
熟悉各类绩效指标的评价内容和计算方法。
各类绩效评价指标的优缺点。

考点一：财务业绩评价与非财务业绩评价

	财务业绩评价	非财务业绩评价
含义	财务业绩评价是根据财务信息评价管理者业绩的方法，常见的财务评价指标包括净利润、资产报酬率、经济增加值等	非财务业绩评价是指根据非财务信息评价管理者业绩的方法，比如：市场份额、关键顾客订货量、顾客满意度、顾客忠诚度
优点	可以反映企业综合经营成果，容易获取数据，操作简单，易于理解，被广泛使用	可以避免财务业绩评价只侧重过去、比较短视的不足；非财务业绩评价更体现长远业绩，更体现外部对企业的整体评价
缺点	(1) 体现企业当期的财务成果，反映短期业绩，无法反映管理者在企业长期业绩改善方面所做的努力。 (2) 财务业绩是一种结果导向，没考虑过程。 (3) 会计数据可能无法准确反映管理者的真正业绩	一些关键的非财务业绩评价指标往往比较主观，数据收集比较困难，评价指标数据的可靠性难以保证

考点二：关键绩效指标的优缺点

优点	缺点
(1) 使企业业绩评价与企业战略目标密切相关，有利于企业战略目标的实现； (2) 通过识别价值创造模式把握关键价值驱动因素，能够有效地实现企业价值增值目标； (3) 评价指标数量相对较少，易于理解和使用，实施成本相对较低，有利于推广实施	关键绩效指标的选取需要透彻理解企业价值创造模式和战略目标，有效识别企业核心业务流程和关键价值驱动因素，指标体系设计不当将导致错误的价值导向和管理缺失

考点三：经济增加值的计算

$$经济增加值 = 税后净营业利润 - 平均资本占用 \times 加权平均资本成本$$

1. 不同经济增加值的比较如下表所示。

项目	含义	计算	阐释
基本经济增加值	根据未经调整的税后经营利润和总资产计算的经济增加值	基本经济增加值 = 税后净营业利润 - 加权平均资本成本 × 报表总资产	计算很容易。对于会计利润来说是个进步，因为它承认了股权资金的成本。但是，由于"经营利润"和"总资产"是按照会计准则计算的，它们歪曲了企业的真实业绩

续表

项目	含义	计算	阐释
披露的经济增加值	是利用公开会计数据进行调整计算出来的,这种调整是根据公布的财务报表及其附注中的数据进行的	披露的经济增加值=调整后税后净营业利润-加权平均资本成本×调整后的净投资资本	调整事项详见下面的内容。计算资金成本的"总资产"应为"投资资本"(即扣除应付账款等经营负债),并且要把表外融资项目纳入"总资产"之内,如长期性经营租赁资产等
特殊的经济增加值	特定公司根据自身情况定义的经济增加值。是"量身定做"的计算办法	—	调整结果使得经济增加值更接近公司的内在价值
真实的经济增加值	是公司经济利润最正确和最准确的度量指标	—	要对会计数据做出所有必要的调整,并对公司中每一个经营单位都使用不同的更准确的资本成本

2. 披露经济增加值典型调整项目(所有对未来利润有贡献的支出都是投资)。

(1) 研究与开发费用。经济增加值要求将其作为投资并在一个合理的期限内摊销。

(2) 战略性投资。会计将投资的利息(或部分利息)计入当期财务费用,经济增加值要求将其在一个专门账户中资本化并在开始生产时逐步摊销。

(3) 为建立品牌、进入新市场或扩大市场份额发生的费用。会计作为费用立即从利润中扣除,经济增加值要求把争取客户的营销费用资本化并在适当的期限内摊销。

(4) 折旧费用。会计大多使用直线折旧法处理,经济增加值要求对某些大量使用长期设备的公司,按照更接近经济现实的"沉淀资金折旧法"处理。前期折旧少,后期折旧多。

3. 简化的经济增加值。

经济增加值 = 税后净营业利润 - 资本成本 = 税后净营业利润 - 调整后资本 × 平均资本成本率

税后净营业利润 = 净利润 + (利息支出 + 研究开发费用调整项) × (1 - 25%)

企业通过变卖主业优质资产等取得的非经常性收益在税后净营业利润中全额扣除。

调整后资本 = 平均所有者权益 + 平均负债合计 - 平均无息流动负债 - 平均在建工程

【例题20-1·多选题】根据公司公开的财务报告计算披露的经济增加值时,不需要纳入调整的事项是(   )。(2013年)

A. 计入当期损益的品牌推广费　　B. 计入当期损益的研发支出

C. 计入当期损益的商誉摊销　　　D. 当期发生的营业外支出

【答案】CD

【例题20-2·多选题】在计算披露的经济增加值时,下列各项中,需要进行调整的项目有(   )。(2016年)

A. 研究费用　　　　　　　　　　B. 争取客户的营销费用

C. 资本化利息支出　　　　　　　D. 企业并购重组费用

【答案】AB

【例题20-3·多选题】下列各项关于经济增加值的说法中,正确的有(   )。(2019年)

A. 经济增加值便于不同规模公司之间的业绩比较

B. 经济增加值为正表明经营者为股东创造了价值

C. 计算经济增加值使用的资本成本应随资本市场变化而调整
D. 经济增加值是税后净营业利润扣除全部投入资本的成本后的剩余收益

【答案】BCD

【解析】经济增加值指从税后净营业利润扣除全部投入资本的成本后的剩余收益，选项D正确；经济增加值为正，表明经营者在为企业创造价值，经济增加值为负，表明经营者在损毁企业价值，选项B正确；由于经济增加值是绝对数指标，不便于比较不同规模公司的业绩，选项A错误；经济增加值需要根据资本市场的机会成本计算资本成本，资本市场上权益成本和债务成本变动时，公司要随之调整加权平均资本成本，选项C正确。

考点四：经济增加值的优点和缺点

优点	缺点
(1) 经济增加值考虑了所有资本的成本，更真实地反映了企业的价值创造能力；实现了企业利益、经营者利益和员工利益的统一，能有效遏制企业盲目扩张规模以追求利润总量和增长率的倾向，引导企业注重长期价值创造。 (2) 经济增加值不仅仅是一种业绩评价指标，它还是一种全面财务管理和薪金激励框架。经济增加值的吸引力主要在于它把资本预算、业绩评价和激励报酬结合起来了。 (3) 在经济增加值的框架下，公司可以向投资人宣传他们的目标和成就，投资人也可以用经济增加值选择最有前景的公司。经济增加值还是股票分析家手中的一个强有力的工具。	(1) EVA仅对企业当期或未来1~3年价值创造情况进行衡量和预判，无法衡量企业长远发展战略的价值创造情况。 (2) EVA计算主要基于财务指标，无法对企业的营运效率与效果进行综合评价。 (3) 不同行业、不同发展阶段、不同规模的企业，其会计调整项和加权平均资本成本各不相同，计算比较复杂，影响指标的可比性。 (4) 由于经济增加值是绝对数指标，不便于比较不同规模公司的业绩。 (5) 经济增加值也有许多和投资报酬率一样误导使用人的缺点，例如处于成长阶段的公司经济增加值较少，而处于衰退阶段的公司经济增加值可能较高。

【例题20-4·计算分析题】甲公司是一家国有控股上市公司，采用经济增加值作为业绩评价指标，目前，控股股东正对甲公司2014年度的经营业绩进行评价。相关资料如下。

(1) 甲公司2013年末和2014年末资产负债表如表1所示。

表1   单位：万元

项目	2014年末	2013年末	项目	2014年末	2013年末
货币资金	405	420	应付账款	1 350	1 165
应收票据	100	95	应付职工薪酬	35	30
应收账款	2 050	2 040	应交税费	100	140
其他应收款	330	325	其他应付款	140	95
存货	2 300	2 550	长期借款	2 500	2 500
固定资产	4 600	4 250	优先股	1 200	1 200
在建工程	2 240	1 350	普通股	5 000	5 000
			留存收益	1 700	900
合计	12 025	11 030	合计	12 025	11 030

（2）甲公司2014年度利润相关资料如表2所示。

表2 单位：万元

项目	2014年度
管理费用	1 950
其中：研究与开发费	360
财务费用	220
其中：利息支出	200
营业外收入	400
净利润	1 155

注：该营业外收入系变卖优质资产取得。

（3）甲公司2014年的营业外收入均为非经常性收益。

（4）甲公司长期借款还有3年到期，年利率8%，优先股12万股，每股面额100元，票面股息率10%，普通股β系数1.2。

（5）无风险报酬率为3%，市场组合的必要报酬率为13%，公司所得税税率为25%。

要求：

（1）以账面价值平均值为权数计算甲公司的加权平均资本成本（假设各项长期资本的市场价值等于账面价值）；

（2）计算2014年甲公司调整后税后净营业利润、调整后资本和经济增加值（注：除平均资本成本率按要求（1）计算的加权平均资本成本外，其余按国资委2013年1月1日开始施行《中央企业负责人经营业绩考核暂行办法》的相关规定计算）。

（3）回答经济增加值作为业绩评价指标的优点和缺点。(2015年)

【答案】

（1）普通股权益资本成本 $=3\%+1.2\times(13\%-3\%)=15\%$

长期资本账面平均值

$$=\frac{2\ 500+2\ 500}{2}+\frac{1\ 200+1\ 200}{2}+\frac{(5\ 000+900)+(5\ 000+1\ 700)}{2}$$

$=2\ 500+1\ 200+6\ 300$

$=10\ 000$（万元）

加权平均资本成本 $=8\%\times(1-25\%)\times\dfrac{2\ 500}{10\ 000}+10\%\times\dfrac{1\ 200}{10\ 000}+15\%\times\dfrac{6\ 300}{10\ 000}=12.15\%$

（2）调整后的税后净营业利润 = 净利润 +（利息支出 + 研发费用调整项）×（1 - 所得税税率）

$=1\ 155+(200+360-400)\times(1-25\%)=1\ 275$（万元）

平均无息流动负债 $=[(1\ 165+30+140+95)+(1\ 350+35+100+140)]\div 2=1\ 527.5$（万元）

平均在建工程 $=(1\ 350+2\ 240)\div 2=1\ 795$（万元）

调整后的资本 = 平均所有者权益 + 平均负债 - 平均无息流动负债 - 平均在建工程 $=(12\ 025+11\ 030)\div 2-1\ 527.5-1\ 795=8\ 205$（万元）

2014年度的经济增加值 = 税后净营业利润 - 调整后的资本 × 平均资本成本率 $=1\ 275-8\ 205\times 12.15\%=278.09$（万元）

(3) 略。

考点五：平衡计分卡的四个维度及优缺点

1. 平衡计分卡的四个维度如下表所示。

维度	指标
财务维度	投资报酬率、权益净利率、经济增加值、息税前利润、自由现金流量、资产负债率、总资产周转率等
顾客维度	市场份额、客户满意度、客户获得率、客户保持率、客户获利率、战略客户数量等
内部业务流程维度	交货及时率、生产负荷率、产品合格率、存货周转率、单位生产成本等
学习和成长维度	新产品开发周期、员工满意度、员工保持率、员工生产率、培训计划完成率等

2. 平衡计分卡的四个平衡如下图所示。

外部	评价指标： 如股东和客户对公司的评价		评价指标： 内部经营过程、新技术学习等	内部
成果	评价指标： 利润、市场占有率等	▲	评价指标： 新产品投资开发	驱动因素
财务	评价指标： 利润等	▲	评价指标： 员工忠诚度、客户满意程度等	非财务
短期	评价指标： 利润指标等	▲	评价指标： 员工培训成本、研发费用等	长期

【例题 20-5·多选题】甲公司用平衡计分卡进行业绩考评。下列各种维度中，平衡计分卡需要考虑的有（　　）。（2017 年）

　　A. 顾客维度　　　　　　　　B. 股东维度
　　C. 债权人维度　　　　　　　D. 学习与成长维度

【答案】AD

【解析】平衡计分卡包括的四个维度是：财务维度、顾客维度、内部业务流程维度、学习与成长维度。

【例题 20-6·多选题】下列各项中，属于平衡计分卡内部业务流程维度业绩评价指标的有（　　）。（2018 年）

　　A. 资产负债率　　　　　　　B. 息税前利润
　　C. 存货周转率　　　　　　　D. 生产负荷率

【答案】CD

【解析】反映内部业务流程维度常用的指标有交货及时率、生产负荷率、产品合格率、存货周转率、单位生产成本等。选项 AB 属于财务维度的评价指标。

3. 平衡计分卡的优点和缺点如下表所示。

优点	缺点
（1）战略目标逐层分解并转化为被评价对象的绩效指标和行动方案，使整个组织行动协调一致； （2）从财务、客户、内部业务流程、学习与成长四个维度确定绩效指标，使绩效评价更为全面完整； （3）将学习与成长作为一个维度，注重员工的发展要求和组织资本、信息资本等无形资产的开发利用，有利于增强企业可持续发展的动力	（1）专业技术要求高，工作量比较大，操作难度也较大，需要持续地沟通和反馈，实施比较复杂，实施成本高； （2）各指标权重在不同层级及各层级不同指标之间的分配比较困难，且部分非财务指标的量化工作难以落实； （3）系统性强，涉及面广，需要专业人员的指导、企业全员的参与和长期持续地修正完善。对信息系统、管理能力的要求较高

第二十一章　管理会计报告

考点一：三种责任中心业绩报告

责任中心类型	相应的业绩报告
成本中心业绩报告	成本中心的业绩考核指标通常为该成本中心所有可控成本，即责任成本。 成本中心的业绩报告，通常是按成本中心可控成本的各明细项目列示其预算数、实际数和成本差异数三栏式表格。由于各成本中心是逐级设置的，所以其业绩报告也应自下而上，从最基层的成本中心逐级向上编制，直至最高层次的成本中心
利润中心业绩报告	利润中心考核指标通常为该利润中心的部门边际贡献、分部经理可控边际贡献和部门可控边际贡献。 利润中心的业绩报告，分别列出其可控的销售收入、变动成本、边际贡献、分部经理人员可控的可追溯固定成本、分部经理可控边际贡献、分部经理不可控但高层管理人员可控的可追溯固定成本、部门边际贡献的预算数和实际数；并通过实际与预算的对比，分别计算人员，据此进行差异的调查、分析产生差异的原因
投资中心业绩报告	投资中心的主要考核指标是投资报酬率和剩余收益，补充的指标是现金回收率和剩余现金流量。投资中心不仅需要对成本、收入和利润负责，而且还要对所占的全部资产（包括固定资产和营运资金）的经营效益承担责任。投资中心的业绩评价指标除了成本、收入和利润外，还包括投资报酬率、剩余收益等指标

考点二：质量成本的分类

类别	含义	内容
预防成本	预防成本是为了防止产品质量达不到预定标准而发生的成本，是为了防止质量事故的发生，为了最大限度降低质量事故所造成的损失而发生的费用	(1) 质量工作费用； (2) 标准制定费用； (3) 教育培训费用； (4) 质量奖励费用
鉴定成本	鉴定成本是为了保证产品质量达到预定标准而对产品进行检测所发生的成本	(1) 检测工作的费用； (2) 检测设备的折旧； (3) 检测人员的费用
内部失败成本	内部失败成本是指产品进入市场之前由于产品不符合质量标准而发生的成本	废料、返工、修复、重新检测、停工整修或变更设计等。 鉴定成本和内部失败成本都是发生在产品未到达顾客之前的所有阶段
外部失败成本	外部失败成本是指存在缺陷的产品流入市场之后发生的成本	因产品存在缺陷而错失的销售机会，问题产品的退还、返修，处理顾客的不满和投诉发生的成本。 外部失败成本一般发生在产品被消费者接收以后的阶段

【例题21-1·单选题】下列各项中，属于质量预防成本的是（　　）。(2018年)

A. 废品返工成本　　　　　　　　　B. 顾客退货成本

C. 质量标准制定费　　　　　　　　D. 处理顾客投诉成本

【答案】C

【解析】选项BD属于外部失败成本；选项A属于内部失败成本；选项C属于预防成本。

【例题21-2·多选题】下列质量成本中，发生在产品交付顾客之前的有（　　）。(2019年)

A. 预防成本　　　　　　　　　　　B. 鉴定成本

C. 内部失败成本　　　　　　　　　D. 外部失败成本

【答案】ABC

【解析】预防成本、鉴定成本以及内部失败成本都发生在产品交付顾客之前。